汪奠基 著
陳道德 整理

汪奠基集
（上）

荊楚文庫編纂出版委員會
華中科技大學出版社

汪奠基集

WANGDIANJI JI

圖書在版編目（CIP）數據

汪奠基集 / 汪奠基著；陳道德整理．
—武漢：華中科技大學出版社，2022.12
ISBN 978-7-5680-8756-8

Ⅰ．①汪…
Ⅱ．①汪…②陳…
Ⅲ．①汪奠基（1900-1979）-文集
Ⅳ．① Z427

中國版本圖書館CIP數據核字（2022）第181862號

項目編輯：周清濤
責任編輯：李　鵬　周清濤
整體設計：范漢成　曾顯惠　思　蒙
責任校對：張匯娟
責任印製：周治超
出版發行：華中科技大學出版社（中國·武漢）
地　　址：武漢市東湖新技術開發區華工科技園
電　　話：（027）81321913　郵政編碼：　430223
錄　　排：華中科技大學惠友文印中心
印　　刷：湖北新華印務有限公司
開　　本：710 mm×1000 mm　1/16
印　　張：49.5　插頁：4
字　　數：735 千字
版　　次：2022 年 12 月第 1 版第 1 次印刷
定　　價：279.00 元（全二册）

《荆楚文庫》工作委員會

主　　　任：王蒙徽

副　主　任：李榮燦　許正中

成　　　員：韓　進　張世偉　丁　輝　鄧務貴　黃劍雄
　　　　　　李述永　趙淩雲　謝紅星　劉仲初

辦公室

主　　　任：鄧務貴

副　主　任：趙紅兵　陶宏家　周百義

《荆楚文庫》編纂出版委員會

主　　　任：王蒙徽

副　主　任：李榮燦　許正中

總　編　輯：馮天瑜

副總編輯：熊召政　鄧務貴

編委（以姓氏筆畫爲序）：　朱　英　邱久欽　何曉明
　　　　　　周百義　周國林　周積明　宗福邦　郭齊勇
　　　　　　陳　偉　陳　鋒　張建民　陽海清　彭南生
　　　　　　湯旭巖　趙德馨　劉玉堂

《荆楚文庫》編輯部

主　　　任：周百義

副　主　任：周鳳榮　周國林　胡　磊

成　　　員：李爾鋼　鄒華清　蔡夏初　王建懷　鄒典佐
　　　　　　梁瑩雪　丁　峰

美術總監：王開元

出版説明

湖北乃九省通衢，北學南學交會融通之地，文明昌盛，歷代文獻豐厚。守望傳統，編纂荆楚文獻，湖北淵源有自。清同治年間設立官書局，以整理鄉邦文獻爲旨趣。光緒年間張之洞督鄂後，以崇文書局推進典籍集成，湖北鄉賢身體力行之，編纂《湖北文徵》，集元明清三代湖北先哲遺作，收兩千七百餘作者文八千餘篇，洋洋六百萬言。盧氏兄弟輯錄湖北先賢之作而成《湖北先正遺書》。至當代，武漢多所大學、圖書館在鄉邦典籍整理方面亦多所用力。爲傳承和弘揚優秀傳統文化，湖北省委、省政府決定編纂大型歷史文獻叢書《荆楚文庫》。

《荆楚文庫》以"搶救、保護、整理、出版"湖北文獻爲宗旨，分三編集藏。

甲、文獻編。收錄歷代鄂籍人士著述，長期寓居湖北人士著述，省外人士探究湖北著述。包括傳世文獻、出土文獻和民間文獻。

乙、方志編。收錄歷代省志、府縣志等。

丙、研究編。收錄今人研究評述荆楚人物、史地、風物的學術著作和工具書及圖册。

文獻編、方志編錄籍以 1949 年爲下限。

研究編簡體橫排，文獻編繁體橫排，方志編影印或點校出版。

《荆楚文庫》編纂出版委員會
2015 年 11 月

前　言

一、汪奠基先生生平簡介

汪奠基先生（1900—1979）是我國現代著名的邏輯學家、哲學家和教育家。他原名三輔，號芰蕪、山父，筆名芰、芰夷、芰撫。

先生於 1900 年 10 月 9 日出生在湖北鄂州市段家店鎮永三村。六歲開始在村裏念私塾，由於他聰明伶俐，對古書倒背如流，被鄉親們譽爲"神童"，後來又到鄂州東路小學和鄂州縣立寒溪中學（由西山寺廟改建的新式學堂）就讀，學習十分刻苦，成績非常優秀。1916 年夏天，他離開家鄉前往北平求學。先在北京大學的理科補習班學習半年，旁聽了分析數學、解析幾何以及哲學、文史等課程，後來轉爲北大正式生。1919 年肄業於北京大學哲學系。1920 年赴法國勤工儉學，先後在巴黎大學、里昂中法大學等高校學習哲學、高等數學和數理邏輯等課程，取得了法國承認的大學文憑。1924 年進入巴黎大學繼續深造，獲得巴黎大學數學和哲學雙碩士學位。他的老師雷諾韋爾是當時法國知名的數理邏輯學家。

1925 年 5 月，先生回國，經蔡元培先生推薦，在北京大學講授哲學、西方邏輯史和法文等課程，先後任講師、教授，同時兼任北京師範大學、中法大學服爾德學院、中國大學和北京女師大教授。1926 年加入中國哲學會。1927 年夏，暨南大學成立，先生奉調到暨南大學任教務長，兼任教育系、數學系、師範專修科主任。1928 年初夏，先生離開暨南大學來到湖北武漢，任漢口特別市黨務訓練所教務長，後又任漢口市黨部委員、宣傳部長、湖北日報總編、武漢大學籌備委員、武昌中華大學校董兼哲學系主任。

1931 年 9 月—1937 年 7 月，先生在北平大學女子文理學院哲學系、北平師範大學教育系、中法大學孔德學院哲學系、中國大學哲學系任教授。在這期間他與嚴既澄、李季穀等人創辦了《鞭策周刊》。"七七"事變後的六年間，先生先後擔任廣西大學（桂林）文學院教授、《今論衡》主編、西北聯合大學文法學院教授、四川大學文法學院教授、四川大學師範學院代院長，講授邏輯學、哲學等課程。此時的先生已被多所知名大學聘請爲當時的最高學術職務"講座教授"，並被國民政府教育部聘爲"部聘教授"，是當時國內知名度極高的學者之一。

1944 年 11 月，先生受國民政府教育部聘請，轉任國立湖北師範學院（現湖北大學的前身）院長。他根據學校轉型發展的要求，對內積極構建大學精神和理念，大刀闊斧地推進學科專業調整和各項改革；對外廣泛延攬人才，聘請一批海內外知名學者來學校任教。在他的治理下，短短的三年內，國立湖北師範學院從復校走向了發展的鼎盛時期，成爲當時湖北省乃至全國都很有影響力的大學。1947 年夏，先生辭去了國立湖北師範學院院長一職，任武漢大學哲學系教授。後又去北平，任北平師範大學教育系主任，兼任中國大學哲學系主任，直至北平解放。

1952 年，先生在華北人民革命大學政治研究班學習一年。高校調整後，先生復任北京大學哲學系教授。1956 年調入中國科學院哲學研究所，先後任中國科學院（後改名爲中國社會科學院）哲學研究所工會主席、研究員、學術委員會委員、邏輯組副組長、邏輯研究室顧問等職務，主要從事中國邏輯思想史的研究工作，出版了《老子樸素辯證的邏輯思想——無名論》（1958 年）、《中國邏輯思想史料分析（第一輯）》（1961 年）、《中國邏輯思想史》（1979 年）；撰寫了《中國邏輯思想史料分析（第二輯）》（1964 年交中華書局，"文革"期間丟失）、《先秦西漢邏輯史》（尚未出版）等著作。

1979 年 8 月 16 日，先生病逝於北京，享年 79 歲。先生一生從事學術研究和教育工作，在十幾所高等院校開設過二十多門課程，出版了二十多種著作，發表了近百篇文章，涉及邏輯學、哲學、科學方法、數學、教育學、心理學以及中國政治思想史等諸多領域，可以說他將自己的全部生命都奉獻給了他所鍾愛的學術事業和教育事業。

二、《汪奠基集》的主要內容

《汪奠基集》收錄了汪奠基先生 20 世紀 20—40 年代出版或發表的絕大多數有代表性的論著。這是汪先生新中國成立前學術成果的首次結集出版，無論是對既往的學術思想的傳承，還是對當前的學術研究都具有重要的價值和意義。

《汪奠基集》共收錄了汪先生的五本書和四十四篇文章。分爲上、下兩冊，上冊收錄了兩本書：(1)《邏輯與數學邏輯論》，商務印書館 1927 年 12 月出版；(2)《現代邏輯》(《大學叢書》之一)，商務印書館 1937 年 1 月出版。下册收錄了三本書和四十五篇文章。三本書分別是：(3)《哲學與科學》(《百科小叢書》之一)，商務印書館 1928 年 4 月出版；(4)《科學方法》(高級中學教科書之一)，商務印書館 1927 年 12 月出版；(5)《抗戰建國綱領研究——教育篇》，獨立出版社 1938 年 12 月出版。四十四篇文章分別發表在當時的一些著名刊物上，如《文哲月刊》《中大季刊》《科學月刊》《哲學評論》等等。

《邏輯與數學邏輯論》是中國第一部系統介紹和研究數理邏輯的著作。這部著作是先生於 1924 年夏天就讀巴黎大學研究班時撰寫的博士畢業登記論文。先生回國後一邊在大學講授邏輯學，一邊修改這篇論文並將它從法文譯成中文。當時數理邏輯還是一門很新的學問，國內懂得數理邏輯的人很少。在這本書中，先生介紹了亞里斯多德以來的傳統邏輯的發展史，其中涉及邏輯學研究的對象，邏輯學與相關科學的關係，亞里斯多德邏輯的基本內容，邏輯史上的演繹批評論派和歸納批評論派的歷史，以及推理的科學結構。先生認爲新數學邏輯的產生主要是由於亞氏邏輯的研究範圍太狹窄、萊布尼茨的普通數學邏輯也不完備。他強調數學邏輯產生的必然性，並着重介紹了羅素的命題演算、類演算和關聯計算法。他認爲：命題邏輯、類邏輯、關係邏輯三者是統一的，不能说哪個更根本。他説，僅有命題演算和類演算，新邏輯是不完整的，邏輯中必須有關於關係的理論。關聯計算法能把類間各元素的關係，表現和推演得非常靈活。而關聯計算法則爲命題演算和類演算兩者之類推。在《現代邏輯》一書中，先生參考英、美、德、法等國各派的邏輯理論，比較系統地介紹了20世紀以來關於數學基礎問題研究中的邏輯主義、形式公理學和直覺主義三大邏輯流派的邏輯理論、數學思想，包括現代邏輯中的命題演算、謂詞演算、公理論和演繹模型等內容。該書對傳統邏輯進行了批評，指出了其局限與不足，今天邏輯界所談論的傳統邏輯的局限性，先生在該書中都講到了。並且，他從數理邏輯和科學關係的角度來理解數理邏輯，辨析了"數學邏輯"和"數理邏輯"之間的區別，對數理邏輯有更深刻的認識。他認爲：數學邏輯是專指應用於解決數學問題的邏輯，而數理邏輯除了數學外還涉及其他理科學科中的邏輯問題。他側重對邏輯學在其他學科中的應用意義進行了深入的分析，今日邏輯在計算機科學中的大量應用，及其他應用邏輯的興起，正好印證了汪先生的遠見卓識。如果汪先生在天有靈，他一定會感到非常欣慰。

先生的上述兩部著作，對數理邏輯在中國的早期傳播和研究起到了重要的推動作用。賀麟先生在他的《當代中國哲學》（1947年）一書中評論當時對西洋數理邏輯的研究狀況時説，汪奠基先生"數學基礎特佳"，對數理邏輯"有相當深的研究，且有新的貢獻"。中國科學院院士席澤宗晚年回憶：他在1944年秋進入西北師大附中讀高中時，就專門找汪先生的邏輯著作來讀。中國當代邏輯學家莫紹揆説，他青年時代開始接觸數理邏輯時，就讀過汪奠基的數理邏輯著作。

《哲學與科學》全面論述了哲學與科學之間的關係。《科學方法》比較全面地介紹了各種科學方法：數學科學方法、物理與自然科學方法、人生方面的科學方法等等。《抗戰建國綱領研究——教育篇》提出了在抗戰時期，我們的國民教育應該重視什麼？怎麼樣才能使我們的教育適應抗日戰爭的需要？爲抗日戰爭培養所需要的人才。作爲早期歸國的留學生，先生始終胸懷教育救國、學成報國的抱負。他相信祇有科學才能救國，祇有"師夷長技"才能強國，所以學成回國後，毅然投身旨在提高國民素質的教育事業。

本書收錄的四十四篇文章，按內容又可分爲四類：（1）邏輯（7篇）；（2）哲學（8篇）；（3）政論（11篇）；（4）教育（18篇）。

以上對先生的邏輯和哲學思想作了較多介紹，下面重點介紹他的"政論"和"教育"方面的一些觀點：

1. 大聲疾呼抗日救國

在收錄的 45 篇文章中，有近三分之一的文章都和抗日救國相關。先生的壯年時代，日本帝國主義的鐵蹄正肆意踐踏中國大地，和許多愛國知識分子一樣，愛國熱血在汪先生的血管中噴涌。他爲東北三省的淪陷而痛心疾首，大聲疾呼國民黨政府和廣大民衆積極抗日；號召中國人民要樹立"抗戰必勝之信念"，"現教育界應實行爲抗戰建國而服務"。在《惟有抗戰必勝之信念》《本抗戰建國之精神迎世界學生代表團》《紀抗戰週年》《以民族抗戰之建國精神紀念國慶》《抗戰建國之兩大教育途徑》《抗戰建國與科學教育》等文章中，都體現了先生抗日救國的思想。

2. 極力倡導學思並重的教育理念

先生的學術成就與他的教育理念和治學方法是分不開的。1940 年，四川大學畢業生請先生示以治學方法，先生寫道："余以爲學者必有求端致力之方，如舉綱提目，振衣挈領，從而近思體念，尋繹入理，復引申觸類，虛融蓄察，則天下之理得而成位乎其中矣。《論語》謂誰能出不入戶，何莫由斯道也。學者如錯用心力，唐廢光陰，終身難得一明瞭知識。古人以學思並論，若徒誇記誦，狂肆辭說，雖間有私義，焉知統類？所謂炫聞守曲，行一不該，絕非通學。讀中應以涵養敬事爲功夫，以持志率氣爲守恒，不遷爲收攝，因修顯性，強立不反，是謂學之至也。"先生十分講求治學之道，強調要有正確的學術方法。如要善於抓住根本問題，做到綱舉目張，不能眉毛鬍子一把抓。若抓不住主要問題，就會錯用心力，浪費光陰，一生難有成就。又如，做學問要"學思並重"，做到博學而又多思、深思，達到觸類旁通的效果。切忌死記硬背，或固守一孔之見。在國立湖北師範學院任院長時，先生曾說"君子之學，首事物本末之知，次問學先後之辯，德用兼立，學思並重"，"思辨之法有六義：一曰緒統，二曰分析，三曰明同，四曰別異，五曰存有，六曰空無。思能大乎緒統，則學有所本；辯能精乎分析，則窮理精緻"。他還一向重視科學的思維方法，把對科學方法和邏輯方法的研究放在突出位置，經常運用比較的方法和歷史的方法，並十分注意考察研究對象的歷史發展過程，從中探求對象發展的必然趨勢。在《建起中華民族教育之科學精神》《從民族教育說到民族科學精神》《今日應速走科學教育之路》《關於全代大會決議之教育方案》《敘學》等文章中，都體現了先生學思並重的教育理論。

3. 非常重視師範教育

先生重視師範教育，這和他教育救國的理論是一脈相承的。他認為只有培養好了師資人才，才能培養好千千萬萬的抗日救國的青年人，中國的未來才有希望。在擔任國立湖北師範學院院長期間，先生嚴於律己，愛護師生，勉勵學生篤志力行、全面發展。他把德育作為學校教育的基礎內容，教育師生德用兼立，為學與做人並重，培養道德樂群的精神，每年師範生入學時都在他的領誓下宣讀終身從事教育工作的誓言。他給學院院訓的題詞是："科學理知的訓練，道德樂群的精神，師範教學的專業，篤行服務的人生"，其諄諄教誨的師表師道至今仍留在廣大校友心中。特別是他還親自改定校歌歌詞："荊楚地闊，大別山青；浩浩江漢，海納不盈。學惟際此，養性存誠；念哉教育，師範前旌。日思日睿，篤志篤行；有文有史，正學正名。實科分系，教學研並；和同音樂，玉振金聲。會觀典禮，溥博貫精；我湖北師院兮，成均之英；國家下代師傅兮，民族幹楨。吾儕不驕不矜，斯天下莫與爭。"當年此歌音震五峰山巒，凝聚了無數有志青年，更唱出了先生的辦學理念和奮鬥目標，即：推行海納百川、兼收並蓄的辦學主張，強調涵養品德修養。教師要念念不忘教書育人的責任，為人師表，教學和科研並重，做到集成體系、博學與專精兼備；學校要謀求大發展，成為大學中的佼佼者；全院師生要成為培育下一代的楷模和民族的脊梁。其中"日思日睿，篤志篤行"在今天已成爲湖北大學的校訓，它激勵學子每天孜孜不倦地學習，並勤於思考，才能融會貫通，博大精深；立定志向，始終如一地去追求，並切實地實踐，才能達到理想的目標。1947年元旦，先生作感懷詩一首："只問耕耘不問收，行從禹墨道從周。叔時九教傳今古，學易爲名習坎樓"，並親筆爲沙市童家花園兩層新修的教學樓題名"習坎樓"，篆刻石碑置於該樓基腳，寓有"遭逢重重坎坷而君子以常德行、習教事"之意，藉以激勵師生努力克服困難，樹立信心，具備習於坎坷、堅韌不拔的精神品質。汪奠基倡導的這種"習坎"精神一直延續至今，成爲"自強不息、克難奮進、艱苦奮鬥、矢志不渝"的湖大精神的重要源頭。如今在湖北大學的正校門，鐫刻在大理石上的校訓"日思日睿，篤志篤行"八個大字熠熠生輝，充分昭示了汪奠基的教育理念已載入史册，並永遠爲後人銘記。《如何訓練建國之師資人才》《突破教書生活的苦悶》《導師制應注意科學常識與理智生活之訓練》《從師範教育論到公訓學系課程改定之意見》《中學教育與科學分授》等文章見證了汪先生對師範教育的重視。

三、編校中需要說明的幾個問題

（一）《汪奠基集》中收錄的書籍和文章的來源

這些書籍和文章所據底本來自中國國家圖書館、中國社會科學院圖書館、南京大學圖書館、湖南大學圖書館等單位的館藏文獻。借該書出版之際，我們向這些單位和給予支持、幫助的領導、老師們表示衷心的感謝！沒有他們的支持，《汪奠基集》是不可能面世的。

當時我們找到並複印的資料，除了現在讀者看到的五本書和四十四篇文章，還有六篇文章由於時間相隔太久，加之當時有些雜誌的紙張和印刷品質不佳，導致現在這些文章的字跡無法辨認，所以就沒有收錄到這本集子中來。這六篇文章的題目分別是：（1）《論哲學史之用及其方法》；（2）《中國數學科學思想史與希臘科學思想的數學觀》；（3）《無窮小的問題》；（4）《中國哲學與政治思想之系統觀》；（5）《儒道兩家之政治思想》；(6)《教育系進行概況及計畫》。此外，另有部分文章出處未能查明，暫付闕如。

(二) 編校過程中遵循的原則

我們遵循尊重原著原貌的原則，基本上保留了論著中的原貌，除了原版中個別地方出現的錯別字以及能夠判斷的錯誤之外，其他有些地方儘管我們感覺有些問題，但不確定是什麽原因造成的，我們就没有改動，保持了原貌。例如：

《邏輯與數學邏輯論》一書中目録標題不一致，層次上顯得有點混亂。總的層次是部、篇、章；有的章下面没有設節：如第一部形式邏輯；第一篇形式邏輯導言；第一章邏輯通論。再下的標題就是：一、二、三、……。有的章下面又設有節：如第一部形式邏輯；第二篇形式邏輯原理，第一章形式邏輯普通原理。再下的標題是：第一節概念邏輯；第二節判斷邏輯。……（見《汪奠基集》第5—6頁》）

再如：

在《數學科學的重要及其對文化思想發展的關係》一文中有這樣一個等式："$5+7-21=5+10-2=13$"（見《汪奠基集》第616頁）。

上述這些地方，我們覺得有問題，但無法完全確定，所以都保留了原來的樣子。

還有個别地方邏輯公式的推導，我們也感覺有些問題，又恐把握不准，所以也原樣保留了。

(三) 主要改動情况的説明

1. 原版中的異體字保留，舊字形改爲新字形，因發表時間與出處不一，不同論著存在一些字形方面的差異，如"決"與"决"，本書未作更改，一仍其舊；

2. 原版中的標點符號，存在部分不符合現代規範用法之處，予以適當修改：如表示並列關係的詞語之間，有一些地方用逗號，本書統一改爲頓號。原版表示書名時使用波浪綫，本書改爲書名號等；

3. 原版不同論著之間存在人名譯名不一致的現象，如"萊布尼支"

與"萊本尼支",本書遵照原文,不作改動;

4. 原版中存在部分小字注釋,今改爲括注。原版中外國人名的漢譯名稱與原文名稱之間無標點符號的,本書對外文名稱統一括注;

5. 原版中存在的字跡漫漶不清、無法識別之處,本書作空缺處理,以"□"代替。

總　目　錄

邏輯與數學邏輯論 …………………………………………（1）
現代邏輯 ……………………………………………………（189）
哲學與科學 …………………………………………………（329）
科學方法 ……………………………………………………（365）
抗戰建國綱領研究——教育篇 ……………………………（475）
論文集 ………………………………………………………（533）

邏輯與數學
邏輯論

我這本書紀
念我的先父

目　　錄

本書重要說明 …………………………………………………… (7)

第一部　形式邏輯

第一篇　形式邏輯導言 ……………………………………… (11)
　第一章　邏輯通論 …………………………………………… (11)
　第二章　形式邏輯各種研究及其對象 ……………………… (16)

第二篇　形式邏輯原理 ……………………………………… (20)
　第一章　形式邏輯普通原理
　　　　　（亞里士多德時之概念及思想律）……………… (20)
　　第一節　概念邏輯 ………………………………………… (21)
　　第二節　判斷邏輯 ………………………………………… (23)
　　第三節　推理邏輯 ………………………………………… (25)
　第二章　三段法 ……………………………………………… (32)
　第三章　歸納形式 …………………………………………… (38)

第三篇　邏輯原理歷史批評論派 …………………………… (46)
　第一章　演繹批評論派史 …………………………………… (46)
　第二章　歸納批評論派史 …………………………………… (72)

第四篇　證明的論理形式 …………………………………… (89)
　第一章　推理證明的科學結構 ……………………………… (89)
　第二章　近代邏輯與哲學 …………………………………… (96)

第二部　數學邏輯原理

第一篇　邏輯之新形式論 …………………………………… (103)
第一章　數學與邏輯的重要 ………………………………… (103)
第二章　為什麼有所謂數學邏輯 …………………………… (107)
第三章　為什麼有新數學邏輯的產生 ……………………… (115)

第二篇　數學邏輯原理的演算 ……………………………… (123)
第一章　邏輯之標辭演算 …………………………………… (123)
第二章　邏輯之類分演算 …………………………………… (129)
第三章　邏輯之關係演算 …………………………………… (143)

第三篇　數學邏輯實用演算 ………………………………… (151)
第一章　數學邏輯與或然演算 ……………………………… (151)
第二章　數之邏輯觀 ………………………………………… (166)
第三章　結論 ………………………………………………… (178)

本書重要説明

　　我想用一部極簡單的歷史敘論法，將邏輯形式原理與它的進化發展，一一分別標明，所以試編這部"邏輯與數學邏輯論"。其內容約爲二部：

　　　　第一部　邏輯學

　　（一）第一、二兩篇説明邏輯普通觀念和科學作用的分別，所謂形式邏輯的基本方法，完全以亞里士多德式的精神爲歸。

　　（二）第三、四篇則爲邏輯問題的歷史研究，表示人類智慧認識方法的批評進化與邏輯哲學問題的傾向。

　　　　第二部　數學邏輯

　　（三）本部第一、二、三各篇完全發揮近代邏輯革新的原理，同時與第一部批評的傾向合而爲一科學邏輯的新形式表現。對於數學演繹的基本原理特別詳明，結果認數學科學思想握哲學思想的權能。

　　　　　　　　　　　　　　　　　　　　十五年九月十號，北京。

第一部
形式邏輯

第一篇　形式邏輯導言

第一章　邏　輯　通　論

一、邏輯定名與其功用

我們先說形式邏輯爲思想或認識的工具。這種工具對於人類是否完全可能？哲學界續續不斷底爭點，差不多都從這個問題發端。由歷史上知道從前的哲學家都想到科學中必然有一種特別科學總各科學之秘密而爲一切需要的工具。從蘇格拉第與柏拉圖（Socrate et Platon）的辯證哲學（Dialectique）到亞里士多德的分析論（Analytique），都是研究這個問題的答覆。在斯多葛派學者（Stoïcisme）特定名爲"邏輯"。同時如哀畢居的"經典法論"，亦爲此類思想運動之最著者。中世紀來所謂邏輯研究，成爲各科學之官能，降及十六七世紀後，進而有所謂方法論的研究。如是哲學家科學家，各自謹其辯證之方法與思想工具的應用。結果在我們知慧與科學的完備上，哲學與認識的演進上，令我們思想界無法否認其："惟邏輯方法爲可能。"

雖然，二三世紀來，邏輯革命之聲，在在皆是。所謂"機關論"（Organum）已不能首列其席，而"新機關論"（Novum Organum）亦難安於作則；不過這種反聲進步，實在只算一種理性或論理的批評進化，爲人類思想的自然表現。譬如說邏輯不是一種"藝術或科學"，謂人之理性，爲自然存在於思想中者；這都是從思想中作思想的批評，對於邏輯本身，沒有重要底貢獻。實際專對這種異論，很能簡單底答覆："邏輯並不是要給人以理性，而是示人以善用理性的方法。"邏輯真正的精神，只有表現其能逼近理性之前，而不能滿足於暴棄之行。所以只有科學家、哲學家對於求知上，認邏輯研究爲必要；而下儒俗學之士，尋常幾皆疏忽其作用。因爲人類求知的心理，不能演爲一致；所以一般應用道理中，不知道雜入多少非論理的錯誤。這種錯誤在粗俗精神習慣裏成了不可解的邏輯，而在普通科學精神的觀察中，因此也常常有比例的加入；所謂文化生活的社會上，許多不可能的非理性勢力，不可言的非正確判斷，幾乎都是這種不可思議的普遍，使人人非理非法底自然承認。所謂"通俗"之論，正是邏輯批評最難着手的深處。因爲通俗的性質，往往不能通分於各個人類，而亦不足適應於真精神的要求；即於人生哲學方面，已不成其爲法，然而因爲成了"通俗公例"，所以巴斯加兒（Pascal）說："人生哲學（道德）之原理，要在我們善於思想。"就是說，通俗之中，必然有邏輯的應用。

二、邏輯與人生哲學的比觀

道德上的善惡與邏輯上的真偽不同類，然而前者能受邏輯的判斷；道德上的真偽與邏輯上的好壞亦不同類，然而它又能受邏輯的分辨。道德上的事件都是非進去的，而邏輯的精神，雖不能創造完全智慧底人類，却能促進與發展人類思想的進步。它由善惡真偽的觀察上，能引導精神，隨入正路；又由生命或科學，或推理，或事實之估定，或估定事實之發展的各個範圍裏，找出錯誤的原因來。其行動與判斷，完全由真理試驗中比較出來；如果能得到十分滿足的結果，或作道德的標示，或作科學的定律，都是絕對的論理功用。我們社會中，知識界，假如說到沒有邏輯的一字，那麼，一定是不要真理，肯定錯誤；如此世界，其實現底可能，一定超過我們論理空間。在我們自己的經驗過程上數來，這是意外的，不久的；在人類中只有最大底或然偶現可能。再假如真理本身爲個體的無窮，邏輯本身又爲個體的差別，那我們又一定不知道所謂真理的存在，簡而言之，邏輯一字亦必不能認識；這至少是我們不可能底空間。

我們的空間是邏輯的，進而言之，是科學的。我們的事事物物，一往一來，一起一伏，一加乘一減除，環天象，繞地面，長年戰禍，終日辛勞，種種機械的動，許多幾何的形，上下左右，古今前後，如整數之序列，如時間之接續，皆歷歷陳於各個人們的腦際，無論其若何無算，終於有限底安排。這都不是心靈記憶的作用，實在是形式邏輯的原理。再如觀念之追隨，定量之正確，觀察之精深，推理之堅固，以及普通知識之觀察、指導、完備、修正，由推理到想像，由官感與記憶到理性本身，也都不是心理學的範圍所能包括；而人生哲學，更不能單獨過問了。但是它與邏輯的接近很多，它用邏輯解決問題的地方，不獨像其它科學樣完全倚爲方法，還具一種特別情形，直認爲論理的根據。因爲邏輯問題中包含我們智慧預料的各種問題。人爲道德動物，其條件須有知識存在；其所預料的總集合中又須爲邏輯所有。所以説："善於思想，即爲道德之原理。"而善於思想的條件，當不能出邏輯所有預料之外。人類同非理性的争鬭，有頂戴真理屈服懷疑的可能，皆恃真正邏輯的工具爲其科學攻取的利器。因爲意志勇敢強健，需用真理支持一切，精神如果沒有深澈地信仰，則必失之於顛；從是疑信無關，生死不省的現象，漸演爲不知所以然的進步，與不知所以然的競爭；我們社會上往往説是："這真豈有此理"，正是此類的驚駭。從邏輯的科學上看，我們不是認識權力的嗎？那麼，就應該知道使用權力征服奇異。我們又不是認識仇敵的嗎？那麼，也就應該知道據理力爭，掃除阻礙。邏輯的認識爲完全底實際底，專爲出奇攻敵，不是數學家只認數學的證明，演説家只有類推的比喻，也更不是詩人用數學的演算，數學家做詩人的修辭。它的習用處理，對任何物爲有效，對任何理亦爲適合，因爲它研究一切知識的方法，又包所有特殊的方法，它不只是告訴我們在什麼物體上應用，還告示我們在什麼程度上，什麼時間上就應該用的。這裏自然表現邏輯爲各科學之科學。譬如數學物理、自然科學、實業、商業，都是部分的應用知識佔首，而邏輯則專爲我們預備一切應用的可能；一層用理性作徵求科學的工具，一層用科學作完備理性的工具。這都只是惟一邏輯的原動所能。

三、邏輯爲各科學的演合與其對各科學的關係

這樣看來，邏輯成了各科學公理的演合，與包容萬有現象的公同宇宙了。自然，譬如社會的事變無窮，如果沒有邏輯習慣，撤去微末，拮起通點，又何從解決社會問題？所謂通點，又是什麼意義？在人生哲學，社會科學之中，實在很不容易回答，惟有舉出真正演繹精神的科學爲例。如普通算學的加法定律，我們說五加七等於十二，八加四也等於十二，三加九也還是等於十二；假如加減乘除合起來，求十二的演算可以推到無窮。我們把這許多求十二的式子列起來，知道任何等式之左邊等於其右，而任何等式之左邊亦必等於其他任何等式之右邊，換言之，任何兩等式之同邊相等，而任何兩等式之異邊亦必相等。同其同爲同，而異同其同亦必爲同，是即我所謂"通點"，邏輯定律名之曰："齊一律"。凡是等於十二的數爲邏輯必然結果，而求所以等於十二的演算，則爲各科學分類的研究，故曰：一切科學爲一般真理的法式。

完全研究這個問題，就是邏輯的方法論。在我們所謂形式邏輯之外，而爲實用邏輯的對象。但是形式與實用之分，不過爲研究上相對的便利，並非絕對須如此劃別，因爲實用方面的原素，自然要與形式方面的方法相接，而形式方面的研究，亦自然爲實用上一般應用的假定。我們要知道科學原理與邏輯對象的勾結有如鐵圈相連，非常堅固。譬如閉眼摸着鐵鍊，總覺得各圈節處處不斷，而由節節生節的結點，表現鐵鍊的存在是連環的，這種存在就是邏輯在科學中的實體表現。假如鍊子的各節全截斷了，部分的真實仍就存在，所謂"鍊子"就沒有了。所以科學本身與理論都是真實的分子，而在普遍與實驗上，就要邏輯聯和，因爲邏輯的科學是無錯誤的。

四、科學真實與邏輯思想律的範圍

所謂科學，都有一定的實體；其所研究的定律，就是它的對象。譬如數學科學方面的幾何學，其實體爲容積與形體二者；天文學的實體，

則爲星辰之類；生物學的實體，則爲生命現象之類；心理學的實體，則爲心理現象之類。而實體的表現，又不是本身絕對底可能，所以各科學還有一定的外形。我們要研究對象的定律，不在實體上，而在外形集合的方法上。這種集合的方法，就是關係的存在。由某種科學方法到其它某種科學方法，都有自然的變動。而變動的主因，又不出邏輯原動之外，譬如幾何家研究一種公律，而又證明某項定理，與物理家發明一種定律，而又造成某項物理的現象兩都不同。因爲科學實體彼此相異，其對象的研究，當然有幾何物理之別。假使我們自己同時是幾何學家與物理學家，研究這方面的定律，一定不能同時用那方面的定律去實行。不過要知道各科學外形的差別，不能阻止到精神上的合作。好比精神上證明三角形三角之和等於二直角，與精神上發現物體下墜、地心吸力或生命現象的種種定律，又都是相通的。因爲對象的變換，不能及於精神自然。這裏又是邏輯超科學個體之上的原因。

在各個特殊性質上所有解釋，都應該服屬對象上獨立的定律。這些定律的發引，爲思想本身所造："一方面就所應用的對象上抽象之；一方面更限定不同類的應用。"這又是邏輯雙方作用的存在。所謂思想形式科學的稱號，即自此始。

形式科學的應用，在科學界是獨立的，在人類知識中是不可少的，譬如個體上的考察，個體與個體間的考察；現象的表現，以及現象與現象間的表現，都是形式思想定律所認定的。好比兩件不同的事物之間所表的方程式樣，說 X 等於 Y 的可能，就是一個邏輯基本原理的結果。我們從這種原理上去找知識的對象，始能在事物上有判斷的可能。這裏無形中使邏輯家自然底前進一步：由亞里士多德式的形式而入於正確科學演繹的數學形式。這種形式思想，不只是變換大，而且施行得穩。把我們知識轉弄得非常靈活週到，對於自然試驗，都可以特別底分解。譬如 UVW 三件定因，彼此表現起來，就有自然現象的方程式，我們說每兩個相因爲一因，好比第一因 X 爲 U 的函數，由 VW 相因表現之；第二因 Y 爲 V 的函數，由 UW 相因表現之；第三因 Z 爲 W 的函數，由 UV 相因表現之。其結果則爲三方程式的：
$$X=F_1(U, V, W), Y=F_2(U, V, W), Z=F_3(U, V, W).$$

假使 X、Y、Z 都是已知的現象，那由三方程式中可以推到 U、V、W 的值，但是 X、Y、Z 的現象只有同我們人的關係可以認識，假使用 K 表明我們精神的結合，x、y、z 代表所表現於我們的現象，結果又有三種方程式可能：
$$X=F(x, K), Y=F(y, K), Z=F(z, K).$$

這些式中假使 X、Y、Z 都非一未知量 K 的函數，也就不能知道 X、Y、Z 爲何。再又反過來決定 K 還是同一不可能。所以必然的條件，要使 K 爲已知量，換言之，精神所結合的應該都是"自己所知的"，然後 U、V、W 的未知現象，始得求證。所以宇宙之自然，惟有意識本身可以理會，而各事物分明與明白的實在上所有可能的理性，證明凡本身固有的意識，如同所謂分明與實在的條件一斑。因此 X、Y、Z 的現象成了已知量的函數："精神的結合與其所有表現是也。"這裏包三種邏輯原理的存在：

（1）由現象的表現能結論到現象的本身；
（2）各種不同抽象的結果，可以視爲相當；
（3）觀念的邏輯聯和，相通於事物的實際聯和。

我們上面的三個方程式，把這些原理表明得很清楚。

這樣看來，宇宙現象的研究，不是亞里士多德形式邏輯的分析組合可以包得盡，也不是自然科學的歸納試驗能完全解釋得明白，必得所謂"數學邏輯"的形式科學，爲之先導其源，建立一種證驗的定律，作我們真正語言思想的方法。這個重要的發展，是近代邏輯最關科學研究的新點，而二十世紀來所謂科學之科學一語，惟有數學邏輯可以負擔。

第二章 形式邏輯各種研究及其對象

前面關於邏輯普通觀察把研究邏輯重要的事件說過了。那麼，我們在研究邏輯原理本身之前，不妨把它對於哲學科學及各種思想的概念，敘述一段，然後更知道邏輯是種什麼科學。

一、邏輯與心理學的分別及其定義

研究邏輯的形式科學，不要把它同心理學的定義相混了。心理學專在各種研究的物象之中，找我們思想"所以然的結構"，而對於智能與表現的作用上所有問題，不能完全解決。譬如知道所以然的結構，時而導入真理，又時而墜入錯誤。同時可以問到為什麼到某點為真，又為什麼到某點上為錯？在什麼條件上達到真，又在什麼條件上除去錯？我們人類思想所有進行與各種價值問題，皆非心理學所能範圍，要研究這種問題的原則與方法，即是所謂邏輯的對象。

凡是思想、知識、科學，皆不能專屬心理定律，因為還有一大部分是社會勢力所及。譬如在個體與個體間彼此的反動，和羣衆中公共的接洽，往往都是社會上或由社會的結果產生的。所以心理學以及其它實證科學，只有使我們知道怎樣思想，怎樣判斷，怎樣推理，又怎樣認識，為我們建出思想的定律來。邏輯則不然，它要求我們應該怎樣成其為思想，應該怎樣適當地判斷或推理，而又怎樣正確地認識法；它建出方法來使我們一定要隨着它求純正思想；換言之，達到真理。它在社會學與心理學之前，如同醫學或衛生學在生理學之前一樣："一以專求生命的定律；一以建立維持身體與保佑生活的方範。"故曰：邏輯為建清高思想方法的各種研究之集合的科學。分析起來，就說是一方面為達到真理的目的；一方面為求證思想活動是否有效。是即米爾（Stuart Mill）"證驗的科學"。

二、邏輯不同的概念

（甲）到了這個定義，自然有所謂邏輯與哲學的關係。因為推理價值的審度與應該達到真理的思想活動問題，就是一個哲學的普通研究。第一個"真理的定義"先要求出來，然後再有能合此定義的研究，則必為完全先天的推理條件所能達到。所以邏輯在這點觀察上，絕對與試驗不相依。其發展全部，應在先天理性中。因爲把真理就意象方面限定，或者限定所以然的真理，都只有思想真正的概念足以成功。試驗方面不能得出這種完全的概念來；所以哲學家終久脫不盡哲學的邏輯，或者他們由直覺上先定出思想普汎與必然的定律，然後即就此實行固定真理，拿出推理的規範來；那麼，邏輯完全成了斷定和絕對的知識，足有實體形上的思想與定律的認識。亞里士多德即爲此類之邏輯概念。

亞氏以前的哲學家，認普通觀念爲精神上實體自然與絕對事物之直接的直覺。在普通觀念的定義上，可以有這種概念對象的根本認識。如果到定義上就能隨推理以達於概念的實際連接，而實際連接之中，還有直覺的存在。所以概念就是實體，而思想與概念間所有之關係，當然亦爲實體的關係；因此抽象的思想定律，皆爲實體界之物理定律。亞里士多德研究精神中觀念的抽象連合，與試驗以外的抽象推理，遂得出所謂"形式演繹法"來。這種方法的確定，在十七世紀以前的科學方法中，成了絕對與固定底原理。直至加利來、培根、笛卡兒（Galilée, Bacon, Déscartes）的時代，各科學家都極端批評亞氏的思想，謂抽象思想不能得出所以然的知識；惟有恃加利來培根的試驗與歸納，或笛卡兒派數學觀念的形量和數目的直覺對象所有之具體思想，始能滿足知識的真理認識。

（乙）復興時代的科學思想，超過形式和抽象研究之外，而亞氏邏輯方法，非惟不能給以實際底真理，即在思想包擔中，亦不能完全有所範圍。從前形而上學的實體研究，不過幾種記號的象徵，用邏輯來精密連接，作普通抽象觀念的形式表現。在這裏的邏輯實用，當然只有先作真理的形式展覽，再由歸納與直覺入於試驗底真理。然則亞里士多德的邏輯爲無用了。是又不然。康德出而首定邏輯爲形式部，正與其它實際思想原理和定律的試驗邏輯相並立。這種劃分，演成近代邏輯兩大分類的研究："純粹思想與普通必然理性之先天研究的形式邏輯；各類知識實在認識之科學方法研究的實用邏輯。"前者爲後者之必然底基本。因爲一爲先天理性的存在，一爲後天科學的批評。科學之科學，或哲學科學的定義,即從此提出,而邏輯研究之真面目與亞里士多德派的演繹,遂完全異標其形;其表現之最著者,爲一般數學家的新形式論。

(丙)我們說過理性不是一種空機關,而是對認識的推理。所謂認識,就是在各種物象之間建出一定底關係來,所以邏輯不只是純粹思想與理性定律的科學,或推理應有底方法,還是最普汎關係間建出思想對象的科學。各種物象或各種物象的性質之間特殊底關係,皆爲智慧作用與思想活動的產生。譬如由數量的觀點,建出物體間列數和位置的關係然;由特殊抽象上,思想的對象,能忘其所有之特殊性;而於列數性、幾何性、物理性之類,與其它的對象,又能成爲普通關係。所以物象如此,只是思想的一形式、一名辭、一概念而已。其同類的抽象,爲標辭(Proposition),或判斷本身意義以外的關係。所謂標辭間的關係,即各種演繹推理。那麼,我們又從實體研究上到了形式邏輯來了。所以形式邏輯定義,變而爲思想對象間最普汎關係的科學。亞里士多德的邏輯,可算是此類思想之草創,而十九世紀中及近代之數學家坡來、石拓德、斑洛(Boole, Schröder, Peano),則爲此種正確科學形式之完成者,以標辭名辭爲數學關係之解釋,發展形式邏輯爲分析數學之首篇,分析數學爲形式邏輯之內質,而爲數學哲學思想之賴布尼支(Leibniz)充足其普汎科學之願望。

從近世紀來,科學哲學家都在各種科學程序之中特別注意,將所謂科學原理的精確與明晰,推理的嚴整,思想的發展,都一一就邏輯工作爲純正之標定;由是形式邏輯離所謂理想哲學的研究,而爲試驗或推理之習用的工具。培根的新機關、笛卡兒的方法論與孔德(A. Comte)的實證哲學,在二十世紀的今日,完全檢得它們假定上真理的結果。同時美國心理學派之思維、判斷、推理的心理研究,法國社會學派之歷史變遷與社會生命的思想進化組織論,從思想具體與實際的方略中,直接抽出善導的方法與證驗的結果。亞里士多德的工作,在這種邏輯概念之下,雖不能認爲無用,實際已全變其原理之方式和形式之定義矣。我們且先看形式邏輯的舊原理,然後進而及於新形式論,以證實此說。

第二篇　形式邏輯原理

第一章　形式邏輯普通原理
亞里士多德時之概念及思想律

　　亞里士多德研究事實的表現，不只詳察其當然，還細究其所以然，他對於各種事實，都要由偶然分解到必然。第一個條件，就是找出某種情形之下得認精神爲必要；換言之，首先須在形式中考定科學。這種形式，就是科學事實包容的抽象體，即所謂邏輯的對象。

　　邏輯就是推理定律與科學條件的斷定（Dètermination）。在知識中，亞里士多德分成形與質兩體，而視形體爲一種固有定律的存在；這種存在，立於確定的概念或普通觀念的實體（Réalité）中，如果個體與本質能斷定，則其存在之本身亦必完全決定，因爲它服屬基本定律的矛盾原理："在同一關係中，同一屬性（Attribut 又名表格）不能同時屬於一主格（Sujet）而又不屬於此主格。"譬如："人爲理性的"，不能同時想到："人爲非理性的"。兩表格矛盾，則彼此即不相合，而在同一主格中亦不能互存。因此得出第二律的齊一原理："是其所是。"表明一種觀念與其分組的性質必然恒等，而部分之間亦爲齊一。例如人與理性動物爲恒等，而人與動物，與理性亦互爲齊一。因爲一物即其本身所在，集其性質爲全體，分其性質爲個體。所以第三律認爲："凡物是則是，不是則不是"，即無中間的可能。因爲兩矛盾概念不能互相存在，在肯定與否定之間，不容間位存在。如甲必須爲乙或非乙，不能同時乙而又非乙。不過不容間位律在三律中有所謂例外的表現。如冷熱本相反，然而有溫的現象發生。這種矛盾是外現的，因謂冷熱的度是量的問題，非邏輯相反。十度的水熱，熱於零度的，這種熱由十到百千度没有冷熱的邏輯變動。又如有主格為道德，表格為三角形，說為："道德是三角形或非三角形。"然而道德是人性的，既非此，亦非彼，實有的。但是標辭不合理的表示中，可以說："道德是三角形或非三角形"的解答為"是非三角形"。道德與三角形無關係，而邏輯意義上非三角形範圍較大，不僅包三角形的形，同時包非形的事物，道德亦包在此中。

　　亞里士多德的邏輯是一種條件的理性分析，在這些條件之中，應該有充足推理的可能，使結論成為必然的表現。在事實上，無須乎知道一般需要中怎樣推理的方法，卻要知道應該怎樣建出推理式子，使連接關係能顯為直接的，而無排斥或拒絕的必然性。這裏自然可以分為"思想之工具"與科學組織中這些工具的價值和重要點。

　　所謂思想的工具是什麼？即概念、標辭、推理是也。用概念的方法將意識或官感的直覺原素，由單體引入複體；用標辭的方法聯絡兩概念的關係；再用推理的方法由一標辭聯入其它一標辭或其它許多標辭中。形式邏輯的對象，就在此三原素中。再者，這些方法還只有內質無矛盾的為有效，因為要在概念中的初級觀念、標辭中概念間的關係、推理中標辭間的關係和種種矛盾間產生的結果上，始為形式邏輯範圍所有。所以先從概念邏輯說起，正是亞里士多德的基本觀念如此。

第一節　概　念　邏　輯

一、矛盾與因果的經驗概念

　　凡是所謂實體與可能的概念，只包思想的獨一原素，而無所謂矛盾存在。普通概念，都包多數原素，譬如"人"的概念，包有兩手類、能笑、理性動物……諸原素。而"道德"的概念，則又包慈善、公正……諸原素。凡概念之正確與否，必須視所包之原素間有無矛盾為定。兩矛盾原素，即兩概念在意識中彼此相斥相攻而又不相認。所以矛盾概念不能在意識中實行，即令有可能的，則必爲觀念混淆的原因；我們思想之中，往往有因觀念混淆而不能實現充足的觀念。一個觀念可以由文字引起，可以由觀念的若干原素引入完全觀念的；所以觀念的一部分是空的，有如白紙然。賴布尼支說：「思想中有一種空白與無著的事件，只有用名字來代替。」我們所以能墮入矛盾的，就是這種無著的觀念所致。可惜人的精神又不常在這些觀念中注意，它是否絕對不能實現，也沒有特別試用，所以在邏輯原理上說，矛盾觀念就是不能實行而又不可存在的觀念。只有在名字或觀念的片斷中可以實現。

要決定概念的價值，一定要分析所有概念，在分析中，無論何種觀念，都不能歸於無有，因爲無限小的觀念，不能自行消滅，其存在之最合法式者，爲正確概念。但是我們人類的思想與宇宙的現象，不是完全由分析就可以除去矛盾；因爲矛盾內質有不可以去的，不過借分析指明，爲之減除混淆觀念。譬如哲學家——培根、米爾——所謂原因經驗的概念，以原因爲一種必然與充足的條件，而又對於結果上無作用，無限定，無能率；換言之，凡事皆有原因，而同時又沒有什麽；這種同類概念，就是矛盾的。

二

又如心理上無意識現象的概念，好比一種憂愁發現，一方面因爲痛苦的感受，同時一方面因爲無意識並沒有一點感受，這當然還是包一種矛盾在內。

三

再還有普通感覺性的混淆觀念，如顏色、聲音、熱，都是矛盾的；因爲顏色如憂愁然，都是心理現象的一種感覺，如果承認顏色是物體的本質，就是沒有意識的憂愁，不能表現的表現，不能得見的幻象；把意識與感覺分開，而同時又變換爲物體的客觀性，這自然是矛盾的存在。

四、運動與自由意志的概念

以外還有不可知其為矛盾與否的概念，如運動的概念，由無窮定有窮，以一動體經過任何有限空間距離，都要經過無限點。又自由意志的概念，一方面自由行動，應由理性限定，一方面卻又不能限定；因為自由行動如果由理性限定，則必理性自理性，而行動卻不能出乎所謂行動之外。在無限定中所得的反行動之可能，與在有限定中所得的行動理性之性質，二者間怎樣可以聯合？這些矛盾的內質，我們還不能完全明白。

第二節　判　斷　邏　輯

一、形式邏輯只注意於觀念的連誼以語言補充之

我們要肯定兩事物間相類、相異、相共、相續、相因的關係，就有一個判斷存在。判斷就是一標辭，其語辭所有的關係，為觀念或概念的組合，精神上雖不能有觀念間主觀關係的陳述，然而由自然客觀性上，能敘出事物間客觀的關係來。十九世紀米爾邏輯稱為實在論者，就在此處。但是形式邏輯完全以研究思想作用的本身為首重（主），對於客觀性的事體不能注意；換言之，只有注意概念上的對象，在各種事物間所存在的關係，由邏輯用概念間存在的包攝或排除的關係代替。這種關係，就是兩觀念的賦與或表格性（Attribution）的關係，而語言的真正應用亦即在此處。先化所有表格相承的關係，約為主格，然後由所謂判斷理會全部的實相。譬如說"孔子是聖人"，成了一個表格判斷，標辭描出思想實在的作用，一方面孔子，一方面聖人，所成的關係恰是相承而起，由一個動詞"是"字肯定。再如果說"甲是不等於乙"，與前標辭完全不同，因為這裏"是"字所表的關係，使兩集合成一表格的"類"（不等於乙），而不知道思想實在的作用。所以在思想中判斷的表格有形容性質者，與實體或量之類的性質全不相同。

二、觀念的連誼爲內包與外延

形式邏輯所注意的觀念，就是普通抽象或類分的概念，每個概念表明物體或個體具有公共形態、性質或異體的類分。集所有性質組成概念的"內包"，集所有性質包具的物體成爲概念的"外延"。所謂定言判斷，就用"是"字的連辭，在兩概念間肯定一關係爲："甲是乙"。這個關係有兩種不同的觀點：從內包上看，甲的概念包乙的表格，換言之，乙爲甲的內包之一；從外延上看，甲體（類分）所有的集合，爲乙體（類分）所有的集合之一，換言之，甲概念的外延包於乙概念的外延之中。前者如：人爲兩手類、理性的、能笑的……後者如：亞洲人、歐洲人、海洋洲人等都是人。概念愈爲普通，觀念的包括愈少，譬如梅花樹比樹少，而樹的觀念不能包括梅花樹的所有性質。在萬物之中，如生存可能之類，外延爲無窮，而內包則幾近於零。反之，由普通下降，則所得的各個新層觀念，能充實其內包，而外延漸及於最小。如個體絕對有限的觀念：孔子、孟子、墨子的觀念之類，外延等於一，內包則爲無數。由最普通觀念看，能在最多之中認識很少；由非普通的觀念看，又能於最少之中認識很多。所以內包外延，兩兩正相反。

三、分析與組合判斷

從內包外延的關係判斷中，得出其它兩種判斷法，即康德所謂分析判斷與組合判斷是也。分析判斷云者，其屬性所有的觀念，必包於主格之中；組合判斷云者，其屬性所有的觀念，能另爲加入主格包有的原素中。前者如：（甲加乙的）物體有（丙的）面積；後者如：（甲加乙的）某物體爲（丙的）白。這種區分並不是絕對的。如果發現某某性質爲某一定主格所固有時，即成爲組合判斷；而此性質復由是成爲主格內包的固有部分，原判斷因此又變爲分析了。兩種之中，組合判斷由試驗引伸而出，因爲有時屬性不爲主格所有，惟恃試驗以定其與否。分析判斷無須乎用試驗，因爲它的屬性就在主格之中，不必就試驗測其是否屬於主格，形式邏輯之主要原理，即由此發引。如所謂齊一律是也："一物是其所是。"由是得三種規範：（1）就齊一原理合乎形式邏輯者，凡此判斷必言明屬性包於主格之中；（2）不就齊一原理出乎形式邏輯者，凡此判斷必明言屬性不包於同一主格之中，如言此物是熱，判斷須有試驗的證明；（3）就矛盾原理而爲無理性者，凡此判斷必言明屬性在主格上爲矛盾，如三角形之各角等於三直角。

這些規範正所謂形式適合，我們能夠合理底利用，就可以行其所能，由爲什麼要做，一直認到應該如此做爲止；好比幾何學的公理然，並不是前人善於觀察，只因爲公理的同一理性可以適合幾何推理的無上條件。邏輯所有方法，都由齊一原理推出，但是齊一原理雖説是"如果一物爲某一物，則此物終爲此一物而不能復爲其它一物"，卻又没有説出"是此一物或非此一物"。其它的方法亦與此同類。如不容間位律的原理："凡存在爲完全或不完全，空間爲有窮或無窮"，都是由齊一律矛盾原理所推演的。前面講的概念分析和矛盾内質的形式與此皆爲邏輯方法的要點。因爲概念由分析能知其是否包含矛盾，再由概念的分析，又可以知道判斷中概念的屬性形容是否包在此概念之内，或在此概念之外，或者與此概念相矛盾。這些分析的方法，正是前面幾種規範所認定的。

第三節　推理邏輯

推理有二，在精神方法上由齊一律以外的定律從特殊到普汎上推理者名爲歸納法；精神只與本身相合，從普汎到特殊上推理者名爲演繹法。歸納推理，把證驗的關係建在普遍定律之中，只就一定的空間時間爲準，結果歸納存在，必須超過無限觀察，其精神自然有與本身結合之外另行結合的必要。但是形式邏輯只要精神相合於本身而已，對於定律的原理，須有試驗加入者——同因生同果——則爲齊一律所不能，故形式邏輯的推理，以演繹爲首重，普通歸納法成爲次要，因其獨立爲第二部方法邏輯的專論。

演繹推理有二：一曰直接演繹，一曰間接演繹。

（Ⅰ）直接演繹，即是肯定凡判斷無用於第三名辭與中間判斷，而能直接得出結論者。間接演繹則不然。在第一判斷與結論之中，必須有第三名辭與一中間判斷相拼，始成爲完全結論。直接演繹由兩種方法組成：對置與換置是也（L'Opposition et La Conversion）。

（A）對置即由一標辭的真假，結論其它一反對標辭的真假。所謂反對標辭，即由兩標辭同樣名辭的組織，而能各自異其量、質，或由兩標辭相合，而有反對名辭者也。

凡標辭的量皆由主格外延所定，如果主格全在外延上，標辭則爲普汎的："凡人皆有死。"如果只在外延一部分上，則爲特殊的："有人能爲善。"再如果一標辭的主格爲本名，或公名，或複名者，爲單稱標辭，如："孔子是聖人，孔子的後人不是聖人。""這般官吏都是頑固子弟。"所謂單稱標辭，都能認爲全稱標辭，因爲主格包所有外延而有。

凡標辭的質皆由肯定表格形於主格內包之中所定："孔子是聖人。"或者由否定表格超於主格內包之外所定："孔子不是罪人。"

凡標辭都同時有一量一質，推而爲四種標辭如下：

（一）全稱肯定標辭 A：凡人皆有死；
（二）全稱否定標辭 E：凡事皆不全；
（三）特稱肯定標辭 I：有人專爲賊；
（四）特稱否定標辭 O：有事不成功。

兩標辭量質同時相異的（AO 或 EI）名爲矛盾標辭：凡人皆有死，有人爲不死；凡事皆不全，有事能成全。在矛盾對置的標辭中，由判斷之一的真理，可以直接推得其它的錯誤，反之亦然，由判斷之一的錯誤，可以推出其它的真理。即爲轉換原理或不容間位原理的存在：一物是其是或非其非，無所謂中間性質。一真就有一假，一假也就有一真。如果凡人皆有死爲真，則有人能不死爲假；如果凡是皆不全爲假，則有事能成全爲真。

兩標辭只有量的相差者（AI 或 EO）名爲差等標辭：凡人皆有死，

有人是死；凡事皆不全，有事不全。這裏得出四種差等的關係只有兩種結論：

（甲）如果全稱為真，特稱亦真：凡人皆有死，有人是死；

（乙）如果全稱為假，則結論沒有；因為特稱可以真或假：如果凡人為賊是假，有人為賊就是真；凡人不死是假，有人不死亦必為假；

（丙）如果特稱標辭為真，亦沒有結論；因為全稱標辭可真可假：有人是死為真，凡人是死亦為真；有人為聖人為真，則凡人為聖人為假；

（丁）如果特稱為假，全稱亦必為假：如果有人不死為假，則凡人不死自然更假。簡單表此四種關係如下：

如 A 為真，I 為真；如 A 為假，則 I 無定；如 E 為真，O 亦然；如 E 為假，O 為無定；如 I 為真，A 為無定；如 I 為假，A 亦然；如 O 為真，E 為無定；如 O 為假，E 亦然。

兩標辭由質的差別上得出兩種不同性質的："在全稱上者名為大反對，在特稱上者名為小反對。"前者如：凡人皆有死，凡人皆不死；後者如：有人專為賊，有人不是賊。大反對的標辭有兩項即一結論，如果一為真，則一為假：如果凡人皆有死為真，則凡人皆不死為假。如果一為假，必不能結論其它之真假：如果凡人皆不死為假，則凡人非不死為真；如果凡人皆為聖人為假，則凡人皆非聖人亦為假。簡而言之：如 A 為真，E 為假；如 E 為真，A 為假；如 A 為假，E 為無定，如 E 為假，A 為無定。

小反對標辭亦為兩項及一結論：如果一為假，可以結論其它一為真；如果某人能為善為假，則某人不能為善為真。如果一為真，則不能結論其它之真假：如果有人為聖人為真，有人不能為聖人亦為真；有人是死為真，有人不死為假。簡而言之：如果 I 為假，O 為真；如果 O 為假，I 為真；如果 I 為真，O 為無定；如果 O 為真，I 亦為無定。

所謂對置標辭直接可能的結論，即在此而已。

（B）換置又是如何施行的？

換置者，即由一標辭中抽出一新標辭之謂也。換言之，轉換各名辭，使主格爲表格，表格爲主格，而仍不變標辭之性質。

在什麽條件上換置是可能的？普通規矩一定要先認明兩名辭外延在標辭中所佔的範圍，不然，結論超過前提，即不能由齊一原理檢證其合理與否。

我們知道主格外延總有所指，而表格則隨標辭之性質爲異："如標辭爲肯定的，則表格攝其外延之一部。"人皆有死，表明人有的是死了。"如標辭爲否定的，則表格攝其外延之全部。"人不是軟體動物，表明人並不是軟體動物之類。從此推得四種方法：

（一）全稱肯定的方法 A：凡全稱肯定能換爲特稱否定，如"凡人皆有死"，變爲"有死的是人"；這就是亞里士多德所謂"偶爾部分中不完全的換置"。

（二）特稱肯定的方法 I，凡特稱肯定的換置無甚改變，如"某人爲聖人，某聖人爲人"，兩名辭爲特稱者仍爲特稱，所謂純粹、完全、簡單的換置。

（三）全稱否定的方法 E，全稱否定的換置亦無甚改變，如"人不是神，神不是人"，主格爲全稱者變爲否定表格時仍爲全稱，表格爲全稱者變爲全稱主格時亦能爲全稱。

（四）特稱否定的方法 O，特稱否定的換置爲不可能，因爲主格特稱不能換爲全稱表格，而表格如爲全稱者，則能換爲特稱主格無疑。但是主格特稱者變爲否定表格時不能有全稱的外延。所以標辭之："有人不是數學家"，不能換爲標辭之："有數學家不是人"。O 的換置，還可以用換位法以相當之 I 標辭代替。如"有人沒有錢"（O），等於"有人是窮"，從此換爲"有些窮的是人"。不過這還是無所謂換置，因爲兩標辭之中的名辭（有錢與窮）並不相同。

總之，一爲有限換置，二與三爲簡單換置，四爲否辭換置，或位置換置。

（Ⅱ）間接演繹或名演繹推理

邏輯的直接演繹，雖然可以視爲一種推理，然而還不算是真正推理方法，謂爲推理工具的部分之一可也。因爲推理的定義，凡一標辭"必然"推出其它一標辭，其所推出之結論標辭，必然爲間接標辭所有之演繹推引的結論。所以推理之必然性，即凡表格必屬於主格，因爲第三格之聯合，使主格表格同時相爲維繫，能具此種推理的特性，邏輯上名之爲三段法。

一、三段法與演繹

推理中普通應用的形式，都爲形式演繹或三段法，許多邏輯家認爲與科學歸納法相對，邏輯論理的爭端和錯誤，即就此下種，其實歸納不過三段式之試驗的結論。真正三段論即人類思想語言中所有推理之普遍形式，但是有許多邏輯家又把三段式當爲演繹法的專式，聽到演繹一字，即認爲三段論之原形，這更是錯誤之尤。形式演繹與所謂科學演繹，完全爲三段論的形體結構，其區別顯著者，在科學演繹中有所謂直覺原素的加入，如普通試驗與數學演繹是也。因爲如此，所以科學推理在形式邏輯的包攝中無須特別的證明，而在邏輯研究的通式上，就能表明科學的推理，我們要除去形式中事實的錯誤，就是三段式的方法可能。

二、三段式的定義及其通式

亞里士多德定三段式爲："一種演詞，在若干事件論定之中，能斷得其它一事件之結論，且在此論定的事件上，更只能有此一結論。"是三段式之範圍已具一切推理之普汎性。

然則所謂三段式的結構如何？即是一必然標辭（結論）的產生由所認爲真實標辭（大前提）中抽出的結果，而以第三標辭（小前提）爲其中間牽連的關係；換言之，三段式之結構由三名辭組成：有一名辭（大辭）必爲它一名辭（小辭）之表格，因爲它爲第三名辭（中辭）之必然的表格。而此第三名辭本身又爲小辭之必然表格。如：死爲孔子之必然表格，因爲它爲"人"的必然表格，而人又爲孔子之必然表格是也。孔子所以有死的性質，因爲他有人的性質，而凡人又都有死的性質故也。

再來三段式可以證明物體的存在，或者物體的類分屬於其它物體的某一類分的存在。因為物體或類分屬於物體的一類分，而此一類分本身又屬於此類之某一類分中，如孔子為死的類分之一，因為他為人的類分，而人的本身又為死的類分之一：死連累於人，因而又連累於孔子。三段式之正形為三標辭之總式：

標辭 { 大前：凡人（中辭）皆有死（大辭）；
小前：孔子（小辭）是人（中辭）；
結論：所以孔子（小辭）有死（大辭）。

三、三段式的規則

前面就是三段式的普通式，我們推理之中都能具這種形式，然而失真的地方則又幾乎無算，所以形式之中不能不先求免去實體形式的錯誤，邏輯家研究三段式之演繹可能，而又能永合於實效者，必為八種規範的保證所認：前四種關於名辭之規範，後四種關於標辭之規範。

（一）三段式必須包三名辭，既不能多，亦不能少。此即三段式之定義，因為它由第三名辭（中辭）連合兩極端名辭（大小辭）的關係，假如只有兩名辭的配合，必不能得出第三標辭的差別來，也就不成為間接推理。假如在三名辭以上，則凡另有的附加名辭必然無用，而與其它原定名辭亦無甚關係。

（二）結論不能包中名辭。因為結論在說明大小辭之關係，所以只有包大小辭而已。再者，此一標辭只能具二辭，故決無中名辭的地位。但是它能在前提各標辭中，然而所包的形式有時並非中辭之正義。

（三）兩極端名辭在結論中不能有大於前提之外延。因為結論只能作前提有效的結果，如一名辭在前提中為特殊，在結論中不能為普汎，不然，結論超過前提，即不能為正確結果。換言之，斷定"若干"為"所有"是不合理的。進而言之，名辭的外延不同，則非原名辭。而與第一條相反，故為無效。

（四）中辭至少必有一次為普遍。因為中辭如果在前提中兩次都是特稱的，換言之，只有外延部分的表現，而此部分又為無定者，則不能肯定部分的相當。譬如說："若干人是有錢的，若干人是可憐的"，兩標辭中的結論只能推到"若干人"為人類之部分耳。而三段式有效的條件名辭不能齊一，則三段式無用，故凡不合第四條者必反乎第一條。

（五）如果兩前提都為兩肯定，結論不能為否定。兩肯定前提蓋亦多矣，然不能都有結論。如果有結論者則不能為否定，因為用同一中辭連合兩極端名辭，不能證明彼此之間有所分離，而在部分上亦然。

（六）如果兩前提為否定，則無結論。因為兩極端名辭都不能連合第三名辭，所以不能斷論彼此相接，亦不能判定彼此分離。可以如此者，亦可以如彼：如日本與孔子之徒的名辭都不接於法蘭西的名辭，而彼此又能連合。中國人與基督之徒的名辭亦不接於土耳其的名辭，而彼此亦不能連合。

（七）結論追行前提中最弱的部分。換言之，特殊的或否定的。有兩點分別：第一，前提之一為肯定它一為否定者，結論為否定。因為前提如果有一表明兩極端之一由中辭連合；有一表明中辭不能連合其它一端者，則兩極端名辭必不相合。第二，前提之一為普遍，它一為特殊，結論必為特殊。因為如果"有的"兩端之一包中辭所有性質，而此中辭又能連合其它一端名辭，則惟限於"此處的"第一端連於第二端。

（八）兩特稱前提不能有結論。有三點分別：第一，或兩前提都為特稱肯定，有時認中名辭連兩極端名辭之一，又有時認為由其它一極端名辭能連於中辭。但是中辭在這些地方與小辭相合的，是否都能與其合於大辭的地方相似，我們不可得而知；所以兩極端名辭之間是否彼此相合，我們亦不得而定。第二，或兩前提都為特稱否定，依第六條亦已知其無結論。第三，或一為特稱肯定，一為特稱否定，如果有的中辭連於兩端之一而又有不連於它一端者，即不能結論到：有地方甲包乙的，都是丙不能連乙的地方。

這八條規範，差不多是三段式最重要的元素關係，研究邏輯推理的演繹法，即不能舍此別求。現在再看三段式的形與式如何。

第二章 三 段 法

一、三段式之式與形

邏輯家由各標辭之量與質上，研究出三段式各種不同的樣式，名之曰式（modes）。這是中世紀的邏輯家求證的。他們列出四種標辭，作一切可能的配合：其法每三三相配，總得六十四樣，然後復由此數中消去不合理者，或前後相同者；以前八規範爲選擇的標準，得一結果表爲：

AAA	eaa（七）	iaa（七）	oaa（七）
aae（五）	EAE	iae（五七）	oae（七）
AAI	eai	IAI	Oai
aao（五）	EAO	iao（五）	OAO
aea（七）	eea（六七）	iea（七）	oea（六七）
AEE	eee（六）	iee（七）	oee（六七）
aei（七）	eei（六七）	iei（七）	oei（六七）
AEO	eeo（六）	IEO	oia（八七）
aia（七）	eia（七）	iia（八七）	oie（八七）
aie（五）	eie（七）	iie（五八七）	oii（八七）
AII	eii（七）	iii（八）	oio（八）
aio（五）	EIO	iio（五八）	ooa（六七八）

续表

aoa（七）	eoa$\binom{六}{七}$	ioa（八七）	ooe$\binom{六七}{八}$
aoe（七）	eoe$\binom{六}{七}$	ioe（八七）	ooi$\binom{六七}{八}$
aoi（七）	eoi$\binom{六}{七}$	ioi（八七）	ooo（六八）
AAO	eeo（六）	ioo（八）	

表中大楷字表明有效式，小楷表明不合理者，數目字為八條中所犯之條目。

總看只十二式為有效，但是 AAI、AEO、EAO 三式還是無用的，因為有 AAA、AEE、EAE 三式，則凡限於以特稱結論代用普通結論者，皆為自然合理的推證。所以實際只有九種式，若以代數式為算，僅能推用一式而已。亞里士多德認第一式為科學方範，或亦已窺見其一斑。

要知道這各式的配合，還僅是抽象的表現，假如三段式純就此類推，則仍可入於非理性的論證。故邏輯家又研究出中名辭在各前提中所有位置法的 "形"（figure）。形有四種可能，但是亞里士多德只認為有三。第一形中，"中辭為大前提之主格，小前提之表格"；第二形中，"中辭為兩前提之表格"；第三形中，"則又都為其主格"；而第四形中即第一形之反："在大前提為表格，小前提為主格。"

由中辭位置，能於前提中決定各形之表現，同時其它各名辭亦能同樣因之決定。因為大辭在定義上已列入大前提中，而小前提則只包小辭。前提中對中辭位置完全自由，故使用上極為便利。

形與式之間的差別可以說是："凡式皆為標辭之配合，而形則為名辭之配合。"三段式注意四形的研究，只在復興以後始入於形式邏輯，法國拉捨利邪（Lachelier）的邏輯討論，謂三段式本無四形之效，我以為從形式一字看，則以四形論據為能及於變。

我們說過，形中六十四式只有九式有效，而四形中各式可能的配合，則又爲數二百五十有六，此數中有效者更只有十九式。凡是有效者，皆能就普通數學演算法證明，如分析法與組合法之直接演繹以及非法改造（Reduction á L'Absurd）之間接演繹皆是。各式之中，由組合法所得之有效式，定爲各式之特別規範。僅分述於下。

二、四形之規範及其改造

第一形

（甲）小前提應該肯定。因爲如果否定，結論亦必否定，而大前提必爲肯定；因此大名辭在結論中爲全稱者，在大前提爲特稱，即不合換位與第三規範。

（乙）大前提應該普汎。因爲小前提既爲肯定，表格——此形中之中辭——爲特稱；因此中辭在別一前提中必爲普汎；換言之，大前提對於主格必須普汎。其能合理之四式爲：Babara, Celarent, Darii, Ferio。

第二形

（甲）前提之一必爲否定。中辭在前提中至少有一次普汎，因爲兩都爲表格，必須有一爲否定；由第六規範知道不能兩都爲否定。再者結論必爲否定。

（乙）大前提必爲普汎。因爲結論既爲否定表格必爲普汎，而在前提中此辭必爲普汎。因爲在大前提中爲大辭故也。其合理之四式爲：Camestres, Baroco, Cesare, Festino。

第三形

（甲）小前提必須肯定。與第一形之甲條相同。

（乙）結論必須特稱。因爲小前提爲肯定，而表格爲特稱，故在結論中亦必特稱。其合理之六式爲：Darapti, Dotisi, Disamis, Felapton, Ferison, Bocardo。

第四形

（甲）如果大前提爲肯定，則小前提爲普汎。因爲大前提既由假定立爲肯定,其表格必爲特稱,而此形中此辭爲中辭。在大前提中既爲特稱,在小前提中當爲普汎。

(乙) 如果結論爲否定,大前提爲普汎。因爲結論在假定上爲否定,必有一普汎表格。此辭在前提應爲同一量,而第四形之中,此辭爲大前提之大辭,故爲普汎。其合理之五式爲:Bramantip, Camenes, Dimaris, Fesapo, Fresison。

各式之分析證明,則在"改造"中,因爲舊式邏輯只用第一形改造其它各形,在第一形中的四式,都是中辭完全存在的。而此外之各形各式,都能改造爲第一形之四式,其方法即由前有各字所指定之配合轉換之。但其中第二形之 Baroco 及第三形之 Bocardo 不能改造爲第一形,能由非法改造爲 Babara,即是以一前提及結論之矛盾辭爲前提,而推演別一前提之矛盾。因爲如果兩前提的眞理必然連累於結論的眞理,則結論的錯誤亦必連累於前提之一的錯誤。所以承認一爲眞:就應該推出其它一的錯誤。我們就 Baroco 來實行改造:

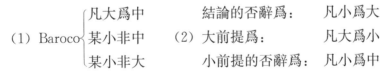

(2) 變爲 Babara 的三段式,此三段式如果有效,則 Baroco 亦爲有效。同樣改造 Bocardo 爲:

所以 (2) 還是爲 Babara 的三段式,證明 Bacardo 亦爲合理。此即所謂間接改造是也。

有三段式的樣式,使我們配合三段式之標辭,促成眞理的判斷;有三段式的形,使我們進而知道表現眞實的價値;有三段式各形的改造與非法改造,使我們知道由不完全的推理進而入完全科學的方式。這四種分形,其所以各自存在者,因爲有特別推理的表現:第一爲用以證明一事物之本質者，第二爲用以得見兩事物間之分別者，第三爲用以證明一種普汎規範中所有例外點，第四則用以發現凡種之中所有不同的類。由此知道亞里士多德所以認第一形爲真理者，因爲在種中分別類，只要證明其特性所在，或多數之間的分別，即爲滿足。

因爲如此，所以三段式的原理與普通演繹推理的相同，都是齊一原理作用。邏輯家有時定爲"肯定全分與否定全分"（Diotum de Omni et Nulo）原理，即是"凡能肯定其全者，亦必能肯定其分；凡能否定其全者，亦必能否定其分"。三段式之原理，即爲此類的真形；換言之，所限於個體者，即爲其全體之範圍："凡人皆有死，所以一人（孔子）也有死。"

（附註：前面改造式之符號，當頭羅馬字，指明可以改造爲第一形的相同之推測式，S 表明字前標辭可用簡單換位，P 表明前辭可用有限換位，M 表前標辭可以換位置，K 表明不能直接改造，餘均無義。）

複合三段式

一、不完全三段式的分別

以外還有所謂不完全三段式，或名複合三段式，邏輯通認爲三段正式之引伸，無甚關緊要，如普通語言或證明之中有暗示以三段式之關節者，此三段式之名爲歇前推理（Enthymene），例如：煤氣有重量，因爲凡物質有重量。

凡三段式與三段式可以合成重複三段式。有時前三段式爲後三段式之起點者，名爲"斷後三段式"（Prosyllogisme），例如：凡人爲哺乳類，孔子是一人，所以孔子是一哺乳類，聖人是孔子，所以聖人是哺乳類。

又有所謂連環體，即是三段式之前一辭連接後一辭者。例如：人爲兩手類，兩手類爲動物，動物爲生物，生物爲物，故人爲物。

二、假言選言三段式及改造之特點

假言三段式者，即大前提有假言標辭之三段式。選言三段式者，即大前提之兩表格彼此相擇，如："甲爲乙或丙之類。"兩種三段式產生所謂正定或負定式（Modus Ponens et Tollens），其例如假言三段式之：

如果是白天裏，⎰正定式：此時是白天裏，所以是亮的；
就是明亮的　⎱負定式：此時不是亮的，所以非白天裏。

選言三段式之：

是白天裏，⎰正負式：是白天/黑夜裏，所以不是黑夜/白天裏；
或是黑夜裏⎱負正式：不是白天/黑夜裏，所以是黑夜/白天裏。

在假言三段式的推理中，有所謂雙肢體（Dilemme）的演繹；其所不同者，即大前提中之前件或後件爲無定式，而小前提中後件的肯定或否定爲此無定式各邊之連續肯定或否定。其例亦有正定負定之別。如：

正定式之：某大將會囑其兵士，勿許敵兵逃過戰線曰："如你離開此地，或者你讓敵兵逃過，你就該死。"於今你離開了此地，你又讓敵兵逃了，所以你該死。

負定式之：如果因犯逃了，必是由門或窗子走的；但是他不能由門走，也不能由窗子走，所以他沒有逃。

這種推論，完全是爭論的發端。譬如在第一點：某兵士並沒有離其定守位置，也沒有故意讓兵逃過，然而有因爲沒有看見的時候逃過了的。第二點：某囚犯逃了，可以不由門也不由窗，而由地下窟洞逃的。

這許多非正式的三段式，由可能的改造上，都能轉換爲正式的；而選言與假言二者，使三段式的普通規則能應用於各方面。實際上結論的必然推證，都是同一理性，不過此二者與正式三段式的分別有時間的不可能性。第一、二、三、四形中所有由主格到表格的關係，皆在時間存在以外；選言假言則不同，完全表明時間中各現象各情境相續或同時的關係。如果寒暑表降到零度，就要結冰；如果沒有結冰，即是在零度以上。物體必然是靜或動，物體不能同時靜又動。此皆選言假言之必然性。

第三章　歸納形式

一、歸納推理

演繹法爲普遍眞理之特殊性，歸納法則爲特殊眞理之普遍性。這兩種推理互相對照。用歸納法推測，即是由一個或許多特殊眞理之中推出一普遍眞理；即是由普汎固定的關係建出時間空間有限的關係；即是由若干變更結果上指出永遠的原因；即是由若干現象表現中取出一種定律；由若干偶現的眞理上推出一種原理；即是轉變事實爲定律，視特殊點爲普汎之演繹點。因爲如此，所以通常以歸納法爲演繹法之反，演繹推理由前件包含之中選取結論，歸納推理則由前件包攝之中抽象結論；它專從事實的範圍上，求定律的擴大；所以從少中能抽出多，因爲它的結論不只在前提之中超過特殊與普遍間所有的差等。所以歸納推理的標題，都在經驗知識中存在。如果精神上不能發覺事實間因果限定的關係，則惟試驗足以知其間不相接的所以然。但是專恃無限事實的增加，經驗知識還只有達到特殊獨立的眞理，而不能爲普遍的定律，到了組合判斷之中，能把因果關係找着了，則永遠普遍的性質可以尋出，因爲凡因果關係，皆爲固定的，不變的；故分析判斷能由試驗上給特殊眞理以普遍可能。

演繹與歸納的分別，在三段式的形式下有如：

歸納之：$\begin{cases}輕氣爲液化體；\\輕氣爲一種煤氣；\\所以凡煤氣爲液化體。\end{cases}$

演繹之：$\begin{cases}凡輕氣爲液化體；\\煤氣有的是輕氣；\\所以煤氣有的是液化體。\end{cases}$

演繹推理的普遍結論，必自小前提普遍中得來，如果小前提爲特殊，則結論必爲特殊。而歸納推理則能於特殊小前提中得出普遍結論。再如：

演繹之：$\begin{cases}孔子爲人；\\人是有死的；\\所以孔子有死。\end{cases}$

歸納之：$\begin{cases}孔子爲人；\\孔子有死；\\所以人是有死的。\end{cases}$

其比較之簡式爲：

演繹：$\begin{cases}孔子——人，\\孔子——死人，\\孔子死。\end{cases}$

歸納：$\begin{cases}孔子——人，\\孔子死——人，\\人——死。\end{cases}$

歸納推理的形式，普通能定爲下列簡單定理之：

"大前提：M 總爲 P；小前提：S 有時爲 M 等於 Sx 總爲 M；結論：Sx 總爲 P。"

二、伯海納與米爾等的論據

因爲如此，所以許多科學家以爲三段式的前提暗藏歸納原理者，即爲歸納推理。如伯海納（C. Bernard）之言曰："以我試驗家的眼光看來，歸納與演繹無甚分別；人類精神，由假定的發覺中，自然有一種原理的觀念或感覺表現，決不能在三段式的推理以外實行推理；換言之，總是由普汎到特殊。到了歸納的時候，以爲是由特殊到原理，其實還是推演；不過因爲試驗家在黑暗中研究，總是以所假定的原理或暫時肯定的來步步更變；然後就所集合的事實作爲標的，進而推及更普遍更確定的原理。結果所得的實在，就是我們的演繹。"

這樣看來，由假定推及試驗的檢證（Vérification），歸納原理全爲演繹的侵取。邏輯家米爾、斯賓塞不以這種學理爲然，反對以演繹附屬歸納。如組合判斷的推理式："凡物體皆有重量，空氣爲物體，故空氣有重量。"自然，我們知道結論已在第一前件中測定了。對於所有物體普遍的重量性不能一定，而對於各物體個別的重量又要知道必爲一定。如果説空氣的重量性，在取決普遍重量性的事實以前不能定，則"凡物體皆有重量"的標辭亦必有所疑惑，而對於結論更不能有效。所以普遍標辭不能爲特殊點之證明，如果外延的各點先不能證定，則其本身亦不能視爲真實。所以米爾説："從普遍到特殊的地方，沒有可以證明的，因爲普遍原理其所以能推測特殊事件者，必先假定此原理爲已知的事件。"空氣有重量性之保證爲木，石，水，鐵之類的試驗體。組合標辭之普通性，不過爲特殊單簡事物的登記，與對於其它事物的簡式。推理中如果惟有組合標辭，則無非徒有演繹其形，實際就是真歸納法。因爲組合判斷，沒有外延，也沒有內包，衹有單簡事實，不能入於其它之判斷的外延或內包中，衹有本身及其附屬物之範圍，以外則一無所有。所以求真理必須加入分析判斷。譬如從凡物體皆有重量的標辭起，推出若干物體有重量，其中就要有分析標辭之"凡全包其分"的存在。從同一自然之全稱肯定，推測其部分肯定，即是從本身推測其判斷。這不過是演繹的形式與外表。真正的演繹，必須有分析判斷的應用。故米爾之論，尚不足以滿足科學邏輯之批評。

普通歸納推理，包兩種原則：（1）從事實到定律的歸納；（2）從定律到特殊事實的演繹。並不是完全從特殊到特殊的本原推測，因爲一事實本身不能推出事件，也更不能證明事件，其所以能推證的，因爲先有定律的幫助。一事之本身，如果能證明其它一事，則必能證明無限相似的事實。不過這一事的本身又怎樣能得證的？小孩子被火燒了指頭，結論到："火燒"的標辭，這是不是一種概論？又是不是真從特殊推到特殊事件？歸納邏輯家用觀念聯瑣論的解答，實難充分其説。所以因果律變爲歸納原理的基本所在，米爾邏輯的新創見，亦即在是。

三、歸納範圍的兩大觀念

歸納範圍包兩大觀念的組合："物理關係與道德關係是也。"從此分別設立自然現象定律的物理歸納，與建定人類自由行動定律的道德歸納。物理歸納為絕對的，其結論為固定的；道德歸納則時為絕對，時為相對，其肯定又復時為定言，時為假言。有某種前件，就有某種後件。對於人類集合的定律為定言肯定，而對於個體則為假言肯定。因為一方面有"自由"的存在，人類全能屬於不變的定律，如物理律然，而個體則能有修正之必要；譬如一人對所有人皆知道的東西不能作偽。如果到了單獨事件，就個人利益起見，當然可以隨便造假。所以道德歸納，只有"限於"集合的事件，而"防於"個別的行為。因為個人可以不作人的行動，而羣衆則不能減去人類的定律。

這裏還有一種形上的數學歸納。如生存連續的各種觀念，在分析數學中，引伸為數量最重要的科學，所謂無窮小的微積演算，正是歸納量性關係中形質關係的歸納，其表示歸納方法之邏輯應用，則為數學公律是也。

(1) 類推性

歸納中重要推理，有所謂"類推"或"相類"的原理，譬如兩事物或兩觀念的具體或抽象，能由比較相推，而無混淆之患者，名為類推。如液體與流體，水與氣，家與國的問題和組織。類推的可能，隨思想範圍確定。

類推即相似推理，如歸納為歸納推理然，由同類已知之事件類推其同類未知者，由所現之一關係推及未現之它一關係。即是因演繹所生之歸納法。譬如算學類推原理：同量中大辭超過中辭，中辭又超過小辭：

$$a+q=m=b-q. \text{ 或者：} m=\frac{a+b}{2}.$$

幾何類推之：大辭在中辭上，中辭又在小辭上：

$$\frac{a}{m}=\frac{m}{b}.$$

調和類推之：同一分數中，大辭超過中辭，中辭又超過小辭：
$$a+\frac{a}{q}=m=b-\frac{b}{q}.$$

這個或者説是適合於歸納上之演繹法亦可。譬如説凡已知之有毒蛇皆爲胎生，歸納到有毒與胎生的兩個性別，從此推演到某有毒類爲胎生，或某胎生有毒。類推與歸納之分別，惟外延相異，因爲它不在因果觀念上，而在個體、秩序、連續與各事件聯和之中。在具體真理範圍中的，與在抽象真理中的相同；在歸納實質有限關係上，由類推能代以相和的關係；在其附屬關係上，能代以相互的關係；在其結果關係上，能代以相存的關係。真正歸納，從原因相似，結論到結果相似；類推歸納，則從結果相似，結論到原因相似。復由小部分的相類又推到大部分的相類。歸納擴大其外延，類推則充溢其內包。所謂"內質歸納法"（induction intensive）是也。凡相似必有一關係，而類推則爲其關係之關係。

康德分別歸納類推的定義，一爲："許多主體中之一事件，即一事件在所有之中的歸納"；一爲："許多主體中之許多事件，即在各個之中所餘的類推"。歸納本身因爲據有一定原理來發展因果關係，所以能確實肯定；類推則惟修正非絕對證明的個體定律與各點間的差別，故爲無定之假定。在齊一原理上，不能相當於所推之類別，因爲類推並非齊一；在理論抽象上，亦不能有歸納作用的可能，惟有推及具體的標題。歸納能達到事物不變之中，而類推則惟出於偶然，其結論多爲或然程度，如果相似的關係愈近於不同之個體，則其類推的結論愈及於或然。

康德所謂純智原理中，有一爲試驗類推，因爲試驗的可能，惟有知覺必然連續的表現上，因此又分三種類推的定律爲：（1）實體永存原理：實體在變象之中，不增亦不減；（2）現象的連接：凡現象之來，皆隨其一定之因果律；（3）同存原理：凡實體在空間同時得見者，則其行動必爲交互存在。

（2）假定性

假定原理，爲類推所演，其判斷之推測，爲未知關係同已知關係類推之或然判斷。所謂"假設""臆説""猜度"之義也。如果類推不能援以實在，則惟恃假言原理爲科學推理的進程中最富足與最大淵源的發現工具，加利來之定律，牛頓之吸力，達爾文之種原論，安斯坦之相對論，皆爲假定的發現；故曰，假定者，先決之歸納法也。即是兩事件由同一定律產生的假設，其兩結果爲同一前件與屬一族類之組合。假定在多少事件中屬於所設之同一公共定律者，爲"理論"（Theorie）。其在多少定律中屬於同一最高定律者，名爲"法式"（Systeme）。理論即是特殊的假定，法式則爲普通的假定，如巴斯德之細黴論，牛頓之法式。

假定推理爲歸納推理之一，由四種方法組成：（1）研究一任何未知之事實或定律；（2）發現此未知之前因；（3）假證前因各種結果的演繹；（4）檢證所有的結果。

假定的重要，如同類推原理，極爲普通；在各種知識中公用，而於所謂科學之外，亦能實現其能。醫家、律師、商人、經濟家、政治家，步步用類推法以造成邏輯方法的假定。

假定普通規則有四：

（一）假定只能在基本類推上，不能於偶爾相似或簡單的名字相近之中建立；

（二）假定要能解釋所有已知的事件，其或然程度應與所解之事件的數量相同；

（三）假定不能與真理相矛盾，其不合真理者，必爲錯誤，因爲一真理不能與一真理相反；

（四）假定單獨認定的不能充足；因爲一問題之別解發現時，仍須能由原假定檢證出來。

這裏所謂假定，都爲歸納範圍的研究。以外應注意到演繹假定，它在假言標辭，或定理，或問題的標定上佔重要位置。這兩種分別不能相混，歸納假定能在有定結果中標出或然的原因；而演繹假定則不然，如果有了前件，後件始能實在。換言之，爲一種演繹原理，用以檢證事件歸納者也。

歸納推理之特性，即帶有思想自由的行動，其偉大生產力，即是專在未知量中爆發，正如歐洲人所謂"天下之神秘在於無所不能"，在試驗之前，只有以想像發現的假定爲進程。如果假定到了可能，就同已知事實相合，同時其它的假定亦必可能。所以人類與自然的關係發生於歸納與假定之中。由假定提出問題，由歸納施以審查。我們所能提出的問題，正是自然可以回答的。然而所答的正面雖能相合，其實並不就認自然的肯定爲準，只因爲一時沒有否定，如果再由假定的能力，還可以隨處研究出來。

（3）形式歸納性

邏輯上還有所謂形式歸納者，爲一種歸納證明的外現，用以裝飾演繹促成三段式者也。在亞里士多德列數舉例的推理中，佔一重要歸納位置。即先列舉全體之部分的組合，然後肯定各部分之所肯定。例如水星、金星、火星等，皆隨直線運行，而水星、金星、火星等，皆我們所認識之行星系；所以凡我們所認識之行星系皆隨直線運行。這本來是從特殊到普遍的形式，然而只算得口語形式僅在複數性中代用集合名稱，無須精神思想，當亦無所謂從特殊到普遍的進步，與重複律相應，而不能爲真正推理，因爲他對於原有肯定上不能加以外延的判斷，其實用則表示實際歸納無有，只能成爲演繹方法的三段式，證明："特殊真理之完全列數包在普通真理的外延中。"而且完全列數舉例，實際上誠不可能。譬如在無窮之中，即無列數的明白事件，而科學問題的實在歸納，幾全在增加其列數之不完全的可能，以爲假定類推的邏輯研究。

四、歸納原理與判斷的分別

以上所講的歸納推理，都是形式邏輯範圍內的研究；從此應該知道所謂歸納原理與歸納判斷的分別。歸納原理的判斷是普遍的，譬如說：凡同因必生同果，而同果則必出自同因之類。此類判斷爲惟一的，管理一切事件。而歸納判斷則爲無限，爲求過去或將來的特殊關係；如：凡石頭擲向空中，則將下墜；昨日太平洋各口岸海潮大漲；正與歸納原理的判斷立於過去與未來之間的現存固定定律中者完全不同。

歸納原理的判斷出於因果原理。所謂因的觀念連累於永久與固定的存在，一因終爲一因，有能因其它一因以生變更者，然而本身終於永久。至於真因與獨因，則根本不能變更，此時是則是，此時存則存，此時行則行；其進程的連續表現，即是齊一原理，或定律所在。譬如甲終爲甲，而三分之二的比例終等於三分之二。

第三篇　邏輯原理歷史批評論派

第一章　演繹批評論派史

一、概念或類分的批評

　　形式邏輯的普通概念和重要的幾種分派，第一篇已然論過。它的原理在第二篇裏亦略爲盡述；換言之，我們對於所謂亞里士多德派的邏輯，從此知道它的結構之所以然。現在要講形式邏輯歷史上消極批評的積極進化論。這一方面表示人類思想的擴大；一方面顯出求眞理的逼近。本來智能的基本方法包思維、判斷、推理三種作用。思維的研究，在亞里士多德以前的哲學家，即已內定其對象；當時辯證哲學與詭辯哲學之爭，釀成邏輯概念論據的：實在論、名目論、概念論三大派別。謹爲分述如次。

　　Ⅰ 從希臘辯證思想到中世紀學院派

　　概念論的對象研究，源於希臘最古的辯證思想。蘇格拉第的思想，極力反對詭辯學者的無客觀眞理論；以爲先作成概念，可以達到事物實質的定義。如果要達到一對象的定義，必先就各方面完全考證，調和外現的矛盾，分別動靜的本性與外遇。詭辯者認概念只在語言修辭中，蘇格拉第則認概念的形構，爲科學之究竟；換言之，詭辯者以概念爲獨立存在，使"實在"應於非理解的事件，而與試驗並不相接。反之，蘇格拉第則以試驗爲概念之檢察；一概念接合其它概念，必由試驗定其關係，邏輯區分的意義亦由是而立。譬如從種降及類的多元性，用定義限定各個特殊體，因此概念的屬性得以認識，所謂觀念間的流變，亦因此劃定。故由種分類，由類反種，其交互關係能視爲由一至衆，由衆及一之生命運動的邏輯聯瑣。

柏拉圖出，遂承蘇格拉第概念論的思想，更爲擴大其範圍。認眞正科學，即是概念的科學；而實在的實體，就是概念中物體表現的本質。所以邏輯的研究，不只爲精神定律，並且是實在所有。柏拉圖的邏輯顯然與形而上學相接。故謂思想自由判斷的可能，必須概念間有連接關係。他不承認絕對相等與概念絕對分離的事件。因爲彼此的概念如果不相連，則無思想與演詞的可能。再者，思想與演詞的可能，又皆出於種的連合，所以柏拉圖認眞假的產生，界於若干事物連合與否之間。如果凡事物皆可由連合而混同，則又爲動靜無別，等於不等。所以概念的存在，爲知識之必然條件。

對於認識的對象研究，使哲學都有全歸柏拉圖觀念的思想。要求各科學概念的總括科學，就是亞里士多德的邏輯產生。亞氏學於柏拉圖，而能集蘇格拉第之大成，亦認科學眞對象爲實體存在，求普遍中的特殊，因而發現證明的普通方法。故謂概念爲三段推理的科學條件，創造的原理與證驗的形式。邏輯不遠於自然，而亦不遠於具體抽象。精神首動即在感覺，由感覺成試驗；換言之，因比較與抽象始於個體概念，得出"本質的類別"；復由定義的可能，確定"固有底差異"；更因差異的發生，名爲種別表現之"偶然性"。所謂"五種"通性："種、類、差、質、偶然性"，竟成爲邏輯之最大問題。

到斯多葛派的邏輯概念，遂與本體論完全分離，他們的思想要使邏輯密接語言文法；由是形而上學一變而爲形式科學矣。在哲學上說，成了哲學首篇。斯多葛派分邏輯爲連續演詞的修辭學與剖分問答詞的辯證學兩部。在我們看，第二部爲眞正邏輯的，合第一部語言、文法、詩、詞、樂譜的研究，把邏輯範圍的概念愈爲擴大。斯多葛派論概念之源，與亞里士多德頗相似，不過結果斯多葛派爲名目論據。謂實體存在爲物質的，感覺爲一切認識之源，由感覺生記憶，由許多相似記憶生試驗，又再由試驗的標準上經過精神作用直達概念。他們以爲凡感覺成功概念，必經過"類推、相似、對置、配合、換位"幾種科學基本方法。概念所以出自感覺的，正因爲在斯多葛派不承認實在的表示；普遍中没有實際存在，只有抽象可能；所謂區分，無非形式價值，沒有本體的負擔；換言之，概念爲精神上一種主觀的意象，由定義以總其成。

這種思想在哀畢居（Epicure）派認爲過於獨斷，他們否認定義的可能。謂不知對象的限定，亦不能限定所不知；知道對象來限定時，又不知道用定義去認識，這不過就已有的物象於直覺上加入定義，所以用不着在物象的內包上加定義。再者，要完全限定，即等於完全無定，因爲從限定上推及無窮。因此證明認識無須定義，其故因語言中無定義的說話；譬如說"人"，我們不用說"理性動物，有死，能思想，有科學"；說"狗"，亦不用說"四足能吠"。類不見得屬於完全底種，因爲種包所有類，它並不是種的一部分；譬如人不成生類，只是生類的片斷。這種懷疑思想，忽略邏輯的功用不少，幸而波黑非波哀斯（Porphyre et Boëce）的思想勢力，使亞里士多德的邏輯得因以發展，更爲形式抽象其體，遂握中世紀全部哲學思想權。

波哀斯區分邏輯内部三種研究，以分類爲思想對象的範疇。就對置、區分、定義、研究概念，分得相反概念類的"白與黑"；矛盾對置概念類的"白與非白"；相對對置概念類的"倍與半"；以及不鈞合概念類的"地球、衣服、火"。再區分中之種的類，全的分，字的義，體的表，表的體，表的表等等研究，實包概念邏輯之普通事件。

到了中世紀，邏輯概念問題，完全承繼希臘學派的思想，其最著者，爲實在論派、名目論派、概念論派的爭論。關於"五種"概念的異説，計有十三派之多，實際不外柏拉圖派與亞里士多德派的範圍。十一世紀末，羅塞南（Roscelin）謂種與類皆爲字之表示，概念惟能於精神中存在，只有個體與具體的實在。他不承認有獨立劃分的可能，而各部的類，都爲字的事件。這種名目論的思想，與安塞門（Anselme）的本體論正相反。安氏要建出真理本身的世界，謂物的真理同時爲真理本身的果，與其認識的真理之因；換言之，在普汎特殊事件中，有一獨立存在。此即實在論的根本假定。所以基諾門（Guil—laume）謂個體之間，根本無甚差別，其不同者，惟意外的差性。實際無個體存在，而為普汎的實在。這裏的實在論又有不同的概念邏輯；因此阿伯拉（Abelard）起而調和名目與實在的概念，創中立的概念論說，欲以免除名目論與實在論的攻擊，同時追尋柏拉圖與亞里士多德的概念系統。謂普汎性只在判斷與表格性中表現，在此表現前的事件為字或個體事物。譬如說"人"，就感覺上說，此字為一個體，如果把它表為孔子，就在判斷中有普汎性。此正所謂概念論據之端。

頓斯哥（Dunsscot）的個位原理論，認個體非消極而為積極相和的普通性質中產生的，其本質則為個體的表現。如人出自動物，因為此中有人類的生命；孔子出自人，因為此中有孔子的特生體。後者即為個體之形別所在，而無形物亦有個體村存在。頓斯哥的概念論，合實在論與概念論兩派思想，而為邏輯的形而上學與神學的研究；因為當時亞拉伯派與學院派的學理只在科學中找原則，而不在自然中去研究。十三世紀後，實在論受極大的批評，新名目論者屋干（Occan）反對頓斯哥普汎中個體實在的分別為形式而非真實。謂造物中假使非實在的分別，即無形式不同的存在。凡實在事物，即為一個體的事物。所以凡科學必負於個體上，而認識則產於感覺；從感覺生記憶，從記憶生試驗，而為科學與藝術的普汎事件。此本與亞里士多德的思想相同，不過亞氏謂感覺本身能直接到達普汎，屋干則認感覺只能關於個體上，惟抽象始能及於普汎性。屋干從此超過學院派思想，而另創新方法，用普汎表明個體。科學的對象，無須乎實在，只要判斷中同一概念表明的各個體實際存在，即為滿足。加以十四十五兩世紀中人道主義者，反對學院派邏輯語言，十六世紀哥柏尼克（Copernic）與賴若拉（Leonard de Vinci）輩出，認知識為試驗之引伸，科學如歷史的事變。所謂近世科學方法的"新機關論""方法論"，遂因而產生。

II 從十七世紀到十九世紀

培根的思想，以為尋常邏輯不只及於自然科學的應用；換言之，對一切科學歸納方法皆能相應。邏輯能變更，則科學概念必轉變。從前講到種、類、差異，就相信實在的真有；再討論到關係抽象的事件，又信為得到事物發生的普通定律。培根認為我們並非對物之性質研究，是要認識所有產生結果的原因。我們智能出自官感與試驗，然而不能恃尋常觀念與語言，使精神徒耗於形式抽象，一方面用抽象代實際，用複合代單純；又一方面使思想無分析的推證，因而停止其可能的工作。培根的主要觀念，在任何自然中，應該能分割其元素，又重建其真相；換言之，用試驗由分析到組合。我們不能直接認識：金、氣、水，因為這都是單純自然的——濃厚、稀薄、輕重、冷熱，等等——配合。由這些有限單純的自然可以找到事物，發覺其形，換言之，現存的條件。培根以為物性獨立存在，配合所有性質，即成物之本身；由是人之權力，為無限可能。這裏第一證明培根不認種類的實在，亦不認中世紀所謂形式；第二證明他發覺的形體為單純自然的條件存在。所以培根同時為名目論者，又為實在論者。

笛卡兒的邏輯概念較培根更為科學。他否認中世紀學院派思想，而亦不注意於"五種"論之實在。他要找出發覺與發明的方法，認定惟普汛數學可能。因為數學基本發於"明白"與"分明"的觀念，能促進單純真理至於複雜真理，且終循演繹必然的連續。因為笛卡兒認數學為知識的中間，宇宙形構有如數的存在；普通無事物創造的必要，而亦無思想的失敗。此即其名目論據。又謂科學對象為由自身明白與分明的單純意念（Notion simple）結成複合的事件；這些意念或觀念皆為實在的。單純意念與其關係，表明單純自然，所以認識能明白分明，即為真實，故笛氏之實在論，實大別於學院派思想。斯賓拉沙（Spinoza）比笛卡兒更進一步的實在，謂意象為混亂之源，普通觀念即為混淆的意象，我們直覺的實在，並不在時間秩序的現象演繹中，而是個體本質的抽象實體（Realité abstraite）；換言之，演繹概念，不在時間連續上，而在理智上，正與柏拉圖的概念實在論相合。

霍布士繼培根思想為名目論之發展，以試驗為記憶，科學亦因之為記憶。洛克（Locke）次之，謂概念成於抽象，而定於語言，其概念論證，結果同歸於霍布士的思想。至柏克萊（Berkeley）否認抽象與普汎概念，建立近世新名目論，所謂概念論與名目論，遂得區分矣。

賴布尼支與笛卡兒的概念，本有密接思想；他承認笛氏基本原理的數學化，否決中世邏輯。以爲欲達完全科學觀念，必自科學普汎證明始；欲達普汎證明，必須"發現所有概念合成的原始概念，限定各概念間可能底配合"。賴布尼支認爲表明這些單純概念與其所有配合，只有用記號所具的絕對值，能組成普汎語言，一一達到單純配合；然後就單純概念剖分實質，必無矛盾發現；結果分解概念的配合，如同在數學上實行演算。因爲凡單純概念，皆爲"實在定義"的固有，所表明者，即爲可能的眞實。所以賴布尼支的觀念界非閉關的整個，而爲無窮小配成的集合；其哲學演算，超實在而上；其宇宙成形，如同續續秩序的創造。從前種類之分，在賴布尼支只認爲造物之端，並無絕對的單純；換言之，在知識上暫時與比例的相對變換。

康德的思想源於賴布尼支，其邏輯概念，則反前二十世紀的實用科學方法的邏輯定義。謂邏輯非科學的機關論，而爲純粹、抽象、形式的科學，無關於認識的對象。所以邏輯不能限定科學方法，只是思想最抽象最普通式的一種數學。除去心理學一部分的方法，以及其它認識相關的對象，邏輯只有三段推理與分析思想的事件。思想的形式與內質彼此獨立，所思者繫於形，所應者及於物。這種學理與黑格兒（Hegel）的邏輯概念正相反，黑格兒要把認識的形、質、心、物，使之相當，謂邏輯爲客體或主體抽象的純粹科學；凡物能與思想相當，所以"邏輯爲形體最普汎存在的科學"。概念、判斷、推理不祇是精神的行動，還有客觀的價值。

哈密圖據康德定義，認邏輯爲"思想定律的科學"。故定概念爲："性質或普通性質，一點或許多點的認識或觀念，在這些性質點間客體對象的多元性能以適合。"凡成功概念必經四個時期：（1）物體多元性的知覺與記憶；（2）物體間各性質比較異同；（3）對於相似性中意識集合的注意；（4）對於所注意的相似性上認識的組合。結果有命名的可能，謂爲第五期亦可。哈密圖概念的邏輯論完全根據内包研究：量、質、不完全、外延關係等等，與中世學院派的内包論相合。謂性質的性質爲物之性質；表格爲主格之表格。是一部邏輯完全爲内包所有。

米爾的"真理邏輯"出，完全否認形式科學一語，謂邏輯爲事實與實在的科學，只恃抽象與普汎不能成功；是概念純屬柱然。如柏克萊、哈密圖的思想，以爲在精神中除字以外的事件，惟有一具體意象。思想的對象並不是人、馬、三角，而是一人、一馬、一三角。概念只有字的表現，我們不能用非思想的對象建出概念的邏輯；所以概念的内包、外延、量，亦不能獨立存在，只有名字表定物體與包攝屬性（denotation et connotation）。譬如"人"，表定中國人、德國人、美國人、法國人等等；包攝有人的生命、兩手、理性等等應用名字。米爾的邏輯原理如此決定，所以定義的原則全歸於字的事實，邏輯因此立於基本的科學真理上。

二、判斷或標辭的批評

I 標辭意義與希臘判斷學説

我們説過，邏輯分智能基本作用爲思維、判斷、推理。判斷的意思，就是肯定兩觀念間相合與否的關係。譬如聽到由語辭組合的標辭是一件事；聽到聯合或分解的語辭又是一件事；"物質不滅，人類永遠"，與語辭之"物質""不滅""人類""永遠"又是一件事；所以集合之或分解之，其意義之差别，完全以判斷作用爲主，還有標辭中語辭意義和價值分合肯定的心理自然，也都是精神權力的去取。哲學家對此亦不能拒絶。但是判斷論的歷史進化上又顯有與此大不相同者，最初的哲學家，對於思想條件，皆完全否認判斷之可能。坡達哥哈（Protagoras）説，天下事完全爲動的，無所謂普汎有效底科學，只有同等底議論。我們對於某人無反對拒絶之必要，因爲凡事都有兩相反底議論存在，所以兩判斷也都可能。大概辯證學家的論據，有三種標辭爲：（甲）什麽都沒有；（乙）如果有的，都是不認識的；（丙）假令認識，也都不能通於論説。完全真與完全假，都是相等底事件；由一到多，由主格到表格，都不能相接。

到蘇格拉第、柏拉圖的時代，始由概念論與觀念論建出判斷論的可能性。柏拉圖第一步研究物之本性，作科學認識的對象，所以邏輯與形而上學由自然中混合了。判斷就是回答觀念中理智關係的聯合，真理即爲實在；判斷肯定其所是，即爲"是"；表明實在的"是"就是"真"，否則爲"假"。到亞里士多德時，邏輯成功生存的科學，與思想對象的實在相接。觀念與感覺的現象也並不相離，實即其實體表現與形式現存的原因，而判斷能於此形式中表現其實際底關係。到了亞里士多德以後，判斷論隨邏輯本身一變而爲純粹形式的研究，所謂科學性質，完全歸在精神方面，只有部分底配合增補，哲學史家名之曰"學院派"，我們前篇判斷的形式原則，由此派演出者不少。俟復興時代起，形式邏輯的改造，由培根與笛卡兒的科學方法中，變爲推理之新原理。他們不承認科學爲已成之學，而注意找發明科學的工具和方法。

II 十七世紀各派之比較

霍布士（Hobbes）是十七世紀最大的名目論者，他的判斷原理包在概念論中，謂普通觀念皆爲文字的自由組織；所以判斷的施行，既不在事物上，亦不在觀念中，而在文字聯和的表現上。事之真假，隨我們條件中關係事物名字集合的意義之好壞而定。譬如標辭所有的意義，認表格爲事物之名字，而主格亦爲其一；名字實在，標辭就是真的。例如，"凡人皆爲生物"爲真，因爲生物之名爲人名之名的名。又"凡人皆爲九頭鳥"爲假，因爲九頭鳥之名不能爲人名之名的名。所以主格與表格彼此皆物之名，而真假則又皆爲人之意志的自由法度。這裏與笛卡兒謂判斷爲自由意志之行動的理論相應。笛卡兒的判斷論出自錯誤的解釋。一種觀念無所謂真假，智能所得的觀念，沒有什麼否定肯定。然則所謂肯定與判斷的原理究竟何在？即所謂"自由"而已。惟自由始能成其爲事，或不成其爲事；智能只在觀察中有所瞥見，另外則無所能。故笛卡兒的哲學由"疑"起；因爲疑爲自由行動之精神。斯賓拉沙（Spinoza）則完全否認知識中有自由意志的疑團。他以爲真理有之則有，不能疑到事物表現的真理上去。判斷並不能自由,因為真實就是實在觀念的部分,若以觀念為能盡事物之表現,或黑牌上模形的存在,這是極大的錯誤。意志與智能,都是惟一底事件。這裏顯分為兩極端的判斷論,由英之洛克(Locke)出而折衷之,謂判斷非自由,亦非必然。觀念之來,視其關係為之肯定,就算是思想的工作。所謂知識,無非是我們兩觀念中相連、相應、相斥、相反的種種知覺而已。賴布尼支的判斷論反對笛卡兒的原理,無形中與洛克相合。謂真理終立於觀念相應或相斥之中,然而對於真理的認識,又不能永為相應或相斥的感覺所有;因為只有經驗上真理可作為試驗,而實際事物與理性,在我們試驗中連續存在的還不知道。假使只能聽到而不能得見,則相應相斥的感覺必然無有。

Ⅲ 康德、哈密圖、米爾三大論宗

自然,形式邏輯的大改造家要算康德。他的判斷評論,完全在純理批評中,差不多都拋去舊有邏輯定義。純理批評第一部上說:"邏輯家對於判斷的普通定義說是:'兩概念間的關係表現',這我真不滿意。我不說它在定言判斷與假言和選言判斷上不能應用——因為這些判斷不只是連累概念間的關係,還有判斷本身的關係——實在並沒有標定用些什麼'關係'來說。換言之,是不完全,不分明的定義。"我們在判斷表現之間的關係,不能與觀念聯合的定律間所有的關係相混。觀念聯和完全為主觀,隨個體變更;判斷則為客觀的,能引所有知識到客觀知覺的個體上;換言之,引起各種複合現象到意識之個體中,得為客觀性的"試驗"。邏輯為研究知識客觀或不同實體的抽象,對於判斷物質與對於概念包攝相當。其所注意的判斷差別,即在簡單形式關係上。那麼,在有定的現象中,應用智能範疇判斷的形式為何?如果抽象普通判斷的包攝,考察智能的形式,則得判斷中思想結構的四種分別,每種中包四種稱名為:

(一)量性判斷:凡此判斷皆為全稱或特稱;康德加一單稱(Singulier);

(二)量質判斷:凡此判斷皆為肯定或否定;康德加一無定

(Indefini)；

（三）關係判斷：凡此判斷皆爲定言、假言或選言；

（四）樣式判斷：凡此判斷皆爲或然、實然或必然。

在各種判斷中由主格到表格的關係，爲分析與組合的關係。如"凡物體有容積"爲一分析判斷，因爲除去所在的空間或位置的定點，則不能限定它；而"凡物體爲不可入性"亦爲分析判斷，因爲不可入性的定義，要有物體與幾何固體的分別。再來"凡物體皆有重量"爲組合判斷，因爲表明所佔有的空間絕對反對其它的加入。所以判斷之分析與組合，完全以主格定義爲證；而同一判斷之分析與組合，能依主格定義之選擇爲分。第二篇論判斷原理中已署言之。

現在再看哈密圖（Hamilton）的判斷論。哈氏邏輯仍不以舊式標辭的說明爲然，認邏輯家的責任，在於就語言中表明思想一切暗藏的內質。因爲標辭中不只是主格在思想裏有一種量性關係，同時還有附體或表格的作用。譬如說："人爲動物"，就想到："凡人都爲若干動物"，因爲人以外還有其它的動物。要肯定人的動物，就要：

（一）知道"人"的概念只佔"動物"的概念一部分，

（二）確實決定其佔有之位置，所以表格的思想限量與主格的限量恰相當。

這就是哈密圖所謂"表格定量論"（quantification du Predicat）。從此標辭種類由四變爲八：

第一，全全肯定：主表格都在外延上。如：凡三角都爲三邊；

第二，全分肯定：主格全稱，表格特稱。如：凡三角爲一種形；

第三，分全肯定：主格特稱，表格全稱。如：有一種形爲三角；

第四，分分肯定：主表格都爲特稱。如：有幾種等邊形都爲幾種三角形；

第五，全全否定：主格的外延拒絕表格的外延。如：三角形非四方形；

第六，全分否定：主格的外延拒絕表格外延的一部分。如：三角形有的不是等邊形；

第七，分全否定：主格的一部分拒絕表格所有的外延。如：有的等邊形完全不是三角形；

第八，分分否定：主格的一部分外延拒絕表格一部分外延。如：有三角形不是等邊形之一。

這種判斷論的實利有二：（一）能簡單對置的方法；（二）把實際上所有標辭歸爲主格表格間的方程式。因爲彼此外延相等，各前提決定了，就可以使推理譜成方程式，消去概念中連接的相等與相當的數學三段式，與所謂三段形式性質的概念連合——人、動物——之間的差別。表格定量論，即是新分析的基本原理，能使邏輯科學得一種完全分析，而又使推理得一種單純原素。後日坡來、蔣風的數學理想邏輯觀念即源於此。

無疑，邏輯判斷論，不只是康德、哈密圖們的批評價值。十九世紀中最大之邏輯改造家在經驗派的米爾。他的判斷論推翻舊日所有定義。前幾世紀以爲邏輯對象不在事實與所以然之中，而在思想定律與適合本身的條件上。簡言之，邏輯只在注意觀念與關係。到米爾完全相反："撤去概念，並否認其在思想中的存在與其爲科學的對象。"所謂純粹形式概念科學的"推斷邏輯"（Logique de la conséquence）正與事物對象無分形質的"真理邏輯"相反（Logique de la vérité）。米爾的思想超前二十世紀學院派的意識，視邏輯如柏拉圖、亞里士多德時之生存的科學，密接實在的認識，以服屬事物自然研究。同時回到坡達哥哈的理論上，減除普汎存在。米爾的主意，判斷不在概念中而在事實上。凡肯定皆非觀念間的適合，而是現象間的關係。凡標辭皆非事物觀念的決定，而是事物本身的決定。譬如說"火爲熱之因"並不是說"我之火的觀念爲我之熱的觀念"的因，實即"自然現象"的火爲熱的"現象"的因（參看法譯《邏輯》第一卷第一部第五章第一節）。判斷的觀念不能與判斷的真理的觀念相離，因爲判斷總在斷定若干事物的真實。說出判斷就說出所肯定的實體信念。再者，從事理上判斷不能爲兩概念間之聯和，因爲概念的構成，爲假定判斷先有，用概念解明判斷，即是由結果解釋原因。如果說判斷能在兩概念間或事物與一概念間建立一定的關係，則在判斷之先，精神應有一種普通觀念的預見。但是語言上不可能，因爲凡概念皆爲相續的判斷所成。說"雪是白的"，一定不會想到"白物之類"；如果不是雪，就沒有想到白物的必要；因爲是雪而有白的感覺，作爲我之因故也。無疑，到了判斷或決定"雪爲白色"，以及其它白色物時，無形中想到"白色之類包雪及其它各物"。不過這種概念是後來的，並非各項判斷之前的存在，所以不能視爲判斷的解釋。應該用原因解釋結果的，反用結果解釋原因了（參看米爾《邏輯》法譯第一卷一部五章三節）。這裏證明語辭彼此包攝之歐來（Euler）式的圖表判斷亦爲無效。如：凡人皆有死，並不說人類包在死的種之一，也並沒有說人的觀念包死的表格，事實上只肯定表格由人字概括者與死的表格皆爲有定的集合；而由人字概括的表格還有一定的物理心理現象。說到人皆有死的時候，就說到處處由人字概括的物理心理各種現象相遇，一定有所謂死的物理心理現象存在。米爾的判斷即是肯定事實本身，肯定現象的存在、相承、因果、相類之觀念聯合的定律解釋。

要而言之，米爾的意思，認判斷在事實上而不在概念間，凡是字皆有其意義以接合所成之試驗，到了恰合文字之可否，就是逼近事物；譬如肯定"人之死"，就是在人所有的現象與死所有的現象間，建出兩相接的現象來。這種判斷論的原理名爲經驗判斷論。

三、推理或演繹式的批評

一部形式邏輯研究的精神，就在所謂推理論中；邏輯對於科學方法的重要點，亦即在是。邏輯家名之曰間接推理、演繹法、三段論，皆爲同一原理而異標其號者，它的歷史研究，差不多是一部人類科學思想方法最大的問題。現在批評的敘述，對所謂三段式的派別評論，當然不能詳細寫出。關於普通三段式的組織，第二篇已經說明了，我們知道那就是亞里士多德派演繹精神所在，包十七世紀以前形式邏輯的思想；換言之，學院派的勢力範圍。培根、笛卡兒以後，由科學研究的方法中揭出形式邏輯的另一面目，與舊式邏輯截然建成三段論之新價值。現在所要研究者，正此類之比較耳。

Ⅰ 三段論之史觀：亞里士多德至十七世紀

邏輯歷史的三段論，使我們知道中世紀學院派的部分研究，完全離亞里士多德的實際科學方法，而入於無謂之形式主義。譬如亞里士多德三段式之中辭研究，實在是科學證明的原因推演；所謂推理論，就是一部自然科學的討論。在十七世紀前的亞里士多德派，愈為研究而愈出諸乎正道，到復興時代的科學哲學家，都要找出科學新概念的實在和對象，所以盡推理之演繹部分推而改造，是即經驗理性兩派邏輯時代。培根笛卡兒為其首出。

培根的思想要用自然哲學改造所有科學，所以創作"新機關論"，以對學院派之邏輯觀；立試驗原則的歸納法，以對舊式三段論。他說："三段式不能發現科學原理，也更不能別為立證，因為它不是自然中間的公理；它的投合不在事物之間，因為它是由標辭組合而成。"標辭為文字之結構，而文字僅為意念之代表；意念本身如果是推理的基礎，由文字結合於事務者只有偶然得以堅定，我們真理產生，不能靠這種作用發現，必由試驗解釋自然，復由試驗構成公理的歸納推理。三段式的舊形式，不能達到科學原理，而在演繹上亦不能同自然精密相合。因為這兩種缺乏，所以只有通常觀念的肯定，而無科學真理的發現。洛克同意於此論，謂三段式只應為理性之惟一工具，與達到認識之惟一方法，然而可怪者多少人從來沒有學到三段推理，而能推得很正確很明瞭的結果；學過三段推理者，倒反不見得純用三段式作推論。實際上有人以為三段式只算是辯證家蒙糊其演詞的混淆方法，這是一個錯誤點，因為推理結果所有的觀念，只要知覺到觀念間的適合與否，即足以知道所有錯誤與其結論之不合理者，藉三段式並不能有所掩飾。三段式固然可以包錯誤的推理，然而其它的方法還可以發現錯誤。換言之，專就許多形式是不能夠用的。譬如有人要用眼鏡分別物體，就不能說不用眼鏡的人即不能分別物體（參看洛克《悟性論》一卷四篇十七章四節）。總而言之，洛克以三段式對我們理性上無用；其規範實不足以保證精神；其推理方法亦不能發現新證明；其作用僅及於排列所有知識理性而已，它一無所加。譬如用第三觀念來比較兩種觀念，說甲包乙或不包乙，用丙來連接應證其是否實在："如甲包於丙中，而丙又在乙中，就結論到甲在丙中。""如果甲包在丙中，而丙不包在乙中，就又結論甲不包乙。"這種推論，普通不見得能習用。所以貢底牙克（Condillac）說："凡推理都是一種演算，並不是由普汎到特殊，由多數到少數，或由包攝到所包攝的，而是由同到同，以變更其記號而已。三段式之原理爲齊一的，其方法爲更替代用之代數法。我們語言的組織完全爲分析的，能以代數語言簡單使用之，譬如推理中彼此判斷結合的形質，完全代數語言的功用。"

這種批評與笛卡兒派的理性批評相合。笛氏思想要就數學分析來改造科學，與培根派之經驗歸納論取同一方向，謂三段式的邏輯，過於精神上的複雜研究，陳明真理則可，而發明則未也；所以對科學上不能得出真的原理，只能用以演說所不知的外表。三段式的推理，所以有時解釋到事務之外，而不能判斷其所不知之事物。邏輯演繹的這種弱點，使哲學家處處只說出外觀的真實，讓科學家絕對的超前，正是笛卡兒演繹方法改造的着實原因。他否認三段式之科學利益，謂爲只有表明結論的可能，真正的原理，惟有直覺精神能直接發明。自然的簡單，包在複合事物之中，由必然的連續，接合於單純自然之間。對於真理不是形式的，而是直覺與精神活動的分析演繹。要推理方法善，必須能簡單而又自然，所以第一個要在明白與分明的觀念上推論，由官感得來的混淆概念，或普通無定無際的觀念，決不能在精神上有什麼特殊表現的可能。這裏把舊有的三段法都用"明白與分明"的教訓推翻了。法國王門學派的邏輯（La logique de porte royal）皆爲此種精神之研究。

雖然，三段論並不完全見棄於科學家，試看賴布尼支的邏輯，則知經驗理性兩派皆有所極端，而亞氏認爲真正科學推理之形式，由賴布尼支發揮之後，始得以保全。他說推理的三段式在習用中具一種精美的價值，所謂學院派的創造，真正應用起來，實有所混亂。然而三段式本身的發現，誠爲人類精神之特標，其重要者爲一種數學推理的普通性，惜無人真正認識。只要知道應用，就知道它操必勝之可能（參看法譯《新悟性論》四篇十七章四節）。賴布尼支的思想完全以他"配合法"的數學原理研究邏輯推理的形與式，以及其它簡單規定的原則，與科學家邏輯家反對數學同邏輯原理相通的見點不同。我們在數學邏輯的歷史上可以明白解釋；簡而言之，演繹法的數學應用實由此時起。

II 康德米爾斯賓塞等的批評

到了康德，形式邏輯愈向新的路上發展，三段推理的四種形別，都能約成一個普通原理；所謂理性推測，皆能就此原則表明之："凡由規範的條件所征服者，必然服屬於此條件。"如：凡人皆有死；孔子是人；所以孔子有死。大前提列出一種普通規範來，小前提即於此條件之下拿出孔子來作證。康德就此劃分定言、假言、選言三段式之別。在定言三段式之中，又區分爲兩種推理：純全推理與複雜推理是也。純全者，即由三標辭達到一必然結論；複雜者，即由三標辭以上，加入所有直接的結果（如對置至換位之類），以求其合理的結論。如：

凡腐敗物必不單純，

因此單純的就不腐敗；

人魂是單純的，

所以人魂不腐敗。

此即複雜推理。依康德的思想，正與亞里士多德的略同。認第一形爲純正重要，而第二、三、四均爲複雜次要。於第二形之：

精神爲不可分的，——因此可分的必非精神，

物質皆爲可分，——所以物質非精神。

這種輕重的分別，與康德同時之朗白（Lambert）則持以爲非。謂三段式之各形，各具特殊原理與作用（參看頂前面三段式之式與形的結論），而不能以第二、三、四各形約爲第一形。推理所用的形，都隨事物自然與問題的情境來取用，其中差別存在，當不能因換置而同。法國近代邏輯家拉捨利邪由此發展，進而否認第四形之存在，謂三段式之三形，

非惟自由配合而已，實基於自身的正確原理，沒有所謂直接推理。等差、換位、對置，都是三形之三段推理的分別，凡推演所用之原理，都是各形所有的直接基本。第一形在等差上，第二形在換位上，第三形在對置上，正如亞里士多德之所證明誠無第四形的必要。

三段式的推理根本改造，還不只是這種部分的批評研究，實際在經驗科學的理論中，已將亞里士多德的思想，源源本本，形質俱換，試將米爾、斯賓塞、坡來、莫剛（De Morgan）諸家學理，略一考察，即足以證明演繹推理之新形式論的思想方法。

米爾說邏輯爲證驗的科學。怎麼叫證驗？由若干事實的理性，證驗到某一事實的真理，則此事實名爲證驗的事實。證驗的意思不僅相信一事一物的本身；爲明白，還要由已認爲真理的事物得證其爲明白。譬如在事實聯和的關係中，若有一事現，有一事隱，則視其所隱者爲真爲實，因爲所隱者實與所現的相接，故曰真理爲推理之檢證的可能。如甲爲乙，乙爲丙，丙爲丁，丁爲戊之類，結論到甲爲戊是也。這種理論根據的實在，成功米爾三段論的新端緒。我們且就其重要者略微分述如次。

普通說三段式的證明，決不能超乎前提包有之外，是三段式無所證明而亦無所求證。譬如說：

凡人皆有死；

又說：孔子是人；

因此說：他是有死。

這並不成爲推理，因爲肯定大前提，就肯定結論了；所謂結論，不過是其部分之一，並沒有推進一層思想，只算是就原地方轉過一週；也並沒有從已知到未知，實即從已知到已知，故亦無所謂新推測，無非證驗之謊辭耳（Petition de principe）。米爾說：如果心理作用上把個體包爲類別的或類屬於種上，則三段式之存在，必逃不出"真正無用"的罪名！要想救此難點，必須另行改造推理所有的方法。

"孔子是有死"的標辭，當然能成推理，因爲這種標辭表明其它若干事件的認識；但是實際上能否由此結論其"凡人皆有死的標辭"？米爾説：不能。我們先注意：

堯、舜、禹、湯、文、武……從前活的都死了，

如果由此能結論到：

凡人皆有死，

那我們就此可以推到結論的：

孔子是有死的。

然而普通標辭的加入，在證驗上並沒有一點增損；那麼，普通標辭的實在，究竟在什麼地方？無疑，在我們所有特殊觀察和所已知的死事上建定。但是用以證明普通標辭的這些地方，又是否能推證到孔子是有死的？我們又能否由此直接到普通標辭去呢？這種問題沒有解決，實際上種種推理又都過去了，所以說三段式無用。凡動物如此推演，如同小孩子怕火燒樣，終不知道說到普通標辭的："凡火燒。"我們自己由本身繼續論到所有別的人，或由一人論到一人，總沒有立出對人或自然上普通觀察的斷定來。自己具有很多特殊事實的人，無須乎求到普通標辭去，可以自用認識作斷。譬如：

"老軍官到一地方看，就有安排軍隊秩序的計畫……用不着記住某種軍隊位置與地勢相關係的定理。"

又如滿斯非德告訴一位很有經驗新任殖民地督軍的人說：

"你將來坐堂審判時，下出你的判詞，決不要用什麼理性。"滿斯非德假定判斷可以公正，而理性幾乎皆足敗事。譬如有志之士，做出許多不經事業，終竟不識其所以。若幾何學然，我們推理都是由特殊到特殊；在證明之前的定理，並不能為所證明的標辭，只有特殊底證明，由同一條件作無限次求證，然後始有可能。結果，米爾推理的真理到了：

"凡推演皆由特殊到特殊。"

這個結論並非謂不能用普通標辭，譬如從某點到其它一點，自然是："選擇適當底道路。"推理亦然，由所必經的程序，達到應有的標點，復由前有特殊底觀察，證明特殊底情形。由徑可通的，隨大道自然直上；換言之，由普通標辭也可以過去。所以我們每次的經過，都是推演出來

的；然則推演者乃即由大道婉轉進取之謂。人類所見的事物，多而且變，幸賴語言之便，能約計複雜標辭為簡單標辭，遇事須待考察檢別時，即將簡單的直接用來作證。如遇凡人皆有死的標辭，同時就能見到孔子是有死。是推演為判讀註釋之謂。我們的單簡標辭，都是建立普通標辭的試驗品；由一單簡標辭，檢證另一單簡標辭，得出第三單簡標辭，所以推理即是就普通與特殊標辭同時的事物觀察，由已知到未知，成為雙歸納之演繹的概論。各個特殊標辭的試驗建定了，記為普通標辭的應用公式，如同審判官對於法律與立法的形式然：＂承審時的解釋不能與原文相謬。＂所謂推演，即解釋與應用所有公式之謂。三段式的規範，就是這種解釋的規則。我們的試驗能證明一件新事，還可以證明同類無限的新事，推演實就是我們推理中＂各系安全的保證＂，與免除推理不善的歸納法。所以說：凡推理皆為歸納法。

米爾的這種結論，引起很大底科學方法爭論：因為純正科學（數學）的推理，並不是歸納法的使用，實在是由必然底先天定義和自然底公理，試行連絡真實以接合真理。我們自然科學方法，都以其實在＂絕對非試驗範圍的研究＂為指導。然則＂推理皆為歸納＂一語又是否正確？米爾要解釋這個困難，研究出四種回答來：

（一）無所謂演繹科學；凡試驗科學，都可以由簡單試驗變為演繹科學，譬如許多真理獨有的經驗，由甲記乙，乙記丙；丁記戊，戊記庚，丙記辛，科學家把第一級連到第二級，找出丙記丁的事實來，於是由演繹從甲找到庚，其實就是歸納推演的程序；凡科學推理都由此變為演繹的。

（二）數學真實都是可以論駁的；因為它的真理皆為假設的意像，如幾何之點、線、面，皆無真實存在，用心理以外的試驗，則一無所有。

（三）故數學定義皆為假設；其結論之真實，全在各種條件假定上。

（四）其所有公理，不過為經驗之概論而已。譬如：兩直線不能包成一空間的公理，實為官感證驗所得之歸納結果。由我們內觀的信仰承認，不用試驗可以成功；換言之，公理之源在我們精神中，並不在事物上，在我們以內而不在我們以外。是即端來（H. Taine）所謂："遠於試驗，即出於別方。"

這種解釋在班來（A. Bain）亦認爲合理，他以爲對個體實用的推理，在羣衆個體中，當然能相推，同時以公理普遍論之，所餘者亦得由假定證定之。

雖然，米爾之演繹論，並不能要得所有邏輯家同意，如法國哈比邪（Rabier）則謂米爾由特殊到特殊的推理爲不可能。譬如兩連續現象 A 與 B，如 A 之連續爲 B，而 B 之新生無所謂普通標辭，當亦無須乎"證驗"的觀念，因此亦無用乎推理。真正推理在"定律的觀念"上，換言之，在普汎標辭的存在；推理先要在所有類分中，然後由此條件及於特殊點。所以全稱標辭非獨同時具特稱的可能，而且爲特稱辭之惟一可能的基本所在。

斯賓塞的原理與此同一出發點，然所論則時有過甚。故其理論結果，完全否決三段式之價值："我們並不用三段式推理！"三段式是一種心理的不可能，其所施行的方法不是達到結論，而是由所施行的清理結論耳。思想發現結論的自然進行，不是三段式可以表現的。因爲我們人的知覺爲兩事物表現間直接認識的一種關係，推理則爲兩事物間間接設立的一種有限的關係。這種設立又怎樣可能？如果兩事物間的關係不能直接認識，則惟用已知中間物由精神方面使之相接。所以推理只是建設已定的各關係間有限的關係；那麼，舊三段式就有改造之必要。如：

凡有角動物皆爲反芻；

此動物有角；

故此物爲反芻。

尋常認爲只有三名辭，其實不然。所講的動物與所有的動物不能爲"同一"表格，而是"相似"的表格，從此三段式有四名辭而非止於三：第一關係在"組成一有角動物的表格"與"組成一反芻動物的表格"之間；第二在"組成此動物有角的表格"與"組成此反芻動物的表格"之間。推理的作用，在求出由第二關係到第一關係間所有的同點。其式如

"甲乙間的普通關係，為次甲次乙間的個體關係"，實在表明邏輯直覺。三段式的公理變為："凡一事物與同一事物能共存者則彼此共存於其間。"三段式即是相類之適應底比例。結論的或然數，完全視比例關係的相類程度為轉移，如果推理的事物上與比較的關係都能自然相等，而所有關係又皆為同一強度，則推理為完全確實。如空間、時間、數、力，以及其它所有同類同量相等的關係，都能就此認定；所謂數學結論的必然與特別真實即由此產生。斯賓塞之三段論，根本在相類程度的直覺推理中，求逼近事物彼此無限中間的關係。其近於純正科學之基本，較米爾更深一層。

這種批評的觀點，幾全在分析演算中立足，十九世紀中間，英國數學哲學家的邏輯思想，從哈密圖表格定量論發展後，數學分析的方程論一躍而為形式邏輯推演的原理。他們都要把思想所有暗藏的內包，一一明白發現；作這種形式演繹的運動者以莫剛、坡來等數理哲學家為特出。他們運動改造的結果，產生二十世紀數學邏輯的發展。

III 莫剛、坡來的新推理論

莫剛為哈密圖之門弟子而另樹一幟者。謂邏輯推理為純粹形式，不注意知識之實質，其對象則為研究思想行動的定律，精神本身與事物本身仍非其範圍；換言之，只有精神同事物間的關係與事物同精神上之關係的認識。普通三段式的"甲為乙，乙為丙，故甲為丙"，與所謂"甲等於乙，乙等於丙，故甲等於丙"的意義完全不同。其連辭一為純粹形式關係，一為已成物質化合的真理。邏輯可能，惟有建立普通關係，所謂相當相等的推理中主格的連辭，值作特殊點，而三段式則完全為關係的配合耳。如 m 與 n 為兩單名辭，L 為其間存在或不存在的關係；要表明為肯定關係者如：

(1) $\qquad m \cdot \cdot Ln.$

表明同一關係的否定，如：

(2) $\qquad m \cdot Ln.$

式（1）表明 m 為思想對象之一與 n 處於同一關係 L 中；換言之，m 為 n 的"多數關係 Ls"之一。原式（2）表明 m 為思想對象之一與 n 不在同一關係的 L 中，換言之，m 不是 n 的 "多數關係的 Ls" 之一。這裏證明表格本身可以爲關係之主格，而同一標辭中只有關係配合而已。

如：

(3) $\quad m \cdot \cdot L (Xn).$

表明：m 爲 n 的 "多數關係 Xs" 之一的 Ls 之一，所以能思想到 m 爲 n 的 "X 之一 L"。其肯定式表爲：

(4) $\quad m \cdot \cdot (Lx) n$ 或 $m \cdot \cdot Lxn.$

還有反關係的 "L^{-1}" 表明（1）式之反爲：

$$n \cdot \cdot L^{-1} m.$$

即是 m 爲 n 之 ls 之一時，則 n 爲 m 的 L^{-1} 之一。如果 m 不是 n 的任何關係之一，則 m 在若干非 L 關係的 n 中反關係以小 l 表之，如有：m・Ln 可以寫爲：$m \cdot \cdot ln$。我們可以單簡的舉例證明如次：

m 同 n 在 L 關係中 　　　　　　⎫ $m \cdot \cdot Ln$
n 同 u 在 x 關係中 　　　　　　⎬ $n \cdot \cdot xu$
所以 m 同 u 在 Lx 的配合關係中 ⎭ $\therefore m \cdot \cdot Lxu$

又

m 同 n 不在 L 關係中 　　　　　　⎫ $m \cdot Ln$
n 同 u 在 x 關係中 　　　　　　　⎬ $n \cdot \cdot xu$
所以 m 同 u 在非 lx 的配合關係中 ⎭ $\therefore m \cdot \cdot lxu$

又

m 同 n 在 L 關係中 　　　　　　　　⎫ $m \cdot \cdot Ln$
n 不同 u 在 x 關係中 　　　　　　　⎬ $n \cdot xu$
所以 m 同 u 在 L 與非 x 的配合關係中 ⎭ $\therefore m \cdot \cdot Lx^{-1}u$
（式中非 x 即爲，x' 或簡寫爲小 x），

又

m 同 n 不在 L 關係中 　　　　　　　⎫ $m \cdot Ln$
n 同 u 不在 x 關係中 　　　　　　　⎬ $n \cdot \cdot xu$
所以 m 同 u 在非 L 與非 　　　　　　⎭ $\therefore m \cdot \cdot L^{-1}x'u$ 或 $m \cdot \cdot lxu$
x 之配合關係中

這些關係配合的三段式，中名辭位置沒有定置。譬如：

$$m \cdot \cdot Ln \text{ 與 } Ln \cdot \cdot m$$

的形相當，欲換形必先能換其關係。第一形直接換置，第四形則爲轉變換置，第二形爲"關係於"中辭的換置，而第三形則又爲中辭"關係的"換置。

坡來的象徵邏輯，更爲系統的研究，合數學代數原理爲邏輯代數演繹精神的創造，成功新科學的邏輯方程式論。所謂形式邏輯的數學分析與演繹推理的演算，把三段式的形式標辭與三段式的級次方程，列爲同一概論的邏輯公式。從賴布尼支以來，所想像的普遍數學觀，用一部"思想律"與一部"數學分析"的機械方法表得清清白白。凡是象徵推理的邏輯值，只有"零"與"一"的存在；換言之或假（0）或眞（1）而已。故其演算之結果亦惟零與一的二值。其理論新著者有：

$$X^2 = X$$

的方程式論，因爲基本上：

$$0^2 = 0, \quad 1^2 = 1.$$

這種演算的根據，一方面爲邏輯理論，一方面爲或然數學，把三段推理的級次配合，演爲很實際的記號消去法。我們不能詳細說明所有原理（參看本書第二部第二篇第一、二章），且就其例以明其演算代用之大端。

如捨利若（Senior）之富貴定義曰：

"富貴爲變換的事件，其定量有限，既可取樂，亦足生憂。"

用坡來記號表明之：以 X 代富貴，m 代定量，V 代變換事件，a 代樂事，b 代憂事；得式爲：

(1) $\quad X = mV\{ab + a[1-b] + b[1-a]\}$

或 $\quad X = mV\{a + b[1-a]\}$。

式中 $(1-b)(1-a)$ 爲 ab 之反，換言之，不憂不樂。現在將原方程式中無用的記號消去。第一消去 b 時 X 變爲如何？先將各項移在一邊，則：

$$x-mV(a+b-ab)=0;$$

使 b=1，第一邊變爲

$$x-mV;$$

又使 b=0 則變爲：

$$x-mVa,$$

因此有：

(2) $\quad (x-mV)(x-mVa)=0$

或 $\quad x-xmVa-xmV+xVa=0$。

從此推得：

$$X=\frac{mVa}{mV+mVa-1}.$$

將原式第二邊展開得爲：

$$x=mVa+\frac{0}{0}mV(1-a).$$

式中 $\frac{0}{0}$ 一爲無定之意。即是説："富貴爲有限量的事件，可以變換，可以作樂，同時有限事件的餘數，可以變換亦可以不作樂。"

第二如果就 m 來説，不論 m 到 b 的關係如何，只求 X、V、a 三者的關係，得證爲：

(3) $\quad x-m(xV+xVa-Va)=0.$

從此又推得：

$$m=\frac{x}{xV+xVa-Va}.$$

其展開式爲：

$$m=xVa+xV(1-a)+\frac{1}{0}x(1-V)a+\frac{1}{0}x(1-V)[1-a]$$
$$+[1-x]Va+\frac{0}{0}[1-x]V[1-a]+\frac{0}{0}[1-x][1-V]a$$
$$+\frac{0}{0}[1-x][1-V][1-a].$$

這個式子的意思表明：有限量的事件爲變換的富貴與樂逸的產生；

變換的富貴與無結果的樂逸，再加非富貴的無限事件，都爲有變換而無樂逸的產生，或者無變換而有樂逸的結果，再或者同時無變換而又無樂逸的產生。

在（3）式中使 V 等於一得：
$$x-xm-Xma+ma.$$
又使 V 等於零得爲：x，
用一邊來乘其它一邊，使之等零，則得：
$$x[x-xm-xma+ma]=0.$$
或者
$$x-xm=0.$$
因此得證爲：
$$x=\frac{0}{1-m}=\frac{0}{0}m.$$
即是：凡富貴爲有限量的事件。如果消去方程式其它記號，與此相同。

這些演算只是就單元標辭（propositions primaires）解釋的，還有非事物或事物觀念的複元標辭（propositions secondaries）的真假判斷："如果太陽發光，則是日必佳"之類的演算，其方法又大不相同。在這許多不同之中，有一個相同的關係爲"時間"的：如果 X 標辭爲真，Y 標辭亦爲真。譬如 X 標辭真的時候爲 x，則"1－x"爲 X 標辭假時的表現，其它配合做此。

有了這類標辭的元素，去考察標辭的本身，就可以分爲：

（甲）X 標辭爲真，則 x 等於一爲正式；

（乙）X 標辭爲假，則 x 等於零爲正式；

（丙）或 X 或 Y 標辭爲真，則其正式爲：
$$x[1-y]+y[1-x]=1;$$

（丁）如果 Y 標辭爲真 X 標辭亦爲真，即是假定一未定時間之一 Y 爲真，故以 V 表之，而"Vx"表 x 未定時間之一，其正式爲 y 等於"Vx"；

（戊）表明標辭同時爲選言與條件者，應分爲三種：

　（a）如果 X 或 Y 爲真，Z 爲真；

(b) 如果 X 爲眞，Y 或 Z 爲眞；

(c) 如果 X 或 Y 爲眞，Z 與 W 合而爲眞或假；這三種正式分列於次：

(a) $x\,[1-y]+[1-x]\,y=vz$；

(b) $x=v\,\{y\,[1-z]+z\,[1-y]\}$；

(c) $x\,[1-y]+y\,(1-x)=v\,\{zw+(1-z)(1-w)\}$；

再總看起來，單元複元的標辭，都在同一形式定律中而異其解釋。

Ⅳ 蔣風的批評及其論式

要而言之，坡來邏輯代數，完全在條件與契約的保證上，其門弟子蔣風（Jevons）謂爲不適通常思想的邏輯；即如加號連辭，實爲邏輯無用之表現。譬如謂：

$$X=m+n.$$

爲下列諸元素配合關係：

X 爲秦始皇，m 爲焚書坑儒，n 爲併呑六國，統一天下之君也。

則前式應譯爲：

秦始皇爲焚書坑儒，併呑六國，統一天下之君也。

原式雖合理，而加號實無所用於其間。再就坡來消去法之數學原則反換之；原方程式中兩邊減去 n，得：

$$X-n=m.$$

其結論爲非理之：秦始皇因爲非併呑六國統一天下之君而爲焚書坑儒。（參看蔣風《純邏輯》（*Pure Logic*）第十五章一七七頁——一八三頁）然而這種解釋在邏輯性質上，零與一的值可以救正之。

蔣風的邏輯演繹，完全就此處着手改造。先求出齊一律的特殊點，分爲："單齊一""分齊一""限齊一"三種研究。所謂單齊一在舊邏輯中完全忽略了。而在推理之中非常易見，如標辭之：木星爲行星中之最大者，英皇后爲印度女王；等邊三角形爲等角三角形之類的主格與表格，完全標示同樣個體，即尋常等號所表之：

$$A=B.$$

所謂分齊一者，如哺乳類皆爲脊椎動物的標辭，其表格所有之外延大於主格，即尋常等號之：

$$A=AB.$$

所謂限齊一者，如金爲可鍛性的標辭，其相等只有一定限制與一定條件之下爲可能，如果以 A 代固體狀，B 代金，C 代可鍛性，則 B 等於 C 只在 A 的限制條件上，所以表等號正式爲：

$$AB=AC.$$

又如果說：鐵不是流體，以 A 代鐵，B 代流體，則原標辭之否定式以小 b 表之：

$$A=Ab.$$

由是結論到單齊一、分齊一、限齊一之否辭式爲：

$$a=b,\ a=ab,\ ab=bc.$$

蔣風就此研究間接推理的：

第一點：中國都城等於北京，
　　　　北京等於世界最多穢土的城，
　　　　所以中國都城等於世界最多穢土的城。

以徵號譜之爲：

$$A=B,\ B=C,$$
$$A=C.$$

第二點：歐洲最高山等於白頭山，
　　　　白頭山等於蓋雪的山，
　　　　所以歐洲最高山等於蓋雪的山。

以徵號譜之爲：

$$A=B,\ B=BC,$$
$$A=BC.$$

第三點：曹達母等於曹達金屬，
　　　　金屬等於金屬電導體，
　　　　所以曹達母等於金屬電導體。

以徵號譜之爲：

$$A=AB,\ B=BC,$$
$$A=ABC.$$

第四點：等邊三角形等於等邊等角三角形，
　　　　等角三角形等於等角等邊三角形，
　　　　所以等邊三角形等於等角三角形。

以徵號譜之爲：

$$A=AB,\ B=AB,$$
$$A=B.$$

第五點：鉀等於鉀之金屬，
　　　　鉀等於水上浮體的鉀，
　　　　所以鉀之金屬等於水上浮體的鉀。

以徵號表之爲：

$$B=AB,\ B=CB,$$
$$AB=CB.$$

　　第一點爲兩單齊一的推理，第二點爲一單齊一與一分齊一的推理，第三點爲兩分齊一所得之分齊一推理，第四點爲兩分齊一所得之單齊一推理，第五點則爲兩分齊一所得之限齊一推理。蔣風的演繹論由是建立，推而及於所有配合，其原理之應用，能由機械方法演算，故有邏輯機器（Machine Logique）之發明，會推理中之新事件。

第二章　歸納批評論派史

　　演繹推理的三段論從十七世紀至十九世紀純正科學的批評發展以來，漸漸接近研究必然觀念與普通觀念的結果。所謂三段式的推理，時而爲數學證明之結合，時而爲精神特別的行動；人類智慧上進的表現與心理的更換，無形中把科學性質假設的本能，一變而超乎亞里士多德派惟一演繹邏輯真理要求之外，合爲：原理與定律的"歸納演繹邏輯"。

不知道演繹邏輯真理作用的形式邏輯家，往往就試驗科學的方法批評一般底演繹推理。其結論將歸納認爲求眞之惟一工具，與演繹劃分爲二。這種理性的錯誤和不適當的存在，就米爾以後的形式邏輯，本可以完全推翻；再加以近代數學歸納的研究和數學邏輯的發展，更可以發明二者相互間真理的結構。研究這個問題的形式新論，就是純正科學同邏輯基本的考察，是所謂數學邏輯的創造。我們現在只就試驗科學的歸納獨立方法比較說明，換而言之，歷史上批評進化的研究。

一、歸納與三段式的關係

演繹推理的方法，即是由某種普通標辭中取出一種特殊或不普通的標辭。但是所謂普通標辭又怎樣產生而爲其它標辭之基本使用的？如果把許多先天論派的論據推開，直接承認固有的明白性；那麼，普通標辭的存在，只有就觀察中所供給的特殊事實，聯合成功。這樣看來，我們在普汎中取出特殊新事件以前，已經能從特殊到普汎。所以歸納研究，在亞里士多德的演繹邏輯中已然具一種真形，不過他移到三段論中的歸納推理是：結論各部分"所有"的證明；正與培根所推證的：肯定"若干部分上的觀察"完全不同。亞里士多德爲"由同求同"，培根則爲"由若干求所有"。譬如亞里士多德的三段歸納式：

凡無膽汁動物必然長壽；

人、馬、騾都爲無膽汁動物；

所以人、馬、騾都長壽。

或者是：

人、馬、騾生存很久；

無膽汁動物爲人、馬、騾；

所以凡無膽汁動物生存很久。

在這種歸納推理中，試問一普通定律本身如果非其它比較更普汎定律的結果，而在證明之中又只能視爲事實或特殊比例的根據，然則何以用三段式證明普通定律？

亞里士多德在"分析論"第一書第二節裏回答上述三段歸納，謂爲：由中辭（無膽汁動物）證大辭（長壽）以小辭爲中間（或人或馬或騾，各種無膽汁動物）。兩前提有了，然則將何以結論其普遍的結論？亞里士多德說：小前提的兩辭爲同一外延，故能用換位檢證，而在結論中可以將大前提的主格易爲小前提的表格，其外延仍相等。故謂三段歸納，爲小前提換置的力量。而前式小前提已具完全歸納：假定"若干"相當於"所有"，而爲列數之完全式。同樣有時只就某種觀察歸定一種定律者，則爲培根式之邏輯問題，包中世紀所謂試驗方法。亞里士多德的"分析論"，承認三段式第一形爲科學方法，因爲由此可以決定許多預備作用。譬如由事物或個體的定數，可以視爲全類的一切表現："一方面爲歸納作用的本身，一方面仍不出齊一原理的根據。"

二、十七世紀的歸納邏輯

培根以前及其同時的科學改造家，都認科學索究方法爲"推理與試驗的兩條路向"。推理本來就可以信奉，然而不能信實；作爲習用理性的觀察則可，不能爲超觀察的事物真理原因之用。這即是加利來（Galilée, 1564—1642）、里諾納（Leonard de Vinci, 1445—1519）諸家試驗科學方法的歸納。里諾納說："自然本始於推理而終於試驗，然而我們應該從反向走起，用試驗解釋自然，檢察其變更所有的情境，爲之精擇其普通規範。我們真正方式，即歸納所賜。"加利來的定律發現，完全根據這種檢證方法得來。他說：我們證驗成例的事實，可以用旁證證明之；如果證驗現存的事實，則惟試驗可以達到，如果"明白"與"見到"的試驗有了，無須乎特別否認錯誤推理，由一試驗即足消滅千萬推測，由千萬推測不能非難一試驗，這是自然的道理！

雖然，這種實際精神，在科學發展上，不能伴着邏輯圓滿的結果。所以理論上的歸納法在近世科學中最新奇的表現，其功績應在培根而不在加利來者，正因爲他的邏輯勝利，超一定的實用程度。

培根說：人類所應有的目標，就是對於自然的管理，科學與權能，為其惟一事件，昧於因者，則不能明其果，勝自然惟有服自然。觀望中的事由，即為施行中的方式。人而由權能得稱為自然之總裁；由科學得稱為自然之解釋。故科學與權能皆為觀察中之模範。這樣看來，認識科學的目的，不算全能，必須找到所有認識的方法。專恃一種智慧，如同赤手空拳，什麼東西都不能做，勢必用機能工具，就官感不精的細密，通達自然精微的細密。所以知與能兩件，第一要有知的工具，然後知的本身始得為能的工具。惟一的工具自然是邏輯。然而邏輯在發現上是無用的，它對於決定錯誤比發現真理為有力；譬如三段式只有迎合情感方面而不能到事物本身去，因其結構為標辭之集合；而標辭則為普通意念裝形之文字的結合。如果意念不清白，事實不專定，則所豎者無一堅強把握。如：實質、性質、行動、情慾、重輕、疏密等等意念然，與所謂定理之形式完全異質。培根分試驗與歸納為二："一為由試驗到試驗者；一為由試驗到定理者。"而定理的本身又能引起新試驗。謂試驗方法的普通原理分為八種：

（一）試驗變更的地方：（甲）物質上的（如用破布造紙何以不用絲造？），（乙）效果上的（如日光強度能由鏡增高，月光是否同然？），（丙）物質之量上的（一斤重的彈丸從塔頂下墜，經過一定時間，兩斤重的時間是否相等？）；

（二）試驗產生或延長的結果，如重複（火酒為酒之蒸溜的產生，如果蒸溜火酒時又為如何？），如外漲（磁能吸鐵，如果使之同化於鐵中又為如何？）；

（三）轉換的地方，（甲）如由自然到藝術，（乙）由一術到其它一術，（丙）由藝術之一部到其它一部；

（四）試驗反轉（鏡能增高熱之強度，能否增高冷之強度？）；

（五）強行其所研究之性質（磁力經過一定塲圍所授之變態直至其力之平均無有而止）；

（六）試驗之應用，此為轉變自然定律到若干有效事物上的作用；

（七）試驗之連結（增加實質效用以連接其它一實質效用）；

（八）試驗之偶獲（如所成試驗，不認爲由若干觀念引出的，必認爲非試驗所成者；如甑內之蒸溜是也）。

再到歸納法去看，其原理顯立爲三表：

Ⅰ 現存表；各地方標記已定之現存的現象，其所求的原因亦在是，由各點分析與比較發覺之；換言之，無論物質之差別若何，先比較所有已知事實，在所研究之形式與定律中，處處皆遇其自然的存在，如凡物質之中能遇其熱之自然者。

Ⅱ 沒存表；各地方注明所要找的現象，如現存表中已有之同類現象，而此間尚缺其表現者，分析與比較，應該發覺其出於彼而沒於此的原因。

Ⅲ 級次表；各地方標立所有現存表現之現象的差別，分析與比較，應該發覺其相通程度之變數的表現。

這三種表把歸納引爲研究一自然與其所考察的自然之表現，與其所考察的自然之無有，與其所考察的自然程度之增減。由這些試驗的標定，給我們精神與事實相措相比。其最完備處，培根另立出二十七種重要事實的類別。"新機關"第二部，專注於此類之考求，以外還有兩路交向的"十形試驗"，亦爲試驗重要方法。有如智能懸於兩大理論之間，而於兩自然中不識何者爲其真實原因；十形例證，指明兩自然之一與其它一間難解的惟一交互點。問題由此分別，應該承認有一爲投出它一之原因；換言之，在一切假定表現與輪流替換的情形中，用試驗分去其一以斷定其它，由十形試驗定律證明者，爲非理性證明之真式。

現在結論培根歸納法的普通性質。培根並不要人人都用許多觀察預備歸納判斷，他要人都由善作底試驗實行判斷；他不預備列舉所有事實，而要在所有事實之間選擇；他不專在求積而在省約。無疑，他要人做許多觀察，然而注意形質比觀察的數在上；他所要的觀察數與其所有的變更同量，正所以使之能去其附象，因而抽出根本地普汎。三表之發現，即是減除想像原因與主體以外的情境，使之於眼前惟存有益事實與真實條件，以及所研究之現象的原因或定律。這種科學方法的實用，在笛卡兒、賴布尼支及王門學派的邏輯研究中發展得非常圓滿。

笛卡兒的歸納法立於類推原理中，其近於亞里士多德歸納推理較培根式爲多，故其使用數學證明時，完全用列數爲例。他說："我要證明理性的精靈爲非實體時，用不着就完全列數舉明；譬如用若干類的實體爲證，即足以知精靈非其所有，如果要由舉例證明圓周與其它之形相等者其面積則爲最大，我們用不着到所有的形上考察，只就若干形來證驗即能斷定。從此由歸納以結論所有的形。"即是真正歸納法。

三、十八、十九世紀英國歸納派

十八世紀中歸納問題作爲歸納法的邏輯原理或基本的使用，其表現則爲牛頓之科學哲學方法，要求知道："凡同果必出自同因。"這種純粹邏輯結果，爲後日悅德（Reid）歸納原理之："必然原則與偶然原則"兩大分論。謂爲："自然秩序中將有的或者類於已有的情境。"而霍葉哥納（Royer－Collard）更逼近爲"確定定律管理宇宙"與"普通定律管理宇宙"的兩原理。由第一原理我們從歷時的一點，結論其它所有；由第二原理，則從空間的一點結論，其它所有。所以歸納原理，使我們永遠確信物界與自然相關接，與相類的相對。霍氏的發展非常重要，譬如在當時，試驗實不過爲有限的研究，而霍氏之第一、二原理則爲歸納最大之精神表現。從前許多方法論，皆限於事物觀察上，即試驗亦無不然，到霍氏原理出，試驗始可超觀察極限之外。至十九世紀中，復由所謂英國歸納派的邏輯批評增進，其立論之重而足舉者有：黑塞、懷威爾、米爾之流。僅爲分述其義如次。

黑塞（Herschel）爲一科學哲學家，對於科學普通概念與培根的思想相近，其精確程度，則更爲進步。他承認知識的來源，惟試驗能求其自然，我們的認識，只有在事物與變遷關係的聯合中，從前名現象表現的常形與定態爲原因，其發現的秩序則爲事物的觀察。由觀察上精神能使發覺的關係入於擴大的關係，復進而爲擴大的理論。但是在觀察事物的質量混和中，"本原與偶然的情境""一而不變與動而一瞥者"應該特別分開。現因與實因的解釋明白了，始能得出正確知識的因果關係。黑塞以前的歸納論，把這種重要情形的記號沒有表明，而時間的間隔無意中分斷。其實原因一失，結果即無；若無其它原因插入，則此事不復再生。原因強度變更時的增減，結果亦隨同量增減之，因爲結果與原因爲比例，各處原因惟有直接行動而無間接連斷，所以因没果没。黑塞研究限定羣象中原因的結果關係所有性質，成一部自然哲學的科學方法根據，其結胎爲後日米爾試驗方法的因果律新論。

懷威爾（Whewell）的《新新機關論》（*Novum organumrenovatum*）爲增進培根歸納法之專書，其科學普通論據，皆爲歸納之總匯；認知識中最簡而又不可分之元素爲事實與觀念二種。由感覺給以事實，由精神供其觀念。二者就心神分而爲單形，實則相依不離；因爲感覺連接事物表現與思想的情形，不能無觀念的時間、空間、數量、原因等等存在；這些連接與個體普通原理沒有，則感覺對於事物全無所用。再者感覺沒有，則觀念成了空象；譬如沒有物體，則無所謂空間的視覺；沒有事變，則亦無所謂時間的表現；再沒有數目的事物，則更不知道數量的存在。這些物體事變數目；皆連累於感覺。感覺觀念的對偶，爲科學哲學之基本，使我們由此懂明自然進步與方法之表現。科學由觀念連合現象成爲系統，其進步則爲"能於極近觀察的事實中，應用愈趨明白愈趨峒悉的觀念"；其方法則爲"能調置所有新真理，就意像觀念以解釋事實"。

這些觀念，就是科學之精；如幾何的空間觀念，直接間接發生無限特殊概念而爲積量科學之線、面、體、直線、弧線、三角、等邊三角、弧三角、圓、橢圓、方、球面、圓錐、圓筒、柱等等幾何定義的對象，而此類概念都具必然真理，關係於空間，以表示其本性，如直線與平行定理然。又譬如機械科學中之力的因果律，其反動等於原動。這裏證明科學定理的必然性，爲觀念自然與基本的伸張，非所謂經驗歷程。因爲試驗不能得出必然性，定理的表現，都爲明白與存在的條件，所以知識無形中有一種形上的科學。從此有明白與分明的概念，而此概念確實普遍聯合產生的事實，就是所謂科學。故凡科學之結構必爲："概念解釋與事實聯和兩同時工作成功。"觀念就是現象中應用的思想顯明的形式，如空間、時間、數、因、相類等等觀念是也。概念則為此類觀念之特別變形，如圓、方數、等速力等等是也。各概念連累於觀念之必然與普汎的引伸關係即為定理。所以觀察的方法為科學發現之始。

然而概念解釋與事實的觀察，不過為智能材料與科學感覺的預備而已，其成功還在歸納檢驗。歸納者，乃定律之發現或現象原因之研究；為用確實概念，作事實之實際聯和者。非純粹聯和事實之集合，亦非聯合事實的觀念；而是由分別事實中，就精神引入聯和事實的智慧行動。懷威爾因而定歸納為三度：

（一）為觀念之選擇；
（二）為概念之建定；
（三）為形量之定度。

前二者為引起第三者特別歸納的"量之應用歸納"。其法分為弧式、中比式、最小方數式、餘數式。弧式即畫一弧以表直軸之所有觀察量，而各量之變量為橫軸之表現，其形之規則與否，由眼見即足以明辨。中比式即取所有觀察量之多數的算學中項，以消去其不合法式者。最小方數式即限定不完全觀察之部分或全部數目引伸之或然定律；因為數學推演得出中項最大的或然為其最小或然之和的平方。餘數式，即多數定律同時應用於一點上，變更所有觀察之量以配合其所能，由定量觀察與已知定律減去所有定量以求其餘數之定律。

這都是現象的定律研究，歸納法還不僅如此。在自然與事物實際連接的相類與量性關係上，懷威爾研究出"原因歸納"法來；其原理建立在物質與原因的觀念上。實際，此法與其定律歸納無甚差別。總而言之，與黑塞的方法同為發明的歸納法，而與繼起之同一歸納邏輯的米爾之證驗科學完全相異。從懷威爾的科學思想律以後，歸納作用的本質，有許多不明白的。如果科學的發現，完全視為精神上所有觀念的應用能及於感覺上有限事實的存在，那就要知道所得的標辭，皆為定律的必要；然而又怎樣能決定這些標辭的效用？試驗的證明，又為何種方法所幫助？

所以米爾把這種批評擔起；求出所謂證驗的科學邏輯。

米爾的歸納定義爲其演繹推理的同理，故曰"歸納者發現與證明普通標辭之方法也"無疑，從特殊到特殊的推演，即是所謂歸納作用。但是"如果觀察的明白，使我們能斷論若干未知事件，則就同一明白，能使我們得出相似的結果以確定其全類"（《邏輯》法譯卷一，三百十九頁）。所以研究怎樣證明普通標辭，即是研究歸納與分析歸納。正是米爾由特殊到特殊中抽出由特殊到普汎的推理過程。要明白這種過程的實在，須分解其原則之設施。

科學家的歸納，在結論特殊事件中的真實，必能對一切相似的事件中仍爲真實；換言之，如果一類分個體的真實，爲全類分的真實，或有限數目的真實，則在各次相似情形中亦皆爲真實。此類作用，實關係一種原理或公律。如果相信出於特殊事件中的，能重出於相似的所有事件中，則必確信其在自然中有所謂並行事件，假使能通其一者復能通其恰恰相似的各種情境，則與其同一情境的表現應爲同次。這又何以足徵呢？因爲自然的"協一"（Uniformite）爲其部分協一之和，其存在爲各現象協一區分之組合的複雜事實。此正所謂歸納原理或公律，爲一切部分歸納之簡式。如此立論，勢必發生一種矛盾詞，如果實際上歸納推理由特殊到普汎的進程，必須自然協一的信仰爲有效，則此信仰必能引伸特殊的歸納，而無信仰的特殊，又必爲無效無值。

雖然，我們原始的歸納性不能離開，所謂由特殊到特殊的推理，在任何歸納上構成而無用原理檢驗。同類同情的特殊事件，在視察中能成自然底機械推測，又能包所有同一理性的現象表現，久而久之，其特殊包藏穩固後，由適應事件上，更爲相當底增加，中間無一失錯事件發現，由是精神能自然底聯成普通定律。自然協一的信仰，由證驗相應的協一完成其理。這種精選迎合的習慣，使我們實信地探索，跳出特殊定律；由"特殊到特殊推理"而入由"特殊到普汎"的進程，就自然協一原理的過渡，而亦無矛盾發覺。這正是米爾所謂普汎因果律的原理。在自然協一中，最重要而又具極大科學負擔者爲"層層協一"。凡是層出的規式，必具因果關係，那麼，在科學意義上什麼叫因？自然秩序中一現象發生，必爲其前象之連接表現，或羣衆所有前象的接生。如果將所有前象分析之，則見其爲一而不變。一而能由此一以變彼一，故曰一事之因，爲其前件之後毗連不變而進者。這並非完全定義，如果前件與後件在時間秩序中不變而爲因果之表示，則必以日間爲夜間之因，夜間又爲日間之因的形式，因爲彼此都爲層出不變的規式。但是精神上否認以此結果爲適當；層出中不變性的存在，應該接入其它的性質，而爲前件之無條件式。日夜層出不窮不變，用不着說彼此爲因，其故因此類底層出，本身服屬一種條件：日出於天際的現象，即是光明承繼黑暗，有這種現象發生，則爲日間代夜間，如果不發生，則日夜之層出割斷。所以地平上日現，則太陽與地球間直綫位置之不透明體無有，而此體即爲其條件。不然，則日間不能產生。所以要定現象原因爲下列之：

"前件或前件之連合，其現象爲不變與無條件的後件。"

因果律由是建定，證論式亦因之容易分析。各現象之前，都隨帶一團變景，即一現象本身亦應爲相似一團的變景所有，所有層出不已底聯絡前件後件，應該限定事實爲何，因此得出三種必然作用：

心神之分解；

事實之分現；

情境之變遷。

這三種意義，總集爲科學結論的兩大事件；

"觀察與試驗。"

米爾分試驗研究的方法爲五種：

  求同法，(Méthode de Concordance)

  求異法，(Méthode de Différence)

  同異交得法，(Méthode—Unie de Concordance et de Différence)

  求餘法，(Méthode des résidus)

  共變法，(Méthode des Variations)

謹就此略爲分述如次：

Ⅰ 求同法。如甲爲一因，假定其能限定許多結果，如果在變境中能遇到甲之動因或產生甲之動因，而在各處除甲因之外又無其它相同點，則在試驗中發生的任何結果皆爲甲因之結果。譬如有甲、乙、丙的合成事件，結果爲次甲、次乙、次丙；又一方面甲件撤去乙丙，接於戊、庚兩件，其結果爲次甲、次戊、次庚。再將全式總結起來，其推理爲如何？先知次乙、次丙皆非甲因之果，因爲它們在第二試驗裏都不曾由甲發生；即次戊、次庚亦非其果，因爲第一試驗中也都不曾由它發生。然而無論如何，甲的實果，則應出於兩試驗之中，所以這裏只有一個次甲的情形足以代此條件。次甲的現象不能爲乙、丙的結果，亦不能爲戊、庚所有，因爲它發生於乙、丙、戊、庚之外，所以只爲甲之結果，即是甲爲所求之因。其所根據的原則即其證驗法式的：

　　"如果一現象發生的各件，只能在某種情形中相合者，則其中由一件到別一件所有變更的情形應行排除，其所保留之一件必爲所求之因。"

　　Ⅱ 求異法。爲前法之反，乃試驗科學的重要研究。其法在求各關係的事件中，其相似的兩點與所研究的現象表現有無不同。如果要發現動因所有結果，就要在所檢證的若干羣聚之"甲、乙、丙"的現象中取出甲來，先列明所有產生的結果，然後就甲沒有的時候比較其乙、丙之結果。如果"甲、乙、丙"的結果爲"次甲、次乙、次丙"，而乙、丙之結果又爲次乙、次丙，則甲之結果無疑而爲次甲。如果反而求次甲之因，則必選"次甲、次乙、次丙"所能產之前件爲"甲、乙、丙"，再求次乙、次丙中無次甲者，如果得其前件爲乙、丙，則必知次甲之因爲甲，故甲因爲其所求。其證驗法式的原則爲：

　　"如果一事件之後件有了，它一件又沒有，則其間之差別，惟就固定底前件中比較區分，凡前有的公共前件都應被排除之外，而能出於此一件中又復沒於彼一件內者則爲所求之的因。"

譬如：一刀刺及當胸，由求異法本能的應用得斷其傷口爲其死亡之原因；因爲一秒鐘前的生命在各情境中都相同，惟此一傷口的差異。再如飲之行動，爲渴的停止原因，亦爲求異法所知。試驗中求證與反證，皆此法之應用。

Ⅲ 同異交得法。有時候不能求得所在的兩點，則由前面求同法兩次求之，能發現包甲件或次甲件的地方有異於不包此二者的存在。若以包次甲的各點中相比較，則又知其全同於甲，如是者任何多次皆無它因：是由求同法證明甲與次甲間的連接。若以此連接證明，換爲求異法直接得出之原因，必須先在甲、乙、丙中排去甲件之後，再看次甲是否亦爲無有。假使先考定各處有次甲的與所包之各甲件的相同，再求各處無次甲的亦與不包甲件的相同。則由求同法在無甲、無次甲之間所建的連接關係與在有甲、有次甲之間所建的相同。所以每一甲出，次甲亦出；置甲於一邊，則次甲亦無有；所以由甲、乙、丙能得次甲、次乙、次丙，由乙、丙得次乙、次丙，皆爲求異法所有之正負點。其實此法即前兩法之原則合行並證，故有去而不論者。

Ⅳ 求餘法。如次甲、次乙、次丙之複果爲甲、乙、丙的產生；如果知道乙爲次乙之因，丙爲次丙之因，再求共果中餘下之次甲的原因，則必排除次乙、次丙之乙、丙原因，因爲它不能同時發生次甲。所以後件與各前件中假使沒有其它未知前件，則甲與次甲之間的合成，只有"甲爲其所求之甲"。其原則爲：

"一現象情境能於已定前件中表現者，則各前件必排去此現象餘件之產生，而此餘件即爲各前件之餘件的結果。"

Ⅴ 共變法。此法與前有各法不同。各種存在原因的定律，有時不能排去，亦不能孤立，但是在不能完全排去前件之中可以更動其自然。如果前件甲中更動的，總有次甲更動的存在，其它次乙次丙之後件相同；反之，如果次甲中的更動爲甲之若干前有的更動，無論其它所有後件如何，可以直斷次甲爲甲之全有或部分的結果，或者至少連接甲因若干情形而有。如熱雖不完全排去物體，但是可以更動量之增減；從此就試驗或觀察方法得出"熱之增減性，隨物體伸縮而定"。結論爲"熱的結果之一，能增加物體之積"。其原則定爲：

"一現象變時，如果除一能變外，其它皆不變者，則所有不變的應行排除，而所餘之一前件爲其的因。"

共變法只有在各條件表現的關係上應用，無須有正確測算的量。譬如軍事史上謂："兵士愈信服其首領，則其勇力愈大。"我們對於"信服""勇力"都不能有所測度。然而共變法的確證，同時得徵其爲實在。演繹科學中即依此作成試驗科學之變化。

總而言之，五種歸納性——實即四種——與演繹頗能相接，都是用前件建設後件；不過演繹實行建設的可能性與結論全在一切已有的認識範圍中，而歸納實行的，則爲自由底檢證，故必須同事實相切合。因此歸納相應有兩個關鍵：

（1）先由已知事實適當底建設："普通原理，與構成的定律"，再用一二自由底分析同一假定互爲接合證驗，實行類推；

（2）由事實的證驗作假定的檢察，同時可以就自然發動或人造的事件確定之。

這種關鍵，在推理上使假言判斷先暫後永，皆爲事實的比較分析，其全功即爲求同、求異、求餘、共變之應用。

米爾以後歸納推理的發展，就事實研究的有科學結果，就形式研究的有哲學成效。若蔣風者流，更就分析演繹之機械方法，發展所謂形式歸納，完全根據特殊物質的抽象爲推論，故其接近真正邏輯精神而爲純正科學觀點的發展，實較諸米爾更有不同。其形式歸納則爲限定所有類分連累的定律，或已定各名辭配合的普通標辭所有條件。如甲與乙兩名辭，其配合有如"甲、乙""次甲、乙""甲、次乙""次甲、次乙"爲兩名辭及其否定方面的連合；歸納法能於此間求得甲與乙，次甲與次乙各配合所有之定律。蔣風認爲"有限名辭或事物的定律"亦爲有限，所以他先研究有定名辭配合的定律，然後求其形式之真理。（參看《科學原理》第七章（*The Principles of Sciences*）如甲、乙兩名辭之邏輯關係，可以就甲等於甲、乙或甲等於乙的標辭表明（參看前章演繹論中論蔣風的批評）。不過所謂歸納的名辭配合，其級進數往往過大；例如三項配合的級數爲二百五十六，四項則爲六五、五九六，而五項又爲四、二九四、

九六七、二九六，到六項更大爲一八、四四六、七四四、〇七三、七〇九、五五一、六一六；因此形式歸納除極簡單點外，幾皆爲不適用。

四、二十世紀的歸納問題

歸納邏輯的研究，到十九世紀末二十世紀來，把科學方法的基本，完全就純正科學的"歸納演繹"，從純粹試驗部分中補入理性象徵的可能。從多少底絕對證驗上，援以相對判斷的或然；換言之，從望遠鏡中窺以顯微鏡之視察，從能近眞理上更爲逼近眞理的可能。故米爾派之試論歸納的因果原則，又不免多少接受些新勢力的批評，正與其對於培根式之增補勢力相當。這即是近代數學邏輯派之關係邏輯問題的發現，和一般或然論派的數學哲學家之數學歸納原理的研究，如邦加赫羅素耿斯（Keynes）之流是也。

歸納法並不能只視爲"一種"推理的存在，譬如在各種前題合組外，並不能認爲絕對不關其它所有前提。假如要研究其它各前提的產生，則歸納實際當不只一種原理，或一種分析情形。譬如一歸納推理的前提中包有其它歸納的結論存在者，名爲第二歸納；反之如一歸納推理中不能找出其它歸納底實際與或然的前提者，則名爲第一歸納。從前邏輯家的歸納推理，只涉及第二歸納的一種研究，而無所謂第一歸納的基本分析。米爾之因果原理，視第一歸納爲無關重要，反認爲或然性中之最大者。即如許多批評米爾歸納法者，亦惟就因果律之歸納基本而論。殊不知在科學歸納中，就米爾的原方式，第一歸納爲必然底經過，而歸納的一切眞實和或然性的極限定位，皆視第一歸納的眞實和或然爲轉移。眞實與或然之異，不只在程度上，實是本質上的差別；因爲眞實爲絕對，或然則爲相對。如果一標辭爲實在——與無限的或然——假使對眞實沒有誤斷，則決不能認爲疑事。反之，如果斷定一標辭爲或然程度，則能由某種事件使其或然程度因之增減，不過所有或然性終不能去。所以任何標辭之或然性，皆爲各項新聞集合之某某相對的關係所有，即是耿斯所謂："此標辭對於此集合的關係。"所以簡單列數的歸納法不能分析或然性之內包。在純正科學觀點上完全不足，而由無窮或然性到真實之間的差別，可以成功混淆概念。耿斯最近的邏輯研究，把或然演算明白認爲形式歸納與類推的邏輯方法，實在是新知識的補增，新證驗的完成。一方面爲科學事件的演算，一方面更及於社會問題。

這種新歸納論的或然邏輯分析，把推理方法分爲實在推理與或然推理。前者爲：「如果前提都眞實，則結論亦必眞實之'連累式'（implication）」，後者爲：「如果甲之集合標辭與乙標辭之間無其它新加入時，如果甲爲眞實，乙僅爲丙度上之或然眞實；此時甲仍爲前提之集合，乙亦仍爲其結論。」在這種推理之間的關係存在，名爲推理之「或然式」。因此有所謂實在前提與或然前提的交互推理。譬如有限前提集合之或然性甲，由實在推理斷其結論甲之或然，如果前提能合於「甲乙」之或然，則由或然推理，能相對底判此或然之或然爲乙。

這種歸納之中包一個數學「函數」的原理，如 π 等於三一四一六與 y 等於對數 x 之類。簡言之，甲與乙之間的常數是實在的，或者甲之類分與乙之類分相當；其間容接以羅素所謂「關係」的存在。無論是甲乙某種物理的存在，或化學的配合，或自然的組織，或分類的關係，皆有其一定的關係 R，其原理之形式標辭，爲個體類分與種類類分的有定公式：「凡連累於眞實標辭者爲眞實；凡爲眞實標辭所連累者亦爲眞實，反之亦然。」羅素證明這個公理，說出許多連累的標辭來，如謂「此眞則彼眞」「彼眞的比亦眞」或者「此眞的彼假」「此假的彼眞」。這許多推理的原則，都與算學歸納的基數定義有關係，此處不能盡述。

現在再看邦加赫之數學歸納語。原來數學中所有歸納，即是一種特殊演繹之形變。譬如說：「凡完全數（一數等於其生數之和：六等於一加二加三之類）必爲偶數。」此定理之實在證明不能求出，惟能列舉各例以明之。如已知之九個完全數（最後的爲二十七位）皆爲偶數，却是不能保證此九個之外的數是否皆爲偶數或奇數。有時由許多例證認爲實在的，而又由一新例證認爲非眞實。如物理學上假定之試驗的成功與新事實之衝突發現然。此例正如非黑馬（Fermat）承認：

$$2^{2n}+1.$$

終為基數標題是也。其實只有到 n 等於四為真而 n 等於五、六、十二、二三、三十六，（最後之數為二十億以上之值）則不真。然而 n 再等於其它之數，則又不知其真假。此類歸納名為亞氏歸納法。還有所謂暗示歸納法，如甲乙丙丁之直角四邊形，其對角線皆相等，推而及於所有平行四邊形之類，此皆習見之歸納數學檢證。邦加赫所謂數學歸納，其原則為算學的基本論，他名之為循環推理或完全歸納法。其法立為兩大原則：

（甲）檢證其對於一量之特殊值為真的定理；

（乙）證明此定理如果對於 n 值為真，則對於 n 加一或減一之值亦必為真。

由是合兩原則全部推理的檢證與其假定的證明，結論其對 n 起之任何值為真，而於是理推之無限，演為普汎原理矣。舉例以明之如次：

求證
$$(1+x)^n > 1+nx$$

n 為大於一之整數，X 為正數；先就 n 等於二的標題檢證之，即是：
$$(1+x)^2 > 1+2x.$$

由是得數學上等式為：
$$(1+x)^2 = 1+2x+x^2.$$

實際上明知道
$$1+2x+x^2 > 1+2x.$$

所以得證其為：
$$(1+x)^2 > 1+2x. \qquad C. Q. F. D.$$

再求證其如果對 n 為真，則對 n 加一亦為真，因為由假定上有下列之：
$$(1+x)^n > 1+nx.$$

以一加 x 來倍乘各邊，得為：
$$(1+x)^{n+1} > (1+nx)(1+x).$$

再者：

$$(1+nx)(1+x) = 1+nx+x+nx^2 = 1+(n+1)x+nx^2.$$

所以在前面不等式之 $(1+nx)(1+n)$ 中代以其值之

$$(1+x)^{n+1} > 1+(n+1)x+nx^2,$$

則證明爲：

$$1+(n+1)x+nx^2 > 1+(n+1)x,$$

所以推得：

$$(1+x)^{n+1} > 1+(n+1)x. \quad \text{C. Q. F. D.}$$

循環推理的歸納，邦加赫認爲演繹之特殊精神；只要是一種行動的作用能夠成功，我們就可以隨其同一無限可能的精神，肯定其無窮次之可能；精神上就有一種直接可能的直覺，與試驗物理的歸納不同；因爲這種歸納無所確定，只有靠着宇宙普通的自然爲底，而此類自然全在我們本身之外。若循環歸納則惟有精神本身的實質肯定，其在數學範圍中的應用，與米爾求同法在試驗科學中的相當，如所謂假言求證者，亦不過此法之一部。

第四篇　證明的論理形式

第一章　推理證明的科學結構

　　形式邏輯的原理和一般評論的主張，都在第二三篇裏略爲述過。現在要根據這般評論主張的發展，把形式邏輯重要的演繹歸納論拿來就科學哲學新趨向的思想上，重標的論，作爲新舊邏輯兩岸的過橋。使學者中橋佇望，勢合一流，或不至有邏輯與數學乾燥之感！

　　所謂推理的本性，完全以純正科學爲其精神；其方式活用，隨時變更。譬如代數演算中，單簡相等的標辭，以代數記號寫出："由一相等推得其它相等"，完全適合數學基本演算定義。這種組織在數學邏輯中頗佔重要地位，因爲不只推得形式的相當，同時能證明一物體包含的固有性質。但是數學推理中，很多非法的結論，不過這些非法結論，雖然有很大的批評，然而由證明的標辭，假設非理的推論，差不多在自然科學中也有許多應用。因爲由假的證出事實，不能視爲同歸於假。譬如級數論中證明所謂 "e" 數爲無理，同時就證明如果等於整數或分數，即得出結論的：

　　"一整數包在零與一之間；"

從此再不能另行推理。這種推演的方法，只有數學或一部分的直覺論者，可以試行，若亞氏三段式的能力，由十七世紀及今，早經笛卡兒、米爾所否認。

　　凡動物是要死的；

　　凡人爲動物；

所以凡人是要死的。

或者我們早就知道人是要死的,這個標辭什麼都不用證明;就或者我們有不知道的由三段式的簡單,也演不出可以知道的元素。所以説:三段式不能使我們得出一點新知識。

所以推理在知識方面的靈敏活潑,實際另有原理。三段式不過其一耳。

數學推證有時完全分析,有時又成組合。分析所以發現隱藏的真理;組合所以轉證其它發明的真理。三段式的分析標辭,完全靠定義的真實,而組合標辭,則爲觀察或其它方法證明的。就是分析的,只能使我們認識到已知事物;組合的,亦不能給我們實際底真理。所以無論什麼地方,不能有確實真理發現,因爲它的結論就在它原理中所有的;肯定結論,實即其原理變形的肯定。

要知道推理並非配合原理的巧技,而是配合物體與應用原理於配合之上的工具。推理的真正能力亦即在是。譬如由已知物體能創出新物體,由新生物體中用配分法又得新物體,即此輾轉,以至無窮,科學邏輯家名之曰"形造原理"(Principe de Formateur)。

數學中形造原則最簡單的可能性,能加一單體於任何數上,充成一新數。所以如此遞進的數,都爲無窮創化。由數學推理的歸納性,足以證明。其最顯著者爲分析與幾何原理。其所以能構成無限新物體與所以能擴張至無窮的原故,均爲此類形造的發動。其説有如次述。

分析數學爲函數論的研究。以一變數 x 爲其動因,換言之,一量能有若干不同值,如果每值能使之應對它量 y 的值,就名 y 爲 x 的函數。譬如方形,x 立方都爲其函數。凡式皆包 x,如 x 爲已知,即能計算其值爲 x 的一函數。因之 x 有多數函數存在:和、較、積、商是也。或者汎説一句:"凡算學演算可能的事件,都備爲 x 的函數。"就是這種形造原理的内助,能找出無限新函數。分析數學大部分外延的研究,能得到許多最特殊最不同的函數式。譬如分析上無窮連續的數,在紙上不能表明只有"隨同數遞進"可以指證。這種方法,能演算各數的包含值,從此又能認識相隨之中所有的排列。在相隨的排列中有各項漸漸增大的數，而各項之和則漸漸極近於準數。換言之，凡準數能假定級數相隨的各項而自爲其函數；再者級數和亦爲函數，因此又得一新函數式。如新原理立新物象，較算學上往返推演的，誠更爲有趣。

　　就幾何方面看，譬如真正推理的直覺論者，全用幾何原理的形式爲根據，因爲它集合抽象點的研究，如在初步幾何對象的；直線、平面、圓；同時能依同一原理成功許多新原理和新物體。由兩點可以引成一直線，所以在一圜與其平面之外的一點能成一直線，而與圜界各點亦能引成直線，集合這所引的直線，構成圓形底面的圓錐形面積。即是造成的新物體。現在再看線與面之間的關係，除直線與一平面平行者外，凡線與面總能相遇。所以看到任何面，都能劃斷上面所成之圓錐形的直線。由是在平面中，各點的集合成功一弧線，名之爲圓錐曲線。這還是一個新物體的研究。就這些簡單例證，實在可以觀察到幾何形造原理的功用。笛卡兒的解析幾何，更爲弧與面之擴大的創造，就一點的二度或三度幾何，能使之相通於二或三的羣，即是這一點到三個直角平面的距離，而各數的關係在平面者限定一弧，在空間者限定一面積。這種限定弧與面積的新法，可以推到無限事件。

　　然而反論上可以說此類推理仍無創造的實在，因爲只能就已知物件作不同樣的配合！實際這到不盡然。譬如拿許多造房子的磚石，配設成房子，不能說沒有房子的新事件。一科學的原理包科學全部而有，是實在的；然而不能說各科學的原理就不是新的事件。譬如一塊大石頭裏的神像，從雕刻家未着手以前和着手雕成以後的表現，不能說大石頭裏的像不是新物體。由凡人有死證得孔子有死，與由兩點間直線證得弧與面積，雖曰同爲"推理"，然而價值完全爲金石之分。

　　推理證明的真式如何？

　　我們從前面各篇細數下來，所有研究和討論的方法，都只是爲一個邏輯推理的認識；換言之，求知的路程。所謂觀念、名辭、判斷、標辭，種種規範，總算極近似的限定了。然而限定之中，不能完全整個的限定。

所以許多"原始意念""原始標辭"（Notion première proposition primitive）終不能限定；如定義的定義，表成一個連續函數的變量。我們標辭推理不能就此同一連續進行。凡是推理的事件，皆爲標辭的根據；最初限定字義時拿出對象來，再用字判斷時，其判斷標辭亦必爲有限。如此，理論上已有純正科學定理定義的原則存在，所謂演繹推理的正式步驟即在於斯。

我們說過推理的實在以標辭爲主幹。標辭分類的研究，本來極爲複雜，我們暫分爲：相對、絕對、普通或定律的三種。譬如：

(1) 白馬，黃狗，好花，美味，此三角形有兩等邊；
(2) 法王路易十六被殺，中國宋教仁被刺了；
(3) 如果一三角形有兩等邊，則有兩等角。

第一爲相對事實，因爲白、黃、好、美、此三角等能在某地方真，同時也能在某地方假；在各個特殊地方，由觀察上可以決定事實的真假。第二爲絕對事實，因爲被殺被刺的標辭或真或假，沒有其它的可能。第三爲一普通標辭或定律。因爲它表明兩事實之間的一種連接件，如果第一件 A 真則第二件 B 真。換言之，前件連接後件，或簡單爲：

"A 件接 B 件"；或再爲"A 件連累 B 件"。

以連累一語表 A、B 的關係，同時表明 A 真 B 真的種種可能，在推理上開一新配合式。班斯（Peirce）謂其法能由已知到未知，爲推理之簡單科學式。譬如假定 A 真，A 連累 B 時，B 亦必真，結論到 A 真所以 B 真。不過我們應有的條件是：

(1) 要前件爲真；
(2) 前件連累後件是真時，則必能肯定後件。

正如我們幾何學的"如果一三角形有兩等邊就有兩等角"；在我們紙上的三角，如用規一測即得兩等邊時，則無用量角，可決定其有兩等角。此處正是"推理"的存在。

在幾何科學中，有許多定律無證明的推理，實際上仍爲"連累"的存在。譬如有的普通標辭的本性與前不盡同者，有的只能就若干條件或事件上爲真者，如謂：

"能畫一直角的三角形。"

這種標辭名爲"可能性"的定律結果，可以引出同類許多重大的實現。如果把它用否定式表明，可以寫爲：

"A 不連累 B。"

因爲可以說是"一三角形的事實，不連累於無直角的形"。譬如 A 與 B 的兩個事件，可以就連累的可能配合得：

A 真，B 真；A 真，B 假；

A 假，B 真；A 假，B 假。

再就"相反"與"矛盾"的種種推證上看，可以活動許多標辭的證明。我們最好還是以解析幾何爲例。如證明：

"兩平行直線與第三直線平行者則三直線彼此互爲平行"；

先須知此標辭前有之已證標辭：

（1）於一直線上能引許多垂直面；

（2）如果兩直線完全平行，則垂直此線之面亦必垂直於彼；

（3）如果兩直線垂於同一平面，彼此必互爲平行。

因爲這三個開元標辭有了，所以我們要證明的標辭，可以分爲前件假定與後件肯定的：

α 兩平行直線與第三直線平行者；

β 則三直線彼此互爲平行。

現在就幾何上"構設"的事件，以 a、b、c 三直線表全辭意義。得五種先件的：

（一）a 爲一直；（二）b 爲一直；（三）c 爲一直；（四）a 與 b 都平行；（五）a 與 c 都平行。

再就前面已證普通標辭（1）假定一平面 P 有下列關係之：

（六）P 爲垂於 a 之平面。

有了（六）的"新設"標辭，我們可以就已證之普通標辭（2）推爲：

"a 是一直，b 是一直，a 與 b 都平行，P 垂於 a，所以 P 垂於 b。"

這裏的新事件又有：

（七）P垂於b。

同樣推之：

a爲一直，c爲一直，a與c都平行，P垂於a，所以P垂於c。

這裏的新事件又有：

（八）P垂於c。

結果已證普通標辭（3）推得：

b爲一直，c爲一直，P面垂於b亦垂於c，所以b與c都平行。

這裏的"b與c都平行"的標辭，正可以說是"C. Q. F. D."總合起來，真正推證的演繹法，實在就是"A連累B"的一種基本關係。前件假定的A可以分作若干假定的一二三四五，再由這些部分假定之一或多數，連合前有假定而爲一新設假定六七八之類。如是者類而推之，構而成之，終以普通標辭爲檢證之實，結果最後推理，爲其後件之正定。

一種幾何或其它科學的機械證明，很有非自然的特性；換言之，對於某對象間的自然不注意，而證明之後仍合乎自然。再如字義的變更，原理上不變；所以依原理的證明爲真，而結果與新字義亦爲真。如在投射幾何中"點"字改"面"字"面"字又改"點"字亦爲真；如"兩點連成一直"置爲"兩平面交切成一直"。在"三點經過平面"上換爲"三平面的交點"等等標辭，反之亦真。不過平面與點的關係應該能合乎普通標辭；猶之前面平行與平面與直線與垂直等等對象的自然可以不問，然而對於普通標辭（1）（2）（3）的公理關係應該是真的。

我們在簡單推證（inference）與證明（démonstration）之間應該有所分別，因爲尋常邏輯與普通語言均有所混亂。譬如證明"兩平行直線與第三直線平行者，則三直線彼此互爲平行"則必使用（1）（2）（3）普通標辭爲證。換言之，由三普通標辭推演我們求證的標辭。所以説："適合普通標辭由一事實到一事實"之謂。邏輯上往往把推證當爲證明，所以認演繹非由定律到定律，亦非由事實到事實，而是由"定律到事實"，正與自然科學所謂"由事實到定律"的歸納法對立。其實演繹內中經過的方式，很有程度的意義，亞里士多德派邏輯把普通標辭與特稱標辭分得非常輕忽的地方，正因爲視前面"可能性"的存在爲特殊點，所以結論演繹爲"由普通到特殊"的錯誤觀察。因爲：

凡人皆有死；

有人都爲黃頭髮，

在實際上兩都爲普通或全稱，亞里士多德以第一爲全稱，第二爲特稱，實不知第二爲可能性底眞標辭。第一個表明：

如果有生物爲人，他就是有死的；

第二個表明：

有生物爲一人，不能肯定其非黃頭髮；

就頂前面連累的說法可以分別證爲：

一某爲一人，連累於一某有死；

一某爲一人，不連累於一某非黃頭髮。

普通與特殊的分別，在邏輯家還有以相對意義爲準者，換言之，以外延或種類觀點爲算。譬如：凡人皆有死的普通標辭，在：凡動物皆有死的普通標辭之下，當然比較特殊。正如甲的對象集合，屬於乙的對象集合中，而不能有反說的眞理。即是甲類分只能包在乙類分之中。所以甲物的性質小於乙物的包含，即人包於動物類中之實。三段式的證明，恰以此爲原則："從普通標辭到減小底普通標辭。"然此惟限於推理之一，謂演繹法全部爲如此推證，則失之過疏。

我們再就配合的普通標辭來說。譬如前面證明的標辭與所用以作證的普通標辭，皆有多數事實組成的假定。其方式正若：

如果 ABCD 都爲實在，則 E 爲眞實。仍名爲 ABCD 連累於 E。

複合事件 ABCD 爲四事件單簡個別的同時表現。近代邏輯家名之爲各事件之積。其故因算學上如諸因數之一爲零時，則其積爲無有；此處四者之一如果 A 爲不可能性，（零）則 ABCD 的複合事件亦爲不可能，正與算學積同一性質。我們尋常語言中，具此類性質的連接字"與""同"等等皆爲其實現所在。有時在後件正定中的表現，正爲前件假定的簡語。

例如說"ABCD連累E與F",實際上爲"ABCD連累E,ABCD連累F"的雙辭。因此邏輯積的事件,可以分成許多其它的事件。

因爲如此,有的標辭性質又能適合算學加法的意義,但是外延推論上,更就加的內質而爲選言的攝取。以連接字"或"表之,名爲邏輯和。譬如有標辭爲:

A連累於B或C(B或C寫爲B+C或B∪C),

原式能寫爲A與非B連累C或者A與非C連累B。要就代數演算法,可以推得許多方程式的演算,因爲這種推理,包一種數學歸納的普通標辭。第一使我們有物體類分的注意:某某物體屬於某某類分,或者某某物體標定的類分包攝其它某某類分;某某物體或某某類分的物體能經過某某試驗,表明某某性質就成了某某其它的類分。由是類分的注意,使推理成眞正的"思想試驗"。而想像的配合,使精神成活動的創造。

類分的概念,本試驗與定義的可能,使推理的證明,完全爲目錄的包攝"小孩子爲大人的類,大人爲人的類,人爲動物的類,動物爲生物的類,生物又爲物的類",如此等等,其式接於三段論理;其形爲有定函數,複雜的組織;其法爲靜處動置。以包攝、連絡、交切等等相應於類分的普通表現。復就包攝與所包攝的爲之思想連絡,作純粹邏輯的推理;或以三段式表明,或以象徵邏輯爲用,組成所謂"形式邏輯"之眞理。

這種眞理的法式自然在類分的演算上,但是它都服於形式邏輯的定律或公理;換言之,"思想定律"對於事物集合的有效性,表明所有類分的可能。

第二章　近代邏輯與哲學

我們就二十世紀的科學觀察看,雖然不能說科學哲學界的活動完全在邏輯與數學革新創造的精神上,然而新形式邏輯與分析數學的基本原理,從此作科學與哲學思想的尊嚴主席,則完全無疑。一方面從亞里士多德到康德、黑格兒；一方面從游克立到牛頓、拉抗儒，所謂科學之科學的邏輯，科學之純正科學的數學，實在只是從賴布尼支到班洛、羅素；從笛卡兒到剛多、易柏的真實表現。希臘至中世紀邏輯的形式論，脫不出柏拉圖的觀念思想，而學院派的傳授，更爲概念部分的研求，其勢力範圍直至十九世紀中，中間雖曾經過賴布尼支一派純正科學思想的批評，然而普通與抽象概念間的辭或包攝關係（Predication et inclusion），終不能與所謂：數、量、空間、運動的科學定義發生關係。十六、七、八的三個世紀中，演繹法基本問題沒有科學哲學的注意，所以研究一切演繹形式的數學方法，絕對與形式邏輯演繹不相接。一般哲學家除加利來、笛卡兒外，都樂於以形質邏輯與量性邏輯相對待。數學家除賴布尼支學派於十八世紀中略事注意外，直至卡斯芒（Grassmann）、哈密圖、坡來始有革新運算的幾何代數，而十九世紀中及今，所有數學家完全注意於數學的邏輯分析，與其原理的研究，所以邏輯從亞里士多德的形式進而爲數學科學的實質，而數學本身，因之在方法與原理上，成了純粹邏輯的科學。這兩個思想潮流，從很遠大的分流會合於此，其勢洶洶，實在足以盡科學基本原理而爲之洗刷一新。更以數學邏輯原理爲其指揮，復統科學哲學思想而爲之新理性化之。他們分工的步驟，完全在原始觀念的無限定與原始標辭的無證明上根本改造；換言之，折毀從前哲學思想的結構，來另繪新圖，就科學工程修造，譬如數學方面對於定理聯續的考證，證明方法的分析，推理中包藏假定或公律的研究，演繹理論同具的原理或公理等等；或就分析演算發展，或就演繹假定式建設，所謂微積、幾何、機械學統就函數論根本淘汰，更爲之深究其理；而以集合論與羣論的科學一理貫通。至於邏輯方面，則同時否認亞里士多德的形式條件範圍，以代數象徵原理與方法，適合概念判斷原理，建成類分與標辭的演算（Calcul de classe et de proposition）同時思想精神的活動，又從概念包攝關係之外的科學與日常生活的關係上建出與函數相接的關係演算（Calcul de relation）。於是邏輯的類分演算分割爲集合論之一部，而關係演算則一躍而爲羣論與函數論之基本所在。用邏輯新形式演繹的事件，證諸數學理論的所有，無處不能用作分析考證或證明的數學邏輯事件；換言之，數學應用邏輯原理與關係的演算，而邏輯成功數學的卷首。數學基本觀念上：抽象、普汎、嚴格的種種特性從空間或數量的性質，達到完全關係觀念的邏輯發展。

現在雖不能把這種原理的根本統述，然而第一步遇見的純理碑坊，不能不細爲觀察其結構之精。因爲要從基本觀念改造着手，所以先要把抽象真理之源的數學公理、原理、證明，都引入邏輯的抽象，同時使空間或時間的性質，專就一種"關係"的觀念發展，這就是班洛的首創，羅素、懷提海的成功。他們把整數序數的普汎性統就歸納範圍爲之"概念"論證，換言之，一部算學演算，完全發展邏輯抽象的權能，如加法乘法的類分與個體論，把形式邏輯的應用都擴張了。不過這種新形式邏輯，並不是亞里士多德的思想，實際上舊式邏輯只限於狹小概念的"由主格到表格"，而忘其標辭應用於個體中的概念，換言之，關係的存在。數學邏輯的無限綜合，把思想定律的辭頭（Expression）分割入微。羅素的關係演算完全出自於斯，他先立個體標辭作基本分析之證，然後區別一主格具許多表格與許多主格包許多關係以及在同一主格所有的表格與關係，種種其它錯綜的連續存在；再結合基本觀念的"圖敘"（Description）與類分原理，爲之告成所謂"非充分象徵論"的大邏輯。如此，一方面不只是邏輯完全立於純理的抽象，使理性顯爲任何適合的可能，它一方面使數學就理性的調和，偏於邏輯普遍的必然，超過從前所謂專門術之自然。

二十世紀的邏輯，爲理性之最抽象的形體，其範圍涉各科學之自然而爲哲學的中心。結果理性與物界接觸，而所謂自然哲學實即邏輯的實用方法，因爲理性本身的愛戴不偏理性派而偏柏拉圖派。所以可能界的通諜，在邏輯與數學，而不在因果性與空間或時間上。這種可能的限定，也並不如斯賓拉沙的勢力，更不是賴布尼支的偏狹，它的行路實爲無限方向，忘去現存界的觀點，約理性同行，如遇着大海孤嶼，重現新可能的現存影像。從前所謂基本經驗的理性，從此抽得"超羣""擺脫"的自然。這時候我試驗的條件，我時間的一刻，我空間的一點，都在一精確工巧的圖案中；而此圖案的觀點，即此空間在世界集合中的真形。這個要程的回顧中，許多驚奇的表現，獨立理性的要求，不獨在哲學思想的進化中，實在是物理界新負的責任。柏拉圖的"觀念論"，亞里士多德的"機關論"，笛卡兒的"哲學原理"，賴布尼支的"單元性論"，皆爲此類科學精神的哲學解釋。然而因爲自然哲學不能先於一部物理的事件，所以結果以坡來的"思想律"，石拓德的"代數邏輯"，班洛的"數學方式"，羅素、懷提海的"數學原理"開導新經，謂科學功能決不在求必要與需要的戥秤，亦不只在適合物質與其無止境的價值增加之上，而在對根本概念上所有原始觀念的探討。譬如柏拉圖幾何教育的"假定"，把絕對的"第一觀念"爲其目標，笛卡兒的尋掘"金石"，都是要從物象的兩個反向上運動。

由前面說話中，已經看到數學立於邏輯基磐，不過尋常數學家，仍不能就此創作，只有數學哲學家能以邏輯方法分解整數概念，這正如物理學雖然在試驗上建定，其實普通物理家只知道物質的事變，並不知道感覺試驗的基本；至於物理哲學家，則以事實函數爲形式函數之函數，以非感覺的實體爲感覺事實的函數，其未知量的變換，完全形式邏輯的可能；哲學問題上的擴張與其內容的專重，統合自然科學而化之。十九世紀末與二十世紀的哲學趨向，可謂與物理學相引；其精神發揮與試驗處理，皆爲數學與邏輯原理的普汎存在。我們第二部新邏輯，正可以詳述其原理之一般。

第二部
數學邏輯原理

第一篇　邏輯之新形式論

第一章　數學與邏輯的重要

　　形式邏輯的進步，就是純正科學進步的新問題發展。在我們東方的哲學思想，沒有所謂形式邏輯，所以演繹推理的問題，竟出乎數學研究的負擔之外。近三十年來，歐洲數學歷史家與科學哲學史家，從畢達哥（Pythagor）與柏拉圖的數論觀念論起歷歷搜索及今，陳列人類知識發展與科學深考的方法；合而爲一古今數學邏輯相演之大觀。這種眞理相因的事變，就是各個時代知識發現的特標；其重要進程，有三個最大的分期；而各個分期又復各號其眞理之差別：第一由邪蘇前六世紀及於後十六世紀之算學形上論的邏輯形式期；第二爲十七世紀及十九世紀初葉之數學形式論的邏輯演繹期；第三爲十九世紀中及二十世紀之數學分析論的形式邏輯原理期。這三個時期的分別，本來沒有什麼定論。第一二期對於本篇只有歷史的比較值，我們可以略去其詳，第三期即本篇之主題，換言之，所謂數學邏輯的新形式論是也。我們爲求學者明白此科根本觀念及其重要原理起見，所以先論數學與邏輯的基本和關係。

一、二十世紀科學進步的情形

　　科學方法在二十世紀上起了很大兩個戰爭：一爲數學分析家的數學化；一爲科學邏輯論者的數學邏輯化。數學化的方法論者，純粹以物理數學基本原理，由演算精神操一切科學認識而爲之數學原理化之；換言之，以數學方法爲科學方法。數學邏輯化的方法論者，總全部科學精神，由數學演繹原理爲之盡各科學以邏輯數學原理化之。其所謂"數學邏輯"，即爲操各科學原理的真實表現。前者如邦加赫、魏葉斯塔斯（Weierstrass）、黑葉芒、墨海葉（Meray）、客難（Klein）諸大數學家之流；後者如石拓德、班洛、羅素諸大數學哲學家是也。他們兩方面的數學哲學原理批評，雖然明具不同的觀點，然而惟一的趨向，都是往邏輯推理的逼近上進。把他們的數學定義，重要的考察一點，就足以明白各派推證的方法。

二、數學定義

什麼是數學？這個問題不獨哲學家對答不來，就是大如高斯（Gauss）、深如邦加赫的數學家，也不能定出以一生萬的定義。因爲數學原理之抽象性與純全性，在哲學家的理性主義不能範圍，科學家的經驗主義亦不能形容。再如所謂全稱共相、分析組合，能似其一而不能全其是。從前的：

"量性；量之度量；研究秩序與度量；以及研究數與形的科學等等"；皆非數學真理本身的全形確解。量、度量、數、形，種種普通觀念，不惟不足以成數學的發明，實在還引起許多非數學的定義。例如就數學純正定義說：

"凡量能增減"；

而幾何學上兩點間之距離，皆有增減可能，若謂此亦爲"量"，則與用數學普通方法來權量：愛情痛苦，喜笑怒罵，以及其它具有增減可能之道德表現，爲同一失笑！這種定義引伸的解釋，使我們思想與精神上，要求數學定義的邏輯需要，到了逼近科學真理的可能，則所謂純正演繹的形式精神，更爲操必然勝利之左券。因爲數學並不專爲物質的科學，宇宙萬有表現，雖能就數學原理而爲物理的聯和，然而物體總和的觀念對於數學共同的創造只算是部分的意義；且而較諸物理，則爲間接的研究，所以數學哲學的根據說，因此一躍而爲權力的思想矣。

班斯說："數學爲意像結構的研究——時爲實際的實用——結果把意

像間各元素部分存在的關係,都明白地發覺了。同時在各方面把未知量也都完全找出。"這種定義所包的對象,簡直非尋常知識所能極限。而更爲普汎者有羅素之新說:"純數學即爲形式標辭的集合,如 P 連累於 q,P 與 q 爲含同一可變數的標辭,而且只有邏輯常數。"更清楚是他解釋的:

"數學科學,不知道用什麼來講,也更不知道所講的真實。"

這裏的深意:因爲我們對於物質的觀念無定,所以說不知道用什麼講;再因爲真理的求得,乃依假定的真理而定,所以說不知道所講的真實。班斯的思想,認數學能有存在與發生的觀念,其立脚精神,以客觀對象爲體;而與羅素處同一精神者則爲撇去:"數量問題"的發揮,專以分析數學之演繹精神爲科學原理的求證。所以經驗派與實驗派的邏輯論者並起,正爲逼近普汎真理的運動。杜威在他《科學判斷本性》的論文上說:一切科學只有數學專注於絕對普汎的標辭。因此數學的必然解釋,即是專爲一切科學習用的工具。從前笛卡兒、賴布尼支們想創的"普遍數學"(Mathématique Universelle),在這種新數學思潮中,更標其先進之特幟。我們從解析幾何與微分演算的發現上追索下來,二十世紀的全部科學精神實已早有規模散見。

三、數學與邏輯的協和

我們在舊式邏輯著作中,處處可以看出亞里士多德、培根一派的:科學之科學的形式邏輯語。然而人類知識與思想方法,究竟在什麼地方同邏輯形式或本身發生關係?在培根、康德、黑格爾、米爾諸大家,亦不能有明白圓滿的論定。其最稱完備者,終不出一三段論的推理問題。殊不知人類思想,不會由一種形式定律可以完全制裁的,因爲三段原理能合於齊一律的規定,而不能盡許於數學演繹之所能,譬如:

$$a=a, \quad a+d=d+a, \quad ad=da\cdots\cdots$$

與同一性質演變之:

$$(a+d)^2=a^2+2ad+d^2 \quad (a+d)(a-d)=a^2-d^2\cdots\cdots$$

完全不同精神，對於真理的推論和發明，與邏輯所謂演繹的結構完全相當，不過一爲標辭考證，一爲概念考證耳。例若方程論與幾何證明之演繹法，其所以異於三段論與所謂邏輯推理者亦正在是。一般科學哲學家，只知道認明真理的逼近爲超形式的逼近之上。數學原理的精神方法，能推及邏輯論證的本身；從純正科學觀點看，此爲必然勝利無疑。譬如推測式中三名辭的研究，實有數學消去法之基本原理在；三名辭的系統中，消去中名辭，等於方程式中消去一未知量然。把邏輯推理變爲徵號演算，一方面使精神拘束的種種運思，都能分析成類，復就配置關係上，爲之形式表明真實。這種特點在笛卡兒、賴布尼支的思想中，已窺見其用，因爲能使運算相通於思想的實際，更能使數學形式演算，進而爲邏輯方法的證明。我們要研究抽象真理與絕對真理的可能，須用這種演繹科學爲算；它的純正確實，普遍證明，與由分而合，由單而複，種種連鎖關係和分析原理，在物理科學生物科學社會科學等等上比較爲絕對的統括。在理論研究上佔着自然論理的先入性，與幾何證明的直覺性。即是高出尋常科學一步進路。再與其它學科具同等方法者，有第二步之：觀察、試驗、比較、求證，種種檢察實驗的工具。一方面就理論上發現宇宙間最純化而又普汎的真理；它方面復由是而爲之試驗考察其正確存在。數學邏輯所以超越其它科學而爲各科學真理之解決者亦即在是。十九世紀及今，哲學科學家都以此爲自然科學哲學之基本，而任何根本重要問題的發現，都是數學邏輯與其它科學相關係的問題。一種民族理智思想與教育發展的關係，都能以此科爲度量。因爲它不惟具理論之特長，其最大者，實由其總試驗科學之大體與實用科學方法，而爲理性層出不盡之"科學假定的實際問題"，與新舊交替不已之"哲學發生的問題解決"之主幹。我們在歐洲文化中看來，由數學與邏輯的精神上，不知道發現了多少美善精良，也更不知光明了多少歷史的進步！一方面替我們人類標出無上智慧可能的權力，一方面從普汎中復顯爲國家教育精神的豐滿特徵。

總而言之，數學與邏輯原理的協和，使思想精神對各科學格外理性底探索，而一切思想哲學，完全被新理性素注射一過。我們再就數學邏輯產生的問題詳細看來，便可以明白二十世紀思想律的新發展。

第二章　爲什麼有所謂數學邏輯

a. 數學上直覺問題的爭點

數學的邏輯問題上產生出數學方法的兩種批評來。這兩種批評的態度，彼此相反。起點上都歸數學唯心論派，而見點則一爲"智慧的直覺論"，一爲"形式主義論"。換言之，前者認數學真理爲直覺的；後者認數學真理爲邏輯的。由直覺論進而有數學經驗論；由形式論進而產生近代的數學邏輯論。這兩派互相把持的勢力，在哲學科學上都不相上下。從十七世紀賴布尼支、霍布士與加利來、笛卡兒對立的精神到於今班洛（Peano）、羅素與侯羅非邪（Renouvier）、邦加赫諸大數理家還是部分勝敗的問題和爭點。我們從歷史的研究上，且看他們彼此的立脚點。

（甲）數學唯心論的直覺論者說：我們數學的理性和實在，並不只借純粹思想的法則，重要的在加入所抽得的特別對象（直覺得的）與能考察的元素。所謂形式邏輯，不過專注於思想的空範圍；與一切對象譜入的圖案。它雖然是知識的方計，實在只算是一種器具，決不能得出一點新知識來。至於數學適相反，能使我們知道事物，又可以從這種事物上講到特殊的對象去，如數、量、位置等等。由數量位置種種關係以外看，又完全是抽象與普汎的。譬如在最小的具體性質間先都由這些關係建成關係，然後再就各關係的結構上定出特殊的形體。所以在數學原理中，必須插入直覺的元素。這種元素在形式邏輯上完全沒有。數學本體對象的建設，就是抽象於本體與對象的。而對於物體性質，無論其抽象如何，皆能建定。

加利來與笛卡兒首先發表這種意見，他們很攻擊中世紀學院派只認識一個三段論證的推理。在所有發現中，他們都證明必要形式邏輯以外的元素加入始能有完全真理；明言之，要直覺的元素。本體與關係的重要，不僅用一推理，就能演出其它的本體與關係來。要使我們的確能認識，必用精神上完全與形式邏輯或推理不同的方法。

這種精神特點又是什麼東西呢？由哲學家考察起來，分直覺為兩大派：一派為有形或感覺的直覺，由一切官感給我們以一定對象的認識，即是經驗的知識。一派為無形或智慧——理性——的直覺。這一派說理性連接於邏輯作用，於推理亦然；不過要由直覺的元素供給，所以完全為感覺的。總而言之，前者為後天的，後者為先天的。

（乙）數學唯心論的非直覺論者說：這種直覺論的數學，我們實在不敢承認為適當的理性，數學惟一的發展在理性的正確觀念上，這種發展的成功，又在精神定律之後，即是在形式邏輯定律上。所以數學純粹是思想的功夫。其所以能組成功的，也就是惟一理性的定律，只有一個形式邏輯的原動，並沒有其它的元素。

邏輯能把直接單純的意念，配成理性的連續，又再組成羣聚與類分的意念，從此推演出數、序、量的意念來。在理性的自然上，譬如只單拿形體，可以消去其它的連續，而對象仍為存在。這完全是數學科學的可能，除此數學形式外，理性的存在，必難乎真實。

這種理性之中，所謂定義、公律、整歸納（induction complete），都不過是造成功的配合；其所據以造成的理性，就是由它根本定律（或形式邏輯的）最小元素合創的。數學的進步，就在這些理性配合上無限底增加。賴布尼支說："數學是用邏輯的原理。"近代邏輯家把形式邏輯完全引到"演算邏輯"上，就是為要分配這種思想的發展，也就是我們現代數學邏輯討論的問題。

b. 賴布尼支的"通性論與普遍數學論"

前面直覺問題的爭論都是形而上學的起點。由純粹數學見點來看，直覺派的邏輯問題，是很實際的，也很容易承認的。但是數學邏輯的邏輯數學問題，從歷史上具來十分專門特性，實在比直覺理性的理論要深入一層的研究。真正要明白為什麼有數學邏輯，我們非確實懂得賴布尼支科學哲學思想的通性論與普遍數學論的原理不可。

要有從外界到內界，從形式到真義的方法，第一個問題就要提出"通性"原則來（Caracteristique Universelle）。什麼是通性原理呢？是將科學所有意念假定都歸到一個邏輯的系統，同時能認定邏輯連續的科學真理。凡字記、圖記、雕記各種性質，都是一種"實性"的存在，能直接表現事物或事物的觀念，而無須用字或文字或音節來標明。在這些實性的自身之間，賴布尼支依通性原則，創出表明觀念與表明推理的兩種特差來。第一種的屬於埃及古文、中國文字以及天文學的徵號，化學的記號之類；第二種的性質，就是對於這些字形記號所有的通性表現，即是很重要的思想。然而在第一種上賴布尼支並不曾完全圓滿底說明。對於第二種所選的例證是算學上的號碼，代數上的記號。他說算學與代數，就是通性的標本。通性本原的差別，如代數與化學之間所謂記號，天文學家的徵號與算學家的號碼。再到實性的另一方法上表明通性，又知道凡通性都能用算學與代數演算上類推的方法實行推演或證明。因此代數記號，就是通性的想像化身。

賴布尼支視代數例證中指明記號的方法很有用，所以認為在演繹思想上它能獨立。數學的發展和富足的關係，正因為能在算學號碼與代數記號上找到利便的"徵號"（Symbole）。至於幾何學適相反，所以相對上少前進的發現，因為缺乏由自然表現的形與真正幾何的創造，所能的不過在分析上應用數與度量的兩種抽象。賴布尼支說："數學進步，第一因其使用基本徵號時，能表現各量與其關係。"他由這種思想，研究到更深入的徵號更重要的演繹科學，就得到通性最好的"微積分"演算的發明。我們現代微積演算的象徵，即是通性最大而又最著名的標本。

賴布尼支這種科學哲學的思想，能保持他在數學上圓滿的發明，因為他一切的思想發揮，完全關係邏輯的研究。所謂邏輯，就是他的通性應用或特別的支部。凡是性質變遷的配合與複雜的關係，單簡觀念化成記號的表現與複合觀念化成記號而復通於元素的自然，都是用邏輯的組織分配成功的。譬如：

$$x+y=z.$$

一方面是數學徵號的通性組成；一方面爲形體性質適合的條件，與印於想像的配合；都是概念通於邏輯的連續。因此記號與觀念的組合，必須隨邏輯類推，不獨通性在直覺情形之下轉釋思想，還有形式邏輯的定律引導，邏輯抽象定律，有兩種重要作用：一爲使物理與形式轉變；一爲演算者自然服從的想像機械。

賴布尼支通性論應用的方法，在形而上學的比在數學的更感困難。在數學上所以容易成功的，因爲有數與形的自然，由演算方法，可以無形中將語言缺乏的補足；到了形而上學中這種救助歸私人所有，只能勉强在推理和定義的形式上補充一二。賴布尼支想把演繹法供給的，完全用邏輯演算代替數學，專在證驗中找方法。所以他説笛卡兒的方法論，沒有真正完全的分析，在形而上學中試行證明的，也總是失敗；正因爲他的邏輯方法不足。邏輯的法則能用有形的方法與法式的機械變換表明（如在代數上的），凡是推理都歸於記號的配合；簡言之，都歸於演算。賴布尼支從此又找到了霍布士一種最正確而又精深的思想："推理就是演算。"這並不只是演算一步步地追着演繹法，實際是由它指出種種不錯誤的情形，同時用適當固定的法則所抽象的徵號來代替推理。

這樣看來，通性就應該用基本底"邏輯代數" （L'algèbe de la logique），在理性上構成演算，使知識層次應用的方式，都能由推理實行求證。賴布尼支把演算的邏輯價值，認爲能判斷種種爭論。謂普通語言中無用的推理，往往引起許多非邏輯非數學的混淆；但是在惟一確定不變的記號演算上，無論如何，可以達到目的；好意壞意，總在真實結論中。如果到了真正的解釋，就如同在方程式上解決一樣。這種邏輯的演算，不只能用以除掉錯誤（直覺與機械——眼與手），實在可以發現真理；還不只是證明或檢證已知真理的工具，也是實在發明的工具。

賴布尼支的邏輯演算思想，以爲理性不獨是推理幫助，並可以直用推理代替。一切標辭與觀念實在的連續，都可以用代數法配換，所以演繹法就是象徵底記號與法式的解釋，一言以蔽之曰："通性成功的。"也即是形式邏輯的想像。他不怕把演繹歸到純粹形式機械，只要得出唯一的邏輯關係而已。這實在是他象徵思想的數學手段。他拒絕名目論說；謂真理與錯誤的適合在我們思想而不在事物；決不是名目論者所謂意志的錯誤。這有兩種原理：一方面凡是由理性底真理（如數學之類）發出的定義，都是自由的；通性底真理也是相等的自由。又一方面我們推理不能超過任何記號或字；記號的選擇是自由的，凡關於記號的結論與根據選擇的結論，也都是自由的。賴布尼支切實地回答這種錯誤說："如果記號都是自由的，在記號之間表明標辭或組織標辭的關係，就不是自由的。"要視其能通於事物表明的關係與否始能定真實或錯誤。在記號連接之中，存在的真理，是按實在的連接與觀念或對象的必然而定，並不靠我們來定的；最好說是凡存在於記號與事物相似的關係中的，都是根本數學底意義類推的，換言之，比例的或關係的相等。記號的選擇與字的定義可以自由，但是沒有記號與字的自由連接。在這種連接之中，惟一只有真實的錯誤。所以類推不只在對象與記號之間，還在記號的各個系統之間，同時用以表明真實。

這種重要底證明，可以在數學上完全借用。賴布尼支又證明代數的法式，都離寫用的記號與字而獨立，因爲它的真理在普通法則與形式轉換上安置，并不在"有形"自然所表現的性質上。同樣算學真理，也都離所用的號碼而獨立，於列數方法亦然。譬如十的數與 10 的號碼之間，只有自由的關係，引伸十數的條件選擇，做我們列數的基本。結果數能轉譯成號碼是自由的，是根據列數基本的選擇。

以上都是通性論的普通原理；現在再來講普通科學或普遍的數學論。

賴布尼支視邏輯所有的意義比以前亞里士多德與中世紀學院派的邏輯，格外寬放得多。他說邏輯如：思想工具，不只是亞氏分析上證明與判斷的工具，實在是笛卡兒派方法的發明工具。賴布尼支從此根本地加入所謂自省底工具，因爲要好好思想，應該要有"精神存在"，並且要知道記憶所已得的根本知識，用以推演其它新件的配合。在賴布尼支的普通邏輯根本分爲兩部組織：第一真實方法，用以證明已發現的真理，而又檢證懷疑與爭論的標辭。第二則用以發現新真理；都由確實能逼近無錯的方法，在前進與系統的秩序中由摸索偶獲底發現。第一個是數學定理的種種情形，建設科學的真理，同時拿邏輯的同一嚴重同一連續爲用；第二個是指示解決問題，用各種方法引到已知標辭的解法上，如同幾何學的求證，一方面由原理到結論，由因到果；一方面從標定的結論到研究的原理，從已知的果到未知的因。前者爲進步的、組合的，後者爲退步的、分析的。因此邏輯的真正區分，據賴布尼支最好是組合與分析的辨別。在這種意義中，同時了解數學上的組合分析。所以就是數學方法的概括，組成普通科學方法。

我們從賴布尼支這種邏輯思想上看，可以直接知道他邏輯的數學形式；換言之，把邏輯歸於演算原理，能成普通數學觀念的表現。實際上他的邏輯概念，就在數學概念的反動上，正所以在數學科學範圍中收入幾種邏輯方法。這是他的邏輯數學新外延的負擔，現在再看邏輯與數學之間真正存在的關係。

首先討論數學與邏輯間形式的類推。在舊式邏輯研究的區分上，知道有三種相通的對象：概念、判斷、推理是也。這三種原理在我們普通觀察上，概念與判斷的很難認爲有數學對象。其能視爲相近數學的只有推理的三段式。但是賴布尼支對三種原理都由數學上找出同樣的區分來了。故特別就代數上定出：

（1）單簡名辭都是字，複雜名辭都是法式；用記號演算的方法（和、積）成了字的配合；

（2）標辭是相等的（或方程式），或不等的，與比例的；簡言之，肯定兩法式之間的關係；

（3）推理或結果，都是演算或轉換的事件，從此推演其它多少關係。

反之，適合邏輯上同樣的類推；單簡概念，用字表明；複合的就用"法式"表明；標辭則用關係表明（同義之類）；再推理又用演算或法式的轉換表明。因此如果代數是邏輯的，邏輯於根本性質上就是一種代數。

然而這不過就外界與形式相關的説，如果要深知道邏輯與數學的切實關係，應該決定數學的對象如何。凡是特別科學名為數學的（算學、幾何、機械學以及依數學調和實用的），都是笛卡兒、賴布尼支所謂普遍數學；換言之，量的普通科學。這種科學就名為"算學邏輯"（Logistique），古義即演算的科學，非今之數學邏輯，因為它用別種方法作演算諸量的工具（如用已知方法演算未知之類）。代數所以只是一部分的"算學的概論發展"，因為數的科學無定。總而言之非邪特（Viéte）的特殊算學邏輯與列數的算學邏輯相對或相合，還是承認代數為通性的，能應用於邏輯範圍與一切演繹形式推理上。正是賴布尼支普遍數學的起點。所以他說："數學是想像邏輯。"想像的對象有量性與性質，或量與形："由量與形可以識別事物相等與不等；由量性與性質，可以知道相似與相差。"

在賴布尼支的普遍數學觀上，所謂數學就是數學邏輯；是附屬於"配合"（Combinatoire）原理的（配合式一種數學工具，在一定的條件上，能組成確定對象的［如號碼數，字母……］可能配合，這種工具在賴布尼支視為數學與邏輯演算的通點）。所謂配合原理就是邏輯的一種。邏輯與配合原理不同的，因為邏輯對象（諸概念）都是理想與抽象的，而配合原理則為直覺的。如果純粹邏輯在通性上能叫為想像，就可以得到配合範圍；反之如果配合具體的抽象名辭，則須在配合關係上始能包純粹邏輯。總之彼此聯合能組成"形的科學"與抽象關係的普通科學。

普遍數學的發現把一切數學科學範圍都歸為它的原理，都做它最普汎底定義定理。而邏輯演算與幾何演算，就是它的基本方法。這實在是賴布尼支最大的功勞，數學與邏輯相混，至少是科學邏輯的發現。在邏輯與數學之間，不獨是形式類推或並行的原理，實在是細分恒等的原理。最明白地是普遍數學組成關係的普通科學，而各科學關係，由形式與本質的分別上，凡特殊理論，各具基本公理與定理；再在細微的演算上公理都組成運算的方法，其簡便有如代數。在舊式代數上看，不過為數量的邏輯，完全只有相等的關係。賴布尼支則別創新法，在"適合"與"相似"的（Congruence et Similitude）種種關係上，建立恒等代數與包攝代數，同舊式代數邏輯相接合，共同發展。他說由總適合可以推演分適合。但是多數分適合，不能斷爲一總適合。在賴布尼支決定有地方可能，只要在三項上的適合：
$$ABC = A'B'C'.$$
推爲兩項適合的三連接適合：
$$AB = A'B', \quad BC = B'C', \quad AC = A'C'.$$
可以連三適合爲前面總適合式了。

至於相似原理，則用同一記號指明兩關係；譬如由半徑 R 到正弦 S 又到正弦 V（弧的倒正弦 X 是 1－Cos x）就用下面方法表之：
$$R; \tilde{S}; V;$$
如果 p、m、n 之間有同樣的關係就寫爲：
$$r; \tilde{S}; V \backsim m; \tilde{n}; P$$
這表明 r、s、v 之間的關係全相似於 m、n、p 之間的關係。這種適合都視代數爲算，由法式與配合的形式性質安定，而全稱普遍數學遂變爲實在的形式邏輯定律的科學，思想的通式；簡而言之，數學歸邏輯。

我們再到別方面看，形式邏輯的發展如果能與數學同時符合的地方，邏輯又歸數學了。因爲實際推理的形式，即保存普遍價值與演繹的必然。所以賴布尼支不停止地研究形式推理；然而又要直接加入邏輯的形式作證驗，使之不歸三段式的形式。從此演繹推理的嚴明，由前提到結論，都適合普通法則；與以前所建的形式相同，并且能離所注意的關係連續而獨立。賴布尼支說："借邏輯形式的正確，最好把推理歸到演算上，換言之，空去邏輯關係的實在連續，使之只注意形式聯合與必然的連續。"因此他先用無定義底徵號代替含義底名辭，再由條件底記號代替所關係的原理。所謂推演的列序式：即得配合與轉換的形式法則。總而言之，就是"通性"構成形式邏輯的想像，也就是由它連合數學與邏輯而又中間以混和的力量。

這就是賴布尼支數學邏輯的普通原理，他的邏輯演算與幾何方法可以不講，因爲只有歷史的價值，與近代相較，以前都名爲邏輯的數學論，或古代數學邏輯論。

第三章　爲什麼有新數學邏輯的產生

　　第二章所講的數學邏輯，就是我們二十世紀的新數學邏輯嗎？我們所謂數學邏輯是否就算這種單簡底問題解決了呢？如果承認現在底數學邏輯完全是賴布尼支的思想，爲什麼數學邏輯的問題在十八世紀沒有驚動科學界的論點？如果不承認，又爲什麼有新數學邏輯的產生？要回答這些問題，大概可就下面幾點釋之：

　　（1）亞里士多德派的邏輯根本太狹；
　　（2）賴布尼支的普遍數學邏輯也不完備；
　　（3）現代新數學邏輯補救的方法。
且分別詳言於下。

　　（1）亞里士多德派的邏輯根本太狹。

　　亞里士多德的邏輯何以太狹呢？因爲它只是一種"類分的邏輯"（Logique de classe），所謂思想定律的三種原理，同一律、矛盾律、不容間位律，不過拿各個底本身來類分名辭的所有；換言之，概念都是孤立的，只在確定底秩序中，依其所能包容與所能連累的來包容或連累之；再換言之，主格與表格彼此互用。這惟在內包研究上有效，於實際的外延——表格性上——都疏忽了。因爲這種概念的類分，在內包秩序中，對於最普遍底意義不過建出合解底條件，然而仍有過於不切實的。

　　我們要用思想，就應該服從這些條件與類分的秩序，這是一定的。如果否認它，就否認思想了；簡言之，要服從亞里士多德的邏輯法則。此外還要服從其它的條件或其它的法則。在亞里士多德的邏輯中只建出一種適合底條件，從思想觀點看，如果推到太遠，就不能確定真實。實際上用孤立名辭，決不能考出什麼事件；必先由標辭着想，始能得到新底發現。凡思想能成一標辭，換言之，爲名辭的集合；連絡集合，更成複合名辭。故新形式邏輯要用所謂標辭邏輯補充從前類分的舊式邏輯。

在複合名辭上構成類分的運算，或同一類推的運算。因爲要使演繹真理可能，更使一切演繹方法都成正確推理，必須實行知道怎樣標辭的細分，能連累於類分關係。

再一方面看，舊式邏輯所講的標辭，只有專注於包攝（Inclusion）關係；即是凡概念間的關係，都用一個關係動詞的"是"字表記之；所謂關係也就止如此。總之，惟一的關係就是從表格到主格從形容到所形容的。而於這些關係旁邊，再沒有連累量性的，譬如語言中關於前詞、連接詞，以及語尾各處所表明的關係，如果想連成邏輯上有用的思想，對量性都應該注意。在亞里士多德的邏輯上，思想與語言的分析完全不夠，所以一定要進一步底追求。

舊式邏輯不只顯出無味的人造，還有不能自足的表現。它把標辭的分解都當爲"天主是善"的形容法式。譬如下面的話：

我剛從段家店來；

變爲：

我是"段家店來的"。

這看出它忽略思想與實在的關係，亦不知標定地方久遠的關係。還有同樣用動詞的"是"表明爲"是的。"譬如：

甲是相似於乙；

甲是比乙大或小；

甲是乙的父；

甲是乙的地方。

諸如此類，實在的連辭並不由一"是的"可以表明關係。所表明的關係正要辭句的集合。如果改變標辭的證明，不能拿"相似於乙"來做主格，實在只是一乙，還要說："乙相似於甲。"這正是舊式邏輯太狹的明證。"

（2）賴布尼支的普通數學邏輯也不完備。

賴布尼支看見這種不完備的舊式邏輯，以爲必使普通研究的理論，都困於亞氏或學院派的範圍中，所以他從數學與文法兩方面精深底研究。但是結果他自己還是脫不出亞氏法則的限制。我們從數學或文法上看，他的新邏輯方法仍舊犯同一錯誤，不過加進數學普遍材料，比較遠到一層觀察。若謂爲眞正完備思想方法的數學邏輯又實在不夠。

賴布尼支演算的公律或原理可約爲兩大觀點：

一、我們一切觀念，都由最小數的單純觀念組合成功，其集合的形體表現，就是"人類思想的步驟"。

二、這些單純觀念的複合觀念，由一致與對稱底配合，同算學上乘法的類推一樣。

這兩個公律，第一個能把單純觀念的數認爲比賴布尼支所相信的數更大。但是如果這種假設能行，再拿到哲學普遍語言所計劃的實際價值上看，又沒有很大底理論，如此，所以單純觀念的數，比自然的便要少，惟其比配合式的更少。

到這一點來，第二公律完全顯出錯誤的，首先因爲邏輯乘法，不只在演算上容易受概念的更動（因爲也有注意加法的，表明循環交互，以連接詞或字釋之），惟其否定的更容易更動。賴布尼支在否定計算上都得出錯誤來了，他也不能解釋單純觀念與彼此之間相同的怎樣能用複合觀念配合，發生矛盾剷除的道理。

並不止如此，賴布尼支在經歷中，至少逆料出否定的獨立點；對邏輯加法意念亦然，都離外延而獨立。所以必要底元素，先須組織舊式邏輯代數。其所成功的幾點，還是與舊式邏輯相接，換言之，他的邏輯代數完全在亞氏的邏輯內包上（就三段式而言），這種範圍極端底狹小。對精神所有觀念，它只能包普汎概念或類分的部分（即普通觀念或抽象觀念）。再從各觀念中看，所能得的關係，舊式邏輯也只能研究"包攝的關係"（再還有相等的關係，也可以由此限定）。

一、從邏輯見點看，它歸入表格判斷的研究。結果只包一表格與一主格所有。

二、再回到數學見點上，它在集合重要理論中，有包攝與排除的關係。

三、還有就文法見點看的，它的範圍與前面研究動詞是字的標辭連辭相同。不過賴布尼支把它彼此分列互乘，彼此隔斷，所以外延結果畢竟不能增加。這因爲它排除所有前置詞、關係詞、婉曲詞的原故。賴布尼支對於語言思想的複雜變更，有時雖然用關係詞來概括，自己還是承認這種理論爲離邏輯原理獨立的導言。可惜他的試驗不成，所餘下的理論，完全草創，故相近兩世紀之久，無人能繼續研究，至十九世紀第二半期，才有人把他邏輯代數的形式建定。所謂關係邏輯亦從此發現。但是還不能說邏輯爲事實的科學，它的價值還有一大部分要研究。能做這種研究的數學邏輯家完全在科學純正見點上就數學普汎的方法，求出邏輯真正定律的原理。

（3）現代新數學邏輯補救的方法。

我們對於亞里士多德的邏輯狹點和賴布尼支數學邏輯的缺點，現在可以明白了。關於這兩家的改革家到底如何着手呢？回答這個問題，就是我們數學邏輯真正產生的價值。各改革家的奢望和最大的目的，要造出一種反動的邏輯，與所謂性質量性諸觀點根本不同；塗去從前不合理底思想，到絕對普汎上處置一切。譬如相似代用的原理，要能同樣駕御其它的種種，同時用數學推理的與用普通或形容的概念推理的也要一樣。想明白這種特現的思想，我們先要找出一個真正底起點。

賴布尼支的邏輯代數，在當時能明白知道的人並不多，所以他的思想真正注意的地方，因爲自己沒有完全成功，結果幾乎沒有人研究，好在他普遍數學的功效太深，所以邏輯代數的思想於無形中進步了。遂產生坡來的數論分析思想。我們二十世紀的數學邏輯遂從此發軔，而賴布尼支的勢力，亦因此愈加擴大。

我們知道舊式邏輯與賴布尼支的數學邏輯，都失敗於概念考察。要想把概念的考察代用以標辭的考察，使由標辭配合的與由孤立名辭配合的一樣，應該用什麼方法呢？坡來先研究出演繹運算不合理，遂注意三段式所用的演算，設法重消去中名辭；必使在三名辭系統中消去中名辭時，如同在兩未知量的方程式中消去一未知量無異。概括這種要點，可以說是凡演繹運算的確實推理，能歸到："認定名辭任何數的系統，消去所應去的中名辭,再在所要求的元素間,用前提來決定所有連累的關係。"

形式邏輯應該變爲"消去法"的通論。如代數學在方程式的理論中,我們現在雖已使之與消去法的理論對立,但是消去法決不能負擔關於量一方面的。結果是否能使之由此演算發展,以至量性關係的與性質關係的一樣?在概念與標辭上關係的又能否與數目和列數的關係所關的一樣?這一定的,因爲數學家只持算他的推理,只要適合徵號的運算;從具體事物所表現的考察,遂做成徵號上完全通釋的抽象。

在這種新的演算中,又用什麼方法實行呢?如果與代數演算相同,我們仍然不能知道先天的。但是要想把它設起式子來。就要把演繹中,精神方面所拘束的種種運算,統行分析用徵號來表明;所配置的關係,在徵號間仍然能表現,換言之,所謂限定運算,必要徵號都通於思想的實際運算。從坡來、石拓德的思想發生以後,實行這種研究的是班洛、羅素、古第哈、懷提海。

在形式邏輯中最重要的是推理原理。換言之,三段論的研究。我們要想真正改革形式邏輯,從此處着手,是第一步功夫。所以班洛們開首就變三段式的形,使之絕對適合思想所在。把完全三段式定爲"假言"的通式,這就是演繹事變中最實在而又最活動的成功。譬如說:

若是甲爲真,
　　乙爲真;
若是乙爲真,
　　丙爲真。

假言三段式的理論,不過定律的集合。隨這些定律,在我們思想的關節中,用連接詞"若是"與否詞"不"來配合一切,就是改造的根本文章。還有"與""或"的連接詞,同樣也插入假言三段式中,與前兩種同一重要。這兩種辭與代數上×與+(乘加)的記號意義一樣。

一個定爲乘法邏輯,與代數的乘法同一性質;表明"配分律"與"變換律",又一個定爲加法邏輯,也與代數加法同一性質,表明"聯瑣律"與"變換律",隨即定出兩種徵號"0"與"1"的兩類別。第一個表明所有不可能或誤錯的標辭;第二個表明真實標辭。引出這種徵號,形式邏輯的改造家因之用很合法的思想實行處置,有時脫離所標定的前提,仍能達到完全適當的結論。這種方法是自動的,可消去中名辭。

　　這些實用底法則,與代數方程式上關於未知量與未知量的消去法純粹符合的。所以邏輯新方法的演算,與代數演算如出一轍。比賴布尼支的實在深入一層。現在我們凡是在語言中連續於思想的,一定可以明白說出。總而言之,安定確實名辭或標辭,就可以推演所有底關係。這裏的關係無論是已知或未知,再或者沒有認明的,都包在此中。至於亞里士多德的邏輯,只能推演已知底關係。所以新形式邏輯實在是發明的方法,根本引起絕對新底思想來解釋種種關係存在。

　　一直到現在,雖然說是有這種新數學方法的新邏輯原理,然而根本上還是發展賴布尼支的思想,內中自然有補正或完全更動的;但是結果終止於包攝邏輯的範圍。這都只能認爲救正舊形式邏輯思想之一。現在還要進到第二個救正方法去,把舊習邏輯缺點與賴布尼支數學邏輯的邏輯導言思想都改換了。簡言之,一直到邏輯運算方法完全不用"是"的連辭,或獨一動詞是字。到這裏來了,邏輯就變成最複雜而又最困難底事件。我們在第二篇原理中,可以節要證明,現代數學邏輯補救法,亦散見於各原理中。總之數學邏輯家實際底方法,可以用下面的話概括爲:

　　"凡是歸於演繹科學勢力下,發展和說明的種種事件都要直接說明。先由分析關係所研究的實行展開之,完備之;最後再研究供給我們的新關係,又來實行就包攝邏輯中所鑒定的關係上,將這些新關係用演繹聯合。"

　　實際在包攝邏輯中,並不曾有相等與包攝關係上"點的集合論",在分析中所遇的理論同集合論漸漸發展,成爲基本要點。再一方面在包攝邏輯上的邏輯函數論,一切變數,都只有 0 與 1 的兩值。所以約成下面的:

$$X^2 = X, \quad XX = X.$$

這明白底表示對於 X 值適合的是 "0" 與 "1" 二值。

應該超過這些關係的極限到分析所定的極限去，再到幾何極限、機械學極限，然後到數學物理，如此類推；換言之，應該凡是公理、公律、原理，都與一切科學上不同的發展相別，按照真實存在的關係來消滅之。又要不是假裝定義或定理。所以能使科學完全發展的，只有惟一形式邏輯公理幫助。

因此我們在一切理性索究的場圍中，所有鑒定的意念，沒有一點普通形式主義的部位。所以邏輯單純的演繹法，能從此意念上超至其它的意念，全不用直覺救助。凡屬科學就是邏輯的原動。到這種數學邏輯，才是真正達到笛卡兒、賴布尼支普遍數學的希望，真在普汎和永遠的科學與哲學上建定的。

我們還有幾點要知道，從賴布尼文思想路上所發展的邏輯數學和演算邏輯，有邏輯方程式的存在，於代數方程式以外，還有數學邏輯系統的包含與解析幾何本體的解釋；換言之，純代數上的意義與純幾何上的方法。這就是馬易姆（Maimon）與葉果羅（Yergonne）派的代數分析與幾何分析種種論證，也是我們新數學邏輯運動中最有力量的幫助。不過葉果羅的見點要以幾何的直覺為根據限定主格與表格觀念的原始關係。他說考察兩種觀念之間不同的情形，先要彼此比較，然後才能在它範圍中得出相關的表現。其關係有如：

(1) 排除的：Ⓢ Ⓟ = H

(2) 相交的：⊗Ⓟ = X

(3) 恒等的：(SP) = I

包含的關係有兩種為：

(4) S 連於 P 的：⊗P = C

(5) S 包 P 的：ⓈⓅ = D

這五種關係每兩種相配合。可以得出二十五種新關係來，不過配合的結果：結論與前提一樣。所以有人說它與亞里士多德的三段式還是一樣，在我們真正數學邏輯的原理上，不是完全合理的，與歐萊的圖表同一出發。

第二篇　數學邏輯原理的演算

前篇講過數學邏輯的產生和要點，現在把它的原理略為敍出，換言之，說明其所以異於舊邏輯的對象與所以較舊邏輯為完備的方法。

亞里士多德的形式邏輯，既無標定的原理，亦無所謂自然公律；這種缺點，我們現在研究起來，知道是邏輯不滿足中之最大者，如十九世紀末，數學分析家與卡斯芒（Grassmann）派幾何演算論者的發展，皆謂邏輯改造首在原理。因為形式邏輯的演繹，為推理的中間，完全在無限定的第一意念與無證明的第一標辭上（Notion Première indefinisable et Proposition Première indémon trable）。其存在的結果，自然要把原理和第一意念縮成最小可能數。不過這些原理的創造，在哲學上往往顯為僻論，其實也不過是一種心理直覺；從真理中看來，當然用它可以把舊邏輯不可推論的與推論不合的困難都減去了。我們試讀班洛的《數學定義篇》與巴多哇（Padoa）的《邏輯演繹論》，即能明晰此類真義。由各殊的原理集合，可以發生同一系統結果；其所需用的方法，就是羅素派發現的功績。我們先就簡單的：標辭、類分、關係三種演算原理為之簡別敍出。

第一章　邏輯之標辭演算

數學邏輯所謂標辭，即舊式邏輯所謂判斷。所謂類分，即是概念。數學家認判斷為知識中的首重，概念次之。譬如"人"的概念，如果沒有：人為理性動物；凡人能笑等等標辭存在，則人的概念為無意識。所以標辭演算必先於類分。

標辭邏輯爲數學邏輯最重要原理。照坡來與石拓德們的數論舊理想看來，凡爲簡單概念，皆從類分應用或初級標辭起，然後由此組成復合概念或標辭，遂爲第二級或絕對標辭的邏輯標辭所在。古第哈説："標辭演算原理，爲一切推理之神經樞，乃坡來發現中最有光明者。它能在數學本身，處置普通概念；所以他認數學没有根本性質專注於量與數的概念。"這就是數學革命的第一個宣言，數學邏輯的第一部綱要。因爲數學所有説明，對於各種運算方法，都爲獨立存在；而在各種物質上，都能完全應用。譬如所研究的變性，完全法式方面的實行，這種法式由數的特性上先就一問題的普通解釋表明，再由幾何解法經過，然後再由力學光學的問題試察。坡來的變換，只在邏輯範圍中輾轉作證；而班洛、羅素則在科學範圍上發展，其遠因爲卡斯芒派；所以邏輯不只專注於事物間的關係，實在還注意事實間的關係。譬如由標辭表明的事實爲：

如果太陽完全蝕了，

星辰就變爲明顯的。

坡來的標辭演算，完全據代數方程爲準；換言之，其立論仍爲舊式邏輯所限制的。我們先就他研究的要點，遠遠地寫出，作爲近代標辭研究之先導。

我們要知道坡來的邏輯代數論是建在"零"〇與"一"1的兩個重要概念上。如果想構成標辭的方程式，必須這兩個徵號，都能與標辭相關切，而又爲"時間上的真理"；單標辭如果無所謂形容而又爲肯定的，則必能應用於所有時間；如果是否定的，則不能有時間的應用。一形容標辭，只能爲一有限時間的應用。徵號的"1"表明非形容真理，即爲所有時間的真實；徵號的"〇"爲非形容否定，凡在時間上的事件，全不真實。譬如 Y 表明一標辭，y 表明此標辭的時間標辭爲時間的真實。如果以 x 加 y 兩標辭約爲總括時間之和，則此時 X 與 Y 必爲真實無疑。因爲時間上使彼此分明了。再用 x 減 y 總括其所餘時間，因爲 y 時間是 x 時間中減下的，與謂爲假定 x 包 y 的時間相同。再來説 x 等於 y，即是 X 與 Y 都爲真實。而 x 與 y 之積，是指時間的部分，這時候 X 與 Y 也都是同時真實的。

現在認 x 為概述時間的，即此時 X 為真；若 1－x 亦認為概述時間的，則 X 為錯誤的。同樣以：x（1－y）概述時間，則知 X 為真，Y 為錯誤。餘都類推。

要表明標辭的 X 為真，（無限制，無形容）則寫為：
$$X=1,$$
反之要表明其錯誤，則寫為：
$$X=0.$$
如果表明："或 X 標辭為真，或 Y 為真。"（不能同時）必先說"因為 X 為真，Y 為假"，用 x（1－y）表明之，反之則用 y（1－x）表之。演算式則列為：
$$x(1-y)+y(1-x)=1.$$
在假言與選言標辭上，都很容易代用。譬如有條件標辭於無定時間 m 時表明第一標辭為真實，而第二標辭 y 因之亦同為真實。其式有如：
$$y=mx.$$
m 在一切可能的地方都為特性號。又如"凡人或皆為智或皆為愚"，如果以 x 等人，y 等智，z 等愚；對人適當的標辭不能同時智而又愚，所以標辭方程式為：
$$x=m\{y(1-z)+z(1-y)\},$$
原標辭換為簡式，得：
$$x=m(y+z).$$
結果所表明的意義即：人完全為智愚的有定類別；換言之，人類為若干智者與愚者組合而成。

再拿一個特稱否定標辭來看，例如"若干人都非智者"，先將它約定為"若干人""都"與"非智者"，以 y 代人，x 代智者，m 代無定類分包含所形容的若干個體。對於若干人就有 my，於對於非智者就有 m（1－x）得方程式為：
$$my=m(1-x).$$

這就是初級標辭的徵號。在這種解釋中，各記號所表明的意義，邏輯與代數的盡同一值。真正推論的必要條件有三種：

（甲）固定的解釋，在徵號上立定；

（乙）形式運算的解法或證明，根據已成定律與運算記號的意義為之推證；

（丙）結論上的解釋與原始標定的情形相合。

這種條件在二十世紀的邏輯演算上，實完全不同。於今所謂標辭演算的主要關係，就有兩標辭之間的連累關係（La relation d'implication）。即是：不可限定的第一意念。依羅素的方法寫為：

$$P \supset Q,$$

讀為"P 連累 Q"，P 與 Q 都為標辭；原式表明："如果 P 為真，Q 為真"，或者"P 是假的，Q 也是假的"，或者"P 不能真而 Q 為假"，再或者"或是 P 為假，或是 Q 為真"這些相當的斷言，只有解釋 P 連累 Q 的意念，而不能限定連累的所有。

羅素的標辭演算，根本在"齊一原理"上，所以如果 PQ…… 為標辭，就寫為：

$$P \supset P, \quad Q \supset Q.$$

或者是：

$$P \supset Q \supset \cdot P \cup P, \quad P \supset Q \cdot \supset \cdot Q \supset Q.$$

這即是他所謂："一標辭連累於本身。"

現在講兩標辭或多數標辭的邏輯積（Produit-logique）。先認它為不可限定的意念。取數學意義，更為抽象其體；名為積者，即邏輯各標辭的同時肯定。其存在的條件，必 PQ…… 都為真實。普通數學邏輯列定為：

$$P \cap Q \text{ 或 } PQ.$$

譬如有相當或相等的兩標辭，由前義定為：

$$P = Q \cdot = \cdot P \supset Q \cdot Q \supset P \cdot ,$$

這種等式的意思就說是："[P 等於 Q]，即 P 連累 Q 與 Q 連累 P。"

又如：
$$P \supset Q \cdot = \cdot P = PQ,$$
表明"一連累式相當於其前件與前後件之積。"

羅素專爲標辭演算，找出十個定理，爲一般推理的原則。謹爲列舉於次：

（一）如果 P 連累 Q，於是 P 連累 Q；換言之，無論 P 與 Q 爲何，而"P 連累 Q"爲一標辭；

（二）如果 P 連累 Q，則 P 連累 P；換言之，無論其所連累何物爲一標辭；其式如：
$$P \supset Q \cdot \supset \cdot P \supset P.$$

（三）如果 P 連累 Q，則 Q 連累 Q；換言之，無論其爲何物所連累爲一標辭；其式如：
$$P \supset Q \cdot \supset \cdot Q \supset Q.$$

（四）如果有一眞實連累於 P 連累 Q，如果假定 P 眞，則正定 Q 亦眞，並且可以單獨的肯定：

按此原理不能用徵號表明，譬如寫爲：$P \cdot P \supset Q \cdot \supset \cdot Q$ 仍爲不可解的，因爲不能分開肯定 Q；不然，要在本原理之外另有方法消去 $P \cdot P \supset Q$ 的假定始能證明。

（五）如果 P 連累 P 與 Q 連累 Q，則 PQ 之積連累 P，P 與 Q 的同時肯定連累於 P 的肯定，名爲化單原理（Principe de Simplification）；其式如：
$$PQ \supset P.$$

（六）如果 P 連累 Q，與 Q 連累 R，則 P 連累 R，名爲三段原理；其式如：
$$P \supset Q \cdot Q \supset R \cdot \supset \cdot P \supset R.$$

（七）如果 Q 連累 Q 與 R 連累 R，又如果 P 連累於 Q 連累 R，則 PQ 之積連累 R；名爲雙置原理，或爲輸入原理（Principe d'importation），其式如：

$$P \cdot \supset \cdot Q \supset R : \supset \cdot PQ \supset R.$$

（八）如果 P 連累 P 與 Q 連累 Q，又如果 PQ 之積連累 R，則 P 連累於 Q 連累 R；名為單置原理亦名輸出原理（Principe d'exportation），其式如：

$$PQ \supset R \cdot \supset : P \cdot \supset \cdot Q \supset R.$$

（九）如果 P 連累 Q 與 P 連累 R，則 P 連累 QR 之積（P 與 Q 的同時肯定）名為單配合原理（Principe de Composition），其式如：

$$P \supset Q \cdot P \supset R \cdot \supset \cdot P \supset QR.$$

（十）如果 P 連累 P 與 Q 連累 Q，則"'P 連累 Q 連累 P' 連累 P"名配還原理（Principe de Reduction），其式如：

$$P \supset Q \cdot \supset \cdot P : \supset P.$$

如果 P 連累 Q 連累 P 則 P 為真，譬如說 P 或 P 非 Q 即是 P。再有兩個新徽號要知道的是：

$$\vee 與 \wedge。$$

即是真與假的表明；與前面坡來所用之零與一有相通點，且更為普遍。如：

$$\wedge \supset x 與 x \supset \vee。$$

x 為任何標辭；換言之，"假的連累所有，而真的則為所有連累"，此所謂僻論之尤者。其故因為真的前提能推及假的結論；而假的前提反能得出真的結論。

我們要表明 P 的否定以 P′ 表之，由是得限邏輯和（Somme logique）的相當式為：

$$P \cup Q = (P'Q')'.$$

"肯定 'P 或 Q'，就是否定非 P 與非 Q 的同時真理。"因此可以證明矛盾原理的：

$$(PP')'.$$

"P 與非 P 不能同時兩都真實。"以及不容間位原理的：

$$P \cup P'.$$

"或是 P 是真的，或者非 P 是真的。"從此推得雙否定的原理：
$$(P')' = P.$$
"非 P 的否定為 P。"

由這些演算原理可想到舊式邏輯原理所謂"思想定律的"缺乏！在一班哲學家有用齊一原理或矛盾原理的單純律統一思想的更是奇怪！要知道形式邏輯，並不是普通那麼簡單。

要想證明標辭惟一的否定，先還要承認第一標辭。如換位原理的：
$$P \supset Q \cdot \supset \cdot Q' \supset P',$$
"若是 P 連累 Q，非 P 連累非 Q"，從此更可以推出上面的雙否定律。而肯定原理的演算得列為：
$$P = (P = \vee), \quad P' = (P = \wedge).$$
還有證明許多僻論的形式如：
$$P = Q \cdot \cup \cdot P = Q',$$
原式表明為："凡標辭有兩值：真與假是也。"凡標辭真的相當，假的亦相當；每一假標辭連累於所有標辭（真或假）；每一真標辭為所有標辭（真或假）所連累。

第二章　邏輯之類分演算

邏輯的類分演算，在坡來與石拓德都認為先於標辭演算，前面已經說過；因為受舊式邏輯所範圍。從羅素的關係論發表後，邏輯家都認為次於標辭演算，我以為夾帶歷史性的便利，把坡來的類分略為敘出，讀者可以借此順流而進。

自然，邏輯如果真想豐富而又精確，在數學中也能成一種比較的科學，非有特別創造方法，使判斷、概念等等非數學推理的理論，都同演繹推理一同超出解析幾何法式範圍之外不可。這種思想，就是類分演算的分析思想。第一有所謂邏輯變數的發現，由此就變數輸入中，組成邏輯關係的法式與就坐標式的選擇，組成幾何關係的法式相同。至於邏輯常數值，就用前面零與一表明之。譬如任何對象的類分以 Y 表之，得代數式之：

$0 \times Y$ 或 $0Y = 0$；

$1 \times Y$ 或 $1Y = 1$。

這很容易解釋徵號的意義："0 與 Y 之積，爲兩共通元素所成的類分。"要 Y 任何數爲不變，必須 0 所表的類分爲無有。即所謂："邏輯無有。"同樣 1 與 Y 之積，表明 Y 爲任何不變的 Y，則 1 與 Y 的配合必不高出 Y 的外延，就此表明所有類分集合。即所謂"邏輯全稱"是也。

有 0 與 1 的兩種徵號，可以使邏輯演算的普通方法格外豐富，真實虛僞的標辭，可不用推理表出；從此即超出亞里士多德概念配合的限制，發展到形式邏輯的真點。

邏輯的加法乘法即類分間初級運算法。乘法邏輯類分的共通性，即内包加法。如 X 表哺乳類分，Y 表水生動物類分，則 XY 之積爲水生動物哺乳類。所謂邏輯加法即爲外延加法，假定類分彼此相加而無共通性。坡來的加法爲選言原理。如 X 表哺乳類分，Y 表魚類分，而 X 與 Y 之和的配合，即哺乳類與魚類的集合。

再就負號——減——原理看看，由減法能得出凡類分所注意的類分增加。例如 X 表明"人"則"1－X"表明"非人"。恒等原理在不容間位原理底下，能就下列方程式表明之：

$$X(1-X) = 0.$$

這就推到變形方程，可以用邏輯乘法基本性質的定律作證。賴布尼支已經發現數學代數關於邏輯代數的特殊性。即是所謂"二元律"（Loi de Dualité）的方程式：

$$X^2 = X.$$

實際上即是說邏輯積爲包同一對象的兩類分配合；如人與兩手類的類分，實即相當於其元素之一。如果 X 等於 Y 則：

$$XY = X = Y.$$

而對於 XX 或 X^2 的積自是相同。使 X^2 等於 X，則直接證得：
$$X(1-X)=0.$$
因為邏輯方程式基本的 X^2 等 X 或 X^2 負 X 等零，為一種矛盾定律的形式證明。方程式的意義表明：一類分，同時 X 又非 X，則為無有的事件；換言之，無有存在。

坡來的思想以為徵號配合間的可能，只要能把這種"數形演算學"的基本固定了，則不愁不能直達徵號配合的直覺表現。要緊的是變換的結論，如同三角上虛數的應用然。坡來的邏輯能在某點上知道理性範圍超過想像之外，與亞里士多德的相較，代數又超算學而上。

在全稱詞中，類分須標定特別界綫，譬如有"選徵號" X（Symbol électif）配為邏輯函數的 F（X），用下列方程表為：
$$F(X)=aX+b(1-X).$$
原式將 a 與 b 兩係數決定了，由此再將 X 代以 0 與 1 的徵號，得：
$$F(1)=a+b(1-1)=a,$$
$$F(0)=a+b(1-0)=b,$$
由此推得下式：
$$F(X)=F(1)X+F(0)(1-X).$$
原方程式的擴大，即是 X 函數的展開式（L'expansion）。

由同一方法，可以找 X 與 Y 兩變數函數。其式如：
$$F(X,Y)=F(1,1)XY+F(1,0)X(1-Y)$$
$$+F(0,1)(1-X)Y+F(0,0)(1-X)(1-Y).$$
在形式邏輯上展開式的演算，把亞里士多德的缺點都補足了，其最精確者，則為代數消去法的借用。

現在再就最近的類分演算看，邏輯函數的意義在羅素與古第哈們的演算中與坡來的不同，他們把數學函數更加擴大，本身則包肯定標辭與標辭間所有的關係，換言之，包方程式而有。譬如正弦 X 在數學為函數，而正弦 X 等於一則為方程式；然而邏輯上兩都為函數。邏輯函數的變值隨其變數包有的意義為定。例如有：

"某國之都城"

的邏輯函數，其變值爲：

"巴黎，倫敦，柏林，北京……"

隨其變數之：

"法國，英國，德國，中國……"

的意義而定。若以徵號寫定，與數學的同形，如：

$$\phi(x), \chi(x, y), \psi(x, y, z) \cdots\cdots$$

一函數爲個體對象即成一個體；邏輯的變數函數，普通視爲有限與個體函數不同值的變數。這些變數函數，就是函數的函數。或名爲："二次函數。"此處研究，引出很多論點和僻論。我們初步上不必叙述，讀者參看羅素《數學原理》第十章可也。

邏輯函數有名爲"標辭函數"的（Fonction Propositionnelle）。這種函數就是在一標辭的變數值上代以徵號。例如"y的都城"爲一邏輯函數，而非標辭函數。但是邏輯函數的：

X"爲中國的都城"，

又爲一標辭函數。因爲本標辭所有的值皆表明 X。對於 X 等於北京爲眞，對於其它諸值爲假。同樣邏輯函數的：

"北京爲 Y 的都城"，

也是一標辭函數。對於 Y 等於中國爲眞，對於其它都爲假。再還有邏輯函數的：

"X 爲 Y 的都城"，

仍爲一標辭函數。這就對於：

$$\begin{cases} X & 巴黎 \\ & 等於 \\ Y & 法國 \end{cases} \quad \begin{cases} X & 倫敦 \\ & 等於 \\ Y & 英國 \end{cases}$$

$$\begin{cases} X & 柏林 \\ & 等於 \\ Y & 德國 \end{cases} \quad \begin{cases} X & 北京\cdots\cdots \\ & 等於 \\ Y & 中國\cdots\cdots \end{cases}$$

諸辭爲眞，而對於其它爲假。這樣看來，所謂標辭函數的本身並非標辭，因爲它非眞非假，而爲不完全的標辭。其本身一無所是，惟有將變數代用常數的時候，才有眞假標辭之可言。是即標辭的設計，或名之爲"標辭模"（mouleà proposition）。

各處的標辭函數都有"眞假"兩値，有一函數之變値爲眞，則其它一必爲假；所以標辭函數不只是"變性"，普通還有"變値"。包數學家所認的方程式。一方程式與所謂"等式"不同；方程式的等式，只對於變數値的定式爲眞，再來一未知量的方程，只有對於方根（未知量之値）爲眞。所以方程式不是標辭而是標辭函數："不能肯定，只能視爲或然的；是我們檢證的條件，錯誤與否的分辨。"方程式限定根數，與標辭函數限定外延皆爲同一事件；可以說是一方程式由其根組成外延的集合。

一槪念即一變數標辭函數，其外延即此函數所有之個體集合。所以凡槪念限定其外延的集合或類分；而所有槪念的關係，由類分間相通的關係解釋之。這種定義可以就類分槪念的標辭函數表明，還可以就標辭複合槪念表明。譬如有函數 X "愛國" 相當於 "愛國主義" 的槪念；X "不食肉" 相當於 "素食者"。在抽象科學中亦然："X 數除盡二十四"，或 "二十四能用 X 除"，相當於 "二十四的除數" 槪念；"X 數除一與 X 之外不能用其它整數除" 相當於 "素數" 槪念。用標辭的形式定槪念，使槪念又相當於標辭，這並非實際的事實，因爲標辭函數實非標辭。謂個體屬於某槪念，即是檢得相通的標辭函數。

現在知道在邏輯演算中，槪念皆由其外延的類分代表，而槪念的邏輯，又皆由石拓德所謂類分演算代替。這並不是偶爾思想設計，而是觀念中實體關係的表白。謂個體屬於某槪念，即是說它屬於相通的類分。

有這些解釋，可以引進兩種無定意念，作標辭與類分演算的邏輯轉換法。第一爲包攝關係；換言之，個體與類分間的關係，以希臘 ε 字表之，讀爲："是一。"如：

$$\chi \varepsilon a,$$

表明 X "是一 a"；即是 "個體 X 包於類分 a 中"。

凡概念通於一類分，然而類分不能全通於一概念。所以類分的注意，比概念的更普通。

　　第二由類分通於一標辭函數，特別的能通於概念。譬如一標辭函數 $\varphi(\chi)$ 以 "$\chi_3\varphi$" 指明此函數限定的類分。換言之，χ 值的集合證定此類分，而個體的集合能包含於概念之中。此式可以讀爲："凡 χ 合於 φ" 或者是 "凡 χ 如 φ 則眞。" 此處的徵號譯爲 "其，它，如……" 在文法上爲關係代名辭而非關係，因爲：$\chi_3\varphi$ 非一標辭，$_3$ 在口頭上亦不能定。如：

$$\chi_3(\chi>5),$$

簡單讀爲 "χ 大於五"，再如：

$$\chi_3(\chi^2+p\chi+q=0),$$

讀爲 "方程式 $\chi^2+P\chi+q=0$ 之方根"。由是得知有時 $_3$ 爲 ϵ 之反義，後者用以轉換類分（a）成爲標辭函數（$\chi\epsilon a$）；前者則爲轉換標辭函數（φ）成功類分（$\chi_3\varphi$）。此兩徵號彼此相消；換言之，其式有如：

$$\chi_3(\chi\epsilon a)=a \quad (Pp.) \qquad \text{（第一標辭）}$$

χ 的類分證得 "χ 爲一 a" 是 a 類分，而

$$\chi\epsilon(\chi_3\varphi)=\varphi(\chi).$$

"謂 χ 類分能證得 φ 即是肯定 $\varphi(\chi)$。" $\hfill$ (Pp.)

　　前面 χ 爲變數，可以換用一任何個體 K 得爲：

$$K\epsilon(\chi_3\varphi)=\varphi(K).$$

"如果 K 爲 φ 類相通的個體，則 K 的函數爲眞。" 簡捷原則，有如下列定理之：

$$\chi y\epsilon a \cdot = \cdot \chi\epsilon a \cdot y\epsilon a \qquad (Df.)\text{（定義）}$$

自然對於任何個體 χ, y, z, …皆眞，而以……

$$a,\ b,\ c\epsilon cls$$

表明類分觀念的表現。或者說是類分的類分亦無不當（所以類分定義有如："凡類分 u 有一函數 ψ，以 u 爲其外延。" 徵號表明爲：

$$\text{CLS} = u_3 \, [_3 \exists \varphi_3 \, (u = \chi_\varepsilon) \, \varphi],$$

∃爲："有"與"存在"的意思，參看後面）。

在類分與標辭函數之間，還有許多相接的關係；如：

$$\varphi(x) \chi = \psi(x) \cdot \supset \cdot \chi_3\varphi = \chi_3\psi \qquad \text{(Pp.)}$$

$$a = b \cdot \supset \cdot \chi a = \chi X_\varepsilon b \qquad \text{(Pp.)}$$

兩函數相等，則其類分相通者亦等；兩類分相等，則其標辭函數亦相等。

再來類分包含的連累關係，可以限定爲：凡 a 爲一 b：

$$a \supset b = : x_\varepsilon a \cdot \supset_\chi \cdot x_\varepsilon b \qquad \text{(Df.)}$$

"a 連累 b" 可以譯爲全稱肯定。直得：

$$a \supset b \cdot \supset : x_\varepsilon a \cdot \supset_\chi \cdot x_\varepsilon b$$

由雙置原理：

$$a \supset b \cdot x_\varepsilon a : \supset_\chi \cdot x_\varepsilon b,$$

"如果凡爲 a 爲 b，又如果 x 爲一 a 則 x 爲一 b。"就是單稱三段式。凡類分等式與肯定標辭的相同，而由包攝換等號，亦能相通：

$$a = b \cdot = : a \supset b \cdot b \supset a \qquad \text{(Df.)}$$

$$a = b \cdot = : x_\varepsilon a \cdot =_\chi \cdot x_\varepsilon b.$$

邏輯乘法的類分演算可以就標辭演算算法類推。

如：

$$a \cap b \cdot = \cdot x_3 \, (x_\varepsilon a \cdot x_\varepsilon b) \qquad \text{(Df.)}$$

"a 與 b 的類分積，爲其個體的同時集合"，原等式相當於：

$$x_\varepsilon (a \cap b) \cdot = \cdot x_\varepsilon a \cdot x_\varepsilon b,$$

"謂 x 爲 a 與 b，即是同時肯定 x 爲一 a 與 x 爲一 b。"

邏輯加法的類分定爲：

$$a \cup b \cdot = \cdot x_3 \, (x_\varepsilon a \cdot \cup \cdot x_\varepsilon b).$$

"a 與 b 類分的邏輯和爲 a 或 b 的 x 集合。"原等式相當於：

$$x_\varepsilon (a \cup b) \cdot = : x_\varepsilon a \cdot \cup \cdot x_\varepsilon b.$$

"謂 x 爲 'a 或 b' 即是指定 x 爲一 a 或 x 爲一 b。"

這兩種定義的數有限，而對於類分則無限。假使要注意無限的類分，則必以一普通定義爲算：

$$u\varepsilon cls, cls \cdot \supset \cdot \cap' u = x\mathfrak{z}(y\varepsilon u \cdot \supset_y x\varepsilon y) \qquad (Df.)$$

$$u\varepsilon cls, cls. \supset \cdot \cup' u = x\mathfrak{z}[\exists u \cap y\mathfrak{z}(x\varepsilon y)] \qquad (Df.)$$

"u 爲類分的類分，其邏輯積爲屬於 u 的 y 類分所有之 x 類分；其邏輯和爲屬於 u 之若干 y 類分所有之 x 類分。"

附注： $(u\varepsilon cls \cdot \supset \cdot cls' u = cls \cap u\mathfrak{z}(\chi \varepsilon u)$.

表明：x 爲一類分，名爲 u 的類分，凡類分包在 u 內。

又如：

$$\exists u \cap y\mathfrak{z}(\chi\varepsilon y).$$

原式表明一類分 u 名爲 y，其形爲 $\chi\varepsilon y$：或者在 u 中有 x 類；或者 x 屬於若干 u。)

否定原理的類分演算，亦可用標辭定爲：

$$a' \cdot = \cdot x\mathfrak{z}(x\varepsilon' a),$$

ε' 爲 ε 之否定，原式之 a 的否定爲 x 非 a 的集合。由是得：

$$x\varepsilon a' \cdot = \cdot x\varepsilon' a,$$

"謂 x 爲'非 a'即是説 x 非 a。"

現在再看標辭邏輯通於類分中兩特別項的"真，假"形式如何。先定爲下列各式之演算：

$$\varphi(x) = \Lambda \cdot \supset \cdot \Lambda = x\mathfrak{z}\varphi(x) \qquad (Df.)$$

$$\varphi(x) = \vee \cdot \supset \cdot \vee = x\mathfrak{z}\varphi(x) \qquad (Df.)$$

如果 $\varphi(x)$ 函數皆假或皆真，則類分 Λ 與 $\vee$ 爲合證 $\varphi(x)$ 之 x 的集合式：

如果使：

$$x\varepsilon\varphi(x) = a.$$

則得：

$$\varphi(x) = \Lambda \cdot \supset \cdot a = \Lambda,$$

$$\varphi(x) = \vee \cdot \supset \cdot a = \vee.$$

同時能得出下列之：

$$\psi(\mathrm{x}) = \mathrm{x}\varepsilon \mathrm{a}.$$

從此有：
$$\mathrm{x}\varepsilon \mathrm{a} = \Lambda \cdot \supset \cdot \mathrm{a} = \Lambda,$$
$$\mathrm{x}\varepsilon \mathrm{a} = \vee \cdot \supset \cdot \mathrm{a} = \vee.$$

兩式對 a 等於真假與 a 爲一類分的意義極正確。由是推得兩形式相當之：
$$\Lambda \supset \varphi(\mathrm{x}) \cdot = \cdot \Lambda \supset \mathrm{a},$$
$$\varphi(\mathrm{x}) \supset \vee \cdot = \cdot \mathrm{a} \supset \vee.$$

無論 a 爲何，第二邊亦爲真。無有的類分包於 a 中，故無論 $\psi(x)$ 如何第一邊爲真；再還有連累式的：
$$\mathrm{x}\varepsilon \mathrm{a} \cdot \supset \cdot \mathrm{a} \neq \Lambda,$$
$$\mathrm{x}\varepsilon \mathrm{a} \cdot \mathrm{a} = \Lambda : \supset \cdot \mathrm{x}\varepsilon \Lambda.$$

此爲單三段式的類推；因爲 Λ 包於任何類分中，所以包在非 a 中的有如：
$$\mathrm{x}\varepsilon \Lambda \cdot \Lambda \supset \mathrm{a}' : \supset \cdot \mathrm{x}\varepsilon \mathrm{a}'.$$

因而推得連累式之：
$$\mathrm{x}\varepsilon \mathrm{a} \cdot \mathrm{a} = \Lambda \cdot \supset \cdot \mathrm{x}\varepsilon \mathrm{a}'.$$

從此由換位法得：
$$\mathrm{x}\varepsilon \mathrm{a} \cdot \mathrm{x}\varepsilon \mathrm{a} \cdot \supset \cdot \mathrm{a} \neq \Lambda,$$

或者簡單之，如：
$$\mathrm{x}\varepsilon \mathrm{a} \cdot \supset \cdot \mathrm{a} \neq \Lambda. \qquad \text{C. Q. F. D.}$$

這樣看來標辭方法的所有，都適用於類分演算，譬如乘法與加法的形式性，也有同一可能：

互換律；Loi Commutative	ab=ba	a∪b=b∪a
聯瑣律；Associative	a(bc)=(ab)c	a∪(b∪c)=(a∪b)∪c
分配律；Distributive	a(bc)=ab∪ac	a∪bc=(a∪b)(a∩c)
重複律；Tautologie	a=aa	a∪a
吸一律；Absorption	a∪ab=a	a(a∪b)=a
齊一律；Identité	a⊃a	a=a

其它如三段原理、矛盾原理、不容間位原理皆可以一一證明。再者分配

律的直接證明，必須有雙置與單置原理存在，實用換位法依此證出。我們試拿齊一律的前提爲例：

（換位）　　　　$ab \supset ab \cdot \supset a\ (ab)' \supset b'$，

（，，，）　　　　$ac \supset ac \cdot \supset a\ (ac)' : \supset c'$，

（乘）　　　　　$a\ (ab)' \cdot a\ (ac)' : \supset \cdot b'c'$，

　　　　　　　　$a\ (ab)'\ a\ (ac)' : \supset \cdot b'c'$，

（換位）　　　　$a\ (b \cup c) \supset \cdot ab \cup ac$.

由此得知配分原理在類分中不能單獨求證，必須借用換位或雙置與單置原理構成演算。石拓德由是推得直接配分的公律，以乘法表明爲：

$$bc = \Lambda \cdot \supset \cdot a\ (b \cup c) \supset ab \cup ac,$$

即是 b 與 c 兩類分無共通元素。現在可以知道：

$$a \vee = a\ (b \cup b') = ab \cup ab',\ \vee \cup b = (a \cup b)(a' \cup b).$$

因爲包攝的：

$$ab \cup ab' \supset a,$$

由化單與單配合原理可以證明。確定反包攝爲：

$$a \supset ab \cup ab',$$

"凡 a 爲 'a 與 b' 或 'a 與非 b'"。此即所謂"一分二原理"（Principe de Dichotomie）。尋常説："凡 a 爲 b 或非 b"可以譯爲：

$$a \supset b \cup b',$$

此又相當於：

$$a \supset \Lambda,$$

變爲等式之：

$$a = a\ (b \cup b').$$

這又不是一分二的原理，必須由此轉入下列之：

$$a = ab \cup ab',$$

換言之，肯定包攝之：

$$a\ (b \cup b') \supset ab \cup ab'.$$

總結所有定義，所謂類分就是數學所謂"集合"或"倍乘性"類分

演算，即是集合論的數論部。十九世紀末，數論的新創與幾何的相對數理，實皆此科之根本原則。而狄荳圻、喬治剛多、易柏（Dedekin, Cantor, Hilbert）皆以此建功。

我們的類分演算徵號，還沒有說完。譬如標辭存在的表現，班洛以 ∃ 代之：

$$a\epsilon cls \cdot \supset : \exists a \cdot = \cdot a \neq \Lambda \qquad (Df.)$$

"a 爲類分，∃a 表明 a 非無有；換言之，有 a 在。"（或至少有一 a）此處應該明辨，所謂邏輯存在，並非在個體上，而是類分的；即凡一類分存在，至少有一個體。存在的記號就理論上無用，而於實際則非常要緊，只有類分能用，標辭則不能。如果要表明一標辭函數 φx 不假，寫爲：

$$\exists x \epsilon \varphi x,$$

"有 x 類，如函數 φ 爲真。"可以用否定表存在的定義爲；

$$a\epsilon cls \cdot \supset : \exists' a \cdot = \cdot a = \Lambda,$$
$$\varphi x = \Lambda \cdot = \cdot \exists' x \epsilon \varphi x.$$

∃ 記號的演算，爲 x 記號的引伸。如：

$$\exists ab \cdot \supset \exists a \cdot \exists b.$$

實際上是：

$$a = \Lambda \cdot \cup \cdot b = \Lambda : \supset \cdot ab = \Lambda,$$

由此就換位法得：

$$ab \neq \Lambda \cdot \supset : a \neq \Lambda \cdot b \neq \Lambda.$$

即所求證之定式。同樣再有：

$$\exists (a \cup b) \cdot = : \exists a \cdot \cup \cdot \exists b.$$

因爲：

$$a = \Lambda \cdot b = \Lambda : \supset \cdot a \cup b = \Lambda,$$

反之：

$$a \cup b = \Lambda \cdot \supset : a = \Lambda \cdot b = \Lambda,$$

所以：

$$a \cup b = \Lambda \cdot = : a = \Lambda \cdot b = \Lambda,$$

從此就換位法推得：
$$a \cup\text{'} b \neq \Lambda \cdot = \colon a \neq \Lambda \cdot \cup \cdot b \neq \Lambda.$$
亦即所求證之定式。

現在看看∃的"消去法"。如果在連累式中，假定上所包的變數，不能在正定中表明者，則實際此連累式已離變數而獨立。所以能消去變數，仍使假定爲存在式，得如：
$$\varphi(xy) \cdot \supset_{xy} \cdot \psi(x) \colon = \colon \exists y \mathbin{\mathpalette\make@circled\Ast} \varphi(x, y) \cdot \supset x \cdot \psi x,$$
"無論 x 與 y 爲何，x 與 y 函數 φ 連累於 x 函數 ψ；換言之，如 y 得證 x 與 y 的函數 φ，則無論 x 爲何，得 ψ 函數爲 x。"在連累式中消去 y，因爲新假定與 y 爲獨立。此爲雙置與單置原理之應用。結果有下列之相當式：
$$\varphi x, y \supset_{x, y} \psi(x) \cdot = \cdot \varphi(x, y) \psi\text{'}(x) =_{x, y} \Lambda$$
$$= \colon \psi\text{'}(x) \cdot \supset_x \cdot \varphi(x, y) =_y \Lambda \colon = \colon \varphi(x, y) \neq_y \Lambda \cdot \supset_x \cdot \varphi x.$$
而：
$$\varphi(x, y) \neq_y \Lambda \cdot = \cdot \exists y \mathbin{\mathpalette\make@circled\Ast} \varphi(x, y).$$
此處推理爲單置原理的換用：
$$\varphi(x, y) \psi\text{'} x =_{xy} \Lambda \cdot = \colon \psi\text{'} x \cdot \supset_x \cdot \varphi(x, y) =_y \Lambda,$$
只就一 y 作等號之指數。連累式全在 x 值者，則第二數無須 x 的變數，全 y 亦爲真。我們可以就一簡單例證舉明如下：
$$x > y \cdot y > z \colon \supset_{x, y, z} \cdot x > z.$$
y 數在正定中沒有，連累式即對此數爲獨立。而假定的兩項都由 y 證出。可以用連累轉換列爲：
$$\exists y \mathbin{\mathpalette\make@circled\Ast} (x \cdot > y \cdot y > z) \cdot \supset_{x, z} x > z.$$
此處 y 並非外形變數。

現在再把 ε 與 ⊃ 的兩重要關係，特別比較看看。
譬如舊三段式的：

 凡人是有死的；

 孔子是人；

 所以孔子是有死的。

這三個"是"字在語言中不甚分明，即舊式邏輯家亦未能申辯。其實大前提的連辭爲⊃，而小前提與結論則爲ε，此班洛之最大發現。因爲⊃爲兩"類分"間第一連累第二的關係；而ε爲由個體到類分的部分關係。就徵號正確意義上應列爲：

$$a \supset b \cdot x \varepsilon a \cdot \supset \cdot x \varepsilon b.$$

而與尋常所謂：

$$a \supset b \cdot c \supset a \cdot \supset \cdot c \supset b,$$

完全有科學理論之別。再者演算中⊃爲轉化的，而ε爲非轉化的。譬如：

$$x \varepsilon y \cdot y \varepsilon z \text{ 不能斷定爲 } x \varepsilon z。$$

因爲 y 爲類分，而 x 爲個體，z 爲類分，而類分的 y 爲個體；因此 z 爲 y 上類推的類分之一類分。在它普通元素中不能合 x 爲一。故一個體的類分，與惟一個體單類分的存在，應該特別分明。如果 x 爲個體，則其惟一元素用"ɩx"表定類分。讀爲："相等於 x。"如：y＝x 爲關係 y 的條件，其集合證得：ŷ（y＝x），即是 x 爲惟一個體的類分，換言之，爲：ɩx 的存在。所以：

$$\iota x = \hat{y}(y = x),$$
$$\therefore \hat{y}(\iota x) \cdot = \cdot y = x.$$

反之，如果 a 爲單類分，則其惟一個體所成之類分以其反號之"ɩx"表定之，讀爲："只一 a。"簡言之，ɩ 爲轉換個體成單類分；ɩ 爲轉換單類分成個體。其相當的兩等式爲：

$$a = \iota x, \quad x = \iota a.$$

再就容易限定與個體不同的"一"。我們尋常數學並沒有限定個體，不過就同類中略事範圍。譬如 m 與 n 爲兩同一個體；如第二屬於全有類分，則第一爲部分的。寫爲：

$$m \equiv n \cdot = \cdot m \varepsilon a \cdot \supset_a \cdot n \varepsilon a.$$

謂 m 與 n 相當，即認爲凡包 m 的類分亦必包 n 的，式中連辭⊃可以省去，能就等號代替；因爲由：

$$m \varepsilon a' \cdot = \cdot m \varepsilon' a,$$

直得：
$$m\varepsilon a \cdot \supset_a \cdot n\varepsilon a: =: m\varepsilon'a' \cdot \supset_a \cdot n\varepsilon'a': =: n\varepsilon a' \cdot \supset_a \cdot m\varepsilon a'.$$
最後的含意中，a 爲任何類分，能以 a 代替，寫爲：
$$n\varepsilon a \cdot \supset_a \cdot m\varepsilon a,$$
如此由：
$$m\varepsilon a \cdot \supset_a \cdot n\varepsilon a,$$
可以互相推演成爲：
$$n\varepsilon a \cdot \supset_a \cdot m\varepsilon a,$$
$$m\varepsilon a \cdot =_a \cdot n\varepsilon a.$$

個體同一與類分相等；完全邏輯上的分別。m 與 n 的個體，都與 "lm" "ln" 的單類分不同，所以前面原式以≡特別指明如：
$$x \equiv y \cdot = \cdot \varphi x \equiv_\varphi \varphi y.$$
函數 φ 能通於 a 的外延類分，結果：
$$x \equiv y \cdot =: x\varepsilon a \cdot \supset_a y\varepsilon a.$$
由此又定 l 的記號爲：
$$l x = y\varepsilon\ (y \equiv x),$$
$$\therefore y\varepsilon l x \cdot = \cdot y \equiv x.$$
前一式表明 $l x$ 爲 y 的類分集合，相當於 x，即是包一 x 元素者。還能推得個體與類分相等之間的相當，如：
$$x \equiv y \cdot = \cdot l x = l y.$$
這表明 x 與 y 的相當爲 "等於 x" "等於 y" 的類分相等。再來個體獨一元素的相當，等於類分的相當。所以：
$$a = b \cdot = \cdot l a \equiv l b.$$

這裏可以限定 0 與 1 的數目，作爲類分之類分，因爲基數本爲其類分之通性，可以用外延代替，如類分之集合然。如果 "x 爲一類分，n 爲一整數，則 'xεn' 表明 x 類分有 n 數的元素。" 就此知 0 數爲無有類分的類分。可以寫爲：
$$a\varepsilon\text{cls} \cdot \supset: a\varepsilon 0 \cdot = \cdot a = \Lambda.$$

如果謂 a 類分有零散，即認爲無有。再 a 的集合演算得證零之定義爲：
$$o = 1\Lambda \qquad (Df.)$$
"零爲包含惟一無有的類分。"

前面定過 l 爲單類分的類分，可以寫爲：
$$a\epsilon cls \cdot \supset \therefore a\epsilon l \cdot = : a \neq \Lambda : x, y\epsilon a \cdot \supset_{x,y} \cdot x \equiv y.$$
由是得證一之定義爲：
$$l = cls \cap u_3 \; (u \neq \Lambda : x, y\epsilon u \cdot \supset_{x,y} \cdot x \equiv y) \qquad (Df.)$$
"一爲非無有 u 類分的類分，其任何兩元素爲恒等數。"

所以凡整數能由循環定義證爲：
$$n\epsilon N \cdot \supset \cdot n+1 = cls\epsilon u_3 \; (u \neq \Lambda : x\epsilon u \cdot \supset_x \cdot u\, l\,{}' \, x\epsilon n) \qquad (Df.)$$
"n 爲一整數 N，由定義 n 加一爲非無有類分 u 的類分，如果 x 爲 u 的類分一元素，則類分 u 不等於 x 而有 n 數。"由是用零的函數，很容易定成一的定義，以 n 代零即得。

第三章　邏輯之關係演算

　　有標辭與類分演算，可以組成所謂"邏輯代數"（L'algebre de la logique）的原理，坡來與石拓德的功績全在於斯。他們的思想雖然超出舊式邏輯之上，然而實際並不能包演繹全部理論精神，只限於普通關係、包攝、含意、連累、相當的種種研究，把一般形式性的數學關係和其它的重要關係都失去了。要補救這種缺點，班洛與羅素創出所謂關係邏輯的關係演算。

　　邏輯的關係問題，比前有之標辭類分更爲重要。其演算原理則爲二者之類推。不過把 ε 與 ⊃ 之間的差別，特爲分辨。譬如石拓德與班斯的推理，往往用此二記號把個體與類分總括爲諸個體對偶之和，而於一關係中，不能推得其它某某特殊關係。羅素同班洛的演算，完全就函數意義，爲之限定"關係配換"的原理，更以"名目論"的觀點，就數學概念爲之普汎"關係定義"的特點。

關係演算，可以就數學兩進法爲證，亦可以用邏輯兩分法爲例。因爲凡關係能在個體與類分的"對存"中結出關係來；世、鄉、戚、友、物、類、形、色，皆可用基本關係檢證。譬如用"一"表明對存集合中的全稱共相關係，又用"零"表明對存無效時的特別虛僞關係；由是關係意義成了邏輯外延研究的新形式論，而數學上"展開""消去"諸法，皆能直接使用無疑。

凡一關係必在兩項或多項之間存在，項位的肯定，即得某關係之肯定，譬如有兩元關係爲：

$$xRy.$$

讀爲 x 有 y 的關係，或者 x 與 y 有 R 關係。原式表明在 x 與 y 兩個體間有一種關係存在。如果 m 與 n, u 與 v 有此關係，亦得列爲：

$$mRn, uRv, \cdots\cdots$$

關係演算的第一公理："如果 R 爲一關係，則 xRy 爲 x 與 y 所有值之一標辭。"自然，此標辭對若干爲眞，又對若干爲假。

第二公理爲："反關係有其反換置。"譬如説 x 有 y 的關係，而 y 有 x 關係時則爲其反換關係，名爲"反換置"（converse）。如多爲少之反，前爲後之反，夫爲妻之反。齊一的反換置爲齊一，複雜的反換置爲複雜。徵號寫爲：

$$R^c （讀 R 反換）.$$

如果有：

$$R = R^c,$$

則 R 爲對稱關係，否則爲非對稱關係（Symétrique et non Symétrique）。如果 R 與 R^c 爲矛盾，則 R 爲"無對稱關係"（asymétrique），換言之 xRy 不能有 yRx 的關係。譬如"表兄弟"爲對稱，"兄弟"爲非對稱（因爲 x 爲 y 之兄，y 可以爲 x 之弟或妹），而與"丈夫"則爲無對稱。

現在還有由 R^c 到 R 的"轉換"關係；這種轉換只有一個，徵號表明爲：

$$\text{Cnv'R 或 }^c\text{R}.$$

由是得證：

$$R^c = {}^c R,$$

此二者一反一轉，皆爲關係"換置"之演算。其轉換的公理有如下列之：

$$E!\ \text{cnv'}P.$$

任何關係 P 有一反轉關係，所以兩相等的關係相當於其相等之反換關係：

$$P = Q \cdot \equiv \cdot P^c = Q^c.$$

任何關係必爲其反換之反換，以 cc 或 cnv'cnv 表明爲：

$$^{cc}\text{'}P = P \quad \text{或} \quad \text{cnv'cnv'}P = P.$$

第三個公理："凡關係有其關係之否定。"換言之，否認 x 有 y 的關係，則必認定 x 有 y 的負關係 R'，而 R 與 R' 爲同樣存在，徵號爲：

$$(xRy)' = xR'y.$$

凡否定關係與正定的可以相換。我們容易證明否定的反換相當於反換的否定。

這裏牽連到關係配合的乘法積的關係。譬如有兩任何關係 R 與 S，如果在 x、y 與 z 諸個體之間有：

$$xRy,\ ySz.$$

兩關係存在，則 x 與 z 之間有一複合關係，表明爲"關係積"之新結合：S/R。從此得一公理爲：

"兩關係之關係積爲一關係。"

換言之如果 x 與 y 之間有一關係，y 與 z 又有一關係，則 x 與 z 必有一關係，由前兩關係一律的限定。這種作用在尋常思想中很普汎底表明，譬如親屬之間的關係，可以供給許多變證。如果 x 是 y 的兄弟，y 是 z 的父親，x 就是 z 的叔或伯。叔伯的關係就是父親兄弟的關係積；普通名之曰："伯叔皆父親之兄弟。"

注意：凡關係積非轉換的，如邏輯積然。普通沒有：

$$R/S = S/R.$$

因爲胞兄弟的父親不是叔伯，而是父親。

凡兩關係積爲其關係之平方數；如：

$$R^2 = R/R \qquad (Df.)$$
$$R^3 = R^2/R \qquad (Df.)$$

凡關係積之反換爲其因數倒列之反換積：

$$Cnv`(R/S) = S^c/R^c,$$

關係積合於聯瑣律的演算：

$$(P/Q)/R = P/(Q/R),$$

關係積能在關係加法中，合於配分律的演算：

$$P/(Q \cup R) = (P/Q) \cup (P/R),$$
$$(P \cup Q)/R = (P/Q) \cup (Q/R).$$

又能於關係乘法中爲：

$$P/(Q \cap R) \subset (P/Q) \cap (P/R),$$
$$(P \cap Q)/R \subset (P/R) \cap (Q/R).$$

注意此處⊂徵號爲"包於""在內"的意義。我們還可以用證明方法，任求其合理的存在。如第一式之證明，設有 x、y 與 z 之關係爲：

$$x \{P/(Q \cap R)\} y \cdot \equiv : (\exists z) \cdot xPz \cdot z(Q \cap R)y:$$
$$\equiv : (\exists z) \cdot xPz \cdot zQy \cdot zRy:$$
$$\supset : (\exists z) \cdot xPz \cdot zQy : \exists z \cdot xPz \cdot zRy:$$
$$\supset : x(P/Q)y \cdot x(PR)y:$$
$$\supset : x \{(PQ) \cap (PR)\} y.$$

第二式的證明與此相同。

　　由這種種關係組合的概念看來，凡一關係都可以限定所有類分，故用類分以定類分，無若以關係爲算。如果關係的意義標定，則其首項與次項，前件與後件必能分曉 (referent et relatum)。譬如 x 與 y 有 R 關係，名 x 爲 y 之 "前類分件"，y 爲 x 之 "屬類分件"。第一以 $\vec{R}$ 記號表之，第二以 $\overleftarrow{R}$ 記號表之。由是 $\vec{R}$ 與 $\overleftarrow{R}$ 的關係可以合得 R 的關係。又由 $\vec{R}$ 到 R 的關係爲 "Sg" 由 $\overleftarrow{R}$ 到 R 的關係爲 "gS" 皆爲矢形 (Sagitta) 左右向之表示。譬如 R 關係爲父子之表現，則：

$\vec{R}$ 'y＝y 的父親，

$\overleftarrow{R}$ 'x＝x 的兒子；

如果 B 爲由少至多的關係，則：

$\vec{R}$ 'y＝比 y 少的數，

$\overleftarrow{R}$ 'x＝比 x 大的數。

因此得證下列定義爲：

$\vec{R} = \hat{a}\hat{y}\ \{a = \hat{x}\ (xRy)\}$ （Df.）

$\overleftarrow{R} = \hat{\beta}x\ \{\beta = \hat{y}\ (xRy)\}$ （Df.）

$sg = \hat{A}\hat{R}\ (A = \vec{R})$ （Df.）

$gs = \hat{A}\hat{R}\ (A = \overleftarrow{R})$ （Df.）

由是得證矢形關係之：

$Sg\ `R = \vec{R},\ g^s\ `R = \overleftarrow{R}$.

而前類分件與屬類分件的關係得定爲：

$\vec{R}\ `y = \hat{x}\ (xRy)$,

$\overleftarrow{R}\ `x = \hat{x}\ (xRy)$,

因此得一相當之普遍換位式：

$\vec{R} = \vec{S} \equiv \cdot \overleftarrow{R} = \overleftarrow{S} \cdot \equiv \cdot R = S$

$\supset \cdot \equiv \therefore a\vec{R}y \cdot \equiv_{a,y} \cdot a\vec{S}y \therefore$

$\equiv \therefore a = \hat{x}\ (xRy) \cdot \equiv_{a,y} \cdot a = \hat{x}\ (xSy)\ \therefore$

$\equiv \therefore (y) \therefore a = \hat{x}\ (xRy) \cdot \equiv_a \cdot a = \hat{x}\ (xSy)$

$\equiv \therefore (y) : \hat{x}\ (xRy) = \hat{x}\ (xSy)\ \therefore$

$\equiv \therefore (y) \therefore (x) : xRy \cdot \equiv \cdot xSy. \therefore$

$\therefore (x, y) : xRy \cdot \equiv \cdot xSy. \therefore$

$\therefore R = S :: \supset \cdot Prop.$

集合所有前類分件，名爲關係之"前圍（Domain）"。反之集合關係所有屬類分件，名爲"後圍（Codomain）"。前圍與後圍之邏輯和，名爲關係之"場圍（Champ, fields）"。譬如有"父親"的關係；其前圍爲父輩之集合，後圍則爲子輩（兒女）之集合。這是不能相當的。至於場圍則包兩集合之邏輯和而爲"人"之集合。再如"夫婦"的關係：其前圍爲一切已婚男子之集合，後圍則爲已婚女子之集合，場圍即"成人"之集合。

前圍徵號爲"D'R"的關係，後圍爲"Œ'R"的關係，場圍關係則如：C'R 是也。我們就此推得：

$$D\text{'}R = \hat{x}\{(\exists y) \cdot xRy\}$$
$$\text{Œ'}R = \hat{y}\{(\exists x) \cdot xRy\}$$
$$C\text{'}R = \hat{x}\{(\exists y) : xRy \cdot \cup \cdot yRx\}$$

就此又能定前後場圍的形式演算：

$$D = \hat{\alpha}\hat{R}\,[\alpha = \hat{x}\{(\exists y \cdot xRy)\}] \qquad (Df.)$$
$$\text{Œ} = \hat{\beta}\hat{R}\,[\beta = \hat{y}\{(\exists x) \cdot xRy\}] = D \qquad (Df.)$$
$$C = \hat{y}\hat{R}\,[\gamma = \hat{x}\{(\exists y) : xRy \cup \cdot yRx\} \cdot \qquad (Df.)$$

凡一關係其前件每類分通於後一件者名爲"一致關係"，如果每一後件通於一前件者則爲反換一致，因此一致關係的反換亦能一致者名爲雙一致。要表明這種關係，英文語言中有此分明意義爲：複—單，單—複，單—單。徵號表明爲 Cls→Ⅰ，Ⅰ→Cls，Ⅰ→Ⅰ，即是說多數前件通於一後件（此後件亦通於前件）之間的關係，一前件通於多數後件之間的關係，與一前件後件間的關係。

這種形式，可以譜成數學上"一"的定義之相當關係，而不能限爲一的定義，因爲實際只是個體間對稱轉化的關係。其象徵有如：凡 R 之一致關係，無論 x 如何，xRy。與 xRz 連累於 y 相當於 z：

$$R = \text{Rel} \cap R_3\,(xRy \cdot xRz \cdot \supset_x \cdot y \equiv z).$$

或者 $\qquad R : = : R \subset (xRy, xRz : \subset y = z).$

這就是關係的真"形式性"。由此推得下列兩定理：

（甲）一致關係與其反換關係積爲對稱與轉化關係，

（乙）反之，凡對稱與轉化關係非無有，能視爲一致與其反換之演算的關係積。

因此更推得新邏輯關係的運算。如果在 a 類分的 x、y、z 諸元素間有對稱與轉化關係，即得 b 的一致意念，而在 x、y、z 與 b 的元素之間，就有雙一致的 S 關係在；例如 R 關係相當於 S 關係與其反換關係積。換言之：

$$xRy：=：(xSb \cdot ySb = xSb \times bS^c y).$$

好比 a 類分中所有直線，彼此皆有平行間對稱與轉化的關係 R。於是 b 的意念爲其"方向"，表明一致關係平行直線者。謂 x 與 y 爲平行直線，相當於肯定 x 與 y 有同一方向，由是構成方向的抽象概念；我們的原理變爲：

"一集合對象間，有一致與轉化關係者，則諸對象中有一共通元素；而此關係之肯定，相當於集合對象中共通元素齊一的肯定。"

據共通元素所有對象的類分包攝看，可以視各對象爲相等。因此兩對象或多數的相等，必關係類分底抽象概念；而在這種類分上，由一"羣"的轉換相應，可以從一對象過到其它所有對象，其共通元素仍爲不變。

譬如有 a 的函數 f，以 f 記號置於 a 類分中任何元素 x 之前，使之相通於 b 類分中限定之一 x 元素 f（x）。如果 a 類分中 x 與 y 對象間有對稱轉化關係存在，則 x 函數的抽象可以視爲等於 y 的抽象函數。譬如說兩直線平行的，可以說一直線之方向等於其它一直線的方向。抽象原理就此推定爲：

"x 與 y 爲任何元素，如果 x 爲 a 類分的元素，而此二元素間有對稱與轉化的關係 R，則有一類分 b 與一函數 f 包下列性質之：

（一）無論 a 的 x 爲何元素，f（x）爲 b 的一元素；

（二）無論 b 的 m 爲何元素，a 的 x 元素至少有一爲：f（x）＝m；

（三）x 與 y 既爲 a 的任何元素，而 f（x）＝f（y）的等函數，只能在 x 與 y 有 R 關係時爲可能。"

從此知道 b 與 f 都是 a 與 R 的有定函數。如前例中 a 類分爲直線，R 關係爲平行，f 函數爲方向，而 b 類分爲直線之方向。譬如從截線適合數的關係，得出長度的類分；從形或立體的相當，得出幾何面積體積的類分。其對於"重量""質量""氣候""熱量""序數""基數"種種類分選擇,皆有適合關係表現。

這種演算把類分間各元素的關係表現,推得非常靈活,包數學相通的函數意義而有,與剛多派之集合論實互爲發明。

第三篇　數學邏輯實用演算

普通數學科學家視象徵邏輯的原理和方法，如同極抽象底研究，有人直認爲"勞而寡功"。論理上看，這實在是很可笑底觀察，與拿游克立的幾何空間，評羅巴齊、衛斯基和黑葉芒，拿亞西墨、牛頓的機械物理非安斯坦和敏可衛斯基的說話同一笑話！本篇爲發展前篇總論，以類分關係，爲窮搜遠討之方法，逼近"象徵"意義的演算，然後就此以達於數學之"基數與序數"論。

第一章　數學邏輯與或然演算

在某項有限集合中，對於個體或其它任何無定事件，施行普通或不定底判斷，這種判斷名爲"變數判斷"。凡變數判斷的未定者爲任何元素；在邏輯上可以爲主格，可以爲表格，也可以爲動字，或者用一足詞表明亦可。譬如有一判斷爲：

"在 x 的時間 y 地方下雨。"

原判斷爲未定，其故不因主要（下雨）意義無定，因爲時間與地方的所指爲"變數"$(x \cdot y)$。

我們用語言更換，可以把數值置爲判斷之主格；如：

"x 時間"或"y 地方已經下過雨"。

這種說法只在文法上的構造可能，與我們邏輯觀念不甚相合。然而因爲這種轉換可能，所以推理的普遍性無有防害。如 x 爲個體或無定件，其變數判斷之：

"x 爲一 a。"

終爲一有限範圍的表現。因此變數判斷，可以視爲一定類分中個體的主格互相關係之單稱（Singuliers）判斷的集合。這些單稱判斷爲有限，固定；換言之，必真或必假。但是組合各單稱的普通判斷，則可真或可假："與單稱必證判斷相合時爲真；與單稱必假判斷相合時爲假"。譬如在 x 若干值爲真，在其它若干值又爲假。而在 x 所有值上同樣又可以爲真，或假；對於"變數性"亦不改其質。此即前篇所論之零與一的值。

要在變值判斷的普遍中，將所有"無定值"明白與正確底觀念完全斷定，必須先將所有個體或事件上判斷之真或假的"數目"統計起來，結果實在："相合底事件（真的）數目，比不合底事件（假的）數目較大。"這種"相對真理，"即是變數判斷的"或然性。"反之，凡判斷等於一的名爲"絕對真理。"所以變數判斷就是"或然判斷。"而變數判斷的演算，即是數學上或然演算。

或然演算是數學邏輯的部分，數學家誤以爲是數學的科學發展；其實它的基本學理，完全邏輯的推演，用數學真理實難限定。所謂邏輯的代數應用，正以此種演算爲首證。所以或然演算爲邏輯原理，即是變數判斷的邏輯；如同解析幾何之終於幾何，數學物理之終於物理是也。

從前數學家把或然演算的定義和基本推論的根據，都就偶然游戲的事變考察。思想同語言的誤會由此發生；因爲"事變"不能有多少或然；有則產生，無則不生。說出事變"不生，"在字學上完全失真，因爲既謂之事變，就是"有"的。事變不是"真"或"假，"凡是真假，就是用判斷肯定一切，或者肯定此事變的本身。數學家認或然演算爲偶然事變的實用；根本對或然的邏輯不明白。拉卜拉斯（Laplace）說："或然性在我們認識與無知的兩部分關係上。"即是我們判斷的基本性質之一，能解釋智能認識的判斷，與知識不完全底現實情境中的關係。譬如說：

$$\text{"}x \text{ 是一 a。"}$$

我們所知道的 x；是一集合個體，結果實即此集合的本身；不知道的 x，究爲此集合中什麼特殊或有限個體的存在？判斷只能找出無定，或部分有定，或普通限定的或然。所謂事變，自然無普通之可言，只有我們對事變的概念所構成的普通與無定判斷。

現在可以將或然演算的基本定義，就前面的概念定出。這些定義在或然性的主觀與邏輯判斷上，表明一種數學解釋。如果一或然性本身，不完全有可測之幾何量，即可用定義以測定此或然。這裏定義的結果，使數目表明的量，能代用非量的意識，而不以數的應用爲計；簡言之，或然性的測量與氣候的標度相同，其數度相通者，完全自由底刻定。

凡一判斷絕對的或然，即是真的數目與真的或假的數目之比；換言之，判斷的就是有意義或能實用的。絕對或然，對於 x 值的選擇無限亦無定，其變性範圍爲"1"的所有；換言之，在個體集合或普通可能中。這個集合是有定的：其内包有限，各元素之單個亦有限；再者内中彼此分離，亦不能有部分底重疊或交互底結補。在這些條件之下，偶然適應的集合已完全限定。現在假定此條件充足，則得下兩種表現：

(1) 或是：集合 1 的元素爲有窮；

(2) 或是：集合 1 的元素爲無窮。

如果是無窮，其數（整數）爲 n；先將 a，b，c…各類分的對應個體 ia，ib，ic，…標定，則得：

$$il = n, \quad io = o.$$

現在對於判斷：

$$x \text{ 是一} a$$

的或然性爲何？可能偶現的數目爲 n，適應的偶現爲 ia；換言之，集合 1 的個體數正是 a；所以求得或然數爲：

$$ia : n = ia : il.$$

如果 il 的數爲無窮，或 ia 的數爲有窮，則得：

$$ia : il = 0.$$

如果 ai 爲無窮，就可以確實的限定 ia 與 il 兩數之比的有窮或無窮數。

凡是無窮數的集合都連續表現：如幾何形之點的連續集合；時間組合中之瞬刻集合。在這些無窮集合間，很容易估定其計數關係："如同這些集合構成的各形間各量的關係。"（長度、面積、體積或時間。）

我們現在選定或然記號，爲之邏輯演算如次。

有簡單判斷 S 的或然，列爲：

$$P(S).$$

這在舊式語言中表明 S 事變的或然，同時以 S 標辭肯定其存在。再用：

$$V(S)$$

表明偶現數目中 S 標辭爲真；反之：

$$V(S')$$

表明偶現數目中 S' 標辭爲真；即是 S 在此處爲假。因此或然的定義可以釋爲：

(1) $$P(S) = \frac{V(S)}{V(S)+V(S')}.$$

無疑 P(S) 與 V(S) 的函數都爲"數。"這個式子以及其它類推的式子皆爲數學公式，其記號則爲算學的；所以尋常底代數規則都能應用。

同理得 S' 的或然式如下：

(2) $$P(S') = \frac{V(S')}{V(S)+V(S')}.$$

這就是使 S' 真，或使 S 假的或然式。如果將 (1) (2) 相加，則得下列等式之：

$$P(S)+P(S') = \frac{V(S)+V(S')}{V(S)+V(S')} = 1.$$

從此直接推得：

$$P(S') = 1-P(S).$$

我們知道所謂或然式終爲一分數式，即是 0 與 1 之間的值。在什麼偶現中的或然可以達到此二值？如果：

$$V(S)=0, P(S)=0.$$

又如果：

$$V(S')=0, P(S')=0.$$

所以一標辭沒有適應底偶現時，其或然式等零，因爲它不能真。如果它否定沒有適應底偶現時，其或然式等一，因爲它不能假，即總是真；

有時亦名爲"實在。"但是這種實在不能與確實判斷相當式的：S＝1 的實在相混。不過確實判斷的實在無程度之殊，亦無連續表現；如果不總是真（等一）就總是假（等零）。而變數判斷的實在，則在或然最高程度上；如果不總是真，也幾乎可以總是的。這裏使邏輯眞理之類的最高或然，程度上絕對實在表現的，統行革去了。

由此得證：
$$P(0)=0, P(1)=1.$$

補題。兩集合沒有共通元素者，其算學和數等於邏輯和數。

因爲邏輯和爲各集合元素之集數；如果一元素能與它元素相通，或相共，則在邏輯和中只有一次；因此一包二，二而一。如果兩集合沒有共通元素，則所有組合的單個無一可省者，其邏輯和所有之數爲其算學和之數。這個補題對元素兩兩無共通點的任何數爲有效。這種集合爲"分割集合。"凡多數分割集合的邏輯和有其算學和之數。其式表爲：（以 $\cup$ 表邏輯和，＋表算學的，然並非絕對的）
$$V(a\cup b\cup c\cdots)=V(a)+V(b)+V(c)+\cdots$$

現在看 a 與 b 兩任何集合（非分割的）的普通點：

先證明等式之：
$$V(a\cup b)=V(a)+V(b)-V(ab).$$

展開邏輯和得：
$$a\cup b=ab'+a'b+ab.$$

第二邊爲分割和數，所以有：
$$V(a\cup b)=V(ab')+V(a'b)+V(ab).$$

再來分別得出：
$$V(a)=V(ab)+V(ab'),$$
$$V(b)=V(ab)+V(a'b).$$

將此二等式各邊相加：
$$V(a)\cup V(b)=2V(ab)+V(ab')+V(a'b)$$

從此得：

$$V(ab') \cup V(a'b) \cup V(ab) = V(a) + V(b) - V(ab),$$

結果仍得證爲：

$$V(a \cup b) = V(a) + V(b) - V(ab). \quad C. Q. F. D.$$

由這些結果，又證得：

$$V(s) \cup V(s') = V(S+S') + V(1),$$

即是組合類分 1 的單個數。（所謂類分 1 即是前篇的 V 記號，零則爲 Λ 記號，此處仍就坡來的演算表明。）

現在或然式可以簡單如下：

$$P(S) = \frac{V(S)}{V(1)}, \quad P(S') = \frac{V(S')}{V(1)}.$$

由是檢證爲：

$$P(S) + P(S') = 1.$$

$$\frac{V(S)}{V(1)} + \frac{V(S')}{V(1)} = 1.$$

或者是：

$$V(S') = V(1) - V(S),$$

這正與前面所有等式相合：

$$V(S) \cup V(S') = V(1).$$

前面爲無條件的限定一標辭的絕對或然。現在再來用條件的假定限定標辭。

有 a 標辭相關於 b 標辭，在 a 真的假定中爲 b 真的或然，或者在相合的條件中 a 爲真者，名爲相對或然。

就或然的定義看，相對或然即是 b 真的偶現數與 a 真的總數之比。在 a 真的條件上，凡屬 b 可能的偶現集合爲何？無疑即是 a 真的偶現集合。但假定適應的偶現集合又爲何？即是 a 真 b 亦真的偶現集合；換言之，a 與 b 同時真的偶現。這種集合爲 a 與 b 同時肯定的"邏輯積，"所以相對或然式得爲：

$$\frac{V(ab)}{V(a)}.$$

這自然在 V（ab）中不能代入 V（b），亦不知道 b 集合在 a 集合中是否連續；換言之，是否 a 真時 b 真？不過偶現的適應集合終爲偶現的可能集合所有。再者 ab 集合亦必爲 a 集合所有。所謂 b 關於 a 的或然即是標辭或然的：
"如果 a 爲真，b 爲真。"
以邏輯推理表之爲：
$$a \supset b.$$
這種或然結果表明：如果 a 是真的，b 可以是真的。因此得定其或然式如下：
$$P(a \supset b) = \frac{V(ab)}{V(a)}.$$
原式第一邊即是 b 相關於 a 的或然。

　　b 相關於 a 的或然有兩端值："0 與 1"。由此二值相應於兩特殊事件的標記。如：
$$P(a \supset b) = 0.$$
證明 a 與 b 兩標辭終不能同時眞。換言之，必須：
$$V(ab) = 0，或 ab = 0。$$
再一方面有：
$$P(a \supset b) = 1,$$
必須有：
$$V(ab) = V(a).$$
如果 a 與 b 的集合都爲有窮，ab 集合爲 a 集合所有；則：
$$(ab = a) = (a \supset b)$$
的時候不能有：
$$V(ab) = V(a).$$
前有各式，反換亦爲實在；換言之，如果 a⊃b 則得：
$$P(a \supset b) = 1,$$
即是（a⊃b）的包攝終爲眞實。然而有一例外點，如果同時有下列條件之：

$$V(ab)=0, \quad V(a)=0.$$

這裏的或然成了無定式之：

$$P(a \supset b) = \frac{0}{0}.$$

其"實值"爲何？如果：

$$V(a)=0, \text{則 } a=0.$$

因此無論爲何，必須有：

$$ab=0, \therefore V(ab)=0.$$

但是結果總是：

$$a \supset b,$$

所以在這裏：

$$P(a \supset b)=1.$$

再看 $a=1$ 的偶現中，有：

$$P(1 \supset b) = \frac{V(b)}{V(1)} = P(b),$$

a 等於一表明 a 的假定終爲眞，所以結果關於始終爲眞的標辭 b 的或然等於其絕對或然。

反之，絕對或然可以視爲一眞假定的相對或然，所以一有效的條件相當於無有條件，而在相關的或然演算中，條件本身沒有存在。譬如：

$$(1 \supset b) = (b=1),$$

得結果：

$$P(b=1) = P(b).$$

現在再到普通去證明。如果：

$$P(a \supset b) = \frac{V(ab)}{V(a)}.$$

以 $V(1)$ 除分數的兩項，得：

$$P(a \supset b) = \frac{V(ab) : V(1)}{V(a) : V(1)} = \frac{P(ab)}{P(a)}.$$

所以 b 相關於 a 的或然，等於 ab 與 a 絕對或然之比。

現在再來測計各項單標辭函數的邏輯函數或然；換言之，知道單標辭或然，演算其所組之複標辭的或然。

先求邏輯和的或然演算，假定其和為分割的（不連），不能同時兩都真實。由定義得：

(1) $\qquad P(a \cup b \cup c \cdots) = \dfrac{V(a \cup b \cup c \cdots)}{V(1)},$

由前補題得：

$$P(a \cup b \cup c \cdots) = \dfrac{V(a) \cup V(b) \cup V(c) \cdots}{V(1)}$$
$$= \dfrac{V(a)}{V(1)} + \dfrac{V(b)}{V(1)} + \dfrac{V(c)}{V(1)} + \cdots V(a) + V(b) + V(c) + \cdots$$

反之，由兩不相拒的標辭，就定義得：

(2) $\qquad P(a \cup b) = \dfrac{V(a \cup b)}{V(1)},$

亦由前補題得：

$$P(a \cup b) = \dfrac{V(a) + V(b) - V(ab)}{V(1)} = \dfrac{V(a)}{V(1)} + \dfrac{V(b)}{V(1)} - \dfrac{V(ab)}{V(1)}$$
$$= P(a) + P(b) - P(ab).$$

自然，a 與 b 兩標辭都相拒的地方，得為：

$$ab = 0 \quad \therefore P(ab) = 0.$$

由是：

$$P(a \cup b) = P(a) \cup P(b).$$

再就前式以三標辭不相拒的推得：

$$P(a \cup b \cup c) = P(a \cup b) + P(c) - P[(a \cup b)c]$$
$$= P(a \cup b) + P(c) - P(ac \cup bc).$$

以和數 (ac∪bc) 式展用為：

$$P(ac \cup bc) = P(ac) + P(bc) - P(abc).$$

結果得：

$$P(a \cup b \cup c) = P(a) + P(b) + P(c)$$
$$- P(ab) - P(ac) - P(bc) + P(abc).$$

由是理可推至 4，5，……n 標辭。譬如 n 標辭的普通式爲：
$$P(\Sigma a) = \Sigma P(a) - \Sigma P(ab) + \Sigma P(abc) - \cdots - (-1)^n P(\Pi a),$$
用數學歸納法很容易證明（指明如果對 n 爲眞，對 n+1 亦爲眞）。

總之用單標辭的或然函數，可以求其邏輯和之或然，亦可以求其邏輯積之或然。

現在研究邏輯積的或然演算，即是許多標辭的同時肯定。凡這些標辭，假定爲獨立的；換言之，其眞理無所依靠，其或然亦無所從屬。

定理。多數獨立標辭邏輯積的或然等於其相應底絕對或然之積（算學的）。

用 a 與 b 兩標辭來證明定理。先假定彼此可能的偶現集合不同；如 a 的有 n_1 偶現，其中有 m_1 適應的偶現；b 的有 n_2 偶現，其中有 m_2 適應的偶現。由定義得知：
$$P(a) = \frac{m_1}{n_1}, \; P(b) = \frac{m_2}{n_2}.$$

再來找直接演算 P(ab) 的。要得到 ab 同時肯定的可能偶現集合，自然要將 a 可能底偶現配合於 b 可能底偶現；而在各組合偶現都有同一或然數，因爲兩標辭彼此都爲獨立；其配合偶現數即是 $n_1 n_2$。

再一方面要得到 ab 同時肯定的適應偶現集合，就應該將 a 適應底偶現配合於 b 適應底偶現，其配合偶現數爲 $m_1 m_2$。由定義上 ab 之積的或然爲：
$$\frac{m_1 m_2}{n_1 n_2} = \frac{m_1}{n_1} \times \frac{m_2}{n_2} = P(a) \times P(b).$$

所以有等式之：
$$P(ab) = P(a) \times P(b).$$

如果 $n_1 n_2$ 換爲 n 我們的推理仍無改變；所以有：
$$P(ab) = \frac{m_1 m_2}{n_2} = \frac{m_1}{n} \times \frac{m_2}{n} = P(a) \times P(b).$$

如果兩集合數目上相等的使之相當，亦無改變；因爲要得 ab 可能底偶現集合，就應該將原集合的偶現配合於其它的偶現中，並且與本身相配，

結果終為 n_2 的組合偶現。所以此集合為集合 1；其簡單或然為：

$$P(a) = \frac{V(a)}{V(1)}, \quad P(b) = \frac{V(b)}{V(1)},$$

複雜或然為：

$$P(ab) = \frac{V(a)}{V(1)} \times \frac{V(b)}{V(1)} = P(a) \times P(b).$$

此即證明定理。獨立標辭任何數亦可以展開。

現在再來看非獨立標辭或在普遍情形中（標辭或為獨立或非獨立）邏輯積的或然演算法。

先有 a 與 b 兩標辭，其算學等式為：

$$P(ab) = \frac{V(ab)}{V(1)} = \frac{V(a)}{V(1)} \times \frac{V(ab)}{V(a)} = P(a) \times P(a \supset b).$$

反之，同一或然式等於 a 的絕對或然與 b 相關於 a 的相對或然之積。在這兩式之中，可以視 b 的或然依於 a 的或然。反之亦然。

原定理對於 3，4，…n 標辭無論獨立與否皆為有效。其普通式如：

$$P(abc\cdots) = \frac{V(a)}{V(1)} \times \frac{V(ab)}{V(a)} \times \frac{V(abc)}{V(ab)} \times \cdots$$

$$= P(a) \times P(a \supset b) \times P(ab \supset c) \times \cdots$$

在 a，b，c……n 次有 1，2，3，……n 不同式，而對 n 次有 n 可能的排列。

這個定理很明白：要 abc 真，必須 a 真，b 真，c 真，……所以要 abc 的或然真必須要或然在：

1，a 真；2，a 真的，b 真；3，a 與 b 真的 c 真……

這正是獨立標辭的同時肯定，所以其或然為各或然之積。

現在就馬可葛爾（Calculus of equivalent statements）的演算，採取或然的簡單記號。

凡 B 的或然相關於 A 者以 b 表之加一指數 a. A 的絕對或然原為相關於 1 的或然，所以用 a 加一指數 1 表之。凡複合標辭放在括弧之間。

否定的 A' 的絕對或然記為：a_1' 而 $a_1' = 1 - a$。

現在再看前面定理，可譯為下式之：

$$(ab)_1 = a_1 b_a = b_1 a_b.$$
$$(abc)_1 = a_1 b_a c_{ab}.$$
$$(abcd)_1 = a_1 b_a c_{ab} d_{abc}.$$

如此類推及於無限可能。

第一式可以就等式（列數的）

$$a_1 b_a = b_1 a_b.$$

寫爲比例式之：

$$\frac{a_1}{b_1} = \frac{a_b}{b_a}.$$

再特殊上如果有：

$$a_1 = b_1.$$

則必有：

$$a_b = b_a.$$

反之亦然。又假使：

$$b_a = 1,$$

換言之，如果包攝的：

$$A \supset B$$

爲真，則必有：

$$\frac{a_1}{b_1} = a_b'.$$

即是 a 關於 b 的或然等於其絕對或然之比。

現在使兩獨立標辭之積的式子接合於兩任何標辭之積的式子。如：

$$P(AB) = P(A) \times P(B).$$
$$P(AB) = P(A) \times P(A \supset B).$$

要這兩式相等，應該 P(A) 兩因數相等，即是要有：

$$P(B) = P(A \supset B).$$

要使 B 能離 A 而獨立，則須其絕對或然等於與 A 相關之或然。這裏很明白，謂 B 的或然離 A 而獨立，正如謂在 A 條件之下爲真，或去此條件亦爲真；這個條件可以限定 B 關於 A 的獨立，可以寫爲：

$$b_a = b_1.$$

如果以此條件爲獨立的定義，可以推到多數獨立標辭之積的通式。如在兩標辭的：

$$(ab)_1 = a_1 b_a.$$

如果假定：

$$b_a = b_1,$$

則得：

$$(ab)_1 = a_1 b_1.$$

這就是獨立或然的公式。可以推及 3，4，……n 標辭的獨立可能。譬如 C 標辭離 A 與 B 標辭而獨立，又離 AB 而獨立，則其式如：

$$c_{ab} = c_1,$$

所以得積式爲：

$$(abc)_1 = (ab)_1 \times c_{ab} = a_1 b_1 \times c_{ab} = a_1 b_1 c_1.$$

如此類推，及於無限可能。

我們知道 B 標辭離 A 標辭獨立者，無論是否屬於 A 條件之下，爲同一或然；所以無論 A 真或假，亦爲同一或然。因此相關於 A 的或然等於相關 A' 的或然；換言之在：

（1）如果 A 真，B 亦真；

（2）如果 A 假，B 亦真；

的兩標辭應該爲同一或然。其式爲：

$$b_a = b_{a'}.$$

有等式之：

$$a_1 b_a = b_1 a_b, \quad a'_1 b_{a'} = b_1 a'_b;$$

得出：

$$b_a = \frac{b_1 a_b}{a_1}, \quad b_{a'} = \frac{b_1 a'_b}{a'_1},$$

各邊相除得：

$$\frac{b_a}{b_{a'}} = \frac{a_b}{a_1} : \frac{a'_b}{a'_1}.$$

再第一式得：
$$\frac{b_a}{b_1}=\frac{a_b}{a_1},$$
由假定上得：
$$b_a=b_1;$$
所以有：
$$a_b=a_1.$$
表明如果 B 離 A 而獨立，則 A 離 B 而獨立。但是知道：
$$a'_1=1-a_1, \quad a'_b=1-a'_b,$$
所以亦有：
$$a'_1=a'_b,$$
結果得：
$$b_a=b_{a'}. \qquad \text{C. Q. F. D.}$$
反之，如果承認結果式，則推得等式之：
$$\frac{a_b}{a_1}=\frac{a'_b}{a'_1}=\frac{a_b}{a_1},$$
從此得：
$$a_b-a_1 a_b=a_1-a_1 a_b,$$
或者是：
$$a_b=a_1,$$
同樣證明到：
$$(b_a=b_{a'})=(a_b=a_1),$$
則相應求得：
$$(a_b-a_b')=(b_a-b_1)(a_b-a_1).$$
如此，下列四等式相當：
$$a_b=a_1; \quad b_a=b_1; \quad b_a=b_a'; \quad a_b-a_b';$$
表明 A 與 B 標辭彼此都爲獨立。

現在再將原因或然的規則，求立爲反比或然的式子。

如有 X 事變，有 A、B、C，不同的因，彼此相拒。由此因的關係知

道 X 的或然。現在要求知道有 X 事變時，其或然何以爲其原因之一的：A.（或者 B，或者其它）

假定 A 相關於 X 的或然爲 a_x 或然，則普通式爲：

$$a_1 x_a = x_1 a x.$$

從此推得：

$$a_x = \frac{a_1 x_a}{x_1}.$$

知道 a_1 與 x_a 試求 x_1。有邏輯關係的：

$$X \supset A + B + C + \cdots$$

其故因 X 事變只能有 A，B，C，……諸因，如果有 X，就應該 A，B，C，……之一出現。故包攝式相當於等式之：

$$X = AX + BX + CX + \cdots$$

取兩邊的或然，注意 a，b，c，……偶現爲彼此相拒，推之 ax，bx，cx，……亦然。

$$x_1 = (ax)_1 + (bx)_1 + (cx)_1 + \cdots$$

$$x_1 = a_1 x_a + b_1 x_b + c_1 x_c + \cdots$$

所以得下式之：

$$a_x = \frac{a_1 x_a}{a_1 x_a + b_1 x_b + c_1 x_c + \cdots}.$$

同樣得：

$$b_x = \frac{b_1 x_b}{a_1 x_a + b_1 x_b + c_1 x_c + \cdots}.$$

這個式子用已知或然 x_a，x_b，x_c，……可以推定反比或然之 a_x，b_x，c_x，……

在特殊上 a，b，c，……絕對或然都相等，只有：

$$a_x = \frac{x_a}{x_a + x_b + x_c + \cdots}.$$

$$b_x = \frac{x_b}{x_a + x_b + x_c + \cdots}.$$

a 因關於 x 果的或然，等於 x 關於 a 的或然用 x 或然關於其它可能的或然因之和來除。這種演算把哲學上因果律原理與斷定派的思想完全革動。讀者參看坡來的"思想律"第十七章可也。

第二章　數之邏輯觀

十九世紀末葉，數與無窮論，在邏輯哲學界，演成很重大底數學哲學問題。前面種種演算與第一篇的各個原理，皆爲此項問題的表現。從前魏葉斯塔斯（Weierstrars）派認分析數學的內組，完全在數與整數觀念上，其結果把純數學的基本，完全立於數的觀念上，忘却數學是形式科學的。至於數之邏輯觀點則不然；能就邏輯、心理、經驗種種意義上，根據真理限定，其說之重要者有如次述各義。

（Ⅰ）數的意義

注意我這裏所謂數的意義，即含所謂數的經驗解釋。凡人皆有自然數：

$$1, 2, 3, 4, 5, \cdots\cdots n$$

的概念存在。譬如在蒙養試驗時期中，小孩子一無數之抽象概念，敎以數數的方法，完全藉所謂自然數的存在，始成功數數的試驗。

凡試驗中有能發生數的概念者，以"羣"或物象的類分（元素）爲主體；因爲它們的自然，實在是自由的（任何的）。不過惟一底條件，要只取個體上的物象；換言之，要能在試驗中有不變的存在：旣不相混，亦不散亂。能實行這種比喻而不患失者，如敎以數：手指，馬，牛，羊，木，石各種不同底事實，同時還能有自然事件的表現。數學哲學家都認此類自然爲眞正"數的所有"。

數的初步試驗，有兩種不同的存在：基數與序數是也。

要限定基數，先須從試驗方法起。

譬如有兩標定的物象類分爲：

$$(a) = (a_1\ a_2\ a_3 \cdots\cdots) \quad\quad\quad\quad\quad (1)$$

$$(b) = (b_1\ b_2\ b_3\cdots\cdots)\cdots\cdots\cdots\cdots\cdots\cdots(2)$$

我們先找 (1) (2) 各元素的"聯合",或由第一個有形底聯合第二個的元素;或由記號上無形底精神聯合。如果第一與第二的各元素都能找出聯合,而無所謂例外的加入:如 a_1 聯合於 b_1, a_2 聯合於 b_2 之類,在這兩類分元素間,就有"交互一致底相通"。我們名為 (a) 與 (b) 兩類分"相當"的類分。用數學式子寫為:

$$(a) = (b)\cdots\cdots\cdots\cdots\cdots\cdots(3)$$

凡是物象類分之間能相當者必能適合下面三種要素:

(A) 轉換性:(a) = (a)

即是 (a) 的各元素聯合於本元素。

(B) 對稱性:如果 (a) = (b),則 (b) = (a).

ab 兩元素在心理上有對稱的處置,離兩元素聯合的秩序而獨立。

(C) 換置性:如果 (a) = (b) 與 (b) = (c) 就得 (a) = (c).

如果想到 a 元素聯合於 b 元素,b 元素又聯合於 c 元素,a 與 c 的元素自然在思想中聯合了。這種性質就是邏輯的三段式。

再於這種性質上加入下面的:

(D) 如果一類分 (b) 包含 (a) 的所有元素之外,多幾點元素,則 (a) 與 (b) 的兩類分不相當。譬如有類分的:

$$(a) = (a_1\ a_2\ a_3\cdots\cdots)$$
$$(b) = (h a_1\ a_2\ a_3\cdots\cdots)$$

這就說是 (b) 所包的元素比 (a) 只多 h 一元素。如果有:

$$(a) = (b),$$

則在這兩類分之間,必有交互一致底相通;此處 h 就相通於 (a) 類分的一定元素 a_i,由 h 與 a_i 兩交互類分中得出:

$$(a_1\ a_2\ a_3\cdots\cdots a_{i-1}\ a_{i+1}\ a_{i+2}\cdots\cdots)$$

在這兩類分之間現在又來加入 a_i 相通於 a_h 的固定元素,再由 a_i 與 a_h 兩交互類分抽出的,還是相當的類分;隨後都可以如此類推。我們如果能繼續抽出,在標定有形物體類分上可以抽盡;換言之,在複合底類分中，可以歸到惟一物體 a_r；而這個 a_r 上可以與其它包含的類分相當：

$$(a) = a_r a_s.$$

這個結論是很奇怪的，因為我們由前面的理性看來，實在是不合理。譬如在元素聯合上，第一個 a_r 無論如何，與第二個 $a_r a_s$ 不能有相當底元素，只能有一聯合而已，結果終有一餘元不能聯合。但是這個推理有效底類推：是（b）類分超過（a）類分一元素的，所以（D）的性質有下面定義的另一方法：

定義：如果（a）與（b）為兩類分，（a）類分是相當於（b）類分中所包的一類分，而不與（b）的一致，換言之，是（b）的一部分。這就名為（b）類分"勝於"（a）類分。我們普通寫為：

$$(b) > (a).$$

現在可以把（D）的性質定為：

(D') 如果（a）與（b）兩類分此勝於彼的，兩類分就都不相當。或者我們竟值照（c）的性質更簡單的定為：

一類分不能使之相當於其部分之一。

現在來處置兩任何類分的有形物體，得出下面的：

(E) 標定（a）與（b）兩類分，或者彼此間相當，或者彼此間有一勝於其它的；換言之，相當於其它之一部分的。這就是建定（D）的同一原理，我們在（a）與（b）的兩類分中各抽一元素：

$$a_1 ; b_1 ;$$

再來聯合它們想像底元素，就有"餘類分"的問題發生；但是能多重複這種演算，在兩類分中終有一可歸於盡，好比（a）類分沒有了，其它的（b）類分同時可歸於盡，也可以不盡，因此得出：

$$(a) = (b) \text{ 或者是 } (b) > (a).$$

我們再用（a）（b）（c）的類分看看：

$$(a) > (b) \text{ 與 } (b) > (c),$$

$$\text{就有 } (a) > (c);$$

如果是：

$$(a) > (b), (b) = (c),$$

也就有

$$(a) > (c).$$

這種性質完全是勝於的性質。

補題：

(F) 如果 (a) 與 (b) 兩類分

$$(a) > (b),$$

就不能知道有

$$(b) > (a).$$

如果真正有了，即是有

$$(a) > (a).$$

這與 (D) 的性質相反，我們參看 (A) 的性質，就可以明白。

這個補題的意思，是類分之間勝於的關係適合於 (F) 的換置性，而不適於對稱與轉換性。

前面的標辭，使我們能表明物象的類分或羣爲"類分的類分"，因此有：

(1) 一類分同時屬於相當底類分的同一類分。
(2) 一類分 C 同時一部分不能在類分的同一類分中相遇。

這種表明，可以建出類分記號的抽象價值，屬於類分的同一類分中；換言之，相通於類分中任何類分的實體所有的思想，能同樣分存於類分的其它一任何類分中。這種概念就是一類分物象的基數。故 (a) 與 (b) 類分的相當，轉換爲相等的。

$$(a) 的元素的數 = (b) 的元素的數。$$

這種相等的意義，恰是指明所講底抽象問題。並且得出抽象概念的恒等 "=" 類分 ｛(a) (b) ……｝的類分上相通的基數。

數的標定都在邏輯的方法上，而同時抽象與相等的意義可以明白。譬如標定物體的某一類分，精神上總可以建出這個類分元素的抽象概念來，如類分的（張三、李四……）就有人的抽象概念；諸平行直線的類分，就有方向概念之類是也。故凡類分元素抽象概念的組織，如果有這種心理底意義，在類分各元素中的通性上，就有一種冒似底結構；仿佛各類分是通性與個體不同性之和的想像。好比"人"的概念可以得出"張三、李四"之類。這種冒似底結構在相等的意義上，還是同樣底解釋。二物體相等，在它們本身都沒有一點意義；只能關於某類分上這兩物體可以相合的，始能表明若干事件的意義。所謂兩物體的相等，都是關於一類分中重要底抽象概念，各類分元素中的恒等性；換言之，相等就如"恒等與差等之和"（Somme d'une identité et d'une diversité）。我們前面所講的轉換性，對稱性，換置性；在相等上都表明抽象與聯瑣邏輯方法的基本存在。反之，任何物體之間的關係，都能適合這個條件，可以視爲相等。因爲相等，是限定標準物象分類的式子。由此可以決定知道物體的聯合必在惟一與同一類分的關係中。

這裏我們有下面的注意點：

視相等如同一類分之間 a，b 兩物體的關係。在抽象上統看起來，可以視 a 的抽象函數等於 b 的抽象函數；譬如說兩半徑相等，可以說兩半徑的長度彼此相等。這個判斷就是相等的式子，但是它的價值與邏輯所謂"重言"（Tautologie）不同，這能使我們注意到尾隨的重要推演。至於所謂重言的相等就不能了。

現在再講序數原理。

要限定序數可以拿下面的試驗做起點：

有定物體的一類分，可以在思想中列序起來，（或在空間裏位置之，或用單簡的記號表明之）想到它的各元素：如第一個之後連續其它的一個，除去最後一個不計外，其餘彼此都是連續標定；因此得出凡一類分的列序中（或名級次）有下列的：

（1）標定兩任何元素，這個連續那個，則這個先於那個。

（2）如果元素 c 續於 b，b 續於 a，c 也相等的續於 a。

（3）除去最後底元素外，凡 a 的元素有一直接次件（Subséquant）爲 b，因此沒有其它的元素續於先於 a 的。

(4) 除去第一元素以外，凡元素有個直接前件，而此前件也就是次件。

注意下面的兩列序類分或級次：

$$(a) = (a_1\ a_2\ a_3 \cdots\cdots a_n \cdots\cdots)$$
$$(b) = (b_1\ b_2\ b_3 \cdots\cdots b_n \cdots\cdots)$$

要找彼此間交互一致相通的列序組織，則用下面的方法：

(1) 在 (a) 的第一元素 a_1 上相通於 (b) 的第一元素 b_1；

(2) 如果 (a) 與 (b) 的兩元素相通，次件也相通。

這個條件的證明很容易。譬如 a_1 的次件 a_2 必相通於 b_1 的次件 b_2，因為 a_3 的結果也相通於 b_3 的；如此類推，得出 (a) 與 (b) 之間的列序完全相通了。如果兩類分不是"相當的"，換言之，如果是：

$$(b) > (a).$$

就是 (a) 的元素列序只是 (b) 的一部分相通，而 (b) 的元素除相通於 (a) 的最後各元素外，其餘就是沒有相通的餘元。此處還可以說是兩級次之中有"部分"的列序相通點。

現在再拿三個任何級次來看看：

$$(a) = (a_1\ a_2\ a_3 \cdots\cdots a_n \cdots\cdots)$$
$$(b) = (b_1\ b_2\ b_3 \cdots\cdots b_n \cdots\cdots)$$
$$(c) = (c_1\ c_2\ c_3 \cdots\cdots c_n \cdots\cdots)$$

而 a_n 是 (a) 的任何元素，只要假設類分中各個都為超於部分上的：

$$(a_1\ a_2\ a_3 \cdots\cdots a_n)$$

在這種假定中有 (a) 與 (b) 級次中（完全或部分的）有限列序的相通。而 a_n 的元素相通於 (b) 的有定 b_n 元素。再來 (a) 與 (c) 之間兩級次（完全或部分的）有限列序的相通，也可以同樣得出，即是 a_n 的相通於 c_n 的。如果比較起來，在 (b) 與 (c) 的級次中，也有相通的列序（完全或部分的），所以 c_n 的元素也通於 b_n 的。由此得出下面定義：

兩級次元素之間有一相通的列序存在，則各元素都相等。其關係連續於相等性（轉換的、對稱的、換置的）。

我們可以把級次數的類分元素用分類列序之；譬如相等的同列中各元素都歸一類，就前面已有三級次用 $K_1 K_2 K_3 \cdots\cdots K_n$ 的類分法分出如下：

K_1	K_2	K_3	K_n	
(a) $= a_1$	a_2	a_3	$\cdots\cdots a_n$	$\cdots\cdots$
(b) $= b_1$	b_2	b_3	$\cdots\cdots b_n$	$\cdots\cdots$
(c) $= c_1$	c_2	c_3	$\cdots\cdots c_n$	$\cdots\cdots$

類分 K_n 的元素抽象概念名爲 (a) 級次中 a_n 元素，(b) 級次中 b_n 元素與 (c) 級次中 c_n 元素的列序號數。

現在再回頭看看基數與序數的比較。

在每個列序 n 上表明 a_n 的位置是級次的 $a_1 a_2 a_3 \cdots\cdots a_n \cdots\cdots$ 相通於基數的；換言之，表明類分的物類數：$(a_1 a_2 a_3 \cdots\cdots a_n)$ 在基數中已經看過，表明類分相當的類分，譬如 $(A \cdots\cdots F)$ 的性質，在 $(K_1 K_2 K_3 \cdots\cdots K_n)$ 類分的類分中成爲列序的級次存在的：

K_1	K_2	$\cdots\cdots$	K_n	
(a_1)	$(a_1 a_2)$	$\cdots\cdots$	$(a_1 a_2 \cdots\cdots a_n)$	$\cdots\cdots$
(b_1)	$(b_1 b_2)$	$\cdots\cdots$	$(b_1 b_2 \cdots\cdots b_n)$	$\cdots\cdots$
(c_1)	$(c_1 c_2)$	$\cdots\cdots$	$(c_1 c_2 \cdots\cdots c_n)$	$\cdots\cdots$

基數就是表明 K_n 各類分的物體之數相通於序數的；換言之，是表明 K_n 的位置爲級次的：

$K_1 K_2 K_3 \cdots\cdots K_n \cdots\cdots$

這樣看起來，我們限基數與序數時可以彼此借用。而對於相通的概念因此也可以明白。現在再把 (c_n) 的各基數與相通的 (n_o) 序數聯合起來，可以組成類分的式子：

$$(1_c 1_o)(2_c 2_o)(3_c 3_o) \cdots\cdots (n_c n_o)$$

在 $(n_c n_o)$ 的類分中，可以由抽象中得出抽象 n 數的概念，是基數與序數相通的共同記號。

（Ⅱ）數的無窮級次

前面數的分解，就物象兩類分級次的試驗將其：

羣，相通，次第……

種種基本概念引爲數之抽象概念解釋，因此各數的基本性質，顯爲試驗的標辭（Proposition expérimentales）。然則我們試問：

（1）在什麼程度上或什麼意義上，試驗能合證這些同類標辭？

（2）又在什麼程度上試驗對於建定數的概念與其附帶底性質爲必要的？

第一點的觀察如次：

尋常在實際物象與一羣物體中運算，事實上只能達到不十分大的數目；譬如一人每日專以十時計數，至五十年僅能近十億（1,000,000,000），實際試驗的數目愈大，則其需要之時間愈久。從此推知實際數目有大而難檢證者，非多數人的工作不足告成。如算學性質的大數，即在人類社會中亦無從試證。然而大的國家預算案，往往超過十億，在數的基本應用性質上，則又無若何疑難；是知所謂數的認識，並不在物體類分的純粹與粗俗演算試驗中。

在一般野蠻動物的智慧中，以所能達到的數目爲最大者，殊不知人類的數目級次，無所謂最大的存在。我們的精神用意像試驗作實際試驗的幫助，故能顯有無限次的反覆，使之建成想像上的無窮級次數。所以算學一方面固然立於有形物體類分的試驗，它方面仍以想像試驗精神爲其配合的萬能。

現在看第二點：

在什麼程度上，有形物體或其物羣中必須用計算？凡算學事件是否能就簡單思想完全創立，而無用外界的事件作證？我們知道物體上考證的自然，與初步試驗所有的數目概念並無關係；就是視覺、聽覺、觸覺之類的試驗亦無甚重要；所以承認簡單心理試驗的使用，亦更無甚困難。譬如一人之盲、聾、啞、失神經者，如果賦有充分抽象的能力，必能想得物體；即令沒有正確情形的想像，必能用純粹意像上的抽象與聯瑣來計算思想物體的類分。前面具體物象的初級試驗，完全能就此種心理試驗代用。

這裏涉及想像派的論點，他們認初級試驗上所能限定數目的定義，並不全在物體客觀性與其所注意的類分上；而所謂試驗者，不過思想本身的運算定律，或者說是聯瑣與邏輯抽象的運算律。因此數之基本標辭，並不在"事實"（後天）的發表，而是必然真理（先天）的；即言之，是在精神的構造與作用，康德、黑格爾的邏輯意像，與米爾的邏輯經驗爭端從此發軔。

現在再看數之無窮級次的構造如何。

要建定無窮級次的數，用一抽象與聯瑣的邏輯公理，還不足以表明基本標辭，必須有一"存在公律"肯定無限反覆的無限聯瑣可能："標定一任何數，總有一數爲其隨數。"譬如幾何直線中所有之點，正爲其類分表現的關係。現在可以分別所謂有窮與無窮的概念如下：

（1）於一類分中先後分取其元素，結果取盡此類分的存在，即是類分有窮的表現；

（2）凡一無窮類分，能使之相當於其各分之一。標定數之級次如：
$$1, 2, 3, 4, \cdots\cdots n\cdots\cdots,$$
與減去第一數之級次亦爲相當：
$$2, 3, 4, 5, \cdots\cdots n', \cdots\cdots$$
因爲兩級次之間能加入相通的：
$$n' = n+1.$$
譬如一截線，一直線，平面的一任何形，或空間的一任何體，都能使之相當於其部分之一。所以凡無窮級次標出，則知其一部分相當於全部（所有）。再如果一類分 A 包一列數級次 S，則在 S 與其部分之一間有一相通，同時於 S 之外，能使之相通於 A 的各元素，因此證明 A 相當於其部分之一。復次如 A 爲一任何類分，能於此中任取一元素 1，再取第二元素 2 如此類推；如果選取的數爲有限，而類分已盡者，則此類分相通於有窮級次之（1, 2, 3, ⋯⋯n）；如果不然，仿佛 A 類包一"列數類分"（Classe numerable）相通於無窮級次之（1, 2, 3, ⋯⋯），則此類分相當於其部分之一。

這種演繹式包極精細思想，結果不僅有很大數目選取的可能，並爲自由選取的無窮數可能。在我們人類，這種可能超過一切，只能據有限數以確定當然（先天）連續選取的法則。所以一類分與其無窮類分之一所有相通的可能，使我們對於無窮與有窮類分之間的區別性判然明白。而剛多派之無窮基數乘冪論與伯海斯端（Bernstein）的證明，皆爲級次有窮與無窮的真理。

一無窮類分視爲順列級次者，必須其元素之排列有如下述條件：

（1）有一級次之兩元素，其一續於它一（此元先於彼元）；

（2）如果 c 元續於 b 元，b 元續於 a 元，則 c 元亦續於 a 元。

有時無窮級次中（有窮級次亦然）一元素（最後的）無直接隨數，而另一元素（非首元）亦無直接前數，則此級次數既無首元素亦無終元素。級次之：

$$1, 2, 3, 4, \cdots\cdots n\cdots\cdots$$

爲沒有終元素者；而級次之：

$$\cdots\cdots, \frac{1}{3}, \frac{1}{2}, 1, 2, 3, \cdots\cdots$$

無首元亦無終元。

剛多所謂整順列級次者（Série bien ordonée）必須適合下列之：

（3）凡級次有一首元素，而所包之部分的級次亦必有一首元素。

此條證明有直接隨數存在。所以有下列定理之：

在一整順列級次中，凡元素非最後者，有一直接隨數存在。

如一整順列級次中 a 元素非終元，則有一首元 b 整列於後，而 b 即爲 a 之直接隨數。

但是下説定理又不能如此；如級次之：

$$1, 1\frac{1}{2}, \frac{3}{4}, \cdots\cdots 2\frac{1}{4}, 2\frac{1}{2}, 3,$$

各元素都有一直接隨數，而：

$$\cdots\cdots 2\frac{1}{4}, 2\frac{1}{2}, 3$$

的一部分又無首元存在。

比邪黑（Pieri）的定理，在這裏能分別級次之有窮與無窮：

如果一級次與其反列爲整順列集合者爲有窮。譬如有一整順列級次爲：

$$S = a_1\ a_2\ a_3 \cdots\cdots;$$

如果非有窮，則包列數級次之：

$$s = a_1\ a_2\ a_3 \cdots\cdots a_n \cdots\cdots$$

此級次後，通於 n 值者能有其它元素或無其它元素，而 s 終爲 S 之一部分。如果取 S 的元素同如 s 的，則在反列中 S 級次所得者非整順列，因爲它包的（s）部分中有"無首元"者。

現在再看數學歸納與剛多的大無窮原理。

有一任何關係 R，附屬於 x 數；如果此關係證得 x 等於一，則必證得 x 等於 n 而同一關係對於普通：

$$x = 1, 2, 3, \cdots\cdots n \cdots\cdots$$

都有效。記號列爲：如果

$$R(1) = 0,$$

又如果：

$$R(n) = 0,$$

則推得：

$$R(n+1) = 0,$$

而有：

$$R(m) = 0,$$

此處 m 表明任何大數。

這就是數學歸納的原理，其應用在人類思想的可能條件中頗稱重要；如前節物體想像類分的推理，完全爲數學歸納的邏輯可能。無論有窮或無窮級次的類分，數學歸納的假定皆足爲其自然構造的可能。其表示如：

$$1, 2, 3, 4 \cdots\cdots n \cdots\cdots$$

譬如我們思想本身的反思級次：

A，A 的思想，A 的思想的思想，如此遞進……又如標定：
$$R(x)=0.$$
則凡 x 數成一類分，而數學歸納定爲班洛式之：

如果一類分 c 包 s 級次的首元（$x=1$）；又如果假定上 c 包 S 的任何元素（$x=n$），則推得 c 包 S 的隨元數（$x=n+1$），因而 c 類分包 S 所有元素矣。這個原理使數之級次分，別於其它所有可能的整順列級次，如：
$$1, 1\frac{1}{2}, 1\frac{3}{4}, 1\frac{7}{8}, \cdots\cdots$$
自然有整順列級次能適合班洛式之公律，使之與自然數的級次有雙一致的相通（Correspondence bi-univoque）然而所注意的前式，則不能適合；因而導入序數普通概念，注意無窮序數，是爲剛多大無窮論之起點。其原理概括爲：

如有整順列級次 S 不適於班洛公律，則在任何次 n 上必包含隨元數，無論大小如何，在 S 同類元素中只成 S 的一部分；因此有首元 ω；其隨元必爲 ω+1，如此類推及於無窮。所以有：
$$S=1, 2, 3, \cdots\cdots\omega, \omega+1, \omega+2, \cdots\cdots 2\omega, 2\omega+1\cdots\cdots$$
可以想像其爲無窮矣。

ω 表明級次的首元，此元隨於自然數，（有窮）可以視爲無窮序數之最小者。如果級次中有一隨於
$$\omega, 2\omega, 3\omega, \cdots\cdots,$$
則此元素可以表明爲：ω^2；因此知道級次亦能包具下列元素之：
$$\omega^3, \omega^4, \omega^5, \cdots\cdots \omega^\omega \omega^{2\omega}\cdots\cdots \omega^{\omega^\omega} \omega^{\omega^{\omega^\omega}}\cdots\cdots$$
所謂大無窮的數，正如幾何直線形之各點的級次所在，如 ω 相通於 1，2，3……級次的極限點，2ω 相通於 ω+1，ω+2，……級次之極限點；而 ω^2 則爲 ω，2ω，3ω……之極限點。

結論。現在由理論觀察，知道數學能就邏輯解決無窮與連續的問題，並能於空間時間運動上成穩固而又可能的哲學。

無窮與連續的實在理論，在二十世紀都是很新的方法。譬如實行用無窮合數（Collection infinie）與用有窮整數合數相當，可以就整數合數與其部分之間，建出兩相通的元素。在有窮整數與偶數間有一相通的關係，因為有窮數的關係互相通，所以無窮合數的整數或數，必等於其部分的數。從前數學家對這種解釋，認為不脫矛盾，故無論是否實現的或其它的無窮，皆一一加以否證。實際想證明無窮是否矛盾，必須認數學歸納為一切數之所屬。因為我們日常生活的數，完全具有歸納體。在歸納體的數中認定："一任何數有 n 數，其合數部分，不能同於全 n 數的。"如果凡數都具有歸納體，而與其它合數又包含一部分同數的，其結果必遇矛盾。如果沒有歸納體的，則又可以消去矛盾。因此知道惟無窮數中始無矛盾之可言。這正是剛多算學無窮的結晶處。從前哲學上不能解決的問題，於今數學邏輯家一一檢證殆盡！

第三章　結論

數學邏輯的重要

　　從前邏輯標準的集合，完全在幾個有限的動詞換置上活動，因此演繹的各種元素，成了專待動字配合的模形；思想精神，都限於形式絕對範圍。

　　數學邏輯原理，完全以純數學方法限定標辭的集合。如在一任何形式標辭集合中，都絕對表明變數名辭與邏輯常數。這種思想超連續與無窮數外，由運動的數學理論與其它連續轉換論中，尋出兩相關繫的基本觀念：

　　（1）函數；（2）變數。

　　由這兩種觀念的自然，推演無限的邏輯配合；使標辭換置，有如數學連續與無窮的形式構造。

　　我們在近代哲學書上，還可以找出因果形式的：

　　　　"同因產生同果"

的論證；但是現在確實知道：

"同因不能產生同果。"

實際上在確定原因間，有一常數關係，結果即從此生出，故謂果爲因之函數。而此常數體，實即無窮性的因果律，尋常重複因存的假定，現在完全沒有。而這種函數觀念的常數關係，可使數學勢力愈加嚴重，同時粘附無窮性的根據。

要懂明數學函數關係的重大，應該先知道數學演繹法的究竟。學數證明與所謂歸納推理，皆爲演繹形式原理的適合；因爲演繹的實用，須超乎本體而入於形論。正如邏輯三段標辭的：

凡人皆有死；

曹操是一人；

所以曹操有死。

很明白的就是以曹操代用秦檜或其它任何人置於曹操的位置上，仍不變失其真。所以普汎上能定爲：

如果凡人皆有死；

如果某甲是人；

所以某甲有死。

這爲前式推演的假言式，即是標辭的概稱；還可以據理遠推，因爲我們所說的演繹法，完全不以所論的"凡人"與"有死"爲實。可以更擴大底說是：

如果任何乙類同人爲丙類的；

如果甲爲乙類同人之一；

則甲爲丙類同人之一。

這種說明在純粹邏輯形式上將證明"曹操是有死"的同一形式簡單了。

我們如果要有純數標辭，或數學邏輯標辭，須先將任何演繹法照所施行的普通方法類推；即言之，如改換名辭之一，就用一變數代替。從此無定對象加入，而純粹邏輯標辭因以發現。簡言之：一標辭除邏輯常數外，別無其它常數的包含，所以：

如果標辭中包有能用變數代替的，即一邏輯常數。最正確底是分邏輯常數爲：

在任何演繹中，用變數代名辭，於一定數目上，常數仍存於演繹包有的羣中；即有概括者，亦在常數的同羣中，此羣即"邏輯常數"的羣。

邏輯常數都是純粹形式組織成的，在第二篇中已有所述：凡形式標辭爲一標辭，不能包邏輯常數以外的常數。而前面曹操有死的演繹，約成：

若是某甲爲一乙；

假如凡乙爲丙；

則某甲爲一丙。

此處常數爲"爲一""凡""假如"。完全純粹形式概念。

這種理論根據爲普遍數學的變數函數；演繹法任何相當的標定：以形式效用爲實，其起點即以代用演繹名辭爲變數始，直至無邏輯常數以外的常數爲止。反之，凡演繹能在邏輯常數的變數上推演；在變數上表明固有值，使假定變爲真實。

這種運算概括的結果，使演繹元素與根據特別推論的元素分開了，因此純數必專注於絕對演繹元素，用純全方法，求純數學標辭。譬如說：

這有一件；

那有一件；

總共有兩件。

還不算純數學標辭；其故因在"特別"認定的事件上；要：

認定這任何一件；

再又那任何一件；

就有兩件整的。

這算是真純數學標辭。自然是根據特別體，認爲假定的考證，可以肯定；並不只是假定連累正定，因爲假定真所以正定真，與純數學上肯定不同。

假定形式底討論爲："如果任何一體證得某某假定，同時必能證得某某正定。"因此純數學完全爲假定的存在，專注於導入任何無定體；換言之，只在變數而已。故凡適當演繹，在假言標辭的形式中都屬於純數學；但純數學自身又不能肯定假定，亦不得肯定正定；然而此二者終能表明邏輯常數名辭。

現在發生的問題是：爲什麼要演繹全歸於形式的？羅素先生回答：

（a）最容易概括所有可能的真理；

（b）用 x, y, ……的無定字，能成經濟演繹。

在曹操身上推論時，所有結果只適用於曹操一人；要知道秦檜或別人的若干事件，必須重行若干次推理。在 x, y, ……上實行推論時，能於結果中同時推及所有 x, y, ……，而 x, y, ……可以證得假定。正如科學中概論動機，遇到數學方法理論來了。

純數學的性質決不討論屬於某某個體的事實；也用不着知道在現實界爲何如；只要在變數方面，能考定，任何體所有假定。這裏把"連累"的關係無形中建成假定與正定間真實的邏輯常數。而連累的基本，在於標辭的真實。如果標辭前提，到連累上不得真實結論，則必非真正前提關係的存在，而同一假定的真實亦不可得：

前提與必然的真實，很關重要；因爲可以知道前提與假定間的分明。譬如：

荆軻是一人；

所以荆軻終有死。

標辭的"荆軻是一人"爲一前提；但是說到：

如果荆軻是一人；

"於是乎"荆軻就有死。

標辭的"荆軻是一人"只爲一假定。同樣再說：

若是從甲推乙；

又從乙推丙；

於是從甲推丙。

標辭的"從甲推乙"與"從乙推丙"爲一假定，但是全標辭又不是假定。

因為我的肯定，實際就是真實。此類標辭即為演繹法之一。在數學推理上演繹有雙關作用：

第一：如前提的；

第二：如得前提結論的。

如謂演繹法非真，則用以得結論的必非正式結論。若從此找不着其它的演繹，則就此更正前提的錯誤。

要知道我們人類有能力認識標辭。數學知識的分析結論，對知識理論上不完全無用。反對經驗論派的，要明白數學知識需用的前提，全不在感覺事實上作根據。普通標辭都超過感覺知識的界限，因為感覺只限於個體上。如果特點與普遍的擴張上，全用歸納法處理，就要承認歸納本身不能由試驗方法證明。羅素很明白說：無論歸納法基本原理如何，明白底是：

第一：歸納原理為普汎的；

第二：無飾詞（Sans Cercle vicieux）不能使其本身用歸法證明。

我們可以假設歸納原理多少有下列情形之：

標定兩任何體必於一定地方相接；如果沒有此項標定，或者能有別的地方包此二體之一更能包其它的所有。

這不是適合歸納原理的法式，只算是認歸納為普汎原理的存在，包含或然性的意念。再明白的是感覺試驗，不能證明某原理，亦不能發現或然。因為這只是與或然同樣的原理適合，尋常說能成功的，在相信將來或者可以成功。所以歸納知識與推理得來的相同，都要先天與普汎底邏輯原理幫助。現在要配成歸納原理，必須轉換歸納為演繹：歸納就是用一定前提求知歸納原理的演繹變相。

本書參考用書一覽

第一部邏輯學用書

凡加一*記號者爲本書重要參考，加一‡記號者爲研究邏輯之普通參考用書，無記號者爲次要。

*Bain, A. Logique inductive et déductive. (Trad. franc. Paris Alcan 1875)

Baldwin, J. M. 1. Le médiat et l'immédiat. (Trad. franc. Paris Alcan 1921)

——2. La pensée et les choses, logique fonctionnelle. (Paris Doin 1908)

——3. Le jugement et la connaissance. (1906)

‡Bosanquet, M. The essentials of logic.

‡Bradley. Principles of logic. (London 1883)

Brochard. 1. De l'erreur. (P. A. 1870)

*——2. Etudes de philosophie. (P. A. 1912)

Brunschvicg, L. Le modalité du jugement. (P. A. 1897)

Casteleyn, A. Logique. Cours de philosophie.

Chovet. Rapports de l'induction et déduction. (Revue de Phil. 1908)

Condillac. 1. Logique. (1792)

——2. Langage du calcul. (1798)

*Couturat, L. La logique de Leibniz. (P. A.)

‡Creighton, Z. E. An introductory logic.

*D bceuf, Z. 1. Essai de logique scientifique. (Liège Desoer 1865)

——2. Logique Algorithmique. (Liège 1877)

‡De Morgan, A. Formal logic. (London Taylor 1847)

Dewey, J. 1. Studies in logical Theory. (1903)

——2. Essays in experimental logic. (Th. Univ. of Chicago Press, Ⅷ, 1916)

——3. Comment nous pensons. (Trad. franc. P. Flammarion 1925)

*Dorolles. Pourquoi le syllogisme a-t-il été Considérée Comme le type de la déduction. (Rev. du mois 1910)

Duhamel. Les méthodes dans les sciences de raisonnement. Vol I. (P. G. Villars)

‡Encyclopædia of the philosophical sciences. Vol. Ⅱ. Logic.

Enriques, F. Les problemes de la science et la logique. (Trad. franc. P. A. 1909)

*Fornel de la Laurance. M. de. Logique générale et Appliquée. (P. Delagrave)

‡Fowler. Inductive logic.

*Franck, A. Esquisse d'une histoire de la logique.

*Goblot, E. Traité de logique. (P. Ar. Colin 1920)

Gratry, P. La logique. (1870)

‡Hamilton, W. Lecture on logic. (Edinburgh 1860)

‡Hegel. Logique. (Trad. franc. Véra)

‡Hermant, P. et A. Vant de Wæle. Les principales theories de la logique Contemporaine. (P. A. 1909)

Hibbin, J. G. Logic deductive and inductive. (1905)

*Janet et Séailles. Histoire de la philosophie. (P. Delagrave)

‡Jevons, W. S. 1. Pure logic. (Lond. Stanford. 1864)

——2. The principles of science. (Lond. Macmillan. 1879)

——3. Studies in deductive logic. (1880)

——4. Elementary lessons in logic. (1904)

Jones, A. L. Logic inductive &.deductive.

Joyce, S. J. Principles of logic. (London)

‡Kant, E. Logique. (Trad. franc. 1840)

Lachelier, J. 1. Etudes sur le syllogisme. (P. A. 1906)

——2. Du fondement de l'induction. (1871)

‡La logique de Port-Royal. (Ed. Fouillée)

*Liard, L. 1. Logique. (P. Masson 1894)

——2. Les Logiciens anglais contemporains. (P. A. 1878)

Luquet, G. H. Essai d'une logique systématique et simplifiée. (P. A. 1913)

Mach, E. La connaissance et l'erreur. (Trad. franc. P. Flammarion 1903)

Maritain, J. Petite logique. Elem. de philosophie. (P. Téqui. 1923)

Mellone, M. An introd. Text-book of logic.

Mercier, D. J. Logique (C. P.) (Louvain)

Milhand, G. 1. Essai sur les conditions et les limites de la certitude logique.

——2. Le rationnel.

‡Mill, Stuard. 1. Système de logique inductive et deductive. (Trad. fran. P. A.)

——2. Philosophie de Hamilton. (Tr. fr.)

Navill, E. La logique de l'hypothèse. (P. A. 1880)

Noël, G. 1. La logique de Hegel. (1897)

——2. Les frontières de la logique. (R. Néo-Scolastique 1910)

Paulhan, Fr. La logique de la contradiction. (P. Alcan. 1911)

Peillanbe. Le concept. (P. Doin 1895)

‡Pfänder, A. Logik.

*Rabier. Logique (P. Delagrave)

Regnaud, P. Précis de logique evolutionniste. (P. A. 1897)

‡Renouvier, Ch. Logique générale et logique formelle. (Essai C. gen. I. P. Colin)

*Rey, A. Cours de Phil. Logique. (P. Rieder)

Ribot. 1. La logique des sentiments. (P. A.)

——2. Evolution des idées générales. (P. A.)

Rodier. Les fonctions du syllogisme. (in année phil. 1908. 2)

Rougier, L. La structure des théories deductives. (P. A. 1921)

‡Schèller. Formal logic.

‡Sigwart, C. Logik.

Sloman et Wallon. La logique subjective de Hegel. (P. 1854)

‡Spencer, H. Principles de psychologie. (Trad. franc.)

Sortais. Nature du syllogisme inductif. (R. de phil. 1909. 7)

Veitch, J. Institutes of logic. (1885)

Walton. Manual of logic.

*Waddington, Ch. Essai de logique. (P. Durand 1857)

‡Wundt. Logik. 3 Vol. 1906-08.

第二部數學邏輯用書

Admson, E. The logique copula and quantification of the predicate. (Lond. Nutt 1897)

Bentham, G. Outline of new system of logic. (London. Hunt 1827)

*Bernstein, B. A set of four independent postulates for Boolian algebras. (Trans., Amer. Math. Soc., 17. 1916)

*Boole, G. The mathematical analysis of logic. (Cambridge. Macmillan 1847)

*——An investigation of the laws of thought. (Lond. Walton, 1854)

*——On the theory of probabilities. (Phil. Mag. Roy. soc. Lond. No 152,

1862)

‡Brunschvicg, L. Les etapes de la philosophie mathématique. (P. A. 1912)

*Burali-Forti, C. Logica mathematica. (Milano, Hoepli, 1894)

‡Cantor, G. Théorie des ensembles Transfinis.
(Trad. franc. P. Hermann. 1899)

Castillon, G. F. Sur un nouvel algorithme logique. (Berlin Acad. mem. 1803)

*Conturat, L. Les principes des mathématiques. (P. A. 1905)

——La logique de l'algèbre. (P. G. V. 1905)

De Morgan. Syllabus of a proposed system of logic. (Lond. Walton, 1860)

Dufumier, H. La philosophie des mathem. de MM. Russell et Whitehead. (R. M. M. 20 1912)

*Frege, G. Grundgesetze der arithmetik, begriffsschriftlich abgeleitet. (Jena, Pohle)

*Huntington, E V. Sets of independent postulates for the algèbra of logic.
(Trans. Amer. Math. Soc. 5, 1904)

*Johnson, W. E. 1. The Logical Calculus. (Wind, N. S. 1, 1892)

——2. Sur la théorie des équations logique. (Bibb. cong. int. de phil. Paris1900, 3)

Ladd-Franklin, C. On the algebra of logic. (in studies in logic by J. Hopkins University)

‡Lewis, C. I. A survey of symbolic logic. (University of California press, Berkeley 1918)

Löwenheim, L. Ueber das auflösungsproblem in logischen Klassenkalkul.
(sitzber. math. gesell. Berlin, 7, 1908)

*MacColl, H. The calculus of equivalent statements.
(Proc. Lond. math. society 1877-78-80-96-97-98.)

———Symbolical reasoning. (Mind, 1880-97-1900-02-03-05-06.)

*———Symbolic logic and its applications. (Lond. Longmans 1906)

MacFarlane, A. Principles of the algebra of logic. (Edinburgh. Douglas 1879)

Mitchell, O. H. On a new algebra of logic. (in studies in logic by J. Hopkins Univ.)

‡Padoa, A. La logique déductive danssa dernière phase de developpement. (P. G. V. 1912)

*Peano, G. Notations de logique mathématique. (Torino, Bacca, 1894)

*———Formulaire de mathématique. 5 Vol.

*Peirce, C. S. Description of a notation for the logic of relatives. (Mem. Amer. acad. arts. and sci. 9, 1870)

*———On the algebra of logic. (Am. J. of math. 1880)

*———The logic of relatives. (in studies in logic by J. Hopkins Univ. P. 126-82)

Reymond, A. Logique et mathématiques. (1908)

*Russell, B. A. W. Principles of mathematics.

‡———Cambridge Univ. press. 1903)

‡S Whitehead. Principia mathematica. (2e ed 1926)

*Schröder, E. Der operationskreis des logikkalkuls. (Leibpzig, Teubner, 1873)

‡———Algebra derlogic. (Leipzig. 1905)

Veen, J. Symbolic logic. (Lond. 2ed. 1894)

Whitehead, A. N. A treatise of universal algebra. (Comb. Univ. press. 1898)

(本書由商務印書館於 1927 年初版)

現代邏輯

目　　錄

自序	(193)
導言	(196)
例言	(204)
第一篇　概論諸家要指	(207)
第一章　邏輯沿革及諸家定義比觀	(207)
甲　史象嶸要	(207)
乙　定義比觀	(212)
第二章　新型式論概述	(215)
甲　邏輯型式新趣	(215)
乙　數學邏輯思想	(216)
丙　概念評述	(217)
第二篇　邏輯演算原理	(222)
第三章　標辭演算論	(223)
甲　概論標辭及其基本原理	(223)
乙　標辭連累性	(225)
第四章　標辭因變論	(232)
第五章　類分適用論	(247)
第六章　連誼象數論	(253)
第七章　象徵詮論	(263)
第三篇　棣通證明之公理論	(267)
第八章　邏輯與算術之公理證明	(267)
第九章　構造證明新論縷解	(275)
第十章　載衍與聯瑣之邏輯表現	(284)

第十一章　時間空間之邏輯矗釋 ……………………………（289）
　　　甲　矗釋時空與數學之連誼 ………………………………（289）
　　　乙　感覺幾何之時空同聯關係 ……………………………（291）
　　　丙　分析數學之時空邏輯涵衍 ……………………………（294）
　第四篇　綜核演繹型式及新興問題 ……………………………（299）
　　第十二章　推理型式之經紀條貫 ……………………………（299）
　　　甲　演繹推理之結構及其化法 ……………………………（299）
　　　乙　科學邏輯通理與公念 …………………………………（301）
　　　丙　微言式之定義 …………………………………………（303）
　　第十三章　排中原理之問題及數學檢證 ……………………（304）
　　　甲　排中原理在數學邏輯之意義 …………………………（304）
　　　乙　邏輯僻論之原及濮威之論證 …………………………（306）
　　　丙　對濮威派數學事實之批評 ……………………………（309）
　　　附錄　虎塞爾（Edmund Husserl）之"邏輯研究" ………（311）
　　第十四章　邏輯問題新解釋及其對現代物理之應用 ………（315）
　　　甲　劉卡西威支之三值判斷論 ……………………………（315）
　　　乙　現代物理之無定論 ……………………………………（319）
　　　附錄　辨負褫兩誼 …………………………………………（321）
　附本書參攷用書一覽 ……………………………………………（324）

自　序

邏輯一科，吾國譯述者，明有李之藻之"名理探"，清有嚴幾道之"穆勒名學"。三世稘來，不敢謂研討者寡；若諭創獲，則實無可數之作！爰李氏書舊，亦麗率失真，彼嚴譯精到，何竟乏諳究？豈徒讀人書而無爲人學者耶？或曰否否。自嚴著梓行，國人深識邏輯大義，如新譯新著，洋溢乎中國；學校開研究教授之門，圖書編邏輯專書之類，口舌言動，簡策釆行，無處不重思想形式之美與邏輯名詞之用。予曰吁！是豈惟邏輯一科而已哉。子不觀夫哲學科學一般巨製乎？新書踵出，名目穎異，中體西例，遠邁古初。獨惜真金鍍假，具晦衍而譌沿；本旨斷壞，穀斑駁與闖茸。或逞臆自蔽，不咨其實；或釣奇傅會，濫陟枉黜。盜竊文章，割裂真理，龛陋不通，竟稱獨闢之論；童昏罔覺，徧幟濫惡之言。顧西學發展爲一事，國人執例禦變又爲一事；問塗取法爲一事，而能否執微會通則又復爲一事。若淺嘗偏至，不辨是非，嚴氏早戒於前，吾儕竟倒施於今，怪矣！夫學問深湛，探究咨謀之在人，而獎掖提倡者在國；個己或無緣長日專攻，政府則不宜用失常次。不然，必致士狥利祿，假名欺世，科學偷兒，皮毛殘闕。斯謂失教養之道，夐索學問之極耶？

今之國事千舉萬變，步驟偪匱；學校雜流，哲學蔫破，邏輯實科，形式脫謬。中學既幾斥絕思想方法與行爲規範之學，而大學何又強設哲學教育與心理研究各系？前後隔閡，北轍南轅，其弊一也。政府吹求"職教"，空倡實用，不利器以善事，是揠苗而助長。試觀歐洲大陸，驗教育進度者，必準"哲學"與"數學"爲表率（參考一九三六年五月號《科學雜誌》Scientia），未有如我之窮鼠齧貓，突梯滑稽之行也。故躁進覆轍，亂道悞人，古訓有文，今置不顧，徒慕科學之名，弗曉基本之義；其弊二也。藉曰工商急需，醫農急用，興創果宜，事實有效。然問誰敢以某科有用，某學無用目之耶？蓋學術相承，往往發端甚微，經歷時日，而事效特鉅者；若謂有用者興，無用者廢，則如宗教爲道德社會之亟用，而吾人豈宜興創之歟？又如宗教之神無用，矧科學與宗教爭論縈繁，即今科學世祺，猶未聞有築宗教墳墓之工程師也！總之以學爲學，用不用別爲一事。學校建工廠而非工廠，學生預工人而非工人，教者昧違斯怡，科學絕種於國土。彼淺略之計，竟作國教之本，其弊將更不知屬於何變！

然而專以科學哲學爲業者又將何以自任耶？曰此尤不堪一言。爰哲學科學，非國故之流，而學者每逐奇失正，如斷港絕潢，惡望至海？真理未明，派別已樹。果有爲學立言或敷教之目標，顧亦足稱豪；惜所謂派別云云，羗狷隘私曲之播弄：不以留學域分，即以語言國異，析省別縣，誼辨親疏，號曰哲學派、科學派、社會派、某某派，理論俱無獨立之見，種類浮漂新學之銳；攷其基本，則唯物者可不解物理，唯心者可不辨理性；數學懸隔，符號強用，科學不習，論著元學。虛誕獲譽，白黑菲菲。下焉者更樂咋啙而怪韶濩，事嘲誚而非器業。不是師法而好自用，不取拙誠而尚巧偽，是皆今學之弊也。

然則立何法以拯斯弊？一曰崇基本學術研究，獎專門思想發現。吾言"崇"者，非口頭文字，或條例故事之宣揚，乃切實施行之具體哲學科學教育；吾言"獎"者，非零星金錢或榮譽鼓勵之偏黨（教無偏黨），乃絕對普汎之專門學問人材培養。蓋一國民族，必於任何時間有其精湛獨創之基本學問，以表現其生存與認識之科學價值，立其不可侮之人格意識與國家體範。若模擬竄竊，取青媲白，匪失學問之重，尤見業脞之病，非"研究""發現"之道也。二曰厲行廣大之科學教育，嚴核教本之科學著述。所謂科學教育一詞，通人皆知其要，然攷學校實施之例，決未獲實是之證。且往往直視科學狹義，擯哲學爲空談，毫釐差錯，弊不勝舉。至科學教本，亟宜系統調整，內容尤須嚴經專家平議，近有以一技之長，竟任全部科學編審之責者，兒戲真理，貽笑中外。三曰迻譯參考用書之系統化，國家聘譯家與教授之平行化。研究西學，須直讀原著，祇以中外文字之隔遠與學校供給之力弱，故難通西著，更難解中譯。及論系統，尤無線索；因難而濫，終至糊塗。國家對此，宜速與根本計畫，勿恃目錄虛張。必也聘譯家與聘教授平行為用。蓋教書與譯著為兩途，以講義充著作，絕非持久論學之道，其故非謂講義皆無善本，實因難及精湛探討之學也。倘兩者由國家專聘，則顯長著效，雙得其利；叢才叙次，政府獲人。四曰設國立譯學院科學院。延攬歐西專家編課講授，輪收國內教授入院研究，教學相半之益俱到，而楚材晉用之譏無矣。五曰政府提編通俗應用之科學哲學分類著述。通俗科學哲學專在普通知識碻實之教導，而應用者則注重適用機械條件之必要指示與實習方式。前者在給與一般原則之瞭解，期達科學化之社會認識，後者在分給工具之把握，俾人有動作之基本規範。此類工作，須有嚴整之預備，若任商賈式之"學會"招攬，則簡髮而櫛，數米而炊，所得不償所失，何足濟世？故必政府鄭重籌辦，期其有成。

　　總之是類待興之科學文化建設事業，有舉不勝數之要，吾今臚列五者，非謂僅此而已。原人情於既知者，易處靜觀審美之態；於求知者，每流淹緩違失之過。何緣而至是耶？曰無科學精神與邏輯認識，爲之會立意志，持續創造故爾！蓋理有繁簡，事有難易，避繁難趨簡易，顧恆情之常；避失之者衆，趨獲之者寡，此亦必然之例也。科學與哲學精神兩種無畏，即無所避忌，復有趨義之勇敢，故曰惟試驗無懈，惟觀察無敵，惟邏輯能服真以征僞，能鏧僞以逼真。或驅神祕，或立信仰，精叢簡序，量決一揆。破壞修造，驚失戒備。其對真理熱忱，如愛情勃勃不亂，怒髮冲冠不躁。堅忍靜謐，抵制自然者科學也；循規蹈矩，嚴革妄誕者邏輯也。代嘉德曰："科學真理，自勝戰獲來。"牛頓曰："科學真理，堅忍不拔爲其首功。"吾人求知，必本此精勇不撓之志，遠博入微之義，活潑銳利，假定豫測，如幾何想象，如機械試驗。擒萬物而控之法，復縱而之理性之方；發現真理，即生活於真理。於是理智實在，互創互用。先儒有言：慎思，明辨，篤行；科學邏輯精神，正在：深思，明見，力行。

　　　　　　　　　民國第一丙子夏七月汪奠基自序於北平

導　言

　　昔亞里斯侗（Ariston de chios）謂："沉於辯證者，如嗜食螃蟹，因縷膾之欲而失無限時間於幾片甲殼上。"哈密圖（W. Hamilton）亦宣言謂："今之學邏輯者於時間雖有耗散，肉味則終難嚼咽。"

　　歐洲形式邏輯，衍溢廿餘世祺，新陳薈萃，支移輸用，延福流祚，罔離宗派。即今數學邏輯新原理發現，說者仍謂："襲數學方法，展亞里士多德邏輯演繹。"顧思想申幟無窮，而邏輯永代有法，然形式機械，方術空簿；糟粕糅雜，無庸於科學真際；糾紛交錯，忘形乎知識規範。爰所謂亞里士多德派邏輯解釋與補輯者，不歸元學，則歸心理學，枝節無謂，述作狹陋。近五十年來，數理孟晉，純正科學悉反官守式之哲學形構，彰新數學認識之理性原理，或樹邏輯"實在"之分析方法，或揭邏輯"關係"之真理價值；使哲學科學，趨自然合理之發展，理智研究，握思想系統之嫷符。如此，既昌數學邏輯新創認識，復昭數理（數學物理科學兩攝），哲學深澈精神，破亞里士多德及康德兩大形式系統，直徵賴本尼支與坡萊數學發現之意像真實性。

　　無疑，此謂數學邏輯新體，鎔鑄科學原理，型切數學演算，用式常識語言以範常識意義者有之，逸常識科學而入純理象徵者尤稱獨特。故論溥汛或一般化，匪惟哲學家未獲僉同之議，即數學家亦難盡同情之愛。或更謂新象徵邏輯者既否認邏輯所已是，則弗知其所不是。是與不是莫有，奚云邏輯形式發現耶？凡此辯證，淵源於哲學家與邏輯家之兩溝未通，勢有偏側，義難持正，欲矯斯弊，宜修正心理學、社會學、倫理學及唯用論諸說之謬。茲略申析於次。

　　一曰心理派邏輯之謬。近一世祺，心理學漸由內觀與敘述之意識觀察法浸入物理自然之試驗實證科學。棄元學絕對實體問題研究，探神經系統與感覺機能之生理認識。顧論事實，儼稱獨立自治之科學；進論範圍，直併邏輯與倫理而噬吞焉。其言曰智能與意志兩端，皆自心理觀察之者；邏輯乃智慧心理學，倫理即意志心理學。蓋心理派學者視邏輯與認識論、絕對意識事實，一概念、一判斷、一推理形式，無一非此事實之"原因""本始"。如經驗認識之感覺說，稱原因證明；進化論者之遺傳習慣，即本始事實。一言以蔽之曰，心理派認邏輯為經驗敘述科學，智慧為意識情境活動。邏輯方法，悉化入心理研究。

如此謬見，混邏輯律與心理律而不分，是謂事實之錯。夫心理定律，明現象同聯之"自然"，而邏輯定律，在審思想規範之"意像"。心理學罔析真偽，亦莫辨價值；凡定律之用，在精確理性與粗率詭辯為同然，其解釋對智愚賢不肖，兩極精神，同稱適合，是乃抽象"觀念"之真理值，視之為意識之事實可也。邏輯則不然，彼不論思維之常，而在知"應"思之正軌。其定律為一規範與意像元素，具一價值意念。此價值判斷在心理現象則未之見也。蓋心理徒有觀念之聯瑣而無真偽之是非，且此聯瑣意識，多屬偶然虛相，無認識元素之觀念的邏輯關機。吾人宜知真理為邏輯之是，非心理之信，如謂真理歸主觀意識與轉移之條件判斷，則矛盾稱為信仰，真理例同反覆。

法儒黑博（Ribot）曾創"感情邏輯"（La logique des sentiments）以別理智邏輯，謂理性邏輯為抽象，其形式空設，概念即文字，實在即意識。若感情邏輯，則為具體、活動、充實、應用、健全、有效者。此說若立，邏輯舊著，焚擲略盡！夫理性邏輯之用，在搜前提如何應獲之結論，與夫自假言結論所應證之已知前提。若感情邏輯判斷，其結論概屬先決，質言之，自結論以期可能之證驗。前者謂之客觀實在，後者專取主觀認識，兩論相衡，吾人不敢是感情邏輯之用矣。

或更曰形式邏輯不究"發覺"之功，不解方法之實。故欲求真理證明，宜興"發覺邏輯"（La logique de l'invention）。按所謂發覺式之邏輯，以直覺為方法，以探獲觀念之新組織為目的，天才儘用，自由為其條件。果邏輯原理本此，則範疇形式之於思想，不啻詩韻合璧之於詩詞。

吾人如誠欲解發覺之事實，捨心理學無能知之，明言之，發覺者，心理之事實也。此事實真偽同立，其推證無限，其解釋如游克立派公律可能。若欲知"真"發覺與"偽"組織之有別，必須自"邏輯"檢討推證，從茲確斷實在，標示真價。有意無意，摸索審定，使發覺證明，兩兩互攝。倘獨取直覺矛盾原理，必難通邏輯形式原理。至於陷入心理錯誤之偏側，圖型認識之狹見，更不足論矣。

二曰社會派邏輯之謬。近社會學亦如心理學發展，欲盡哲學邏輯而網絡之。析其說，蓋謂人類不離社會生活、遺傳教育、習慣智慧及爾思想意志，幾莫非社會所與；科學事業、哲學研究，皆稱社會事件，或社會本有之功能；甚而理性原理，標辭原始，觀念適合，真理產生，悉屬社會契約之用。顧必有普通承諾，斯見真辭之值，必有一致共承，斯信真理之則。語言形於社會生活，邏輯端自語言出斷，謂邏輯爲一社會科學，誼據於此。

按社會派學者偏持此類謬見，同源於心理派獨認意識情境之非。彼輩欲使倫理學邏輯學變而爲歷史與叙述式之科學，不謂倫理爲風俗學，則謂邏輯爲實用論，織精神於行爲，牽思想入效能；認人類無社會以外之邏輯形式，或遵其所當信，即指其所應爲，所謂形式正如習俗之律智慧，衣冠之章人身。邏輯社會，真理藉主觀現實。凡此種種，皆墮遁辭與僻語，忘思想之個體存在，亦不知此存在表現之關係價值。語言雖稱社會產生，用語言以表示之觀念則非也。蓋精神獨立不倚，最顯者如嬰兒能受教字音，而決無能接受通曉或交互之觀念，有之必自其智慧漸申，思想創設之後始。語言出諸口入諸耳，如兩電台收發器之接應，觀察者只見記號或電流變化，而不識觀念之是也。謂語言爲思想之傳導，宜勿忘思想形式建設之理智規範。人類社會往來與夫羣策羣力之認識，純恃觀念同逮，關係同指之建設。故以知與行言，研覈觀念間之關係必先於語言，而探索人類間之關係，庶稱近理。質言之，邏輯先於語言學與社會學，斷非語言形式或文法之擬也。

總之邏輯於語言惟作判斷批評之知，非工具粗率之表，其用"無定徵號"組織，厥功在觀念關係之美善真知，縱謂此亦一語言價值，然必認此語言之產生迺形諸理性，而非創於社會，若假亞里士多德理性動物說衍之，知惟有理性可創設；理性者國家之母，非國家之摩登處女也！

三曰倫理派邏輯之謬。此派始自康德批評論，強納思辨哲學於倫理，立實踐理性之宗極，雖其說本認識論，其實則虛控疑文。謂邏輯推理，紬繹於唯一定律：或齊一或矛盾，由同之同，由溥汎之特殊，所獲標辭結論，羌屬前提隱括者也。析而言之，此派有嬪恃肯定全分與否定全分 (dictum de omni et nullo) 之三段原理者，亦有認唯一矛盾或齊一律皆不足證三段推理，而創所謂"純邏輯"以自限於齊一矛盾與排中之三律者。其衍式終不外援齊一定律以託喻分析判斷與組合判斷。更從而優分組合，毅減分析，認詮釋概念，莫善分析判斷，若知識結構，則只有組合判斷。論邏輯方法，僅教授與教育之用，凡真理創獲，須由直覺特殊運用。睹茲傾向，批評論者雖曾反對心理之謬，結果實趨心理論斷矣。

夫褊視邏輯，重樹元學於倫理，顧蠋思辨矛盾兩反者多，而優獎本務絕對者亦獨斷太過。所謂道德原則之公律，實無異感情邏輯所持結論真理之主觀認識，此真理證驗，既不遠元學思辨之前提，尤不免理性邏輯所設結論實在之或然性，是道德公律實踐云者，厥惟元學辯辭之利用爾。昔黑寇萊（Herculé）威言示敵曰："今吾語汝：善惡兩端，順逆自取：汝果誠順耶？若然，汝必應承一切，此道德之必然條件也。若不然，是汝不忠人之汝辯也。"如此尊重道德律，誰敢應之以否辭？謂之"道德強制"（Contrainte morale）自由，亦無不宜。

倫理派認識，毀理性邏輯以建非理性信仰之道德元學，棄知識設信仰（康德語），視理智弱於情感需要與道德利益。直謂人類意志選擇，在對生活行爲之盡善與有用，而不在真實或類於真實之證。思辨理性之兩反性，在意志行爲之決取中可獲一定斷。按此類意志信仰，確認道德律與社會爲思想判斷之威權；殊不知信仰非必然，亦非自意志始；吾信其所能，非信其所欲。智慧雖弱，若無理智認識，決尠信仰可能。理性信仰，比例增進，藉曰理性亦有不足，然必由是以見效果與真實價值。若意志信仰，則難袪偏情之蔽。緣邏輯與倫理，端在挽救斯蔽，今竟賺兩者於心理，誠忘人類有擺脫思想臆測與抑勒狹阬之要也。柏拉圖有言：人不能統所有精靈齊入真實，然必統所有智慧一齊趨進。意志情感盪於真理中，倘無理智之懷柔指示，所謂意志信仰，直變為愚妄頑朴。古第哈（Couturat）謂：赴實踐理性而拒思辨理性，康德派適值倫理之反。夫康德薄理性於意志之本願，在揭意志自由之可能，矧此願之反映，適違科學斷定之規律，彼純理批評所謂連科學與道德兩端於一標準自然之說，將亦無邏輯實在可能。理性惟一，知行同膺，強持無上命令，誣巉道德定律，非邏輯真理之所得證也。

四曰唯用派邏輯之謬。唯用派取希臘坡達哥哈（Protagoras）"人為萬物法度"說標人本主義哲學，謂一標辭真理，在實用之結果，真即用，一標辭真，即此標辭於人於我，有利有益，能供實際需要，亦能供滿意要求。標辭之真非真於實，乃真於德用之利；非真於利，乃真於信仰之是。一朝不信，信仰實用，俱歸烏有。又謂信仰非智慧原因而為情感活動，真理為信仰之主觀現象，而非客觀自然。此與倫理派同一觀點，皆心理引申之謬也。

按唯用論者襲生物學以法經驗與進化論之心理認識，陷人於自然狹義，羈生命於純粹實用，教育活動之目的在此，求知試驗之方法亦以此。環境機構，習慣層創，雖欲如經驗批評（Empirico-Criticisme）論者之超脫舊元學理論而入新實證類之生活哲學，實則始終未離新式古代思想，反爾逼近黑格爾派認識論最抽象最元學式之邏輯原理矣。實用論者批評系統派，力反純邏輯理論，謂實證科學因應用以趨行動，其原則如生活機能，結果自與外界適應。果斯言之足恃，試思若無精選之智能，如何使斷片經驗，形認識總和？如何使繁複生活，標單純意識或人格？所謂"思想經濟"，豈非約試驗以型抽象概念與溥汎方式之原理乎？實用論者襲此原理而又撥棄理智真理，使科學工具，立於意志之自然現象下不求所以，亦罔識為何。顧工具作用之必有其成效，此成效實用，矧惟無知識價值，且無客觀意義。

古第哈云唯用論迺經驗派最後之化身，其邏輯終局爲不可知論與懷疑論。然而同中有異者，即進化論之經驗主義認意識之外有外界自然先在，故精神必因自然，教學必由實際。彼唯用論者則不然，株守意識，獨法心理之個人觀念，謂自我爲所有實在。是湮滅客觀真理，使意識空懸無着。藉曰真理實用，在倫理界社會界有同然之要，然不知此實用偏見，迺虛無之倫理説與夫利己之社會功利論耳！爰唯用論者欲"真"信仰以合意志與行爲，試問此行爲主宗之價值意義究如何適？曰"生活即標準""行爲爲行爲之宰"，如此類言，是謂行爲即知之本、真之型。吾人殊不謂然。蓋行爲本身無義，亦尠自身目的，必有智慧啓示理性行爲，按索實在目的。觀念或意像，俱行爲之必須者，觀念如有謬誤，行爲必歸失敗。故曰行爲之價值，乃據觀念之真理指導與昭顯者也。若以技能之行爲論，尤須恃智慧規劃完成，即道德所重之抽象，亦必自明白觀念斯展弘毅之行。故又曰智慧之方法，乃激勵精神能力之偉大作用。唯用論者鄙視觀念明白與智慧作用，正與理性派所謂"探求真理，勿狹取理論實用之結果"相反，是唯用派徒法工具而不知"行"之邏輯真理，吾未見其科學認識之能確分真偽而不及於亂也。

　　總之邏輯改造，勢所必然，理性派舊説，無皆真之理，超絶邏輯形式，尤無充足之是。所謂範疇判斷，經現世邏輯衍釋之後，始見是非曲直。若學院派形式，則偏枯無義者，在在皆是。現世邏輯顧非精神科學之唯一結構已也，其範圍攝科學方法、科學原理批評、認識論及元學或所有思辨哲學而有。科學家哲學家之理性發現與批評，必自新形式邏輯指示方法始。或謂理性有其極限，不然，則抽象空言，雖切無益。果此極限之有也，匪邏輯不足以釐定或發覺之，威權信仰，神祕論斷，決難先理性邏輯而自樹界限，確證認識。

　　吾人承認心理學有其邏輯，社會學倫理學亦各有其邏輯，甚而哲學科學，亦無不各展其邏輯以自用；然而不承認或以心理學研究之邏輯爲"邏輯"學（Logique），或以倫理社會等局部之認識爲邏輯學。夫規矩，方圓之至也；若某規某矩，則非規矩之至；方丘圓丘亦非方圓之至也。

思想"型式",如規矩方圓,心理、社會、倫理科學,皆某規矩之型式,所方者固終方之型,是圓者亦具圓之式,然若以此型此式,強是型式之邏輯,則猶方底而圓蓋,必有所不合也。邏輯爲思想型式科學,或證思想與自身之一致,或驗思想與實在之一律;任何科學搜討之視此一致或一律之型式,皆如方圓之視規矩;任何科學襲型式思想爲用,然而無一相同之絕對科學,正如宇宙有方圓必用之規矩,而無絕對同一之兩方圓物。型式之至極,妙在此無限思想產生之異,與無窮事實可能之變,此無窮無限變異存在,矛盾者、排斥者、愛情者、殘酷者,種種色色,如方圓、長短、大小、重輕,皆自規矩權度之型式生之有之變之異之也。謂邏輯爲思想型式一致科學,此型式既適思想自身,復適實在與思想,然則此兩大適合如何連逮耶?換言之,如何使型式觀念和洽實在所有?欲答斯問,舊邏輯家曾析如次述:

其一曰精神元素之觀念,必表於語言名詞;各名詞關係之認識,又必藉標辭(即舊釋命題也)與推理明白之,邏輯型式研究之第一步,即在探索各標辭與推理,宜馭若何"定律",以訂名詞觀念間關係連逮之實在。

其二曰思想觀念之自適,必洽生活環境中心之情感印象所是之實在;質言之,觀念所有連逮關係,必通於實在所有性質。邏輯實用研究之第二步,即在檢證思想與實在連逮之"方法"爲何。

按此爲舊說之一般意義,現代邏輯型式研究者固未新立解釋,然發覺困難之尖銳處,則日見其沈疑之莫決也。蓋人類語言,隨種族變異,即同種同文,亦有時代轉化,彼名詞與觀念間,如何分別偶然與必然之關係?且所謂觀念既因試驗範圍活動,則非精神不變之實體,然則如何確認其能適實在?而又如何能示其間之矛盾與否耶?古代幾何謂空間有窮,今之無窮說證其僞矣,然而應用幾何學,則未聞有否認游克立之要也。此其故何謂耶?曰是在分立邏輯形式實在之過也。今之科學邏輯型式,立"關係常式"(relations constantes)以徵現象之羣類、形式實在,統於邏輯演算之一理,邏輯唯一,真理亦唯一。所謂邏輯演算,無不可約之元素，尤無不可析之理性，型式普汎，變異之特性化於關係常式之一致矣。膺此型式連逮關係之完全邏輯，惟現代數學邏輯唯一可能。

附釋 本導言前採古第哈之批評，後列個人之卑淺。中間窮樣侵越之言，亦正示私見之在也。

例　　言

一、本書著者非所謂哲學家或認識論家，尤不善作數學邏輯者之邏輯文章；自身對哲學與科學，惟局部麓知，故亦不能有系統叙述之獨見，尤不敢妄鑒垣牆而殖蓬蒿也。

一、本書純在介紹現代邏輯之科學思想，非一家一派之專論。且同一數學邏輯派，如英、美、德、法、意、奧實各具特異理論，本書皆參攷取益。珩璜琚瑀，駢羅雜佩。

一、本書内容第一編概論邏輯諸家要旨及定義變化，說明新型式思想及對舊者之批評；第二編專述新型式論之原理要點，并詳釋象徵價值；第三編述公理證明之各式，同時示新型式論之展望；第四編綜核演繹型式之構造原理及新興問題之關物理數學與夫對數學邏輯批評之說。

一、本書内有數章（第三編以下者）係著者幾年來短篇論文草稿，各章彼此關連處或不甚一貫，祇以意在引起研究者之動機與分別介紹性質，故錄作證明；若讀者以"不倫不類"見責，則余惟認"自我得之，自我失之"無所怨。

一、本書名詞與習用不同者頗多，如"標辭"爲舊命題，"型式"爲名詞；"形式"爲形容詞，與代表舊形式邏輯對實質者之詞等類，非欲立異，略示嚴格語言符號之便耳。

一、本書以"象徵"或"符號邏輯"爲新型式邏輯之總稱，分而有代數邏輯派、數學邏輯派、數理邏輯派。前者指十九世禥末坡萊、石扣德，次則包廿世禥羅素、班洛諸家，斯二者有時混稱一名；後者則爲近十年來新興數學物理學之理論批評中所創之邏輯問題。國人往往以"數理邏輯"包前三者，名既不正，義亦混淆。故余願保"數理"二字之實義以俟將來之成功。

一、本書著者係一"理性實在"主張者，書中雖未明言此主張之邏輯意義，讀者於第七章及第九章以後各處可略窺一二私見。又對直覺與邏輯之爭，不主絕對拒斥直觀，亦不認徒直觀之先天說；邏輯型式最普汎，然直覺之用，亦有其襲普汎者在，祇以狹隘心理意識，爲不及邏輯價值之無上理性實在；本書第十章及十一章，皆在立法救此偏失之過，使直觀認識，終底於數學邏輯之成功。

第一篇　概論諸家要指

第一章　邏輯沿革及諸家定義比觀

甲　史象覈要

　　邏輯史籍，與哲學齊列；原理認識，則媲學立派。始亞里士多德（Aristote）著論《分析》，思想科學，術成刑名。迄今廿三世祺，論理趣固終一型式，析法義則竟乏連持。故一部邏輯史象，儼然陳示思想之各有自由變化也。其間準實用科學思想術與理論科學思想律爲邏輯説者，厥功逈同視邏輯爲證驗科學或數學之關係科學者相埒。史衍斯義，將代永承變歟？抑思想進展之徵象宜如是耶？吾詳述以證。

　　邏輯肇於溥汎思想之實體研究。此古希臘辯證認識時代宗戴之説。考吾華經術文教，體構亦連逮斯誼。曰洪範九疇（五行、五事、八政、五紀、皇極、三德、稽疑、庶徵、五福六極），立概念類別，析現象科學；推衍思想，序端時空；揭宇宙變異之範，標觀察經驗之本。貫攝自然天文倫理諸學科而爲理性假定；直若希臘大流士（Thales）、畢達哥（Pythagore）擬物理，釋數象，一萬有，化無窮者之殊途同趣也。蓋僉識範疇概念，爲入真理之門耳。周易論象變，生生類推，循數理，明人事自然，推小驗大，幾於無限。彼米勒派（Ecole Milet）窮物析變之思想科學，亦有同指之邏輯觀矣。知識相對，真理稱衡，豈其然乎。

　　始希臘學派而言，主範疇之知者咸赴感覺之説。然而埃利亞派（Eléatisme）則認"絶對"實在，判斷惟肯定之"是"；若夫感覺變異，矛盾立現，哲士派（Sophists）更直以邏輯辯證，釋"運動"之非是，"致知"之無能。謂之"有"也，無知；知也，無言；言也，無斷。藉曰主思之觀念真，難必客知之所是同證。且個體單複概念，各涉數學矛盾，是"知名"不若"無名"之愈也。我道家無爲無名之論，對此爲不刊註腳。

邏輯消極論證，至蘇格拉第（Socrate）"德即知"之說創，始入思想坦途。昔云概念知識之端也，蘇氏論知，遂據爲邏輯形式之始，所謂希臘哲學認識，迺於是靷其系。按蘇氏主析特殊事實以探公性觀念，使單純概念，聿適多體現象。緣種反類，舉一貫萬；或組合定義，接生知識；或分析剌話，歸納真斷，邏輯思想運動，創爲觀念間之生命價值矣。

柏拉圖（Platon）深統理性認識，本智析物，因數形實；明真理辯證之思想與情感作用，滙自然、道德、心理、科學爲邏輯智慧形式之總持，立觀念認識，定思維型範。

亞里士多德更集科學方法，著科學工具，援科學分類，推概念理論；從而發普汎推理之歸納分析與衍釋證論，謂科學立於種類性之普遍，而知夫概念感覺之形式觀念。縱覽範疇篇與分析篇言，雖未名邏輯專書，然搞示其原理證明之型式方法則無疑矣。若論科學法器，則又早爲之巧定樞機焉。故曰機關論出，科學之科學方法定。彼游克立（Euclide）幾何原理之分公律、公理、定義三證，實不過亞氏原理證明之應用科學事耳。所謂因邏輯真理論，樹科學純思想之說，從爾了無疑義。

邏輯學理具在，科名則未固定也。斯多伊克派（Stoicisme）興，始定今稱。惜經典法理之說副，致辯證認識之術誣也。夫綦重哲學理性方法，必有方法型式科學在；不然，徒增無謂推斷，鮮克真理獨見。故衍釋分析論理，曲解範疇精蘊者，歷十數世祺，益使邏輯科學，沉淪形式之末。雖亞伯拉（Abelard）力闡機關論爲智慧工具與發現真理方法及支配思想活動之官能諸說，然未能豁斸無謂之傳統義焉。洎法儒哈苗斯（Ramus）著哲學工具之邏輯新論，中世繁文，粗成頭緒。其言曰：文法、修辭、數學、物理、道德、政治與夫一般人類科學，皆邏輯權力，分析認識者。繼而名目論派因之發展，邏輯新生命遂再創矣。

　　邏輯衡科學立，失科學敗；此本存不易之事實也。故欲復與科學思想，必先立邏輯認識；此英儒培根（F. Bacon）改造之新機關論所由作也。培根立歸納法之科學意義，使邏輯攬思想認識權；舉抽象形式，置試驗感覺以代；遇自然現象，首析原素，繼用試驗；實有者是，經證者知。昔種類差異諸概念，不知事物實在形構，衍釋知識直等虛設。若以之擬形構自然，則凡形式分合，適如冶金學者之鑄鼎象物，因物造物，析理有理；知行兩證，邏輯萬能矣。是故邏輯思想，不專演繹工具，尤不屓形式概念，乃以學兼術，導智斷真；或自試驗觀察，接屭證明；或藉數學發展，推求理性；俾理想事實，並增真理之價值。古機關論次之幾何原本，近機械物理（如開普奈、加利奈諸家之數理發現）既創後之新機關論，洽一面邏輯，一番科學；一段理論，一層認識。謂培根之功建於科學方法，正邏輯型式立於科學哲學之鐵證也。或曰邏輯永稱亞里士多德式，新機關論未出形式窠臼之改造也，誼亦在於斯據。

　　然則改造之真際果絕跡耶？是又不然。如理性派溥徧數學觀實發新端。按舊習方法，羌失形式構設。概念既不明白，理性尤乏實在。德儒賴本尼支（Leibniz）特樹新旗，謂邏輯迺溥汎數學原理；吾人對理性科學，必盡遵邏輯溥汎形式原理改造，使複念析居純理。行其法如算學劈整數爲素因數然。果邏輯原理統若數學存在之溥汎，則推證之規範，悉屬標辭（即通稱之命題是也）演算配合矣。推理如算式，標辭爲兩式間各連誼之肯斷式；凡無定意義，變爲約定之關係；而無窮觀念，瞭於記號抽象中矣。當時意大利沙克塞黑（Saccheri）即因是創記號幾何學，爲"意象邏輯"發展認識。又英之牛頓（Newton）亦浸染邏輯原理與數學共色。若法之朗白（Lambert）更從而闡述新邏輯與數學哲學認識問題。貢底牙克（Condillac）尤不惜毀部分感覺論，著代數語言之術。雖方法較差，然具徵形式邏輯新興精神之數學價值也。

　　思想改造之門雖啓，而邏輯進展之路忽斷；其蔽蓋因康德（Kant）先天理性批評論重樹範疇概念說，以組合判斷論，界分邏輯於科學。氏謂數學科學乃文字記號之必然非如試驗能力之肆應也。彼數量云云，惟在時間空間直覺，形式假設與試驗定律各不相同。所謂形式思想與理性爲一，而實在認識與批評則又爲一；兩兩相應，各涉一範。從是截同指之精神爲二，混知識於新元學（métaphysique），使僻論郢生，問題趣複雜矣。

　　黑格爾（Hegel）更申純理批評論，謂邏輯爲思想之真學問，亦元學之真知識。其説立於二端：以矛盾律言，一物不能是其固有，而同時又爲非是；此智能抽象之相對知識也。以相反恒等言，理性與實在相當；此絶對實有之認識發展也。前者稱矛盾邏輯，後者名絶對邏輯。世界進化，正矛盾實現；其理如光之射暗，生之具死。若以絶對言，光與生永象無窮；謂光則拒暗，謂生則拒死，因其矛盾故也。然而世界萬有，光決非無暗，生絶非無死，反之亦然。光暗生死，互反相成，爲同進化之兩時間象。是知絶對者永趨矛盾之變，相毀相生，各得其最高意識，脱矛盾而入理性與自由。故純自然存在，非此非彼，一無是是，所謂恒等相反，有亦本無之證也。黑格爾邏輯思想備陳斯義；乃循古埃利亞派與栢拉圖辯證術，直認思想與生存進化，立同一節調之"正"（Thése）"反"（Antithèse）"合"（Synthèse）首命斷曰"有"，如光在；次反斷曰"無"，如暗存；復次光而無暗弗現，暗而無光不明；是光照暗應而有"合"之象，如"色"顯。此色乃可見之真實，純光純暗，兩無實在；必也中合，始獲理性真存。故曰惟調和具生命理性之知。（按：黑格爾後之唯物史觀者，援引斯説，創唯物辯證法以釋社會經濟説，是忘黑格爾矛盾實在之邏輯元學觀，邏輯淪於斯義，是形式之宜焚。）

　　康德範疇論因哈密圖（Hamilton）而有英國形式之發展。其説謂推理研究，無方法活動足稱，所謂邏輯作用，惟形式可能，論其對象，無與於知識内含，而惟具認識真理之思想定律耳。按斯説既創，演繹概念，益形無謂。幸穆勒（Stuart Mill）直以證驗科學否認形式知識，毅然導邏輯於事實與有效知識之研究，重申方法，釐定原理。惜其對數學演繹未能體賴本尼支普偏數學之真價，致徒有救正形式之功，而無邏輯科學發展之實見。

夫演繹科學進，邏輯型式與之俱進，此有史之徵也。十九世祺末，幾何改觀，分析新創，思想形式，隨時空間問題而有劇變。如高斯（Gauss）意像量之分析，使邏輯對數量之不解者釋爲可解；慕比侶（Möbius）之重心力論；栢拉斐狄（Bellavitis）之均重比算；卡斯芒（Grassmann）之幾何算法；哈米頓（J. Hamilton）之四元數論；斯多德（Staudt）之投射幾何原理；與夫新興之羣論（Théorie des Groups）、集合論（Théorie des ensembles）、換置論諸數理思想，相繼發覺，遂緣生邏輯形式改造之演算的"數學邏輯"（La logique mathématique），而以英之坡萊（Boole）所著邏輯代數爲最新標幟。氏創革命之言，謂數學無一專諸數量本質之研究者，斯言既出，數學觀念咸棄質量問題而是型式邏輯矣。同時更有非游克立派幾何（Geometrie non-Euclidienne）發現，將康德超驗美學（Esthétique transcendantale）之空間直覺形式摧毀無餘。復益以戡托（Cantor）集合論所證數學無窮性超空間量或列數性之說，使無窮數學觀，皆入邏輯方法演算。而邏輯與數學關係，因成極端精嚴之事實。石扣德（Schröder）之邏輯代數，正匯各家思想，新創之認識型式也。

由是觀之謂十九世祺末葉爲數學邏輯世祺也宜。如意大利派，特出尤多。或自數學判論舊型，或自方法評斷亞氏。本數學習演，與證明，創演繹獨立形式。數學化之邏輯既立，而數學與邏輯分辨之規律仍有各當之分野。廿世祺之英國羅素（B. Rusell）懷提海（W. Whitehead）及法國古第哈（L. Couturat）更爲新說趨晉，反乎舊以立名。澈古澈今，創爲"新關係論"見。意大利之不主悉數學以遭邏輯者，羅素則視爲皆邏輯之意念與方法有也。質言之，數學所是，無一非邏輯可分。更先概念而言標辭，邏輯數學化，數學俱入邏輯之理益彰彰矣。

匪數學與邏輯相合已也。近如機械學、物理學與夫一般科學方法，幾無不以數學型式用；其漸傾之勢，有如數學趨邏輯情形而亦爲之浸型式邏輯化矣。由此觀之，型式與實用，兩無縣差，謂人類科學只一型式邏輯，而真理只一實在認識，正無不宜。

乙 定義比觀

　　何謂邏輯？名出而義在。學者果欲循科學定義之方，明邏輯精博奧衍之蘊，徵諸史實，雖不曰絕對未可，要亦事實難能！彼邏輯學家，各臧科學哲學主意，論是非曲直，推本已然先在之理；示原理認識，通持衡於試驗之是。故邏輯定義，量與專著所刊者齊。即有差異，亦不過形諸言文詞誼，實則了無至識之別也。如取形式言，柏拉圖觀念辯證，異乎亞里士多德範疇分析；培根歸納試驗，反乎古之演繹推理；英國經驗哲學，明明非大陸理性認識；或進而取形式相似者言，以同辯證論觀，而各辯證法異；以同演繹歸納法較，而各演繹歸納殊；以同感覺論列，而各感覺派立；以同理性派比，而各理性論亦無不分。此無它，異者以形式邏輯定義故，異而同具理性之真者，以邏輯思想型式之法在故。代嘉德（Descartes）謂：邏輯爲善入理性與能就科學尋眞之方法；閣院派（Part-Royal）謂：邏輯迺導思想對事物認識之術；赫巴特（Herbart）復稱邏輯在揆序與聯貫各概念之溥汎規範；迄蕩達萊（Tandal）則又簡認爲研究認識之眞理的科學。統同派各說，異載語言，同名事實；謂之同理之形複單簡趣異可耳。

　　康德定邏輯爲智能理性必須之"定律科學"即言之，視論理形式，乃溥通思想之純型式科學也。黑格爾申其義曰：邏輯爲純觀念科學，即思想抽象元素間之"觀念科學"也。呂栢威（Ueberweg）更釋之爲能使精神活動之知，發生實體性之形，乃人類知識規律或"觀念定律"之科學也。一曰定律，一曰觀念，一曰觀念定律；量墻數磚，計磚圍墻，手續行動不見其異，而目的成功之事畢同。十九稘中類同是說者極夥，如巴岱、耿岱、羅芷、華臬、栢勒克、滂特……Baader, Gunder, Lotze, Wagner, Beneker, Prantl……諸家皆認邏輯爲集合規律，達於思想目的之知。故定義形式雖繁，比觀結果不外拉捨利邪（Lachelier）析舊形式邏輯三大宗派之說。三宗者何？曰客觀眞理派，曰主觀眞理派，曰假定真理派是也。茲譯其義於次：

客觀真理，爲物之內在，以邏輯爲求眞知之學也。由自然律觀，一現象必斷自它一始真；反之，如無自然聯貫，勢必近於虛構。故必有一邏輯作萬物客觀真理之學或存在之先天條件之學，然後思想有濟。康德派超絕邏輯專釋是理。

主觀真理，爲人類思想對事物本存之符應。因人有知物之欲，故必有主觀真見。邏輯集合方法，使吾人能用表事物所是之真實，進而知其所是，行其所證。穆勒派名邏輯爲驗證科學者正力解是義。

假定真理，爲思想活動之條件必要。按知本相對，探物之知，必由假定真假以確斷是非。如幾何推證，逼形像以近實有，因公律以統可能。此認識式之邏輯，如舊三段式推理論派之思想僉主斯說。

綜觀三派，主"客觀""假定"者，力掀演繹精神；是"主觀"者，在揭求真之術。論形式系統性，當以假定真理派爲宗傳。英耿斯（Keynes）著形式邏輯，適得是宗之成。其言曰：邏輯爲研究精確有效思想之溥徧原理之科學，其對象在探論非心理現象之判斷特質，作"知"與"信"之判斷；尤注意如何能使若干有定判斷，轉諸其它待求之可能件之結論……故邏輯亦名規範或法式科學；此中性質，有與倫理美學相通者（耿斯《形式邏輯》導言節一）。

耿斯定義頗重稱於世，蓋其說攝所謂形式與實質邏輯兩誼。原夫形實二字，本無當於邏輯之名，在昔康德，主之最切，兩誼既幟，而邏輯一貫之理性斯裂，思想聯繫之技藝遂破。譬以形實分者對自然科學分類之對象即不得解。蓋謂自然科學爲實質而非形式，不可也；謂數學科學爲形式而非實質，尤不可也。今之物理科學必待數學原理發展，其它科學亦無不皆然；形實容何以別哉？故凡認邏輯爲形式與實質之分者往往不偏抽象，則偏方法，反科學於哲學，毀哲學於科學，即此類邏輯認識之褊見使然也。吾人今茲所論，意在比觀，故仍再舉兩說以明派別思想。

（甲）所謂形式邏輯研究，其內含約分概念類別，標辭判斷及演繹推理三事。論方法與數學根據之抽象原則同指。質言之，即脫去思想對象包攝之實體，而聯合其間互有之形式關係。杜莫剛（De Morgan）之形式邏輯定義足徵是說。氏言曰：邏輯推理，惟於推測式之形構中求實在，故除注視前提實有之真確結論外，對事實真理，則無所用其心也。

（乙）至於實質邏輯，名義淆涵，有以普通邏輯（Logique générale）名者。按其對象，以試驗所真為用。而於精神推論法，則惟限取真免偽之方式，其範圍超軼概念連累關係之外，對歸納假定與科學方法研究，皆本試驗價值，立搜討功夫。

既知形式與實質定義異趣，則不能循此分畫以誤一貫之科學邏輯事實。吾於此謹為申證之曰：邏輯為一切科學抽象形式原理之科學，其研覈在諸智慧真理相維之律。果宇宙實在屬精神者，則邏輯所建之型式實在律必適所用；果實在屬物質者，則亦無逃科學自然律之肆應。故邏輯以學兼術，以型存實者也。邏輯本思想作思想律以定物象，本定律適用以分別真偽（屬思想方面者），援精神，究真理，握抽象理論科學，達證驗實際科學。依系統方法論，集科學作用，立安正之法則思想。故有以心理學之思想律渾視邏輯方法者，根本陷於邏輯錯誤；以倫理規範之本務律概括邏輯範疇者，尤陷於不識思想認識之邏輯原理。此兩大謬戾，流於今之認識界者，尚數見不尠。如黑博（Ribot）有感情邏輯（logique des sentiments），鮑爾文（Baldwin）有發生邏輯（Geneticlogic），達爾德（Tarde）有社會邏輯（La logique sociale）；諸家用心雖只在建實質邏輯基磐，然無形墜入舊形式邏輯之病。此外有以認識論或現象論立邏輯新直覺義者如虎塞爾（Hurssel）輩，雖說出心理，又不宜渾前派一譚也。吾當別析解（參看第十三章附錄之虎氏邏輯研究）。

所謂邏輯比觀之定義，如此已極限其認識之功耶？是又不然。蓋真正定義之深澈，猶有待數學邏輯派之新型式論。昔人對科學如何可能？如何探及真理所在？又如何證科學真理？之數問題，皆歸邏輯解答；而獨忽所恃之方法工具不足。據數學邏輯論者言，舊邏輯迺無謂機械形構，於任何理性，惟恃概念演繹。且此演繹尤乏純正型式。充其能為亦僅襲用通俗不當之語言，循環錯誤，重言枉斷，雖曰思想定律，徒具負正之價值評耳。果工具如斯之陋，方法由如是之貧，邏輯科學之用，早淹無聞問矣。處今日科學急進時代，宜直斷前非，澈改舊形，定邏輯爲理性抽象之形體，使其範圍涉各科學之自然而爲科學哲學中心。雷柯（Nicod）謂數學邏輯以自然哲學爲實用，以理性接物界，俾任何適合可能，晉接新可能界，此正導邏輯超因果時空極限，而入無窮新實在界與所謂微界物理之歸矣。數學邏輯之型式象徵，方法演算，去科學物質價值之戥秤功用，而爲原始觀念之探索與標辭關係之分析；化數學於理性溥徧，正語言於象徵實在，誠理想真在之型式科學也。

第二章　新型式論概述

甲　邏輯型式新趣

衡邏輯爲思想型式科學，此古今學者同稱；訂認識之型式意義，則又前後立說互異。近半世祺，科學衍繹，浸浸發展；邏輯方法，匪盡陳言。昔視連珠式爲演繹論，視演繹爲邏輯必然觀念之推論者，大都於近數十年科學思想與邏輯型式新創中，宣騰失敗。原舊形式邏輯，對通俗語言，律例證判，頗稱適用；論其形類，尤以語言文法，析解最宜。如表詞性類與内包概念之量性研究，允爲翔實。獨惜式繁用雜，法蔽義疏，泥科學之型遠，失種類之誼矗。彼"主表"兩諧辭比，固未足昭關係真誼；而分析一言兩相，猶強截連誼標辭。若以構設表詞言判斷，則更難乎稱認識論矣。是故襲種類觀念以釐語言形式或可，幟種類原理以定知識範疇則不可。試觀現數學思想與近物理研究，對空間量之習用解釋，幾無一應種類先後之型式者；其演繹型式之深臧精微，尤非舊邏輯所能掘發。倘論方法之溥汎有爲，實超尋常而入無所不能之公型矣。所謂數學邏輯，躍爲型式科學之科學者，緣出斯道也。哲學家或以"性質"與"數量"各不相通之說反證此道，要亦昧於關係兩續，而忘數理近見之真理焉。

夫力事舊型式邏輯改造者吾知有二：依純理性新義，創新型式科學之數學邏輯派與本科學認識，棄絕對形式邏輯可能之科學邏輯派是也。兩說於推理演繹論異，於標辭分析誼同；質言之，兩者認概念邏輯，不足冀思想科學用；論主張則一持演繹宜純正數學原理化；一持演繹宜擴爲實在認識說。各反所見之差，即各創所思之路。要其本相，悉遵數理原則而爲之界限自定耳。

乙　數學邏輯思想

數學邏輯，始賴本尼支邏輯演算之記號發現；盛班洛（Peano）羅素數學原理之認識時代。賴氏認惟記號象徵，能表思想複念。邏輯演繹，必自直覺漸趨關係演算；思想型式，宜依理性嫻用記號配合。如代數分析，如幾何形類、事實理性、方程式樣。邏輯數學，原理相銜；思想科學，認識齊列。羅素有言曰："衛葉斯塔斯（Weierstrass）及其門徒，曾將數學算術化——使分析論導入整數論——……不知整數論實無自給之能，而尤以持有窮與無窮數相較爲最難。故必使算術尤其數之定義化而爲邏輯。所謂數學邏輯者，乃用法乎邏輯概念，使分析與算術演繹，盡如幾何之邏輯研究也。"斯說於數學思想爲新進改革，於邏輯形構爲革命創造，於整個科學爲立溥汎原理之方法認識。雖然瓦佛（Rolin Wavre）取純數學反證邏輯律之無關算術推演；邦加赫、濮威與衛珥（Poincare, Brouwer et Weyle）襲經驗直覺以覆數學邏輯可證之理性存在。若吾人以新邏輯型式分析說辯之，則悉度越亞里士多德派概念思想，別立理智之溥徧原理與關係焉。且此原理，絕非彊置，統數學演繹，而尤無妨數學事實本義。故藉純數學批評者，其言行絕無損邏輯象徵之型式研究事也。

按數學邏輯，原有一部"邏輯型念學"（Idéographie logique），後歷新創，統爲一說。夫型念學所論，迺標示象徵特幟，與言詞必臻改善諸說。彼舊形式論者，固不皆無徵號以代語言，然無不皆失語言習慣之便佞性。類詭辯家辭，既蔽人以辭，自訕者復自限於辭；繁文綴法，徒衍無謂。論思想不越字句交替，析辭義無非空投迎合。絕未計直象觀念之認識，能脫語言迴謎與無謂俗累之過也。昔法古第哈（Couturat）與意巴多瓦（Podoa）論邏輯代數學與型念學功用，力斥舊概念名字非真。吾人就世界言文字，羌無統釋之文法也；就國家定語言，難謀同通之字典也；就學術析字性，益可見無窮辭性之涵引無限也。試思百科專書作，便佞之口能杜塞乎？此無它，科學事備，而邏輯型念之徵信未立故耳。夫象徵之型式，具直接觀念之表現。而邏輯象徵，匪無語言隔閡，且為擴大觀念與事實兩斷之真。或謂衍辭抽象，實不知演式昭為具體。舉名詞定義，亦各顯觀念之明晰與理智性。總之或指邏輯義，或偏數學言，鏖然總符，指焉深到。去質量簽念，存型式通理；匯觀念，譯記號，如代數學者之對數量，幾何學者之用空間；忘獨縛語言之本性，入真實普汎之自然。此概念舊型不可之論，而今數學邏輯得獨尊之矣。

丙　概念評述

　　舊型式論者，往視邏輯原理，為形上之元學研究；邏輯概念，為元學之實體認識。柏拉圖派及亞里士多德派邏輯結論，僉如是證。按此派立說，在種類觀念之語言思想與實體個性關係間。語言表思想，思想必觀念，觀念本實體，實體形種類而續個體。是故舊形式邏輯之本體論，羌主深進實在性之知，使精神連逮真念，依實在闡揭真理。思想方法，矢概念判斷推理為言，立名詞標辭推論為用；由是任一標辭判斷，必張兩名詞概念之肯定與否定，所謂思想研求者，亦無外此兩概念間關係認識耳；即擴而言之，以標辭集聚之推理認識為法者，亦不過概念關係之重疊證明耳。概念生自精神，攝實在不變性而為思想對象焉；或計外延，統以數量；或析內包，洽以性質。綜所論列，厥唯名唯實兩家言。或曰取個體與溥汎，為概念之通釋焉顧鬯無不宜。今世新多馬派（Néo-Thomisme）移斯說以趨判斷論，故猶未脫實在性之元學理解。其蔽也蓋因概念分類之固封未啓；普偏、特殊、具體、抽象、集合、區分、相對、絕對諸念之極限不明；而尤眛數理科學原理對時空物質存在新倡之見也。夫概念形式，異自内包外延之關係，譬造房屋者之必以磚，而各屋宇之形狀則難必以同。惜乎概念論者忽磚之於屋與屋之有磚爲無定件。屋而無磚世有之矣，磚而非屋，世亦既有之矣；若内包外延之種類概念，豈足徵無定之思想於有定判斷耶？吾知無能也。故匪藉數理改造後，證之非是，即論思想律貫，亦早自破其範疇。若邏輯代數，端言標辭判斷，條鬯思想活動，自然趨走，摹擬曲盡。羅素謂思想有效值，不因主詞，而在所言之形式。概念罔知獨立，必有標辭因變值（即函數值也）爲之率，從而衍籌制勝，推及無窮之用焉。

然則概念之有效率將如何定之耶？曰概念迺數學因變式之不變率（Invariant fonctionel）。舊邏輯所示者，尚指定性，弗計變量。殊不知如言"人"之概念，必副它概念之"質量"函數。如謂人對動物生物等上屬之類爲函數不變，對中國人歐洲人等下從者亦爲不變之原函。此函數或因變之不變率表之如次：

　　動物＝f（a, b, c, ……）式中 a, b …… 諸元表人，馬，……

　　人類＝f（x_1, x_2, x_3, ……）式中 x_1, x_2 …… 諸元表中國人，歐洲人，……

　　黃種＝f（y_1, y_2, y_3, ……）式中 y_1, y_2 …… 諸元表漢族，蒙古族，……

如此列式，概念内包性之不變態，咸用函數性定極，如因動物而有人之一元是也。且復示不變率中所從之次元同性率，如因人而有中國人、歐洲人等分是也。夫内包既爲不變之函數矣，若外延，則亦緣定性而爲次冪之函數定量焉。質言之，量之不變率蓋因質約飭，其函數式表單複性或無定之多數性（如單位、總和、多數，及許多等類是也）。是知内包外延，乃純一函數不變率也明矣。

主心理概念説者如此釋量，主科學不變性者則更謂量幾無一不定。如機械學之能力與運動諸概念，其函數率紐爲機械不變，而各元之概念性，亦極網貫昭昭。惟是科學意義之關係在數，其不變之率乃量而非質。近年相對論之物理學所創時間空間各關係方程式論固顯質之要，無如綜成關係之量仍縣居中心，此又新邏輯改造宜稱之一證也。

定概念爲不變之函數，則必斷其内包外延屬一質量關係之主從性。然由前證壎知屬於絕對"質性元"者無關科學語言，則宜直譯概念爲數學語言之"類別"或"類分"（Classe）。（類分者，即有定物類之集羣也，此羣之各分，包一般與多少或唯一之公性。）以類分釋概念，如依數定量。數有單、複、和三律，概念則有個位、類分、關係三率。複具單與和之用，類分連個位與關係之誼。無複位則弗稱數，無類分則罔知概念之實。故欲知概念函數不變之因，宜述個位類分與關係之三率。

1. 個位者何？曰種類概念中之最小級次元也。既無邏輯區分性，亦無溥汎概念在，謂不變率之中心或邏輯因變之本始可也。如謂："一車載一石"；"杜甫爲一大詩家"。

2. 類分者何？曰個位有限或無限公性之集羣也。謂不變率之公性集合或同類不變之羣亦可也。如云："車皆載物"；"杜甫詩今無能者"。

3. 關係者何？曰連誼之判斷也。連一元不變率於各個位或各類分以示關係之標辭性也。如云："中國雖大而小全世界之和"；"曹植爲曹操之子"。

前述三率，各有一不同性，即各顯一關係是。貫三率關係之各有性，在個位者曰"屬聯性"（Appartenance），在類分者曰"同聯性"（Inclusion），在關係者曰關係或名"連誼性"（Relation）。各性之義，簡如次解。

a. 屬聯性，表個位一元，屬於類分之關係。型式演算者以徵號"ϵ"識之；如謂 x 屬聯於類分 a，則書爲："$x\epsilon a$"讀曰 x 屬聯 a。

b. 同聯性，表類分與類分間之關係。如類之於種屬也。以徵號"$\supset$"識之；如謂類分之人同聯於類分之死。書爲："cl. 人$\supset$cl. 死"式中"cl."表類分之簡號，或書爲"$a \supset b$"亦可。讀曰 a 同聯 b。

c. 連誼性，表個位或類分之唯一連絡，即各個位或類分間之單純關係也。以徵號 R 或 X 之類識之；如謂 x 爲 y 之兄弟，書之爲："xRy"讀曰 x 關係 y。

準前三性之連韻接合，形成類分演算之各式規律。如屬聯之關係爲"非聯轉性"（Intransitive），同聯者爲"聯轉性"（Transitive）；其式列如：

北平人⊃河北人，河北人⊃中國人；∴北平人⊃中國人

至於屬聯性之：

劉伶 ε 竹林賢士也，竹林賢士 ε 七人；

劉伶爲竹林賢士之一，竹林賢士爲數共七人，然不能抽繹爲：

劉伶 ε 七人也。

此固舊概念論者所熟知，然非概念名詞之所得分。以 ε 連三名詞，與尋常具存在性之"是"迥異。式中第二名詞之爲類分，乃因第一而有；再轉而因第三詞更變爲個位矣。且第三名詞非簡單類分，實類分之類分也。故第一名詞絕不爲第三名詞之一個位，其理彰彰。總之非聯轉性之"中詞"時而爲個位又時而爲類分；若以概念名詞辨之，終不免失諸機械錯誤。蓋因語言名字，未能直表觀念；判斷以形式出，錯誤亦襲形式見。惟數學邏輯者，藉演算徵號之確著，庶乎直革斯蔽。其先決即以 p q r 之類示標辭；x、y、z 之類示個位；a、b、c 之類表類分；R、X、Y 之類表關係，一經列式，了無形式渾涵之誤。

依"聯性"（即屬聯與同聯）論標辭，邏輯原理遂成絕對新創，所謂概念認識，浸爲關係之同聯分析矣。夫舊概念標辭，箴於主格存在之某屬性肯定，實則此存在決非形上之實在性。謂"甲存在"者，廑示甲類至少有一元在；此一元乃類分中同聯表現之一關係主格也。即整個邏輯，亦一關係連誼之科學耳。標辭也者，無異連誼中之特殊型式耳。吾人設以同聯關係主格，表舊標辭全稱特稱之肯定與否定四形，即瞭然以證。如：

A.（凡 s 爲 p）表 x 全值爲：x 爲一 s，同聯於 x 爲 p；

E.（無 s 爲 p）表 x 全值爲：x 爲一 s，同聯於 x 非一 p；

I.（有 s 爲 p）表 x 至少有一值爲：x 爲一 s 與 x 爲一 p 兩皆眞；

O.（有 s 非 p）表 x 至少有一值爲：x 爲一 s 與 x 非一 p 兩皆眞；

此之謂以類分同聯性表關係連誼之主格判斷；從而知概念類分發出之主表兩格無關真偽矣。質言之，邏輯固不在心理直覺概念，而在標辭所示之名詞概念的"可能"問題。吾人求知之對象，悉視關係性質之條件研究。彼概念實在與否，自有其肯斷與否之關係在，此關係絕非概念直設，其或繫或雜之誼，概循標辭主從之是。如"p⊃q"之一式，既不縛前提判斷，亦弗託結論肯定，實只一同聯之"連累性"耳。此連累性衍繹，以"邏輯常式"（Constants logique）爲序列，故逸乎概念實在論者之思想方法矣。

且也，昔學院派之概念實在，不解於類分實在而尤不釋"無有"之類分。夫類分必有其元之是，謂之無有，安知類分？此又非按倍乘與增益之關係量所可述也。或曰量性之誼，不皆通於概念之本者亦在此。然則數學邏輯不此之解耶？曰非也。概念真義，不臧於列數函數，其所攝元素之數量範圍，亦非其定義之本質。論理言之，概念惟通所是之情境真否，其本性虗能肯定或否定之。倍乘增益，即"會聚""離衍"（Conjonctement, disjonctive）之斷，非真若數學乘法加法意指也。羅素派力張型念邏輯，使數學與邏輯相用更連逮於無窮可能者，正豁然貫乎斯道。是故視邏輯爲純正思想律之規範科學者，其說亦大通於各派正誼之辭，而數學邏輯家當亦弗能行遠而不自邇也。

第二篇　邏輯演算原理

吾人既知概念類分之評述矣，今宜揭數學邏輯家所取演算形式，以立新邏輯之重要事實。緣舊邏輯之演繹推理，無真理探討之工具，無形式索觀之圖引。舉樣式繫辭，廑於前提關係中，攫有效形式結論；變關係連誼，惟就判斷轉換間，獲無謂重複意義。一言以蔽之曰：移前提代結論，立名詞判斷之"位置更替法"耳。故謂舊演繹邏輯為一交替原理，而此交替互用之基本事件，惟恃結論與前提之形構也。二千年來，所謂理性原則，精華在是。按前提與結論兩聯，義盡標辭一揆；而衍繹與證明相得，理越概念形式。故欲知推理原則真實否，宜與標辭事實研覈。蓋標辭必因之事實，乃判斷所有之根據；判斷肯定與否者事實，抽象推理可能者亦事實。今若擴而論之，謂凡標辭肯斷與否稱，皆為事實之知，則尤屬稱衡之說。

邏輯家析真假為判斷之值，單複為判斷之量，正負為判斷之性。此雖種類正名，實不外標辭事實之搞定耳。事實於標辭，不限量亦不定質，或單稱辭有定，或主表格無定，兩具可能。如次述二說，將略示梗概。

　　a. 主格有定，表格無定抑無限者，其式概括之為"無論表格如何皆能適甲與乙之事實"。如云"孔子具有聖人之德"。此聖德兩詞皆無定一，其義蓋謂："孔子稱德之事實，與老子釋迦蘇格拉第悉有同性"。此事實之德，含多數"從變"之函數意義，在舊邏輯忽視而在數學邏輯則為極關重要之搜討。

　　b. 主格無定，廑一表格或多數為有定者，其式概括之為"凡運動有能力"，"有哲學家稱詩人"；若以事實言之，則為"事實有一甲運動則必此甲有能力之事實"，"事實對任何甲為哲學家，則能有稱詩人之可能事實。"

誠然者邏輯事實所示，非物理化學或其它自然科學所同。一石一木，異象同悎，礦植之分雖有，而真理實在之性難殊。故所求事實純爲："果有甲之此一表格，則亦有它一表格在。"此之謂事實真理，數學邏輯家析辭演算，類分連誼，其證驗咸爲事實證明之構造，與夫居此構造間真理活動之認識耳。

夫曰新型式邏輯，既如斯其重標辭構造，然則標辭構造之種類爲何如耶？各構造之真理或邏輯定律又爲何屬耶？所謂標辭演算，其方法意義抑又何若耶？是不可以不釋。

第三章　標辭演算論

甲　概論標辭及其基本原理

標辭何謂耶？論者極盛。有定語言判斷之説，有主能知真僞之辭，亦有稱凡推理前提與結論皆屬之者。按此悉未足明標辭變性之實指。惟數學邏輯家分之最詳，析其自然之性亦最精。吾人未述此類剖析之辭義前，暫抽其大者而爲之定義曰：標辭者，事實真僞肯定與否之語言説辭也。其結構必具兩大元素：一曰思想智慧有法之"命辭"（Énonciation）；一曰意識有法取得之"承諾"（Prise de position）。如"以今日言之昨夜稱今昔"；又如"年光除日又元日，心事今吾非故吾"；皆稱標辭也。論其組織，顯示今日後於今昔，元日次於除日，今吾異於故吾；且各辭之精神意識的承諾，亦極朗然。夫標辭必待承諾，乃極關重要之首件，邏輯家謂精神取得命辭，豫設態度有三：疑而無斷，諾而肯定，及拒而否定是也。睽疑無利於邏輯辭，即無龔於推理同也。惟承諾，作肯定辭斷；拒斥，有否定語結也。定標辭爲肯定與否之説詞者正據是理。

標辭單稱肯定，必屬已知事實，在試驗證明，亦無抽象概括或方式變異。論肯斷範圍，或亦多形複雜，然立意有條，非理無能羼入，如云：

"某也賢""此之謂無愁天子""彼一人也""此一物也"。若無邏輯畸形事實，則凡視概括肯定之辭，必皆稱特殊合理之斷。蓋因單稱主格，無分表詞義蘊，肯斷或否認為有存在耶，抑有關係耶，抑又分割耶；一言既決，了無餘意；直於空間範圍，時間久暫，各取其一，無所用其推演。

然而微而顯者文見於此，而取義在彼。單稱肯定，顧標辭之易直，而由此結構因生之否定或負定辭，（Négation）連接或聯立辭（Conjonction），選言或離衍辭（Disjonction）；則趨重繁複，具演算之關係，臧未知之奧衍，非若單稱事實比也。蓋標辭之邏輯價值，必自此類判斷既定關係之後見之，而推理之演算可能，亦必自此類關係既經結構之後知之。

數學邏輯家於辭之研究，必表"否定"以揭首要。其故因無負斯無以證正之有；無無，亦無以濟有之知。故曰負辭為標辭關係構造之始。原演算之義，於標辭惟限索"真偽"兩鍵；如負辭弗見，演算之值惡在耶？負辭揭偽性特徵，定連累（Implication）紬繹。如謂"中人者不賢不愚，不可語上亦不可語下者也"。除中之一詞外，無限形容，皆中人之偽性或負辭。又如謂"八卦列數，非一非二，非五非六，非任何它數也"。（惟八為真）是負辭之偽性無限，而直則限一；此惟一之真，有無限偽性連累持綴；而無限之偽，則又惟逮一元可真之能。是故欲知標辭構造實在，宜辨價值真偽性質；欲求真理邏輯認識，必申真偽連累關係也。

真偽之標辭果有定乎？曰未也。藉曰有之，將惟限於"邏輯實在"與標辭之連累可能耳。謂"人為鵬"，"孟嘗君為雞鳴狗盜之徒"。主此類標辭真者，為自覺其邏輯實在之滿足，故徵其名以名人，象其聲與行以稱人。反之，主此類標辭偽者，則必謂標辭有實在性罔適實在，人與鵬與雞犬各不相涉，以鵬自號者非鵬，稱雞鳴狗盜行者非雞狗，真偽之去遠矣，豈足定是非耶？何云邏輯實在與標辭連累能別真偽之分？此屬真理問題，容"形上"之元學解諸可也。夫宇宙本一邏輯實在，現象統為邏輯認識；曰自然，曰物理，有其存在之實有事實，成其事實之"真標辭"；亦有其虛無之假定事實，構其事實之"偽標辭"。偽者連於真而累及所有，真者則往往反為偽所累焉。此解既創，真偽之關係通釋無間矣。

乙　標辭連累性

　　既知真僞之關係，宜再益標辭連累之說以明之。如有一標辭 p 表任何一事實，更有一 q 表任何它一事實；即斯二者，必真僞互見。其結果襲連累關係，證明僞者絕非了無所謂，且有無僞不成真之事實在焉。蓋僞辭所是，僉實在之假借故耳。如言"人爲牛馬"之一辭，各元素皆具事實；非然者，則標辭無法立也。僞辭屬思想所知者，真僞事實，則因連累而及。曰："人爲牛馬"，p 也；連於"人爲脊椎動物哺乳類"，q 也。p 之僞稱實在，而 q 之真爲事實。果 q 爲真也，則連累於 p 之事反而亦成真矣。蓋牛馬爲脊椎動物哺乳類，亦事實兩同者也。若以牛馬爲四足獸，人爲兩手類之觀念衡之，則僞辭之連累固仍僞，而真之連累反躋於僞也。因吾人精神觀念，不能有人爲四足獸之比證。明乎此，斯僞之連累無分乎真假，而真者反累於僞之事實，匪用說而明辨之矣。由是知僞爲真之負辭，與夫既知其僞而爲真之誼（如言人爲牛馬乃一真僞辭也），尤無待證也（參閱拙著《邏輯與數學邏輯論》論真僞之演算）。

　　邏輯家論演繹問題時，往往以概念之類分性或判斷之標辭性考之，羅素、懷提海則不然。蓋演繹實非類分性所表，即就類分理論言，或理論間標辭之推證者，必有超標辭理論而上之原理爲之先引，然後得由此紬彼，或類甲推乙。故曰演繹匪類分亦匪標辭之理論，若謂爲方法論或由一標辭得演證它一標辭之方法也則宜。明言之，演繹者求知一標辭爲它一標辭之結果之關係研究者也。此關係爲何？曰"連累性"。

　　彼連累性之關係，原定爲"p 連累 q"之形。數學邏輯論者，認是類關係，非真不可限之觀念，其義實同攝若干原始觀念而有。質言之，演繹論之組織顧在連累性，其間包攝乃有下列六原始觀念存在。

　　1. 初級標辭（Proposition élémentaire），如云"此是紅的"（注意：後邊邏輯演算中，將見標辭不在特稱形式之是而在真或僞之"真理價值"者）；

2. 初級標辭因變觀念（Fonction propositionnelle élémentaire），即一辭句攝一變值，如以變值易定值或定名時，則此辭表一初級標辭；

3. 肯斷觀念（Idée d'assertion），象徵記號爲"⊢"，用以分割肯定標辭與簡用標辭之差，如定言判斷之"p 爲眞"列爲"⊢p"；其義炯異假言判斷"p 連累 q"之"⊢p・⊃・q"。蓋此連累之肯定，既非 p 亦非 q，惟有 q 爲 p 之結論一義而已；

4. 一標辭因變之肯斷觀念（Assertion d'une fonction propositionnelle），如⊢x；表明一因變兩可值之肯定，如齊一律甲爲甲，此甲乃無定者；

5. 負定觀念（Idée de négation），表明 p 爲僞，如"—p"；

6. 選言（Idée de disjonction）或邏輯和之"p・∪・q"或 p 眞或 q 眞，兩者只取其一而不能兼。

綜此六初級觀念，形演繹初級理論，合之得定連累性爲：

$$p \supset q \cdot = \cdot -p \cup q. \quad Df.$$

式義謂由定義知"p 連累 q"者"或 p 僞或 q 眞"。欲知此定義造作之原，須知羅素述連累關係所示基本性質之"凡由眞標辭所連累者爲眞"之說。既有此眞者連累眞，而僞者所連累爲何尚不知焉。故欲定 p 連累 q 之正義，必須否認 q 之僞與 p 之眞爲同時可能，從而易位，斷曰"或 p 僞或 q 眞"。若申其誼之可能而言，得析下列諸解：

或 p 僞，不然，或 q 眞；

如 p 不僞則 q 眞；

P 肯定之事實非有 q 肯定者不爲功；

如 p 眞 q 眞；如 p 僞 q 僞；

如 p 不能眞而 q 僞。

按所云 p 連累 q，實非謂 q 之必衍自 p，此乃就事實可能者言，數學邏輯家悉據此可能，推獲關係之同聯四型。如：

1. p 眞連及 q 眞；2. p 眞連及 q 僞；

3. p 僞連及 q 眞；4. p 僞連及 q 僞。

若以象徵之 1 與 0 表眞僞二值，更可表如次之關係：

$$1 \supset 1; \quad 1 \supset 0; \quad 0 \supset 1; \quad 0 \supset 0。$$

若以語言事實例證之，各關係幾達無限可能式。茲舉一二如下：

曰："牛馬皆非人類"而與"孟荀悉爲儒家"皆真也；

曰："三角爲圓形"僞也，而"孟荀悉爲儒家"仍爲真在；

曰："牛馬皆非人類"真也，而"白狗黑也"仍僞；

曰："三角爲圓形"僞也而"白狗黑也"亦同稱僞也。

按此例純本諸事實比證，闡示非直接關係之演繹類推。然以 p 與 q 之標辭連累説出之，各辭分立者，猶未始即一無同聯之棣達也。試以"牛馬爲人類"之僞辭轉而爲真者觀之，則"孟荀爲儒家"之真辭連累而爲牛馬（孟荀）乃動物之又一派（儒家）；"三角爲圓形"之僞若亦轉而爲真，則連累於孟荀與儒家，白狗與黑色之 q 標辭均無所定也。蓋是辭若立，則世界不逭大謬不然之理，必入不可知之新生物界。是故連累之標辭，直衍者固爲關係所在，異實者亦無在而非關係之連誼也。數學邏輯家原視此類觀念爲認識之原始意念，因其與舊邏輯所謂齊一原理矛盾原理及排中原理諸説相埒。又如第二式之"p 真累及 q 僞"一聯，就前真僞關係之定義考之，絕不能立，因真者只能逮真。若所真之 p 有僞，而所有之 q，則不必因之以入於僞。如謂"人行則動"之真，而"運動永存"亦真。前者之動必在人行，但人不行時，運動亦不能無。故真僞屬相對兩實；換言之，至少須有其連累辭之一或正或負者在。如 p 爲僞，則連累 q 真抑 q 僞皆可。故第三第四式之連累無不可也。蓋 p 如屬僞，則真理爲交互兩能，且不及推證 q 之是非，故必 p 真始有連累之證。再如 q 真（例第三式）則交互兩能之變無用，因 q 既稱真，事實無須推證也。簡言之四型連累，理論可能，惟第二者不容於定義，故只第一式爲有用之推證式也。

準真僞與連累諸説，齊一原理之"p 連累 p"爲可證之事。蓋 p 連累 p 之意味"除非 p 僞，否則 p 真"，即"p 之真僞不能同時"。

邏輯家謂兩標辭或多數者之肯定，至少有一爲真在者。其式洽與算術加法之義蘊同，故名"邏輯和"（La somme logique）；表爲：

$$p \cup q \text{ 或 } p+q.$$

讀曰"p 標辭或 q 標辭真"（按加號之假借爲或字）。原式兩俱真者亦可，反之若兩僞則不可。依齊一律衡之，知"p 與 q 兩僞者僞"。如云"黃金滿屋，富貴之象也""一窮如洗，貧賤之象也"。二者不可得而兼僞，然得而俱真。蓋因和之算術意義，異實者無加而亦無和之有，兩加者須有其各真之項斯得總和之實。例以多數標辭言"有脊椎者爲動物，無脊椎者亦爲動物，故動物有爲脊椎者有爲無脊椎者"。以 x 代動物，a 代脊椎者，b 代無脊椎者，得式如：

$$(x \varepsilon a)(x \varepsilon b) = x \varepsilon (a \cup b).$$

邏輯家復謂兩標辭或多數者之肯斷有"同時"皆可者，其式洽如算術乘法義含，故名"邏輯積"（La produit logique）；表爲：

$$p \cap q \text{ 或 } p \times q \text{ 或簡書爲 } p \cdot q \text{ 或 } pq.$$

讀曰"p 標辭與 q 標辭俱真"（按乘號之假借爲與字）。如云"犬守夜""犬家畜也"。積之爲"犬守夜之家畜也"。其理與算術之"九九相乘等八十一，四十比八等五"之義相通。此之同時肯斷，正別於前理之選言分解。蓋積之義如一乘項爲零（即僞是也），則全積之因數無有也。故必有"同時"始證。非若和之項，雖有一居零，而所餘之實仍真者比也。例以多數標辭列式言"李白唐人也，李白詩人也，故李白乃唐詩人也"，以 x 代李白，a 代唐人，b 代詩人，則得下式：

$$(x \varepsilon a)(x \varepsilon b) = x \varepsilon (ab).$$

然則兩標辭之同義者抑又何説焉？曰惟相等式（l'égalité）之可釋也。如有同義語言文字，相助爲理，義形諧暢時，即有口頭詞差，實則仍等。如"割雞焉用牛刀""小題無庸大做"；"蘇洵爲蘇軾之父""蘇軾爲蘇洵之子"；徵號表爲：

$$p = q.$$

其特性之含義有如：

$$p = q \text{ 或 } (p = q) = (q = p).$$

一標辭相當於本身，即兩相等標辭皆等。更可依兩連累式之邏輯積表明之，如：
$$p=q=(p\supset q)(q\supset p).$$
即知相等之邏輯肯定無關標辭本義之齊一性，則同理之否定相當式，亦易檢證矣。按否定之徵號以負 p 記之，如：
$$-p=-q.$$
否認 p 與否認 q 乃同一否認也。從此復益肯定之相當辭，別生兩相等之同聯式：
$$(p=q)=(-p=-q).$$
同辭肯定之同一肯定等於其否定之同一否定。此式若以連累式列之，則變爲換位法矣。再者因否定之可能，矛盾原理亦遂本邏輯積而得證：
$$p(-p)=0.$$
p 與非 p 不能同時真；排中之理迺更因邏輯和而得證，如：
$$p\cup(-p)=1.$$
或 p 真或非 p 真，無不當也。由是知舊思想三律，除齊一律須無負辭之連累外，餘皆以負辭之積與和爲用。若依連累證明之基本意義言，斯三律實有未足。其故因各律悉未盡演繹之能。邏輯家欲補此憾，遂創三段律與演繹律之用。三段律者證明三單稱標辭同時連累有限個體事實之結論式也。其型如：
$$(p\supset q)(q\supset r)\supset(p\supset r).$$
此 p、q、r 爲單稱，所連累之事實必爲個體有限者。如云："地面樓房高於平房，平房高於地穴；故樓房高於地穴。"否則以標辭爲連累之結論，或全稱抑單稱，皆不免踏入錯誤。舊三段論式之蔽，即不識此之有辨也。吾人前章述概念評述之聯性時已詳見之，茲不再論。演繹律乃反證前提事實之原理，合三段律求結論之方，通稱推理之完全法。

　　數學邏輯演算，純在原始標辭之假定；演繹證明，羌屬基本定義之組織（或云連累關係）。是故定律發現，在象徵原理，實最繁且重。如因加乘之關係性，引申下列各律，皆前證之用也。
曰序換律（Loi commutative）列式如：

$$pq=qp, \quad p\cup q=q\cup p.$$

曰聯瑣律（Loi associative）列式如：

$$(pq)\ r=p\ (qr),\quad (p\cup q)\ \cup r=p\cup\ (q\cup r).$$

曰配分律（Loi disrtibutive）列式如：

$$(p\cup q)\ r=pr\cup qr,\quad pq\cup r=(p\cup r)\ (q\cup r).$$

曰重複律（Loi tautologie）列式如：

$$pp=p,\quad p\cup p=p.$$

以上四律，爰表加乘二法之邏輯二元性。因重複律之發現，使邏輯演算，忘係數與方次之代數演算，申而有下式之各律焉。

曰單定律（Loi simplificative）列式如：

$$pq\supset p,\quad p\supset p\cup q.$$

曰集綴律（Loi d'absorption）列式如：

$$p\cup pq=p,\quad p\ (p\cup q)\ =p.$$

曰雙置律（Los d'importation）列式如：

$$p\supset (q\supset r)\ \supset pq\supset r.$$

曰單置律（Loi d'exportation）列式如：

$$(pq\supset r)\ \supset p\supset (q\supset r).$$

曰配合律（Loi de composition）列式如：

$$(p\supset q)\ (p\supset r)\ \supset\ (p\supset qr),\quad (p\supset r)\ (q\supset r)\ \supset\ (p\cup q)\ \supset r.$$

前列各律除雙置與單置兩律爲由肯斷原理而出者，不適概念類分演算外，餘皆對類分與標辭同時可能，合謂之邏輯構造原理。吾人試本諸律以紬繹之，則昔之形式推測與複合三段式，幾無不稱各演算律之引申證明。此類演算引申，早成數學邏輯通俗例證，此處不再重贅。

吾今更進而檢論單稱標辭問題。按前證各律，不外負定辭聯立辭離衍辭（選言）三大配合。演算者果以之推諸人間事實，勢將衍及無限可能。此顧理性觀念之常，要在吾人有知斷即斷之經濟認識耳。或謂標辭構造無限，其型構認識，亦將有無限重要之方乎？果爾，則標辭演算，幾於無能，抑惡用此演繹法爲耶？問題壁壘如是，而事實則又有說焉。

彼無窮可能之構造，事實僅在三辭配合。且構造所具之法雖繁，事實仍不外"連累性"與"不二性"或"不容性"（incompatibilité）之主要存在。若以各辭之因變或連涵性論之，則各律或原理之連涵可能，惟立負正二辭之一真偽肯定"值"耳。茲更就"值"之函數性重申其理於后。

（甲）負定辭之主率（Argument）為"非p"者，如言"非人"。其因變或連涵之真偽值為非p者乃p之反，如關係之：
負辭為p之函數肯定或否定之真者，必p之辭稱偽始立；如云"牛與馬是人"或"牛與馬非動物"。負辭為p之偽者，必p之肯定或否定稱真；如云"牛與馬非人"或"牛與馬無非動物"。

（乙）聯立辭之主率為"p與q"，其合法"正值"，祇在p與q兩皆真時始真。若二者皆稱偽或有一為偽者，則其合法"正值"為偽。如因"人"而言"此兩手動物也"與"此反芻動物也"。

（丙）離衍辭之主率為"p或q"，其因變之正值必p或q真時為真；若p與q兩偽，則正值必歸偽矣。如云"孔子與少正卯皆魯之聞人也；孔子誅少正卯"。

（丁）不二性或不兩立辭之主率為"p與q不能合而為真"。此即聯立辭之負定辭，亦即非p或非q式否定之分辭也。其函數正值之真者，必曰"p或q為偽"；否則反是矣。質言之，必以偽為其正值也。如《史記》："孟軻乃述唐虞三代之德，⋯⋯與萬章之徒序《詩》《書》，述仲尼之意，作《孟子》七篇。"韓愈云："軻之書非自著。"

（戊）連累性，其型如"除非p偽，或者q真"，列式如：
$$p \supset q = -p \cup q = -p(-q) = -p \supset -q.$$
其說已見前述，可不重贅。茲略舉例言：如云"x是一魚"連累"x是脊椎動物"其義實為："x不是一魚"或者"x是一脊椎動物"。

按此五大標辭因變之基本型式，為真偽連涵之主要觀點。然各辭性所具真理，非真獨立不相能者。若舉一為主，則餘者必為互聯互證之事實。故數學邏輯家（如羅素與懷提海）竟約為負定辭與離衍辭兩類；將連累性釐爲"非 p 或 q"。不二性則以"非 p 或非 q"表之，至聯立辭則直視爲不二性之負辭。雪佛（Sheffer）曾論五大原始觀念，謂實祇一範而已。雷柯（Nicod）復進而謂原始標辭於演繹論中稱型式者惟有一原理，稱非型式者亦不過二耳。此一原理有以不二性爲證者，亦有以"p 與 q 皆僞"之連繫偽辭（Fausseté connexe）爲證者。——例如（Wittgenstein）之説——設有任取其一以備演算，則必對其它四連涵因變皆爲可證。是邏輯律之必然如此，顧非必俟原始標辭多設，而後有演繹推論可能，要亦直接明白之邏輯事實有以塙定之耳。如 p、q 之相等式，除認兩標辭有正或負者各稱其相當外，自有連帶否認其有"正與負"或"負與正"之能稱其相當之權。此相當之誼雖衍爲四辭，實塵一式之相似或然。彼此眞僞事實，相間幾希，然而邏輯家必探此幾希之正值與眞理。彼心理學者對感覺事實個體意義之爭，惟知甲乙或上下之記號，而忘邏輯家加乘負辭，與夫連累相等，諸象徵之正值，誠不知眞理價值也。栢拉圖曾謂思維與判斷無必重於意象是非；其要在對相當者、明晰者、序列者及諸比較者之實行認識時，有思想肯斷之眞知。果知此之有別，庶知邏輯與心理事實之有辨也。心理認識活動，決無逃主觀性之時空極限。若邏輯律之方法演算，了無物我内外之主從限制，而入於事實之客觀認識矣。（客觀一詞吾用以釋主客爲一，既有主復有客，既非主亦非客之事實眞值標辭，即以客觀事實爲主而亦有心之知在也。）

第四章　標辭因變論

"因變"爲數學之函數性。按所謂函數者，通常言之，爲一對多之義。如 y 爲 x 之函數式：

$$y = ax^2 + bx.$$

若 x 值定，則 y 亦得相當之值；x 爲主變，y 爲因變。此言變之有定者也。但二者究孰主孰因，誠無一定固守，彼函數之名亦稱"因變數"者，厥故在是。如火車所行"路程",在一定"速率"時,則爲其所歷時間之函數;反之,若問火車經過之"時間",則時間又變而爲所歷"路程"之函數。是 x 轉爲 y 之函數矣。如此主從,斯謂因變。數學邏輯家移以用之,名曰"兩可性"(Ambiquïté),或稱"待然性"(Eventualité)。如齊一原理之"甲爲甲",在心理判斷者極稱明確,然事實果誰如此判斷?彼孔子爲孔子,人爲人之辭,不惟無見稱於知者,且亦不得稱之謂知,然而謂判斷所在之範圍無逃齊一律者,其義又奚如耶?曰此標辭因變之兩可性臧之故耳。思想原無定物,有之者羌若"甲爲甲"之未定因變值也。待然之眞在,則連涵因變之構造繁衍無窮,而標辭判斷之值,遂亦載生無限矣。是故思想之動也動於無所是而無所不是;標辭之稱也稱於無所定而無所不定。當吾人述"甲之性質,而此甲無定也"。若以徵號示之,書如"φx",φ 表屬性,x 表無定件。是明示表詞性有值(甲)而又曰無定值之有也。曰示表詞性之有值,即謂甲之屬性,有指陳各類如子丑寅……諸屬性之待然性也。此子丑寅……之各屬性,即甲之因變性質所有值。質言之,甲之屬性乃表子丑寅……諸件之一,此一非定件而爲未然之定也。若期甲之屬性定(按所謂定即指兩義之在),必子丑寅……諸件皆定而後有義。故曰因變或函數無限者,實其值之所示皆未曾有限也。果爾,則知因變式無能藉其值之若干件以豫計因變數也。誠如是言,則凡因變性無定者,即視爲有定因變之待然性所陳之件,亦將底於無謂。彼因變值能依同一函數以豫立之,而所謂因變,則不能以同一因變值先爲假定。一因變之值無庸假設函數形式,如云"孔子爲儒家之祖",標辭塙立,無待證其爲函數式之"甲爲儒家之祖";明乎此,斯瞭然因變式亦能反視而爲無用個別與分值之知也。此一關奧之義,若有不釋,前因變或函數云云,萬難逮其眞解。蓋一因變數值之眞僞必居無窮,而吾人亦必有不析不瞭之自變可能。個體因變之分值,乃事實之不可計者也。所計者非已知個體與外延之值,而爲各值裏含之總體,由是概言以定曰:某某爲因變之一值或否也。

事有必辨者,厥爲因變本身異於函數式之具一無定值也。因變本身所持爲待然之兩義性，而因變之具一無定值者，則爲此待然性之所表陳者也。以徵號別之；如：

φx 表因變之無定值；

$\varphi \hat{x}$ 表因變之本身。

由是"φx 爲一標辭"，而"$\varphi \hat{x}$ 爲以標辭之因變"矣。謂"φx 爲一標辭"，其說雖未肯定 x 之值居於何有，然已昭示其可能值之幾於眞也。故無論因變何值，皆爲是類待然之兩可。謂"$\varphi \hat{x}$ 爲一因變"，則無此待然疑性之肯斷，而惟表其待有各值之一義耳。從是知一因變之值，若無語言名詞定項，其可知性，將祇限此因變式之有爲也。

準是推也，宜知一因變 $\varphi \hat{x}$ 統有之值，必皆如 φx 之所有標辭，而 φx 標辭之如 x 如塵一值，則無 $\varphi \hat{x}$ 意義之有也。按此謂因變本身無定，因變值亦不能悉定。如 x 表所示之定值，φx 之標辭因變爲一標辭。就因變本身言，則爲所示之兩義性質；故因變不能於各值所限之中預爲設辭。從此足證對 $\varphi \hat{x}$ 之統有值間，無能塵知其一也。蓋 $\varphi \hat{x}$ 專指因變，而 φx 則爲其統有值之某一故也。象徵言之：

$$\varphi (\hat{\varphi x}),$$

列式爲無義，換言之，不能表標辭之謂也。因變之本身爲因變，無以因變式爲"人"或"樹"之理，謂：$\varphi (\hat{\varphi x})$ 爲眞理認識之一重要原理可也，然此說抑更有解。因變本身云者，逎標辭各性無屬時之所有事實集合；既非指一事，則必有"有"一值而亦有"無"一值者，質言之，$\varphi \hat{x}$ 可有一值爲"x 主率之可能值"，即 $\varphi \hat{x}$ 之值"有一 x 主率之意義"。夫 $\varphi \hat{x}$ 有其主率之能合者，亦有其不能合者，能合者眞，不能者僞。故不得謂因變式之"x 乃一人"爲一人爲眞；果認其爲人，則無論眞與否，其辭必皆僞也。所僞者僞其忽主率意義之因變式以爲一事之本值也。（反之若以"x"爲"x 爲一人"即主率無定而標辭因變爲眞，亦僞。）

設有因變式爲：

$$f(\hat{\varphi}).$$

其主率：$\varphi (\hat{z})$ 之值爲：

$$f(\hat{\varphi}z).$$

式中 f 爲因變。若欲求：

$$f(f\hat{\varphi})$$

之真抑僞，則有矛盾之兩可性在。如始而言其眞，則定義之：

$$\varphi(\hat{\varphi}x)$$

爲無義之說必徵其僞；如繼而言其僞，則因變定義轉爲"僞其爲僞"或"乃僞 $f(f\hat{\varphi})$ 之爲僞"；是又證 $f(f\hat{\varphi})$ 之爲眞矣。如曰"吾言謊也"爲僞，則"吾謂吾言謊也"爲眞。由此遞衍，遂入矛盾之連環。昔艾比墨立（Epiménide）之名辯，近數學羣集論之難題，皆因此叢錯引申。羅素之邏輯級型論（Théorie des types logiques）解曰："因變所引之屬性，不能爲其所定者之因變主率。"故論者若以 $\varphi(\hat{\varphi}x)$ 爲無義，則矛盾厲階盡失之矣。

按前各說若以習語證之，益見其瞭然之意義焉。夫事物之屬性與標辭，各具多元性之肆應與相適，且彼此皆藏可能之關係。故吾人研究，必求證此屬性之屬性或類分之類分，而入數之羣集論也。所謂不可解之超窮（Transfini）原理，即因以發端。今欲去其凡具同羣相適之各異屬性之難解，勢須分述"物體""性質""關係"諸差德，析用"個體""標辭""因變""因變之因變"爲遞及性之形解。如言個體，其級型（Type）之初元爲 0，性質集合表型爲 1；性質之性質則爲 2。如此推之，級晉無窮。論第一級之性質或類分，則通第一級之標辭因變。蓋此因變之主率乃個體故也。更論第二級（即類分之類分）之性質，則又通第二級之標辭因變。蓋此因變之主率乃第一級之標辭因變。如是類引，亦級晉無窮也。茲以"身"爲個體，"直與黃"爲第一級性質，"空間顏色"爲第二級性質；從此有標辭可見者爲"此身是黃"與"此身是直"具眞或僞之意義。而"此直是空間"與"此黃是顏色"亦有其可能值。至於"某身爲一空間性"，與"直爲黃"既無義亦無眞僞可言。標辭因變之 $\hat{\varphi}x$ 中如 φ 爲第一級（黃）則只能以個體如有形物之棹椅樹木爲其主率；如 φ 所指之性屬第二級，則惟第一級（黃）可稱主率，而不能以個體代也。

否則必爲無義之 $\varphi(\hat{\varphi x})$ 矣。

雖然，同一級中，難免僻性之論；因類分標辭因變，有其同稱之包攝性在故也。如云"凡標辭者皆有其真或僞"。吾人不知有多少標辭可舉，亦不知真僞之何屬，然不能以此判斷爲非是，亦不能絕對信主辭之確限於斯二值也。此類疑難出於"凡""某"或"凡有""某有"之二詞性。故宜續論此說之詳。

習語表"凡有"如邏輯謂"處處真"；表"某有"如謂"有處真"。茲析二者之 φx 態如次。

邏輯家表"φx 之處處真"者以徵號記爲：

$$(x) \cdot \varphi x.$$

如舊邏輯之全稱標辭，即肯定對 $\hat{\varphi x}$ 統有值之標辭也。按此辭含 $\hat{\varphi x}$ 因變之本身，而斷於"φx 之 x 統有值"。因 φx 之 x 無定而且兩可；再 x 各值，時有使 φx 爲無義者。是故 $(x) \cdot \varphi x$ 之所定，迺 $\hat{\varphi x}$ 統有值之所有標辭，對 φx 之有義，僅在 x 主率"可能處"也。故曰釋 $(x) \cdot \varphi x$ 之適當語，宜以"φx 之真乃對 x 有之可能值"。然此語實未足盡 φx 處處真之辭義。（注意：處處真，非時時真之謂也。）

邏輯家復創"φx 之有處真"一辭，以徵號記爲：

$$(\exists x) \cdot \varphi x.$$

如舊邏輯之特稱標辭，即謂"φx 有 x 之若干值"或對 x 有某值也。如言"φ 具善之德"也，則徵號表"有一或多數 x 爲善"之謂也，明言之，迺直視 φx 爲不皆僞云爾。

"有處真"與"處處真"具真僞值重要原理，或曰標辭因變之兩大範疇，誠無不當。蓋標辭因變所涉真僞值，羌無逃"所皆然"與夫"有所然"之二說。吾人對宇宙因變之知，亦無外以"凡有，所有，皆有……""某也，此也，一也……"諸辭爲斷；如以 φx 言，若其主率爲 a，則 φa 必真。因 a 代人，則 a 有死；a 代動物則 a 有生命；無論 a 爲何屬，處處皆真。即因變之負定辭，亦適應是證。且也，$(x) \cdot \varphi x$ 之標辭連涵 φx 因變，而匪惟徒涉待然之兩可，既能真其一，而亦有異於它一之真之秩序焉。所謂真偽觀念之"系統待然性"（l'ambiguité systématique）實已反證舊邏輯單稱與一致觀念諸說之誤。吾人對真偽二值，宜各本標辭所在之性屬（Genre）以區其秩序。設以 φx 之一基本標辭所真為第一次之真者，則各標辭所設 $\hat{\varphi x}$ 意之真為 $(x) \cdot \varphi x$ 時必表為"$\hat{\varphi x}$ 統有值皆有一第一次之真"。但此真之本身必為第二次者。如是遞推，系統之秩序成焉。

同理若推而轉論夫"偽"之義蘊，則其說將進為邏輯因變之又一解也。如謂 $(x) \cdot \varphi x$ 有其二次性之偽，則知對 $\hat{\varphi x}$ 所有若干值皆具第一次之偽；質言之，x 有真處時，φx 有其第一次之偽。反之，表 $(\exists x) \cdot \varphi x$ 有第二次之偽時，則 φx 統有值皆為第一次之偽；質言之 $(x) \cdot \varphi x$ 有第一次之偽。如斯言諸，足知偽之種類級次，對普通標辭認為適有者，而於特殊間則有所適之差。此而不辨，真偽值之秩序無有，實在亦無分矣。何耶？宇宙萬象各異其存（性質），各形物質，復互連其誼（關係）。萬象之現，現其複象若干，而若干之某一，又無不有其充實組織之部分，以昭其存在之意義（此意義即關係之實有）。吾人稱知此某一之物也，絕非限於惟有此一物而已。故必也既知其關係判斷，復分別其"場合"（Champs）所與，計慮其先後秩第，重輕轉變。試以某一最初之基本判斷言，必有其所與"場合"複生之相通關係始真。否則必偽矣。若更以一場合相通多數關係言，如云"凡鳥皆飛"標辭固不顯立於"鷹飛"之一詞，然吾人知"x 飛"者實斷自 x 為鳥。故無論斷者合理與否，其關係必為"物之有其定性可知者，從此有其它性可知之能"。此謂標辭因變之通稱判斷。如 $\hat{\varphi x}$ 與 $\hat{\psi x}$ 之任何標辭因變，必有一判斷肯定 ψx 之 x 有 φx 者在也。演繹之逮達，真偽之本值，悉於是解；而真理之在通稱判斷者，勢必別初有之基本判斷，亦正緣於斯道也。謂凡鳥皆飛，則 x 為鳥時，"x 飛"者，賴乎基本真理故耳。此基本真理，實已處於第二次真理之列。若依型式表之，有如下列：

"當 x 為鳥時，處處 x 真飛"；或

"$(x) \cdot \varphi x$ 為鳥，$(x) \cdot x$ 皆飛"

名此判斷爲 p，則"p 之真"必在"p 有第二次之一真"時爲有義。是其說本於認：

"當 x 爲鳥時，處處 x 真飛有一基本真理。"（如鷹飛）

由此證 φx 處處真時之通稱判斷乃表 φx 式之所有判斷；而"凡鳥皆飛"之標辭相當於：

"處處之 x 爲一鳥，連累於 x 爲一飛者。"

換言之，亦相當於標辭之：

"處處 x 非一鳥，或 x 爲一飛者"。

此一標辭之處處真者，與"x 爲一鳥"或"x 爲一飛者"之真異也。蓋謂 (x)·φx 判斷意義之真與夫"能真"，實異於僅言 φx 之真與夫能真也。如 φx 爲一基本判斷，則在指陳"場合"有一複生之相通關係時，即已鳌定。至於 (x)·φx 指陳之多數場合，必通於 x 凡有可能之所是關係。

明乎真之程度説，斯吾人前述循環矛盾之辭與所謂 φ(φ̂x) 之必爲無義諸證，亦得重釋其蘊。設有標辭謂"艾比墨立之判斷所持皆真"，斯言惟於判斷堉乎同次者爲有義。如不同次或以第 n 次爲最高次，則有 n 次之"艾比墨立所持 m 次判斷皆真"。此 m 爲其至 n 次之所有值。然而各判斷無一能娉恃自身作解者，因其處處皆須通所有判斷之最高次故也。

兹進論"演繹因變之發展及變通公理之解決"（La génération de déduction et l'axiome de réductibilité）。

吾人既知 φx 處處真之型式肯定，兹宜述其對標辭"否定"之可能認識。按處處真與有處真本屬同原。如言"φx 有真者"，則必此 x 之一或多數值爲處處真也。謂 x 之存在必有若 φx 者，實乃直譯所謂 (∃x)·φx 之辭義也。故數學邏輯論者兩皆取作原本觀念之表徵，是進而取作基本標辭之"否定辭"論亦無不適也。質言之，處處真與有處真之負辭可定矣。

凡標辭之負者，曾知以"－p"或"∽p"表明，是處處真之負辭必表爲：

(∃x)·－φx 或 (∃x)·∽φx.

故定負定辭之義如：
$$-\{(x)\cdot\varphi x\}\cdot=\cdot(\exists x)\cdot-\varphi x,$$
$$-\{(\exists x)\cdot-\varphi x\}\cdot=\cdot(x)\cdot-\varphi x.$$
通常邏輯形式，視全稱肯定之負如特稱否定；視特稱肯定之負如全稱否定。是此類標辭之負稱本義，異於基本標辭之負辭所示矣。

由前理推證選言之離衍辭"或 p 真或 φx 處處真"之定義，亦屬易易。如視"或 p 或 φx"，兩皆爲基本標辭，則在離衍辭間，兩如原本觀念之是；如果或 p 真或 φx 處處真，則必"p 或 φx 是處處真"。其式列如：
$$\{((x)\cdot\varphi x)\cup p\}=\{(x)\cdot\varphi x\cup p\}.$$
推而論之，得下列五式之定義（括弧原可以點記之，如遇大括弧則以兩點記之，吾人今茲所列有限，故仍以括弧用）：

1. $\{p\cup((x)\cdot\varphi x)\}=\{(x)\cdot p\cup\varphi x\}.$
2. $\{((\exists x)\cdot\varphi x)\cup p\}=\{(\exists x)\cdot\varphi x\cup p\}.$
3. $\{p\cup((\exists x)\cdot\varphi x)\}=\{(\exists x)\cdot p\cup\varphi x\}.$
4. $\{((x)\cdot\varphi x)\cup((\exists y)\cdot\varphi y)\}=\{(x)\cdot((\exists y)\cdot\varphi x\cup\varphi y)\}.$
5. $\{((\exists y)\cdot\psi y)\cup((x)\cdot\varphi x)\}=\{(x)\cdot((\exists y)\cdot\psi y\cup\varphi x)\}.$

末二式所表者，即所謂兩全稱離衍辭。讀者從是知連累關係及邏輯積與相等式之定義，悉如是引證，而標辭各級型之形式，亦無須重援負定辭與離衍辭之新原本觀念爲證也（參閱羅素、懷提海合著之《數學原理》大著第一三四頁及其後）。負定與離衍之兩邏輯因變，咸號兩義性；而對於級次層變型（Hiérachie des types）或稱"型次變型"間，則各具同然性。彼推證者視此不變之變爲同主率之級型標辭然有不可不辨者爲標辭本身（非一標辭因變之變項者）。所涉之"形變項"（Variable apparente）之問題是也。蓋基本標辭，絕無形變項涉入，從此拾級而上者，則不免有變項之真僞因變，載生無定；思想繁衍，演繹發展，此固然之理，故析論形變項，幟稱有義。

真理有形式與實質連累之異，而因變亦有形變與實變之別。某物因變項之可能值肯定或否定，抑因此變項無定之若干可能值所肯定或否定者，名此變項曰"形變項"。反之，如各類可能值必皆使標辭因變之真偽各有其實質連累之真者名曰"實變項"例如數學之：

$$\int_0^z f x d x$$

式中 x 爲形變，z 則爲實變。又如：

$$\int_0^1 x^m d x$$

x 爲形變，而 m 爲實變矣。形變者在習用標辭爲"凡有""若干"之字類。語言辭句，時未達思想之真，而形變必有，乃能充其形意之是。如謂"甲有死"，表明"甲有一時間將死"。一時間之變項即爲形變項。惟直接知覺判斷所具之標辭則無形變也。如曰"斯人也而有斯疾也""此謂知足""以是爲政"。諸辭之"斯""此""以是"直接表已知件者。若如"太白爲詩仙"之一辭，表若無形變項，而實則內含一形變也。彼斯語若爲太白自謂，是稱直知；"太白爲詩仙"無形變可言。然語既出諸後人，所知之太白迺傳授者，是弗同太白自知之太白，而爲表其人之有某某性質，謂之"唐人稱酒仙者"亦可。故凡"物有某某性質"之標辭，果由"吾人"代述，必屬形變者多。茲更舉例以明形變與實變之真。設有 a、b、c、d 之實數，如 a 大於 b，與 c 大於 d，則有連累之：

$$\{(a>b)\ (c>d)\} \supset \{(ac+bd) > (ad+bc)\}.$$

此 a、b、c、d 既皆爲變數，則對各變數可能值宜有其形式之連累。若使 a 等 c 等二，b 等 d 等一，則得二大於一，與夫二大於一連累而爲五大於四；是謂實質真之連累式也。因假定（Hypothése）真而正定（Thése）亦與之俱真。復次使 a 等 c 等一，b 等 d 等二，則得一大於二，與夫一大於二而連累於五大於四。此亦實質變項之連累式也。假定者雖偽，而正定則仍不失其真。再次使 a 等 d 等一，b 等 c 等二，則得一大於二與二大於一，連累而爲四大於五。此則正定偽而假定亦有其偽。是偽偽亦稱實變。惟假定真而正定偽者（與第二證相反者），則不能謂之實變項矣。是知形式連累，迺本實質連累之性質而申證者也。彼標辭不具形變項，標辭因變之值亦無形變者，實即爲攝形變項之標辭所本者也。例因變式 $\hat{\varphi}x$ 爲標辭"$\hat{\varphi}x$ 處處真"之原因是也。因變中之實變連累性，於標辭間則轉其變項之實而爲形。此之一轉，決非偶然或單換之易，必也有一定級型，依層轉項，次第入無形變之因變值。如"$\hat{\varphi}x$ 所可能之值"非偶然或任意者，因有矛盾無義之可能，故必依型次以實 $\hat{\varphi}x$ 值。所謂完成演繹之功，正視能否"分"因變與標辭差異之型次爲定。

級型原無定斷，絕對劃別，尤屬不易。然則如何分因變與標辭之義？曰惟就抽象者指設"型次變型"之如何可能耳。試自基本標辭始（即各辭之名詞項皆表個體者），組成第一級型；隨即注意以個體爲主率之因變式，以之視爲基本標辭之"母型"（Matrice）。（參看下面附註之說明。）是爲第一級之母型。次將此母型之首級個體轉若干項爲形變項，則得第一級之因變式。此級因變，惟限個體性質而無它變項雜陳其間。如再將所有變項（主率）轉而爲形變項，則得第一級之標辭。例如由母型之 φ (x, y) 引得第一級因變之 (x)・φ (x, y) 與第一級標辭之 (x, y)・φ (x, y) 而 φ (x, y) 值之母型因變，必申而有：

(y)・φ (x, y) 爲 x 之一因變式；

(x)・φ (x, y) 爲 y 之一因變式。

始知第一標辭所表者爲"φ (x, y) 對 x 與 y 之所有可能值爲真"。故第一級標辭所攝爲形變項而非實變之轉也。是標辭與因變之可能值，必自母型轉變之形變主率得之也明矣。而吾人之必自母型以析標辭與因變之級型亦無疑焉。

附註：按前述之：

(x)・φx, ψ x……（∃x)・φx, ψ x……

在括弧内之部分，稱爲"公型"（Préfixe），後之 φx、ψx 等待然性稱"母型"（matrice）。第一級母型所表者，必其值有下列形式之一：

φx, ψ (x, y), χ (x, y, z)……

無論主率數目多寡皆屬個體。自因變之 ψx……起，可得 x 之其它因變式如：

$$(y) \cdot \psi(x, y), (\exists x) \cdot \psi(x, y),$$
$$(\exists z) \cdot \chi(x, y, z), (y) : (\exists z) \cdot \chi(x, y, z) \cdots\cdots$$

此類因變與前者同，無豫設個體以外之全稱集合性，且皆爲 x 之因變初級性也。

茲更就"第一級之任何無定標辭因變"（N'importe quelle fonction du premier order）言之。按是類因變徵號象爲：

$$\varphi!\hat{x}.$$

原式中之嘆詞號，係稱 φ 之性質爲表詞性或屬性者（Prédicative）。全式標辭含一"無定值"之：

$$\varphi!x.$$

表明無定因變之任何值，只攝個體變項。但 $\varphi!X$ 自身則含有：

$$\varphi!\hat{z} \text{ 與 } x$$

之二值因變。質言之，即 $\Phi!\hat{z}$ 攝一非個體之 $\varphi!\hat{z}$ 爲變項矣。由是知：

$$(x) \cdot \varphi!x.$$

迺含 $\varphi!\hat{z}$ 變項之因變式，亦攝非個體之一變項也。設有 a 爲一已知個體，則有式"$\varphi!x$ 連累 $\varphi!a$ 與 φ 之凡值皆能"爲 x 之一因變式，而非 $\varphi!x$ 之式也。此無它，蓋 $\varphi!x$ 包一非個體之形變 φ 故耳。若以 $x!\hat{z}$ 之第一級無定因變名唯表詞性，則前式能讀曰"x 之所有屬性皆 a 之屬性也"。然此種肯斷，顧 x 之所可者，蓋就特義言，非以一表詞歸諸 x 耳。

彼 $\varphi!\hat{z}$ 之變項生，斯新母型亦與之俱生。厥故因其值之一者有 $\varphi!x$ 爲 $\varphi!\hat{z}$ 與 x 兩實變項之因變式而無涉形變項者，故必爲母型也。但因有一非個體項之 $\varphi!\hat{z}$ 在，故此型又不稱第一級而必爲第二級之母型焉。其型歸之如次：

$$f(\varphi!\hat{z}), g(\varphi!\hat{z}, \psi!\hat{z}), F(\varphi!\hat{z}, x) \cdots\cdots$$

按此母型所有，皆非形變項，乃以第一級因變與個體爲主率者。此類母型若有屬一變項以上者則其主率中除一不計外，餘轉換爲形變項，即得一變項之新因變，如下列因變之：

$(\varphi) \cdot g(\varphi!\hat{z}\psi!\hat{z})$ 爲 $\psi!\hat{z}$ 之一因變；

$(x) \cdot F(\hat{\varphi}!\hat{z}, x)$ 爲 $\varphi!\hat{z}$ 之一因變；

$(\varphi) \cdot F(\hat{\varphi}!\hat{z}, x)$ 爲 x 之一因變。

由是知母型之稱第二級者，必其各主率皆爲第一級之因變，且惟限於此因變與夫個體所是者。——但無須必爲主率間之個體也——若因變之稱第二級者，必其爲第二級之母型，或由此型引申轉換變項（主率）之若干爲形變項。故第二級因變之主率，（變項）或爲個體，或爲第一級之因變俱無不可。同理將主率盡轉爲形變項，則獲第二級之標辭矣。

因變之第二級，有三類可能式：

（甲）只攝第一級因變之惟一主率者，其式如：

$$f!(\hat{\varphi}!\hat{z}).$$

其無定值則表爲：

$$f!(\varphi!\hat{z}).$$

依前述 $\varphi!x$ 式此無定值之因變必包 $f!(\hat{\varphi}!\hat{z})$ 與 $\varphi!\hat{z}$ 兩值，其可能值中必具不變之 a 如 $\varphi!a$ 及

$$(x) \cdot \varphi!X, (\exists x) \cdot \varphi!x \cdots\cdots$$

各值對 f 言使之有一定值，對 φ 言則仍趨於無定。凡此類因變名曰"第一級因變之屬因變"。

（乙）一主率攝第一級因變而又爲個體之二主率者。其無定值徵之列爲：

$$f!(\varphi!\hat{z}, x).$$

如式中 x 爲定值，則有 $\varphi!\hat{z}$ 之屬因變，如式中不攝第一級因變爲形變項者，則 x 之屬因變，得與 $\varphi!\hat{z}$ 以一值；反之，如包第一級形變項，則 $\varphi!\hat{z}$ 之一值所示，必得 x 之第二級因變。

（丙）攝第二級因變之個體者，按此類因變，殆如前乙項之因變項，轉而視 φ 爲形變項之引申式耳。故無新徵號可表。從此增進二級因變之有兩一級因變也可，或因變外復益以一個體亦無不可。

既知第二級母型之有也，斯第三級亦易爲同理之推焉。質言之，依 $f!\varphi!z$ 式增設即得。夫此類因變，以第二級爲主率，而無第一與第二因變

之形變項，亦無其個體以外之主率。故有無定次級之可能（但非無窮者）。如變項之高次爲 n 次（無論主率或形變項）之因變，則其所涉將爲 n 加一次。但此級數不能有集合論之 ω 次因變，因爲一因變式中主率與形變項之數應屬有限；故因變式亦宜爲有限次也。因變之級既爲遞次所限，斯"界限之界"具，而無窮級不得有也。

曰因變之一元變項爲屬性者，必此因變之級次大於主率之級而小於其對此主率所應有之級。曰一因變具多數主率其所涉主率之因變，使其最高次爲 n 者，則 n 加一次時必爲屬性因變。換言之，其所是之級次小於"所有"之主率。曰具多數主率之一因變式稱爲屬性者，必各主率有能於吾人指其爲它因變之一值時，可得一無定主率之屬性因變也。

明乎此則知前云級型因變，亦能自屬性因變與形變項之方法求得。例如一 x 個體之第二級因變有如：

$$\varphi \cdot f!\ (\varphi!\hat{z} \cdot x) \text{ 或 } (\exists \varphi) \cdot f!\ (\varphi!\hat{z}, x) \text{ 或 } (\varphi, \psi)\ f!\ (\varphi!\hat{z}, \psi!\hat{z}, x).$$

式中 f 即第二級之屬性因變也。若自 n 次級之一屬性因變起，將 n 負一次級之主率易爲形變項，而其它主率亦皆可易者，則得 n 次級之非屬性因變。故吾人無須於屬性因變外別引因變之變項也。且既得一 x 變項之任何一因變，即無須求兩變項之各屬性因變。蓋

$$(\varphi) \cdot f!\ (\varphi!\hat{z}, \varphi!\hat{z}_1 x)$$

之因變爲有 $\varphi!\hat{z}$ 與 x 之一因變，（式中 f 爲已知）且爲屬性者；故其形屬：

$$F!\ (\varphi!\hat{z}, x).$$

而： $$(\varphi, \psi)\ f!\ (\varphi!\hat{z}, \psi!\hat{z}, x)$$

則屬： $$(\varphi) \cdot F!\ (\varphi!\hat{z}, x)$$

之因變。若據此推而之屬變型，則高次屬性因變之非屬性主率所有塙定因變亦必可知。如曰 $\varphi!\hat{u}$ 爲一高次屬性因變，其 x 主率所定之非屬性因變不外下列二式之一：

$$(\varphi) \cdot F!\ (\varphi!\hat{u}, x),\ (\exists \varphi) \cdot F!\ (\varphi!\hat{u}, x).$$

此處 F 即爲 $\varphi!\hat{u}$ 與 x 之屬性因變。

總而言之，因變本誼，原攝諸所可之完全值；質言之，舍主率可能之一切集合意義也。一因變之各主率，或爲因變，或稱標辭，抑或爲個體，則未之能定焉。吾人試將因變主率屬標辭者暫置勿論，取其屬"個體"性者觀之，必知此因變豫設個體集合式，而不能攝一形式項之因變在也，不然，將不識因變之總和性矣。果既具形變項之因變，則其總和必爲無定者，其個體主率之因變亦必不能定。故宜首立以個體爲主率而不攝形變項之因變性之因變總和，使之成爲個體屬性因變也。概而言之，一主率變項之屬性因變，只包主率可能值，及可能之主率間任何一值所設之總和率。是此因變，必有其定率肯斷；但除主率變項所需外，不能重累新變項以雜其變性範圍也。

關於"標辭"問題，迺同理之推衍。

凡標辭非因變亦無形變項者，曰"基本標辭"（Propositions élémentaires）凡非因變亦無形變項而獨具個體者曰"第一級標辭"（Propositions du Premierr odre）。凡"變項"（Variable）惟有"形變"者可入標辭，若有"實變"者則稱因變式而非標辭矣。基本標辭與第一級標辭皆第一級因變之值，而一因變則不能爲其值之一元。如因變之"x 爲人"不能視爲"孔子爲人"之一元也。故基本與第一級之兩類辭俱無豫設個體總和以外之和也。其形不外：

$$\varphi!a; \quad (x)\cdot\varphi!x; \quad (\exists x)\cdot\varphi!x.$$

三者之一。此處 $\varphi!x$ 爲個體一屬性因變，如以 p 表基本或第一級之標辭，則 fp 因變之項，必爲下列三者之一：

$$f(\varphi!a); \quad f\{(x)\cdot\varphi!x\}; \quad f\{(\exists x)\cdot\varphi!x\}.$$

是知一基本或第一級標辭之因變，終必入第一級因變之一因變也。故曰一標辭之詞句攝第一級各標辭之總和者，此標辭必能引爲包攝第一級各因變總和之詞句也。若推之高次，亦無不然。謂標辭級型爲因變級型之推引者亦正在是。而視 n 次級之標辭爲含因變級型中 n 負一次之形變項之標辭者，亦趣洽斯旨。顧此類級型標辭，實屬無用；然若以之消去矛盾，則又轉爲必要之解析焉。

數學邏輯者，用屬性因變，探無定之屬性標辭，復及非屬性因變之形相，力闡無定屬性之標辭性，確示定而無定，然而不然之理，闢數學歸納新徑，釋循環演繹謬證，檢論實事，厥功甚偉。昔邏輯辯證者，徒事普通標辭之設，而不計數學因變範圍之限，明暗性分，尤忘級型關係之無與於已知某主率所眞之"凡有"性也。如言"a 之所有性"（類分）之一辭，邏輯言之，實有不當。蓋"a 主率所有可眞之凡因變"皆在原辭內蘊中。就級型論言之，必析而正曰"a 之所有屬性性質"，"a 之第二級所有性質"等等。然時有判斷表爲"a 之 n 次級所有性質"者，姑無論 n 爲何屬，視之爲"a 之所有性"之判斷，非不當也。其故因此乃判斷之多次，非若一主率之判斷比也。多次者能於所有性質外，定 a 之一新性質，由一以及它，類推待然，系立兩可，使眞理釋諸不限之級，而爲不限之限，不變之型。吾人於單純判斷，若無力析其所攝之差異兩可性，則忘差異級次之重大而反墜入矛盾之可能。果級次有分，遁辭必解；若混命辭與所設爲一，則是合兩標辭因變爲一判斷，安見眞理在哉。故欲使"a 之所有性質"或"凡因變 a 之所有"爲多數推衍之證明，而又斟重大錯誤可慮，羅素設一法創曰"變通公理"（Axiome de Réduetibilité）之用。據此公理推，凡"x 之所有性質"能導任何級次之標辭因變於第一級屬性因變。換言之，肯定 ψx 任何級次因變之 x 所有值時，亦正肯定"x 屬於某類之固有"。是即謂 ψx 因變終有一相當之屬性因變通之也。如云：

"拿破崙具大將之所有性"；

標辭重在有定件，——大將——此件之屬性，對所言各性之公有者無定。其義蓋謂"某 x 之屬性（爲大將）連於無定之屬性，拿破崙終有此屬性之無定者在"。是知"各屬性之有此無定屬性者惟有 a（拿破崙）之一性質，但此決非 a 之屬性"，何也？無定之屬性，邏輯上不直屬拿破崙而爲其性質之公有表格；事實上某某件與其屬性之分爲相對者；如普通標辭之"有多少 x 皆具大將之屬性"，此判斷之辭，實亦通於拿破崙。試以徵號述之，益爲明確。謂"拿破崙具大將之所有性"，即有一形變項在，設

f（φ!ẑ）對"φ!ẑ爲大將所有之一屬性"，則標辭列爲：

$$φ ∶ f（φ!ẑ）·⊃·φ!（拿破崙）$$

因此式注意屬性之總和，故不得視爲拿破崙之一屬性。是類屬性所表性質高於拿破崙，而攝所有具此性之各體焉。變通公理者即證明如斯之一屬性爲處處存在。果一物之任何性適於各物之集體性，則有一可知屬性必適於此集合體也。

按變通公理爲類分存在之"簡證原理"。若以恒等或齊一觀念實證之，尤爲清晰易解。羅素認爲與賴本尼支不可析之恒等性原理，説頗相似。如云 x 與 y 兩兩相當，果 φx 真則 φy 亦俱真，此不證之知也。但依"φ 之所有値"言，不能謂"φx 連累 φy，故 x 與 y 皆相當"；因"φ 之所有値"一辭，不能對之承認。如必言"φ 之所有値"，則惟限於塵有一次級之因變始可。即推諸二級或其它任何級，皆限以一次爲止。故恒等之級，限於各次，而有其程序之言，曰"x 之凡有屬性逮於 y"也可，曰"x 之第二次所有性逮於 y"也亦可，由是衍之，無不適真。凡肯定之一必連逮其前有之存在，此種存在證明，必有一公理爲之助其合理，否則級次無關，即知 x 與 y 之相當，將亦不識其有無同類屬性。羅素定此類恒等性之定義爲：

$$x=y·=·(φ)∶φ!x·⊃·φ!y.$$

如屬性因變在 x 能合者，y 亦能合之，則 x 與 y 堪稱相當。若無變通公理之機緣，所謂恒等性將永淪於不可限性，且勢必認兩物之屬性俱合者，不能有相等在也。如此判斷，常識不許，此變通公理之所以必要也。若自純數學思維推論之，則此必要之程度更爲可觀也。

第五章　類分適用論

前章論標辭因變時，曾知處處真與有處真之兩大重要觀念。質言之，詳釋習語之"凡有"與"能有"，或"一切"及"一些"諸詞應用。今更爲語言文法之辯證，索常識與舊形式邏輯所弗解之"叙述"與"類分"（Les descriptions et les classes）詞，別"此"之"單""複"關係，析"類"之"内""外"範存。此羅素派邏輯數論之基本觀念問題發端，亦即哲學認識新鬭理論證明之方法也。茲先究判斷之文法主詞所在之叙述語，試求其邏輯價值所示之"某某"性質，如何別其"彼此"之"專定"與"泛稱"諸差德。

創"叙述語"之研究者，析叙述爲專定式之"此某某"（le tel）與泛稱式之"一某某"（un tel）兩大類。前者表有定，（défini）後者示無定（indéfini）與疑而不審之詞。言無定之叙述曰："吾遇一某"，標辭形構，必有一概念誼在也。否則，無定之義，將失諸無謂無意；而標辭亦幾於一無存在之有。雖形具判斷，實如曰"吾遇一魔"。義之所在，襲名無證。叙述以詞，難乎獲實也。

今校二辭如此，曰："吾遇趙生"，曰："吾遇一人"；兩標辭形顧相似，而實則差甚。前爲單稱，可真可僞；後爲標辭因變，釋之宜如"吾遇 x 而 x 爲人"。若以"吾與一魔"譯此形式，亦得"吾遇 x 而 x 爲一魔"。然此雖具因變之形，實乏義理之真。其説當辨述如次。

按標辭分析中，不能假定虛構或幻象之事物；如"一魔""烏有先生"類之實在或不實在，不得立於判斷辭内。彼虛構之實有，僅在創此意像思想者心目中爲真，而虛構之本身，絕非實在。故除主思者所孕育之意見外，幻想事件一無存在。其得虛構之條件，乃藉真實可能值之標辭因變式，以幟相反之僞形耳。如前命辭謂"吾遇 x 而 x 爲人"；此 x 有吾所遇者固能爲非人；若真非人，則"肯定"斷於不實。但如此肯定，雖有睽疑，而亦可告爲真，且能有事實在。若 x 虛指一魔之標辭因變，則 x 值以任何代替皆屬虛僞。蓋因魔之爲物，世無形體，無論叙述之專定抑泛稱，皆非是也。

斯義既釋，則凡辭宜推。若引而納用前述因變，將益廣衍可鑑。如以象徵 φ 表某物彼此之性，以 ψ 表吾所遇之性質，而以實在對不實在；則有"肯定一物"有 φ 性具 ψ 性者，即斷定 φ 與 ψ 之聯立式爲"非處處偽"之能矣。

茲再論"此"之單性敘述。前謂"一某某"能用代"此一某某"之專定式而無須界説。若論"此一某某"之標辭，則有界説必要。如云：孔子是一人，孟子是一人，墨子是一人，固無不可也。然反之以"一人"之誼同於孔子，又同於孟子，復同於墨子，則必不可。蓋孔、孟、墨三名各自固有，其誼絶不相渾。果欲如是立界説，必先盡世界人類而一數之，然後此之"一人"各有其實體在。惜乎人既無斯用，亦無庸是數。且世界事物固繁，而確定之"一人"決無反諸人或此一人之他人；換言之，無一非一人之人。故曰"一人"本身無界説，其標辭則有諸。

顧就"此一某某"之標辭論之。例曰"黄宗羲爲宋元學案著者"。標辭中有一名詞——黄宗羲——立名字意義之外而爲個體意義之記號表現；更有一叙述詞——宋元學案著者——合多數文字，確定意義。若以恒等律言，兩詞弗有一致更代；曰"黄宗羲爲黄宗羲"也可，同理曰"宋元學案著者爲宋元學案著者"則不可。蓋標辭之"此某某爲此某某"非處處真故也。譬謂"今之法王爲今之法王"，正此一某某之叙述語；然句中所述，毫未及真，今日法國並無王在也。如是解釋，知處處真之恒等律，非一本推衍，永無疑難者也。若標辭因變不言名詞而言叙述式，則所述之中，凡有不及名詞之"此某某"者即無存在；質言之，非標辭因變之真值故惟偽可稱也。

準是説焉，"此一某某"異"一某某"者爲有獨一之專指，既不得謂"此一位中國學生"，亦不能謂"此一人今之漢王"。前者偽在中國學生非"獨一"而亦非"專指"；後者偽在專指之不存在。此一某某有一某某之標辭叙述，且必"此某某唯一也"。唯一之於叙述語，固有不同形式者，然必居兩標辭因變之變項間，其真偽值亦必隨層變型之條件，始有邏輯意義（按個體之一，區分極重，參考商務印書館拙著《邏輯與數學邏輯論》二〇六頁後各節）。試以徵號語言概括敘述之通式"此 x 適 φx"列之如：

$$(\iota x)(\varphi x).$$

其邏輯意義，包下式所具定義：

$$[(\imath x)(\varphi x)] \cdot \psi(\imath x)(\varphi x) \cdot = : (\exists b) : \varphi x \equiv_x \cdot x = b : \psi b.$$

一般敘述語皆不出"此 x 適 φx"式，而其義理亦不外此定義之所攝（參看《數學原理導言》第七十頁及第一百八十一頁各式（第一版））。

前式理論，適用於類分演算而亦允洽乎關係演算式。吾人詳考敘述辭句，各類分悉有"不及物"（Ne correspondent pas à des choses）之通義，是所謂"不全象徵"（Symboles incompletes）之存在。蓋標辭判斷之多元物類，非限"一實"之有，而象徵形式，本身又屬無義，但用之者則必藉此不全象徵以冀得其全。然則如之何其冀得耶？曰以變通公理爲法焉可也。明言之，自任何級次型之標辭因變演算中代以相當之一次屬性因變，然後消去多型級次之複變式，即得之矣。茲申類分習用演算以證是說。

類分觀念建於"外範"（Extension）觀念之有。凡外範本身皆非事物。故欲界定"範存"或名"外存"（Exsistence de l'extension）之誼，實不可能。其有可證者，惟在外範之演算或其因變之認識耳。邏輯家認兩因變具同一外範者必歸形式相當，即認其對 x 所有值爲等價之謂也。一因變之因變名外範者，則其真值如爲任何主率時，對其形式相當之主率不變。設有 $\hat{\psi z}$ 形式相當於 $\hat{\varphi z}$ 果 $f(\hat{\varphi z})$ 相當於 $f(\hat{\psi z})$ 則 $f(\hat{\varphi z})$ 爲 $\hat{\varphi z}$ 之一外範因變。但此定義中之 $\hat{\varphi z}$ 與 $\hat{\psi z}$ 皆形變項，故必限爲一型，強視爲屬性因變，如 $\psi!\hat{z}$ 形式相當於 $\varphi!\hat{z}$ 則 $f(\varphi!\hat{z})$ 爲一外範因變也。

反之，如兩因變代用時，產生一真值之改變，則所謂因變之因變，必俟因變主率之特殊形式爲定。如是者謂之"内存"（Intension）。例如"x 是一人連累 x 有死"爲 x 是一人之外範因變，厥故因"x 是一人"代以任何因變皆屬形式相當。如云"x 是一兩足無羽毛者"真值不變；反之，如謂"甲以爲 x 是一人連累 x 有死"，則爲一内存者。蓋"甲以爲 x 是一兩足無羽毛連及 x 有死"之標辭因變得爲僞故也。甲既可不注意所謂兩足無羽毛者是否有死，亦可誤信兩足無羽毛者爲不死。至於"x 是一人"其形相當於"x 是一兩足無羽毛者"，此時無人思及凡人有死者必因而信"凡兩足無羽毛者有死"。無思及兩足無羽毛之必要，且亦無假定兩足無羽毛者皆非人之必要。推而證之，有標辭謂"主率數之合於 $\varphi!\hat{z}$ 因變者爲 n"，乃 $\varphi!\hat{z}$ 之外範因變；其故以任何因變代 $\varphi!\hat{z}$ 而真僞性不變，即 $\varphi!\hat{z}$ 真則與之真，僞亦與之俱僞。然標辭之"甲肯定主率數之合於 $\varphi!\hat{z}$ 因變者爲 n"，則爲 $\varphi!\hat{z}$ 之一內存因變；其故以甲肯定 $\varphi!\hat{z}$ 之此性而不能及所有相當於 $\varphi!\hat{z}$ 之屬性因變肯定。人生有涯，變之性無涯也。復自標辭之"世界有兩大民族同時創見三角數"觀之，原標辭有"兩主率合於：x 爲世界一民族同時創見三角數"。如以兩主率之一或二別成一辭，代入"x 爲世界一民族同時創見三角數"之標辭，則值之真抑僞必不變。故曰此一辭爲外範因變。再以標辭之"此一意外偶合，世界竟有兩大民族同時創見三角數"觀之，則表爲"此一意外偶合，世界竟有兩主率合於因變之 x 爲一民族創見三角數"；此則不相當於"此一意外偶合，世界竟有兩主率合於因變之 x 爲中國或埃及"。故"此一意外偶合謂 $\varphi!\hat{z}$ 有兩主率能合"爲一內存因變也。外範因變之因變乃數學之邏輯本性，內存因變之因變，則爲數學所忽視者也。

兩因變之形式相當者名"同次"外範，一因變之外範因變，迺藉外範主率以定真僞之因變也。是故視肯定辭爲外範之關係辭，實無不當。論外範因變，既繁且重，故宜以類分（一物）作解，而假定爲形式相當之因變所關各肯定相當之主格。例云"有十二律焉"。對此肯定視如"律"之一集合性爲十二。凡爲"律"者以因變"$\hat{x}$ 爲一律"之十二主率洽合其性。此誼即本兩因變有"同次因變"相等之說而來者也。試取若干單簡問題如"n 件物中有幾何可能配合"之類比證之。則吾人首要之象爲每件"配合"，乃一單簡對象之個位。

一因變之外範因變得視爲主率因變有定類分之因變；而內在因變則不能以同理推出。今欲分別此兩因變，羅素更進創屬性因變之任何因變有一引申外範因變說，認此因變所賦性質祇須引申者屬於外範，則必相當於從出之因變。如有因變式爲 f($\psi!\hat{z}$) 其引申因變形式將界定於"有一屬性因變與 $\varphi\hat{z}$ 爲形式相當，且合於 f 性質"之辭。果 $\varphi\hat{z}$ 爲一屬性因變，彼引申者必居實在，而每次 f（φẑ）亦均實在。若 f（φẑ）爲一外範因變，且有屬性因變 φẑ 在者，則必視 f 性質眞否，以斷引申之眞僞。蓋此時引申者相當於 f（φẑ）故耳。此 f 性質如非外範，而 φẑ 復爲一屬性因變者，則引申者於基本因變僞時，亦得可眞之處。總之無論如何，引申終屬外範，且必以屬性因變爲其級型。倘引申因變僞而 f 性質爲外範者，則依變通公理檢證之，其結果必獲屬性因變 ψ!ẑ "形式相當" φẑ 之値也。

今欲使引申因變對 φẑ 之任何次主率皆通於一型者爲合理，必 φ!ẑ 任何屬性因變式之 f（ψ!ẑ）爲有義；此先決之必要條件也。蓋 φẑ 主率必要件爲假定其形式相當於任何屬性因變式之 ψ!ẑ，若本諸級型論言，形式相當之系統兩可性與眞僞觀念之待然性爲同類，故形式肯定之兩因變，即各具級次之差，復有同型之率，爲因變之有定類分也。如原因變爲 f（ψ!ẑ）其引申式爲：

$$f\{\hat{z}(\varphi z)\}.$$

此 ẑ（φz）即 "主率合於 φz 之類分"，簡讀爲 "由 φẑ 所定之類分"。從是知前引申式之義爲 "有一屬性因變 ψ!ẑ 其形式相當於 φẑ，且其 f（ψ!ẑ）亦爲眞實"。若依徵號記之，則如：

$$f\{\hat{z}(\varphi z)\} \cdot = : (\exists \psi) : \varphi x \cdot \equiv_x \cdot \psi!x : f(\psi!\hat{z}). \quad \text{Df.（定義）}$$

藉變通公理之便（因其塙定於 φẑ 因變中者能達相當之屬性因變 ψ!ẑ 故也），吾人得知外範因變之因變由此定義隨入屬性之型。所謂 ẑ（φz）之一式直膺類分之一切形式性矣。故兩形式相當之因變，僉定同一類分之式也。而此類兩因變，亦必互有形式相當之値焉。謂 x 爲 ẑ（φx）之一元，即謂其由 φẑ 所定之類分。如 φx 眞則與之眞，僞亦與之俱僞。通常數學中習見之類分觀念，若以變通公理之假定爲用，斯一切可能悉在此徵號 ẑ（φz）之創意中。彼代數邏輯之建設，無往而非此類分演算之應用。

若同理應用於兩變項 x 與 y 之因變，則有標辭關係之連誼式出焉。何謂連誼？即（xy）對繫之類分，其因變所知者爲：ψ（xy）之眞値。

就此兩變項，訂次第之新約，則得類分定義之平行式，從而展開類分論理之型式。

$$f\{\hat{x}\hat{y}[\varphi(x,y)]\} \cdot = : \exists(\psi) : \varphi!(x,y) \cdot \equiv_{x,y} \cdot \psi!(x,y) : f\{\psi!(\hat{x},\hat{y})\} \cdot \text{Df.}$$

如 x 為 y 之父母或親屬，則 $\hat{x}\hat{y}[\psi(xy)]$ 為"父母之"或"親屬之"之義，以 $\varphi!(\hat{x}\hat{y})$ 為因變值之對置，以 $\hat{x}\hat{y}\varphi(x,y)$ 為由 $\varphi(xy)$ 所定之外範關係，故得前定義式。若 $f\{\psi!(\hat{x}\hat{y})\}$ 非 ψ 之外範因變，則知 $f\{\hat{x},\hat{y}\varphi(x,y)\}$ 亦非 φ 之外範因變。此正同類分情形相似，推演之得式如：

$$\hat{x},\hat{y}\varphi(x,y) = \hat{x},\hat{y}\psi(x,y) \cdot = : \varphi(x,y) \equiv_{x,y} \cdot \psi(x,y).$$

即證連誼乃由外範因變而定也。反之，外範因變亦必有其連誼之確證在焉。

類分與連誼，羅素派以同一基本觀念界說之，其法如下列相類之二式：

$$\text{Cls} = \hat{\alpha}(\exists\varphi) \cdot \alpha = \hat{z}(\varphi!z). \text{ Df.}$$

$$\text{Rel} = \hat{R}\{(\exists\varphi) \cdot R = \hat{x},\hat{y}\varphi!(x,y)\}. \text{ Df.}$$

類分代數式與連誼代數式迺同原之互存式。均依層變型與變通公理導入標辭因變之解釋。然此類研究，仍屬普通邏輯範圍，必要求其對數學思想之特殊形式，藉明數學邏輯之科學最後改造，是在連誼論之新演算。

第六章　連誼象數論

舊習邏輯對判斷研究，頗著問題解答之功，而於連誼之關係問題，亦納諸範疇形式。雖曰原則衍於無疵，惜其篋限標辭一義，徒識主表兩格之部分關係耳。十九世紀末，班斯（Peirce）石扣德（Schröder）諸家，發現連誼（Relation）真值，創演算之邏輯形式。羅素繼起，促連誼演算完成。玫其真義，直入算學數之"序數"觀念。析數論之不解，立因變之新敍述式焉。謂爲邏輯創論，實當而無疑。茲略舉其要以證於后。

物於天地間必有"與立"，人於家庭中必有"親屬"，此謂與立親屬即連誼之關係存在也。曰宇宙萬有，皆一關係表現；層累曲折，無非關係轉換。數之"比"，量之"衡"，形之"規矩"，質之"類分"，無一非連誼所生；及而人情世態，是非善惡，個人之於社會，戰爭之於生存，又何所逃於關係之數。學者以 R 象關係，吾申其象以徵於無違之算。曰連誼者，無誼不連，無詞不達，或雙或複，或聯或齊，屬之者可也，反之者亦可也。R 永象，惟辭之異。如 R 爲"子屬"（filialité）之連誼性，合 x 與 y 之二元爲：

$$xRy$$

則 x 表子輩之集合，名連誼之前圍；y 表父輩之集合，名連誼之後圍；總集合兩誼，構關係之"場圍"（Champ）。

子屬之 R 所表 x 與 y 之關係，爲不可錯置之連誼性。若欲使兩項換位，則須別假 P 爲"父屬"之連誼象，迺得表爲：

$$yPx$$

形式，讀曰 y 爲 x 之父也。即此簡述，知連誼例凡不一，而"定則"終不外關係之性質與數量二形耳。以性質言，有"對稱"（Symétrie）之"甲爲乙，乙爲丙"，如相等性；無對稱之"甲大於乙，乙小於甲"，如不等性；類分同聯性之"甲類同聯於乙類"，如轉換性；與屬聯性之"某某屬聯於甲類"，如非轉換性是也（參閱前第二章丙節）。以數量言，有"多數前件只一後件"，或"一前件具多數後件"，及"一前件一後件"之三類。茲探此象數連誼精說，以釋各類真義之本。

學者謂連誼之溥汎觀念，僉數學基本之敍述因變（fonction descriptive）所引申者，對所謂標辭因變，宜有特要之分。蓋標辭因變，爲一完全標辭之無定式，而敍述因變，則歸諸標辭組織之無定式也。徵其象則爲"x 項有 R 連誼於 y"；依嚴正方式記之：

$$R'y = (\gamma x)(xRy). \qquad \text{Df.}$$

式中 R'y 讀爲"R 之 y"，如標辭因變之 fy 故得列：

$$f(R\text{'}y)\bullet = \bullet f\{(\imath x)(xRy)\}. \qquad \text{Df.}$$

此即數學之 x3sinx，logx，fx 類是也。如是象徵，記號本身，決無所定，而所用以爲界説或限定者厥爲標辭之表現耳。所謂"不全象徵"，亦在於斯。通常釋"R 之 y"之邏輯演算時，直用（$\imath$x）（φx）之不全象徵號代之，其理在是。

準前式推 R 前後件，或左右形，或反換置，可獲"級數"真詣。同時對多元叙述因變之定義，亦可獲一界説如次：

$$R\text{"}\beta = \hat{x}\{(\exists y)\bullet y\varepsilon\beta\bullet xRy\}. \qquad \text{Df.}$$

原式表明"各項多元性對一已知類分之各元有 R 之連誼"。式中 R "β 意爲各項有 R 連誼於 β 之各屬者也。如 β 表"大人"之類，R 爲子對父之關係，則前 R "β 爲"大人之子"。其義深藏兩類分各邊之關係的連誼性。如戡托派（Cantorien）基數定義，悉如斯衍。若就 β 極限下之若干集合數言，此連誼性對實在數之理論亦稱妥適。

羅素派數之邏輯認識，更自連誼縱衍類分與連誼兩積之外範因變。其説將邏輯通稱敍述語者概括殆盡，據"數"言"類"之關係，復本"類"徵"數"之存在。試舉積與和之定義，以示其推"類"若"數"之説。

設有 K 類分之一類分，K 之積表明由 k 所有類分之各元形成之類分；如：

$$P\text{'}k = \hat{x}\{\alpha\varepsilon k, \supset \alpha\bullet x\varepsilon\alpha\}. \qquad \text{Df.}$$

式中 P 'k 表 k 之積，k 之真性祇限 α 與 β 兩元，依通常兩類分積之演算言必爲可求。而同理對 K 類分之一類分和以存在之"有者"定之，如：

$$S\text{'}k = \hat{x}\{(\exists\alpha)\bullet\alpha\varepsilon k\bullet x\varepsilon\alpha\}. \qquad \text{Df.}$$

如 x 屬於 K 類分和，則屬於 k 之和者有如算學基數所謂類分之類分和。

彼連誼之類分積 P 'λ 與和 S 'λ 亦爲同理界説。"數學原理"（Principia mathematica）首卷述之綦詳，吾於徵號方程，略而弗論，特譯象徵定義，重爲語言之解釋，俾瞭然此類思想對"數"與"類分"之根本意義。

按羅素直認純數學與邏輯毫無差異。謂數學爲邏輯之發展，顧若輩絕對承認者。因數學結構中所具基本觀念，不外邏輯常數名辭與方法。吾人必先去舊哲學所持之算學概念，援用新數學所採之邏輯定義。如伏黑基（Frege）與戡托諸家謂"數非若形容物性之物理表詞，如黃色之屬於黃金也"。數亦非純粹主觀而爲客體之歸憑，故決無可感知之對象，而尤異精神自由之創造。所謂數之定義，惟限邏輯界可能。羅素以數學爲敍述因變者，實賴斯說之真理表現。彼認數之可能，惟用於通稱或全稱辭項或敍述式中，如云"人，地球之衛星，金星之衛星"等類語言之表現是也。何也？如"一"之數無一非表通稱辭之單個性"一人"或其它之一，即以有定言，不外"一李白"。此一之存在爲示詩人中有一李白其人；所謂屬於類分之個體，實爲同類之基數所有也。再推是證，所謂通稱辭既"有一"物之數，亦將有"無一"物之數，如"零"之存在，乃"金星之衛星"之通稱辭所有性。蓋金星本無衛星也。準是言之，數也者，實一般通稱辭或溥通敍述辭之性質；若以之言物質物或精神心理之"事故"，則皆失之矣。

通稱辭屬尋常語言之應用，其所限者乃完全事物之類分或集合性。（Collection）且既謂通稱必各有其同一集合之適應。如通稱之"人、動物、政治"等等同屬"生存"之一類分；以生存言數，則數爲類分所有，決非通稱所示某某範圍也。故以類分釋通稱，似於無定中選取定數。即有列舉敍述辭者，如云"此一，彼一，……其它"諸義，亦爲通稱性組織之集合式，表明其所以"是此，是彼，……是其它"之類分；質言之，"單個性"實如"一集合"之有。若以列數觀念求集合，則不惟所舉者爲類分，且祇限於有窮類分。實際集合者非皆有可列之數，故不如視類分包有之性質爲基數單在之便。無窮類分之列數既不可能，是即應襲類分各元之共同與特殊通稱法而言敍述，始見敍述式之惟一可能（參看法譯羅素《哲學中之科學方法》第一六二頁）。由是知兩集合辭有同數者，必其間各元素之關係爲交互一致之相稱，或項與項爲一對一之連誼。如英國成婚男子數目吾人不之知也，然必知其與成婚女子相當，因其爲一夫一妻制。若中國者則有一對多之類，而多夫之制者則又有多對一之類。

至於柏拉圖理想國家制，則更多對多之有矣。所謂數之邏輯定義，就恒等言之，從而衍爲"一已知類分之各項數爲其各同類類分之類分"。算學所謂"一"之基數定義，乃因於是界說者也。其式如：

$$1 = \hat{\alpha} \{ (\exists x) \cdot \alpha = \iota \text{'} x \}. \qquad \text{Df.}$$

數之"一"爲單稱類分所有相似類分之類分。此單稱者非無，即非"零"之謂也。如有兩個體屬此類分，則必彼此相當。例以時間之分鐘言，此一分必等彼一分；而彼此之分鐘更可析爲秒，無論所析爲若干個體位，其各羣集合皆等於分鐘或等於"一時"，故此"一"之類分，依所分言，具集合之數性；依時間言，終爲一特稱類分也。是基數之存在，就內包論，迺各類分有此同數之公性者也。若就外延論，依類分集合揭示之亦無不可也。

既知夫"一"者類分之類分說也。然則"二"之數類又何歸焉？曰"二"者"對偶"之類分也。其式列如：

$$2 = \hat{\alpha} \{ (\exists x, y) \cdot x \neq y \cdot \alpha = \iota \text{'} x \cup \iota \text{'} y \}. \qquad \text{Df.}$$

式中 x 與 y 無級次之分，乃兩不等之和。從而三爲三元，四爲四元，各順其獨立之數以爲證。故以類分限數者其誼不及夫整數之自然秩序，惟有獨立表所含集合之因變數。如以"三"言，有"三時，三星，三農，三國等"集合可示三之數。然此數決無與"前位"之"二"，亦無關"後位"之"四"也。明乎是誼，斯知"零"之類分以"無有"爲其界說之故焉。零之定義，如：

$$0 = \iota \text{'} \Lambda. \qquad \text{Df.}$$

此類所示，揭 $\varphi(x)$ 標辭因變中，x 終處於僞也。

本各界說之義，知兩物之類分有同數者可證，而不同者如一較大亦爲可證。如以"十二律"證"八音"。兩類分元素經對稱列舉後，知類分之十二律，大於八音之類分元素。故以類分之類分言數，能於無窮觀念之外得數之意念。古初民之列數認識，悉據此法衍申，野人無小數之知，困純數之理，欲其瞭舉數四或五而不得也。然於大羣牲畜，則又數之昭昭，若有人於其千數百頭牛羊羣中竊取一二頭，則彼反知之甚易。蓋其類數相稱之一致觀念，使對數具體化，而有事實記憶故耳。

據類分之類分，界數之定義，爲說徒便"零"與"一"等類基數量可證。所謂數之"序數"觀念（Nombres ordinals）正連誼之存在，數學邏輯家寧有忽視之理耶？二十世紀初，班洛派即有序數基本標辭與觀念研究，然未獲溥汎數學之功，羅素派推而益進，完成全部數之邏輯定義。茲逐述如次。

班洛派視序數論如連整數（nombre consécutif）之觀念。換言之，以承續性定整數，以有窮數別無窮之謂也。按此派方法，取公律式之定義，先設不可界説之三大基本觀念爲"零""整數"及"繼數"。此三者各不相同，零爲一個體，整數爲一類分，繼數爲因變，由是組成五大基本標辭，或謂之公理：

(1) 零爲一整數；
(2) 零非任何數之繼數；
(3) 任何數之繼數爲一整數；
(4) 兩數不能有同一繼數；
(5) 設 S 爲一類分具零數者，如彼包整數 x 則必具 x 之繼數，而凡整數亦將如是具有焉。

謹按第五公理亦名完全歸納原理，（Principe d'induction complete）其説證明對一標辭可證之事實，必等於一類分所屬之事實，"如一標辭對零爲真，則其對 n 真時，對 n 加一亦真，即對凡有整數皆真也"。班洛認此五公理足證算學所有存在。吾人以有窮數論攷之，一無疑難。然就邏輯觀點推驗，則未免貽爲缺憾。蓋三大基本觀念所示，既鮮整數相隨之有定存，亦乏所定之單體個位性（unicité）。彼單位性之不明，則自三基本觀念將衍無窮異類數同適公理之條件。設以 1 代 0，不論數之級進如何，以任何數代之將亦無所見其不可者，是整數之起自 1 而非 0 矣。（即公理 2 之得證也。）若再以 0、2、4、6……之級進數言，0 爲習見之零而各項之整數爲"二"之連續相加，儼然零居實在之列矣。因公理（1）指爲"二"公理（3）指爲"四"，餘數悉於是推證。若更以 0 代 1，繼數代半數，則亦可證。總之班洛公理，於任何級串數之有限項數無不得由首項依次相及，因繁冗之方面得證，即不證者亦可瞭然。故於自然級進整數定義，未獲真肯之界說，質言之，乏邏輯簡明之用（參考羅素《數學哲學導言》第一章）。

欲解此自然級進之無窮不可析性，同時免去五公理無限差異存在與三基本觀念之無窮可能，宜將零、整數、繼數三誼界說定爲一致，使自然級進數亦歸於一致，其定義將如次之：

1°. "0 爲類分無有之基數"；

2°. "1 爲各類分單稱之基數"；

3°. 一數 n 之繼數爲 n 加一，即 n 與一之算學和（算學加法爲邏輯加法之因變）。

4°. N 表有限整數之類分，即此數具 0 而爲 S 類分，如具 n 則含 n 加一。

由是觀之，三大基本觀念悉遵邏輯名詞確定，而整數定義，亦從是轉爲邏輯常式之名目矣。所謂由算學入邏輯之連誼，無用新增假設，獨於"類分之類分"說，理直可解。

按謂"屬於 n 之性質必屬於 n 加一"之自然級進數，羅素名爲連級關係之數，其數性曰"遺襲性"（Hérédité）。若以類分言，爲"遺襲類"。遺襲性屬於零者爲歸納性；遺襲類之含零者爲歸納類。凡零之繼承數皆爲各歸納類之數。如有一數之繼數之關係爲 S，則任何數 n 對 n 加一有 S 關係，是 n 所具之性，n 加一亦具之，此具之之性，即藉"S 關係遺襲"而來者也。是謂 S 遺襲性。就 n 而言，謂之 S 後裔也可。且此 S 關係之連誼推諸任何 R 之連誼固無不合。羅素名此類 R 性爲"R 遺襲性"，其界說爲：

"有 x 項對 y 爲 R 連誼者，則 x 得具之性，y 亦同具之。"

此 x 乃對它項而有者，或它項對之而有 R 連誼之項也。若其所具之各"R 遺襲性"y 皆具之，則稱之爲 y 之"R 先宗"；若言 x 之"R 後裔"，則指其對之爲"R 先宗"之項也。如 R 爲父母之連誼，先宗後裔證之瞭然。以徵號定之如：

$$R_* = \hat{x}\hat{y}\ \{x\varepsilon C\ `R\ ∶\ \check{R}"\mu C\mu\ \cdot\ x\varepsilon\ \cdot\ \mu \supset \mu\ \cdot\ y\varepsilon\mu\}. \quad \text{Df.}$$

R_* 祖先或先宗之關係，與尋常 R 連誼性同。式中 μ 爲關於 R 之遺襲類。如果 μ 關於 R 連誼之後裔——$\check{R}"\mu C\mu$——皆爲 μ 之子女，則必爲父而子之遺襲性。如果 x 爲 y 之先宗，而 μ 爲屬於 x 之遺襲類，則 y 亦屬之，反之亦然。

若以數之連誼而論，其說雖仍爲類分所有，但較普通數之觀念略稱複雜。蓋連誼有"次第"之觀念（L idée d'orde）。次第分二：一曰"一次"（ordre linéaire），一曰"輪次"（ordre circulaire）。前者指一項或先或後於它一，或介或不介於它二者之間，如直線之點是也；後者則尠此類關係可言。如 acbda……或 adbca……之四項次，祇能謂 a b 兩次由 c d 兩項所間。凡一次類分爲"通級"（suite ouverte）；輪次類分爲"封級"（suite fermée）。定通級者須具三項，定封級者須具四項。故界立次第，法持有六：

（一）有類分焉，限不限弗問也。其連誼之 S 關係（按 S 乃表明"是因於"（est le suivant de）非對稱（asymetrique）非一致（即無轉遞）。如類分之每項爲此連誼之一前項（除第一項可不計），亦必爲其後項（除最末次項不計）。例如 aSb 與 bSc 但不能有 cSa 亦不能有 aSc 是介於 a 與 c 之間也。

（二）類分之任何兩項間有非對稱之轉遞關係 P。（按 P 表明"前於"或"先"（pré-céde）如 x、y、z 爲類分之三項，則有 xPy、yPx 兩誼之一。如 xPy 而 yPz 則必有 xPz 此法所示無"封級"之能，因 P 爲轉遞性而 xPx 爲不可能故也。

（三）將類分各項順同一 x 項之差度列之，則各差度距離爲不等之大小量（或依差度之遞增次或遞減次列之均可）若 x 非第一項或最末項者，則有小於零之負距離（按距離之零爲其本身者），即小於各正距離之差度也。此爰屬非對稱性者。如 xz 小於 xw 則 yz 必小於 yw。此理準前關係之 xRy 有連誼之：

$$xy > 0.$$

謂 x 先於 y，即謂 xy 之差度距離大於零。得一公理式之："若 xz 等於 yw 而 xy 復等於 zw 則 w 與次 w 兩項相當。"

(四) 有三項之連誼爲：

$$yR(x, z).$$

表明 y 介 x 與 z 間而爲對稱性者也。換言之，前連誼式等於：

$$yR(z, x).$$

直書爲 (xyz) 亦可。推衍之 "如有 (xyz) 與 (yzw) 則有 (xyw) 與 (xzw)；如有 (xyw) 與 (yzw)，則有 (xzw) 與 (xyz)。

(五) 於 x、y、z、……之非對稱連誼間介以非對稱之 R 連誼，構成一類分；此 R 連誼如介任何兩關係 x 與 y 間，則必 y 非 x 之反。換言之，如在 x 與 y 間，亦必居 y 與 $\check{x}$ 間（記號之 $\check{x}$ 爲 x 之反換形）。由是得 "封級" 之界說。因 xRy 連累 yRx 連累於 xRy 更連累於 yRx，此類級進，非若一項介乎兩者之間，迺兩對偶項互爲分隔之象也。

(六) 封級有時於四項連誼之類分中，表兩對偶互分者，其式如：

$$ab \parallel cd.$$

衍之得（甲）兩對偶之對稱連誼：$ab \parallel cd = cd \parallel ab$；

（乙）兩項各對之對稱連誼：$ab \parallel cd = ab \parallel dc$；

（丙）兩項對稱排斥其它：$ab \parallel cd$ 并 $ac \parallel bd$；

（丁）若四項有 $ab \parallel cd$ 亦有 $ac \parallel bd$ 必更有 $ad \parallel bc$；

（戊）如有 $ab \parallel cd$ 與 $ac \parallel be$ 則亦有 $ac \parallel de$。

是謂界說次第觀念之六法。析次第方範，捨此無它。然次第之本性究爲何屬？是又宜重述。

次第觀念之連誼發生者，由前述各方，固可概括之矣。若更索其 "公性" 之所以然，則又不外兩大關係之引申性：一曰三項間 "介於" 之連誼；二曰四項間"分隔"之連誼。前者稱"三元介聯"（Ternaire），後者名"四元分聯"（quaternaire）。此兩連誼可約為一致同稱之"二進連誼"，換言之，以一非對稱之轉遞關係解之可也。爰次第之本性，洽證於斯。即任何次第，獲膺此一致之單稱。彼封級者割為通級，困難因之亦易解焉。

由次第論而滋序數論，迺自然循理之證。然此之謂序數，非若尋常級次之次第數，如第一第二……等，而為戴托所謂有序類分之"次序型"（Les types d'ordre），因抽象界說之者也。論序數者宜首定相似級次。蓋相似性之於有序類分，與類分之相當性厥為同理。相當性對基數言，相似性則為序數者。但兩皆稱曰"連誼之相似性，"依"關聯"（Correlation）之觀念可盡釋諸誼矣。

"關係"之連誼，證明兩項間如共存一關係者，則必有它一關係藉存於其間。如地圖以南北分上下，東西別左右；其所示地位形狀，適應各行省位置真在；所表圖形空間，與原地面積相仿，是之謂連誼關係。此關係各具範圍，有同疇同性之場合，將連誼與所關係者織成一類。所謂相似之連誼，非介於類間，乃介自以類為場合之次第關係間。次第因連誼生，連誼不同，故同類中有弗齊之次第。設有 PQ 兩連誼相似，其場合中必有互為應對之 P 關係所連兩元，通於 Q 關係之兩元。如以象徵記之，以 S 為一對一之變通連誼，得型如次：

$$a_1 P b_1 P c_1 P d_1 \cdots\cdots$$
$$S \quad S \quad S \quad S \cdots\cdots$$
$$a_2 Q b_2 Q c_2 Q d_2 \cdots\cdots$$

型中一方示連誼之 $a_1 P b_1$、$a_2 Q b_2$，又一方示 $a_1 S a_2$、$b_1 S b_2$，從是知用 P 與 S 連誼之關係界 Q 之連誼，或反之界 P 或 S 亦可。質言之，如：

$$a_2 Q b_2 \cdot = \cdot a_2 \breve{S} a_1 \cdot a_1 P b_1 \cdot b_1 S b_2.$$

$\breve{S}$ 表反聯者，由此知：

$$Q = \breve{S} P S.$$

是 PQ 兩連誼之相似，必 S 雙通連誼爲 P 之場合，而所關係者乃爲 Q 之場合。連誼演算，因而推及級進序數，分別有窮與無窮，更見"連誼數"（nombre-relation）之存在。此連誼數即數性表現，屬連誼之算學問題，茲不具論。

第七章　象徵詮論

　　本篇各章，簡釋"數學原理"（Principia mathematica）巨著要義。揭全部分析之數學問題，顧不敢曰盡；昭哲學認識之邏輯定義，爰無不稱說。標辭關重，敍述綦繁；類分連誼，兼洽數衍；貫求證譽，連逮變通；持一應萬，撮要舉凡；故象徵之演例未譯，而論理之擬型畢真。學者體舉反之訓，發援推之用，瞭然足算，有本有文。若據虛搏影，碎辭舛駁，或詘象徵，或詆算式，妄標直覺，玩失朱程（近人有以朱程爲直覺大師，鄙視象徵邏輯爲玩物），斯匪所思之過，厥故洒愚而誣者也。吾於此不能無象徵詮論，載釋諸誼。

　　夫直覺具型，斂抽象原本；數學觀念，因以立式，邏輯概念，亦庸以正名。是故依直覺樹數理，襲對象幟認識者，無一非經驗事實之常。然而此一表之見，難竭彼一裏之蘊。數學所謂直覺形，睽闕乎本真之式（forme essensielle）；即一形直覺，捨理智，則固結不解；條件構造，非理性，則盤錯紛挐。故科學肇數學之端，銳晉抽象形式，而數學逐思想之勝，遽超時空物累。推直覺明白者入概然通象之則，援意像習慣者章溥汎表現之理。譬游克立幾何公理所持，無妨非游克立之矛盾對立；算術整數所是，尤不畏無窮數論之非直覺羣。所謂事有必至，理有固然。或以兒童記數指物，依類圖繪者爲知識；果以此難理性認識，是無異戕智賊學，視代數分析幾何爲無用科學而毀之也。吁，是豈可得耶？偏量性之關係，軼列數之連誼，其亦不知戡托後之超無窮集合論歟！吾人知"易象"二元，"河圖"定數，單簡自然，擬形象物，道器變通，原始要終。是故易者象也，象也者像也，曰取諸身，曰取諸物，通德類情，窮則變，變則通，極深研幾，精義入神，更窮神知化。此何謂耶？曰數之變，象在其中矣，理之推，變在其中矣。直覺會觀，唯變所適，雜物撰德，辨是與非。吾故曰八卦不列，易之道息；列數不變，知之道窮。乾坤，貴賤，剛柔，吉凶，變化之公律也，此公律旡方旡體，仁者見仁，知者見知，百姓日用而不知，曲成萬物而不遺。古希臘"物數"之推證，幾何"象數"之演繹，正同乎是。

是故探科學之公律，齊公理於溥徧，或移直覺趣邏輯，或驗具體逼抽象，其功匪利於哲學，其要實需諸科學。數學邏輯象徵主義，絕對肆應此功利需要產生者。彼初立原始觀念之初級標辭，從而溥汎演繹之因變連誼，對"數"則概括應用，對"理"則展舒有次。疏擲量性之數學概念，曰個體，曰具形，類以科學通玄達妙之理智直覺徵之，而弗拘獨斷定義也。及其界說出焉，判於"標辭"，名於"類分"，顯於"連誼"，稱於"數目"；而此判名顯稱者，厥為"不全"之象徵，非單簡對象或某一物情比也。所謂真理認識，依邏輯言，顧惟限標辭所表之型，與夫推理所具之實可得而定也。若夫具體直覺元素，則皆化而易為變項，雖有物驗，羌屬數學證明之純推理論。取象應物，準型權變，或謂獨斷，實本經驗生之者也。

數學邏輯固未能"不脛而走"，不翼而飛，與抽象公理，立原始觀念，未嘗離哲學科學原則，而偏趨形上。試析思想抽象定律觀之，數學邏輯精神，咸屬實證歸納，應用科學激切整峻之指。其深遠特徵，於十七世紀間，即代狹陿之科學，闢廣博之語言。舉其例如代嘉德、賴本尼支溥汎數學論，早視理智關係之重，本體形上之要，決不亞於科學認識。康德昧守兩重，襲組合判斷以裂科學與邏輯，強立形式，更別實質。而實證論者復不解先天理論，力斥思辨哲學，綴邏輯關係，結經驗連逮之物物關係，其弊也甚而犧牲形式科學之幾何算數發展，徒取機械物理真型。如此壁壘，應對森嚴，象徵論者如羅素諸家則取理智先天法式，述數學與邏輯關係；用經驗事實真理，證數學邏輯公律，從而衍關係之本存，推公理之抽象，於哲學認識外，重幟一實證科學，使理性論之溥汎數學與溥汎語言邏輯，底於成功。

舊邏輯類攝哲學科學，故擬範疇概念者，未嘗別思辨之形式。象徵論創，理性新型；演算標辭，衡稱實證；邏輯科學，爲知識論別開門面矣。舊哲學故態，不復稱於今之世矣。彼唯心論者謬視邏輯爲思想實在之最高觀念性，斷真理存在於恒一，納基本各立之標辭於已知一元，妄度意像真元之先天論，而忘乎由已所證之真理。雖曰直覺試驗，可告進無窮，實不知真理，爰居連誼。唯用論者創智主義之反，出真理於自然情愛，定曰滿足行爲需要之信仰；自心理程序，釋真理價值，斯不音純謀功利，"欲"從速"思"真，是豈真之性耶？（參看羅素著《哲學論文集》*Philosophical essays* 一九一〇年版。）一元唯心論者失於元學問題，多元唯用論者，復失於心理認識；兩毀邏輯特徵，同褫認識論諦，羅素評之曰：吾人斷一信仰之真，其時精神無論如何不析真之自身明白。今欲及真而不先證實其理，則必使真之意念立於原始與單純，視客觀與直接之"真"現等若"偽"在。故曰"偽者連累所有者也。真者乃爲所有連累者也"。真偽之差，別於知覺之境，其分也如紅玫瑰之異白玫瑰。世界構自概念與其連誼，物身之變，惟晰於概念組織，其異也惟鑑於關係公有之它念（autres conceptes）。偽之存在，膺同真理，其對精神觀察，具同一邏輯思想。如曰"君昔日之往，非智也"，以象徵記之，即 p 連累於 p 連累 q，此 p 固不定真（指昔之往昔），然以既用爲推理之件，則宜視爲"真往矣"，雖 p 有邏輯實在（entité logique）之真偽兩聯，必以其客觀之現實定之。譬云"蹈難者賞"，必先曰"遁北者刑"；以"退辱"爲真，必戰士有"不退"之言。所謂偽性，直見於標辭矣。蓋判斷所示，皆精神認識之複元連比（Rapport de plusieurs constituants），肯定 a 與 b 間之 R 關係，非徒藉精神肯斷與"aRb"間之兩合耳。必也精神有合 b，合 a，與合 R 之多項關係，所謂判斷爲"一對多"之關係是也。故判斷之真，必 a、b、R 關係間連誼共達完全肯定；否則謂之偽。同時 a，b，R 之客觀性存在於秩序外者尚有其連誼之獨立價值。彼真偽本性，如是新創，認識方法，悉操實證。哲學科學象徵，脫"形式"（forme）而爲數學形構之級型解剖。拒純精神構造式，排純感覺觀察式，起關係之連誼於精神事物存在之外，襲關係純象，以窮連誼真值，超康德所謂先天形式，別成其正直之"抽象界"。

然則數學邏輯論者之象徵，果欲使邏輯與數學邏輯統於絕對一致性歟？曰是尚不皆然。吾觀"數學原理"著者之論外範因變之因變與內存因變之因變，知其誼之別矣。按前章述外範因變，知此類連涵性，如以形式相當之因變"x 爲人，連累有死"代一"主率因變"（fonction-argument）其真值不變。而內存因變則不然，如"甲信以爲 x 爲人連累 x 有死"，代替之後真值無定。蓋此類連涵性非主率之類分，乃主率因變之特殊形式。凡因變之形，具一信仰希望，或心理生理傾向者，皆內存因變之因變式，非真數學邏輯範圍而爲內包性之邏輯認識（Logique intensive）。然而思想進步，日新月異，以外內相別，僉程度之分耳。外內範存，非因變實差，謂之兩式可也，謂內存雜於外範亦可也。若以是劃邏輯與數學邏輯，未免失之過細，今日數理猛晉，"生理心理"之數學化，尤有驚人發覺，它日分析有成，內存因變，解如習用因變之實在必無疑矣。"數學原理"著者或亦早見其可能歟！

昔古第哈論代數邏輯，曾謂邏輯演算，惟限於概念外範關係。實則既標邏輯於演算，使異元表本性之抽象，而又使所異者於同聯或相等觀念之下相當，則必先視邏輯有量之相關性。且外範意義，連累"元素多元"或"類分量性"之意念，實已具數量因變之相對連誼，謂兩異性相當，雖無堉定限制，爰屬量之可能。數學所限之值固稱準量，然於精計之中，必析量之關係性，藉通數算之實。此即證"量"與"質"聯，兩兩相攸，彼此儷偕。凡量之概論發展，即質之組合所是；反之，性質抽象分析，悉趣量之關係演算，邏輯與數學，符契一持，了無間然矣。所謂"必然型式之推理科學"者，義證如是。古第哈謂數學爲"秩序連誼之型式科學"，更破散一切難題。學者試讀其數學原理（Les principes mathématiques）齊數量與連續不連續之關係論，知至理昭然，訖無毀玷。

第三篇　棣通證明之公理論

第八章　邏輯與算術之公理證明

　　數學邏輯論者援連誼演算，棣通幾何與算術之理論，既貫形體性質於秩序之誼，復通數量級型於關係之變。原理昭示，事實明辨。然而各科基本對象，歷史猶挾爭持，標幾何原理者，顧易擲純算術所難，析算學認識者迺難於再擲所困而不解。此數學家所以更與公理研究，畢證邏輯價值之新估計也。

　　算學之邏輯真義，究如何定？各家持見，顯有進展之別。柯奈克（L. Krönecker）視整數概念爲算學邏輯基礎。整數類分，即普通概念（如通徑之值）之直接已知者，凡非整數概念皆非邏輯。如此立斷，跡近違反邏輯原理。哀萊姆霍支（Helmholtz）樹經驗批評，除引申整數有窮無窮極限理論外，益增邏輯篋小意義。蓋吾人試驗可能，決無任意達相當大數之物類存在認識。哀氏所謂試驗數，雖曰"大多"，實居有窮極之小者也。克斯多斐（E.-B. Christoffel）起而反柯奈克思想，張無理數分析概念，雖其説近自由主義之理解，要亦不失算學基本問題之邏輯建樹。

　　然而整數本性論理化，實肇自伏黑基（Frège）。氏立算學定律於普通邏輯，認整數概念之基性，如"整歸納原理"（Principe de l'induetion complete）之意旨。謂一概念集合，必顯於任何對象中之有此集合性者（此之謂任何實即有定之概念）。雖然，此集合云云，或未曾脱超所謂集合論之僻論批評，若論邏輯演繹原理，則發覺抽象價值者亦正足述。狄荳戡（R. Dedekind）微知是難，端元學存在，建數論邏輯，惜其無窮論列，蹈矛盾概念之萬象集合論，邏輯之算學成就有限；算學之邏輯概念猶縣，戡托集合論創，分"一致"（consistants）集合與"非一致"（non-consistants）集合爲二。問題紛爭者固可釋，而真理主觀者則過甚，謂之不盡及邏輯也宜。易栢（Hilbert）之"公理論"（Axioma-tique）出，始一掃前蔽，軔發新辭。其初也，同歸算學基於邏輯之衆議；其繼也，檢論邏輯內臧算學之湛因（如集合觀念及有限數念）。兩端齊執，如環轉樞。故其終也，認邏輯與算學原理，必同時發展，尤必同時研其精湛公理，以見形數真值。氏之"算理邏輯"，與公理證明之說，洒嚴立於數學邏輯之中，而有峻徹之風焉。茲簡撮以釋於后。（或謂易栢之公理方法，純屬直覺論之主張，非邏輯形式論。吾意此不知氏所云公理之真義也。若謂之智仁各見似無不可焉。）

人類思想，匪不及物。此物之辨，曰知之有。故知必辨物。詩曰"有物有則"，明概之方，宜揭公理，易栢表所思之物爲"象"（objet），以一徵號記之。初象單純，故始象一"1"，襲此象而成之羣，有二、三或多次重複之羣象，如：

$$11, 111, 1111,$$

斯即 1 象本身"配合"由是而之焉之配合，謂之配合之配合。纍纍珠貫，終於 1 象之本身配合也。如：

(1)(11), (11)(11)(11), {(11)(11)}(11), {(111)(1)}(1).

既曰配合矣，則配合之自稱，亦將視爲象焉。不過原象 1 爲"單象"，此則單之疊耳。單者非一，設有次象之單爲等式"＝"象。以此兩象構配合式，則有似：

$$1=, 11=, (1)(=1)(===), \{(11)(1)(=)\}(==),$$
$$1=1, (11)=(1)(1).$$

設使各配合式有不相當之差，或因各項序列之異，或緣象 1 與象＝所感之境殊，則名單 1 象與＝之配合 a 異於或差於配合 b。設此兩象及其配合，任飾爲兩類分：存在類與無存在類。則任一象屬存在類者異於它一之屬無存在類者，而象 1 象＝之兩單象所有"配合"則屬兩類之此或彼皆是也。設象 1 象＝兩基本物之配合爲 a，同時視 a 爲肯定辭，認其屬於存在類；更以 a⁻ 爲肯定 a 屬於無存在類者。則知 a 之洽諸存在類時爲 a 之正準辭（Prop sition exacte）而 a 之洽諸無存在類者，爲 a⁻ 之正準辭。兩正辭 a 與 a⁻ 間乃"矛盾"之是。

從是而之標辭集合之說，易栢邏輯益徵新義。設有 A B 兩標辭集合，記爲：

$$A \mid B.$$

表形之義曰："A 聯 B"或"如 A 眞，B 亦眞"爲一標辭。此 A 名前提，B 名結論。前提與結論，兩身能具多數標辭，如 $A_1 A_2 \cdots$ 或 $B_1 B_2 B_3 \cdots$ 之類，列之可如：

$$A_1 \text{ 與 } A_2 \mid B_1 \text{ 或 } B_2 \text{ 或 } B_3.$$

讀曰"A_1 與 A_2 聯於 B_1 或 B_2 或 B_3"。既已徵用負辭，此處亦可習用"或辭"象如"o"（ou）以轉牽連之辭。因 A_1，A_2，……諸辭轉代以"無定辭"（Indeterminée）之"x"而於 A（x）同一辭中，象 1 象＝及其各配合皆代入矣。標辭之 A_1 或 A_2 或 A_3 …… 及 A_1 與 A_2 與 A_3 …… 亦將表之如：

A（$x^{(o)}$）原式即謂"至少爲一 x"；

A（$x^{(u)}$）原式即謂"爲一任何 x"。

兩式既形，從是有經濟之複代式出矣。譬自已知 1＝兩象得構下列標辭兩式：

(1) $x = x$,

(2) $\{x = y \text{ 與 } w(x)\} \mid w(y).$

各標辭中 x 爲一任何者（$x^{(u)}$）表明兩基本象之一或其配合之任何一也。第二式中 y 爲一任何者，（$y^{(u)}$）表明之象亦同前義。而其間 w（x）項爲無定 x 任何一自由形構之配合，全式各項宣示"如果有 x 等於 y 與 w 之任何 x，則有 w 之任何 y"。

此（1）與（2）之兩辭，各組"等號概念之定義"，故名曰"公理

(Axiomes)。於兩公理中將 x 與 y 易以兩象之 1 與＝或其它配合，則得所謂"公理之演繹標辭"（Propositions déduites des axiomes）。設有一般秩序標辭，其最後一辭之前提相當於前列各辭前提之結論：如以原有序首之標辭之各前提為前提，以最後一標辭結論為結論，則所得新標辭適等於公理之演繹標辭。如是遞衍，可獲多數新興標辭矣。

試自諸辭中擇一無前提之單稱辭 a 言之，將諸辭所表悉置生類，若屬無生類者，則暫勿論列。於是由兩公理衍得諸標辭之形式為：$\alpha = \alpha$，此處 α 即象 1 與象＝兩者之一配合式。因而證明兩公理分用於存在類與無存在類間皆為真實；即言之，兩公理咸屬"正準辭"。公理之限定相等性概念，適迺捐棄矛盾概念之法。

前述公理（1）與（2）最好視為無象標辭 $\bar{a}$ 之式，即無標辭肯斷屬於無存在類之某某配合，則象 1 象＝之各配合中，空去無存在類，適可於公理之是。上述例比，極為相當，蓋如彼代用，倘將來遇有難題，即易知肆應之方。

易栢既揭前公理，迺進其數學思想之邏輯建設如次：

設有三新象如：u 表"無窮"或"無窮集合"；次 f 表"後率"（Conséquant）再次 f' 表"演算之棣通者"（opération correspondante）。斯三象悉接諸象 1 與＝而有，因是更衍三大公理形式如：

(3) $f(ux) = u(f'x)$，

(4) $f(ux) = f(uy) \mid ux = uy$，

(5) $\overline{f(ux) = u1}$.

各公理之 x 為一任何無定者，表明五基本象之任何一或其配合之任何一。名 u 為無窮集合，此集合之"元素"配合為 ux。（例如 u1 或 u（＝）或 uf）公理（3）之誼表 ux 元素有一 f（ux）定象之後率。此率自身為集合 u 之一元素，揭定：u（f'x），公理（4）表明若 u 集合之兩元素具同一後率，則兩者互等。至公理（5）所示，表 u1 無後率；質言之，u1 元素，將視同 u 之第一元素。

前新公理可依（1）與（2）公理之法檢證，而（1）與（2）兩公理亦可因此類新公理重爲新證其實在。厥故因已由二象申而爲五象配合，且 x 與 y 之外延亦增加。

然則總觀（1）至（5）之公理演繹標辭間，其能無矛盾耶？若以五基象及其配合分而置於存在類與無存在類間，是否能使五公理之演繹辭成爲所取之正準辭？欲答此問，惟須公理（5）之 $\bar{a}$ 形表明有配合屬於無存在類。依次公理獲一反證標辭形式，應爲：

(6) $f(ux^{(o)}) = u1$。

它如（1）至（4）之各公理則無是辭之推獲也。何也？易栢之證，更涉新理。氏謂"相等性"爰屬"a 等於 b"式之配合，故凡相等式兩邊之 a 與 b 必爲單象之同數組織（或二、三、四單象，或多數單象）。其等式有若：

$$(11) = f(u), (ff) = (uf'), (f11) = (n1=),$$
$$(f1)(f1) = (1111), \{f(ff'u)\} = (1uu1).$$

如此之等式皆曰"同次等"（L'égalités homogènes）吾人於公理（1）與（2）所引之 $\alpha = \alpha$ 形式，洽爲"同次等"例。公理（3）如將 x 代一任何象亦得同次式，至於公理（4）祇須前提自身爲同次，故亦無問題。若等式之（6）則反證公理（5）爲非同次等（對前公理（1）至（4）則不能反證矣）。必於式中以一配合代 x，既代矣，而仍不得其同爲；蓋式之左端爲至少三單象配合，右端則祇限 u 與 1 兩單象故爾。

準前方法之要，得證（1）至（5）各公理之眞。若欲得完整證明，須取有窮序數概念，并設數之等式概念辭，吾人既有前例，不難更獲此概念辭之理也。茲先論關係之所以，再及此理之誼。

若使 a 之所有象列諸存在類（按 a 所有象爲公理（1）至（4）之演繹標辭），使其它象，尤其 $f(ux) = u1$ 式之象，置諸無存在類，則分配之法皆適於條件。五公理性質，悉證而無矛盾矣。是故"有定象"（objets définis）之出諸是理者，必稱捐棄矛盾之概念，羌得視而爲"存在"者也，彼"無窮存在"之 u，亦已得其有限或有定之意義與内含。

按前釋各例皆直證公理無矛盾。此謂"直證"非幾何通用者，蓋習用證明，必先事適當選擇，特構比證之例，斯爲有效。公理直證，則屬普徧有效者也。

此外有肯定屬無存在類配合辭之 $\bar{a}$ 標辭，大概須有特別選證情形，是在公理 (5) 之標辭須知者也。

循組合法推焉，公理之無矛盾固也，適"整歸納"亦證也；以之聯絡前有，建成"最小無窮存在"（如 1, 2, 3……諸序數之有定序型）亦無矛盾性見焉。若更以之組織有窮序數概念，尤無困難問題。故知下列公理，實自前有公理根據來者：

"有集合數焉，如攝一任何元素，其第一元素含序數者，必包所隨之元素；此集合數亦必整包序數之最後元素。"

以此公理連前者爲證，絕無矛盾可尋（例如以數之"二"或它數證之，即檢得公理之真），從是排列有窮序數之元素，知由各元素形成之各集合皆具一"第一"與"第末"元素。以新徵號＜象之，得公理式之：

$$(x<y \text{ 與 } y<z) \mid x<z.$$

此公理與前有者連逮而生；x, y, z, 均表有窮序數之任何元素。果吾人襲最小無窮存在，則獲檢任何有窮序數之一，攝一"大於"或"上位"之序數存在之證。

易栢公理之棣通證明既立，其原理說明，更簡撮如次：

Ⅰ. 凡理論變化達於定準時，必要之充足條件，須新標辭之正準辭，適公理正準而無矛盾。換言之，新標辭所棣，必與配分於存在類與無存在類物象集合之辭無矛盾。

Ⅱ. 尋常邏輯之"凡有"或"任何"類的"無定性"之見於公理間者，絕對只限於前述配合式與諸象集合以內之表徵。故公理所注之標辭推衍，祇限此配合與物象得有之無定替代。如果增益基本象之數目，則公理同時亦增新外延，然須重證，尤宜通變。

Ⅲ. 普通"集合性"定義，視集合如思想一象 m。其元素爲 mx 之配合式；是則元素觀念，後集合觀念而有也（按此正易栢主張中之有以異乎習見集合論者）。演算集合意義，往往以"關係""轉換""聯瑣"

"因變"之諸誼應用。祇須不遇配分存在類與無存在類時之矛盾，則棣通關係，可謂"無矛盾存在"。

由是觀之，原理Ⅰ所定者，意在於無矛盾之條件下，任何創造之新概念皆爲自由可能。此最普汎與最活動之原理也。原理Ⅱ與Ⅲ，易柏認爲解除前述整數論之困難與戰勝視集合本身不含元素之集合組織說。氏更另建定理，以證原理Ⅲ之棣通一般集合論，其說如次：

設有 1，……，α，……，k 之諸象，而 a（ξ）爲各象之一配合，式中 ξ 爲無定性。又設 a（α）爲一正準辭，換言之 a（α）屬於存在類分。由是必有一象 m 爲 a（mx）式，無論 x 如何，原式爲屬於存在類分之正準辭。更轉而證 a（ξ）標辭之 ξ 象爲正準或等於配合式之 mx[o]. 蓋 a(ξ) 之正準，依定義言凡 ξ 象皆 m 集合之元素故也。

證此定理之存在，首獲如下之新公理：

"m" 象有下列兩標辭之正準辭：

(7) a（ξ）｜mξ = ξ；

(8) $\overline{a(\xi)}$｜mξ = α．

質言之，如 a（ξ）屬於存在類，依新公理 mξ = ξ，反之，則有 mξ = α 之結果"將此公理連於前認之 1，……α，……k 諸公理象，若先"暫"視此連逮爲矛盾者，則無異假定能衍申各公理有如下之兩標辭：

$$P(m) \text{ 與 } \overline{p(m)}.$$

式之 p（m）爲 1，……α，……k，m 諸象之一配合。在 p（m）中，凡 m 象配同 ξ 象。故用 (7) 或 (8) 公理，則計及公理 (2)。若代 mξ 以一 ξ 或 α，則 p（m）自轉爲 q（m），而此 q（m）中將無 mξ 形之配合矣。從是 q（m）標辭，得推算自公理及於 (7) 與 (8) 兩辭前所定諸象 1，……α，……k 之認識。如在 m 中代此諸象任何之一，標辭仍爲正準（譬以首象之 1 代之即可證）。同理用於 $\overline{p(m)}$ 亦無不適焉。緣此暫時假定，意謂理論之導入 m 以前，必有矛盾形式之：

$$q(1) \text{ 與 } \overline{q(1)};$$

實際先既認 1，……k 諸象存在無矛盾，則弗有前式矣。故暫時假定宜消去，直認 m 象爲無矛盾存在。

Ⅳ. 既證公理之有效，更認其適於存在類與無存在類棣通之配分。然則此配分兩適之可能是否無問題正宜討論，或曰：彼推自公理之標辭，如依前面所述方法特殊化之或配分之，是否導入一矛盾耶？斯言也若以舊邏輯法則連於公理，如：

$$\{(a \mid b) \text{ 與 } (\bar{a} \mid b)\} \mid b$$
$$\{(a \text{ 或 } b) \text{ 與 } (a \text{ 或 } c)\} \mid \{(a \text{ 或 } (b \text{ 與 } c)\}$$

則有兩種情境，證明公理固有式，實捐棄矛盾概念者。第一如謂其有矛盾之是也，是必假定未經成立"理論"之前暫有者；第二如謂演繹乃得自公理始推及矛盾，是必此演繹自身牽及矛盾也，吾人可去而不納諸用焉。彼無窮存在之非矛盾說，聿修厥證之真。前述公理（1），（4）絕不衍等式（6）者，其亦斯說之要也。

Ⅴ. 總之吾人所采"諸"象，"凡"無定，"各"配合，等等字樣，皆用於有限數之物也。既定"有窮數"，復益以溥汎之誼焉爾。謂斯誼同於整歸納法實無不當。證標辭（6）之異諸公理（1）……（4）者厥故在有窮數之可采，且從而標辭（6）始得以證。是故"證明"之自身無玼，爰同類之連累矛盾者，概屬相似證明，方條件尊嚴，否認其存在可也。易栢建"整系之公理"（L'axiome des systemes complets）證實數集合之適乎公理者，其義悉持是解。戡托集合論，阿來夫（Alef）矛盾論，皆循是而無矛盾焉。

附註：以上各節譯自一九〇四年第三次萬國數學家會議易栢論文大意。讀者參閱氏著之《邏輯與算學原理》*Ueber die grundlagen de logik und der arithmetik* 及《幾何原理》*Grundlagen der geometrie* 可也。

結論：公理證明之系統，乃演繹論之經濟法，雖其軹設也無定，然此無定非自由所配。蓋演繹論原始觀念顧不許具體、心理、直覺等類意義牽涉，而"約定俗成"，則亦非偶然。原始觀念厥爲無定象徵，襲邏輯演算以轉移前提，其轉之者罔知所是。昔羅素曰"數學科學中，罔識因何爲辭，尤不知言之真否"，直覺一辭，無忝於演繹類用也。演繹公理純檢型式性，離實質用；既獲型式之邏輯，斯棼泯之物象，得藉手爲證。是故異類物元，於同型演繹中，膺多數解釋；譬幾何一科，差戾固若參星；合理則統一厥中。邦加赫（Poincaré）曰："數學家弗覈物象，惟計物物間關係耳。故以此物易彼象，如連誼不更，無以異也。物質無謂，形式有道。"（《科學與假設》一著第三二頁。）

易栢派之算學公理，羌一數學邏輯原始標辭之蒐討證明。其法首訂原始標辭與觀念相續之搞實理論，次求襲此理論所可釋之新象無定或無限理論。改造羅素變通公理之型級區分說，專持個體與屬性之總和與存在，使新個體屬性不得混入已視爲原始總和性之限定關係中。如此之形式及推理，本身完全一致構造，因而推證之一切新形式，雖各有構設之不同，實則與原始關係根本無矛盾可能。如投影幾何或習用幾何之公律一旦認爲無矛盾，由是而之非游克立度量之標辭演算無難矣。彼游克立命題相續之證，既保於分析原理，復證於座標方程者，厥故亦昭昭諦如斯誼也。算學原理申而使數學算學化，轉爾分析連誼，直接載生；更通爾數學邏輯獲解，連環棣達，謂之數學科學膠固範型，闡繹相因，其理奚待論而後曉然耶！

第九章　構造證明新論縷解

立原始觀念，與原始標辭，然後循定義，建溥汎新象認識；更因證明，展演繹新標辭論，此數學邏輯之首要也。推理愈繁衍，物象溥徧之定理益增翔實；構造趨公理，邏輯型式之證驗畢究真僞。是故學者探型覈式，悉秉幾何絜矩，構設機械定律，棄直覺假設，蒐論理象徵，邏輯配合，不期然而貫串乎萬有之形類矣。研此法者代不乏人，要以易栢公理方法爲能集大成也。茲爲縷解，比校前述。

幾何構造，形自"點""直""面"之三元。今象此三者曰：A. B. C.……，a, b, c, ……，α, β, γ, ……。聚 A. B. C. 名曰空間，視

a，b，c……α，β，γ，……則爲點之類分。世界物形，罔非是象之有，而三元關係，則表於"位其上""之間""齊於""平行於"諸四誼。吾人對此關係，無感覺實有之精神表揭，惟形式性質之檢證可能。處處認識，先容邏輯，方程譜算，逼進象徵。如"位其上"之一誼，正邏輯概念之"屬聯性"也。援是推類，度量幾何之點、直、面、互爲可證而亦互爲不待證之公律定義矣（Definitions par postulats）。易栢攫此意義，謂前四關係第一爲"位置"，第二爲"序列"，第三爲"相當"，第四爲"平行"。斯四者適通連續性公理，故得立四原始標辭公理。尤其第一關係之屬聯性公理，揭幾何所有，章邏輯演算，宜詳舉其要。

易栢列屬聯性公理爲六：

一曰：如有 A 與 B 兩分點在；則有，且祇有 a 一直在；斯謂兩點屬聯或同聯於一直；

二曰：如有 ABC 三分點不聯於同直；則有，且祇有 α 一面在；斯謂三點屬聯於一面；

三曰：如果一直 a 之 AB 二點聯屬於 α 面，則 α 直同屬此面；

四曰：如一點 A 同時屬於 α 與 β 兩面，則必別有一點 B，同時屬此兩面；

五曰：如有一直 a，至少有 A 與 B 兩分點屬聯此直；如有一面 α，至少有 A、B、C 三點不屬聯於同一直 a，或曰非共線性（non-collinéaires）；

六曰：至少須有四分點 A、B、C、D，不屬聯於同一面 α，或曰非共面性（non-coplanaires）。

公理既舉，吾人試回至本書第二章論屬聯同聯諸關係及演算之形構，瞭然各公理之棣通於邏輯關係矣。所謂幾何不證之觀念，譜諸邏輯象徵，斯豁然可證。何也？按演繹論之原始觀念，依數學邏輯家言，建自下列兩相：

（甲）因存在公律或形構律所建之物象類分或物象觀念；

（乙）因連誼公理所建於類分與物象間之特別觀念。

從此申而有原始標辭之：

（上）形式邏輯觀念之辭；

（下）由邏輯先科學引申觀念之辭，如幾何中之算學觀念。
依是言演繹"法構"者，則幾何公理證明之內含必有三大程序，於條件之始也，訂"幾何"不限之觀念，或指物象抑物象類分，或揭物與類分間之特別關係；於條件之繼也，昭"算術"之數之觀念；於條件之終也，明"邏輯"集合，相等，相屬或屬聯之觀念。幾何的、算術的、邏輯的之斯三者之條件備，原始標辭羌無不證之誼矣。彼易栢之公理構造，與夫算術幾何原理之邏輯創設，羌在是說之根本可能也。

公理既立，定理得而推循。質言之，證明之構造，斯締結端整矣。是故持前六公理以建定理，易如也；以證定理，適如也。設有定理焉："由一直與直外一點，必得成一面，且祇有此一。"意謂如有一直 a 與不屬此直之一點 A 則有，且祇有一面 α 得屬聯此 a 直與 A 點。欲證此定理，請自易栢公理推衍。

先察六公理通性，依易栢言，前一二四五之四者稱"形構原理"（Principes formateurs）即宣示既認有存在之物象為真，則隨其邏輯關係之它象亦必真。換言之，一標辭判斷含三類結構。如云"兩分點定一直線，且祇能定一"。原辭內含一"存在判斷"之假言（如有兩分點在，則有一直線存），一"屬聯判斷"（此兩分點屬聯於此直線），一"單體判斷"（此直線乃唯一者）。四者之中一二兩公理又稱單性律（Postulat d'unicité），第三公理名關係公理（Axiome de Relation），第六公理則稱"存在律"（Postulat d'existence），蓋必有無限分點在，分直線在，分平面在，然後始得存在公律之六也。

上類既析，再證定理。依邏輯言，任何標辭由一"假定"與一"正定"構成。如此，是宜先察定理之假定是否矛盾。遵存在律與形構原理觀之，一直 a 與一點 A 之在直外者有合理之是；換言之，無矛盾。由是宣假定中之條件如次：

（子）a 是一直，

（丑）C 是一點，

（寅）C 不聯於 a 直，

"正定"之待證者爲："有一面 α 在，且祇此面屬聯 a 直與 A 點。"

襲三段式之型，將假定之已知條件連於待設之條件。以公理五爲大前提：如有一直 a 至少有 A 與 B 兩分點屬聯此直。以假定（子）爲小前提：a 是一直。結論有構設之兩新條件爲：

（卯）有兩分點爲 A 與 B，

（辰）A 與 B 屬聯一直 a，

如公理二視爲大前提，（丑）（寅）（卯）（辰）各條件視爲小前提；則新演爲：

（巳）有一平面 α 且祇此一，

（午）ABC 三非共線屬聯 α 平面，

如以公理三同（卯）（辰）（巳）（午）各條件證之，則得結論：

（未）直線 a 屬聯於平面 α。

由是正定待證之"有一 α 面，且祇此一面屬聯 a 直與 A 點"迺將自（巳）（午）（未）三者所有邏輯積之標辭，再用"單定律"之法（第二篇第三章）消去（午）辭 A 與 B 點屬聯 α 面。

此構造證明法，乃創自原始標辭對定理無矛盾之可能。是此條件確立，始得認一任何直，與一不屬於直之點之邏輯存在。因之形構原理（一）得於兩點與一直存在可能性間立一相等性，且因相等替換律之可能，更引得蓋然判斷辭之"三點非共線之邏輯存在是否可能"？至是"存在律"（六）遂將蓋然者，易爲實然判斷（assertorique）。論存在律之轉換邏輯判斷，正所謂邏輯因變可能之一誼爾。

立證雖至此時，彼問題正定尚未之決。故必援三段演繹，形構證明。凡證明之大前提，皆關係公理或形構原理，質言之，關係者或存在者之假言判斷；小前提皆由定理假定之條件，或邏輯積建立之條件所組織之關係者或存在者之定言判斷；結論即關係或存在之定言標辭。以式明之：

Ⅰ，子：⊃：卯辰，

Ⅱ，丑寅卯辰：⊃：巳午， Ⅲ，卯辰巳午：⊃：未。

式中子丑之類，表關係或存在之定言標辭；結論即連累式之所解；ⅠⅡ之類，表大前提之假言標辭。三段式之秩序遂證得第一式結論，屬第二之小前提；而第二之結論，則爲第三之小前提矣。

公理證明之構造說，準前述各例，學者當易瞭然。吾今更於此處推用易柏算術與幾何雙方，重檢公理整嚴之象徵結構式，說如次誼。

設有象曰P. 表幾何"點"（Point）之存在數，由斯象類構之"羣"爲"線"（Line），"面"（Surface），"體"（Volume），徵象爲：

P, PL, PLS, PLSV.

或類羣及於n度次，皆單象本身移動配合之連接集合。第一次必然連接之位置表現爲線，再次移而接爲面，復次重而爲體。謂P象屬幾何發生之數或元，名它物象之因數可也，其作用同算術之"1"數性。

幾何公理與定義之配合，皆得襲物物間關係之連誼，使任何類分聯成複合類。由各象單純關係間（如P之後率爲L而PL則爲S）建連誼之載生定義，證明配合之標辭，悉屬公理公律直接所有。或謂一部幾何元素，洽如算術邏輯結構之單純配合的公理羣集者以此。今依公式列明前象關係：

（公式）P, (P) | L, (P | L) | S, (P | L | S) | V.

各關係間P爲原象或曰基象，它如L, S, V爲次生象或因生象。如以序列言，L爲P之因生，S爲L之因生，餘類推。象象間定義，由基象存在類分限定之。其變化意義之可能，依因變連誼得限示如：

(1) P= $(x^{(o)})$, L=f (P), S=f (L) | P, V=f (S) | P | L. P乃不可限之形量，然至少須具一任何意念如x之存在。依集合論推之，前各等式得簡列如：

(2)　　　P= {x}, L= {P}, S= {L}, V= {S}.

按游克立幾何公理，凡幾何象，可析爲小分象，是知有：

(a)　　　　　　{P} = $(p_0 \ p_1 \ p_2 \cdots\cdots p_n)$；

(b) $\quad\{L\} = (l_1\ l_2\ l_3\cdots\cdots l_n);$
(c) $\quad\{S\} = (s_1\ s_2\ s_3\cdots\cdots s_n);$
(d) $\quad\{V\} = (v_1\ v_3\ v_2\cdots\cdots v_n).$

前式 p_0 表點為形分可能而又無"度次"存在。游克立之空間存在性，更表明同次或同度空間之各部分相當，是（a）（b）（c）（d）等式之小分象得列爲：

(e) $\quad p_0 = p_1\cdots\cdots l_1 = l_2\cdots\cdots s_1 = s_2\cdots\cdots v_1 = v_2\cdots\cdots$

空間為元素不變性之運動，其集合表現，雖達最大轉換，亦無矛盾存乎其間。質言之，線面體各殊象之各屬元素相當（Congruent），即"象之本身等於元素集合而為自身相當"之誼也。列式明之，如：

(3) $\quad P = \{x\}^{(0)} \backsim P, \quad L = \{p\} \backsim L$
$\quad\quad S = \{L\} \backsim S, \quad V = \{S\} \backsim V$

式中 $\backsim$ 表相續性，即謂 P 至少有 x 集合始續而爲 P 象，L 之集合 P 當續而爲 L。餘類推，準是知基象原始意念必為理性相當之恒等式：

(4) $\quad P \equiv p.$

由是證衛葉斯塔斯（Weierstrass）、戡托、狄豈戡諸家所謂直接連續律與空間連續存在之說矣。且證下列標辭之真理，亦為自然明確之定義：

（上）凡具同一基象之幾何象，彼此必互為連續性之有，

（下）線面體皆具同一 P 有也，其集合元可析為等諸 P 之有窮或無限小分，形爲 P 集合元之等集合式。

兩標辭之定理證明，揭幾何"相當"之誼，洽如算術集合之因變義，邏輯理論亦確證無疑。象徵列式，舉如下型：

(5) $\quad L = \left[\int_n^\infty f(p)dp \backsim \{P\}\right] \mid P.$

即謂"L 象之集合，等於相當元素之積分和而連於基象 p"。此式可表標辭（上）（下）兩說之證明。若標辭（下）則亦同證如：

(6) $\quad S = \left[\int_n^\infty f(p)dp \backsim \{P\}\right] \mid L$

(7) $\quad V = \left[\int_n^\infty f(p)dp \backsim \{P\}\right] \mid S$

連於線之面謂之連於基象因生之 L，連於面之體謂之連於因生象之再次或再生之 S。此三式可能之關係，基於一連誼標辭之是：

$$(8) \qquad R=R_3 \ni \left[\int_n^\infty f(p)dp \backsim \{P\} \right]$$

式中 R 爲線面體連合之共有關係。依 (5) (6) (7) 三式，則此式解爲："R 爲 LSV 之集合元素的每一基象連續關係，且祇此 R 關係"。從此得證：

$$(9) \quad P\,|\,L,\ L\,|\,S,\ S\,|\,V:\ \cap R \ni \left[\int_n^\infty f(p)dp \backsim \{P\} \right]$$

能直接證得：

$$(10)\ L,\ S,\ V\varepsilon Rp: = R \ni [pRL,\ pRS,\ pRV: \supset_{L,S,V} P\varepsilon R: \equiv \left[\int_n^\infty f(p)dp \backsim \{P\} \right].$$

"所謂共有關係爲一關係，其共有象爲共有關係之相等關係"。若準前 (3) 式中之第二式及 (5) (6) (7) (9) 各式，則推得 (8) 之連誼式爲：

$$(11) \qquad R \equiv R \ni \{P\},\ 或\ R \equiv \{P\}.$$

"共有關係相當於共有元素"，是知：

$$(12) \qquad\qquad (P) = \{P\},$$

換言之，"純單位攝一複數性"之存念。故檢證爲：

$$(13) \qquad P \to V: = : R \ni \{P\}.\ \text{C. Q. F. D.}$$

此標辭結論，證明公律之"凡包攝之包攝象，納諸所包攝之中"。即言之，"同一關係之關係物，彼此互爲關係"。按自點至體之同誼爲同元性 $\{p\}$，合點線面體之關係，表各小分"適一"之公律性。凡幾何算術證明，應截除物質現象粗現之體，以型式演繹推之，俾任何物質得適於用，無庸直覺感觀分辨，自有公理連貫證明。是乃捐棄矛盾之基本方法。

由 (12) 與 (13) 兩式可揭幾何空間關係之假定公式如：

$$(14) \qquad G=\int dG = \int \left[\int_n^\infty f(p)dp \backsim \{P\} \right] \equiv \{P\}_0^{n=\infty}$$

G 表幾何空間，意謂"幾何空間 G 爲同元單純而之複象之無窮小分之和"。吾人循"重複律"或"整歸納"可證此"假定"式。設有式如：

(15) $\{P\} + p_1 \equiv \{P\}.$

因 $\{p\}$ 之第一元素包攝一切，而又不能等於任何數量性，從此加一新元 P_1 之和，實不過如（11）（12）所證之"不同元集合仍相當"。是加號塵一配合表現耳。若更推之：

(16) $\{p\} + \cdots\cdots + p_n \equiv \{P\}.$

仍為不變，依重複律得證：

(17) $\{P\} + \{P\} \equiv \{P\}.$
(18) $\{P\}\{P\} \equiv \{P\}.$

是證："兩集合或多數之和，爲各點集合包有之存在；其積，爲各點集合共有之存在"。斯知齊一律之：

(19) $\{P\} \supset \{P\},\ \{P\} = \{P\}.$

如果有任何幾何象 X 爲：

(20) $X = \{P\}_0^\infty \equiv \{P\}.$

則知

(21) $\{P\} \equiv X.$

前各證明式之邏輯構造，使幾何算術之相當，棣通於邏輯之齊一。此巴栖（Pasch）、范和勒斯（Veronese）與易柏諸家勳續貢獻者也。巴栖視幾何象間，凡點之配合關係相當：

$$M \equiv M'.$$

此相當式爲"兩通"之完全棣通式。即證：

$$M + A \equiv M' + A'.$$

確定形體配合間，元素與元素相當，衍之對直線與面之類所有本性無不相適。

若范和勒斯方法，則以兩圜分代兩形，因之一切公律皆連累於直線之原始觀念或基象。

易柏更視圜分與角爲原始觀念。是所謂相當，即圜分與角之間所具之齊一對稱關係。如 m 爲圜分，pq 爲一點；又 m' 爲圜分 p'q' 爲一點時，如使：

$$pm \equiv pm, \quad mq \equiv m'q'.$$

則有：
$$pq \equiv p'q'.$$

如 pmq 與 p'm'q'皆爲不同一直線之三點，又如果：
$$pm \equiv p'm', \quad pq \equiv p'q',$$
$$\sphericalangle mpq \equiv \sphericalangle m'p'q'.$$

則有：
$$\sphericalangle pmq \equiv \sphericalangle p'm'q' \text{ 及 } \sphericalangle pqm \equiv \sphericalangle p'q'm'.$$

由此得：
$$mq \equiv m'q'.$$

栢黑（Pieri）輩更於限定圖分時益以"點"與"運動"之兩念，力證算學幾何之無矛盾性，去盡直覺無謂爭端。

　　結論　前各推論公式，唯一原則，即凡標定之各概念，皆得建邏輯之若干其它概念。從邏輯演算原理，知集合性之論理證明，能表揭連續事物之變易形式；同時對變易關係之假定可能者，更得限次第可能之後來關係。是故邏輯推理，非惟原理配合之形式方法，實屬配合徵象與應用原理於配合之演算方法。各原理遵既定事物，締衍新象表現，復循此表現之配合，無限構造新興象。所謂科學創設，正如是發展，分析數學之展衍，數學邏輯之因變，及幾何 n 度之變易性，僉屬如此形構進步者也。

　　科學家往往反證肯斷原理，謂："凡結論之肯定即原理之肯斷者。"蓋因邏輯方法，早認："先立標準象之假設，徐覈中間關係，然後證發展之必然條件"爲思想認識原則。質言之，邏輯科學，始名目論式之定義，軱建新象，推證所求；更自已知象與所建象求其關係，而邏輯式之新關係從之出矣，認識如是翻新矣。然則謂邏輯方法爲知識無限發展之思想活動法，誰曰不宜。此孳生不絕之創造型式，以演式推之，立見無限可能。

　　設有 mnξ 三標準象，今建兩新象如：

$$p \equiv (m\xi), \quad q \equiv (n\xi);$$
兩式名三象集合之聯瑣性；從是類推，得：
$$U \equiv (p\xi), \quad V \equiv (q\xi);$$
$$X \equiv (u\xi), \quad Y \equiv (v\xi),$$
....

此處 m, p, u, x, ……n, q, v, y……之級數申而爲算術列數方式之有，如此遞衍，及於無限，若以數學歸納證之，了無不合。

第十章　載衍與聯瑣之邏輯表現

時間空間表現之邏輯現象價值與眞理，具感覺差異與客觀理性之同一性。蓋人類精神內觀，以個人殊異行爲心理之眞實爲便，同時亦以自然科學現象之事實爲其中間。譬諸直接認識或公理證明者，無論情境單複，只須觀察或推證一同點現存，即有外象類似之適應發生，或類似關係之某部分新關係之事實象徵表現。此其中厥故有二：一曰"載衍"（Reproduction），二曰"聯瑣"（Association）。

載衍者，同類象某性相續之變似也。如：
$$Abc \frown Amn, \text{或黃橙橘} \frown \text{橙黃紙,}$$
徵號 $\frown$ 表 "相續類似於" 之義。

聯瑣者，同時意識現象之任何心理或形式接續表現之配合也。如：
$$(A \circ b) \circ c = A \circ (b \circ c),$$
徵號 $\circ$ 表任何配合。

夫色曰黃，匪限橘紙二象，花、鳥、木、石、水、土各類，皆有同屬性關係之變形差異。故無論分析也，配合也，載衍現象，悉獲聯瑣事實。設 A 爲橘或玫瑰現形，則 m 爲載衍橘之味，玫瑰之香，n 爲味載衍之甜，香載衍之馥。從茲聯聯相繁，新現實生，衍爲相續變異，形如試驗檢證之理。

載衍與聯瑣之邏輯表象，極似分析數學無窮連續之函數式，能推演各數或現象之連累值，如標辭之連誼存在：

或甲事實關係乙事實；

或甲意識之事實關係乙意識之事實；

或單甲關係乙。

　　各相似聯瑣之載衍象，全屬試驗基本對象。吾人觀察之經驗事實，無論演繹抑歸納，皆能定因陳連類之正確觀念；即婢自意識主觀標定迄事實客觀表現，亦無逃數學邏輯證明。如謂"吾適遇之張某，極貌似李某"蓋張李有多數相似之 ABCD，而異有者亦大可分別。列式如：

$$張某 = (A, B, C, D) + (a, b, c, d);$$
$$李某 = (A, B, C, D) + (m, n, p, q).$$

所加者爲其異相。則張李之關係聯瑣爲：

$$A, B, C, D \text{ 同時接於} \begin{Bmatrix} a,b,c,d \\ m,n,p,q \end{Bmatrix}.$$

　　從張某所具之 A、B、C、D 引至異類相接之 m、n、p、q 而爲李某全身表現，是聯瑣載衍關係，根本連諸因陳接似之變遷關係，如依數學組合意義觀之，則有：

$$a+b \text{ 與 } a+d.$$

前者稱"相續"之兩不同項，後者 a+d 則爲兩"相似"情境。由意識觀之，可將 a 事實易爲非感覺之新項。但當易置時，a 事實漸離表現之空間時間，而將來未來之"b+d"事實，必漸向吾人表現中參進，及至意識情境，始見：

$$b+d.$$

之事實，更於相似中剔去 d 象，重見新事實之

$$a+b.$$

是由 a 而有：

$$a+(b+d).$$

而又有 a+b 之載衍聯瑣，此正"相接律"之推理關係。昔心理學家認聯瑣迺合溥通行動之表現，實則屬諸邏輯載衍聯瑣之"發生"關係。今有

演繹聯瑣標辭爲"凡 a 是 b，凡 b 是 c，故凡 a 是 c"；欲證斯辭，必假定所設辭爲真；換言之，有 X 現象載衍連續關係：

如 X 現象是 a，必是 b；

如 X 現象是 b，必是 c。

斯類組合相生之推論，不能并三段式形式混爲一譚。蓋如完全肯定：

X 現象在一類分 K 中，

則不啻認：

X 現象與 a 有同一 R 關係，

或者：

X 有一現象屬 a 類分現象之 R 關係。

如將標辭肯斷者，易而爲：

X 現象屬於一類分，

則在類分觀念中者，更揭起難題無算。厥故因意識現象之心理事實，僉屬極端繁複，宇宙現象秩序與物體個別類分，若諧諸意識界之類分性，罔能即別自然，隨時分類。其始也，惟有邏輯區畫之曰：類分 K，關係 R。故謂肯斷形式，舍邏輯外，別尠固定名實之義方也。

時空間攝無數載衍聯瑣之"轉換"關係，能使思想活動創造，趨真僞同聯之決斷，捐矛盾存在之可能。設語詞之"先於"關係，以徵號→記爲：

$$a \to b.$$

論是類關係之連誼，知 a 象與 b 象有其同聯特性之：

（Ⅰ）凡 a→a 之標辭必非真；

（Ⅱ）如 a→b 之標辭真，則 b→a 者必僞；

（Ⅲ）如 a 不相當 b 而 a→b 者爲僞，b→a 者反爲真；

（Ⅳ）如 a→b 與 b→c 則得 a→c。

此 abc 皆屬類分 K 之現象也。若使之表明"量"，而徵號→表明"小於"之詞，各標辭所示亦對之屬真。再使之表"水平線之點"，→號表"下級於"，結果各辭亦仍屬真。是知→關係適諸四辭者，非偶然一致，乃限定宇宙相當秩序同元之觀念者也。

再如以 a 與 b 之"兩不相當"類分 K 現象觀之，據第三標辭則有下列：

$$a \to b \text{ 或 } b \to a$$

如欲固定各觀念實在性，假定 a→b 之事象；使 d 爲：

$$a \to b \text{ 與 } d \to b$$

之現象；則 ab 間只此一象，謂之 ab 間所有在此亦可。曰"間"，曰"間所有"，其聯瑣限定爲：

如 d 居 m 與 n 之間，m 與 n 又居 a 與 d 之間；則 d 居 b 與 c 之間。

標辭證明之假設爲：

1. d 居 m 與 n 之間，即：m→d, d→n;
2. m 居 b 與 c 之間，即：b→m, m→c;
3. n 居 b 與 c 之間，即：b→n, n→c;

即證 4. d 居 b 與 c 之間，即：b→d, d→c.

由 b→m 與 m→d 兩事實衍而 b→d；由 d→m 與 m→d 兩事實，衍而 d→c。是證 b→d 及 d→c 即 d 居 b 與 c 之間。故即所求。C. Q. F. D

循"先於"現象之聯瑣，反推"後於"之←象亦易證明。設有：

$$P \to Q \text{ 則 } P \to a, a \to Q.$$

PQ 兩意識象如載衍於同一意識象 a，則有先於之"轉換性"，其連續現象可表如：

（α）P→a→Q, 或 P←a←Q.

（β）Q→a→P, 或 Q←a←P.

此二關係名現象之"間接"，表意識中 a 象間於 P 與 Q 之間。因：

$$P \to Q \text{ 與 } P \leftarrow Q.$$

如 a 間 p 與 Q 之間，則斯二象相接，否則不續。

按邏輯載衍與聯瑣原理之證明，於語言中獲重要關係。例一人連述兩語，不能逃先後與相同意識事實。但能知此先於彼之意念，只在其人述說時有定，如兩人同時述者又不一致也。因兩語皆屬兩差異之意識動作，甲不能同時知乙之行動如何。倘更欲使甲行動與乙行動達丙之認識，必須知覺間，兩行動先具丙之認識或意識表現，然後自各知覺之一轉知先於它一之表現。按是類行動知覺之"先於"觀念，惟限適當條件推衍。否則，難於逼真矣。

例如一人連述 a 與 b 兩語，同時知彼此先後；若 P 意識聽及 a 先於 b 兩語之"陳述知覺"爲 α 與 β，則先於之關係聯爲：

$$\alpha \to \beta.$$

如 ab 兩語由二人演述，則在同一 P 意識之陳述知覺爲 α 與 β，若此知覺爲 α 先於 β，則 a 與 b 之"口傳知覺" α' 與 β' 於它一次 P' 意識聯瑣載衍爲：

$$\alpha' \to \beta'.$$

從此限定 a 與 b 之關係性：

(1) $\qquad a \to b, b \leftarrow a.$

a 先 b 則 b 後 a。而在 P 意識之 ab 兩語之陳述知覺亦有先後關係，如：

(2) $\qquad \alpha \to \beta, \beta \leftarrow \alpha.$

從是獲聯瑣互換性之：

(1) $\qquad a \to b, b \to c,$

由此三語關係連累於兩語關係之：

(2) $\qquad a \to c.$

如同一 P 意識中斯三語之陳述知覺爲：

(3) $\qquad \alpha \to \beta, \beta \to \gamma,$

連累兩事實先於之：

(4) $\qquad \alpha \to \gamma,$

在同一 P 意識由 a 與 b 兩語關係衍 a 與 b 兩陳述知覺，則（4）之關係證明 a 與 b 之連接乃由（2）之關係獲得者也。

基心理言，吾人於適意選擇中，能續某項意識現象之回憶於它一適意選擇者之回憶。各回憶載衍聯瑣，復成回憶之新象；如是彼此關節回憶，謂之意識現象結構。其原則獨立保證，必爲邏輯"中間"所在。故自部分科學證明者，必有同聯關係之：
- （Ⅴ）如類分 K 中有獨一現象 a，而無 b 現象之 b→a 時，則此 a 名爲"首象"；
- （Ⅵ）標類分 K 之任何象 m，同時有一 n 象終爲 m→n，而在 m 與 n 間必無其它現象發生。準是，如 m 非首象，別一 Q 象成爲 Q→m 者，則 Q 與 m 間亦必無其它現象；謂此 Q 先於 m，而 n 後於 m，或名爲首象與因象。
- （Ⅶ）如類分 k 包於類分 K 中，其包有之現象，如同時攝首象因象而有，則必相當於類分 K。

此全屬算學整數現象，第一第二以至載衍無窮，始終爲邏輯表現之聯瑣真理。然則載衍聯瑣之公理，豈無時間空間之絕對相或物理自然科學之誼耶？欲解此問，別詳下章。

第十一章　時間空間之邏輯麤釋

甲　麤釋時空與數學之連誼

邏輯與數學有其不可限之觀念，此類不可限性，在方法與事實兩涂，幾成科學不可去之基源，舉數學而論，雖學者力建邏輯常式之基礎，然終難立於時間與空間之科學意義以外，重展數量之關係或連誼性也。故論時間空間觀念之不可限，實即自邏輯常式以釋其連誼，決非感覺直觀之是也。

何謂時間？麤析之曰：時間爲各個性存在不相入之關係界（univers des relations）；其相關之可能性，乃表同一個性之形自多數完全型式者也。

何謂空間？與時間相反而言曰：空間爲各個性分別相依之關係界；於同一個性不能覺到多數完全型式在也。

按此兩定義之觀念認識，出自邏輯標辭之"兼容性"與"不容性"及"型式"與"個性"諸義，使時空離直覺而爲數量性質之數學關係相。數學邏輯論者僉主斯説。如古第哈襲純幾何對象以定空間謂"空間爲一序次性，有若連誼之一系統然"。宇宙系統紛繁，此空間系統，乃多元發端之級次，其間各元又復自成級次，每級關係一度（une dimension）。至於時間，實即列數之可能性。列數也，級次也，皆數學範型之兩類；質言之，時空觀念，俱邏輯構造之數學認識耳。

或曰依純數學言，時間非邏輯結果，空間亦非邏輯限定者。余曰是正吾人所採定義之本意。蓋前定義構造，純自個性存在關係言，此個性存在接於"集合觀念"，從此斷定各集合間所有可能關係之本，同時即證此關係悉屬數學對象。邏輯納於數學，而時空亦具於數學之中。

時間空間稱數學對象之純形式知識；其實在性，決非一簡單方法或範疇，謂之一明白型式之科學可也。內容攝"普汎元素"研究，獨惜此普汎自然，不得如個性之有，致數學精湛探討，亦惟限於空虛型式。厥故因時空爲普徧基源，而非精神個性，任何抽象不及限其定義；曰普汎者，實包單體性之存在而有也。

然則，時間空間非邏輯建設之演繹，而爲演繹條件之元學基本常式歟？曰此又宜檢證者也。所謂個性觀念有其邏輯基礎，同時更具類分意義。元學之時空，乃關係個性存在之普通範圍，由此獲證各個體多元性之同類數及一個體不皆具之容積量。因個體有嫥一之限，故其存在只居有限之一。而時間空間存在，則爲使此嫥一性兼容多元與總和之條件。時空與個性型式，咸稱宇宙熱烈衝突中之調和與理智要素。古第哈之序次性，義釋如此。

個性爲認識之範圍，表明思想所能搜討之極限物。人類智慧搜討，惟有及於時空連誼之解釋；若以極限言，元學思想以物質爲精神之極限；物理思想，以物質爲能力之極限；心理思想，以物質爲行動之極限。故物質存在，實以智能爲其界段，而所謂個體也者，實存於相對之是也。個象標不可入之界線，而斷片物質則由智慧或能力滲透其間。智慧動於極限之內，由關係以揭其能力範圍。（所入者及所攝者）故曰凡物相攝，決於關係之系統，是何言耶？曰是謂物理科學與精神科學齊進於型式科學之謂也。物理科學直趨數學，精神者直趨邏輯；物理科學攝入物體，脫解感覺形式，將感覺性質納於最小元，如幾何機械元素，使各性質歧異者概歸數量之關係。反之精神科學則使各元素初具之性質關係，擴而為差異之表現，質言之使最小性質與數量引申而為最大型類之可能。從是數學與邏輯合為認識之表裏，而立其原始不限之連誼價值焉。代嘉德之形數幾何，柏拉圖之抽象觀念幾何，兩兩俱證此連誼之真。

夫以時空直覺之形數言，有形"感"之變，亦有數"序"之差，形與形具連誼之幾何，數與形復具連誼之範疇。若自覺知與空間觀之，歷史紛爭，問題不解。如康德先天直覺空間說，既不見信於非游克立派，復反證於純算術論者及數學邏輯家，雖邦加赫曾以條件便利說曲庇直覺，實則未盡感覺幾何與物理幾何兩真之連誼認識及問題而解決之。余意自認識論觀之必如雷柯思想，使物理家幾何家構造時空之邏輯連誼，明定形數表現之普汎認識；同時更使心理家碻立時空感覺之邏輯認識，俾感覺界直接物理界，則幾何物理與心理之兩大過橋貫通成功，斯認識有完全真理可能，而理性有無限自由價值矣。

乙　感覺幾何之時空同聯關係

一飛鳥過予眼界，霎時予之視覺即有一束狀態。此狀態形自鳥翼一動，此一動之事變結果即與予以廣汎之"鳥飛"認識，是謂兩聯同致。或謂前束行動，納諸後束一般知覺之內，如一字之聲與一句中所具之聲；畫圖一角與全畫所現之景，皆為同然之關係。每關係有其明白表現，躍過眼簾，而歸於全關係之聯相。此何然而致耶？曰感覺相之時間內在與空間內在之同聯關係有以使之耳。任何覺知象攝於它象中時，必同時有時間與空間統攝。但時間所攝之關係，異諸空間所含之變化。如以甲乙兩覺象言，謂甲時含於乙時之內與謂甲之直接空間含於乙之直接空間不同。譬云深秋月夜予能見流星出沒，移時天空各處有現者。此流星之閃射，時間上（非空間上者）聯於彼流星之閃光。若目擊燃燒物時。由濃煙迄而淡白，由重體轉而灰燼，則爲空間上（非時間上者）之聯含。

時空同聯之內在性，乃自"覺象"之甲時空內聯於乙時空中者言。反之若以時空本身言，是否同義？依雷柯所證，時間統攝與空間統攝，正內在性組織之必然與充足條件。故吾人覺象之內在，實非單簡思維關係，必也既同值於時與空之連接，復洽合於連接之內在。如"等邊三角形"與"等角三角形"，兩念不離，兩形無異，然而精神永有甲乙同聯之分辨。此連接不分之內在豈真不變耶？曰非也。吾人視所對爲靜一，則內在同聯；若覺象動變，則一束之時空同聯無關內在性矣。

夫動靜兩覺，直見其反；何云乎動，何限乎靜，捨說辭外幾無復可證。曰靜者，必物於感覺範圍所有時久爲同容積同位置；曰動者必物之容積於其直接變更之時間過程中有其轉移或變形。此情此境如分割動體爲部分感覺，則無有焉。蓋邏輯認識，不釋變遷與固定，運動與靜止之獨居，而亦不解無關之顏色。其理如運動部分爲綠而靜止時爲藍，則動覺所有性質與靜態所持者同屬單純。例若動靜固有之內在性，亦無異是述。翼之一舉，在諸飛翔，兵之一鎗在諸戰鬥，字之一聲在諸詞句。此謂翼、舉、飛、兵、鎗、戰、字、聲、句；非指"事物"乃感覺所對，於一定機緣中"表現"於予者，故有連接認識。凡時間所攝無動靜兩差，依時久言，有所攝亦有被攝之者，然而永持同相。若空間所攝，則有運動相之差，因一動體乃變之體積，在變中如何能謂一體包於動體內？故論空間同聯關係，乃因精神能於覺象之此一直謂之爲彼一者言，其情如云"汝昔所未在者吾是時亦無在焉；汝之佔有處曾屬我有，是汝將不出吾所指容積之形影以外也"。由此證知動體限界之覺境所在原自此界存在之歷境相逐而生。每一範圍所示之性質，所歷之環境，有其支配之信物存焉，如流星飛躍即有其線狀歷吾之視域。此信物之存，得證動界所有空間包攝，實與靜界者有同然之用。但其配合乃自時間統攝，而無決於內在性也。如吾見牕外斷片雲飛，其容積團團逐隨，其境界則概無固定狀態之充塞，然而又能漸爲縮散短促焉。此謂雲之時空所有，實則時空顧在雲外也。

然則感覺境界之內在性的時空關係，非一簡單直覺事實而爲理性價值之邏輯組合關係耶？此問題屬最重之時空組合問題。如以內在性爲由所組合而至組合者之邏輯同聯，則覺境之逐替相，攝一由分而全之理性關係；質言之，覺境愈複雜，所攝內界愈多，愈單純則愈少，是故試驗之實在，無在而不突進各時各點之最小分，蓋複合者乃自原素質真實組之者也。原素限界單純，觀念所是明白，邏輯項亦必有其確實之根據。如 x 爲 X 之項或包於 X 之端，則思及 X 件時決不能不及 x；反之若思及或肯斷 X 時無有它項或它件，是 X 項或件爲一單純者。尋常語言所示單項不皆具單名，如云單純內含之"此一"，謂之有一事或一物也可，謂之指一類事一類物也亦無不可。若云"總之"則益無名是，因所指之"和"在而"全"則不在也。單純主辭，往往攝單簡而又統複雜，其用專恃精神時間所攝者。譬以"行路"言，謂爲予生活之一部分，然而此同一名詞，一方可認爲多數經過相隨之事變，一方又可認爲惟一之事件。如精神追索無已，則"行路"爲最繁複；如精神怠忽，則此名詞無此一彼一或它一種種記事。再此類記事非文字表現，亦非心理條件之斷定，乃事件單複之邏輯時空性質。即言之，精神所示 X 事件之 x 性及其 R 關係之同聯聚合也。

所謂同聯聚合之邏輯關係是否攝時空之內在性的感覺？非也。例如棋盤之與棋格，各鐘鳴之與點數，斷棋盤與各鐘鳴不必及於棋格與點數之分是。所謂內在性之關係，罔及由所組合而至組合者之邏輯關係。感覺廣攝之繁複性得視爲單簡事端之理性。蓋複者具於單之所有性，猶棋盤具於格線之固定數；廣泛者決於限制之固有性，如音樂之決自音律。然而此決定云云，非謂組織之事也。音樂組織乃自時空轉換限制之固有性得之，音樂與音律，爲非對稱性之轉換性，其邏輯配合之形式性亦然。襲"時空"（Spatio-temporelles）關係言，離容積與時久之圖型而獨立。若以幾何之經系言，則所謂時間關係，全體相類，部分相似，性質相仿，感覺物之位置相關等等又形而爲精神試驗之單純觀念，其理不外雷柯所謂"連續配合與一團相類性，位置或情境關係性，及同時與局部與性質之相似性"三大幾何表現。

丙　分析數學之時空邏輯涵衍

人類思想連續，賴標辭真實之內在力。倘一事變或事實——時空表現者——之關係配合見諸語言者無普通著實意義，及明白指示轉換之秩序位置等情，則在思想實際根據時，必移而爲錯誤或失真之判斷，且忘"反正""先後""適中""同時"之思想連帶關係。甚而疑信無辨，是非兩淆。如習慣謂：

昨日先於今日，是昨日爲今日之"前日"；

明日後於今日，是明日爲今日之"後日"。

然而習慣又視：

前日爲昨日之昨，是前日爲今日之"前二日"；

後日爲明日之後，是後日爲今日之"後二日"。

日之前者逆指爲二，後者順數爲二，衍而爲：

前日指今日前之"多日"……過去；

後日指今日後之"多日"……未來。

如將數性關係更普汎之，則相差之數，實稱無限。其式表明可能性之：

$$1 \leqq 2 \leqq n \leqq \infty$$

以今日爲主率，先一日謂之前，先二日亦謂之前，至先若干日 n 謂之前，至無限亦謂之前；故以"先於""後於"兩徵號 $\leqq$ 並列，同時示等號內在，明前一與前之無數皆前也，而後一與後之無窮亦皆後也。此何故耶？果一等而二而 n 而無窮之非矛盾耶？曰邏輯先存之同聯關係的認識有以致之，時空個體單純性與非重疊性有以解釋之故爾。如"甲爲甲"之重言價值，惟在邏輯時空關係有義，若忘此邏輯象徵性，矛盾事實立見。時空兩相中，原無矛盾實現之必然，例如社會政治道德之成敗利鈍善惡順逆或死生皆非絕對相斥；自然科學之相反律相反物，除尚未悉知之調和者外，更非矛盾現象。然知斯言認識，必先知時空邏輯廣衍之義也。（按此處"先於後於"兩記號爲同時合等號爲用之形，若分開則仍用前章 →← 兩形。）

邏輯時間具數理之連續而無長度與等速運動之計算。其連續變換，適自然理性現象，而異於純算術之：

$$\sqrt{2}-1=\cfrac{1}{2+\cfrac{1}{2+\cfrac{1}{2+\cfrac{1}{2+\cdots}}}} \qquad 或 \pi=3.1415926535\cdots\cdots$$

蓋無此類細分表現與先後長短大小之絕對現形；然而有經驗連續之認識。如甲爲十斤乙爲十一斤丙爲十二斤，甲乙間有相似之覺力，乙丙間亦有之，至甲丙間則易爲不同之分辨。故得：

$$甲＝乙；乙＝丙；甲＜丙。$$

邏輯時間認連續變換，係大同時久（Durée universelle）中所有化合各"同一異時"運動爲普徧事變之性質。如"現時"喜怒哀樂，行止動靜等，在同一時久內，無個別變換之計算，若在特殊生活經歷中或現象內，則有同一現時個性變異之經驗表現。因邏輯時間性屬同一異時，故其連續現象只局部相關之個性，而無時間現象之衝突也。其調和關係有如過去、未來、現在，或春夏秋冬之更替。每一時間具無限"中間"特殊象，衍而爲函數同一式之：

$$T=f(t).$$

或概衍爲：

$$T=\int_{x}^{\infty} f(t)dt.$$

式中 T 表大同時久，t 爲數理上之時間，x 爲任何特殊現實時間量。從是知 t 函數之引伸皆思想事實判斷所能，無論 x 爲何量，終屬一有限表現。若依或然判斷言，其真僞同關單稱主格之是。設云：

X時間甲開門
　　X時間乙開工
　　X時間丙開船
　　………………

述變性之單稱或然，不能定必真必僞之標辭。蓋時間邏輯對任何"開"之行動爲真，而於任何"開"之事實，不能必其事變爲真。故於 x 時間肯斷中，只宜謂：

$$x = \frac{a}{f(t)} + c.$$

質言之，x 時間真僞判斷，以確定某事變 a 之時數 c 爲定時，否則無標準理性也。若論過去，現在，未來，悉無直覺之連續判斷。過去迄現在趨未來，純屬自然新生事實，對諸邏輯時間本身，稱獨立標準。故尋常乏時間標辭肯斷之現象，皆忽真僞之當然。蓋邏輯時間觀念未具之前，思想認識僉爲連續之未知式。無論 x 時現象如何，或事變運動如何，終爲：

$$x = 0.$$

此零之現象爲不可以現實之事實，如緊急時，戰爭或政潮之事相，在報紙排印者被檢查新聞者抽去，結果餘一空白，使讀者不知所以，而又有現情估計之空測。

　　次邏輯空間懷提海氏粗析爲"外現空間"與"物理空間"兩類。外現空間乃客象外觀之空間，內分"直接"外現與"純全"外現。直接者稱甲乙之連涵關係，如甲之所現，關乙之所覺。純全者稱覺知界之統攝空間，如冶金家化合雜質爲一體，或文藝表形，搜衆象於一團。物理空間乃假設界之空間，物象關係，洽通感覺之是。一瞥之見，形於多元之物理關係，如目之視象、形自腦、神經、眼膜、光刺等等。此外有"抽象"空間爲抽象幾何科學之空間與物理者相對應。

　　空間直現者無限，抽象與物理者亦無限。此無限之協致，則在"關係"之邏輯空間限定。關係之者有其物理複雜函數，而關係連涵，則爲一致之統攝型式。如物理空間電子與原子彼此活動，而"以太"之中間性迺爲其連誼。此連誼空間，證物體位置運動之相對存在，或物界之

"關係率"。空間物體，悉自此關係率確定。關係率為邏輯概念之現在理性，攝自然、物體、事變、運動、形質、秩序種種勢力創造；單純、複雜、矛盾、齊一、真偽種種關係連累，使現實界所有現形，通於理性抽象之記號，不可見之實在，立於理性測量之方程，直視空間感覺，為一邏輯演算之代替式。譬以柏拉圖之"烏托邦"言，烏托邦之學術、思想、政治、道德等烏有事實或事變，在語言形容之空間，始終難證其真實判斷之絕對象，或以事論事，仍有不識之謎。此其故依邏輯空間概念析之，有明白確切之義存焉。

據前第九章公理分析之"14"所表空間形式，則烏托邦之學術、政治、道德等烏有事實為：

$$U=\int du = \int_{-1}^{-\infty} f(x,y,dx+dy) = \int_{0}^{-D\pi}\{f(x,y)dx+dy\}+C.$$

式中 U 表烏托邦學術、政治、道德界 $\int du$ 為積其無數小知識（如關於政治者、學術者、道德者之類）元素之和。X 代學術界，y 代政治道德界。依數學原則，演算之前宜限定常數 C，質言之，宜限定烏托邦學術界政治道德界產品為固有者，由是演算函數為：

$$x, y=0, 而 C=-F(0).$$

結果基本式變為：

$$U=1=\int_{0}^{-D\pi} f(x, y) dx+dy=F(x, y)-F(0),$$
$$F(0)=-1.$$

式中 1 與 0 為坡萊演算中真偽二值。間隔之負一至負無窮與零至負 $D\pi$ 取數學意義而非絕對數值，例如由負一至負無窮之間隔表明：

"由無一獨立學術與政治道德界之實在以至任何知識無限缺乏"之義；而零與負 $D\pi$ 或負 π 之間隔表明：

"由了無學術與政治道德界實在者迄無真理規範表現。"整個基本式解釋為：

"烏托邦學術政治道德各界之所謂實在現象，無論完整的局部的大小事實（f（x, y）dx+dy）皆屬虛僞與無真理規範之型式（0, D_π）；換言之，所謂烏托邦根本代表 F（x, y）非真在之事實也。(-F（0）=-1)"
如依純數學觀點推之，更可將 f（x, y）代以 F'（x, y）表明學術政治道德各界事實引申結果；於是：

$$F(x, y) - F(0) = \int_0^{-\pi} F'(x, y) dx + dy$$

或 $F(x, y) - F(0) = \{(x-0)(y-0)\} F'(\xi).$

ξ 爲 0 與 1 間之數，表明：

"烏托邦學術政治道德界根本虛設，謂之有者爲虛無與非真理規範間引申之極小變數元之和，故其存在之真僞（y, 0, x, 0）統限於真僞引申之負變數。$\{(x-0)(y-0)\} F'(\xi)$"

所謂邏輯空間爲客觀分析之是，對任何精神有效，於任何時爲連續保證。柏拉圖所云精神以外之存在，亞里士多德所云真精神創造之普徧存在兩皆用之。

邏輯空間之分析，即一切真實元素本身集合，謂關係之類分性可也。其形如戲托之：

$$M = \{m\}.$$

換言之，空間實在集合之表現與其元素經驗集合等，或云"分實"之元素等於其"現實"者。若以前式解之，烏托邦學術政治道德界非 M 而爲負 M。蓋各界所有之分子非 $\{m\}$ 元素集合。科學部分無有，文哲實在虛構，政治事變不真，道德假設自亦無庸矣，總和實際，乃自負數迄於零位，結果爲：

$$-m_0 + (-m_1) + (-m_2) + \cdots\cdots + (-m_n) + (-m_{n+1}) + \cdots\cdots = \{-m\}.$$

而 $\{-m\} = \{-M\} \therefore M \not\equiv \{-m\}$ C. Q. F. D

真實集合之表現（M）決不等諸非實在元素集合 $\{-m\}$ 之形式，故謂非實在之象徵，即不成其爲實在也。世人若徒以"象徵"爲抽象空間記號之義，觀此可證其不識空間邏輯之實在理性價值矣。

第四篇　綜核演繹型式及新興問題

第十二章　推理型式之經紀條貫

甲　演繹推理之結構及其化法

綜核前述各編，新型式邏輯綱領具備。今欲爲一"概覽"之認識，吾故重申演繹推理型式，經紀條貫之道。

人皆謂數學邏輯演算，爲一演繹論之經濟組織，或曰形成最深湛精確之演繹理論，尤爲公認。然則此演繹理論立於何義？讀者既研前有各說，似宜直答。吾於茲復爲定義式之補述以明其結構焉。

> 定義：一演繹推理，始立於少數不可定之對象與若干不可證之標辭上，藉邏輯方法，建適可之新對象；更襲邏輯演算條件，推證必真之新標辭；同時即證其假立之原始對象與原始標辭爲無矛盾者也。

本此定義，知演繹結構迺自兩重化法（Reductions）形成：一則用"定義方法"使甲念化而爲乙念；一則用"證明方法"使甲辭化而爲乙辭。蓋限定一觀念，必據邏輯手段，導入一單純組織之概念；證明一標辭，必藉邏輯有法連誼所可代用之辭，以入它一形式組合之辭。如此化法，理宜固定原始極限，質言之，無定之觀念與不證之標辭，非可任意假設者。一演繹論範圍或條件，非自"原始"與"引申"之兩極以外限定與證明者也。謂原始觀念爲無定，從而引申者爲有定；原始標辭爲無證——如公律公理——因而引申者爲可證，——如定理——是演繹基本法式，肇自不可限之第一觀念與不可證之第一標辭也明矣。

然則此原始觀念與標辭依何法而選之耶？曰"約定"；曰"毋固"；曰"連理"。斯三者示無條件之條件，自由之不自由，正所謂原始自然非任意使然之誼也。茲分舉如次。

一曰約定者，義謂無定無證與第一觀念第一標辭所具性質皆無絕對意義之說也。其無定無證乃對若干定義方式與若干標辭級次之連帶關係所因而藉手者言。例如游克立度量幾何之演繹式，論第一觀念與標辭之方式，實有無數可能，然其間任何體系，又皆有相當同價。游克立以點爲原始觀念班洛則以點與圜分爲第一；比邪黑（Pieri）以點與運動爲原始觀念，而衛卜倫（Veblen）則以點與級次爲第一；巴多瓦認點與兩點距離爲原始觀念，而易栢則更謂點、直、面，位於其上，位於其間，及平行等念爲第一。所謂原始標辭之變亦因而逐無定觀念爲準。質言之，從任何方式得衍同構之不變結果。向使原始觀念無有，而徒言某觀念爲可限者，或某標辭爲不可證者，則無異不明座標式或關係式，而直謂某物體爲運動或靜止之非義也。人有以原始觀念是否可證爲辭者，實則是類問題，謂之有義固可，謂之無義亦可。其有義也必曰游克立之原始觀念或公律是否可證？聖多馬（Saint Thomas）之神在是否可證？其無義也如純謂"公準是否可證"？蓋原始觀念與標辭，在幾何學中無絕對第一之是，猶神在之可證於聖多馬而不證於康德批評認識。物理科學有襲能力觀念以證質量，亦有因質量以定能力者，更有定質量爲加速度與能力之商數或速度與衝力之商數者。原始無定，證明之結果同稱，要在觀其條件約定之"是"以爲斷耳。

二曰毋固者，意謂演繹論所有原始觀念無特稱義，亦鮮直覺觀，具體弗顧也，精神亦弗知也，其意念如無定象徵，其轉變迺邏輯演算所推，內蘊則非所問也。彼直覺圖型狹誼，亦從此消釋殆盡。按觀念取毋固之原始，洽證標辭真理之獨立推衍可能；演繹理論雖有"實質"應用，實則純屬"型式"性質。所謂"邏輯型"（Schéme logique）既用諸有形之象，復釋諸無限之義。昔邦加赫論演繹式之幾何價值，極稱毋固觀念，認數學家不究物象，只索物物間關係之是；果關係不變，雖物象更變無不可也。數學方式，適邏輯常式之型，物理自然，咸於此型中解得物質認識，串獲理性結構之化。故曰毋固雖有失斷定精神，然而賺得溥汎概括之原理，抑又足多矣。況獨斷式之必然性，未始勝於公律式之明白性；實質分析之狹義科學，又豈得而無型式邏輯之演繹哉？

三曰連理者，證約定與毋固兩誼之非自由者也。約定顧出自選擇之自主，毋固亦誠屬有定之否稱，然兩者必膺條件充足與理性妥帖之至則，質言之，由約定與毋固者必能定"待限"之觀念與可證"待明"之標辭，同時無因而衍申矛盾之可能。更明言之，一演繹論式必具直覺與邏輯之連理，使直覺者漸爲邏輯一致發展，樹整嚴之推理方式。

無定象徵，始於經驗直覺之具體相；原始觀念，證於有定關係之空間物。游克立公律援於測量，而復爲度量幾何所援用，非游克立思想超於度量平面機械而復歸平面認識之解析（如栢萊塔米派（Beltrami）之解釋法是也）。此類方法，吾人於直觀中易爲發覺。蓋凡實在者即爲可能者，實在者即存於經驗直覺者。然此直覺一入理智認識，則實在轉爲邏輯方程式之推理矣。如游克立之轉而非游克立，幾何標辭之變而座標方程，算術一般原理之析而數理邏輯，或整個數學科學之導而數學邏輯。連理一貫，矛盾盡殲。所謂原始觀念與標辭之邏輯獨立與必然性，實演繹成功之最大經濟方法。一則破形上思想之元學無定抽象，而立公律式之關係明白理性；一則彰科學斷定之物質無限理論，而爲毋固式之邏輯演繹化法。科學研究，悉趨單純普汎，欲達此目的，捨推理之型式化法蓋無可由之道矣。

乙 科學邏輯通理與公念

公理與公律雖具科學之可分性，然在邏輯則統稱爲通理（Principes communs）之作用。按通理析類有三：

1. 律定若干物類——個體或類分——存在，實行列舉其所是之可能者曰"存在公律",如特表類分單性元素者名"單致公律"(Postulats d'unicité)。

2. 如若干物類存在確定,從而與之發生它類存在之關係確定者,則證其間有所謂循環"結構或型構原理"(Principes de construction ou formation)爲無限之新創。

3. 若干存在間既有確定關係,則各存在必有邏輯同聯或屬聯性與科學所謂位置,序列或相適,平行等性,是即"關係之公理"(Axiomes de relation)。

公理也,公律也,皆指任何類之原始標辭言,邏輯統名爲通理,或簡稱曰原理。數學邏輯基本方法,賴是以立。如第二篇標辭因變原理乃純自型構原理與關係之公理組織者也。標辭因變爲真假兩斷之"標辭型",其理正獲自"型構"與"關係"兩原理之因變證明。公理公律雖稱不證而明,然非如標辭確指,而爲標辭因變之非真非僞也。公理本身,如變數可能,其無定象徵,必通乎可解之對象後,始變而爲標辭判斷。故謂演繹之公理,或爲標辭因變式之無定,或爲事實真理之肯斷。

"存在公律"專示演繹對象之是,型構原理在表示由確定對象所生之推理,必獲新對象之是。例如由個體、類分、標辭、關係等所生之演繹,代替、加乘、換置、循環等推理,必得構假言三段式、相當代替式、加乘式、換置式與整歸納式等原理。至關係之公理,則在昭示已知或構造之對象間所有邏輯演算與關係性質。如序換性聯瑣性、配分性、重複性、單定性、集綴性等等,使邏輯連誼間形成包攝與恒等相當之單純關係。

次論公念(Notions communes)其產生有兩源如次:

1. 因存在公律或型構原理所斷之物象觀念或物象類分觀念所生者;
2. 因科學所有之特殊關係所生之觀念來者。

兩者有自演繹論以外,由經驗直覺模擬之無定對象轉而爲邏輯象徵之公念者,有自形式邏輯直接發生者。前者如幾何形類公念、算術數目公念、邏輯集合性、相等性、隸屬性等公念。後者即前各公念之特殊象徵關係表現時,全限指邏輯形式關係,而無個別之內質存在。且形式性之羣集，祇標關係類分而不及特有連誼。設有甲類之任何無定象 a、b、c 三級次關係，其表現爲特殊關係之"先於"形式，如：

（一）a 先於 a 爲僞；

（二）a 先於 b 同時 b 先於 a 爲僞；

（三）a 不相當 b，故或 a 先 b，或 b 先 a；

（四）a 先 b，b 先 c 故 a 先於 c 爲眞。

此形式性表自然變異間特殊關係之一類分性，所謂甲類如指同質量，則先於爲"大於與小於"；如甲類指物之行列，則先於爲"左於與右於"；如甲類指時久分差或基數級次，則先於爲"先與後"；如指血統關係，則先於爲"……之父……之子""……之兄……之弟"……其它同類之可能，皆證前四形式之級次關係爲公念存在。緣是類特殊關係，始創於某特殊科學（如先於之念，本屬幾何學一線之各點位置關係説），及至特殊性衍而爲邏輯認識時，則私念變而爲公念之形式性矣。凡經驗直覺所具關係，必趨型構原理與關係公理之邏輯關係象徵，質言之，必歸演繹之公念認識。

丙　微言式之定義

邏輯象徵何由而有此溥汎無定之觀念與標辭因變？曰來自關係公理與型構原理。所謂關係與型構，又何獨有此自由解釋之無定象徵？曰集象徵大成之微言式定義（définitions implicites ou déguisées）有以保證之。蓋公理與原理，在任何科學所有者皆爲隱謎無限性，或曰原公律而生之定義。其性質溥徧化，有具而不皆攝之不完全性，若使之婢一或單稱某物，則非其範疇之眞是矣。依"種類"概念言，此種定義謂之"類概念之定義"也可。游克立幾何，純因此種公律性構之者，故其公律象徵式，即其定義之部分組織。如直線定義之必因第一二及第六公律以別於非游克立派，是也。

幾何演繹同於邏輯推證，皆襲公律之微言定義，作契約式之毋固標辭，即曰定義，亦非確定眞僞之標辭。謂爲語言條訂，精神自決，有其方便自治，適應理性則可，若對智能活動言，絕無強迫命令之義也。邏輯價值，正有賴此契約兼攝之實在標辭，既可取真，亦得釋僞。由是觀之，微言式定義似指非指，其將與存在公律爲矛盾兩立耶？曰不然。存在公律專定關係公理與型構原理所示物類存在之關係，微言定義則指二者所示之無定觀念。蓋定義決無能及諸所限定者之存在。此宜分別認識者也。按微言式定義，不專用於一觀念，而在貼附各觀念之方式，列舉所可證之關係，並及其它待證之性質。此謂關係，實即理論所具之原始標辭，藉公律爲之限定者也。故微言式或公律式之定義，非普通命名式定義之明白性，因彼之所謂觀念乃不可限者，徒欲藉公律以限原始觀念，使定義萬能耳。古第哈謂觀念之可定者爲名目所指，無可定者爲公律所可。是微言式乃定義之邏輯結果，非欲本公律以審未知也。讀者參閱第六章連誼象數論之五公律式定義可也。

此外如邏輯因變論所取之定義，則爲抽象式定義。其説理專恃條件逮達之解釋，非稱名指實之單純意義也。例如方徑示線或向量（Vecteur）不能以名目式限定，只宜謂之曰"兩向量相等時爲同長、同向，且同面。又"方向"亦只能謂之曰"兩直線平行有同一方向"。再如物理之質量、溫度、潛能，均不能稱名定義，惟循用條件假設，説明兩物體有同質量、同溫度、同位等等，蓋一類分之兩物象間，終有一對稱與轉換關係，——如直線之平行性，天秤上物體之平衡——此關係可視若相等性，以訂兩者間抽象性之恒等。

第十三章　排中原理之問題及數學檢證

甲　排中原理在數學邏輯之意義

吾人於第三章述標辭演算時，曾將數學邏輯應用公理式確定標辭連累及相等性齊一性三段性説明，並自加乘演算證知單定原理配合原理等等，因而立限標辭之真偽，確解類分之論域（如零之無類及一之全類是也）。由是依零與一而訂負辭，更由此以定矛盾原理與排中原理。明言之，因一連累性之演算，獲限定齊一原理之認識，因負辭及乘法之推演，獲解釋矛盾原理之方式，更因負辭及加法之方法獲證明排中原理之存在。

舊邏輯概念，通常只注意邏輯關係之量性概念，或概念之外延性，而不知無有類分之零類或偽的存在，數學邏輯者藉諸代數邏輯公理，揭真偽可能之標辭組合，明概念基本性質之是或非，使思想定律，融合一致，真偽連累，悉約守齊一矛盾排中之三原理。精神雖有錯誤可能，而錯誤者必因三律以達於真理。羅素派從是展負定性與不兩立性，定連累之 p、q 爲非 p 或 q，所謂思想三律，遂無失調之弊矣。

繼而標辭因變，精進真理問題，明辯偽性可能，由不真不偽，迄而時真時偽；若標辭 p 連累於 p 則永遠真，反之則永遠偽。永遠真者，表思想於各情境中（肯定或否定之類也）與其自身相接；不真不偽者，表因變元素暫定性，或思想無定性，或超因變所限以外之實在性；時真時偽者，指錯誤可能，與無定象中思想能錯之事實。從此引申所謂形式連累與實質連累之真理的標辭因變關係，及夫因變值之或然性論。

歷史不解之真理問題，胥於前各說有其法則之處置，與思想化合之根據。然而問題之興，亦自此法則根據者創。蓋"永遠真"之一辭，在數學邏輯者視之，對一切邏輯法則（排中原理亦在其內）皆形式無違，而新直覺數學派者，則謂經驗上大有不然，尤其排中原理非由

$$p \cup (-p) = 1$$

之標辭因變表明永遠真，乃因

$$p \cup (-p) = x$$

之標辭因變導而使之真，且必此 p 爲"有限"物類之集合始可能。如此 p 爲無窮，則不兩立性之"p 或非 p"爲無義，而標辭因變只有無定之 x 式，即不真不偽，非永遠真之說也。排中原理之形式值既有如斯限制，是邏輯舊原理之基本定律，有非普汎價值之反一致性焉。所謂邏輯律將發生矛盾問題矣。主此派者爲濮威（Brouwer）之新直覺數學論。問題

至此，宜詳述其理以明其義。

乙　邏輯僻論之原及濮威之論證

前類矛盾發生於數學問題者以戡托派集合論所生之兩反律爲最著。戡托謂：

任一集合，爲若干有定物之聯結；或感覺者，或思想者，由種種不同元素，形成一全體。

按此集合定義，無論合理與否，吾人姑與戡托同一接受。先問"凡集合自身，是否控其爲元素之是"？依現有數學觀念之總和性（Totalité）言，凡集合必控制自身爲其元素。

設有不自控其爲元素之多數集合 e 爲 E 集合，試問此 E "是" "否" 自控爲元素？此問題如先認爲 "否"，則 E 爲一 e。但以其爲多數 e 之集合言，是由假定上必自控爲元素。回答 "否" 又爲不可能，是謂矛盾之一。

然則回答 "是" 耶？換言之，E 爲自控其爲元素耶？果爾，則 E 仍爲一 e。但 E 爲各 e 之特殊指標數，是又不能自控也。回答 "是"，復爲不可能！（依羅素之言述之，則曰：含所有事物之類分，必自身攝爲各項中之一，因類分包所有事物。）然則如何結論？簡單言之，謂 E 集合爲非可截爲 "是" "否" 之對象問題可也。若然，世界果有此類對象與如是之問題在耶？曰有諸，人皆知有適用於主辭與不適用於主辭之表性字（Prédicables）與非表性字（Imprédicables）。如云 "中國人" 爲一表性詞，凡形容字能表明一觀念之適用者屬之，若形容字之無此特性者則爲非表性字。準是，則又能謂凡形容字，有爲表性者，有爲非表性者，結果 "表性" 與 "非表性" 亦稱兩矛盾之表辭矣。

既如此證，試本前定兩型，察 "非表性" 之屬如何是。

曰非表性者非非也，因既指其所有之一性，則即爲表性矣。

曰是表性耶？因既稱非表性，則不能表性矣。

無疑，兩說與定義所謂：凡不是表性者，即爲非表性，亦爲矛盾。

此矛盾果爲不解歟？說者又不謂然。蓋持原始定義，絕難免攝一矛盾之有，故定義之變更，必有副設條件之：凡此定義只適諸文字之用，其間無定義之矛盾。質言之定義不含矛盾。

既又如此證矣，是問題所示者不惟容"是""否"之兩應，抑更攝"既不是亦不否"之未定性也。此說雖初之信，因定義不認文字集合爲兩斷之型，故必有字爲"一無意義"之又一型矣。

準前各事實之關係以與排中原理較，知標辭肯斷者不真則僞，或是真或是僞，僞則不真，真則不僞。若以此原理類比推之，是否膺有錯誤之嫌？按標辭謂：非表性字爲表性者是僞也；而謂：非表性字爲非表性者亦是僞也。故惟反斷之曰：非表性字既不是表性者亦不是非表性者之辭爲真。蓋吾人對肯斷辭之真僞性不能有所懷疑，而混含之弊乃出於逐字逐句之過。謂之非邏輯範圍可也。

戡托派超窮論之集合問題所生兩反性，在濮威如何解之耶？應曰：濮威認集合論之矛盾，乃自排中原理出者，若無排中原理，則矛盾無有。設濮威視排中原理只限於有窮與有定之數學範圍，舊邏輯之有效性與正確性，亦惟用於有窮集合界，其價值僅及有窮數學系統所示之局部自然科學。

濮威謂兩反之矛盾，因數學內附有語言之形式與構造，結果定有非邏輯之真實判斷。此語言結構之邏輯律，雖能使思想通於客觀，然而危險在其絕非數學實在之是；質言之，數學實在爲自身者，其因思想發展時，決非語言之構造或人爲實在也。故以數學言，謂邏輯規律爲無限威權，可謂不通之論。若以構造實在之可能言，惟數學獲保真實。彼集合論所有集合之僻論，不能任意構造；所有文字連貫，亦有必邏輯律之基理，雖涉未知與神祕範圍，決不許矛盾存在。縱使有構造之集合，攝概念之性質；必只用適應之構造性質，以免與排中原理所發生"有或無此性質"之元素再生問題。

濮威謂數學構設有消極積極兩要：一則放棄存在之證，因存在實無能構設何物。一則採取自然數（1，2，3，……）概念之原始與直覺根據，襲單位之區分，迺獲無限方法之可能。果爾，則排中原理得自明於試驗之域，而非純邏輯之思考也。設有一堆零碎粉筆於此，在濮威可下一選言判斷如"此堆內，無一塊白粉筆，或至少有一塊"。濮威認此判斷非先天所有之排中律（Tertium non datur）乃自存在之事實證明。其可能性在偏愛一塊白粉筆（顏色之故也），故於試驗中求選言判斷之有效。殊不知實際前標辭之"至少有一塊白粉筆"正相當於所謂"邏輯和"；如"此塊爲白；或即此；或即彼；或即其它之類"是也。無疑，濮威推理方法，原則非常正確，實用於演算時，如論太陽系各原子之集合謂爲有一公性者則不可用；但在理論者，對思想仍爲可能，且足自證。是故求證思想之"可能性"，終爲基本必要，所謂邏輯原理，無能負此責任。蓋無窮總和性間，元素次第結構，終屬無定性，即在思想界，亦莫之獲證也。設以十進數之：

$$\pi = 3.14159\cdots\cdots$$

爲例，求證此數遞進至某時，其次第發生有如 0123……9 之級數者。問題回答雖尚未知，然似可謂此級數"或終不得有，或至少可有一次"。但依濮威觀之，此存在式之選言決不能提出；因在級數 0123……9 未經實構之前，標辭謂"0123……9 級數在 π 之十進發展中至少有一次得見"爲無義，亦即無理。由是普汎標辭之"凡 0123……9 級次無見於……之中"亦不能有負辭或否定，蓋既否認其特稱之合理，則此一亦爲無理。

設更反證此結論，復揭一特稱標辭曰："級次之 0123……9 實在得見於第 n 次十進之演算時"。選言判斷至此乃對已算得之數字構成者。在濮威觀之，當不能再否認排中原理之合理矣！但此標辭別爲一問題，與前述意義兩不同解。濮威似早見及此，故力持反對，謂否認普汎或全稱標辭爲合理，因有此"否認"之負定，斯有特稱存在之肯定。例 π 數十進發展之選言判斷視爲有效者，或因其間無一級次數字適於所設，或因先天自含至少有一次是；且此一次存在，事實無須由某一日或它日演算發覺之也。然而據濮威言，同類再推，則又不能自證，蓋以科學現勢觀，無法證知前級數之不能過獲，或能於第 n 次十進見之也。結果輪選

（Alternative）之辭，無用於數學，蓋口頭意義之選言，對 π 之認識毫無增加故也。

自然數之原始直覺根據，在數學自由或自主之純思想結構。此薄弱虛靈論據，使人皆托之以文字形容，導之以邏輯規範，結果各規律自不免有相對性與經驗或後天性之存在。所謂無窮集合，特自然數意外之專有級次元，能及於無窮列數之上，形成不可列計之無窮"連續性"。濮威認此連續性中，有"自由變化之中庸"，其本性存在之元素非若事實所有之部份與無限區分者同。連續者即所有部分之一關係，非不可分之元素集合也。按斯說與戩托相反，而與衛珥（Weyl）視連續爲原子形構元素與無限列數總和之說亦異其趣。

問題至是，認思想活動與其直覺構造之"所對"爲直接關係，吾人不欲評述其僻見，其有特別意義者，惟在問題之：

"凡標辭之兩矛盾者不能證明特稱之真，亦不能定全稱之是，因爲有無窮情境須待檢討也。"濮威證此矛盾爲無理，且無邏輯意義；蓋推理"所對"之根據不能證明有效，斯排中原理無從應用之也明矣。

綜濮威派之問題，如欲免數學兩反之矛盾，惟有棄舊邏輯與真理概念，尤其關於排中原理之應用。按此說在數學方面者已有博黑（Borel）與魯栢格（Lebergue）輩經驗證明於前，而濮威與衛珥輩不過從是張集合變化之新經驗直覺說。前者問題，實無外數學邏輯標辭因變之批評；後者問題，亦已解於易栢與攄墨羅（Zermlo）公律之演算中。讀者細索第八章及九章公理證明式所述減除矛盾之論，瞭然邏輯與直覺之分矣。

丙　對濮威派數學事實之批評

夫濮威之見，認"實在"匪獨無我人所指意義之真僞，且無判斷真或僞之條件。"實在"之對標辭，在理性與事實，皆非真非僞，而亦無標辭因變之關係。然而舊邏輯中證明者與此絕不相類。所謂僞同樣連累真，在思想所有之實在必含"真與僞"兩辭，而新邏輯所有者又必含"真僞與真僞無分之可能"之三辭（參考第十三章）。此可能在濮威則稱無理或曰矛盾兩可，其不真不僞之説，乃重疊於真與僞之真理範圍中者也。

濮威派對真實與謬誤兩可之觀念，型式上極爲混亂。黑蒙（A. Reymond）曾再三分析，謂兩型之義，或表"事實上"已確證而將來永遠是者，或表事實上尚未確證而將來有一朝能是者。前者之義，似無討論之要，因爲數學範圍所用之真理事實永有可證，無須再作同一演算之否定。但後者之義，型式轉爲曖昧；因所謂真實尚未證得，即已宣示其可證。此時必發生問題：試問將來由誰證明？抑"現存"之數學家"將來"證之耶？抑亦"將來"數學家或才子於將來證之耶？玫濮威所論，似欲就"前者之義"構一新邏輯，以反舊形式邏輯與數學邏輯，同時立數學與邏輯新關係，以陷羅素之理論。依黑蒙言，濮威新邏輯實不能達此目的，蓋因其"謬誤"或所謂無理之定義，終不免連累於排中原理之用。貢塞夫（Gönseth）曾證明此謬誤性之 R 直揭"或謂不知 A 者僞，或謂事實不知肯定所不知肯定者"（參看貢塞夫著《數學之基礎》第二二五頁各例）。是明爲排中之説也。如濮威不認此數學事實，則所謂謬誤性之兩可等於無義。昔羅素與邦加赫曾精析表性與非表性之分類，合兩家所異，亦得排中之有。即以吾人前舉"表性者"與"非表性者"之形容字言，在分類中決不見"非表性者"之兩可。謂之表性者因其爲形容字，謂之非表性者，因其只有非表性之觀念。論者混形容詞與實字之用，而不知一形容詞只指一性質實際之所有者，非實字之是也。此而不分，則如"所有""完全有""無窮"等詞尤爲難定其無限之形容矣。按濮威定兩可性爲已證之真實者之矛盾説，即欲分別此類困難也。故謂無限或無定總和性之全稱標辭（肯定或否定者），有其合法之無理兩可性，且能由可真性之特稱辭得證實在，所謂排中原理亦於此時變爲合法矣。是濮威與數學邏輯論者實爲同然之見。全稱辭有一存在之條件價值，不能用作特稱辭肯斷事實之真理，故在數學邏輯論者仍保持"無不是……若干是……""所有是……若干不是……"諸形式價值之對立，而濮威因證明特稱辭真理之根據非已知者，乃認此分別爲無義，即形式之義亦無之。

故謂數學邏輯者之分取選言，謬在不知標辭"對當表"之矛盾、對當、大反、小反爲無用。殊不知濮威所謂真實之有效，正假定證明；假定如無證，是真者爲非真非僞。真者表一判斷之固定關係，此固定或所對往往極端繁複，判斷所能，往往即僞，雖有所真，亦有僞之連累；故單簡標辭無真僞外之中間值，而對當表，形式上決爲有效。

論排中原理應用於純數學之問題，吾人採黑蒙與哈達瑪（Hadamard）之態度，先分數學事實與智慧活動所求之事實爲二。如果數學事實，完全數學家用定義與演算創造者，又如果創造活動，完全遵自由發覺與自願承認之法則進行，則在此構造範圍中無所肯定或否定；因爲思想不能宣言不存在者，亦不能對無定者定其將來之可能存在。如此情況，排中原理不能用，即形式亦不必要；然而任何其它推理式，同樣亦不能有代用之價值！故濮威欲以直覺毀象徵邏輯，而不知公理式之科學證明，已確立各原理選擇之真理矣。

謂數學有一固定實在而非純粹精神者。然則此實在如何知之？類如數與連續之關係如何明白？濮威謂循直覺知自然數；因直覺原有自然數之級次象，而此原始直覺之活動，完全"非"排中之形式定律所示者。故以吾人所知，每建連續 f 之知，必有定律 g 之在；是 g 律乃 f 律之所生，而所生之生之再生，完全自由智能十進之發展。然而此自由變化，果數學事實存在？抑某十進時之偶然發生？此問題不可不辨！

濮威之意：數學變化，無論自人類精神創造或由萬物自然結果者皆絕對不可預測，質言之，爲純然無定，而不見知於思想之明白；因將來者俱屬偶倖，不能有"甲或是，甲或不是"之說也。果爾，是濮威固有自主之試驗精神，惜其陷於同一數學存在判斷之無定而又有限之錯誤，反毀排中以自拔，是謂自入陷阱！吾於此益信惟"標辭因變"論足以排難解紛也。

附錄　虎塞爾（Edmund Husserl）之"邏輯研究"

民國二十一年，予曾有介紹虎塞爾之"邏輯研究"一文，載於"鞭策週刊"，今因本章談"直覺派"之濮威，特將此文錄出，俾讀者知最近邏輯認識問題中，更有此一大派直覺之新興認識。余目的在引人注意有一直覺新思想在，讀者若以"不類"責之，則余惟曰自我得之自我失之，無不可也。

　　虎塞爾哲學思想，於一九〇〇年"邏輯研究"（Loigsche untersuchungen）卷首初版問世時，即已震撼世界哲學運動中心。所謂"現象學"思想，現完全統治德國哲學生命。欲知此派精神奇偉與邏輯認識之要，先略述"邏輯研究"前之思想問題。

　　當十九世紀末，自然與歷史科學極盛，所謂黑格爾派系統勢力，幾全失效；人人深信科學絕對能窮竟萬有存在之知，彼哲學研討，實一無所獲。因既祇科學知萬物，亦必祇科學自身有其可知之象。若專對存在之認識言，惟有認識之認識，與所謂認識論之哲學處置。斯時德國哲學界，因此類科學與哲學解釋之異，發生兩大辯難原因與傾向。一方自然論與心理論哲學家，主張齊哲學於試驗心理之列；一方新康德派及邏輯實在論派主復興康德批評主義，疏解認識論之可能，或齊哲學於認識論。前者認科學深思反省之結果在科學本身，質言之，即一自然科學而已。如物理化學之類，其方法決不能變爲哲學。蓋心理論者欲明定試驗心理學爲認識論與邏輯之基礎也。後者除所謂新康德派外，更有形式邏輯派如黑巴特（Herbart）等之非心理論者，皆謂科學只於認識論與超絕哲學上顯特殊之價值，哲學認識仍爲哲學認識，決無自然論之"心理本體論"。虎塞爾邏輯哲學洽自此類認識論發出新目的與問題，明示方法，確定科學真實。魯斐拉（Levinas）云：虎塞爾之邏輯研究的哲學不外一認識論問題，然而有超認識論之觀點。一方立於理性派之新科學立場，反休謨（Hume）以下之心理認識論，唯用論之抽象假設，及圖型主義（Schematisme）邏輯；它方從純正科學之新創原理，探獲"存在"之真概念，立新邏輯與新哲學。茲論其邏輯研究之要義如后。

　　按邏輯研究一著，代表虎塞爾哲學認識變遷之兩大時期。因原書未梓行前，虎塞爾係完全栢大落（Brentano）派之心理論者，例一八九一年之"算學哲學"一書即爲此派之代表作。一九〇〇年之邏輯,則一躍而爲非心理論者。及至第二卷與再版時發表之"Ideen"出,虎塞爾又轉標新直覺意識之新心理論。故試讀邏輯研究者,如不知貫此兩大時期真理而通之,必不免有海恒(Hering)所謂"虎氏哲學,如自局部研究,實難能而又矛盾"之言。明乎此,再析邏輯研究。

　　邏輯研究總論中虎塞爾首揭邏輯對象、性質、方法等類之辯論問題:邏輯是否誠屬一理論規律或實用方術?又是否獨立成爲科學,尤其離心理學或元學獨立存在?其方法是否媷作認識形式而無顧慮於實質所在?最後是否有一先天證明之規範抑或完全經驗與歸納可能者?各問題解決,形式不同,實際只須邏輯認識論者抉取一問題態度,餘皆一串通釋。虎塞爾態度,先自科學系統性質發動,研究獨立知識之範圍,認科學所創之真理認識,必有理性結構之單純理論,既不逃乎規律之外,亦不明示其特殊價值之對象;此性質存在,即組織科學之條件,解釋科學可能性之特殊科學;迺一科學之學理,一科學之科學。是類科學學理,可謂爲規範者,所謂邏輯對象,大部分即由此構成科學觀念。然而"規範"一詞,不能明完全邏輯意義。邏輯定律謂爲意像亦可,但仍能於事物應用外,獨表一實在性與一價值。

　　所謂規範科學,應否由心理學指導?此邏輯研究重要之第一答復。虎氏力反心理論者以邏輯律同化於心理律。謂若認心理學爲事實科學與試驗科學,則必不知心理律之"逼近性"在也。吾人試思歸納結果、心理方法、完全偶然、經驗、純或然性者,若以之直擬邏輯,是忘形於邏輯對象之思想律的專門認識。徒執自然論之惡劣思想,而不顧心理學惟在求思想之"是",邏輯則在窮思想之"所以是"也。欲救此蔽,虎氏努力由自然論之心理學以外礄定邏輯獨立點。謂"邏輯定律既無關事實之物質,亦無表象或判斷之'存在',塵有認識之現象耳。若依固有意義者,邏輯定律,並非關係心理生命之事實律,既無表象之意識情境關係,亦鮮判斷之意識情境連帶,對任何心理意識情境無負擔"。邏輯定律無論已知未知,皆相當於"所能值"之值,決非心理意義之假定(按此處在下章論劉卡西威克之可能值時可對讀一過）。

由是虎氏第二步即明自事實認自然派心理學之混視邏輯與心理定律相當者爲"錯誤"與"懷疑"之結果。邏輯意像性及意像之存在，皆與真理同一條件，如將邏輯定律概括爲邏輯試驗（如自然科學之試驗），則不啻否認必然性而入絕對懷疑矣。

第三步更試行宣示心理論包含之錯誤原理，謂若輩不知意識之"意向性質"，妄定邏輯對象之超絕性，誤取心理活動上所思之意像物。如能毀除此類臆說，正好自意識新認識，立獨到之邏輯對象。

邏輯研究第二卷猛擊英經驗派邏輯論。謂概念論與名目論者欲併觀念於事實，是不識觀念與事實之分。第三與四卷，用新邏輯思想，重建意像定律之"本質"（Essence）原理，析分純邏輯之觀念，與純本質之科學，恢復意象界之存在，因邏輯關係組織純形式界，發現形式化之普汎數學對象。昔之邏輯舊形與所謂代數學，皆屬是類形式化之部分思想。然而形式界之外，決非如形式論者之絕對形式存在，質言之，有物質之本質界的擴張性，如紅之本質、顏色之本質、人之本質等類表現。各類本質皆爲組織必然真理之基礎。吾人須由柏拉圖派之冥想通釋之。如研究空間本質之幾何真理，與謂"顏色有容積""聲音有強度"之類的真理皆屬之。必然真理之範圍，包無限本質之宇宙，大有一般哲學推測不及之理想容積。是"邏輯研究"之思想，乃從意識關係，持有形事物之超絕性與意像界之超絕性爲同一方法，即觀念之實在論合普通實在論爲一矣。（按虎塞爾自身不信其爲柏拉圖派之實在論，魯斐拉氏言之頗詳，讀者可參看：*La Théoric de I'intuition dans la phenomenologie de Husserl* P. 174）

邏輯研究第五、六兩卷，虎氏復回顧意識之路，碻定表象、真理、對象、自明之類之本質，無形中似乎爲返歸第一卷嚴厲反對之心理論，遂產生氏"純現象學與現象學哲學之（Ideen）"的超絕唯理論。此非矛盾思想也。蓋第一卷否認從邏輯至意識之關係，只對心理論者所假定之"若干關係"而言。第一卷否認自然論心理學，第二卷建新心理學。所謂自然派心理者，視生命意識爲心靈内包，將"本質"心理化，是不惟有誤本質之義，實深誤心理科學也。第一卷舍解除此類錯誤外，不獨未曾分離生命之邏輯，且益信萬有之本原於生命；所謂萬有存在，乃生命意識之固有意義。此即虎塞爾邏輯研究，前後隱貫之認識主張。

總之，虎氏邏輯研究由批評自然論之心理論入邏輯論主張，由否認同化邏輯於心理之心理本體論入現象論之新心理學。主復興賴本尼支派之"數學爲普通邏輯原動"說，反康德派經驗派之組合的數學判斷論；謂數學判斷爲分析者。對十八世紀數學家之不可證明公理公律，悉用直接之直覺意識，導入邏輯價值，使數學分析觀念之單純元素，變爲演繹獨立之關係存在。是直與易栢、戡托及羅素諸家相爲運動，或謂之同調，亦無不宜。

第十四章　邏輯問題新解釋及其對現代物理之應用

甲　劉卡西威支之三值判斷論

前述各章，無論關邏輯或數學，雖說有參差，皆示新邏輯發展之要端，據此足知其超越舊形式演繹之特徵。新型式論者能同執數學與邏輯之型式基理，建演繹公理之原則，對舊者與以最大之改造，對科學與以健全之構造，實廿世紀來，偉大之創獲也。

亞里士多德式邏輯自復興時代以後，批評否認，不一而足，專家所見，悉集中研討"理智動力之思想原理是否實用亞氏形式"而無貧乏或妨礙之結果？依近數十年傾向言，雖不敢謂答稱肯定者無，然究主新形式改造者多。即以"判斷論"言，舊元學絕對真理之條件論與夫存在之實體主辭性，皆不足解決科學近見。真理價值之連累性，有自判斷者之思想得之，更有是於思想以外之任何非真性。我思之是，同時關係我思之不是與不思之是非。故肯斷或否定，全屬邏輯標辭自身之相對價值，而無關存在絕對。因判斷聯絡，示標辭真僞。所謂真理本性，原屬人類心理結構與宇宙物理構造之交蓋認識。在思想方面，一切基本原理有其相反價值，亦有其恒等或齊一定律、真偽、善惡、美醜，無逃於任何人之意識，其相反之變亦無定於任何時代之標幟。曰齊一性所是之辭，同時即見其連帶它辭之複雜關係；此齊一性之空間，更時及特異或超越空間。新形式論者視此類思想動力之科學齊一律爲因變連涵之齊一性，其可能轉換或聯瑣關係，乃各別之性質情境所示之變量價值也。欲表此因變可能式，惟象徵"等號"諸演算足以當之，舊齊一式實無能概括也。（參閱本章末附錄"辨負襰"。）

一九二零年波蘭哲學會發表劉卡西威支（Lukasiewiez）"邏輯三效判斷值"論文，頗引哲學界注意。次十年原著者復與門徒達斯基（Tarski）詳述是說，爲之引發現代科學應用與實證問題。使吾人益信此新興邏輯真理認識，具無限數學物理之適用原則與理性也。

劉卡西威支原理，始自"樣式判斷"之改造，解除康德派對此類判斷意義，重詁亞里士多德與學院派判斷之新價。認判斷標辭，不能直限"必然""或然"及"能否"之比較。蓋標辭價值，非"真偽"二值所可指，顧必先明超此二值之可能性如何，然後獲定所是之真。例若以甲表一任何標辭，則謂：

甲是可能；　　　　　　即亞里士多德之可能判斷式；
甲不是可能；　　　　　即亞里士多德之不可能判斷式；
非甲是可能；　　　　　即亞里士多德之或然判斷式；
非甲不是可能，（甲是必然）　即亞里士多德之必然判斷式。

科學進展，判斷之知，屢有新價重詁。有謂必然爲可能之反者，其視或然概念無分於可能，必然概念無異於不可能，實理之常。按或然乃明示"能不是"；必然專指"不能不是"。依舊邏輯原理言，兩兩相斥。然深考亞里士多德分析論，曾見其已認"兩相"可能性。如謂"甲是可能"與"非甲是可能"之兩辭——病人能安，病人亦能不安——爲兩可適真或同真判斷。劉卡西威支謂若以樣式標辭各原理所示爲準。則對邏輯範圍內者言不能同時真，否則必犯矛盾律之謬。今欲免此困難，須於真僞二值外，確認一"可能性"爲有效值，斯各原理同真之矛盾息矣。昔坡萊代數邏輯，取"零"與"一"代真僞之演算值，劉卡西威支從是更益以分數式之"分半"或"二分一"代可能值（按坡萊曾用分數式代無定值，但與此絕異）。所謂邏輯三效判斷值論，即本此三徵號，根據"邏輯常式"之負定性、連累性、邏輯和與積配合爲用。設以邏輯和與積言，則兩標辭相併或至少有一真或同時兩俱真。真之負爲僞；僞之負爲真；若可能值之負，則仍爲可能值也。試依表檢負定值爲：

更自甲與非甲兩標辭連累性觀之，如前率等於後率則連累關係爲真；否則前率小於後率必爲僞。如前率之邏輯值大，則原式爲可能值。舊邏輯所證，認後率之僞乃僞其含值之非，至前率則終不失其爲真。合新舊兩論，除四格外，尚有五格豫存。茲以PQ二辭及其連累式列表如次：

$$\left.\begin{array}{l}P\supset Q \\ Q \\ P\end{array}\right\}之\left\{\begin{array}{l}\overbrace{真—真—真—僞—真}^{\text{舊四格之值}}………真——可能—可能—真 \\ 真—僞—真—僞—可能……可能—可能—僞——真 \\ \underbrace{真—僞—僞—真—僞}_{\text{新五格之值}}………可能—真——可能—真\end{array}\right.$$

試將前表負定值取而與此連累值對檢，則和積之理，瞭然易證。惟真僞二絕對值之和有兩值相當，此相當性在劉卡西威支認爲不真，且不得有二。其理如謂：

"有或無等於非有連累於無"；

"亦等於有連累於無者無"。

劉卡西威支只執後者爲和之定義。從而推證舊邏輯各律所指者徒有局部之真或可能耳。即矛盾排中二律，亦僅可能之一義。按可能值之發現，對數學家如格拉斐侶（Clavius）第一、二律所示之演式能與以簡單證明；尤其對畢哈利佛第（Burali-Forti）及羅素之兩反論所持兩矛盾辭相當説，解釋通徹。蓋新邏輯認"甲相當於非甲"之可能值爲真故也。此外對集合論之錯覺觀念，亦直間接供給可能之"理則"。其助益誠非偶然功利也。

標辭演算，決非代數機械方程。論未知量之變數值，任取真偽，悉具可能值在。格拉斐侶證明"非甲連於甲者則連累於甲"。若襲負定值推證，使甲表真則非甲亦真。其式有如下列推證之關係結論：

非真連於真者則連累於真；　　　是則：非真等於僞；
僞連於真者則連累於真；　　　　　　　僞連真等於真；
真連累真；故真。　　　　　　　　　　故真連真等於真。

反之若使甲之變數值表僞，其結果式亦爲真。如：

非僞連於僞者則連累於僞；　　　是則：非僞等於真；
真連於僞者則連累於僞；　　　　　　　真連僞等於僞；
僞連累僞；故真。　　　　　　　　　　故僞連僞等於真。

倘更以可能值表甲之變數，則亦見可能之值存焉。且此謂可能值決非僞者。茲舉以明於次：

不可能連於可能則連累可能；　　　是則：不可能等於可能；
可能連於可能則連累可能；　　　　　　　可能連於可能等於真；
真連累可能；故可能。　　　　　　　　　真連累可能等於可能。

自是邏輯定律之存在，咸稱真實存在。但此真實性，必因邏輯三效值既見之後，始獲明證。

三値判斷之發現，乃自心理學無定式探之者也，一九二零年劉卡氏更確定邏輯無定論之三値必要性。如云：

"民國二十六年中國之強將由我；

若我而仍未行強之道；則中國之將強不真亦不僞。"

民二十六年之強爲"可能"而非"必然"。由此條件，則標辭判斷之：

"二十六年之日我將稱雄於世界"

不能真亦不能僞。因爲真，則須稱雄於世界，是又與假定辭意相反；如爲僞，則我之稱雄於世界爲不可能，是亦與假定辭相反。此即證邏輯第三值之必要性也。從而無定式之宜重於邏輯與物理界也亦可概見矣。

吾人前章述荷蘭數學家濮威（Brouwer）派別創之新直覺論時，知濮威曾謂非列數性之集合論，對邏輯建設實一無可能，其證論亦毫無價值。因此類證明必藉間接或排中律之保證始爲有效，而濮氏則極力否認此律。近年濮威派之艾挺（Heyting）更系統研覈直覺邏輯，新獲十二公理，較劉卡西威支無定論之四公理尤爲完整。彼認邏輯常式值亦有三值，不過第三值之負定爲僞，與劉卡氏謂可能之負爲可能值，大相逕庭。至連累性所表之差相則又屬微微。如艾挺視連累值之僞，必其前率攝第三值，而後率復具錯誤，此在劉卡氏則視爲可能。至論和與積兩值，幾完全一致矣。

吾人試本邏輯通常意義言，濮威、艾挺之否認排中原理，乃不免側重真僞二值論。故對：

"甲等於非甲爲僞"

之僞式終認爲僞，而劉卡氏則直斷之爲真。所謂"無理"或間接證明法，艾挺輩不能盡棄，而劉卡氏以無定論式證其無存在之理。此類無定邏輯論之數學事實，在現代物理應用中顯見實證之功。茲略陳如后。

乙　現代物理之無定論

現代物理科學有三大嚴重改造問題，其"理則"與"事實"純屬邏輯元學之棣達。質言之，現代物理科學之發現，非陳列真僞直觀價值之肯定判斷，乃無定論之新幟。所謂黑蓀堡（Heisenbery）無定式論，李博爾（Niels Bohr）補足概念説，與夫統計律之或然論三大發現，微無定邏輯論之無限價值論，實難解得是類真理之有於人間世矣。補足概念説視兩矛盾論爲相當，時空現象爲因果性，所謂波動與分子之反相，爲結局之象徵性，依黑蓀堡之無定律，悉可解除。然而事實則認物理之無定律與邏輯常理齟齬不適，因舊邏輯只限二值判斷，若以第三值可能性應之，則了無疑難。波動之形與分子之象，對吾人皆廑稱標辭式，既非真亦非偽，惟有可能性之或然值。李博爾謂分子波動，乃試驗可能與定義可能之意像徵符原理。黑蓀堡亦云物質自然，不能同時由波動與分子組成；二者實乃類推之形構，謂爲同一物理實在性之兩異相，正無不宜。

無定論之邏輯爭端極盛，昔日否認排中律適於普通對象者皆抗此說，經驗認識論者亦毀棄普汎存在之理。邁龍（Meinong）析思想對象爲完全與缺差兩性，明定真僞標辭，視抽象普汎之創於精神者，僉與邏輯定律相觸，如言"花"，非桃非李，抑白抑紅？無定真僞，無有實現，既違排中律，亦犯矛盾性。然若以此二律繩諸一切認識，邏輯判斷，將淪爲"法則"之誤。譬矛盾二辭之"老嫗惠且慈，老嫗悍而戾"如斷其皆非，則亂排中律；如謂其非真非僞，則既反矛盾復墮排中之兩難。濮威派評排中律之義在此而劉卡西威支派建無定論之可能性亦以此。或謂邁龍派亦主無定對象存在，黑蓀堡之微界物理（Microphysique）無定律，宜與之不謀而合。余曰是又不然。蓋黑蓀堡原理惟有定量無定性，非普汎尤非抽象，謂之個體實有定式，若以定性無定說推之，有其然而無其真。故謂電子決難具尋常試驗物所具之直接實在性。且其不適實之程度，更隨位置，速度而生變化；此變化值及於無窮。世有以絕對二值認識科學原理者，吾不知其對此無窮值之邏輯可能作何蜚語！新邏輯或然演算，試使標辭判斷連於時空座標函數之可能現象，其誼洽救此無窮隱真之事實統計可能也。

關於微界物理之或然論發展，已促機械律漸入統計律矣。按是類學說，如純襲或然演算推論，則在負定式之邏輯值，顧無一不適。若論連累性則殊多異議。雖曰邏輯常式爲有定，而和積之演式則異諸數學普通等式。謂此普通性難期實際應用固也，然究無非理之證。如尋常或然演算之數學結論，必其等式具完全算術意義，若邏輯或然之負正，則去此算術徵號之量性實在，取其"是"以攝標辭與類分兩誼（算術惟有類分演算），較疇昔代數邏輯之零與一兩值亦大有差異。吾人深思代數邏輯或然之理則，即明此無窮值之或然演算；其同理更可衡諸羅素派數學原理推闡之算術定律論。

論或然性之歷史，有主客觀與先驗經驗之別。主觀或然，無異斷定論說；客觀或然乃相對無定，其理適於現代物理之邏輯價值，而反諸元學絕對無定之實在性；論原理性質，則立於新邏輯演算之用。近二十年來，數學家有以公理式移用於或然式者，其法將或然本性所及之若干概念，藉公理方法釐定意義。其利在免主客觀之混淆，同時更便邏輯無窮值之推證（參閱第八章所述）。至先驗與經驗之說，辯者多自方法立足，其理論純用數學與統計演算，故略而不述。

附錄　辨負褫兩誼

　　民國二十年春，瀋陽民報"思想之園"載章行嚴先生對"有無"實相問題之"邏輯解答"一文，以負褫（Negation，Privation）兩詞直解當時"有無"問題紛說，惜章氏所釋邏輯名詞本相，多有失實。按邏輯析辭，類分"負名"有之，與數學負量異義同理；為"無"之範疇之一，定義絕儔。因負名觀念，從心理包攝言，既不宜表形，更難形無實。如欲甲為負名，首念必先及甲，是甲已先入精神，雖負猶未也。以吾人否認一物，不能隨否認之思想俱無存在。故負名之邏輯真理，章訓"凡本來無有"之絕對意義實非是。知識連誼，正負互存，認有無兩實，乃原理之連逮如此也。

　　邏輯析"褫名"亦有之，褫名章訓"昔有而今無"。片辭狹陋，偏政法辭典之義。邏輯舊義詳瓦爾夫（Wolff）《本體論》二二四節及穆勒《名學》一卷二章六節。褫名攝兩件：以有應無，因無期有；乃一主辭之"同時"屬性。故有釐為主辭表現時所"注意"之缺性名詞者，如以目論人而有"盲目"，論樹而有"無目"，論胎而有目"不見"。

　　負名與褫名在康德四範疇中悉歸"無"類，負名為第三範疇，如"空"空間，"空"時間之空；褫名列第二範疇，如冷、暗、死、疑，與亞里士多德所謂"負因"同，即無"現因"之影響也。它如第一範疇無現實概念之"質體"，第四範疇矛盾概念之"圓的方""兩直線多角形"

之類，合稱"無"之四範。

疑負襯之規律而辯有無之實相者，説軼於證。原"有"之定義爲有、爲實、爲存在；"無"之定義爲無、爲虛、爲非有。形上之論如此，形下之證亦驗如此。有本非無，然宇宙人類，偏存"無"念，無實非有，何出"有無"之説？曰有無相生，生死死生，無有有無（哀哈格立派之説），二者同義；如異範同疇，則異無同有矣。是矛盾律之分畫，乃習慣因果之現象律也。宇宙既無空時間與空空間，則"絶無"之本身非空"空"而亦不能空。若某一之空截"無有在"而又續具實相之"實有存"，於邏輯不倫，於數理亦不類。謂無爲無有，而忘時間之真性，則不知孔子"無"於現實之現有，而"有"於現實之過去；謂零爲無有，則凡一以下之級次，九以上之整數，皆不能表而出之。所謂相生之義，擬若是説而精於此理。

常識之有無與科學無絶對差異性。如謂富人有錢，窮士無米，正與科學之空間有三度，時間無斷片，哲學之物無虛相，理有真僞同誼。有無之明白觀念，僉時空直觀與理智"範疇判斷"共有之象徵認識；兩稱無限"未知""未始"之多元關係。宇宙不能獨持"兩相"絶對元素。今之相對論排除齊一矛盾諸律，正宜準作"實有無緣生，無有分自體"之謬解立斷。

舊式邏輯之範疇過狹，而有無之爭解難免遁辭或重言。吾人精神思想，兩互有用，曰假辭，思想自由創立，精神亦自由選擇；若範疇所限，義不及化。曰實辭，負負同正，不無釋有，辯證無窮，邏輯技巧如幻。舊邏輯對之有似無鎗戰卒，死亦難以克敵。

負襯與有無之精義，惟數學邏輯或"邏輯範"或名"論域"（L'univers de discours）得爲證之，蓋任何概念集聚，必視判斷或推理之"邏輯範"以正其誼。如云"犬無言"，有真僞兩值，在動物學論域示真，在物語則示僞；"禽獸無父"以名言爲真，以實喻爲僞；"墨翟無父"以兼言爲真，以愛言爲僞，若以兼愛言，則真僞同爲可能。彼數學邏輯正負或真僞二值，具能兼一名，昔賴本尼支以名詞"通性數"釋之，質言之，一名具互爲素數之正負二指數者，乃所以示名之相對也，如"人"名必因"非人"名在，以人與非人互爲素數性，即矛盾根性也。故邏輯類分之判斷推理，必據邏輯範以行之，辯者惑術，牢入圈套，無謂之爭，將囿於此。若能自無定論之通性出發，則如證方程，更稱上上。

附本書參攷用書一覽

A. 第一、二章用書

1. F. Enriques: L'évolution de la logique. (Trad. Par Monod-Herzen, Paris Chiron, 1926)

2. A. Franck: Esquisse d'une histoire de la logique.

3. L. Liard: Les logiciens anglais contemporains.

4. A. Reymond: Les principes de la logique et la critique contemporaine. (Paris Boivin 1932)

5. E. Bréhier: Histoire de la philosophic, T, I.

6. L. Brunschvicg: Les étapes de la philosophie mathématique I. ed.

7. G. Boole: Collected logical works. (réedité en 1916)

8. B. Russell: Introduction to mathmatical philosophy,

9. F. Gonseth: Les fondements des mathématiques.

10. J. Pacotte: La pensée mathématique contemporaine.

第三章至第七章用書

1. B. Russell et Whitehead: Principia mathematica.

2. L. Couturat: Les principes des mathématiques.

3. G. Schröder: Vorlesungen über die algebra der logik.

4. A. Padoa: La logique déductive.

5. R. Feys: Le Raisonnement en termes de faits dans la logistique

Russellienne.

6. C. I. Lewis: A survey of symbolic logique.

7. G. Peano: Formulaire de mathématique, 5 vol.

8. A. Spaier: La pensée et la quantité.

9. R. Carnap: Abriss der logistik.

10. C. H. Luquet: Logique formelle. (Alean. 1925)

第八章至第十一章用書

1. D. Hilbert: Grundlagen der geometrie.

2. D. Hilbert: Sur les fondements de la logique et de l'arithmétique.

3. L. Conturat: Les Definitions mathématiques. (L'enseiguement mathématique 7e année 1905)

4. O. Hölder: Die mathematische methode.

5. H. Poincaré: Les fondements de la géométrie.

6. A. Einstein: La géométrie et l'experience.

7. D. Hilbert: Pensée axiomatique. (L'enseig. math. xx. 1918-19)

8. D. Hilbert: La Connaissance de la nature et la logique. (L'enseig. math. 1931)

9. L. Rougier: La philosophie géométrique de H. Poincaré. (1920)

10. J. Herbrand: Recherches sur la théorie de la démonstration. (Dziewulski, Varsovie 1930)

11. J. Herbrand: Les bases de la logique hilbetienne. (R. M. M. 1930. P. 243-255)

12. J. Nicod: La géométrie dans le monde sensible.

13. R. Poirier: Essai sur quelques caractéres des notions d'espace et de temps.

14. Ch. Henry: Psyco-Biologique et energétique.

15. A. Jakubisiak: Essai sur les limites de l'espace et du temps.

第十二章至第十四章用書

1. L. Rougier: Les paralogismes du rationalisme.

2. L. Rougier: La structure des théories déductives.

3. Burali-Forti: Logica mathématica.

4. J. Jörgensen: A treatise of formal logic. etc. (3. Vol. Copenhague et Londres 1931)

5. G. Cantor: Sur les fondements de la théorie des ensembles transfinis. (Trad. Marotte)

6. D. Hilbert und W. Ackermann: Grundzüge der theorietischen logik. (Berlin 1928)

7. St. Zaranba: La logique des mathématiques.

8. A. Spaier: La pensée concrète.

9. H. Dufumier: La logique des classes et la théorie des ensembles. (R. MM. 1916)

10. L. Stebbing: Modern introduction to logic.

11. R. Carnap: Le probleme de la logique de la science. (Trad. Vouillemin Paris Hermann)

12. Centre de synthèse-quatrième semaine l'internat: Evolution de la physique et la philosophie. (Alcan 1935)

13. J. Pacotte: La logique. et l'empirisme integral. (Paris Hermann)

14. Le général Vouillemin: La logique de la science et l'École de Vienne.

15. O. Neurath: Le Developpement du cercle de Vienne et l'avenir de l'empirisme logique. (Trad. Vouillemin)

16. W. V. Orman Quine: A system of logistic. (Harvard univ. Pren

1934）

17. E. Hussert: Philosophie der Arithmetik.
18. E. Hussert: Logische untersuchungen.
19. E. Hussert: Ideen zu einer reinen phönomenologic und phönomenalogischen philosophie. （Halle 1913）
20. E. Levinas: La théorie de l'intuition dans la phénoménologie de Hussert.
21. P. Langevin, etc: L'orientation actuelle des sciences. （Alcan 1930）
22. G. Gurvitch: Les tendances de la philosophie allemande.

附釋：本書批評反對之用書，此處均未列入。而一般舊形式邏輯之基本著作，亦未舉述於此。讀者參閱拙著《邏輯與數學邏輯論》用書一覽可也。再英美最近出版關於數學邏輯參考書頗多，希讀者自取參用。

廿五年菊月三輔識於平寓

（本書由商務印書館於 1937 年初版）

汪奠基 著
陳道德 整理

汪奠基集
（下）

荊楚文庫

荊楚文庫編纂出版委員會
華中科技大學出版社

協志文庫

哲學與科學

目　　錄

第一章　哲學定義與分類關於科學研究的歷史問題 …………（333）
　　第一節　哲學與科學 ……………………………………（333）
　　第二節　哲學與科學認識的發端 ………………………（333）
　　第三節　哲學語源與希臘時代科學關係的定義問題 …（335）
　　第四節　中世與近世哲學定義的問題與科學 …………（336）
　　第五節　十九世紀末至二十世紀的哲學與科學問題 …（340）
第二章　從哲學到科學 ………………………………………（345）
　　第一節　從哲學到科學的問題 …………………………（345）
　　第二節　從哲學到科學的關係 …………………………（349）
　　第三節　哲學精神與科學精神 …………………………（351）
第三章　科學哲學的新發展 …………………………………（355）
　　第一節　數學與哲學的合作 ……………………………（355）
　　第二節　邏輯根本改造後的哲學 ………………………（359）
第四章　科學哲學史的重要關係 ……………………………（361）

第一章　哲學定義與分類關於科學研究的歷史問題

第一節　哲學與科學

哲學處在研究特殊物體或觀念的類別科學之前，實在沒有確定真正基本自然的對象，他研究的範圍普及無限。這話並非故意張大其詞，在歷史上都有事實可證。如德謨頡利圖（Democritus）首標其哲學著述，用此語自豪曰："吾言萬物。"柏拉圖（Plato）考證純觀念的學科，同時使物理與政治列入窮搜遠討之中。亞理斯多德（Aristotle）本天賦百科才學，而猶以博物政治，附於形而上學之中。近世大哲學家如法之笛卡兒（Descartes），德之來布尼茲（Leibnitz）、康德（Kant）、黑智爾（Hegel）等家哲學問題研究，實際都包各科學真實問題，而有哲學普汎性的精神表現，難以一二簡單語言，作一定義式的解答。其故因哲學本身，係由各科學基本原理中集其精，搜其華，因而形成一種"原理的科學"（science des principles）。故吾輩若於各科學原理尚未確實明白，欲驟求哲學完全的認識，則在事實上必有難能。這本《哲學與科學》的主意，不只限於以普遍哲學嚴重的精神，列敘一般哲學認識的通義，還要拿真正科學的原理證明科學與哲學關係的重要。

第二節　哲學與科學認識的發端

我們認哲學為總各科學基本原理而為原理研究的科學，但既有科學特殊的基本原理在前，何又有哲學的原理科學研究在後呢？是因哲學認識的發端，實首關於科學認識之始！且先就認識的需要簡分四步觀之。

（一）普通認識需要之始：亞理斯多德謂"凡人自然有認識之欲"。因爲人處於全智（神）與至愚（禽獸）之間，對於宇宙現象，既不能完全理解，亦不能處如下等動物對於所有現存物類置若罔聞。又因爲人生而有先天自然的奇異性，遇一切事物皆有普汎性的認識，以充實其不足之本能。普汎的考察，在智愚皆有同然，是所謂先天的，非習慣與教育所能轉變。習慣的，能自得自失；教育的，可因時、因地、因人、因俗而易；所謂普汎奇異性，則無時、無地、無人類，而不皆然。更因爲"認識之欲，爲非功利的。我們愛真理，是因其本身，非因其利益；是求所以滿足精神的要求，解決認識的乾燥，煩難"。所以真理的需要愈切，認識的需要亦愈大，人類智慧發展的進步，實自此始。

（二）理性認識需要之始：人類原爲智慧理性的動物，不能以任何認識爲滿足。所以凡事雖知其然，必更求其所以然，因此即發生"爲什麼"與"怎麼樣"的問題，要求所以認識之因與所有存在之理。簡而言之，凡事皆有理性解釋的需要，和認識事物的原因原理之要求。然而有時爲什麼與怎麼樣的問題解答，不能滿足理性驚奇的觀念，即用一名字概括，亦不足以號其普汎之德，則惟用推理以尋求其故，分別事物形形色色的表現，由直接間接，探察其必然的實在，科學認識的需要遂又因此發生。

（三）科學認識需要之始：人類所以孜孜於認識事物原因，無非爲探討物之真理，故得一真理，即可解決一事一物之端。但真理究爲何屬？簡而言之，乃智物間的結合物。本本存存，而爲物之實體性質的組織。故真理雖爲"一"而又無窮，吾人之求真理也，則不能不由一進而益深，由無窮進而益遠。然而深遠的研究，必自部分理性的認識始；換言之，須有分類的解釋。因爲宇宙間的表現，由一現象及於他一現象的過程，精神的、物質的、生存的，或現象的，皆有其個體與關係的表現。如果想求其關係普汎之屬性，必究其單純之原始，然後應用於物質，以求實體之究竟。科學認識的需要，即求物體間究竟的單純原理（現象）與定理（因果）的客體真理實行證驗。

（四）哲學認識需要之始：如果要由普汎原理的認識，證諸無限存在的現象；再由確實定理的索究，檢得萬物形成的因果，因此人類精神思想，又將由個體分類的真理而爲系統認識的關係研究。是即哲學發端的真因。

第三節　哲學語源與希臘時代科學關係的定義問題

哲學一字，意義初極普遍，爲希臘語"Φιλοσοφία"之譯名，法文 philosophie 前節 philo 爲"愛"之本義，後節 sophie 爲"智"之專名，合而言之，愛智之謂也。不過原義極爲擴大，包一切驚奇、智育、精力，以求充實新生知識。畢達哥拉（Pythagoras）謂智之本性唯適於創物之神，故求智即爲人之步趨精神，而愛智則爲人之理性精神。所以從前哲學意義，一方面包括人類解釋事物的"科學"，一方面更包括生類道德實現的"聖智"（sagesse）。科學爲對外界的；聖智則爲實用的。故當時哲學問題，不外解釋宇宙的成形，與人類的表現。或用元素，或用分子，或用數目，以求物之本原。所謂哲學，實即一部"天地形質論"的科學，關係人類認識的全部。

蘇格拉底（Socrates）實行科學創造，另給哲學研究以一新方向，使哲學家由自然的研究過到人類的問題；換言之，由世界根本問題，轉入道德政治問題。至柏拉圖（Plato）與亞理斯多德更變而爲普遍性的研究，所謂哲學，不只非物質與道德的科學，亦非各科學之集合科學。哲學對象就是統治各科學對象的真實完全科學。柏拉圖認哲學的研究：一方面固然在事物存在的本身、不變、恒等、觀念及絕對的元素上；另一方面同時爲生命與思想的組合原理。因此哲學與聖智相和，科學與道德相混，永遠研究"真"與"美"；其中主要目標，即在貫澈哲學精神的"善"。故哲學家不惟善於己，實即善於人，爲人類道德幸福的真正行政家。

亞理斯多德與柏拉圖的思想相似，謂哲學爲普遍科學，包理論科學、實用科學、藝術科學三種而有。研究事物的原始原理與原始原因。謂哲學爲原理的科學，亦正以此。哲學性質在亞氏分析爲：

（1）普遍性，單個與組合的精神：因爲哲學爲萬物之集合物的結胎；

（2）抽象與理論的偉大：哲學認識，能深入萬物精微之理，而脫其實體；

（3）無功利的問題：哲學研究的目標，完全擺脫應用的必然性；

（4）超然獨立的存在：哲學家惟能驅策定律而不受理定律。

至斯多噶派（stoicien），哲學定義較爲具體。他們認聖智爲科學，愛智爲致用之術。是理想與實用的關係，完全在哲學上結合，謂哲學如一動物：筋骨爲邏輯，皮肉爲道德，精神爲物理。又謂哲學如一卵形：外殼爲邏輯，卵白爲道德，卵黃爲物理。有時更比哲學爲一沃饒花園：邏輯爲其柵欄，道德爲其果實，物理爲其樹土。在這些比較中，承認邏輯爲知識的保護、包攝；物理爲知識的肥地；然後道德由是而生、而長、而實。哲學於人之實用，正爲如此。

總而言之，"哲學"一字，在希臘時代，並未有與科學絕對割別的定義。其區分普通劃定的，約有兩大原則：所謂哲學家的研究，不注意於特殊科學本身的考察，凡特殊科學，都只爲創造哲學科學的系統材料，此其一。哲學各個系統，都是試求人類與世界互相關係的解釋，爲發現統治個人與社會生命自然的普遍律，爲應用一切普汎原理於所有存在的本身；哲學的工作，在合科學全部原理超過之，復引導以入於"一"，此其二。哲學不是特殊的科學，也不是總結認識之和。他研究事物，求事物的全聚適應，而爲組合的精神。他由自然中檢證人類，由人類中反觀自然。他所關係的原理，到處表現，到處活動，到處理解，爲一眞正原理與原因的科學。（參考 P. Janet et G. Séailles: *Histoire de la Philosophie*）

第四節 中世與近世哲學定義的問題與科學

中世紀時代，哲學研究，專精力於"理性"與"信仰"的調和；用基督主義構成人類理性的智慧，解答精神與事物的定律。視信仰爲智慧的必要工具，由理性供給信仰，由信仰直入理性。理性不能證明信仰的真理，亦不能創設信仰的真理；然而能除去真理的敵論。至十四世紀時，經名目論派的復興，謂凡超過試驗者超過理性，是即信仰的對象，而哲學之研究亦在是。

至復興時代，哲學始恢復其獨立精神。培根（F. Bacon）與笛卡兒首將哲學研究，導出理性理論的宗教思想範圍之外，建設近世科學哲學的精神，在培根認哲學與科學爲同義。他分人類思想認識爲三大幹枝記憶想像理性是也。凡是理性的認識對象，就是哲學的對象。哲學基本的研究爲"神""自然""人"；這三種也是科學的全部。哲學並非各科學的交點，而是一樹的枝幹，同在一個空間，表現完全的、連續的、關係的各種必然的組織。哲學系統的科學，如隨大道直上，能由一端以求其分向，復由分向以配其通點。哲學不是抽象的事件，它在任何自然中，要認識結果的原因，要分割自然的元素，而又重建其真相。是哲學權能爲無限可能，哲學即科學矣。

笛卡兒與培根的思想相同，謂哲學爲普汎的科學。哲學的認識，並非各部分特殊認識的總和，而是高出尋常實用知識的"原理學問"。他同時包理論與實用，亦爲"自然""人""神"的研究。在笛卡兒視神爲全智之完全存在的原理，爲真理的發源與保障。故凡爲哲學研究，即聖智的追求，對於無事無物、無理無知、無思無術，莫不精深透澈，明白分曉。笛卡兒的哲學，不只在求"知"的對象，還要保證"人"的幸福。哲學是研究第一原因與真實的原理，使人能於所知之中推演出理性來，所以哲學方法爲演繹法。其標的爲：明白、分明與觀念的聯和。哲學本身分爲：形而上學的認識原理研究，物理學的物質原理研究。故其表現恰如一樹然：形而上學爲其根，物理爲其幹，其他各科學爲其枝葉。而以機械學、醫學、倫理學爲其三大枝幹。

總觀培根與笛卡兒的哲學對象，與希臘時代的定義並不相異。然而問題雖同，精神則完全改變。古代哲學在事物上追求，實用於世界的研究，其精神在引起世界的觀念，而以理論結果爲適合。近代哲學則在認識的主觀上。以絕對底懷疑與錯誤論，爲真理認識的研究。所以科學哲學的價值，就在精神創造的價值上。而十八世紀的研究，專在使哲學脫各科學的特殊範圍，組成獨立科學。因此哲學定義變爲洛克（Locke）之"人類智慧研究"，柏克立（Berkeley），休謨（Hume）之"人類自然研究"，與康的亞克（Condillac）之"感覺分析論"。

從前笛卡兒派的數學獨斷論與英國派的經驗論，至康德（Kant）出而同時反對。第一因爲哲學的認識完全由概念試行，數學的認識，則在試行建設概念；再因爲由人類智慧的生理上，不能限定人類認識的極限點。哲學的對象，就在確定認識與行動的先天元素。他是人類理性的立法權，指明先天概念的連合，構成系統法式。

"純理批評"認哲學爲理論或實用（theorie ou pratique），理論所以限定對象，換言之，標出所有自然與定律；實用所以實現對象，換言之，使之由思想到行動。前者爲所是的科學，後者爲所以是的；一爲自然，一爲自由。凡哲學無論其爲理論或實用，分爲純粹與經驗兩部：純粹的，完全在試驗以前的原理上；經驗的，則在試驗中取其原理。

理論哲學，在純粹思想上爲"哲學"之正義，因其對思想之形式與實質分爲兩部研究：一部對思想形式普通定律的爲"邏輯"的概念研究；一部對思想實質對象關係的爲"形而上學"的概念研究。邏輯的對象爲真理，形而上學的對象爲實體。不過這種實體服屬於理性與絕對底定律解釋；換言之，爲先天的定律。所以形而上學就其對象的關係上，爲精神的先天定律的科學。分爲兩部：即一爲批評；一爲所謂形上研究。在康德的哲學字意，正表明理性的"批評"。

實用哲學或名倫理學，分爲純倫理與經驗倫理。前者研究自由的先天定律，即本分律；後者專注於賢能、裁度的定律；更及於人類學或人類經驗科學。

總而言之，哲學意義在康德爲批評與倫理的。尤其批評更爲重要：因爲有一實用理性的批評，就有一理論理性的批評，所謂哲學，就是智能與意志的先天定律的批評。從前洛克限定哲學爲意識的事實，康德則用先天定律，以別於特殊科學。一爲經驗智能，一爲純智能。

康德以後，哲學定義愈爲個體的科學，斐希特（Fichte）謂哲學爲各科學之先存的科學；因爲各科學皆有其對象與形構：如幾何之空間觀念與演繹形式，物理之物體觀念與歸納形式。這些對象形式的原理，都是哲學所有，所以哲學即是科學的科學。哲學本身的對象形式，是無窮無限地第一原理。斐希特的定義與亞理斯多德、笛卡兒的相同了。他的思想在純主觀方面。哲學就是"我"的觀念系統發展；換言之，精神必然行動的科學。

謝林（Schelling）因之更形擴大"我"與"非我"的原理。謂主觀與客觀，實在與意像，自然與精神，皆爲絕對中的相當。這種相當，惟智慧直覺可以認識。所以哲學研究包兩種基本科學：其一出自客觀者，證明客體中如何能得到適合於主觀的，此爲理論物理學；其一出自主觀者，證明主觀如何能抽出客觀的，引實在與無意識的理性到意像與意識的理性中，在自然裏面表現人類智能的有形結構，此爲超絕哲學（philosophie transcendantale）。總而言之，哲學的完全功績，就在能從自然中抽出智慧，或從智慧中抽出自然。

黑智爾（Hegel）同意於謝林的哲學定義，更爲科學底限定，謂實在與精神不能分開；現象與實體亦不能離別。只有思想能同時有事物的真理與實在。思想爲絕對的所是與所以是：其原理與形式爲必然底、普通底定律，所以凡語言論證的結果，都是事物之歷史。思想既爲絕對的，實體就是思想的斷定（détermination）。而所謂實在混於智慧，邏輯合於形而上學。如此，哲學就是絕對真理的思想；就是觀念自思，真理自知，哲學研究因此包邏輯、自然哲學、精神哲學。（法律哲學、藝術哲學、宗教哲學、歷史哲學等皆屬之。）

從斐希特到黑智爾的哲學定義，完全是反客觀的思想觀念，正是十九世紀中一派浪漫主義（romantisme）的精神哲學。與他相對立的，有所謂實證主義（positivisme）的實在研究派。兩者互相反應，然而求實的精神，則在同一公律之上；不過前者取主觀路向，後者採客觀事實；

其不承認實體以外的絕對觀念,則又相同。

雖然,哲學定義在浪漫派者固然合式,然就試驗科學發展的必然結果上觀察之,卻有形構實證科學哲學定義的必要。因為自然界的現象,差不多都服屬於刻卜勒(Kepler)、伽利略(Galilei)、牛頓(Newton)、拉瓦節(Lavoisier)、比沙(Bichat)諸家科學原理與方法之下;所以人類精神生活,與人生信仰行動亦必有更變;換言之,人類思想應受同一方法同一理論的指導。更進而言之,哲學與科學應在同一標準上分途研究。孔德(Comte)首創此說,謂知識基於事實與由試驗證明的事實的定律上。事實與其定律,現象與其不變的關係,這就是人類精神思想的真正範圍。所以孔德用科學的歷史,證明人類認識的相對性。而一切科學在未成實證科學以前,其對象方法必經三種哲學預備的方法:

(一)神學方法:此時精神思想,專注於生存的自然,與結果的原始,和究竟的原因。視一切現象如超自然的發生,完全絕對的觀念,而無疑於絕對認識的可能。從前希臘時代的哲學家,努力於宇宙形構的解釋,就是此類哲學方法的實現。

(二)形而上學方法:此為前期方法的變進結果,將超自然的思想代以抽象的實體,這種實體能接於各界的存在,亦能產生各種現象。其傾向在將各種不同現象,引到惟一原理之下解釋之。此正與前者相對,以抽象代具體,以論證代想像。

(三)實證方法:到實證方法時代,人類思想,認絕對觀念的獲得為不可能,反對求知宇宙的本原與目的,想像與論證。凡事必以觀察與推理為根據。解釋現象,則惟發現其相承,相合的不變關係;換言之,求其實際定律。凡標辭(命題)皆在一事實或特殊事實,或普遍事實上建定。有事實的聯和,就是惟一的標準。

第五節　十九世紀末至二十世紀的哲學與科學問題

實證哲學的目標,在求普通與組合的科學。各科學的分別,並非孤立獨行，都在關係中求成全，求所謂"科學"。真正的哲學，就在發現各關係與各科學間的連續，使其結果與原理互為序列。實證哲學決非一面的科學定義，而為人類智識系統列序的組合科學，他引導科學的方法，與科學歸納演繹的試驗方法相同。他是正當的哲學字義，因為他的對象就是現象集合與宇宙的所有。在這些集合上分析整理，構成真正的哲學科學與科學哲學的"實證哲學"。

雖然，實證哲學的科學組合精神，並非特殊科學的相加；換言之，科學哲學精神，並非如百科全書集合一切科學解釋，即為真正哲學的構成。實證組合的基本定義，就在事實定律的解釋，其哲學精神的認識，對任何現象的連續，有機與無機，物理或道德，個人或社會，都能以這種精嚴固結的定律，分別指示。由是哲學研究普及於所有，而所研究的事物，則依其特別觀點為用；換言之，普遍之中更能有特殊觀察。

這種正宗的實證哲學主義，到二十世紀實證與批評的"實在論派"則又不然；他們認哲學為由試驗與理性雙方建於批評的科學之上。因為科學漸漸往前進步，仿佛人們不能離事實的自然，獨立地注意事實之間的關係。所謂關係的本身，就是投入事物自然中試探深淺性質的"測深錘"。從前科學嚴格實證派的概念非常褊狹，正如普通認識的相對論派的概念樣，不足當充實的證驗。所以在我們面前的"事實"，仿佛漸漸緊急地要求科學與認識的"實在論的概念"。

自然，這種實在主義的科學哲學思想，並不是表明認識事物的自然，或使人類有完全的認識。他的新式只表明認識方法，能逼近底探入實在的可能，由可能而於任何方向中接合實在。我們思想索究的方法，沒有先定與先天的極限，也不專注於絕對的真實、確定的結論，或一種完全的科學。所以科學不僅能提出哲學與形而上學的各種傳統問題，同時還能使我們有權力回復這些問題；其研究與純粹科學的問題相同，而以實證論派為歸。哲學的定義與分類研究，從此自行由對象與包容的問題限定了。

在科學問題的集合中，有許多成串的問題，都不外乎事物自然的普汎討論，到結果上，又求其實在與變換的完全表現。這些問題在人類奇異的心理，終不停止研究。然事實上，人們都限於生存條件，又多少有意必斷其結論，所以各個時期中總有創造的哲學。因此應該限定哲學爲事物自然關係的問題研究；或說是實在的全體表現之研究。那麼，哲學與科學並不相反，也不是絕對的分離。

實證與批評的實在論者認科學研究的方法爲二：第一只限於事實間關係的討論；第二爲一切研究中求知各關係解釋的方法，即科學理論的目標，尋常謂爲科學的哲學或科學之名者，正在於此。故在普汎與特殊意義上，哲學研究早應首由科學功績發軔，並且永繼科學的真實。哲學本身的意義，勇力向實體的直覺上發掘科學定律。所以哲學第一步方法就明白提出科學定律的"意義"研究；換言之，科學的實證批評；這種科學都根據"定律""理論""科學方法"（科學的科學或名認識論）的分析歷史與批評爲實。

哲學的精力不只如此而已。他研究自然定律的意義，正爲使我們永遠有宇宙完全表現的認識。但是實證批評還不足以構設完全宇宙表現。各科學的能力，也只能有零碎或局部的認識。若只限於科學之見，則大問題的哲學包攝，將不能有所假定。所以應該在科學意義的追求之外，加入實體集合中科學的極限批評；換言之，反證批評，這種極限中由現存與現時的推斷，能預見將來，以試驗與邏輯演繹爲其真正可能的科學方法。

反對批評爲哲學的第二種研究法，專以人的試驗與科學試驗相參雜，使之能於科學認識的極限上得到普遍批評的價值，同時充實其不足，補正其缺乏。所以大哲學家的歷史負擔，總在研究非科學所有的"科學預備研究"，專以待時加增其科學可能。

超過這兩種批評範圍，哲學還有他的建設範圍，以批評的材料幫助，建出真正實在的表現。即是所謂邏輯演繹，理性建設。哲學保證實在可能的條件，預防意外發生的想像，以及引導假設，估定或然，都是這兩種方法。

總而言之，實證派的哲學傾向，由科學所建的定律起，到實在的直覺科學批評止，限定科學定律的意義，由是而之事物的自然。

十九世紀末至二十世紀的非理性派哲學定義，正與此相反。他們認實證理性派的範圍太狹，所謂實證的概念，無形中略去許多大問題。而這些問題，都是實證精神應該用直覺方法來擴充理性的。

非理性派的傾向，要明白分別哲學與科學，使各具絕對不同的方法與範圍，許多形而上學家認科學研究，只及於試驗的局部只能給我們相對的認識。要達到絕對真理的可能，只有在反省與純觀念中可以得到。代表這種思想概念的哲學定義爲法之柏格森（H. Bergson）的直覺哲學，與英美之實用哲學（philosophie pragmatique）。

柏格森與壘（E. Le Roy）輩，認科學有給我們以假造的情境，而不能在事物真正的自然上指導我們（如精神與生命方面）。柏氏説：實體的分析，完全用直覺與反省，結果能組成真正哲學，所以哲學的定義就是精神的科學。其研究只及於精神事物的内界，其條件結果爲外界的抽象所有。"真正""確實"與"完全"的認識，就是精神思想的生活，所以在精神的研究上，心理學只算哲學局部的學問。

實用派的科學與此爲同類的觀念，其哲學批評與柏格森的反證相混，其實證方面所建的系統形而上學，則又完全與之相異。因爲在實用派以爲真正試驗，不只限於反省的集合。對於一切標準論據無不皆然。科學的專門試驗，在一切標準論據中只居其一，只是對外界的行動同時還有更大價值。使我們不覺有實業機械，不損生存人格，居於智慧與理性的標準之外者，爲情感與本能的標準之道德試驗，美學試驗，宗教試驗。這些試驗的事實問題，幾乎都是實用的，而爲價值的判斷。其所考察的概念，在科學上都沒有的，這就是哲學的對象。

在非理性派與實證批評派的直覺與理性之間，很顯有必然的調和。因爲直覺本身沒有證驗與標的，只是一種發覺的方法（methode d'invention）。他由天性探入實在，名爲實驗與理性方法的或然方法。所以直覺只是真理研究的起點方法。應該伴以邏輯推理的科學試驗論據的集合。邏輯就是哲學直覺的"試金石",完全立於純理的抽象,使理性顯爲任何適合的可能。這裏就產生新唯實論派的新邏輯哲學。而以英之羅素(Russell)爲能集其大成。羅素認哲學爲邏輯的關係觀念,其範圍涉及各科學的自然,結果能使理性與物界接觸;所謂自然哲然,實即邏輯的實用方法。這種哲學的方式,使可能界的通牒,超過空間時間或因果性,而爲邏輯與數學的負擔。因此物理哲學家,完全以事實函數關係爲形式函數的函數,以非感覺的實體,爲感覺事實的函數:其未知量的變換,完全爲形式邏輯的可能,哲學問題與其内容的對象重大,實統自然科學原理而化之。

新唯實論派的客觀實在,使哲學趨向與物理學相運動,因爲他們以"實在"不能由認識成立,更不能受有限的思想法則約束,或專以理性創造,一切事物的關係存在,亦皆爲外界獨立的。知識由是變化不絕,而新生經驗亦不停止地產生,哲學的功績,因此永遠留爲普汎必要的存在。

第二章 從哲學到科學

第一節 從哲學到科學的問題

前面簡單從希臘的哲學定義及分類研究的問題敘到二十世紀的新哲學界來，中間如柏拉圖、亞理斯多德、笛卡兒、培根、康德、孔德諸大哲學家的定義，都全標在一個意義的問題上："從哲學到科學的關係何在？"所謂哲學的普汎定義，不外"科學之科學""思想與存在的先天定律的科學""普汎性的組合科學"或"人類精神思想的科學"諸義。然此類定義實莫善於認哲學爲柏拉圖之觀念論，亞理斯多德之分析論，笛卡兒之方法論，培根之新機關論，康德之純理批評，孔德之實證哲學。因爲哲學包人類知識而有，分而爲"科學"。哲學給予科學的生命，先完全用自己的乳汁哺養它們，直至它們能自然地解放爲止。到後來哲學本身落得祇剩"一袖清風"，反抗元學（形而上學）及神學的侵入，保持其實證精神，以看護科學的自治。所以在實證哲學之下的科學家膽大心細；因爲這種哲學的理論態度，能把奇異的"假設"抓到手裏試驗，毫不放鬆。

再者，哲學與科學根本上不能各具差異的精神，因爲哲學就是試驗的淵源，彼此的關係，能稱爲"齊一的關係"。由哲學的世界概念，發出許多特別科學的研究，而科學所得的結果，能暴發無數精神哲學的思想。如亞理斯多德的生物學，笛卡兒的解析幾何，來布尼茲的微積分，都是純科學研究的新路向，而無哲學之名；伽利略的動力論，牛頓的吸力論，達爾文（Darwin）的進化論，又都爲實證哲學的專攻，且具特別哲學思想的能力。

近代文藝的創造，不只是舊時學理的改革。從文西（Leonardo da Vinci）、培根、伽利略、笛卡兒起，科學的概念自行建出。譬如自然科學，在實用與理論上，都成獨立自治的精神。試驗的事實與定律，都就普汎邏輯由實用與理論推演而出。牛頓正以此爲科學完全的對象。不過現象科學，並沒有想到免去古代優先精神，所以在推理或所謂內觀的專門試驗上，精神本身仍證其有存在的必要；由此哲學與科學的關係，如果非希臘時代的"齊一本相"，就是一面適合，同時一面根本不同的"二元性"。

對哲學這方面看，各科學保持一個穩重的範圍，猶不以哲學爲滿足。在十七八世紀中科學的進步雖如此其速，然而許多實體部分的生命、意識、社會現象之類，還沒有討論到。不過伽利略、笛卡兒輩曾想到研究先天極限以外的事物的方法。伽利略說：事物表現於我們的，都在感覺情境之中。那麼，我們對事物不能使之彼此連絡，亦不能用科學的解釋。卻是講自然的書中，凡事物皆寫成一字形，如三角、平方、圓、球、體、面。就這些字形上讀之察之，凡事物又皆爲可解的。笛卡兒因此立名爲"婉曲論"（théorie du biais）。譬如有一對象表現，不能用科學條件約定，亦不能否認其有科學的認識可能；因爲還有婉曲解法可以考察。用婉曲的觀點，可以不失科學準量的實用。這種間接法施之於物質次元性如熱、聲、光之類的考察，頗有成效。我們有什麼權力能先天的說某某物體與我們所解釋的不同的就絕不能用這種方法呢？事實上科學實用方法漸漸爲生命、感覺、意識、社會現象所壟斷。如果它的解釋還不夠，無論如何，它還更要找適當的婉曲，從此科學更無自然的神秘。

科學這種情境將它對於哲學的態度也完全改變了。在近世科學中，人類思想視哲學所根據者，就如同其它各科學的一種現象，脫其原始與內質實體的存在。至於這些思想所有的問題，解決者即爲科學的分解。超科學負擔者，則不能自求其歸結。科學宣示這種口實，哲學就不能與之相持於二元的和解。如果科學宣布哲學爲無用，哲學在人類精神上還能與科學互存嗎？

這個問題在孔德已經回答了，於今更顯爲滿足。就這種回答的標準，無須乎跳出科學範圍之外去找哲學研究的實在與合理的對象。科學家所創的科學，在我們顯爲非常複雜，而且彼此絕無聯絡；哲學的專任，則在確定公正的關係，構成系統的組合。哲學就是科學的組合。這個定義簡單直爽，然而實際上有所不足；所以孔德自己曾經躊躇過。其變動已現於一部實證哲學的意義。他先在真正科學範圍裏求治各科學的組合，在他仿佛只有社會學的組織能當科學的總裁，能有組合實現。不過他又宣告說：要使社會學有一種實質研究的材料，應該有人類社會存在；然而科學之類的定律，又不能保護此類社會上愛人主義對於愛己主義的優先權。所以要各科學的哲學組合變爲不僅可能，而且是實在的。則有人類的宗教管理與愛智的權力之必要。

　　孔德在這裏所遇的困難，就在事物的自然中亦有實現者。各科學本身都找所以接合之法，求其所達到的組合，惟限於科學構成的，而不顯出哲學的特性。即使這種不完全的、人造的、理想的組合可以滿足的成功則此哲學實現的新組合在科學眼光之下，不過是一種神秘與自由（武斷）的想像。

　　如果哲學完全視爲科學的組合，或是就變爲科學的，那麼，從此亦不容哲學的名字；再或者仍留爲哲學，從此又變爲反科學的了。

　　但是哲學本身縱然不能爲各科學的科學，能否類與其它科學互存而爲一獨立科學？它就不能如數學、天文學、物理學、生理學一樣的由混合於形而上學，漸漸地脫去不關重要與奇異的元素，轉變而爲真義的科學嗎？

　　真正視哲學研究如實證科學的觀念，在近代已經很有頭緒，研究的結果就是哲學的單純分解，化成各種獨立科學的複合性。這正是實證科學性質，由事實到原理，而不由原理到事實。就這個觀點考察，哲學各部分的對象，如心理學、邏輯學、道德學、美學，都根本分別實現，而科學哲學一語，並非一種外形標字，實在表明的正是各科學的異體存在，如礦物與植物的分科然。實際上哲學如果無個體的存在，就處於各科學的集合中，而爲"哲學的"。哲學之名將不能有"實字"現於語言中，只有一"形容字"的意義。無疑，這些專門研究並不完全合理，亦無存在的必要，對哲學與科學更無實利之可言。不過在各科學方法與對象中，"哲學的"之名字是否還能適當？

哲學在任何時間連帶兩個條件。第一，無論事物本身是否能約爲單個，哲學始終用力視事物如純一與普汎的；第二，與人相關的事物考察。那麽，世界要我們如何？我們對於世界又成怎樣態度？我們在世界裏又是什麽位置？我們達到世界的什麽？又抽得什麽結果？應該用什麽適當的眼光觀察？這都是哲學家提出的問題。完全把這些問題都拋棄了，或者無限際的延擱起來；對於事物單個的問題與就人的觀點上所得單個意義的問題，完全不以我們主觀活動的元素所有概念爲用；簡言之，只承認用世界爲人的解釋，完全拋去用人爲世界的解釋，此非修善哲學，而爲廢除哲學。哲學要就是一種方式與人類的依歸，要就完全不是的。

在負擔事物解釋的科學之前，或者可以用一種方法建出與科學方式同一類別的正當哲學。我們把科學上所有解釋都歸到哲學上去，決然處於純粹試驗地位，能否如科學本身樣，證明哲學亦實行整理真正的事實，縱有不同者，亦只較科學研究的更爲簡單，不攪和概念與理解的假設，或更適於事實的觀念與直標實體的觀念？這種意義的哲學本身就不能真成科學，因爲它的對象與各科學的全不同類，可以表現非常的科學基本性爲："事實與試驗的宗教"。哲學成了單純直接試驗的意識，科學變爲複雜間接公共試驗的系統式。

這種定義非常寬汎，不過在概念之外與概念構成之先，怎樣能給出這種直接試驗？沒有概念的混接，直覺本身是什麽？在這種方法之中，除去一半精神實在活動，一半人造孤立的試驗與個性想像的點綴之外，還能有什麽根據？如果要承認能有直覺而無概念，則必先有方法跳出康德的雙關論："如果概念無直覺爲空，則直覺無概念，亦必爲盲。"人能得到實用的知識，全在概念與直覺的聯和。脫去概念，只有所謂"純情感"能到實在的情境則無疑，然而本身純爲主觀的；換言之，對個人有極堪確信的能力，在羣衆眼中則無精神價值。

第二節　從哲學到科學的關係

雖然，近代思想中，哲學非真科學意義，亦非實在試驗結果。它的發展進步，都在準備計畫實現其科學認識的戰勝。如果現代科學教授的精神能堅牢確實底認科學存在上，邏輯的沒有哲學存在的必要，然則我們理性與邏輯上哲學又怎樣能無限的生存？所謂"勢不兩立者"將在此實用。

近代哲學精神思想的發展，並非對各科學離爲孤立，實在是逼近科學，結成現在新壯元氣的哲學。它在各科學的研究與論據的分析中，構成一種獨立的理論觀察。它的作用專在找科學與行動的關係，回答超過科學負擔之外的存在是否仍能供給智慧、理性與人類思想的論品問題。所以哲學的思想式不在純直覺上，因爲抽象在我們不能完全實行；也不是關在概念界裏的純推理式，而是與標定要達到的實在，實行最具體最直接溝通的論證法（dialectique）。是保全自然的一種直覺，發明人類精神思想所到的最深最大的認識，所以論證與直覺在哲學上可以密合。因此哲學的認識就不是科學滿足之類的客觀性，它的客觀性建在我們概念比觀的外界上，非個性的意念。

哲學作用如此，實際與科學的關係究竟何在？這個問題一次回答則不全，一個回答又不能選定。如果要容易的，也可以提出理解相關的定義，求其是否有哲學與科學之間的相似關係。不過關係的名稱就這樣先天的拿出來，只算精神的構造，從此實體無須加入，實際哲學與科學真正的關係是在漸漸確定各種較深於外表的關係，使之建在事物自然的研究上。是赫拉頡利圖斯（Heraclitus）所謂"不可見的調和"；這種調和比一切外現的調和更好。哲學就是追尋這種"内調和"的研究。

希臘哲學對內調和的研究，發明三種關係：

（1）齊一與矛盾的關係（le rapport d'identité et de contradiction）；

(2) 機械因果性的關係（le rapport de casualité mécanique）；

(3) 原委性的關係（le rapport de finalité）。

從前伽利略與笛卡兒的科學與哲學顯開爲"兩不可滅的對象之間的直接連合"的新關係。這種連合，在笛卡兒説，可以一次得着，即"我思故我是"（cogito ergo sum）。笛卡兒派連合的哲學問題，就在求知 A 與 B 兩不可約的名辭間所有的關係，在什麼程度上能使之得爲理性的。所謂理性派，就在用力將原爲純粹經驗的化爲理智的。所以笛卡兒觀察兩項間的連合都是由一精神與不可見的直覺內觀結合的。來布尼茲則在兩項之間判別連續性的關係。康德謂連合爲一組合，由精神思想隨其需要與定律建設成功。黑智爾則認精神能在事物的實在關係中，實行前進的建設，定出同時有具體與根本普汎的單個。於今真正哲學家都在計畫協成共同一致的概念，由這種概念上希望得到羣衆關係的無上深澈無上理性的視域，與巴斯噶（Pascal）的靈敏精細精神相投，從此試行確定哲學與科學的真正關係。

亞理斯多德説過：不須要哲學的科學，就不是真科學。從科學到哲學的過程是"不時"的表現。人們可以不要思想生活，然而結果足以亡其爲人。思想是一種膨漲力，可以發生危險，惟哲學反省足以保障。有思想，有哲學，人們可以深懂事物，善解實在的價值，求出世界上重要位置的理性構成的方法。所以從哲學到科學的關係，如果是不時變動的發生，則此類變動決非偶然與自由的。變動發生的本身，能有一理性的根幹。所以在"知""學"的精神中，欲構成一種觀念；在科學與哲學之間，必有一共同負擔的責任。哲學就是理性的工作，這種理性就是科學與生命上用以實現理性的本身。

這種哲學的概念，完全科學與生命上的反思，爲理性的變動發生與自治精神，對科學的存在範圍都無矛盾。在實驗科學之前，成爲先天的科學；在科學勢力之下，即不與之相牴牾，亦不與之相背馳。

科學需要哲學的關係，分爲普通與特殊兩種。普通方面的：第一，在科學確定智慧定律與其本性時，哲學則出示智能觀察的方法；在標示真實定律與各種法式時，哲學則引導科學家握住外觀的真理；再在方法的論定時，哲學則給科學以最確實最簡單的方法，使之達到目的。第二，各科學有一定的基本原理觀念，如齊一原理、矛盾原理、因果原理、原委原理；數學科學的數、量、積、力、時間的觀念；物理科學的質、體、因、律的觀念；自然科學的生命、種類、名別的觀念；人生科學的善、惡、權利、義務、自由、主權的觀念等等；都是各科學信仰受用，不復反問者。都是由哲學精神思想，窮搜遠討的探其究竟，求其根本，自然的價值。所以各科學能實行這種研究的，名為各科學的科學哲學。第三，每一科學的哲學，並不直接研究其對象，而是研究此科本身的方法、原理、基本觀念；各部分間的關係、極限與別種科學所發生的關係；更及其哲學上最高總括概論的連續關係。

其次關於特殊方面的，各科學單個的發展，都應該用哲學精神為內力。例如生理家實行聯絡靈魂與軀體的關係，必須特別的應用心理學的原理；醫生在神經系與神經上不能明白所謂想像與情慾的影響，能由喜、怒、哀、樂的道德原因發動，則不能分別有形無形的衝動，如果要由生理學及心理學及病理學及物理學，種種可能的科學完全明白化解，則惟哲學思想能力，足以實現其成。又如我們的語言演說，亦不能脫去邏輯與心理的原理，西塞祿（Cicero）說："要成演說家，須有一種哲學。"換言之，演說的辭須合群眾的邏輯與心理，不能以單個的科學為超越的原理。科學為樹的枝幹，哲學則為其根本，我們想樹的花實葉茂，必須先行調養培植其根。

但是不要忘記了哲學普汎責任上特殊科學更為重要。譬如沒有特殊定律與因果的證明在前，將亦無所謂普汎定律與因果律論。工程師在一羣建築工人之前，只能有測量、整理、繪圖、預備。其成功則在工人的"工作"。所以說哲學精神的最大標幟為"愛科學"。

第三節　哲學精神與科學精神

人類精神思想史證明：哲學雄冠科學，而又能充實地促進科學研究，所以哲學本身就是智慧動力的原理（principe de la force intellectuelle）；又證明：哲學雄冠藝術，同時亦能充實地促進藝術研究，所以哲學本身也就是精神動力的原理（principe de la force morale）。這兩種原理的組合表現，就是"哲學精神"。

哲學能同科學研究協作，其義須先有科學真理的認識，復具科學鑒定的可能。哲學與科學的作用，各有其性質的差異，故凡教授的科學課本，都是已發現的真理，對之惟宜尊崇發現的工作。哲學授課則不然，首在方法的注意與研究，換言之，直授發現的方法。這些方法並非邏輯家思想形式的發覺，是由他們在科學家的研究中實地觀察得來。因此哲學方法的研究，同時就是科學歷史的問題與理論。哲學本義的解釋，正是培根與笛卡兒的"科學與方法論"。

我們認識的本原，對於智慧工作實無確定的劃分；故雖在各科學特殊研究上，亦必為同一精神教育的指導。論到普汎意義上，哲學精神與科學精神，幾乎到處相混。因為這兩種學問的探索精神，都在"精密攻心的批評"；它們特利思想的態度與精確入微的手腕，必須深入問題的底蘊，緊接事物的當然。此外更有一重要精神是：摒除臆說與偏見，不專制真理以妨於第二人。

雖然，如果就相同之中再逼近各特殊性質去看，則在同一普遍精神中又顯有哲學與科學相對之分。先論科學精神。

一切科學對象，全在原因與定律的研究；要達到這種研究的成功，必須假設多少特殊性質與實現矛盾的存在，一方求其經時加增的認識；一方因其所得以解釋自然。組成這種精神的元素：第一在熱烈的精密攻心，對於所破壞的終求其澈底改修；所驚惶的永遠加以警察；換言之，對真理的熱誠，如愛情勃動而不亂，怒髮衝冠而不急。科學的堅忍靜謐，足以抵制自然的慇懃；其穩重不偏，專在彙集實證，權衡理性。第二就在它活潑剛毅的想像，為觀察假定與預測解釋的必要；至於考察事實中的精細裁度，深思遠慮，與科學推理中的循規蹈矩，嚴革妄誕，更為其施行方法的常用手段。第三就在信心的專一；因為科學的進行，既然以假定爲其先鋒，當亦不能無斷定的事實在後。只要認定前有精神爲不失，則必信假定觀念爲可能；所以伯爾拿（Bernard）與巴士特（Pasteur）都認爲"學科學必先信科學"。

總而言之，研究科學者無論其程度如何，必須連帶靈敏精細的銳利精神，與堅毅不拔的幾何精神；彼此和衷共濟，同寅協恭。

現在再看哲學精神。我們知道哲學的對象，首在求第一原因與第一原理。是於科學精神高度上，還有一個真正大成的哲學態度。所謂科學家的研究，必須索究專門，在科學進化發展上，個人採定的範圍，極端限制其小，而於對象或問題的攻取，亦只佔領所能逼近的理性，正是"出專門之外則不入專門"。哲學家則相反。他們都有野心切望，要將偉大博通的理性，抱合事物的總和，使其精神能益於任何方面，開進化之門，創方法之始。所以哲學真正精神就在"愛"一切科學。不獨此一愛而已，還有普汎觀念與遠博無垠的組合精神，表明科學事物須待哲學觀念通譯的必要；同時信仰與行動的推測，都須進到知識本原與道德社會的負擔之極。這種要求就是發起共同觀點，將各科學結果系統之，調和之，然後因而導入無上原因與普汎定律的個位。所以分析精細，是科學精神的適合；遠博入微，是哲學精神的眼光。

雖然，科學哲學的互助精神如彼，不同者又如此，學科學者自有其本來面目；學哲學者亦當私定其主要目標。因爲事物理性，邏輯試驗。有時並不能用普通科學權衡重輕，亦不能以觀望哲學組合檢證。若然，則其判斷假設與推理證明的結果，必使科學或哲學變爲非牛非馬。科學家無須乎必爲哲學家，哲學家亦不定要專門科學家；不過哲學家如果沒有真正科學精神的内力，則必失實在意義，徒勞於空浮抽象。科學家沒有哲學精神的進取，則必如前行深道，發生狹隘之虞；任何方法處置，亦無靈機應變之便，而對於其它的對象與方法，必採專門之外則不入專門的態度，是進於絕境了。所以雷門（Du Bois－Reymond）說："脫開哲學精神，科學只有褊小精神，毀滅觀念的意義。"哲學爲智慧活動的原始，科學研究的大成。科學的辛勤艱忍，惟哲學足以對之加冠，笛卡兒说:"科學真理都是勝仗所獲";牛頓説:"科學真理,爲堅忍不拔的首功。"在於今哲學改造的科學觀察之下,可以説:科學真理的熱烈切望,奪回憂愁憤悶與死生交惡的人類,同時顯出天才的戰勝,幸福的奇蹟。

總之,科學精神發現,爲千變萬化之原,決非惟一真理的創作。它的光耀不在某一部功績,即在一部之中,亦必表現科學全副精神,這就是科學哲學精神的結實。哲學對科學發現,除標定精神指導的方法外,同時更具阿基米得(Archimedes)的愛國主義,巴士特的人道教訓,刻卜勒(Kepler)恒心難克的研究,牛頓真理誠敬的首義。科學哲學的實用範圍,極限止如此。

第三章　科學哲學的新發展

第一節　數學與哲學的合作

前兩章把哲學與科學的關係定義與關係問題，都簡單確實的說過了。現在再看看科學哲學的新創造、新問題。

我們知道一九〇〇年與一九〇四年的萬國哲學會，完全表示科學與哲學的合作精神。在這種精神中，尤以純正科學——數理科學——的內力傾向為最著。無論是實驗科學家或純粹哲學家，都認二十世紀的思想精神，必然立足於科學哲學的基磐上。而尤以數學思想的改造為首功。謹先就數學與哲學各面觀察情形略述如後。

數學如果專就孔德的實證思想發展，或者劃在哲學以外，視為實用科學範圍內的科學，自然難到近代數學哲學的理論問題。再如果把它深邃的理論，演繹的抽象，盡付之課本實用之列，結果單純複雜歸併一流，無用於哲學真理的尋求，邏輯證明的反索，當然更無所謂數學家與哲學家的攜手。數學家如果認數學為科學試驗的普通工具，或星術測算的推演方法，則其精神作用，不過專做以量易性的鑑定而已，亦決無哲學理論的發生。真正數學精神是實不在此，不僅不以實用主義為然，且亦不以實驗檢證為足。它的研究，在求懂事物的意義，思索事物的旨趣，探明事物的關鍵。

波脫（Boutreux）用哲學家眼光說："數學科學的完全表現，完全精神，是一種最明白的科學，最美備的認識，最有權能的指導。它在物質與精神之間，構出明白的解釋，同時能使我們有實體與思想的精密調和。數學與哲學的接合，為科學哲學主動的創造力。它們協作的事實連絡，成功普汎的重要運動。"

我們在十九世紀中曾見過這種運動,然而兩者間還少明白持論的表示。浪漫精神與唯實精神的反向,在科學與哲學之間,建出一座區別的界限;以爲哲學絕對在內觀直覺上專注事物;科學則消滅主觀標準的認識,注意於事物間客體的關係;所以科學家哲學家彼此弄成一概偏僻。二十世紀來,無交戰的思想表現,各家只知互求充實發展,而不注重於輕微事件。這種精神態度表現於哲學家的,就在他與數學家的關係中能成功"數理哲學"的科學哲學精神。

哲學家因爲舊式邏輯不足以解釋人類精神的實用推理,所以注重數學演繹。因爲實際上舊邏輯的眞演繹法,只在由普汎到特殊的證明;而數學的應用,則能由特殊到普汎。——如傍卡累(Poincaré)的數學歸納論,——譬如有一證明式,視所證的對象爲一普通對象的特殊點,將此新對象極力展開證明,則特殊對象的證明,必變爲普通定理的簡單實用。由這種路徑研究,結果正與舊邏輯的指導相反,因此數學推理,成了最明白精確的演繹法。

數學演繹歸納的勢力,把邏輯固有方法革退了,要頂替它思想律的位置,做哲學的科學方法。邏輯家自己所以不能不吸取數學精力,全身穿過舊鎖的門限來分析數學推理,求其"所能"與"所可"的確實演繹觀念。

數學的認識與理性,對於認識論上,引起哲學家深思反省的地方更多。因爲它的建設工具,就是思想與事實獨立,求事實的真實,無須乎對象實在。它先創造觀念——數形,——然後用定義的實體限定之,即能適應無窮,而理論推演更因之超經驗、試驗、感覺的逼近程度,希求絕對的眞實,超證明的眞理,而爲理智的眞理。這種思想實體的思想科學,實在是哲學內力的精魂。我們知道哲學家解釋人類認識的,分理性與經驗兩派,理性派就是先天派的正義。他們以爲先天標準,乃屬無限富源。由分析發展的觀念上,可以得出完全科學的圖案。

然而數學並不是分析成功的,實是得自"構造"的。它所有的原理,皆不能標定其不變，故終顯爲前進的提拔。因爲前途既屬無窮極，凡隨行研究的當不能退後。至於先天理性派，決非此類功夫。但是我們在哲學史上所遇到的理性派，與此又不相同；他們的思想，是所謂"構造的理性派"（rationalisme constructif）。認數學定義完全爲精神創造；而各定義的發展與配合中，精神給不出真實感情；因爲它不注意將所有肯定的斷語，適合於任何實體，而只在於本身的適合。尋常人説："只知道所爲"，正是這種理論根據的原理。數學對於精神完全實在，因爲它只有精神的工作。精神遇到成功的，即便估定標準與推演間的邏輯真適合。

這種數學概念，並不能等於實體存在，即如數學創造是否完全自由的問題，也不能決定。不過在數學家並不以此爲然，他們精神中想像類推的事件，正與浪漫小説家的精神相當。在浪漫精神中，往往爲人格的想像，其情感衝動，即爲深刻印象的創造；然後由其性質的組合，更爲語言行動的表現；故能就個人人格上顯出善美精良，人情物理，種種存在的精神。在數學家亦然；數學的根本就在想像，因爲數學家不向外看，他隨看精細的觀察體，不與博物家相應，而與藝術家的自由發覺相通。所以傍卡累對他自己方法的步驟。認爲是對象的指引，自己實不能有所領導。

第二點由哲學家試行解釋數學意念是經驗派。自然，經驗派的系統方法與理性派的根本不同。然而也不能使他們經驗思想，趨於數學實體的同化。數學家不認識哲學家所用以戰勝經驗派的原理與方法。專由同類、正確、抽象與完全的性質所形容的數學對象，不能在試驗中遇到；只用惟一試驗中產生的精神習慣，也不能解釋其形體構造。數學家的數、空間、等性、相當、確實，都是主要與件。在我們的精神上，這些與件不能引到外界作用去。哲學家因此隨數學科學的各種存在，認爲只有變形變性，可以彼此相入。如果要解釋實在的數學，不問想像的數學，則必入數學家的學派，由其教授中更改所有原理；同樣，對於邏輯與直觀的理論亦隨時變換。

近年思想運動，都指揮哲學家向確實普汎的科學上進。即今有科學家與從前的科學家視哲學的眼光和思想不同,然大體上無不表示爲互相設計的運動;惟其在數學家特別顯出這種變化觀念的思想。從前他們都認考察科學原理爲無益,竟有謂原理本身就是單純明白的,無須乎研究什麼連續性(continuité),更無須乎解明實在的事件,只要真正明白限定了即爲滿足。所以說數學家不知道所講的什麼,也不知道是否實在;他自己知道了,就是他的滿足。

我們不要厭惡數學家這種的精神,更不要以爲他們的原理與實證的邏輯相矛盾。達蘭貝耳(D'Alembert)說:"不息的往前進,信服的就來了。"我們用實習的習慣,鍛鍊實行研究的精神,譬如初級數學所遇的負數或無理數的觀念,普通視爲不合理的意念,漸漸貫串到普汎概論的高級數論發展上,不合理的轉爲合理可能了。不過於今數學家對原理所有真義與理智的進行還不曾根本建定,雖然易柏(Hilbert)正在研究,他們並不怕限制各原理的意義與本質,實際這種研究並不在數學範圍裏,早到了哲學管轄裁判之下。

數學家研究的這些原理從何而來?是否絕對形式與恰似邏輯原理的?是否關係特殊實體?此實體的性質、定律、自然,又是否與我們推理不合?數學真理到底爲何?公理就是一個便當的理性嗎?它本身還有真理嗎?便當與真實又是些什麼意義?這些問題在於今的數學家都用力研究,觀其強有力的漸漸插入哲學問題的,也就在這裏。如無窮的數學問題,從算學到幾何的空間與從幾何到機械學的時間問題,都表示數學家要哲學的調治,哲學家要數學的管理。人類精神的標題,實際都是數學哲學的,所以數學哲學的合作,能使知識、方法、理智條件上的觀點、存在與真理等等,成爲科學哲學的共同程序。哲學家研究真正數學問題時,就是一實在的數學家,數學家研究完全哲學問題時,也就是一個重要的哲學家。哲學對於認識上各種原理考證,如法律哲學、宗教哲學、科學哲學、藝術哲學等,皆不出空間時間的對象。我們解釋時間空間的理性認識,惟數學可能。所以認哲學與數學無關者,正如笛卡兒所謂不知一樹枝幹的關係連結。宇宙只有一理性,一真理,一調和,科學與哲學的工作同在"事物的認識與理智上"。由科學哲學研究真理，可以得到最單純深澈而又實在的真理，其條件不能離數學的合作。

第二節　邏輯根本改造後的哲學

十九世紀中葉至二十世紀，科學與哲學都受同一原理的改造，此種改造的主力，即所謂"數學邏輯"的創造。從前數學自己保守的數之科學、量之科學、空間之科學、運動之科學等等定義，把純正科學的權能思想，都禁錮於專門之室，其狹隘偏見，使一部形式邏輯自號爲思想律，推演律的方法，弄得閉門造車的樣子，絕然兩不相合。數學之演繹證明與邏輯之演繹推理，本屬相需互用，然而亞理斯多德到康德，歐幾里得（Euclid）到牛頓，彼此實昧於此種基本原理的存在。我們前面說過，數學現在已經同哲學合作，做這種合作的功夫，以抽象幾何（géométrie abstraite）的分析組合法爲其首功。邏輯的原理，這時候從三段式的演繹上，完全接受數學證明的形式，無形中把亞理斯多德的概念包攝論，化爲代數徵號演算的類推演繹。從前所謂判斷、概念、推理的惟一形式，現在則用標辭（proposition）、類分（classe）與關係（relation）三大普遍原理統而代之。一方面革去概念獨專的三段論，使聯瑣、配分、輸出、輸入、重言等原理與思想律的三大原理合爲演繹工具；一方面更就概念包攝關係之外的科學與日常生活的關係，建出數理函數關係的普遍函數原理演算。於是者使邏輯原理包各科學方法的真理，而各科學原理的結構，亦必具科學邏輯的主力無疑矣。

邏輯這種根本科學的改造，建出科學自然抽象的理性形構。哲學發展的中心，因此純立於理性與物界接合的邏輯新觀點，而以"數學原理"爲指導。哲學問題的擴張與內容的重要，不只到物理試驗的基本觀念，實統合自然科學的理性化，把偏狹的經驗理性盡行剖析，攪入超羣與擺脫的新自然哲學，重現新現存的物理界；換言之，使因果、試驗、時間、空間，均爲普汎理性的真形，完成邏輯的形式可能。這種新哲學的科學思想，使二十世紀的哲人，根本革去舊理想，實行概念原始觀念的探討。更將所謂"科學與哲學"，造成"科學哲學"一名辭的功績。邏輯從此執行"機關論"的新使命，使科學合理的引導我們如此的人生，認定其所不知以求科學邏輯之知，估量價值、或然、相似、推測的存在。而一切知識與真理操於科學與哲學之思想行動，在科學以外為無知，在科學以外也沒有哲學。只有科學哲學，沒有哲學認識別於科學認識的，也沒有哲學對象別於科學對象的。不過哲學這個名字，在決斷、思慮、論解的純粹應用上，還須積極保存。而人們能超其他動物為理性動物的功績，則為科學哲學的榮耀。

第四章　科學哲學史的重要關係

　　科學與哲學，包人類一切知識的集合。人的精神對於所創造的科學，所建定的哲學，應該知道整理與調和的原理。我們新世紀的科學發現、哲學革新，都是一個整理調治的條件；換言之，歷史思想的明白觀念。我們不能專作科學的工人，哲學的使者，應該把科學特殊的負擔與哲學理想的調和，輸到我們青年的觀察中，使之淘於最高尚最完美的精神教養。不然，我們思想功績，沒有什麼真正的優美，實際的精華。人類科學哲學表現，完全為一部系統精神，能夠表現這部富有精神的畫帖，就是科學哲學的歷史演述。

　　科學哲學的歷史，自然沒有科學哲學本身以外發現的事實對象，那麼，我們的研究一定無驚奇豐美的新件。然而不能以此認為科學哲學的無用。消極上說：過去知識，真求之無益。譬如柏拉圖以一純正科學哲學家構出極大理想的人民政府與其風俗習慣的歷史，如果隨着這幅畫帖去演述，歷史家成了王者或所謂歷史皇帝。我不相信我們科學哲學史有這種流病，雖然柏拉圖有了他的思想可能。實際上政治的史料或者最好的政治史，很少有歷史的科學證物，如果把它同科學哲學的比較，其價值相差難以道里計。

　　十七世紀中各科學大部分的發現者，都輕視純正歷史。他們以為：認識一事件，並非指定實在的原因或事實，不過限定可能的原因，注意理想的普通與必然條件而已。譬如認識一圓，並不是知道誰的手，用什麼粉墨，在何處粉牌上畫的；是要知道在一平面上由一動點對其中心定點等距離運行所成之一封弧線。圓的歷史，不能使我們知道什麼；是由它的理想造形。雖然非實在的，使我們推演出真正的性質。一部幾何形構完全如此，到自然現象中當然亦為實在。都是定律的可能，而不是年代計算的情境發現。

這種經驗的科學哲學觀，我以爲在習用中不完全正確。對於爲知以求知，而不爲利用以求學問者，我認爲"記號"是無錯誤的，是公正科學的實在表現。科學到了實用，就算停止其爲科學。科學的研究在求非實利的真實，因爲真實能給研究者以堅忍不拔之志，給發現者以心神愉快之理。科學哲學的歷史，對將來的實利不計，然而並不專爲分解前有定律的變進與時間中正當的位置，實在的形態、價值、聯絡；是要求它實在的事件存在與真實的精神表現。我們如果能相信歷史事實的正確認識，或普通定律對於政治外交人材爲有用，則更能相信科學歷史的作用在精神普通教養與事變觀念的各種進步中愈爲重要。因爲承續不斷的發生中，一切產品與連累的關係，都爲科學機構的組織，個人的單獨能力，如果與羣衆集合無動力上的關係，則必失其無窮小的分子作用，而與過去的不能聯合，本身則涸盡進化之源。在一條無限時間的線上，我們可以視"現在"如同數學上的一抽象點的移動，它總值有理想的極限。我們現存的生命恰相反，是一個實在的"時久"（durée），漸漸浸入將來，因而確定將來；同時雖不完全附帶過去，卻並不脫盡過去的。從此科學哲學的進化中，有如生命的改變，亦具遺傳的勢力；從此歷史的文化勢力，給我們真正的意義，標出人類思想功績的集合表現。

這裏又知道科學歷史的重要，在哲學範圍中更爲有力的保證。因爲現代哲學，實非真確證明的系統真理，不能爲科學研究的現象與關係不變的對，亦不能由試驗的事實直接檢證。哲學的各種假定，難成一系統式與一科學形，其故因理性基礎，在誰都不能完全搗毀，亦不能完全建設。譬如柏拉圖派終屬柏拉圖，而柏克立（Berkeley）的唯意主義（idéalisme）完全與馬萊朴郎斯（Malebranche）的不同；各個系統，各標其創造的個性力。哲學的重要在此，歷史的重要亦在此。科學則不然。如數學定理的創生，由一人的天才能力發現，然而不負擔個人的本性。又如物理假定未見諸物理應用時，屬物理家所有。一變爲定律，即不隸任何人名。這裏要當心。所謂定理定律的個性存在在第一期是不能免去的：歐几里得

(Euclid）的定理，牛頓的定律，各有其個性實在的表現。這是純粹科學的一步。再進而及於完全嚴格證明，以一試驗定一試驗，復以一試驗斷一證明時，科學能力變到高深的實在，侵入理論的概念，普汎的思想；個性去而為第二期：科學哲學的一步。譬如幾何學上並沒有證明等腰三角形性質的"名字"，只有等腰三角形證明的"記憶"，光學上由海亘史（Huygens），而楊（Young），而夫累涅爾（Fresnel），理論愈發展，個性愈縮小。是科學與科學哲學顯為實用與理論之分，而科學哲學更能包科學的普通範圍。那麼，我們的科學哲學史又在什麼作用上？利特雷（Littré）說：今日的科學是昨日科學的產子，如果不知現存生命之所從出，將不知科學緩進的組織。科學是人類的功績，科學哲學是人類精神概念定律最深遠地活源。精純觀察，消極觀察，不能給我們以實在的智慧。沒有歷史的組合，沒有比較的事實，沒有假定的證明，又沒有自然的先取，科學將無所始，亦無所進化。科學的發現是假定，假定的結構是科學哲學史；科學的創造是問題或理論；問題或理論的真諦亦在科學哲學史。科學哲學是科學分析的組合，科學哲學史是科學史的分析。歐几里得的幾何，伽利略的力學，牛頓的機械學，個人的真實與歷史的真實完全不同。我們不能疑直線、擺動、吸力的普通性，與不能疑歐几里得的直線、伽利略的擺動、牛頓的吸力，兩不相同。第一個不能疑是絕對的，第二個不能疑是問題的。我們科學的真正表現在科學哲學史的畫帖上，正如一道出入大海的河流，溯源而上者，步步顯出艱難跋涉的精神，順流而下者，處處心神愉快而無限。然若截其上游的艱難，則下游縮短，水不成流。科學哲學史上表明這種相需之作用，如伽利略的物理發現，難於笛卡兒的普汎機構論；笛卡兒的又難於牛頓的實質運動；牛頓的又難於海亘史、怕松（Poisson）、科犀（Cauchy）的無窮小的機械學。不明白這種科學哲學的思想步驟發展，就不知道自己生活程度與科學生命發源的根蒂；結果如一葉扁舟，由河道出大洋，渺無所歸；如孩兒無父而為私生，瓶花無根而為必死。

科學哲學史的目的，不在乘人類思想順流而下，而在能乘長風逆流而上。遇一層河底的暗礁，就是一步科學歷史的停泊處；其隱藏力量，能專助河流的急奔。譬如從前應用幾何方法解明代數方程式與其關係的普汎性，正是表明笛卡兒的思想停泊於帶奧蕃塔斯（Diophantus）、怕怕斯（Pappus）；再溯而上之，歐幾里得、阿基米得爲一島岸，更前進則爲畢達哥拉之流，是將要窮源盡流了。這些暗礁島岸的"中間"發現，實在是緊要的觀察所得。科學家特殊能力不能包這種暗礁發現，是科學哲學史的反攻，集合各個最高理論，表出思想級次的必然。我們專恃物理與化學不能產生實驗室真正事實；專恃博物科學，亦不能真知道動植物與地層巖。無歷史哲學的科學，即無科學真理的精靈。科學思想的美備，須待科學哲學的解釋；這種解釋的滿足，又須科學哲學史的預備。所以在海亘史、夫累涅爾之旁，必有牛頓與怕松的勢力，始能明光學的發現力量；在達爾文、赫克爾（Haeckel）之旁，亦必有拉馬克（Lamarck）、聖伊雷耳（St. Hilaire）、屈費兒（Cuvier）的概念，始能明博物學的科學功績，科學哲學史能指導一切最大發現，分配發現的定律。譬如明日的科學家就是歷史發現的結果，從昨日科學家分借而來。他們的償還成了慈善家的宗旨，"不能報之於主，惟有以之轉施於人"。

（本書由商務印書館於 1928 年初版）

滄浪文庫

科學方法

目　錄

第一部　科學普通方法

第一章　什麼叫科學 …………………………………（371）
第二章　科學普通方法 ………………………………（382）
第三章　科學分類 ……………………………………（398）

第二部　科學特殊方法

第一章　數學科學方法 ………………………………（409）
　第一節　數學定義及其性質 ………………………（411）
　第二節　數學公理及公律 …………………………（415）
　第三節　數學證明法 ………………………………（418）
第二章　物理與自然科學方法 ………………………（427）
　第一節　物理科學方法 ……………………………（430）
　第二節　自然科學方法 ……………………………（446）
第三章　人生科學 ……………………………………（453）
　第一節　心理學方法 ………………………………（453）
　第二節　歷史科學方法 ……………………………（466）
　第三節　社會學方法 ………………………………（471）

第一部
科學普通方法

第一章　什麼叫科學

一、科學的發端

宇宙自然的秩序，在有智慧的生類——能預見，能思想的——最初一次感覺忽然驗證到的情境中，必定都是極非常怪異的。他們這時候對外界所有觀念，只表現續續地變更和不可分別的無限存在。無疑，既不能看見什麼秩序，也沒有什麼形式，更無所謂法式系統。總而言之，我們現在的"時間"與"試驗"，在第一次智慧發生中沒有存在。譬如生不及月的小孩子，其手足動向，並不隨其所見所感；及至稍長，偶見林鳥水魚，猶欲伸手捉爲玩物；是因其智慧本能，還不識自然的基本存在，加以原始感覺，完全無秩序的表明。故生而盲者，只能有簡單自然的區別，因爲他智慧感覺的分析，不能及於自然秩序的複雜，即所謂混沌時期。（參看 Lalande 教授的 *Lecture de la Philosophie Scientifique*）

人類初能觀察到兩相當或相較的互存現象和重複現象的表現時，雖不能明白認識，然而可以漠然底研究其間"性質"與"數量"的關係；換言之，必能就各現象的共同點上所直接得見者，引入智慧認識的第一道"科學"觀察路向上研究。在這種路向上觀察的步驟，先由"測度"（mesure 準量）的基本意念，導入心理比較的具體接觸；由兩大要素完成認識，即所謂：時間與空間。

第一：此時精神思想已非混淆景況，正如一人忙在極大的叢集貨棧中，首先須得自行清理的方法；而各個感覺所有的標示，無論如何，必有"先於此者""同於此者""後於此者"種種秩序安排，使之確定智慧感覺的第一元素。如果宇宙中事事物物皆能有"先於""同於""後於"其它的秩序，則連續的表現不息，而我們感覺的接應中，自然呈出"時間"的存在。

第二：然而這種秩序表現，還不能有測度的可能；換言之，無緩急變更與否的認識。而一切感覺集合的表現，彼此必呈現無關。譬如人們看見天地日月，山林鳥獸；聽到雞鳴犬吠；觸及水深火熱皆爲同時，是仍無分明底認識。要解決這個困難，須先將這種同時同次的侵奪，置爲秩序底表現。故第二步要素的新觀念，必定有"空間"的存在。

空間的作用，能安排所有互存與並存的事物，限定不同的差點。如上天下地，白日夜月，青山綠林，飛鳥走獸，雞鳴在前，犬吠在後。這許多局部的限定，也並不是一次的，是由續續不斷底摸索得來。集所有詳細的摸索，始得到端萊（Taine, H. 1828—1893）所謂"我們感覺的地圖"（atlas de nos sensations）。由這種心理問題成功科學認識的元素，其相當結構中，產生無限認識的系統組織，適合時間空間相對的分配。此外要知道凡感覺的表現，不是獨立而是羣聚的。譬如一某物所共有之體積、重量、顏色、質味，都在同一空間點；其不同的各元素，亦與之處同一集合表現；我們感覺對此物決不能認爲一單體。正如我們移去燈形位置，不能同時仍留下原在顏色、光線、熱度的存在；換言之，組成燈的各種性質同實體是共同存在的。感覺的實在，不僅及於空間，而於實體各部包有的性質，亦能搜成集合的表現。

如果凡物體或感覺的集合彼此出沒，皆爲不變，則科學產生的事件，只須一目次記錄足矣；而宇宙完全不變底秩序，就是將感覺的事物，拿來安置之，識別之，類分之，測度之而已。幸而凡現象的表現少有如此的，不幸而又多有不如此的。宇宙變遷，超乎我們個人的更動；一感覺的羣聚可以移徙，又一可以毀棄，它一更可以生變；如水由冷而結冰，由暖而化液，由熱而蒸發，騰上而爲雲，凝墜而爲雨；植物之由生、長、花、實而死；動物之由生、長、養、育而死；其程序永遠如此底流變，如此底不定，所以要懂明事物，必須於空間時間之外，求出更有精神的能力，一方面暫定感覺，標明實在；一方面活動感覺，應付變遷；同時持住普汎變遷的共同真實，發覺統治的方法；這種方法就是精神同一自然的基本觀念，即所謂"自然律"是也。自然律的觀念有種種不同底形式，但是各形式都歸同一原理。如賴布尼支（Leibniz，1646—1716）所說的："若不能先天底解釋事物所以如此而不如彼者，則理性將全無所定。"從前哲學上所謂：凡現象有一原因與一結果；近代哲學家所謂：凡我們所能遇見的變遷皆爲理智的（intelligibles）。我們要解釋這種公理，就決定自然的變更，實屬理智的原理。正是培根（F. Bacon，1561—1626）所謂："真正知道，就是認識原因。"這個"因"的意義，恰是"自然律"的所在；知道"因"之表現，即爲現象系統的認識。如果我們理解的精神，對一切過程都能實在地明白，則宇宙自然成爲確定的秩序。由這種系統的真精神，漸進而拋去原始感覺，連絡條理級次的知識，組成所謂"科學"的定律、原理、理論的存在；換言之，凡具體、性質、數量，都能由抽象的比較，直達於"概括論"（generalisation）的普汎發展。這並不只是普通科學的創造，而與特別科學實同一進路。

二、抽象與概括論

亞里士多德（Aristotle，384—322 Av. J. C.）謂科學所隨的路程，由人類官感所襲的對象起身，達到理性所得的定律爲止。官感能使我們認識一切具體與個體，理性能分成簡單元素，同時觀察其中所有共同點。所以沒有無限差別和變換的個性科學，只有普遍的科學。

我們很容易證明這種論據，如一人性質的觀念，一樹形象的觀念，一花顏色的觀念；各個特殊觀念無限，所實用者，只在唯一物體。這並不是科學的對象，只算是稱名事物。研究科學，應該建定一切關係；各關係存在的要求，需用許多條件。故凡定律，必爲多數不同底現象中所得之若干共同結果。在各個不同底事物中，所有這一部分的共同點，就名爲"普通"。如"人"爲普通觀念，因爲對地面上"所有人類個體"皆能適用；"生物"更爲普汎觀念，因爲在牠的外延上不只包括人，還包攝其它的動物與植物；至於"物"，則比生物又更爲普汎觀念，因爲牠包前二者之外，還另包無生物的類別。觀念之變如此，我們所成的判斷當有同理的差別。凡個體或專名單稱判斷（jugement singulier），則所範圍的皆爲惟一個體；普通判斷，則所範圍的同時有多數個體。如果這些個體所成的類別表明"所有"爲一體，一性，一公律，則實用於此類別上所有個體的判斷，名爲"全稱"（universel）。因爲個體的敘述與觀察，可以引起定律的認識，所以個體和特稱判斷，都能適用於科學，但是不能構成科學。科學對普通原理的發現，在於結論事實的全類。譬如一定理證明任何三角形，則對於各邊任何之長，各角任何之值爲實在；一代數式的普通方程式之解法，以徵號易數值，皆爲實在。所以亞里士多德說："在所有觀察科學中，應該引發事物普通的感覺，從官感的簡單，到理性的簡單，正是精神自然的軌道。"

我們應該怎樣成功普通觀念與普通判斷？這個問題自然因所注意的科學不同，而有物理、化學、生物、社會，種種差別關係的普通標辭（propositions generales）之分。但是這許多不同之中，觀念與判斷的結構，表明"抽象"存在的共同性質。所謂抽象，即一事物觀念的存在，不能離所在之自然而獨立，亦不能離我們想像的表現；然而又能在精神中單獨底注意。如高山流水爲兩抽象觀念；因爲在我們想像的時候，同時不能不有若干形色或性質表現。如果想像不能離觀念，則由推理的智能，可以測算頂上之高，流體之動，然後抽象其它的存在。這裏知道一抽象觀念無須乎普通；換言之，對於一對象適合者就可成功；但是一普通觀念則必須爲抽象，然後始能對特殊有限的個體爲同樣可能（適用）。結果凡觀念能成具體的，必須全部與實在的對象相混合，而此時所謂觀念，又變爲特殊的表現。

由此知道，如果謂科學只有普汎的，則亦惟抽象的可能。抽象爲一切概括論之前提作用，能於變遷之下，標其不變的可能，減除其暫性（accidentel）或偶然（contingent）的表現，專留永久（essentiel）或必然（nenessaire）的存在。我們說科學只有抽象可能的意義，現在知道了；因爲凡觀念或關係，只繫於物象或虛象關係之上，理性的實體，只接於實際現象的抽象之中。這個重大的問題，使我們明白考察從科學到粗生實體（realite Brute）所有符合的程度；而在試驗與實用科學中，數學科學利用的程度，亦能明白地識別。

抽象能就其最大作用的範圍中，得出最小理想系統的特徵性，由此達到能統治所屬與變異的定律。法國德萊柏（Delbet）在他的《科學與實在》中說：“因爲各科學齊向複雜上進，抽象的權力愈減，而一切現象愈趨附於‘中間’表現，如果想在複雜中研究集合，必自失於無所措手足。我們能簡單一切問題，實爲成功之必然條件，故抽象的方法決然必要。”換言之，科學的可能，專在抽象普汎的條件。

三、記號

有抽象的普汎作用，就能完成科學的可能麼？如果人們不知道用方法限定抽象與普通的觀念，又不知道怎樣表現它，分類它，建出它們彼此間的關係，則無須乎每次應用精神的處置法；那麼，前面抽象普通的作用，雖不算完全不可能，實在要算極端底困難。想完成這兩種作用，同時使思想工具亦能成有力的創造，則惟有"記號"方式的使用。記號能表現非現存的，隱沒的，或不能見的事物；同時亦能感覺到此類實在的表現。譬如站在北海公園的白塔上，望見故宫博物院各樣不齊的房屋，不同的顏色，和隱隱若藏的行人，眼睛裏實在不甚明白分曉。不過在每個不齊不同之中，終有個"不齊不同"的差別表現；而隱隱不見的行人，終知其爲："動體""行者""有思想的頭腦""有經濟的知識""因某事出行"或"爲某私欲動"；在我們眼裏的形就指明人們的表現，"形"就是表現的記號。此類的聯瑣表現在各個時間皆有。──夜間看見天上的星球，知道無數光體皆與我們太陽相似；──秋季夕陽時候，得見四郊青烟遠現，移時想到農民野火燃燒乾草；──揭開樂譜，看到譜表標出的黑白圈，耳內即聽到所表的唱聲；──鄰家發出一種兒童尖銳叫囂聲，可以想到小孩哭面形態之惡。……這許多表現，皆由某一試驗引起別種試驗可能的觀念。如果能引起第一，即能想像第二；簡言之，一事變對象或性質的自覺（aperception）觸起其它事變對象或性質的概念。譬如觸到鍊子的第一道鐵圜時，我們自然想到第二道的存在；第一就是第二的記號。（看端萊的 *De l'intelligence*，I，1）

記號表現有自然，亦有人造。如前面星光、烟火、兒哭等等，實爲自然記號；樂譜的調子，則爲人們自由選擇的，即是人造記號。實際上自然的不及人造之大，如交通上鐵路標識，郵傳電報的簡碼，以及數碼、字母、文字，都是造成的記號。它們這種形對科學爲有用，正爲表明思想、抽象、普汎、判斷與推理的基本作用。而一部數學原理，更爲記號表現得特出，其抽象普汎與判斷推理的正確，純在人造記號對自然表現的適應。譬如有一造牆工程，用八人每日可成二丈四尺，若欲早成，則共用十二人，問每日可成多少丈？這時候對於工人的衣服、器具、磚頭、灰土，我們都不注意，只在數目的記號推理；所以記第一次工人數爲八，其工作爲二十四，合共工人數爲十二，則求其未知工作爲 X，所以推理集合式爲：

$$8:24::12:X=36.$$

表明第一次工作與第二次的比例相當；而第三者即爲共同數。由這種記號抽象，更可以及於普汎抽象的記號。如：

$$a:b::c:x=bc:a.$$

由此又知代數記號的方程演算與算學數碼的事物演算，實爲相當的表現。

各種人造記號的方式，半爲思想所得，半爲本能所有，完全代表抽象與普汎的觀念。再如語言文字，更爲普遍，用之更爲重要，更爲方便。如名字之一形一體與一名多實者；換言之，有只合於一對象的，有能合於無限對象的，如：孔子、武昌、黃河、樹木、三角、顏色之類是也。記號對思想的作用相同，故事實中同一記號，可以表明無限不同事件。而判斷推理的表現，即爲文字間相合與否的配換，所以貢地牙克（Condillac，1715—1780）說"科學就是盡善的語言"，此語誠有一部分的真理。

四、科學性質

科學基本對象，無疑而爲實用目的（but d, utilite），首由感覺的認識發展。所謂感覺的事件，正是對人類行動上永遠適用的知識，所以能謂

"尋常知識，只是一種不善的科學"（une science mal faite）。而人類之所以續續對行動和自然專求精益，亦即爲達到科學的知識。魯朋（G. Lo Bon）說：實際上科學就是人們的暴發者，是減輕壓制人們魔力的一種動力。

第二步因爲這種動力達於各方面的神秘，漸漸覺有實質安全的需要；所以在智慧方面留下許多驚奇待證的發動。因爲必然性的強迫，所以想達到認識的可能，遂產生第二種非實用的對象方法，即所謂"理論"（speculatif）。實用目的固然重要，還應知道"創造科學"完全出於無功利底索究。其主動原則分爲三種：

（一）注意事物的怎樣與爲什麼。

（二）集合所有已得的觀念充實記憶，又用語言簡捷理解力，直定其必然的關係，如馬楷（Mach）所謂"思想的經濟"。

（三）秩序與調和的直覺官感衝動上，除去一切特殊事實間所表現的矛盾與不相關的存在。

觀察與討論，能發現變中的不變。由這種永續不斷底理論創造力，遂合成人類活動的兩大作用："知與行"是也。這兩種作用，彼此取相待的精神，使我們知道求事物之所以然，而不問其當然，揭開無限精明果毅的理斷，導入基本自然底目的。柏格森（Bergson）說："實證科學的對象，並不在使我們有事物深澈底發洩，而在能供我們對事物施行的好方法。"孔德（A. Comte，1798—1857）說："從科學中先覺，從先覺中行動。"我們科學本身的定義，就拉姆斯（Lamouche）說，即是"推測中之精密"（La precision dans la prevision），正與實證科學的基本觀念相接。因爲科學就是測量與先覺的知識，它的歷程在時間上爲思想所分取；所以將來的理性認識，比較過去的認識更爲科學底適當，而人類智慧自然底傾向，根本爲"演繹"精神。因爲演繹對我們眞正精神最爲確切，較歸納爲最少無定的作用；換言之，歸納可以使我們由思想進到時間的歷程，追溯時間中舒展的原因結構。

1. 因果性　然則所謂推測中之精密的眞理何在？簡而言之，什麼叫推測？推測即是聯合尋常已知的個體"機構"與"猜度"的方式之普通可能性，使之能"預先"表現其發生與組合的最大或然；要能保持推測的真理安全，必須實體與推測本身有所適合；換言之，在乎試驗。柏海納（Cl. Bernard, 1813—1878）説："試驗方法，在求確定的目的或自然現象的近因；其原理爲確定存在的實在；其研究法爲哲學的懷疑；其真理的標定爲試驗；換言之，科學家絶對相信所找的確定爲存在；然而對所找的存在，終久又歸爲懷疑的。"這裏知道科學性質的認識，決不是完全的，因爲抽象獨立的原因作用，不能包盡粗生實體現象所有的因緣（reseau Causal）。我們科學工具的作用上，"假定"爲必然底需要，在時間、空間，種類的無限元素中，只有假定其逼近確定的認識；確定的本身，並不能肯定所有自然現象，皆爲完全統治於一個確定式；只有簡單底假定其對某種確定能爲測度中的科學對象。布哀斯（Bouasse）説："科學爲事實的換置，在將近百分真的認識中，確實的只有若干。"這裏又知道科學基本立於齊一與因果原理上，肯定確實與不變的關係；換言之，如賴布尼支所謂"沒有充分理性使之如此而不如彼，則一無所是"。所謂充分理性，同時限定意識結構的單個（齊一原理）與意識同外界相關係的結構的單個（因果原理）。因爲任何結構的理性，或内界，或外界，都假設其單個的存在。

齊一原理爲主觀的，因果原理爲主觀客觀的。它們有一爲心理之間的適應；有一爲思想與實體的適應。這兩種適應在齊一與因果原理，或論辯與試驗之間，永遠建出單個不變，以及單純的存在。

2. 單純性　什麼叫認識？什麼叫普通？換言之，怎樣能從未知之中分解相似於已知的？簡單適當的説一句，就是以單純真理的標準爲應用。邦加赫説："凡概括論，皆假設在一定限度上，有自然的單個與單純的信仰。"這是表明科學須隨選擇的範圍，或所定的關係爲標準，必要的條件爲"最簡單最便利"的表現。從前希臘科學家哲學家，都以單純教育爲一切認識的基本法式。降至十六七世紀及今，所謂試驗引伸的極限，如果非單純的趨向，則無普汎進展的表現。如哥柏尼克（Copernic, 1473—1543）之天文推理選擇，加利萊（Galilée, 1564—1642）因而引入物體下墜律,牛頓(Newton,1642—1727)繼續推論,又因以發現地心吸力,安斯坦(Einstein)更進而約成普通吸力定律。諸如此類,都是根本單純的科學注意。我們知道人類對自然的適合為機械的,所以單純只在事實解釋的具體上為有效。在我們物理或心理的根本結構與普汎行動的普通結構間,能限定公共的原因,將客觀宇宙與主觀宇宙(即我們的宇宙觀念)間發生的連合,明白安定其共同標準。因為只有單純真理,能使理智深入真正客觀的實體;換言之,能有內界調合的動作。

宇宙的秩序為單個的結構。然而統宇宙現象的複雜觀察,則單個的表現,混於粗生現象的自然。如果由抽象與分析的路向去研究,必須有直覺深澈地認識,試行簡單發覺普通現象所有集合表現的基本條件,與能統治此集合的定律;然後就科學表現的方法與分析的工具,合成圖解與邏輯的溶和。譬如極端單純性的數學科學,其原理上各種"邏輯物理"的自然結構,與真實精密的方式證明,皆能供給試驗科學與實用科學的方法應用。是即其單純自然的戰勝。沙德利邪(H. Le Chatelier)說:"科學方法最大功利在能將所有複雜問題的研究,導入最小可能的單純事實研究。"我們從此相信簡約的方法,與精神凝結的理性,無形中必到馬楷所謂思想經濟的觀念。科學家的實在性亦本於此。概念與會合中的經濟結構,必然有數學象徵的記號表現,能使之於同一簡單與普通語言中,搜集各種性質差異的具體實有共同性。

總之,單純的本能,在各處都是科學直覺的確實指導,在各科學中為最重要的原理,在試驗前進的精神中為最大發動的真因。單純原理的實在,對我們能發生正確底感覺;而試驗與直覺的適合上,更可以檢證其不變性的普汎秩序。我們的特殊行動與宇宙內觀調和的公共律調,就是普通不變的單純美感意向所在;因為它表明"最簡單的"明白關係。

3. 明白、理解、確實　人類所有認識的形式,皆為"明白"的心理標準。明白就是真理的表現,因為只有真理能明白。然而它表現的實在明白,又只能在精神上。所以最複雜最婉曲的認識,只能用明白的方法歸併;換言之,漸漸引到直接單純的可能,追求認識與真實能同時有心理相對的明白。我眼前如果直見某物，我就直接肯定眼膜與光心發射的振動間一切現實的關係，然後用人類試驗蓄積的語言譯出，由知覺的"物體明白"，漸漸歸到科學根本對象上判斷的"關係明白"。

這種歸併法，在精神上已經很複雜；例如各官能自然的分別，有五官或經驗的明白，與心理或主觀的明白。一爲物體單個的自然集合，一爲心理機構的分別解釋，即所謂"直覺的明白"。由直覺明白中發出一般推理的明白，能安置標辭間的"齊一"與"非矛盾"的明白，即所謂"邏輯的明白"。在官能經驗明白中，分尋常認識與經驗認識。直覺明白爲純粹的創意，信實，信奉；邏輯明白則緊接理解與確實的作用，由此直入科學與哲學的認識。不過科學哲學的組織，不僅在相對或內觀的認識上，可以明白研究普通因果關係的內質矛盾辭；換言之，邏輯明白，必須直覺與試驗在觀察與檢證之中明白指導。因爲科學精神不就某某特殊式的確實，是在能分配我們全體的確實；其適合必能通於直覺、邏輯、試驗三種基本明白的形式。還要知道明白不能用公理公律强迫證明，其故因明白的具體上不能用同一明白去推駁；明白不能證明，只有在創造的明白與感情的心理結構中接受證明；這種結構，能使人類與官能自然適合的觀念中，有單純與明白的和解。

關係的明白知覺爲智慧。理解即智慧的特別機能，與貢地牙克所謂"分解"相通："它分析有定的組織，由基本聯立關係的集合，建成一般特別關係的連續知識。"理解分析，就是續續不斷底觀察物體的形質，而於聯立精神之中，又能賦出形質存在的表現。如果所達到的關係或性質都能認識，則理解（內包）確定，而確實的真理亦得以標正。要知道智慧爲批評與分析的作用，對於絕對的真理不能有何把握，而單純的實體上，亦不能完全密合。真正基本關係與引導研究的合法分解，終惟試驗可能。所以尋常知道一事物，並不能證其真實，只能明其相似真實；換言之，同時在邏輯與實在雙方面能協同於主觀。而主觀因爲要充實理解的缺乏，遂實行組織由未知到已知或由稍簡單到極簡單的歸併法。所以理解與確實的各個體，都爲主觀前有試驗的基本作用，與精神，信仰，意思測度的特別標識。科學就是這些性質中的最著者，能超過人類各種無限誤解的極大原因。不過科學家終脫不出所謂人的範圍，所以科學只能在有限有定的時候，始得完全或直達事實的真實。譬如歷史上證明科學概念，並不能即時或永遠底強服科學精神。加利萊與其地球旋轉觀念，在當時讀者與敵論，並不能同後日視爲科學發現的信心相齊。呂衣井（Huyghens）寫信給賴布尼支說：＂我對於牛頓所演成的吸引律，並不懷疑地認爲失真。同時於無窮小的演算，視爲非正確的時期很久。＂然則科學發現，完全爲人類思想自由的斷定？是又不然。凡肯定科學真理，或決然底判斷它，必須各方有保證的真誠和明白，能達到極大的確實；換言之，在直覺，邏輯，試驗上爲最高次的組合明白（evidence synthetique）；同時在常識（sens commun）上亦能爲相當地適應。

　　理解、確實、明白，並不是必勝的工具；所謂常識，乃爲必信的保證。常識首先只表明尋常或普通不同的試驗作用。如哀哈格立（Héraclide）與阿里斯達格（Aristarque）第一次發表地球自轉的觀念，同時皆以爲不過一種數學造成的概念，與常識正相矛盾。常識的意念漸漸能變化前進的知識。這種變化的秩序，完全根據其它一常識，或一邏輯結構，或一常識的試驗觀察，爲連續逼近地進展。科學進步的路向，即在＂漸漸逼近＂的自然發展，其方法爲理解中＂智能推驗，精神思索，無止境地充實個體與類別中間各種活動的組合；確實的價值，亦由是結得明白認識的理性＂。所以科學在任何時間中爲最正確最普汎的認識方式，然而認識之中，又只能爲一接近的；這種接近也決不能有其它相反的接近。因爲因果無限的物理分派，終歸普汎連帶的關係所有。

　　科學的進步，只須除去進步路上的矛盾，不合，饒倖，種種不適的表現。但是人類知識的要求，終不能完全滿足；凡屬比較，終顯出新矛盾；＂調和＂終有所不合；＂必然＂終有新饒倖。所以魯朋說：＂真理爲暫時的行轅，其進程實爲無限。＂如果這個路向走不轉來，轉不到險阻；又如果每個行轅的證明無一不實用者；那麽，旅行的科學家可以勇往直前，續續不斷底追隨它不可預見的＂理解、明白、確實＂，真正目標。

第二章 科學普通方法

現在再問什麼叫"方法"？用臘丁語回答，就是"路徑"的二字。是人類思想在真理的研究與證明中必要追隨的各種方式集合。方法不是先天的部分發現，而是長期搜索的新陳調治的結果。因為理論的進步，須待實用與試驗的前提。先由經驗的方式集合，然後創立邏輯的理論，構成真正理性的方法。

方法實用與重要的意義，就在原字本身的解釋。它能使我們由極穩固，極敏捷，極容易，極便利的正道上直達目標。在我們前面的道路很多，都能標示正軌，指明險隘；然而生命有限，所要求知者實在無窮（ars eonga, vitabreuis）。譬如盲者不識去向，在時間與力量上所失無計；在穩固與敏捷上正得其反。人類精神思想的包攝，適應無極；然而天才想像，非必出自規矩方圓。即如直覺觀察與日常經驗，其解釋往往超乎科學常識，如果不用普汎理性的方法為前提，則必不能探得精細入微的真理結論。方法在我們無上真理的發現中，如同機械學之於機械；在我們一切智能的運動中，如同航海學之於領港。笛卡兒說："專恃有健全精神尚不為足，必須善用其精神以求健全理性。"我們所謂科學方法，正是要用健全精神求健全理性的研究。

1. **歸納與演繹** 認識的方法，就是由漸進漸，由未知到已知的歸併。在實行歸併的分合精神中，有基本處置的歸納與演繹兩法。杜阿麥（Duhamel）說："推演就是由已知關係，達到不認識的關係。"歸納則與此相反；換言之，由未知關係出發，就變換或邏輯代替法，追索到已知或已定的關係。這種區別只作推理科學（數學）的簡單定義。演繹法本為由齊一律漸進；譬如說：一羣物體中如果任何個體包一定性質，則其特殊個體屬於此羣者，亦必包此性質。實際在純數學上並不以此定義為完全。因為歸納還能由已知性到新知性（即發現 invention），而演繹則由此新知歸納性到已知性。我們真正科學底創造與進步，實在就是此類的歸納與演繹。在自然科學中，其形稍變。本應該由普汎聯絡特殊的，它反以由因聯絡果。歸納法由是一變而向"單個"與"抽象"上進，演繹則直向具體差別上進。再就普汎方面可以說：由歸納能使思想追溯自然進行；或由歸納思想的特殊機能上，或由此得到現象的發展上，終向邏輯或原因的前期索究。演繹進行法，正與此相反。所以自然科學中，歸納與演繹基本確實的或然性（probabilité），在演繹顯為有限，在歸納則實較大。因為演繹能就前有的試驗為準，所追尋的路程非常確定。不過二者的結果，都待檢查或檢證（vérication）的原理考定。笛卡兒說過："凡演繹的公理，為明白的感情所認。"即是在邏輯明白或直覺明白中，必要直接試驗的明白解釋。

尋常有謂數學為"演繹科學"；自然科學為"歸納科學"的。實際並不能如此區分。歸納在發現，演繹在證明，這是實在的。邦加赫說："只能由特殊到普汎；此語在純正科學中有同一實在。因為如果證明為由普汎到特殊，則必處於反向的發現進行，正與觀察科學相同。"德萊柏以為：歸納的重要性質，在數學證明中亦然。無論什麼科學，不能超過歸納範圍；所謂演繹科學，並不是用歸納的科學，是用歸納幫助一種演繹法；能與普通的試驗觀念，推出實在的結論，而無須乎別求試驗的檢證。反之，自然科學在由事實到定律與原理的進展上，此乃無疑而為歸納法的試行。然而此類試行的真理，必須隨帶演繹證明。布哀斯說："物理範圍中研究世界結構與其推演，完全由所認為普通原理的純粹三段式進行。"這種經過，表明演繹在發明中所佔的重要位置與歸納相當；換言之，二者的精嚴，機要，能率，均為科學進步的共同工具。在我們智能主觀的"邏輯必然方法"上，與客觀的"物理必然結構"上，同為知行變進的模型。孔德說："因推演行結論，正所以求結構。"是歸納演繹為不可分底原理。法國拉捨利邪（Lachelier）與加萊（Paul Janet）極力將歸納導入演繹中，指明精神推論一定律或一特殊原理時，不過暗用其它最普汎原理；如齊一原理，因果原理，單簡原理，個位原理，連續原理等等；反而言之，無所謂純粹演繹推理。即如許多三段聯瑣式的集合，並非演繹整理，實即歸納或直覺的基本處置。總之，歸納與演繹，在純數學的分配上，爲交互與相對的兩種方法；到自然現象的研究上，則顯有差異。伯海納曾說："歸納爲未定的推理（raisonnement dubitatif），演繹爲肯定的推理（raisonnement affirnatif）；歸納性質爲科學假定的意識之現實；演繹則爲精神自然漸漸集合的可能。"

2. **分析與組合** 分析即是將全部析成部分；組合即是將分析所分的部分組成全體；換言之，分析方法由複合到簡單，或者如尋常所謂由最複雜到稍複雜；組合方法則由簡單到複合，或者由最簡單到最複雜。因此分析法並非分全部爲兩部，或爲多數同類與一體的存在；而是分成異類與複體的表現。譬如屠户與解剖家的割斷與分解，不能謂兩者都爲"由全成分"，只有解剖家的分解爲分析法，而屠户的割斷，只算是分割同類的事件。

我們說過，科學普通目的，在明白與理解一切事物；換言之，在持住事物間原因原理的必然聯合關係。做這種研究最大底難點，即是物體複雜性的存在，因爲智慧對於複雜，不能完全分得各種觀念的解釋。對於事實，生存，以及因果精細的關係，原因結論的標明，要一一分別差異，詳解關係的發生，即是第一步研究中必要的分析法。如化學家分析實質，解剖家解剖器官，機械家配置機器，植物家分別考察花木的差異，心理家區分無形現象的智慧感覺，意志的心靈表現，文學集之分作悲劇觀念，幾何家之分證點線面體，皆爲分析法。

組合法的必要更爲顯然。因爲無分析，各種知識必爲混雜虛浮；無組合，則根本不能完備。譬如某科學對象，決不限於不同部分的微細認識；必須各部分間，彼此有共同結合的關係存在；換言之，分析的"散"，專成於組合的"聚"。散聚彼此相需，同爲完全知識的條件。進一步說：組合即已假設分析；組合所估定的值，正如分析所發放的量。無分析發放的組合，則一切變爲想像所有；無組合吸收的分析，則完全現爲散漫知識。沽山（V. Cousin）説："如果組合無分析，則爲錯誤與想像的科學；分析無組合，則爲不完全的科學。不完全比錯誤自然較好，然而無錯誤無不完全，則爲眞科學。"

尋常能分試驗的分析組合與理性的分析組合二種。前者專在事實或具體生存的實質或精神上；後者則以觀念或眞理的抽象與普汎爲實。因此知道凡試驗的分析與組合有兩種特別情形。如果在實質上施行者，則由各部分的實在聯合；如果在精神實體超感覺現象上施行者，則由心理結合或分別之。第一種情形爲物理與自然科學的習用，如化學上水由電槽（pile）分成輕養二素，又由分析測氣管内之電光重行化合；亞模尼亞氣分成淡輕二素，又能由電氣化合之類；物理上用三稜鏡分析白色，而又能於同點上使各光帶的景象收斂如一之類；生物科學上如植物家分解花的構造：花托、花冠、雌雄蕊等等；動物家的各種器官解剖之類。但是這些科學中的分析存在，完全爲組合的實在假定。因爲如動植物主要生命，並非在博物家的處分。第二種情形則爲心理科學的精神心理分析與組合。心理家先實行分別觀察現象的各種條件變化，精神的各種能力表現；然後考察其中存在的關係，共同的發展或作用，以判斷事實的定律，智能的定義，本原的單個，如情感意志，記憶等等心理分析研究，皆是。

現在再看理性的分析組合，它並不以事實或生存爲實施的方法，而在觀念與抽象普汎的眞理上。這種分析組合，在純正底數學科學上應用極大。理性的分析不在分解而在解決；其主要性質須約所標的問題爲已決的簡單問題。組合則由簡明的普通原理起，推及所求的實在結論。杜阿麥説：用分析法時，先將所標之問題約爲"第二"，第二約爲"第三"，直至所能解決的問題爲止；用組合法時，由已知爲實在的各標題起，推及各標題必然結論的標題；如此遞進，直至所提的標題本身能認爲實在止。所以凡問題的解決，有兩種分別：一爲由假設已決的問題前進到應用的原理；一爲由已知或假設的原理後追到問題的結論。換言之，前者由特殊標題到普通標題，再又由複雜的到簡單的（因爲外延爲内包之反),即爲分析法。後者爲由普汎到特殊,簡單到複雜,即是組合法。組合適用於定理的證明;分析則宜於問題的解決譬如有問題證明三角形面積等於同底同高的平行方形面積之半,又知道平行方形面積等於同底同高的長方形面積;結果假使知道長方形面積等於底乘高之積,則直接證得三角形面積爲"BH/2",是即分析作用。組合法正相反。由已證得的真理起,如因長方面積推而平行而三角之類。這種反換可能,惟有數學真理可以保證。因爲只有"相等"的進退精神能相當。

總而言之,分析精神的特出爲"詳細""正確""精微",能使物象遠近分別,同異標明。組合精神的特出,則爲"集合""固接""博約",能用力發覺相似性,探索物類連合的秘密。所以真正科學家的分析中不離組合,組合時亦不忽分析。西諺謂:"科學家用完顯微鏡之後,還要乘上氣球",正此之謂也。

3. 科學研究的步驟　尋常對科學研究的步驟分爲四種:

a. 先行孤立事實,然後因而叙述之,類分之;

b. 再行限定性質,同時更爲準量測度;

c. 分別定律與原理;

d. 建設理論。

這四種經過,乃科學創造的系統組織。其分別如次:事實、定義、準量、假定、定律、原理、理論。

(甲)事實　我們官能由自然的個別性上,能使各種外觀接觸,活動於時間空間限制內,變爲事實或現象的表現。尋常知識與正確引伸的科學知識,能在這些事實之間,建出新接合或新分別;因此又在限定底範圍中,由直覺粗淺分類,重創科學的普通設計。所以最初研究者,須"研究與檢證最重要的事實"。不過這種重要事實,只有後天經驗方法可以引起;專恃選擇事實,搜集現存或表面類別的事實,決不能充足,必須實行整理秩序。因爲由事實研究科學,好比用磚造房屋。事實的積藏,不能成科學,猶之一堆磚之不能成房屋然。至於分類,則實爲真正科學整理的工具。德萊柏說:"一羣明白觀察的事實,並非科學的。……科學不在目錄，而在研究各現象間彼此連帶不變的關係。"（《科學與實在》第二篇）因爲類別爲直覺選擇的第一步，最容易觀察差別奇異。

（乙）定義　在有限事實中，分析的新發動，須抽象接近事實的重要性質，分別僥倖變化；用簡單比較的名辭，發覺所要明白的關係；所以邦加赫謂："定義完全爲分類。"不過定義的本身不能爲絕對底標定，只能根據已定的元素，表明所有相繫的關係。或者視爲真正單純明白的，能使人不用特別限定關係；正如杜阿麥所說的："事物的定義爲已知事物與其關係的方式。"定義的方法，即是分析一觀念的內包。普汎地說：即解釋一字的意義，一物的本性。

定義的結構，以由種屬與特差得來的爲完全。但是純粹用分類法，有時顯爲不可能。所以各科學定義，有許多不同的應用：

a. 譬如就事物外表叙別者，謂紙爲白體、薄、輕、能寫字，……爲自然科學中常常應用之"叙別定義式"。

b. 有列舉物體組織中固有的實質者，謂紙爲水素、炭素等化合物；此爲化學科學中應用之"分析定義式"。

c. 還有指明物體如何構成的，謂紙爲由杵中破壞麻綿布類製成凝汁，由綠酸鹽漂白，……此即"事業科學定義式"。

定義的情形方式，雖然有所不同，但是終不外"同化"與"分化"（assimilationet différenciation）兩種作用。譬如有人問："什麼叫化學?"答曰："是一種科學。"因此即實行將化學同化於其它同類的科學中；或再加一解釋，答爲："專爲分析研究物體性質與自然及其配合。"由此又將化學與其它科學分化了。

在配合的選擇中，可以得到科學定義的集合，結果上由各種精神相關底發現裏，得出極大底便利與最簡單底新條件。從此結果的條件上，又能引得其它相關的性質比較，證明定義的性質可能，不止在孤立比較，實在是普通限量。所以抽象得來的定義，能把外形性質、無定事故、混淆、急變、種種特性，都完全除去，使其結果實際有用。故定義非自由的觀察，而又不能直達無限可能；換言之，止於共同"首因"（facteur commun)。譬如數學終無力限定運動、數目、空間的觀念，而入於深澈自然與其最真性質。這個極限為直覺所定，表明分析對於智能標的底不可能。邦加赫說："既不能證明所有的，亦不能限定所有的；而直覺的借助，則為必要"。

（丙）準量　科學方法的研究上，要將一切性質約為數量，將所有甄別結構的關係譜成度量的關係；所以邦加赫說："凡是不能測量的，即非科學對象。"科學中定義的選擇，完全以能通於測量的性質為標；換言之，由同一自然的單個，可以用有定的數量表明。如數學上同類兩元素的相等性與相加性："準量就假設相等的存在；相等就假設幅員與重疊的存在。"所以人類科學的幾何空間，為直接測度的惟一元素。重疊性的基本條件，只有幾何空間能實用，而準量的工具，完全屬重疊性的可能。如果這種測度的性質不是有形空間的物理關係量，則為時間的空間量（或空間的時間度）。所以結果凡科學測度，應歸幾何形式，其表現正如居禮（P. Curie）原理的物理學，與其普通對稱論中所有假設，實體化學的化學原理，相對論的機械原理與物理集合論，亦正如其義。相對論的發現，並無所謂新數學，亦無所謂新物理，就是一種新度量。我們的度量，在安斯坦以前，就由固體運動的羣組成了。相對論的原理，可以用其它的機械式來代替固體。這裏證明準量的測度，實為觀察與試驗的科學基本方法。劉塞邦加赫（Lucien Poincare）說："近代物理試驗中最明白正確底重要發現，能為永遠的憂慮者，……即在百年中準量的測度為千與一之比差。"（《近代物理》第二章）是度量衡學（metrologie）將日進不已。而假定之正確與否，當然須有準量的檢證在先。

（丁）假定　尋常定假定為"假設已知所求的真理"。試驗科學中，假定先假設一預定的原因或定律來暫時解釋一現象，直至後來事實能與此原因或定律適合或相應為止。假定就是假設的關係，其構造為歸納法；同時由觀念聯瑣的直覺組成，更以演繹接合檢證之。因此假定上實有邏輯與試驗或理論與實用的兩大作用。實用方面能使試驗者在所定的或然原因或定律中指導研究；理論方面能分配補充所得的結果。如光學中波動的假定，能供給若干現象肯定的解釋；電氣中兩流質的假定，雖為暫時集合事實的造作，可以便利理想與研究的成功。這些假定能自由成立，不過第一不能為矛盾辭，因為物理學家不作無理底說明；第二，物理中所有各種假定，亦不能彼此相反，因為理論物理的解釋，須完全為邏輯的一致；第三，各種假定的選擇集合，須能如數學演繹，其結論的逼近，必能表現試驗定律的集合。

假定在各科學中為絕對必要的存在，因為它能引起觀察與試驗。牛頓說的："Hypotheses, non fingo"，表明在觀察的現象中無基本存在的，即不能創發意見。然而假定卻又不能沒有，不然，科學必不能達到所以然。純粹試驗科學，應以臆度方法建成試驗——純粹臆度則非科學，——因為自然的普遍結構，其精微深緻，繁複難能，如果不能先用非證明的真假理論，假設其可能的表現，則必非人力與時間所能解釋。所以純試驗的研究，最好能以試驗真理，變為演繹真理；其間假定的時間經過為必要的存在。在方法精神中，假定不只關係已知原因的定律，實在就是原因本身；所以有時必須知道什麼因生什麼果，然後能知道求證所產生的方法。（米爾《邏輯》）

（戊）定律原理　科學方法由普遍與單純性的要求上，得出異辭間相當關係的類推性，以語言記號適當的表明，合法的批評審定，組成所謂定律。自然科學中的類推，為有限因果性的普通關係；所以它的定律亦為因果的聯絡關係，能隨因果原理的表現為之更形普汎。邦加赫說："什麼叫定律？就是前件與后件間，世界現形與其直接後形間，不變底連續關係。"正如伯海納所謂"定律實不過現象與其有定原因間有數的關係"。邦加赫認為牛頓以後，凡定律的發現，皆為微分方程式的存在。因為科學量的象徵，惟數學形式能作定律正確底解釋，而此形式又只有無窮小演算的微分方程式，能給以最正確底表示。謂現象表現能服從微分方程的演算，因為：（a）在變換中事物不變（常數），即令變換的元素（變數），亦必接於相反的相當元素。（b）這些變換的元素終為連續。如謂宇宙為二次微分方程所有，則必假定物理連續中於一定點上，能漸漸推得它一起點，證明定律完全立於連續原理。我們在自然現象的秩序與單純中，如果無連續的可能，則更無認識與預料的可能。連續原理同邏輯的齊一原理，物理的因果原理，合成科學的基本原理，而爲思想重要的方法。

　　總之，定律與關係有同義。如謂某關係組織不變，或假設其如此時，則能名爲定律。一定律即爲現象配合中不變的產生，表明各種現象關係的共同關係。所以定律爲組合所有，能用分析證明。組合的複雜表現得出現象的現象之定律的定律；而有限表限與已知對象，因此不能無定律。限定抽象與普汎觀念，就是定律的客觀存在。

　　由此向前推究，搜集各種定律的簡單自然，合成一最少數的"原理"。以普通觀念作思想經濟的元素，換言之，因一普汎標辭推及其它特別標辭；能由演繹以達於定律，同時脫離純粹論理證明，認爲直接試驗的正確。故原理的確實，只有間接由試驗考察推演的定律，由此原理到定律的邏輯方法證明之。原理不能有本身明白的，必須由定義與其結果間的關係表定。譬如不知"全大於分"的定義，則不能明白確定"全與分"。不過全與分的定義有可定有不可定的假定，猶之原理有可證明與不可證明的真理。不可定不可證就是可定可證的第一個建設。正如常識之於科學，粗生之於工藝，由進化漸徵美備。如果科學沒有不可定不可證的對象，則無原理推演的可能。原理的作用，在使科學表明最少限度的複雜，由歸納法可以證明。所以各科學原理，彼此不能根本地借用，亦不能互爲證定。所以無證明的原理，只是一種假定。游克立的公律即其原理，可以視爲不可證明的真理；但是如果承認其能得真理，則非爲不可證明；如果承認其不可證明，則不能定其爲真實。羅巴齊衞斯基與海葉芒（Lobatchewski et Riemann）曾想證其非真，另行新設假定；結果幾何演繹，仍無不可能性的發覺。理性上非游克立派的幾何無不合理，經驗上更沒實在空間合證於游克立的原理。然而理性經驗兩方面的幾何完全相當，所以原理之間的選擇，以"最簡單"者爲合算。其它一切不可證明的原理，皆可以如是底假設，因爲不能判斷其爲真實。再者，理性上亦無須乎認不可證明的原理爲真，只要結論所得的真爲實在，即爲真實。是知凡科學原理的標定，必不能完全肯定；於今的原理發現，往往明白攻破已認爲真的原理；不過這種反攻，終有一普汎原理來實行統率；科學創造的意義，就在如此地關係發展上。

（己）理論　理論爲科學聯瑣與想像的新建設力，爲用以類別、整置，通釋各種定律的普汎假定。它在定律中的類推關係，與定律本身關於事實的類推相當。實際比定律與原理更爲普汎。其假定性質中，可以插進特殊定律，並不能給以實在性的真像。不過重要者能指導研究，引起試驗，使之能於複雜定律集合中，有類別整理的明白。邦加赫説：「理論的重要，不是使之真實，而是使之有用。」杜哀門（P. Duhem）説：「物理理論，不是一種解釋，而是一數學標識式；其目的在表明最單純最完備而又最正確可能的試驗定律集合。」（《理論物理論》第五章）

由各種理論整置的事實，如果能表爲同一微分方程式，則爲相當的理論。譬如彈性論與光電論，科學家能以現象普通律，譯爲數學的相當。正如布哀斯所說的：在各理論中的根本同點，就是它們所能達到的方程式。所以黑植（Hertz）説：馬克斯衛（Maxwell）的理論，就是馬克斯衛的方程式。

理論的科學價值，不僅在純粹科學與哲學批評的簡單與普汎解釋上，最重要者，爲能推證到未曾觀得的定律。同樣能及於不相似的定律；一方面引起試驗者因理性以發現之；又一方面能指導試驗者向發現的路上窮搜遠討底追進。

試驗法的基本原則爲「疑」。試驗家所以終久相信其有所不知。他們的推理結論，只認爲相對真理的表現。理論爲物理家，化學家，生理學家起點的原理。真實與否，完全看在發現事實與理論間包具矛盾與否爲斷。理論精神，就是真正試驗精神。無自飾，不忍，不認矛盾與承認原理爲絕對的系統式。因爲系統式的絕對原理，除接於相對自然的存在之外，理論一無所用。而試驗精神則以無絕對真理爲真；科學試驗，只要現象間相關係的實在理論有了，絕對真理無關於輕重。我們理論精神限制如此，無須乎認識事物的始終，只要握住直接環繞我們的試驗現象，即爲滿足。劉塞邦加赫說："無疑，能在非客體實在的相當上想到伊洪的形象，然而必絕對信實其表現各現象的分別。"是知實在的理論，並不絕對發生本體實形，只要理論與試驗相應，則科學調和必然實現。如果理論試驗彼此不相關，則科學真理必然失義。又如果彼此獨立，則理論成爲空懸，試驗變爲近視，兩而無用，兩亦無益。（邦加赫《科學與方法》）

4. 科學方法三大作用　人類思想基本調和的秩序，不在某某特殊智能的適應上，而在完全真理研究的和解方法中，由智能組合的三種同一標準情形的關係上：

a. 直覺情形或常識；

b. 邏輯情形或理性；

c. 實證情形或試驗。

這三種特別方法，配成三種不同的機能；各機能的組織，彼此不能合併。即：

一、本能自然的機能；

二、無形智慧的機能；

三、五官發動的機能。

這三種機能方法，在意識現象各方面，都不能減去。

（甲）直覺精細的權力，能於暫時、多形、無關係的種種現象之下，使我們同時覺有確定底存在，不變底連繫，密接底關鍵。從語原學上說來，直覺就是"內觀"（vision interne），就是單個物體或普通物體中間有限關係的一羣物體的直接內觀。它使我們對實體界往往有全部外觀的認識，還能使我能由偶然或意外之中，分別必然實存的關係；所以直覺對於實在爲最有深感。邦加赫認數學界與實體界的連合就是直覺。即令數學能超過這種連合，而實在與象徵記號之間的隔斷，終須直覺填補。它對於調和亦爲最有深感，能使具體複雜性呈現單純性。希臘科學與哲學思想，認宇宙間最單純、最美麗的表現，就是最真實的。直覺能使我們得見物體本身的單個組合，實行意像或觀念的聯絡，對真理研究表明爲常識的，對美術視察表明爲美觀的。其重要能力爲鼓舞、創造、平衡、調和；爲科學發現與發明的基本原動，使科學家有"事實選擇"的觀察比較，更能就粗生事件中，覺察得"事實之精"。試驗與推理有直覺的指導，即能於捷徑路上直接窺得結果，因而徐入理性，襲取實體界全部外觀。

總之，直覺創造與組織能力，在抽象科學與試驗或實用科學中皆同一重要，爲人類精神的特別發現與發覺，爲創造的指揮作用。邦加赫說："邏輯爲證明的工具，能求得確實；直覺則爲發明的工具。"是直覺在科學中頗佔重要位置。

（乙）邏輯爲推理的科學，能應用思想定律以研究真理與證明真理。我們認識中往往有非邏輯推理而能達到理性實在的，即是自然邏輯的"常識"所在。直覺理智的先天研究，正爲常識推理的自然法則。不過簡單的常識，決不能滿足精神要求。譬如用常識觀察的方法，就沒有邏輯的適應。常識所達到的真理，既無當然與所以然，亦無力明白解決反駁之論，拒絕可能的錯誤。常識可以達到真理直接的結論，而不能施行長綿不斷的推理。邏輯則相反。能使我們推演實在，脫除一切詭辭巧辯，使我們深討窮理，直接間接入於最重大、最確切、最精微的真理道上。但是同時也並不完全脫去常識的假定，因爲邏輯雖然超過常識，然而決不能反對常識。正如培根說的："有一點哲學遠掉，許多哲學歸來。"因爲深思明辨，終不出常識肯定的理性證明，而續續不斷的變換，亦不出齊一相當或由普汎到特殊的演繹；在精神與自然的共同秩序和關係上，研究實體現象的明白機構。所以邦加赫說："形式邏輯就是研究類分的共同性質"。我們知識散亂的賦與間，一切象徵的接合，只能用邏輯假設其單個、簡易、連接、不變的機械聯絡，與秩序整理。其變化無限精細，由假定到證定，出於明白底實在，歸於實在底明白。杜萊柏說："邏輯對於真理與錯誤能同樣引導，只視其起點之真理與錯誤爲定。"這裏承認邏輯只能在起點明白的正確方式上指示明白；是培根、迪卡兒輩批評的三段推理："使自然逃出手中，能解釋已知事件，而不能判斷其不知。"真正證明的科學邏輯，一方面根據實在，一方面以直覺試驗爲助力，更於公理，公律，原理上，都從明白關係，遷到試驗證定。只要在兩徵號間無邏輯矛盾，在所表現的兩物象間當亦無實體矛盾。所以象徵的真理，漸漸在行動與理解的連續應用上，可以作邏輯方法與物理方法之間的簡單、自然、明白、證明，或智慧組合與實體組合之間的變換、明確、擴大、發覺。

邏輯象徵的需要，在科學中爲最普汎最精確的表現，一方面使本身推理的普通條件，顯爲對自然最實在最有力量的適用，一方面引導數學語言在自然科學中創造其非象徵的原理，吸收直覺試驗的賦與，構成秩序聯和的變換；由輕捷至普汎，由堅固至絶對精確。真正創造的健全科學知識，不只在邏輯直覺所具的形式中，還在試驗結果抽象的形骸上。

（丙）試驗爲真理之惟一源頭。邦加赫在他的《科學與假定》中說："惟試驗能使我們知道新事件，惟試驗能給我們以確實。"試驗包官感同外界關係的現象，激動考證，與簡單的觀察不同。試驗要有觀察，觀察則可無試驗。其不同之點能分爲：

（1）觀察就是研究自然發生的現象，試驗則在特殊條件中研究人爲現象，以求證假定，如觀察日月蝕，氣象，試驗汽體壓力。

（2）觀察先於假定，由它可以引起假定；試驗則隨假定以證假定。觀察家只聽憑自然，試驗家則考問自然，提出暗示問題，強以回答，進逼以明示秘密。

（3）觀察須無預約的觀念，試驗若無先定觀念，則不能行。所以觀察者，只處於被動，限於自然的指令；試驗家的精神，則完全自動的；因爲他在解釋自然的回答，而又以所有連帶的假定爲證。

（4）觀察家有其工具，試驗家亦有其工具。他們工作不僅在事實的觀察，還須於複雜現象中，激發其最有意義，最大因果的原動。培根說："這些工具就是'拷問自然'（torturer la nature）"，是試驗與觀察基本不能相背。所以伯海納說："試驗就是觸發的觀察。"真正科學試驗，邦加赫認爲觀察不足，必須更由觀察以普遍之。所以試驗的程序爲三：觀察、假定、證定。

有一個問題，要限定現象的爲什麼與怎麼樣？或求證假定與研究假設的原因或定律是否都爲實在的原因與定律？應該怎樣處理？各個邏輯學家由是找出試驗方法，構成分析研究；其最著者，爲培根與米爾。培根的"相符不變法"，視現象的連接中，不能得見因果性的關係，只有秩序續續的關係，在前因與意外之間無所區別。米爾分四大方法爲：求同、求異、共變、求餘。其主要目的在使複雜現象表現中，能由特別關係上單獨將各種原因要素連合於結果的要素，然後就各方法的普通處理，繼續研究其部分關係。總之，在方法與哲學兩方面，科學試驗的基本性質爲：

1. 有定條件中相當的發生"科學不變，不變試驗"；

2. 使觀察家超過此種自然，由歸納或演繹或實用，檢證新生的實體研究；

3. 由此又變動實體，以人工補充自然，能於重重複雜之中認識單純個體。

現在總看所謂科學方法爲何？或者進一層，科學相合法的基本標準何在？我們的科學認識，實際並不是一試驗或某某特殊作用的活動，就可以達到完全合理的科學實在。必須用索究，理解，判斷的方法，明白建出試驗，邏輯，直覺相合的真理。科學理論，如同物理的理論，與試驗一致的研究，須於一方面明白認識（試驗），一方面自然發覺（直覺），再同時就雙方實行聯和（邏輯）。這種研究的確實結合，就是科學充實的方法。邏輯家克特黑（Gratry）說："真正方法，就在聯合所有起源與所有方術。"因爲真理主觀的完全確實，必須由各分子確實的公共要素發出。所以邦加赫說："由完全不同的方法，得出結果間多數聯和，就是我們自信的方法。"在相合的基本"標的"上，成功的數目無限，決無偶爾或然的表現。邏輯真理的適合與科學真理的客觀假定存在，無論任何時間，本身自然與象徵的譯釋，都以能合自然中的調和，人類間的調和，人類與自然之間的調和，人類與自然之間的特別調和，而又能連累於科學普汎方法的為信仰。科學相合的研究——直覺、試驗、邏輯，——就是賴布尼支所謂科學確實的完全"充實理性原理"，能使精神必然的關係，通於客觀元素自然必要的關係。表明這種精神的科學方法，以數學科學為最著；它如試驗觀察科學中，亦無在不是。譬如加利萊當初安心"直覺"到擺線面積與母圜面積間的簡單關係——比例——不能用幾何證明，遂轉由"試驗"道上，先秤定同厚的亞鉛——鋅——板，然後割成擺線的圓形，推得擺線面等於母圜的三倍。但是這個幾何邏輯結果的科學確實性，還在霍柏法（Roberval）的"邏輯"建定——演算——之後。它如亞西墨（Archimedes）空懸一線於假設的秤上，限定拋物線分形面積，以及黑齊（Reech）定理的地理學確實的證明，格丁（Guddin）定理的面積體積演算，都是有邏輯直覺的分析方法，求達科學確實的證明。我們再舉出數學中非黑馬、歐萊、邦加赫、狄黑齊列（Dirichlet）、易柏；機械學中的斯德凡（Stevin）、馬楷（March）、安斯坦；天文學中的歐多格斯、牛頓、非黑邪（Le Verrier）；物理學中的馬克斯衛、黑植、杜哀門；化學中巴斯德（Pasteur）、柏特洛（Berthelot）、奧斯瓦（Ostwald）；生物學中伯海納、黑克萊（Huxley）、柏黑葉（Perrier），各大科學家、哲學家的精神發現與實體研究，完全以相合的邏輯試驗直覺，為其機變中的器械。邦加赫說："推度先於證明，我要牢記這兩種，都是重要發現的所在。"自然，推度在直覺，證明則為邏輯與試驗。

　　總之，科學為思想與行動的方範，先將所注意的具體聯瑣中共同機構的總宰分析明白，然後於煞費思索之中，組合系統的原本。雙方無論分析或組合，都由邏輯方面使我們有各種配合或分解可能的標準認識；由直覺免脫一切最大的或然；由試驗正式核定惟一的實在。更進一步說：直覺方面由想像表出，由常識上指導調度；想像為適合的機能，常識為能近真理的本有。再在可適合之中，由邏輯實行選擇各種可能的適應；在近真理之中，由試驗實行選擇適應的真實。各方面秩序結構的總集合，表明最簡單完備的理性可能。譬如相合法的邏輯態度與哲學態度，正是這種科學方法精神的個別研究。如哈特門（Hartmann）的無識論哲學、柏格森的直覺主義哲學、近代唯意與主觀主義哲學、實驗主義哲學，以及各種唯物唯覺主義哲學，皆足以表示相合法的必要。以外更進而有邦加赫之經驗契約主義（conventionalisme empirique），與班洛、羅素的象徵邏輯改造。結果人類真理的標準，完全歸一時間空間的單純連續逼近證明。

第三章　科學分類

　　亞里士多德是第一個注意科學各有其個性存在的人。他實行分別彼此的性屬，著出各科學的論理。培根、達朗白的思想，仍爲繼續此類計劃的研究，認亞氏思想能便利各種觀念的發展。到昂伯（Ampere）與孔德兩大精神發現，始正式實行考察科學全體。先認科學爲一種有機組織，然後試行摸索其結構。從前笛卡兒雖然有科學系統的思想，但是科學真正系統級進底觀念，則在孔德。

　　這種問題的研究，不僅限於方法的重要。譬如各科學的方法和問題，在明白歸定之後，還要知道它們彼此互有的關係，使研究者由類推足以及於系統的位置。所以第一須能個別其性質，然而又不能絕對底獨專。如道德科學方面的問題，較所解決的更大，實在不能獨斷一面，不過所研究的對象，不能不正確底限定，即令所研究的一無所有，似亦無妨。我們知道"實體"爲無限複雜，能在各種極不同類的觀點上考察；而各個觀點就能引起各科別的卓大問題，它不惟不同標準，且亦不同未知件。譬如幾何學能示我們以形的認識，化學能示我們以物體化合的認識，心理學能示我們以思想現象的認識。我們要分別這些觀點或問題；換言之，求各科學本身之間的秩序安置，就是科學分類的研究。

　　我們知道科學爲"一"與"無窮"，所以創造的智慧，不能接合其全；而部分的科學又必需適應其真。然則宇宙表現，決非生存與事實的簡單堆積排列；是由系統的原因，使各區分能緊抱全部，成功系統的調和。因此，只恃整割真理成片斷，亦爲不足，必須於各殊科學中分派相連的關係，由限制之中束抱組合，復由組合之中分現個別；是即分類之真義，科學宇宙的世界全圖。我們且就歷史的分類略述如次。

（1）亞里士多德與斯多葛派的分類。亞里士多德以科學的目標為分類之基本，由思想、行動、發生三種方法分科學為理論、實用、文藝三大類別。

a. 理論科學在熟察真理，不注意應用所能，即數學、物理、形而上學（博物）。

b. 實用科學在限定一切行動的規範，即道德或倫理、經濟與政治。

c. 文藝科學，在指示方法，以求外界工作之產生，即詩、修辭、辯證。

這種分類的錯誤，首在分列科學與藝術為二；同時又將理論與實用別立成科。

斯多葛派的學者分科學為三部：

a. 物理，世界科學；

b. 倫理，道德科學；

c. 邏輯，模範科學。

他們表明這三種科學彼此互為存在，而全部科學為一豐美饒富的花園，邏輯為其牆圍，物理為其肥土，倫理為其花實。

（2）培根與笛卡兒的分類。培根的分類以主觀為目標，就記憶、想像、理性分別為保存知識、摹倣知識、聯合知識三種科學。

a. 記憶科學，如自然史與文明史；

b. 想像科學，如詩、演劇、寓言；

c. 理性科學，如哲學包三大對象：神學、自然哲學、人類哲學。

這種分類，在我們看起來，不獨不完全，且亦不甚正確。因為理性並不能獨立在哲學中，而科學與藝術之分，更覺不充實。

再看笛卡兒的思想，以科學與方法為一致，視之恰如理性的長鐵鍊。故研究科學的步驟，區分第一步為包認識原理的形而上學；第二步為包宇宙實體現象分析組合研究的物理。他承認哲學就是一棵樹；形而上學為其根，物理為其幹，其它各科學為其枝葉；而以醫學，機械學，倫理學為三大幹枝。這種分類的主標，完全以他的哲學科學思想的根本前提之"明白與分明"爲根據。

（3）法國百科學家達朗白與狄杜合（Diderot，1713—1784）的分類。這派分類的思想，仍爲培根派之變形。將科學分爲三大類：歷史、科學、美術，即培根之記憶、理性、想像。其列表如次：

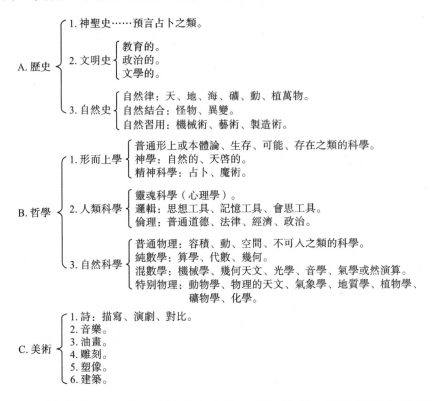

- A. 歷史
  - 1. 神聖史……預言占卜之類。
  - 2. 文明史
    - 教育的。
    - 政治的。
    - 文學的。
  - 3. 自然史
    - 自然律：天、地、海、礦、動、植萬物。
    - 自然結合：怪物、異變。
    - 自然習用：機械術、藝術、製造術。
- B. 哲學
  - 1. 形而上學
    - 普通形上或本體論、生存、可能、存在之類的科學。
    - 神學：自然的、天啓的。
    - 精神科學：占卜、魔術。
  - 2. 人類科學
    - 靈魂科學（心理學）。
    - 邏輯：思想工具、記憶工具、會思工具。
    - 倫理：普通道德、法律、經濟、政治。
  - 3. 自然科學
    - 普通物理：容積、動、空間、不可入之類的科學。
    - 純數學：算學、代數、幾何。
    - 混數學：機械學、幾何天文、光學、音學、氣學或然演算。
    - 特別物理：動物學、物理的天文、氣象學、地質學、植物學、礦物學、化學。
- C. 美術
  - 1. 詩：描寫、演劇、對比。
  - 2. 音樂。
  - 3. 油畫。
  - 4. 雕刻。
  - 5. 塑像。
  - 6. 建築。

這種分類亦不正確，且顯爲人造的：因爲沒有一種科學不是同時需要記憶、想像、理性的共存。

（4）昂柏的分類。昂柏以培根派的主觀易爲客觀。他先研究我們兩大對象的物質與精神，分爲科學兩大類別：物界科學與人界科學（sciences cosmologiques et moologiques）。

物界科學分爲二：a. 無機物界：數學爲其抽象，物理爲其具體；b. 有機物界的生物學，一方面爲自然科學，一方面爲醫科。

人界科學細分爲二：a. 哲學科學與方言記號科學，如語言學之類；

b. 社會科學，更分為人種學與政治學。

昂柏由此類別，復行細分其細分之細分，由三級進而及於百二十八種特殊科學，認為人類知識對一切認識之基本實質所在。不過細分過多，遂成知識上的割裂。而不是類分的真理。

(5) 孔德的分類。孔德為實證科學之祖。他的思想研究，先注意三事：

a. 認自然中最簡單底事實皆為最普汎的存在。
b. 一切最微妙的假設存在，都是最簡單最普汎的。
c. 凡屬難題的認識，就能增加對象的複雜。

因此孔德首先就科學對象上類分科學，同時認科學本身有大觀點為："單純與普汎。"其秩序研究為：

1. 理性或邏輯秩序：從最簡單與最普汎的科學到最複雜與最特殊的科學。
2. 歷史秩序：從構成最先的科學到追來最後的科學。
3. 教學秩序：從應該研究在先的科學到應該研究在後的科學。

這三種秩序精神，表明實證哲學科學特別超前的勝利。其分類表列為天地形質論與社會學，源流分為六大類：

對象簡單與普汎的科學
- 天地形質論
  - 抽象數學：1.數目，2.容積，3.運動。
  - 具體或天文學：空間中唯一注意的天體位置與運動。
  - 物理學：1.重力，2.熱力，3.電力……
  - 化學：化合力。
  - 生理學：1.營養，2.生殖，3.關係。
- 社會學：社會進化的秩序。

孔德的分類失於不全，所謂哲學，就是簡單底科學系統論。再者，物理化學的發展，決不能脫離天文數學。

(6) 斯賓塞的分類。斯賓塞批評孔德的分類，因而選擇三類科學區分的繁複表。其簡單標記如下：

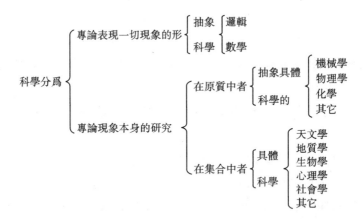

斯賓塞的分類，不能使人分別所區分的類。譬如抽象具體的機械學，在普通關係範圍與形式中的，同在邏輯數學對象中的正相當。再如生物、心理、社會諸科，可否說是無意造成生命、意識、社會設計的現象？無論如何，生物學至少可以類別於物理化學之列。所以此種分類亦不能逃於批評之下。不過有這些區分指導，可以再就孔德與此種分類合成一種完全無偏僻之弊的科學分類。在證明這種完全分類之前，我們還可以把馮特（Wundt）的分類舉來看看。

（7）馮特的分類可以列成簡單式的：

1. 形式科學或數學科學；
2. 實質科學：自然科學與精神科學。

因爲自然科學以經驗爲本，故屬於實質方面的研究；數學科學則爲抽象的，不以經驗事實爲限，故屬於形式的範圍研究。馮特分類表列爲：

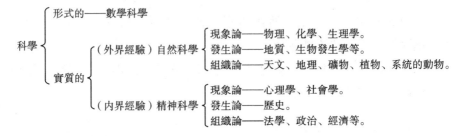

馮特科學分類的原理，陳大齊先生在他"科學底分類"論文中說得

很明白。他說："數學是從前學者所視爲自然科學底一種，馮特何以要把牠從自然科學中抽出來列爲特別的一類，以與包含自然科學的實質科學相對立呢？他的理由約略如下：數學當做一種補助科學，最和自然科學有關係，誠是事實。但心理學自赫爾巴特（Herbart）以來，不但精神物理上的關係，連純粹心理的關係也想用數學的形式來表式。不僅心理學如此，關於社會運動的研究及國民經濟的價值論，也採用數學的方法。連邏輯也想變成數學的學問。而上述這些學問，決不是自然科學，可見數學不僅和自然科學有關係，和自然科學以外的學問也是有關係的。所以因數學和自然科學有關係，而把牠列入自然科學內，是不妥當的。且數學和實質科學有很大的區別。各種實質科學都爲經驗所拘束，都爲經驗中所直呈的或者至少可能而爲推定的事實所拘束。物理學家和歷史學家，都想敘述事實。他們爲說明起見，雖有時逾越直接所知道的事實而有所推測，但他們所推測的須是經驗上可能的，且須於說明實際的事實上有用處的，自然界內所不能適用的自然律，事實上未曾有過的歷史事實，只是想像，不是學問。數學則不然，牠是不爲經驗上的可能性所拘束的。一切概念，只要在數學的討論上有用處，不論其直接出自某對象，及對象所具的性質，或經驗上竟無可能的事實與之相應，都能成爲科學上的問題。數學上概念底構成雖與經驗界底事物有關係，但並不始終局促於經驗界內，卻可藉邏輯的作用以逾越經驗底界限。因爲數學只擇取事物之形式的性質而舍棄一切實質的內容，……故不能歸入任何科學之內。數學從純形式方面研究事物……但須顧及理智的作用，不必兼及感覺方面。實質科學……是爲經驗所拘束的。牠們在形式和內容兩方面，研究所經驗事物底性質和關係，……與形式科學底對象截然不同。實質科學又可分爲自然科學和精神科學兩種。……精神科學研究直接經驗，即取主觀客觀所合成的整的經驗具體地來研究；自然科學則研究間接經驗，即暫離主觀之關係，抽出客觀方面的經驗內容做研究底對象。"（參看北大《社會科學季刊》第三卷第四號四八六頁至四八八頁）

馮特分類的主要問題雖如此解釋，不過科學區分上終不能盡由"限制之中團結組合，組合之中又分現個別"的意義。所以純正科學家終不採用此種分類，而贊成完全孔德的類分，脫除他原有錯誤的假設，依科學對象複雜底層次增加其量，首分爲四大類：數學科學、物理科學、自然科學、人生科學。

（8）完全底科學分類。

1. 數學科學。對象爲量與事物本身抽象的考察，同時能離事物而獨立。所謂量，即是數、容積、運動。量的準量爲同類定量的單位所測。

數學分爲二：a. 純數學：絕對理論的，離試驗而獨立；b. 實用數學：將純數學的公式應用於試驗上的解釋。

（甲）純數學內包：1. 數或不連續量的科學：算學；2. 容積或連續量的科學：幾何學；3. 應用於數學科學中簡單而又普汎的方法：代數學。

（乙）實用數學內包：1. 運動與力的科學：理性機械學；2. 星宿與其運行的科學：天文學。

2. 物理科學。研究無機物與其定律、性質。包有：

（甲）所謂物理學，研究物質最普通性質與各物體間共同性質的存在，如重力、熱、光、聲、電、磁等等；從此分派爲重力學、熱力學、光學、音學、電學、磁電學等等是也。

（乙）化學，研究各種物質的特性與自然：如酸素、鹽素、硫磺、養氣等等，及其配合與化合力的作用；換言之，物體間相當比例的聯合。

物理科學中普通能連擊礦學與地質學，使自然科學的類別只派分爲生命與生物兩種科學。

3. 自然科學或生物科學。此類科學皆爲生命定律以及生物各種感覺的形體研究。內包分爲：

（甲）植物學，爲植物成長生活的科學。

（乙）動物學，爲動物成長生活的科學。

這兩種科學的內面包許多類分的科學爲：

a. 解剖學（植物或動物的），敘述各肢體與官能的形狀構造；

b. 生理學（植物或動物的），研究官能的機構；

c. 發生學，研究生物生長發育；

d. 古生物學，研究失見的有機構造；

e. 組織學（動物或植物），敘述動植物的類別，並區分之。

由組織中又分出很大類別的科學爲：

a. 禽鳥學；b. 魚學；c. 昆蟲學等等。

此外還有最近研究人種在地球上分配與原始的兩大科學爲：

a. 人類學；b. 人性學。

人生科學，以人類智慧、自由、社會爲對象。一方面以人的本身爲主要，一方面更以行動與道德生活和社會表現的外界事實爲準量。其重要類別爲三項：

（甲）心理科學。研究人類自然的普通現象，如思想、感情、意志、習慣等等，更用以限定一切定律。細分爲：

a. 心理學，爲純粹意識現象與限定實質定律的理論科學（雖然也有試驗的）。

b. 邏輯，引導智慧爲真實的研究。

c. 美學，在美的品評與寫實之中引導無上底想像力。

d. 道德學，在幸福的實行中指導意志。

最後三種科學，馮特名爲模範科學，因爲它們能於人類智慧中標出規矩法度，使不同類的思想表現，能有"規矩方圓之至"的範圍。

（乙）歷史科學。研究人類生活中承續的事變，同時論列事變前有表現的原因與定律。

這種科學不僅歷史而已，還有重要的地理學、年代學、考古學等皆屬之。

（丙）社會與政治科學。研究人類社會的普通結構，以及社會發展與重要組織的定律，如法律、法學、政治、經濟等。

總之，前四大類的分科，亦非絕對完全。在這種分類的科學之前，還可以冠一總宰的科學，名爲"普汎形而上學"。這是傳統派的意思。

結論。無論分類的選擇爲何，我們不能不知道"分類只有暫定與時間上的價值"。因爲科學進化的動機連累於全部的自然，價值與負擔。各科學是否完全同一自然？又是否同一價值，同一負擔？反之，各科學又是否完全因所具的對象而有根本底差異？這些問題都是分類的難解。譬如研究科學對象相關係的真理，並不能完全知道專限於此對象，或專接合於此關係。研究真理的關係，也並不曾想到人類知識的集合。所以分類中許多科學的極限界，劃得非常無理。如代數與算學的分別，實與自然演算的根本性質相謬。記號表現雖不同，然而方程量則一。又如結晶學分成礦學之類，則更爲不通。因爲各種晶體成形，完全爲純粹底幾何原理，其屬於礦學者，不過體質的一部分，正如數學科學對於物理科學與自然科學同類的應用。礦學的位置，有許多分類家排入自然科學中，與動植物學相併列。其實它只算地質學的一種。

然則自然是否同類同形？換言之，各科學皆具相當的原素，其不同的配合只限於手段的不同嗎？或者再反過來說：自然是否異類異形？換言之，各科學研究的不同現象間竟無有關係的嗎？這些問題，於今還不能絕對底脫除疑惑。第一個問題認自然現象可以用一種量的關係限定解釋；第二個則相反，以爲各個不同現象間可以就現象秩序的形式限定。而自然的物別，實因其有特性表現的絕對分別存在。兩方面的科學假定，皆爲一元論見；不過前者爲量的一元，後者爲性的一元。這種傾向的同與不同，正是近日的科學研究。

第二部
科學特殊方法

第一章　數學科學方法

1. 數學科學對象　數學定義沒有肯定底解釋。穆勒定爲："量的準量科學或數量科學"；又有人定爲："研究秩序與準量以及數與形的科學。"此等定義，皆非數學眞理本身的完全確解。數學並不專爲物質的科學，宇宙間萬有表現，雖能就數學原理作物理的聯和，然而物體總和的觀念，對於數學共同的創造，只算是部分的意義，較之物理，則爲間接的研究。數學可算是意像結構的研究，能爲實際的應用，其對象非尋常知識所能限制。所以羅素說："數學科學不知道用什麼來講，也更不知道所講的爲其實。"第一因爲對物質的觀念無定，所以不知道用什麼講；第二因爲眞理的根據，乃依假定的眞理而定，所以說："不知道所講的爲眞實。"

然而在限制的方法上，以數量科學爲較有確證。譬如在實體對象中，普通析分爲"性""量"二種：紅黑之間爲性的不同，尺寸之間有量的差別。紅黑爲自然與物性科學所屬，尺寸則爲形式數學科學的研究。數量有連續（continue）與不連續（discontinue），連續量爲續續無感覺的變換，爲幾何的空間與理性，及機械學的運動皆是。不連續者，即各量間的直接量，或大或小，而無中間量的表現，因此，由一量至其它一量，必須一躍相接，如數學對象研究的"數"皆是。

從前有人〔海門（Humne）、穆勒、斯賓塞〕認數學科學爲經驗的，其實不然。譬如事實上不能使我們明白的，有"完全的圜""眞正直的線""無容積大小的點"，亦無所謂"眞正的數"；只有許多"不規則的形"，許多"混亂的數"。眞正的數學對象，就是意像的觀念，由精神本身就構造方法上發明。無疑，觀察必爲首標，不過此種標定，只算是能合機宜的作用，並非眞正的方式，必須觀察能同理性意像化之後，始能變爲科學對象。實際上，點、線、面、角、圓……只在理性的感覺標定時，始有所極限。如線爲一組極細的直限，點則爲極小而微的面限，其它類推。

從此觀察法，即不能研究這些意念。我們很可以把一圓的半徑用實驗準量，結果，我們終不能斷定所有半徑"完全相等""絕對相等""必然相等"。我們只能在此標定的圓中說："我能量的半徑，都差不多全能相等。"無疑，試驗與數學真理之間不能相合，其所能合的，終久只有逼近意像的極限，既不能真正達到，亦不能完全現實。所以數學公式表明以定律的非實在而爲可能，從此即得必然性與普汎性的意像理性。數學定律，只表明關係可能，無因果的事件。然而結果與原理之間的關係，則又爲必然底解釋。譬如三角形的定律："兩邊之和大於第三邊"，其根據爲由"兩點間直線爲最短的直徑"的原理得來。

2. **方法** 數學科學的方法，許多邏輯家均認爲止於演繹的證明。如果謂演繹推理只由普汎到特殊，則數學並不能使我們有真正精神的進步，因爲只限於由起點所用的普通標辭中抽出特殊標辭而已。但是數學家又謂數學永遠普汎，永遠引我們研究前進的真理，永遠充實所有新科學的發現。譬如由算學普汎而爲代數，由具體數普汎而爲抽象數，由幾何三角形的特殊研究，普汎而爲任何多角形的表現。然則數學方法的概念，亦不能真正確定。不然。邏輯家所謂演繹推理，不能斷爲由普汎到特殊；換言之，演繹法不是專指三段的形式演繹。科學演繹雖能列形如三段式，然而往往由一辭到一相當辭，其外延完全相似，爲數學的等式性。所以心理學上定演繹爲"由理性到結論"。較諸由普汎到特殊，實在有進展。因此數學家有認數學推理爲循環歸納者，其根本原理立於演繹上，由歸納形式向無限的認識進發；換言之，由定義的新辭，破獲所有結論。所以數學方法的研究，一方面在找數學的證明與演繹，一方面還要充實演繹，給我們認識以新標辭。不僅得出邏輯結論，還在建設真理。如邏輯三段式只知道"如果 A 爲 B，B 爲 C，則必得 A 爲 C"；而數學證明則知道"兩量各等於第三量，則彼此相等"。不只限於列數量與幾何量的實在，從算學到幾何，又從幾何到算學，亦無不實在。邏輯的爲必然原理，而數學的則在普遍原理上。

第一節　數學定義及其性質

數學演繹法有三種必要的原素：即幾何代數或機械學的"定義""公理與公律""證明"是也。

（1）舊理性派的理論，以爲限定一件數學的事實，正如求一幾何形像，可以用許多旁證情形限定。尋常對實體對象的限定，完全以正確觀念構成對象的實在，是爲"摹擬式"（copie）的定義。數學定義則不然，只限定對象的可能，同時給以意像的存在。然而對象亦必合於定義的"樣式"（modele），數學定義不以"觀察""叙述"爲準則，而以先天與構造方法，爲意像客體的實在研究。譬如：算學上什麼叫數？應該定爲"單位與複位的組合"；或具體底說："數爲單位恒等元素的有限和。"數學單位並不是數，是各數的共同元素。凡限定的數爲一構造成功的，在實質上爲單位的重合，在定律上爲精神對單位本身配合的極限。我們要構成二的數，最簡單是加一單位於其本身；三的數，加一單位於二的本身；百的數，加一單位於九十九的本身；結果級進無限。單位除法亦然，不過實施其反。幾何學上的形體，完全由定義得來；換言之，由構造而成。因爲它限定空間的共同元素，完全以同形同質的爲本。例如數學點，與此點在空間的運動，有一形就有一定義。直線爲一點向定點上進行的惟一直線；圜爲一點與一內定點構成相等的運行所成之一線；面爲線的集合運動所排成的。在解析幾何上，面的定義更普汎，有旋轉面，正準面；前者由一任何線環繞一直線而成，後者爲一直線運動而成。再還有各種直線面與弧線面的運動，能產生其它的各種固體形狀：如圓筒狀由一矩形繞其一邊旋轉而成；圓錐狀由一直角三角形繞其直角邊旋轉而成；球形則由一半圓繞其直徑旋轉而成。是知線、面、體的定義，必須由一點一線一面的運動構造成功。一數一形的本性，就是一切數一切形的

"共同實在",由精神限定成功的。這種極限上能產生若某數,若某形。所以數學意念,全是一氣成功,與經驗定義所謂"由聯絡各種不同的元素配合"成功的不同。譬如亞里士多德限人的定義與畢風(Buffon)不同,畢風與褚非邪(Cuvier)的亦不同,而褚氏的改定,增補,也不能與伯海納的相同,到於今仍不停止地改動。但是,我們幾何家卻沒有柏拉圖與游克立以外之圓的觀念,此無它,數學定義是"限定的""不變的"。

數學定義無論是數或形,都包含許多元素;因爲它全是一種科學定律,一種關係存在,同時又爲限制所限定的定律。如數中之單位有限,及形中之極限與形構的關係式,和各元素的連絡,皆爲必然,而非偶然。標定五的數,既不能加一單位,亦不能減一單位;標定一點運行的直線,如果不變成其他的形,亦不能改變方向。再者,數學定義爲絕對的普汎。譬如所定的數,無論在何時何地。其成形與成性,終歸同一定律。在幾何形體上亦然。只要元素標定,無論任何宇宙,都能隨定義以實現其"所定。"

(2) 新邏輯派的理論,以爲數學定義就是一邏輯的相等:第一邊爲所要限定的"項",第二邊爲已知項的"配合"(或已限定的,或認爲不可限定的)。如謂:

(一函數的引伸)=(函數與變數遞增之比的極限)

因此一標辭無相等者,不能成爲定義。如謂:$2<e<3$ 的標辭,不能取爲自然對數 e 的定義。所以定義既不得謂爲真,亦不得謂爲假,因爲它不是標辭,因爲限定一觀念,就是由邏輯配合中將此觀念歸入所假定的已知觀念中,變爲未知與已知記號的相當。從前幾何的定義如魯讓德(Legendre)的與游克立的完全相同,若以等號代替之,據班洛的譯釋得爲:(看一九〇一年萬國哲學會圖書出版的第三種《邏輯與科學史》二七九頁至二八八頁班氏原文)

1. (幾何學)=(容積與準量的科學)

1' 容積有三度:長寬厚

2.（線）＝（長而無寬）

2'（點）＝（一線之端）

2"點沒有容積

3.（直線）＝（一點至其它一點間最短的直徑）

4.（弧線）＝（既非直線亦非直線配合的）

5.（面）＝（有長與寬而無厚或高）

前式中1'與2"不是相等式，所以不成定義。簡單看起來，1與4無大關係，暫且不論，即得：

2. 線字由"長""寬"表明；

2"點字由"端"表明；

3. 直字由"最短""直徑"表明；

5. 面字由"高"或"厚"表明。

這裡表明用六種無限定（non－defini）的幾何觀念，來限定四種有限定的觀念。先可以試行簡單消去這些定義，竟用線點直面為無限定的觀念。然而這種定義有時不能除去無限定的限定。如游克立的算學定義謂：

（單位）＝（凡爲一之性）

（數）＝（單位之集合）

如果把第二邊除去，則彼此之文法意義不明。數學科學中所採的字，比所表的觀念多；如謂積、因、倍、乘、乘數、被乘數、法數、係數……只有語言的異形異聲，實即表明惟一意義的代數式"×"的記號。這裏"×"的記號，是一無限定的象徵號，表明無限定語言意義的同類可能。所以定義用象徵的邏輯等式限定的，必為完全與理智的解釋，而無文字混同的意念。但是這種定義原理，須為"同性律"；換言之，兩邊各項應為同一"實變數"。——邏輯式中所有意義，隨其變數值而定者，名此變數為實變數，否則為虛變數。——此即謂一定義中不能包異實變數或不同的數。譬如限定算學的"零位"，不能寫為：

$$x+0=x.$$

因為第一邊為 x 加零而非零，以之限定 x 加零可也，而不能限定一零，所以應使零孤立於第一邊。但是又不能寫爲：

$$0 = x - x.$$

因爲不知道 x 爲何項，既非完全標辭，當亦非真正定義。再還有標辭：

$$X 爲一數，得 0 = x - x。$$

只爲一完全標辭，而非零的定義，因爲它並不是同性律。第二邊包 x 變數，而不知其值是否依此變數爲轉移。我們應該證明 x 負 x 不依 x 的變數，表明爲：

$$有 x、y 兩數，其形如 x - x = y - y。$$

然後知第一邊爲常數零，第二邊爲 x 變數字的一函數，得出真正定義的：

$$0 = （x - x 式的常數值，x 爲任何數）$$

這就是同性相等，第二邊的 x 不過是外現的，即爲虛變數；第二邊的值不是 x 的函數。如結果一定義非同性律，則必得錯誤結果。如有定義爲：

$$(a/b)?(c/d) = (a+c)/(b+d) （此處 a、b、c、d 都爲整數）$$

式中 ? 記號表明不合理的演算，從此定義推得：

$$(1/2)?(2/3) = (3/5),$$
$$(2/4)?(2/3) = (4/7)。$$

因爲 1/2 = 2/4，所以兩結論應相等的，轉而爲錯誤的 3/5 = 4/7。

數學這種名目論派的定義，完全超過語言與文字的肯定，使數學原理只立於象徵的可能；換言之，由一象徵記號，通於有限形式的構造與結合的新概念。定義就在造成此種新概念，專作數學推理的內質。

但是限定的只有記號簡單底可能，並不能完全限定。有時須限定不存在的記號，備作推理的條件。如代數上由 x 條件限定推演之後，得 x 等於零，在我們限定 x 時，必須先有存在，此存在即不可限定的"第一意念"（Notion première），爲科學觀念之最單純者。定義的作用，正爲觀念分析之後，由最單純的方法，解釋複雜的限定。如謂："能限定 x 對象嗎？"或"能用 a、b、c 一羣記號使之等於 x 嗎？"這些問題的根據，表明"能否用最簡單的觀念限定 x 對象？"單純性的變遷，是可以自由的。求這種科學單純的原始觀念，都在試驗與歸納，演繹則不能解釋。

所以定義還有公律與抽象的需要。

第二節　數學公理及公律

1. 什麼叫公理　尋常定爲"由本身明白的必然真理"；換言之，一真理本身無須另行證明，而能專用以證明其它的真理。不過這種表示有不完全絕對如此的。公理的名字，有許多標辭可能，如謂："一物如其物"，爲一公理的真理；"有量等於同量，則彼此相等"，又爲一公理的真理；"直線爲兩點間最短之線"，又別爲一公理的真理。這三種標辭的同類爲："必然，明白，無用證明，與能用以證明其它的真理"；然而同則同，卻不能羣聚爲"一"。第一的表明思想基本與原始條件之一，名爲公理，亦無不可；但是不能與第二的表明無限廣量（Grandeur magnitude）間不變與普通關係的根本性質相混，第二與第三的更不能相合，一爲量，一爲形。這些公理標定的特別性質，不能本身明白，所以研究者應另找其不同點。

我們普通有所謂"原理"的真理，爲普汎科學的應用，在思想的齊一、矛盾、不容間位諸原理中，爲必要的中樞，是科學第一原理，正所謂公理的存在。然則數學公理爲何？先就幾何家所列定的公理標辭看，凡公理的產生爲數無定，游克立定爲十二，魯讓德約爲五。以魯式幾何原理的數目列出：

a. 兩量各等於第三量，則彼此相等；
b. 全大於分；
c. 全（總數）等於各分所分之和；
d. 由一點至另一點只能引一條直線；
e. 兩量、兩線、兩面或體，彼此相疊，其容積相合者必相等。

這五個標辭是明白的，而且有共同性質；但是內質是否相同，列在數學思想結構上能否用一公理名字合辦？第一個已經知道爲無限廣量間不變與普通關係，對於"力"、"幾何量"或"數"都可以實用；而於力之强度,广量之容积,数之配合,皆不问;两力各等於第三力,则彼此相等,两形各等於第三形,则彼此相等,两数各等於第三数,则彼此相等。第二个与第三个为无限量之间的关系表明,只知数学的全与分,不注意此全之特性为"力式",为"线合",为"单和",总是等於各分所分之和。但是第四则不然,不能为限量间的关系,而为有限广量(直线)的性质。如果第三为公理,则第四非公理。第五更不是了,它没有表明固定形的性质,最普汎者,只有几何广量的线面体的关系。所以只算是一种证明方法,而亦非原理。

现在减去这个标辞,我们总共有表明无限广量间普通关系的三标辞,与表明有定形类特殊的一标辞。前三者为公理,後者则为独立性的定理;因为数学科学中有所谓定理的标辞,亦为表明有定广量的特殊性,其最要者为须用证明。不然,则为鲁式第四标辞。现在知道数学公理为必然标辞的意义,是在能表明数学证明的共同原理上,其判断不限於量的特点,其规范要能适应任何量而无例外的可能。如游克立的七公理:

a. 各量等於同一量,则彼此相等;
b. 於等量中加等量,其和相等;
c. 於等量中减等量,其差相等;
d. 於不等量中加等量,其和仍不等;
e. 於不等量中减等量,其差仍相等;
f. 凡量为同量之倍数,则彼此相等;
g. 凡量为同量之半数,则彼此相等。

巴斯加儿定出用公理的三种规矩:

a. 只能取真正本身明白的真理为公理;
b. 不能求公理的证明;
c. 只能重复公理。

因为有第三规则的教训,所以在公理之外,有所谓公律的研究。

2. **什么叫公律** 公律与公理相反,既非绝对明白,亦不能证明;其所以正確合理者，因爲它與理性不相違背，與形式思想律亦不相矛盾。亞里斯多德説：“公律爲一種尚未證明的標辭，或者竟不能證明；但是它雖不能直接證明，然而在思想論證中實爲必要，表明若干觀念必然的補充原理。”

公律與公理的不同處，即公理爲先天分析的，精神上如果不矛盾，即不能否認。公律則爲後天偶然的組合，雖無矛盾，而能實行否認。如游克立幾何中有許多公律：由直線外一點能引一平行線與此線平行，並且只能引一線；由一點到一點，只能引一直線之類，皆可以理性否決。公律較公理爲近於定義，所以數學家有用作定義者，因爲公律不能空去內包，可以同演繹爲用。

舊式幾何完全爲游克立公律的保證，故名“游克立幾何”。但是平行線的可能問題上發生三大公律或假定，亦爲不可證明者，從此邏輯結果上有三大演繹推理，成爲三大相反的幾何，而又能並存無矛盾。其相同者，爲三派都認直線爲兩點間無限廣量的線。第一爲游克立幾何，假設兩件：

a. 由一直線外一點能引一平行線平行於此線；

b. 兩直線不能圍成一空間。

第二爲羅巴齊衛斯基的幾何，將第一假定完全抛去，只留第二假定。所以邏輯上得出許多特別結果。如由一點在平面上可以引無限平行線平行於一標準直線；三角形各角之和小於二直角等等。

第三爲黑葉芒的幾何，將一與二兩假定完全抛去，假設由一直線外一點不能引一平行線平行於此線。又謂兩直線如兩大圓之弧，可以圍成一空間。這裡認平面爲球面之平面，直線爲圜周之線，結果面與長爲有窮線，然而無極限，所以推得三角形三角之和大於二直角。

後面兩種幾何名爲非游克立幾何，表明可以理會與可以思索的空間，而不是想像或形構的。所以比較是不便利，亦不適用。因此游克立公律仍爲真理，與後兩者並存無礙。

第三節　數學證明法

有一數學標辭，本身標示的真理不明，然而又附一新知識的表白，如欲試行肯定其有效，必須應用所謂"證明"（démonstration）。證明為演繹法的一種，由一個真理，能推得其它的真理；由一個認識，能推得其它的認識。數學證明的步驟，就四個不同的邏輯方法進行：

a. 演繹推理證明；
b. 化還推理證明；
c. 背理推理證明；
d. 分析與組合證明。

(1) 演繹推理證明為一切求證之基本式，亦即數學演繹的真名。實行這種證明的方法，可以由已知真理的邏輯上推出一新真理。此項新結果，在未證明之前為未知的。我們先用一數學證明的實例表明如次。

假定 a 為一"算學數"，用表明真理的等式列為：

$$(1+a)^2 = 1+2a+a^2.$$

原等式中 $1+2a+a^2$ 超過 $1+2a$ 的一整數，因之得不等式為：

$$(1+a)^2 > 1+2a.$$

用 $1+a$ 來乘不等式之兩邊，其值不變，故得：

$$(1+a)^2 (1+a) > (1+2a)(1+a) \text{ 或：} (1+a)^3 > 1+2a+a+2a^2$$

而此不等式之右邊超過 $1+2a+a$ 或者 $1+3a$，推而得：

$$(1+a)^3 > 1+3a \quad \text{C. Q. F. D.}$$

這個不等式表明一新真理，由類推前式之 $(1+a)^2 > 1+2a$ 的不等式所得。

如果將此式更為普遍底推演之，原有不等式能變為：

$$(1+a)^n > 1+an.$$

其真理能用循環推理證明。先使 n 等於任何數 m，得證：

$$(1+a)^m > 1+ma. \quad\cdots\cdots\cdots\cdots\cdots\cdots \quad (1)$$

再又使 n 等於 m 加一得：
$$(1+a)^{m+1} > 1+(m+1)a. \quad \cdots\cdots\cdots\cdots (2)$$
現在再用 $1+a$ 乘不等式（1）的各邊，得出：
$$(1+a)^{m+1} > 1+(1+ma)(1+a).$$
或：
$$(1+a)^{m+1} > 1+ma+a+ma^2.$$
推演之得爲：
$$(1+a)^{m+1} > 1+ma+a.$$
這就是不等式（2）的表明。

(2) 化還推理的證明法，係先由一先天標定的數學真理，連續推演其它相承的真理。所謂化還推理，正爲演繹推證之反，它由終結底真理，就演繹法反求所證者。譬如前面不等式的：
$$(1+a)^3 > 1+3a. \quad \cdots\cdots\cdots\cdots (\alpha)$$
試求證：
$$(1+a)^3 > 1+3a+2a^2. \quad \cdots\cdots\cdots\cdots (\beta)$$
第一步知道（α）不等式的演算。但是（β）式中
$$1+3a+2a^2 = (1+2a)(1+a).$$
所以新不等式爲：
$$(1+a)^3 > (1+2a)(1+a). \quad \cdots\cdots\cdots\cdots (\gamma)$$
此式能推爲：
$$(1+a)^2 > 1+2a.$$
用 $1+a$ 乘兩邊，即得（γ）原式。其等式爲：
$$(1+a)^2 = 1+2a+a^2.$$
此正爲化還之證。

這種證明，在幾何學上很普通地應用，在代數方程的解法中更爲必要，在解析幾何中亦視爲必需。譬如解一方程式，首在假定問題的先決，因爲要假定所解的方根未知量之值能合證方程式。解析幾何中用代數研究的幾何線（弧），先就有方程式的考察；換言之，在第一步已假定先決的問題。這種方法能由錯誤的（未定）標題上，得出真正結論的邏輯推

理。如邏輯上謂：

動物是馬，人不是動物，所以人不是馬。

雖前提中有錯誤標辭，然而結論卻得出實在的推斷。在數學亦然。如普通有 $\sqrt{a}$ 根號 a 的根數，a 爲正數，表明正數方根爲 a。現在有等式爲：

$$\sqrt{x^2} = x. \quad\cdots\cdots\cdots\cdots\cdots\cdots (1)$$

此處 x^2 爲一正數，肯定 x 爲負數時，原等式即變爲錯誤的。如 x 等於負 4，則寫爲：

$$\sqrt{(-4)^2} = -4. \text{ 或 } \sqrt{16} = -4.$$

因爲十六開方等於四，所以等式所表爲錯。然而等式（1）又可以由演繹的得出實在的結果。譬如消去假設兩邊相等的平方，則得相等的數。所以等式爲：

$$x^2 = (x)^2 = x^2. \quad\cdots\cdots\cdots\cdots\cdots\cdots (2)$$

這裏一方面真，同時又不能真。然則先天標定的標辭，在演繹上雖有可以實在的，亦不能完全肯定。化還推理出於實在的標辭，就理性定義能說："真實標辭由演繹只能結論到真實。"所以代數與解析幾何用化還推證的，都是由已知到未知，故無一不合者。但是前面化還的例證，有可以發生問題的：（1）與（2）的標題可以推演嗎？第一：如 x 爲正，則（1）式爲可能；第二：如 x 爲負，原式又變爲不合理。因爲（1）的兩邊並不同號，不能有相等，所以有效的肯定只有：

$$\sqrt{x^2} = -x.$$

由是觀之，化還推理中亦有應行注意者在。

（3）**背理推理** 在構造上亦可名爲矛盾推理的證明。如一數學標辭無直接證明者，則先注意矛盾的，證明其爲錯誤或背理。故凡第一標辭必須真實，因爲知道兩標辭的矛盾與相反，卻不能同時兩都錯誤。譬如先認無理數存在。再證明 2 的方根；換言之，證明數之平方爲 2 的是一無理數。先表明記號爲 $\sqrt{2}$，再提出矛盾的標辭認 $\sqrt{2}$ 爲有理數，整數，或分數，復證明其爲背理：

第一：$\sqrt{2}$ 在小於 2 時不能爲整數，只知有一，其等式爲：
$$\sqrt{2}=1.$$
或消去方根爲 2 等於一的相當，是爲背理。

第二：假設 $\sqrt{2}$ 爲一不可約的分數式：$\dfrac{a}{b}$。此處 a 與 b 互爲素數，暫時假定等式實在的爲：
$$\sqrt{2}=a/b. \text{ 或 } 2=(a/b)^2=a^2/b^2.$$

定理上已經知道 a^2 與 b^2 互爲素數，正同 a 與 b 爲一理。結果便利的：
$$2b^2=a^2.$$
證明 a^2 與 b^2 之間以 b^2 爲公生數，是又爲背理。因此得證矛盾的錯誤，即肯定 $\sqrt{2}$ 爲無理數的標辭，爲真實。

總之，數學證明爲一種定量的結合演算法，在證明的組合中，時而直接，時而間接；換言之，有中辭亦無中辭。不過各中辭都與定量相當，所以能將定量代入方程式或標辭中，因此數學證明亦名之爲代入法（substitution）。在幾何上各種證明都可以爲例，由分別求證之點，可用組合法檢證之。譬如：

第一點：重置的直接組合。證明兩等邊等角三角形相等。假設有 A' B' C' 三角形重置於 ABC 的三角形上，使 A 角頂點合於 A' 的。由假定上 A 與 A' 兩角相等，而 AB 邊與 A' B' 邊，AC 與 A' C' 邊亦互爲相等。A' B' 方位遂爲 AB，B' 角落於 B；A' C' 的方位爲 AC，C' 角落於 C。所以兩形全相合。

第二點：形解無部分的移動。兩同底長方形，彼此各如其高。譬如長方形甲 ABCD 與乙 EFHG 彼此同底，甲高爲乙高之倍。將彼此分爲相等的平方，則長方形甲所包之小方形爲乙之二倍。

第三點：變一形爲一相當形。證明無法四邊形爲其高之半與底邊之和的積，相當於同高三角形，以其底邊之和爲底。先延長 BC 底等於 AD 量，連 A 與 E 即得與 ABCD 相當之三角形 ABE，因爲 AOD 與 EOC 兩三角形相等，而無法四邊形等於 AOCB 與 AOD 之和，如果減去 AOD 三角，以 COE 代之，則全面積不增亦不減。所以無法四邊形 ABCD 等於其高之半，與 BC 加 CE 之和之積的 ABE 三角形。

第四點：各點之混合。直角三角形斜邊之方等於各邊之平方和。此處不能直用重置法。因爲兩小方之和不能與大方相同。如解分大方爲兩長方，證明各等於小方之一，然後可以證明標辭之真。不過直接重置法，仍爲不可能，因爲長方與方不同形，即不能相合，必須先用構造法作證。如果長方與方可以互爲相當，則其拆半亦必相當。設三角形 AGB 爲 AFGB 方之半，三角形 BMD 爲長方形 BMND 之半時，兩三角的直接重置仍爲不可能，因爲其形不同。由是只有實行移動此二形，同時使其底、高均不變，換爲 GBC 與 ABD 此兩三角形相等，因爲各等角包在兩等邊之間。

現在知道證明的標定，在將各部分妥爲連合，中間加以等量的標定，使之爲原標定的中間可能，然後證明得因此成功；這種方法爲數學之共同性。我們再舉由幾何到普通量的科學演算爲例，更可以相信。

譬如有方程式：

$$x^2+ax+b=0.$$

由 a 與 b 的函數求證 x 量，其法仍不外用代替法標定，先注意二項式的 x^2+ax 爲平方式之

$$x^2+ax+\frac{a^2}{4}$$

的兩首項配合，所以加 $a^2/4$ 於原方程式中，同時又減去之，於值無變：

$$x^2+ax+\frac{a^2}{4}-\frac{a^2}{4}=0.$$

在前三項的展開式中代以相當式之

$$(x+\frac{a}{2})^2$$

項，即得：

$$(x+\frac{a}{2})^2-\frac{a^2}{4}+b=0.$$

因為方程式只能換置，不能換值，所以換置之得：

$$(x+\frac{a}{2})^2=\frac{a^2}{4}-b.$$

從此開方得：

$$(x+\frac{a}{2})=\pm\sqrt{\frac{a^2}{4}-b}.$$

再將正$\frac{a}{2}$置於第二邊，得：

$$x=-\frac{a}{2}\pm\sqrt{\frac{a^2}{4}-b}.$$

譬如算學上的簡單證明：

$$3+1=4;\ 2+2=4;\ \therefore 3+1=2+2.$$

數學的發明，就在證明中記號的新聯合，中間的元素連續加入，合於原標定的必然性，亦爲其本身明白的證明。

（4）分析與組合的證明　分析與組合的方法，在數學證明中與前三者同一重要。分析爲發現隱藏的真理；組合爲將所發現的真理更由變換證明其實。分析路向先由所求事件起，引入所認爲原理或已知事件的結果中適合證明。故此法能使我們由一真理上進至其前件爲止。組合則相反，由分析中所有的標辭起，就所表爲結果的前件推演，彼此配合，得到所求的目標爲止。沙斯萊（Chasles）說：“數學上研究真理的方法，與柏拉圖所謂發明，德翁（Theon）所謂分析一樣。即將所求的事件視爲標定的，由是節節前進，直至認所求事件爲真實而止。”這與第一編中論分析的意義略有不同。殊不知分析方法與化還證明爲同一聲氣，能由複雜標辭到簡單元素，使所求問題與一已決問題或許多已決簡單問題相應證。

分析證明的求法，如求畫一圜經過三點成一直線。須先分解問題的標定，求未知圜的中心。但是圜的半徑都相等；再求一點能在三點成一直線上落於相等的距離者，結果知道此點不能存在，問題即爲不可解。其次求畫一圜經過兩點成一直線，仍須先求未知圜心，不過原標題變爲：求兩點間等距離的一點。如 A 與 B 兩點，假設 C 爲所求，則 CA 等於

CB，爲同圓的半徑，連接 A 與 B，復將 C 連 AB 之間的 P 點 CP 垂於 AB。所以求兩點經過的圓心必須連接此點，引一垂線於此線之中，則圓心即爲此垂線所表之垂足點。因爲它的各點都在 A 與 B 點的等距離上。就此條件可有無限圓的可能，而問題變爲無定了。復次，再由不在一直線的三點畫一圓。如 A、B、C 三點，將問題分解如下：如果先不要圓經過 C 點的條件，則問題變爲：由兩點畫一圓，與前題相同，其解法仍不外找出圓心之間的 OP 而 P 爲垂足。如果再不要經過 A 點的條件，則問題變爲：由 B 與 C 兩點畫一圓，這仍與前題相同，因爲在此圓中有垂線 OP'，而 P' 爲 BC 之間的垂足；現在所求的圓心，同時在 OP 與 OP' 的交點 O 上，故得出惟一解法。因爲兩直線只有一交點，所以問題容易決定。

再看組合證明。組合爲前進法。先要證明所有的原理，所證明的標辭，所解決的問題是怎樣配合的，然後用這些原理標辭協證所求的問題。因此組合法不在發現所隱的真理，而在證明所發明的真理。如前面直角三角形斜邊平方等於各邊平方之和的證明，正爲此類推演。先假定直角三角形斜邊的定義，又假定長方形能相當於平方的標辭，一平方與長方能分成兩相等三角形的標辭，再又兩同底同高的三角形相當的標辭等等，然後組合之，證明斜邊平方等於其他兩邊平方之和，用代替的元素，互爲條件的構合，由簡單到複雜，形成真正的組合證明。每個代替條件產生時，則得一層對象的結果，新元素的活動。是誠證明方法的真義。

（5）證明中的公理作用。

前面將證明的構造法說明了，現在再看數學公理在證明中的作用如何。我們說過兩無限量間明白關係的標辭，爲證明的共同原理，即所謂"公理"的存在。譬如兩量等於第三量，則彼此相等；因爲：

$$(2+2) + (8-6) = 6,\ 7 - (5-4) = 6,$$
$$\therefore (2+2) + (8-6) = 7 - (5-4).$$

不過就逼近地檢察公理的原義，即無須直接插入證明。譬如證明兩共軛角相等，先有：

$$ACB+ACE=2R, \quad ECD+ACE=2R.$$

但是：

$$ACB+ACE=ECD+ACE, \quad \therefore ACB=ECD.$$

這是一個有力的推證；不獨明白，實在完全，無須乎加入前公理爲證；因爲數學推理不用三段式中所謂大前提。再者，公理也並非數學三段式的真正大前提。所謂"無限量的關係"一語，正表明公理，乃本身無用的真理，所以拿它來強證，亦無特別真理出現。洛克（Locke）說："聰明才子，完全可以認識數學上習用的公理。……只用一種公理，決不能知道三角形斜邊平方等於各邊平方之和。由公理認識的'全大於分'，以及其它相類的公理，亦不能證明此題。一個人可以終日沉思靜想於公理之中，而無一步數學真理的認識。"洛克這種說話，實際有一大部分的真理。公理的作用，在數學證明中爲一獨立式，或一聯立式；因爲由無限量到有限量的過程中，如果無定義，則不能直接相通，而相通的保證，就在思想形式原理與表明各量間存在的普通關係的公理。所以公理爲數學證明的空形式：兩量等於第三量，則彼此相等；有無限量合此條件，所以爲無限可能。但是如果有限量沒有標定，則公理本身亦無結果。

（6）證明中的定義作用。

公理爲有限證明的共同原理，定義則爲各個特殊證明的基本原理。譬如公理證明的式子：

$$a+b=c, \quad c=d+e+f, \quad \therefore a+b=d+e+f.$$

一方面爲公理推演的實在，它方面又爲a、b、c與d、e、f的定義之本原。結論的等式關係，爲前提普汎關係所引伸的關係，故凡定理的證明，問題的解決，其間關係量的求證，皆爲定義的對象。而所有關係量的結果，爲各量的根本所在。譬如a加b等於c，各羣的元素雖異，其單位質則同。凡爲定義的作用，專在求證問題的解決。

如果要知道求證問題的解決，須先於問題中所加入的多少中間項，使之等於或相當於各項。這些中間項都由定義供給的。在幾何證明中，定義作用極爲重大。米爾說："凡定義包兩標辭：一爲假定關係事實點，一爲真正定義。譬如有一形，其線長各點與內接點爲等距離；凡有此性質之形名爲圜。"米爾的意思，證明不只據一定義，而在有連接一切定義的可能。由 A 心畫一 BCD 的圜，即已假定前有定義可能的表現，不過在此假定中，事實就是定義的無形公律。證明 BCD 爲一圜，因爲 BA 半徑等於 CA，而 BA 與 CA 的相等，不因爲 BCD 爲一圜，而因爲 BCD 爲一等半徑的形。我們能證明這種形在 A 點周圍就 BA 半徑畫成，因爲有公律在前。是公律與定義亦有同樣作用。但是要知道一形的定義就是構成的定律。此定律的名字稱別無甚關係，而名字的安插，對問題並不成定義，所以米爾謂假定或公律，能連累於定義者，即爲定義。

總之，公理與定義爲證明的原理，而二者各異其作用：公理爲證明中所有的普汎真理；定義則爲引伸證明的特殊條件或題目。公理爲證明之條件；定義則爲其實在的原理；然而兩者皆不可缺。至於公律，亦爲同樣需要。

第二章　物理與自然科學方法

（1）對象　物理與自然科學的對象，在研究時間空間中所成的物質現象。這種對象要算一切科學中最複雜最變遷的。因各種現象，在無限時久之內，既不能停止其連綿輾轉的變換，亦不能有固定極限的表現。它們能充滿無涯宇宙而一無脫漏。再者，各現象之間的差異，不僅視彼此在空間時間所佔的位置相別，還須就我們感官所觸的形體性質爲準，人類精神既非永遠，亦非無窮，而對於一切現象，亦不能完全企圖總括領受。所以如果複雜性與特異性的無限自然不能實在留下單純的個別，那麼，我們感官對於外界實體的片斷，只好不求甚解底放棄靜觀。不過複雜特異的儘可任其複雜特異，然而各現象的發生，相隨相和，則完全爲固定的關係與不變的樣式。譬如沒有觀察，就不知道使我所見的個體中都能說是"人"，無論如何，人類生產是否全爲定性的循環？如果在全人類個體表現中不能有過去現在未來的標識，能否有一共同性的觀念代替一切？再如一粒種子種在地中發芽，及至長成、開花、結實，幾月之間，有無數現象，不能謂爲與過去的相似，亦不能與現過的相似，更不能與將過的相似。不管表現的如何，如果連續的事實都爲固定的關係，能否由所有複雜變換的事變表現中分解所有形態？這是很關重大的問題。

（2）自然律　求前面這種研究的傾向，就是現象定律的"索究"。定律的意義，與所謂"不變"或"普汎關係"相同。在自然中連接這些關係的條件，就是現象與同時連續現象的聚合所在。譬如"凡脊椎動物爲哺乳類、鳥類、爬蟲類、兩栖類、魚類"爲一定律，表明在我們所見的動物中有脊椎性質者，到了哺乳類，或鳥類，或爬蟲類，或兩棲類，或魚類的動物中，亦有同一性質。又如"熱能展開金屬"，亦爲一定律，表明無論什麼地方的金屬，只要溫度高起，則其體積必增大。溫度高，體積大的兩種現象，彼此連接不變，而且爲普遍的。所有定律在各現象同時連合時爲"同存式"（types de coexistence），如某個體爲脊椎哺乳類是也。又在各現象連續發生時爲"連續式"（types de succession），如溫度加高，則金屬體增大是也。

凡定律有兩條件共存：凡脊椎動物——首條——爲哺乳類、鳥類、爬蟲類、兩栖類、魚類——次件；凡金屬遇溫度加高——首條——則其體積增大——次件。每個條件就是一現象或一羣現象的表定式，其間必有一不變的關係表明或限定所有性質。所以自然現象不能發生於偶然徼倖，都有其"原因"存在。這裏所謂原因，不是一般精神信仰的形上、神秘、難近、難得、隱沒，種種出乎感官之外的現象。自然科學與物理科學的真正組織，從加利萊與笛卡兒起，完全擯棄從前重複實在的錯誤精神，不認一現象必爲其它現象所定，禁止隱秘無用的勢力發展。所以自然科學理論上，原因一字，絕無形上的曖昧；它表明"限定現象的現象條件集合"爲必然的，依所觀察的事實由歸納法證明。

再者，自然律的兩條件間連接的關係必爲因果所在，譬如溫度加高，爲金屬體增之原因是也；因爲各現象的次件爲限定第一的條件。凡自然律皆爲表明一現象或所限的一羣，與一現象或限定的一現象羣之間不變與普遍的關係；簡而言之，就是原因與結果的限定。

（3）物理與自然科學的普通問題　現在可以知道物理與自然科學的普通問題爲：標定一現象，發現限定與解釋此現象的現象或羣象，要解決這個問題，在各現象中須先將一事實問題解決，然後再解決其次這個問題："測量限定的現象連接於現象所限之間的關係。"這個準量就是爲完備科學上的發現。如果精神只發現一現象的"所限"，而無準量測度，則解釋必不完全。譬如知道金屬溫度的增大，能限定體積的增大，如果不知道每一熱度高起時，能展開金屬多少長度，則亦不知此類準量，在特殊金屬中，是否可以約爲同性測度的物理式。如：

$$l' = l(1+kt).$$

原式表明一切金屬長度展開的列數比例，完全相接於溫度的增加比例。

有時所限的發現與限定的現象關係的準量都爲同時的，譬如牛頓發現凡物體互爲吸引，與其質量爲正比例，與其距離平方爲反比例是也。其時兩發現爲連續的，譬如知道運動與熱之間有相互的關係。在覺萊與墨葉（Joule et Meyer）時，已測得一個熱量單位等於四百三十五個機械工作單位（基羅克蘭米突）。從前人類精神理解事實的聯和，不及事實的測度。如伯海納發現炭酸化合物接觸血球素，能使之中瘋；這個定律還沒有用數學式檢證其真確。所以在準量科學中仍爲問題。

（4）物理與自然科學理想和進步　各個不同現象有特別定律，各定律之間，彼此又有可能發生的關係。科學家的精神，首在由各相似關係中發現相須的存在，進而集成理解與普汎的公式，使之由一律而衆象，由衆象而全律。如加利萊與凱普萊之物體下墜與行星繞太陽運動的定律，進而有牛頓之普通吸律論；各有其特殊表現，亦各具其共同現象。科學進步，就在將一切現象的特殊定律，導入普汎共同的公式上。其理想在構成萬象歸一的唯一定律式。十七世紀中，笛卡兒謂物之本原在幾何容積，而自然現象，則出於唯一運動現象，即爲此類理想之首創。從此物理變爲幾何與機械的，與數學同一方法，由若干定理解釋全宇宙。然而試驗結果又否認此種概念。因爲宇宙的解釋不能限於純粹推理事件。凡事實的連續，只有事實本身的發覺。所以這種理想只有笛卡兒派結論的自然物理科學爲可能，因爲這種科學認一切現象，都有共同定律；在各種變異結果中，都屬於不變的配合體。一切物理現象，如熱、光、電、聲，彼此都互爲關係，互爲有定的機械相當，因此化學一變而爲機械的範圍；而生命現象的自然發生，實在只屬物理化學同一規矩的同一自然。所以段達（Tyndall）說："如謂表現的無窮變異爲同一本原的能力，則太陽之下無有新奇。自然能（energie）爲不變量，……波濤變成波紋，波紋轉成波濤，量變爲數，數又換爲量，星狀體可以團聚成日光，日光又可以變化爲特產植物與特產動物之形，……一切生命現象與各種現象的舒展，都不過是同一大曲調中的變律，或變調的緩急耳。"

第一節　物理科學方法

物理與自然科學不是先天的創造，其定律皆在事實中施行，所以研究的也只是事實。是物理科學方法與自然科學方法處同一精神無疑，其所不同的，只在對象研究上的差別，如物理爲能力變化的科學；化學爲物質變化的科學；生理學則爲生物變化的科學。至於物理科學專有之觀察，假定，實驗，歸納等法，自然科學同時亦有之；而自然科學的類推，經驗，定義，分類等法，在物理科學亦有所取用。不過就研究的便利上，物理科學的研究，爲粗生與無機體，而自然科學，則爲生命與生物的考察，故分類上顯立爲兩類。

物理科學包兩大類：（1）所謂物理學，研究物質普通性質，如重、力、聲、熱等；（2）化學，研究物質之各種特殊性質，如輕、養、硫磺等。物理的性質，爲各物所共有；而化學的性質，則爲各物所特有。前者爲物體中分子（molécule）所有相關係的位置，其變更的原則，正爲限定所有物理現象的形、量、振動、波動等本身的變換。後者則爲物體間構成一物之分子的原子（atome）所有位置的關係。其中變化，即爲化學現象所成之實體變化，溶解等所有變狀體的限定。兩者相同的對象，皆不注意抽象眞理與觀念。只有具體事實與偶然事實，由"原因"產生，由"定律"處置。譬如 A 體施行 a 的行動爲因，B 體發生 b 的變化爲果；定律則表明彼此聯和不變的關係；換言之，Aa 產生 Bb 的必然關係。如錘擊（Aa）鐘鳴（Bb），火燒鐵脹。再者，定律有因果定律與程氏定律二種（loi causale et modale）：因果的，只表明因與果間的簡單關係，回答"爲什麼"的問題：爲什麼此物下墜？因爲由地心吸引（因果定律）；程式律則在各種現象差異之間，表明多少複雜關係，回答"怎麼樣"的問題：此物怎樣下墜？隨公式之程式律：

$$V = gt.$$

爲定。物理科學的研究，由特殊事實到普通定律，完全用歸納與後天的方法，其程式分爲：

1. 研究的事實爲偶現無定，所以先只有用"觀察"法的可能。

2. 事實觀察得到之後，精神中再求其或然理性的觀念，即爲"假定"的可能。

3. 假定可能須待"實驗"檢證。物理科學所以名爲實驗科學者，亦在此。

4. 實驗達到限定現象的真因，又及普汎因果間的關係，則爲"歸納"；所謂普通定律，即因此構成。

由這四種：觀察、假設、檢證、普遍法，組成所謂"實驗法"。

第一條　觀察法

什麼叫觀察？就是在一對象上（客體）注意適用感官或意識，使之獲得一種明白和正確的認識。意識爲內界觀察的反省；感官爲外界觀察的物理。

觀察爲自然科學基本重要法，伯海納說："觀察事實的方法，爲自然科學的基礎，……科學理論中的錯誤，就是一切事實錯誤的發源。"因爲自然科學中有事實與倖事，可以不是而又可以是其它，所以應該由觀察知其"是否是"或"怎麼是"。譬如同類之想像，推理，才智等，皆不足用，沒有觀察，則自然與定律的研究，終爲一簡單推測、猜度，或預料而已，決不能達到真正解釋，真正科學認識。亞里士多德說："應該考查事物本身，因爲只有它不知道欺人。"

A. 觀察的條件　觀察最好的條件，爲物理的、智慧的與精神的三種。物理的條件分爲二：

（甲）觀察第一件要有健全的官能，使各種感覺無缺乏不全的表示。譬如近視、色盲等等，已成自然病理的情形，易生乖戾結果。

（乙）第二件須有精良器具。普通足於習用需要者，不足於科學應用，所以器具的武裝鞏固，實爲必要。第一能擴增資力：如望遠鏡之觀察極大距離，顯微鏡之研究無窮小。第二能譯現象成外觀記號，使之易讀易解：如溫度表、晴雨表、氣壓表、驗電表、衡度表等等，能使我們對於熱、蒸汽，或電氣的膨脹，物體或空氣的重力，一切感覺所有的，均由最確實的量性測定。第三能於各種現象變化的強度上，補充檢察與登記：如寒暑自登器、氣象表、照相片等；又如醫生所用之聽診器、驗脈器，一爲登記呼吸的自然，一爲登記脈搏的變化。

智慧的條件分爲二：

（甲）第一，觀察法不在官感，而在"驚奇探索"的發覺，能克服舊習，找出尋常不注意的事件。所以盧梭說："要觀察每天所見的事件，應該有許多哲學。"輕佻虛浮的精神，百事一無所奇，事來如事去。如果能正經嚴厲底視事如新，則到處專成研究。柏拉圖說：驚奇爲哲學家的根本，感覺則爲哲學之發端，正如科學所有精神。

（乙）第二，敏銳伶俐，亦爲觀察條件的必要；因爲它可以分曉事實的表意。誰沒有看見些物體下墜，或擺動？然而這種尋常知識的觀察，都轉而爲牛頓與加利萊最大驚奇發現的起點。

精神條件爲觀察家必然的需要，分爲三：

（甲）堅忍不拔之志，爲一切研究的基本條件。李翁賴（Lyonnet）以二十年之觀察，研究一"楊柳蛹"。巴斯德觀察五萬蠶，以考驗其流行病。再如醫學上六零六、九一四等，皆爲科學觀察的堅忍精神表現。

（乙）英勇果毅，足以冒進危險，探得若干事實，與稀奇罕有的現象。譬如冰極探險，足不畏冰裂殞命之虞，而接種傳染危菌的醫生，亦不怕死於危險。科學可以保生安命，然而亦不能無送死殉義者。

（丙）不偏不倚的精神，更爲觀察態度所必需。培根說："科學家的眼睛，決沒有被人欲所潤溼的。"又曰："要有發現，須得無知無欲。……"保存真正自由精神，於自然中可以相信"無理"非終於不可能；換言之，我們對真理應爲絕對底公開。

B. 觀察的規則　要對一切事實完全可能，而又有明白正確知識的科學價值，必須觀察方法能具下列邏輯規則。

（甲）精密：加增，脫除。凡觀察應該有實在底精細，一無所增，一無所脫。如遇事物難能，不及思料者，專恃意志，猶有不足；最簡單的方法，是述其所見。因爲實體界爲最難明白，有時存在可以現於感官，有時完全不能；如快像鏡攝取跑馬、汽車；片中許多位置形態，實非我們感官所有，畫家亦不能想像，然而實際都是我們觀察中經過的。還有許多感官所有的，而又不能明白其結果。譬如說："這是我的書，這是我的朋友在我面前。"各判斷只有視察的感應，並無心理各種觀念聯合的事件。所以黑塞（Herschel）說："要好觀察，必須極多的認識；不然，則細微末節，消滅於無形。"凡所想像的與所推演的，如果混爲一體，則必因其無精密方法所致。我們預防這種觀察的失敗，宜先於加增虛構情境與脫除實在情境之際，聯合一切心理分析的習慣、想像、觀念聯瑣，以及官感所有精密的認識。如謂："迅雷暴觸於屋角，閃電導入牆內。"這裏加設未見的事實，而能使讀者信以爲實體拋射的情境。所以無意志，無視察之中，能將觀察變更；而在實際事實上，能混雜外觀；再在不正確的理論語言中，能湊合真實的事實。這都在精密的加增，與脫除的手段，不過最好是"是其是非其非，不加亦不除"。

（乙）正確：量的估定。第二規則：凡觀察須正確。如果只知道事物之當然，則仍不充足；應該明白它的量爲何。如時間量、空間量、重量、體量種種估定，實爲科學研究之權衡經樞。譬如吸力的認識，決不在一簡單的現象表現，而在距離增大，力量減少的數目比例關係上。結晶體的定律，完全在幾何原理的正確。所以要達到真正定律的價值，必須各觀察皆有數目的可能。因爲真正完全的觀察是不可能的，至少要有一種能逼近觀察本身的正確方法。這種方法，只有數學的負擔可能；因爲數學逼近爲逼近的正確。

（丙）法式。觀察應該有法式；換言之，由甲事到乙事的有法處置。培根說：觀察索究行險徼倖，只有依本身爲指導。我們研究的自然非常複雜，所以分別標準，觀察先後所在，必如其自然，亦必如其可能（笛卡兒《方法論·第二》），我們研究的次第可以變更。然而最要緊的，須有一個次第。

科學家觀察事物的條件和方法都有了，就可以限定研究的秩序。但是科學家如果無止境地爲觀察而觀察，則必有無窮事實的搜集，或者純粹取之於經驗，又不免失之如蟻之貯集雜物，多半忙於無用。科學事實，須用"選擇"的"特有事實"（faits Prerogatifs）。培根對觀察事實的選擇，規定極大範圍，分爲二十七類，我們且就哈比邪（Rabier）的選擇取出九類如次：

1. 顯明的事實（faits ostensifs），即是各事實中研究的性質或原因，呈一種光明卓絕的表現。如人的理性，動物的本能。

2. 隱秘的事實（faits clandestins），即是所研究的性質呈出最低程度。如搖籃中小兒初試走步，如被反面所掩蔽所屈服的。例如：流體中的附黏性。

3. 遷移的事實（faits migratins），即是所研究的事實，由淪亡到生存，或由生存到淪亡，或者至少自由酌量增減。如紙乾時極白，浸溼後，除去毛細孔內有水者外，其餘都變爲不甚白，且稍爲透明。

4. 鄰界的事實（faits limitrophes），即是所研究的性質中，有爲不同類的組合，或者只是一種附形，由此及彼的試驗。例如：胎生動物中有許多兩類的形。

5. 無規的事實（faits irreguliers），奇怪的、變態的、邪僻的各類事實皆屬之。此類事實舉例極多，凡能引起驚駭刺激的，都爲此類所有。

6. 反常的事實（faits aberrants），即如變態、稀奇，個體自然的差錯，如畸形學，怪胎學所論皆是。

7. 協合的事實（faits conformites），能洩露宇宙部分聯合、類推與接觸的存在。如樹之枝與根，游魚與四足獸，足與翼，腮與尖嘴兩端之類，直至動物植物與化石之間。

8. 過程的事實（faits itinerants），即表明自然的連續與自由運動等。凡事物不只一次成功，應該研究其所以成功之變化。如植物觀察，須由種子發芽及於果實成熟；觀察一蛋，須由潛伏到孵化，漸觀其胎子生機活躍。

9. 十形的事實（faits cruciaux），即如道路中特別標幟，使行者自行決定其方向，故一名決定的事實。十形事實能使人決定兩溝通的假定，其最明白者，為科學中交叉現象（光），兩光彼此相投，於一定條件中能發生黑暗結果，如米舍萊松（Michelson）與莫黑萊（Morlay）之光線的研究是也。

雖然，事實的觀察，並非科學的終局，只算是一種方法和材料。在所考定的事實上，應該指明原因，形成定律。如果不可解的事實使我們驚奇怪異，對於精神上不安，對於科學上實行刺激，由這種事實，奮起智能，直至能得到此事實或然原因的相對觀念始安。這種預測的觀念，臆度的精神，就是所謂"假定"。

第二條 假定

假定，就是由臆度無知以達於知。科學條件的分析上，證明假定為方法的必要；科學歷史的標證上，亦證明假定為必要的實用。其重大作用分為：

（A）基本作用。科學普通觀念，必須假定存在。故無論在誰講科學時，即為解釋；在誰論解釋時，即為理論。科學成於理論而創於觀念；試驗之原本於觀念，試驗推理則本於假定。一事實本身只成一事實，由定律聯和理解。思想所以能得到事實與所以能成為事實的理性，全靠定律、定理、理想公式的實在。譬如不懂的事件，即無其觀念。蒼天浩蕩，所有感覺，無非黑暗難脫的大空；明白的只在天文家思想理論與理想假定的"光天"之後。總之，黑暗的是事實，明白的是觀念。科學不專在堆積事實，而在說明事實，使之同化其體，由觀念發難或發散。無疑，科學可以說是觀念的事實所成。不過觀念只是精神事實真正的圖畫，表彰。如果要等待事實自己變成觀念，則無日可待。譬如看到世界末日，太陽終出於東而沒於西。如果精神思想終不離一眼見的觀察，則從不會有地動的定律；正如第楚拔熱（TychoBrahe）的觀察，雖有無限事實的搜集，然而終不見有行星運動律的說明；開普萊雖有行星運動律的研究，亦不見有地心吸力的解釋。是知徒恃事實與觀念，決不能成科學；而觀念之來，亦非就完全事實成功。因為發生觀念的事實，不就是觀念結論的真正前提，只算是證明觀念的前提。譬如畢托萊墨（Ptolemée）的天文觀念，有許多從前不見的事實，而哥柏尼克的證明，則完全反變其事實。開普萊的橢圓觀念，試出十九種虛設線的實在，然而結果終於續續地拋棄。然則科學活躍的氣象，不僅在事實觀念，還在基本原因的"假定"作用上無疑矣。假定的構成，對已證明的真理無危險，在本身完全獨立。即令錯誤的假定，亦能作科學的利用。因爲它本身可以引起應該減除的研究、結果、錯誤假定的減除，成功一步真正的進路。

（B）補助作用。假定的補助作用，爲記號表現式，如懷威爾（Whewel）的現象總解論。因爲假定能收聚分散的事實，由一瞥觀中，考察最確實的集合，運轉最便捷的表現，以一標辭或普通式表現複合現象的解釋。所以假定最大的，能同時就是真實的解釋。假定的實用，如人造分類；在集合物類，總解物別；將全宇宙事物構成一公式。故許多科學家認化學原子論無絕對價值，其最高值，惟在事實表現的便利記號。

總之，假定的作用在科學中爲必要，無假定即無進步。假定就是發現的原理。假定不是科學，而是科學的方法。哀狄瓦（H. Milme Eduards）說：假定同時給科學以"運動"與形體；一方面激起發現，而又指導發現者以發現的路程；一方面聯絡事實間的線索而爲實用一束的條件。

前面所講爲普通假定，現在應該就假定的類別區分研究。

我們就假定的內包而論，可分爲三大規模：

一爲定律的存在對象；

一爲定律真正的簡式；

一爲定律中兩條之一的存在。

（或在原因，或在結果，或在必然的協同。）

（a）第一點：複雜現象標定了，假設現象中有兩個或多數現象爲互存或相續的定律所接合。如"人思想，他有腦筋"：就假定腦筋爲思想必要的條件，或者腦筋的某一部爲思想的某種作用。又如月形與海潮現象，應該知道彼此之間是否由因果性聯成。

(b) 第二點：一定律證定了，再假設此律切合的自然；換言之，因果已有，須知怎樣由因生果。如行星循環繞日而行，可以假設所經之道為圓，或拋物線，或橢圓等等。又如某病為某毒染，從此某毒是否能在有機體上施某作用？

(c) 第三點：如定律的一件標定，另一件則不定。如由假定上假設有存在與自然，我見動物有形的動作，然而不見其原因。

凡假定的發源，不外下列二種：

(a) 先天的：此為已知定律的演繹法所得的假定。譬如從前非黑邪（Le Verrier）的假定，據吸引律假設天王星軌道進行的攝動，為鄰近未知星所給的原因。

(b) 後天的：此為試驗所引起的假定。此時一面為歸納所有；如果原因假設現象為其先有某某現象，則到處必表明先有原因的性質；又一面為類推所有：如果解釋的現象與其它已知現象有相似性，則能假設類推的原因，可以產生各相似現象。譬如電光的表現，在福蘭克林（Franklin）的精神中，類推到雷的觀念，因為事實上兩現象之間有共同的事件：急光、聲音與急變突擊；能發生機械的結果：如危殺動物與破碎玻璃等。

科學假定的發現，決非或然與徼倖的成功。其創意精神，純為高尚科學的想像所有，故想像亦為各科學不可須臾離的。無想像只算是抄襲、背誦、模倣，有想像則能提挈上前，衛入危險，使觀察列序，假定出奇。科學家各自隨其對象所在，以異其性質的想像。黑博（H. Ribot）說："物理家的想像必須具體，⋯⋯原子論的創造者，一定看見過原子，並且用其形以建設配合的物體。在有組織的科學中，由想像發現，給理智以物質、情境、與問題的解決。推理為檢證的方法，想像則增加續續試行的精神。"想像為構造的，假定為精神的創造，考究"暫時"的實在。而此暫時在檢證決定後，即為"固定"的存在。此暫時可留待瞬間，如鏡中影，物去形不在；亦可久經世紀，如發光假定與牛頓式。一個假定的真正作用，在使我們有新的觀察，新的研究，確證我們臆度的事件，反證之，或變更之，以能合乎試驗爲止。如解方程式然，漸及於前進底實在。譬如有方程式：

$$x^4+ax^3+bx^2+cx+d=0.$$

如 x 值爲 x_1 時，就此作成若干假定，則多項式之值易 0 爲 m_1 的正數，如 x 值爲 x_2 時，其值變爲 m_1 的負數。因此在 x_1 與 x_2 之間可以找出方根。又如果在 x' 方根上，多項式有一小值爲 u，則在 x' 與所求方根之間的差，必與 u 值成比例，由此知道方根之值爲所求之極近數。

總之，假定的發現，如不能由邏輯方法得出，必可就邏輯的條件充爲正確的假定。所以眞正科學假定，必須合證下列的條件。

（a）假定須爲必然。換言之，在未解釋的事實中，須決定：如用已知定律，則不足解。譬如在解釋冬天地窖中比夏天熱的事實時，用不着拿假定，或者假定人由某毒而死，狗亦然；亦無須乎假定。牛頓說：現象的解釋不充足時，則無權力多爲假設。

（b）假定須爲可能。換言之，不能與任何事實相衝突，亦不能與證明的定律矛盾。因爲凡實在或眞實的事實，不能與實在或眞實相反。

（c）假定須爲充實。換言之，與所解釋的事實能適應。

（d）假定須爲實驗上的證驗。譬如謂木星的居民與我們同類，則不能合此條件。其假定的價値，在暫時即不能與地心吸力的假定同。

（e）假定須爲單純。波哀哈佛（Boerhaave）說：單純爲眞實的記號。此正爲未來假定的必然性。在試驗定律中，認自然所用的方法，如物質能力均爲單簡；在方法中顯爲單純經濟，在結果中表現豐滿難變。

（f）假定須爲富足。換言之，假定無論是眞或假，必能在發現路上，奮興研究的精神，使科學範圍宛轉激動各種意義。

簡而言之，得一假定，無論是否完全合理，終須在試驗與事實上檢證一番，觀察定律或原因的假設，是否能合於實在。此即歸納法第三種方法的實驗。

第三條　實驗

實驗就是處置現象，以發現其自然與定律的術（art）。觀察家知道找特有事實，實驗家知道創造事實。普通中之特有的事實與創造中之所有的事實，皆爲真正底特有。所以培根認自然的索究如同狩獵然。在觀察家的方法，惟有朝夕坐守埋伏地，偸看自然的意外發生。實驗家的方法則不然，他們全與自然奮鬪，同時施用巧術，以綱自然於陷阱。因爲自然不能劃出研究的圖示，惟恃實驗的索究，構成人造的現象，以發現定律。實驗就是審問自然，強制回答。我們由實驗始能提出問題，由實驗始有所謂現象問題。這裏又證明假定爲實驗方法的根本所在。

（A）實驗的方式爲何？換言之，處置事實的實驗法爲何？培根指定爲八：

1. 試驗的變化。分爲：(a) 物質上的，某毒類在若干生物上的結果均已認識，再以之試行施諸其它生物；如植物可由接枝而生，試行動物接皮而生。(b) 原動或原因上的：醫學不知道用什麼診治時，它能試行發現各種診治的方法。(c) 量上的：一斤重體由上墜下，經過一定時間，兩斤重體經過若干時？

2. 試驗的擴張。此卽重複試驗，如一次蒸溜所得的酒精，比酒更爲稀薄，猛烈。如再將酒精蒸溜之，蒸純後是否變爲最猛烈？

3. 試驗的轉移。有兩種情形：（a）由自然及於術：如倣照天虹放射，將水變成極細點，因其雨露得蒸溜觀念；（b）由一術推及別一術：發現鏡以助弱光，能否發現一種器具以助聾耳？

4. 試驗的反變。如有冷熱、明暗，兩相反事；其一合於某種情形，它一是否恰在此情形下相反？如果熱向上昇，冷是否向下降？這種說明，在科學近勢上無甚價值，因爲相反無所分別，只有一事或同一事的程度差異；於今變爲：原因除掉，是否結果沒有？又如組合在分析之後，亦爲試驗的反變。

5. 試驗的逼進。使試驗進到本質消滅爲止：如磁能吸鐵，先搖動磁，再移動鐵，使之不能吸引而止。

6. 試驗的實用。卽如工程師的工作，與試驗的轉移相同，不過特別注意實用。

7. 試驗的連合。亦爲實用工作，由連合成功。如冰與硝石爲冷性物，在聯合時更爲加冷。

8. 試驗的徼倖。這種方法有不合理與妄誕的，完全由暗索試驗得來。正如達爾文所謂癡呆試驗（expérience d'imbecile），伯海納所謂濁水中下釣，做成"遭遇的試驗"（experience pour voir）。

(B) 這些方式選定了，然後可以採用實驗的四大方法。從米爾以後，定爲：求同法、求異法、共變法、求餘法。試分述如下：

1. 求同法　此法原則爲："如果一現象發生的各件只能合於一種情形者，則其中由一件及其它一件所有變更的情形，應行排除，而所留下之一，必爲所求之因。"如欲求露的原因，有許多類推的現象，在冷石或金屬上喘氣，即有溼氣四散；在熱時窖中滿水瓶上亦有溼點；當驟雨或凍冰忽然冷透空氣，則窗上玻璃內面亦蓋溼點；在久凍的牆上，忽然熱溼，亦漏出溼點。將這些事件比較，可以得出所求的同點：物體的冰度與四周空氣的比例，就是這些現象的原因。

2. 求異法　由求同法只能證明某現象與某現象之間的連續點，而不能證明到底由某現象以決定其它的某現象。譬如前面的問題，是否由低溫度所以有露？或者是有露存在，故使溫度低？再或者是否都爲未知的確實結果？這都不能就求同法答出，是即求異法的根本作用。譬如有一現象不出現時，則別一現象亦不出現，是知第一現象必爲第二現象之因。表聲色之音，在真空中不聽，因爲空氣波動爲傳聲之因。求異的原則爲："如果一事件之後件有了，它一件又沒有，則其間之差別，惟就固定前件的有無爲區分。除前有公共前件都應排去之外，復能有現於此件而又沒於彼件之內者，則爲所求之的因。"

3. 共變法　前兩法假定我們能於有定現象中發生或消滅許多情境。但是各存在原因中有不能消滅者，亦不能使之孤立。因此在現象的變化中，可以觀察到聯絡其它各現象點的共變性，即是第一爲第二的原因。例如月象變更，隨海潮高漲的時機而定，證明月球現象，多少爲海潮的原因。共變的原則得爲："一現象變時，如果除一能變外，其它皆不變者，則凡不變均應行排除，而所餘之一前件，即為其的因。"

4. 求餘法　此法為最簡單，就已有試驗結果，在標定的現象中減去能表明已知原因的各情境，則所餘者，必為未減去的情境之果。天文學上的發現，幾完全為求餘現象的考察，例如"歲差"（precession des équinoxes）的發現之類是也。求餘的原則定為："一現象情境能於已定前件中表現者，則各前件必排去現象餘件之產生，而此餘件，即為各前件的餘件之結果。"

現在再總看各方法的價值比較。就正確上說，求異與共變兩法最能除去徼倖，或然，與意外的現象，而以求同法為最不易肯定。因為沒有什麼現象，一方面能在真正原因的現象中密密接合，同時一方面又為其真實的原因。求異法中亦有此困難，因為誰都不能保證在除去現象時，不除掉若干隱合的原因現象。不過實際上比求同法較為便利。再者，求同法的現象，完全初步粗大的形式，非真正適當觀察的現象。其在試驗上者，則為假定的進步，故能知其相合的必然原因，而於相續的現象中，亦能斷定表現的現象觀察。此時即由遇合的觀念與假定，證諸實在的試驗，結果即變為求同法的真正實驗。是在實用上不能與理論相接，實驗室的差別，終不完全合於觀察與假定的先有，所以求同法在實用上只變為找假定與確立假設的首法，真正的認識，則在求異。因為宇宙現象自然，不是我們的方法式，而為混雜溍集的相乘式。無論觀念如何明白，終逃不脫困難。必由科學家的天才整理，使各部能有級次標明，然後實行方法的使用，庶不致發生雜亂的變動。然而科學家究竟如何施行？其法不外由一進一的排除各情境，直至所求之事實為止；換言之，由求異法而行。所以實驗室中用求同決不能不用求異。求同為試驗的預備期，求異則為試驗的實行期。是求異即為試驗法的必要法。

雖然，求異法不過共變法的有限式，在現象發生變動時，結果求異無有。因為現象變化的兩極同時存在，現象存與不存，不能不就求異與求同並行，所以共變法一躍而為無上方法。第一，實驗科學中現象的必然連續，須由確實不變的數學函數表明其關係。要建出這種函數的關係，惟有共變法足以求證。第二，社會科學中一切事變考察，更只此法爲實用。至於求餘法，一方可算求異法的部分，非真檢證法；其最關重要者，在假定的研究上。又一方可算前三法的共同點，因爲它的適用須化解與改造各法實用的範圍；而各法的本身，即爲求餘法的明白變化，其所得的原因正爲相差之"餘"。試思各法排除變更的理由，即足以證此語矣。

第四條　歸納

物理與自然科學中所謂歸納推理，即由事實的認識到聯合事實普通不變的關係認識。所以求試驗方法的結論，歸納法爲必要。譬如乙的現象由甲限定，則每次甲象結論標出時，乙象亦必隨出。如將動物分成種類、秩序、羣分、枝分，則各部分不僅包所觀察的個體，同時對於現存各種動物與將來所有動物皆能容納待盡。自然物理科學，永遠求由特殊到普汎，由現在到將來的結論。不然，則實驗索究變爲無用，或者只達到時間空間有限試驗的登記排比而已；既無過去的負擔，亦無未來的侵取，實非真正科學意義。我們所謂"知道"，不僅在考查所是，還在認識所以是，抽象空間時間試驗所有的極限。故凡科學認識皆成一定律，而各定律又必表明普汎標辭：有兩物體，則其吸引爲其質量之正比，與距離平方之反比。所以物理和自然科學終由若干觀察點過到一切相似點。這種結論與形式邏輯的歸納是否完全相合？形式歸納爲由全的各分結論到各分所組成的全，並假設各分爲有限與已知的個體，同實驗的歸納並不相同。實際試驗使我們由現象到定律，就是從"一"以結論"所有"。如果有重複的試驗，決非因懷疑推理的觀察極限太大，而是專在防止試驗結果的誤取。重複只在檢證第一的，非歸納的必要條件。在理性上考察，一定律所有的現象無限，於無窮時間裏無停止地連續，所以我們也不能希望認識所有個體。是知物理自然科學的歸納與形式歸納，只有達到普汎標辭的相同點；其不同者：一爲結論中包所有列舉的前提，一爲只包若干前提的。

歸納的原理爲何？我們知道標定一事實，就要發現確定的條件；這些條件就在所解釋的現象之前後現象中。但是前後或並存，非與確定的同義。還有無數例外的關係，包含事實，所以確定的發現在試驗上。我們應該有確實的記號，能分別前後或並存的現象；這些記號為由實驗方法所給與的。如果 A 的表現連於 B，如果 A 滅則 B 亡，如果 A 變則 B 隨其相關而變。因此無疑底知道 A 為 B 的確定。其次，我們說："此處，這點鐘"，A 現象限定 B 現象，並不是科學標辭的價值，但是同時變為普汎標辭。因為僅用 A 定 B 的考查，無須試驗，而能說 A 終於確定 B。這是從空間的一點考證到時間一刻的事實，成功一普通公式，即所謂歸納。確定的發現，能給出定律的材料；歸納則更給此材料以形式的普汎。

科學方法因此假定兩大原理：

（a）凡現象為確定。
（b）確定的秩序為普汎的不變的。

換言之，第一原理凡現象有其原因；第二原理凡同因產生同果。這種原理的性質，關係科學的存在。譬如各現象超出本身之外的存在，若與自然的剩餘無聯絡，則事實與個體為同一不可約數，而科學方面的個體，亦終於無有。再假定現象的存在由別一現象確定時，其聯絡的關係必為特殊的，變更的，是同因不生同果，而科學在此種現象秩序中又將何以為法？凡已有的檢察，不能預見將來，科學須現象間有普汎不變的連合，始能探得過去、現在、將來的公式。科學家研究事實的確定，在結論中能超過觀察的極限，正是歸納普汎的確定信仰。這種信仰先於試驗，然而能否為試驗本身的實效？米爾想到回答這個問題，他以為我們先由歸納起，不從特殊到普汎，是從特殊到特殊。因為從知道用歸納時始，實無普汎標辭的認識。如孩兒手被火傷，則不近火，如果再近時，回記火傷，再不使有新傷。火的形、傷的回記，在他聯瑣精神中，就是第一件引發第二件。每次的結論，都為同類遞生，而各結論決不能超過現有的，因為沒有普汎概論的可能，所以特殊事實則由特殊事件的歸納推來。

科學歸納要結論：凡特殊實在的，能於其它相似點亦為實在。所以它的原理是要相信：

"在自然中有並行存在；能現一次，則在真正相似情境中必然復現；更能於同一情境將現時亦必復現。"

因爲自然的"協一"（uniformité）爲其部分協一之和，爲各現象分別協一的複合事實。此無它，即謂歸納原理爲各特殊歸納的結論與簡式。如此立論，勢必發生矛盾詞。如果實際上歸納推理由特殊到普汎的進程，必須有自然圈裏的協一信仰，始爲有效，則此信仰不能引伸到無信仰，無能力，與價值的特殊歸納。

雖然，我們原始歸納性不能離開，所謂由特殊到特殊的推理，能成任何歸納，而無原理檢驗的需要。同類同情的特殊事件，在視察中爲自然機械的推測，能包凡同類理性的現象表現。久之，由其特殊包藏穩固之後，在適應的事件上，更爲相當的增加其數，如果中間無一失錯事件，精神上自然爲之聯成普通定律，自然協一的信仰，由證驗各相應的協一上能完成其理。這種精選迎合的習慣，使我們實信的探索，跳出特殊定律，由"特殊到特殊推理"而入由"特殊到普汎"的進程，就自然協一原理的過渡上，亦無矛盾發覺，這正是米爾所謂"普汎與因果律"的原理。自然協一中最重要而又具極大科學負擔者，爲"層層協一"。凡是層出的規式，必具因果關係，那麼，在科學意義上什麼叫因？自然秩序中一現象發生，必爲其前象的連接表現，如果將所有前象分析之，則得一爲不變，一爲能由此一以變彼一，即爲一事之因，其現象爲不變與無條件的後件。米爾以後，因果律的假定，不只是凡現象有一原因，而且每一原因必與現象的自然成比例；換言之，肯定凡因不能發生任何果，各因必有其自然與確定的能力，限定某種情形的結果與現象，所以歸納結論，不只能由一果到一因，更能由類如此之果到類如此之因，肯定任何時地如此之因，必生如此之果。這就承認自然中有定律無徼倖的事實。所以理論上歸納法只有用因果原理實行推證，因果的關係，就是一種定律，不過實際上對實驗的價值，終不能絕對認識，因爲我們複雜的事實，決不能適於簡單的符合，而前件的認識，亦不能及於真正絕對的前件。所以歸納的進行，等於數學科學的實在。普通只能有極近似的真實。

第五條 物理科學中的演繹法

物理自然科學的事實與定律研究，根本以實驗與歸納為其方法。然而演繹法亦為不可少的應用。其實用能析分為三：

(a) 演繹為假定的證明法　在自然假設的定律上，不能直接由試驗證明時，如果一方面已知事實，都能由此定律推演，又一方面由此定律推演的結果，完全為自然中所有的事實，則此定律必能由演繹間接得出證明。譬如相反論中有光的自然、波動論、放射論三種，而以第一種為結果的戰勝，因為只有它可以推演一切已知事實，和光叉現象，以及其它未知事實。波哇松證明福黑生奈的定律，完全以幾何的演算，解通試驗結果。

(b) 演繹為事實與定律的解釋法　一事實所有解釋，須能由一定律或多數定律推引而出。一平面有百平方米突的面積，何以故？因為事實解明如果此平面為一長方形，其底為二十米突，高為五米突，則能就長方形普通定理的結果推得原平面。——一人吞下某物，到胃裏就死了，為甚麼？因為事實解明如果考察此物有砒霜性質，則能推得普通定律的事實：砒霜為毒物。

定律本身能如事實一樣解明，如果一定律由歸納考察，不能就演繹以達於最高定律者，則此定律必為經驗的。如謂金雞納霜能愈熱病，為一經驗定律；能由試驗建出普汎性，而不能為最高普汎性。有時經驗定律為多數定律的化合，其解釋須經驗定律中能推演其它各定律集合或同時的結果。如行星運動律由開普萊發現，在牛頓的切線動力律與向心力或吸力律的兩定律配合解釋時，亦能推演出來。——解釋氣球上昇律，就是由重力定律與氣體彈脹力的兩定律配合推論。這都是由同時的定律化合解釋。還有用多數相續定律解釋者，因為在一因一果之間，經驗定律所表明的直接連續關係，實際只是間接關係。因果之間有一中間連環。經驗定律的解釋，即各定律聯合此中間連環的推演。譬如由外界振動發生音的感覺，解分為兩定律：物體振動達於聽神經；聽神經的變化發生音的感覺。還有經驗定律能概括許多定律為一定律的；譬如地面重力與太陽中心力等，完全爲一普汎吸力定律所包之類是也。

（c）演繹爲發明的方法　演繹法不僅爲假設定律的證明與已知歸納定律的解釋方法，還是未知定律發現的方法。自然，這種發現的定律同時有所發明；換言之，演繹引導發現。而發現本身的事件，能用以證明所推演的定律。

試驗科學變爲演繹科學的最大原動，爲數量科學。數學真理爲量的實在。然而在量的變性能通於性質變性的現象中，無論是同一現象，或其它現象，凡數學公式所表的特別變化關係，由量變而爲性質的關係，完全出於實在的相通。量的科學既能由演繹完全解釋，則性質的特別理論，亦必變爲演繹。這裏可用笛卡兒的幾何創造說明。笛卡兒認點的變位，線的變向，弧與面的變形，都爲二三直線坐標之間的特別量的關係。如果坐標之間的變化律已經知道，則其它點、線、面、性、量的幾何形質都能結論。在機械學，天文學等科學上，皆爲代數的原動："量包一切數及其微分。"我們知識的現勢仍以性質變化的量變爲本，所以到處實驗，都須數目表明量的關係，而性質科學變爲演繹無疑。歸納方法在招集資本，演繹方法則負採辦培植之責。普通定律發現，就讓物理家化學家拋棄天秤或兩重錘，來專考演繹的算式，因此有人謂歸納爲試驗時期中青年增長的時候，演繹則到了成年，爲回顧少年研究的集成時期。於今數學物理、理論物理、機械天文，都爲此類的進展；它如自然科學的方法，亦爲此類的傾向。

第二節　自然科學方法

從前自然科學只限於"叙述"與"類分"自然的各種生存，於今則與物理科學方法相同；只除去無機物一部分，爲生命與形質的研究，其所以有生物科學之名者，亦在是。其對象更不僅限於叙述與類分生物，而在限定生物間各機能互相存在的關係，與其作用、發達、變化的定律。我們前部中已論過自然科學的類分，知道它同時爲空間中具有形體的生物科學與時間中連續的事實科學。第一個觀察個體，證明種類；第二個觀察生存現象，用以限定定律。彼此都爲歸納與後天的基本方法應用。

所謂事實的科學（生理學、病理學等），其方法與物理科學的頗能相通。如觀察、假定、試驗、歸納，都能續續不斷的完全取用。譬如醫生在病人床邊，必先觀察各種現象與病狀，就其所證者考問病人，然後徵取病之或然原因，組成病證的診斷；更就各種診斷的真假中，檢出適當的治法，遂促成真正的診治。實驗法在自然科學中愈爲重要；因截斷、切開、接種、電刺激等等試用，可以減去或激起許多作用。譬如要限定某官能的真正作用，即將此官能取出，觀察所有切開的不同點。若面筋截斷，即有不動的面形，光筋截斷，即爲失明的眼目。如果能研究在血的化合中呼吸作用，則必禁止動物呼吸，考得由呼吸中所吸取的養氣，使血變爲赤紅色。

所謂生物科學（動物與分類植物）的自然科學方法，與物理科學的略有不同。因爲它不由事實到定律，而由變化與暫時的個體到普汎與永久的種類（type）。自然科學中所謂種類，即是凡互爲假設連累關係的，必互爲生存關係。從前物理定律爲兩現象間必然與不變的連續關係，現在自然種類可以定爲：一定的形體，必然與不變的互存關係；換言之，有一存在，則它一必然存在。自然科學的生物科學對象，就在限定這種互存的關係，其方法亦爲特別歸納的概論，以觀察與比較爲其特要的組織。至於實驗，則不能建定官能互存的定律，因爲不能將某一種類孤立，另用它一種類代替，所以只有觀察自然爲可能。

要限定種類的普汎性，必須由相似與相差之間實行法式的類別，構成分類的對象。自然科學的分類，須有各種類的科學定義爲之限定特差；分類與定義爲自然科學的特別方法，類推亦爲其最習用者。謹分別論之。

第一條　類推

（a）類推本性　類推分爲二：一爲事物性質的；一爲精神方法的。事物性質的類推，爲兩本性不同的對象間，具有不完全的相似存在。譬如蟲的氣管、魚的鰓、鳥的肺之間，都有可以類推的性質。文學上有比喻諷喻的原理，亦為類推。比喻的類推，為用一名字的對象，或別一對象的形象，以求其相似。譬如青春時代、冰霜老年之類，皆屬比喻之詞。因為在生命時代與年歲季候之間有可類推者。精神方法的類推為一種推理，由所觀察的相似到其它尚未觀察的相似之結論。譬如謂火星之形，其旋轉運動、氣圈表現，皆與地球相似，由類推法遂結論其中居民亦與地球的相似。

類推的推理，本身終不免為或然性，因為由相似到相似，如果相似的只在其"餘分"上，則凡不同者，當為其反。故類推所得，只為假定的結論。實際類推推理，就是根據歸納得來的演繹解釋。譬如前例中所假設的歸納為：凡行星中有大氣，則有居民；推到火星有大氣，所以應該有居民。這種歸納比較少有確實真理，因為演繹的大前提為無證明的，所得結論亦不能有大價值。

歸納與類推根本不同。歸納從若干觀察件結論到同類的所有件，即是由同到同。類推從一個或多數性質的表現到其它性質的表現，即是由相似到相似。類推的推理為意外與不完全的相似；歸納的推理，則為永遠與特有的根本相似。真正歸納所得者，為真正的實在，至少亦必為理論的實在；而類推結論，多少不能離去假定的性質。

（b）類推分三種推理　一為由方法到目的的相似結論；一為由果到因的相似結論；一為由自然到定律或屬性的相似結論。博物學上官能的相似，可以由類推結論得出作用同一的相似。譬如發掘的一種動物化石體與魚鰭或鳥翅之間有相似的存在，則能就此表現上推其死於水或死於空中。聖地奈用這種類推法求出人手、獸足、鳥翅、魚鰭之間的相似，而居非哀因以創出比較解剖。是即由方法到目的的類推。其次由果到因的類推，如柏斯德萊注意酸化物與燃燒的結果間的類推關係，結論到凡酸化性就是微燃性。福蘭克林由閃電結果與電光的相似，結論到大氣中有電氣存在。第三種由自然到定律的類推，如物理上光、聲、熱的現象，皆為空氣振動或以太波動的相似，因而結論其為同一定律所處置。又如反射光、屈折光、偏極光、交叉光等等，皆與熱學、光學、音學的現象有共同定律。

（c）類推應用的規則　第一件：相似的結論，不能全就表面論斷，更不宜疎忽不同的存在。譬如在形體與運動間，不能結論到行星皆有居民。宇宙間有個體，亦有其調和配合；若用以研究一切協一，與一簡單類推的代替，則不能實在。其故因爲："比較實非理性"（comparaison n' est pas raison）。第二件：類推的或然結論式，不能與歸納的實在結果式相混。

關於檢證類推的真實結果，約有三種考查。第一爲證明。如果證明類推間一切相似存在的結果，無其它自然差別的否認，則爲真類推。第二爲試驗。須在事實本身能證明結論的確實，而假定亦能由其它的發現證定；如居非哀由動物化石建成完全動物形的類推是也。第三結論須由結果直接證出。由此一果推得結果的結論，則能肯定其適合事實；換言之，證明無假設存在。

類推能約爲量的推演時，必無不齊的關係。因爲數學比例，幾何相似，皆爲類推的純正式。譬如用記號分別，足以表明類推"量"的關係。從

$$a : b :: c : d. \quad 得 \frac{a}{b} = \frac{c}{d}.$$

又從：

$$a : b :: c : x. \quad 得 ax = bc.$$

這種方法，如科學的詩文，能深入相似類推的精微結論。

第二條　經驗定義

從前定義與分類，在自然科學中極爲重要，於今完全變爲次要的。因爲從前論證法，只給事物以定義與類分之別，視自然爲性質的集合；其承續形變，如一線直垂；隨種而類而別，決然不變。認人類精神，能求得根本不變的事件，因而推及其它所有性質。於今則有與科學不同的概念：科學專在事實間找定律關係，定義不過一種附屬方法。應該是科學的、究竟的，它暫時只在研究的起點上，標定字義或所研究的現象範圍；在研究的經過上，標定所得知識的結論，與實用的假定。

經驗定義與數學定義正相反。經驗定義表明有感覺性質的羣：如"人為兩手哺乳類，"這並非完全肯定。如果由種與差限定一觀念，則表格的兩元素，一方現出羣屬的類別之一，一方現出共同羣屬的若干類別。所以定義隨分類性質而異。不只為一種一類的完全自然，更表明接近羣屬的聯和關係，與分別羣屬的相差關係，如鳥類定為脊椎的卵生兩循環等。

總而言之，定義為一切知識的結論，不能無變，亦不能限定。它由歸納與證明雙方不停止的使科學家索究現象的本原。它是進步的、暫定的，如工程的虛構式；在工程告竣之後，則虛構即行消滅。所以定義為科學的目的，其對象為普汎永遠的存在，不涉及變更的自然和個體。因為個體在自然中為類的區分，而定義則在搜集各種性質於一觀念，同時集合個體於同一觀念之下；換言之，定義的結果在分類。

第三條 分類

分類就是依法排列各物。或根據物之同異，分成若干有法的羣別，分類有二：

(a) 人造分類與自然分類　人造分類，為就外界自由選擇性質，用以限定各對象的位置，從此抽象其它的性質，同時得到各對象，亦由是相接或相別。譬如取各種頭髮的差異以類分人種；依各種裝訂來分列書籍；這些標記對於所表的對象不完全一致，因為換去各標記的外形，對象仍然不變。自然分類則不然，完全以所根據的對象性質為用，同時更考定各對象的重要點，隨物的無限差異，以求其自然秩序。自然分類由個體觀察與比較起，注意共同性的各個不同的個體，減去差異，保留相似，組成變更的模範式，以逼近自然本身的連續系統。

(b) 研究自然分類有三種原理：

(甲) 普通化合原理（affinité générale）自然分類的本性，就在性質的集合。所以一方面須得全物類所有官能屬性的觀察；一方面更要估量性質的價值，分別其為基本的或偶然的。譬如有機體的性質，能減去其一，或變換其一，而不連累於原機體上其它性質的重要變更者，則此性質爲偶然的，如顏色、身長等等。反之，如果此性質的表現與否，能連累於一機體其它所有性質的表現與否者，則此性質爲基本的，如腦、心、血等等。基本性質的確實限定，須由觀察與比較得來，有時亦能用演繹法求出。故普通化合原理，只算分類的簡單類別，不能建出普汎關係的類分。所以性質附屬的原理爲必要。

（乙）性質附屬原理 即在區分間應該互爲附加各有性質的特標；換言之，普汎區分立於重要性質，其次則立於次要性質。因爲物之基本性質不完全同一秩序，亦不完全同一分圖。此屬於彼，則彼統治於此。統治的性質，爲基本性質範圍，即此性質的表現與否，連累於各性質的任何表現與否。這些統率的性質，名爲附屬性質。分類最大的功績，在求統治性質最高性，然後再發現其它等級順列的性質。這些性質間的關係能建定，則得分類的羣分與類別的系統表現。所謂附屬性質的集合，就是分類中的"比差"，統治性質的集合，則爲分類中的"種"。

（丙）自然級次原理 現在有一個問題，如果分類中的羣屬性爲同一重要者，則彼此簡單互相排列，如哺乳類、鳥類、爬蟲類等等；然而應誰爲先後？誰爲脊椎動物類下的直接包有？此即自然級次原理的分類，對各類之完全與否不論，而羣屬性質的級次重要相同，所以排在脊椎動物下的異類，爲魚、兩棲、爬蟲、鳥與哺乳。

總之，自然分類的意義與表譜，各家互有不同，如居非哀、呂西約（Yussieu）、亞加西（Agassiz），以及其它博物家，各有所本。還有以類別爲固定性質的，而陸謨克、聖地奈、達爾文的進化假定，則以種類爲無限的變換。

固定性的自然分類，表明創造的功績爲不動式；進化性的自然分類家則不然，認種類爲暫定與改訂的標記。前者表明分類爲生物間的理想系統；後者表明爲對於實在系統與生命進化史前進的認識。且就動物界分類的連續自然變狀表與居非哀的動物經樞結構自然分類表，分列於下，以表明分類作用之一般。

1. 動物界自然分類的連續變狀表

Linne 分類	Cuvier 分類	現在分類
1. 哺乳類 2. 鳥類 3. 兩棲類 4. 魚類	哺乳類 鳥類 爬蟲類 ⎱ 1. 脊椎動物 兩棲類 魚類	1. 脊椎動物 ⎰ 哺乳類 鳥類 爬蟲類 兩棲類 魚類
5. 昆蟲類	2. 關節動物	⎰ 2. 節肢動物 ⎱ 3. 節足蟲
6. 蠕形類	3. 軟體動物	⎰ 4. 被囊類 ⎱ 5. 軟體動物
	4. 植蟲類	6. 芒刺動物 7. 腔腸動物 8. 海綿動物 9. 原生動物 ⎰ 滴蟲類 ⎱ 根足類

2. 居非哀的動物分類表

界	分門	分類	分科	分族	種	類	變類
動物（同時有感覺運動）	脊椎 環蟲 軟體 其他	鳥類 哺乳 爬蟲 其他	四手獸 食肉獸 齧齒獸 鯨科 其他	掌形獸 趾形獸	貓類 犬類 土狼類	獅、虎、豹 家貓 其他 狼、狐 野犬 家犬 其他	Angore 其他 兔獵犬 大番犬 彪毛獵犬 其他

第三章　人生科學

我們在科學分類中，限定人生科學的普通範圍爲研究人的方法，或以本身爲標題，或以相關相似的表現爲比較，或以年代經過的進化爲類推；從此人生科學分爲三大科別：心理科學、社會科學、歷史科學是也。

第一節　心理學方法

此篇爲法國黑博原著，載在《方法論》（Da la methode dans les Scienccs）第一輯二七七頁至三〇五頁，謹譯以備此節。

心理學的對象，爲意識的事實之科學研究。它用描寫與分析方法，確定意識事實的性質：先標明現象各羣的特徵與其中各有的變異；再則意識狀態所表明的感覺羣，應與情感的羣能明白分敘；再次，則各感覺應行分別研究。此外心理學家應該研究怎樣簡單心態始能產生複雜心態，隨什麼方法實行其發展。又由有機體的生理機能，與物理現象和社會現象中個體的感覺思考行動，以確定心態間心理發展的關係。

在可能的範圍中，要達到它的目的，而又歸入各種行爲錯綜的定律之下，所以心理學亦如其它科學樣，先用各種程序處置，再由各程序集合，遂成心理學的方法。爲陳述便利與不涉本題外件的關係，我們依下列方式考查研究的方法：

(1) 主觀法，或名內觀法：爲直接的、立時的，專爲心理學所有。

(2) 客觀法，或名外觀法：所研究的材料，標在心理學家以外，與物理家、化學家及自然科學家的研究對象相同。此法應細分爲：

(a) 直接的，能應用於別人與別種心靈機能的生物。

(b) 間接的，能用以考察或解釋人們個體成績中或社會羣衆組織中所確定的精神活動的產品。

（3）實驗法，能導心理學於自然科學範圍，因為它應用的對象區別能分為兩種：一為實用於尋常現象的（即所謂實驗法）；一為實用病態作為研究法的［此即病理法（m'ethode pathologigue）］。

這三種之外，還有幾種特殊方法，或名補助法，各依其所在而定其作用。

（一）內觀法或反觀法（內察 introspection）。雖然是主觀的，而又完全個人的，然而實是心理學的基本方法，為各法之必然條件，在各世紀中幾乎就是用這一個方法。最要緊的，是分別意識界各現象的單純意識，與所謂內觀的差別。人生各頃刻間，尋常人都能認識自己的感覺，與情感，與動作；不過此種認識，幾乎全為被動的感受，並非方法之義。戀慕者樂於享受或憂愁其愛情（尋常所有）不算是心理學。但是在思索愛情發生的原因、變度、增減的所在與機緣久暫的無常時，如果以之比較其它的，然後有其愛情心理學的真正誕生。所以心理學方法，發源於自心反省與分析。我們人類不能都有反觀能力，卻有人反觀力天賦特強。這所以有心理學家的誕生。反觀能力，在常常復習、訓練與指導之下，更可以增高。它能使人自己覺有很豐富的經驗。因為在複雜心態中，能發現無疑的單簡元素，如同有音樂訓練的人能感覺聲音的諧和樣。再者，日常經驗中使我們知道許多未曾受過何種方法教育的人，也能分析其生活情境中所有感覺的、想像的與推測的。

因此心理學的特點，在直接觀察所研究的現象，而物理科學與自然科學，則在研究外界，故其觀察須憑藉感官，或由感官擴大的各種儀器。這一點，心理學所以能超過研究外界的科學者，因為它的研究由內觀法得知的，比較推測自由，更比較少錯誤理由。

這種利益極大，然而弱點亦不小，因為內觀法能引動各種特殊難點。實際上科學觀察，須心頭靜謐、不偏不倚的精神。我們觀察自己意識狀態時，能保持不偏不倚的態度，實在不易。所以許多學者曾嚴厲的批評內觀法，而又否認其值，就中尤以孔德為最著。這種駁論雖然不止，歸宗真正內觀法實有其重要價值在。

我們人不能同時做客觀而又當主觀者，如"目不能自見其身"(L'oeil ne Pent se voir luimême)。而內觀法實從事於此！在精神反觀本身活動時，勢必分成兩段。如果觀察注意活動的現象，就要注意某對象，同時注意於所注意的歷程。如果觀察的努力穩健、猛銳、結果，對所觀察的對象，必定破壞或變換。所以反觀固定精神活動，是此精神本身多少具有一致的能力，攫取一串明白的心態，而為暫時的經過。——回答這個難題，不能以心態發現時觀察，而以過去記憶時觀察。某種意識現象，因其本性關係，能出乎內觀可能之外。如恐懼、憤怒與急性的發生，決意以及敏捷的實行，均非反觀所能範圍，不過不合的，都在後來可以分析。但是先須承認這種現象的認識，往往專靠"別人的觀察"方法。無論這些反論如何正確合理，許多使用內觀法的人，因其天賦訓練精神，已經證明內觀法——例如分析法——的價值，其事實終不能否認。

在心理學家的地位，有謂觀察的對象不同物理學家，化學家，生物學家的對象。因為意識現象不是固定物體表現：只是時間的排列，非若外界現象對空間的排列。尋常經驗，事實上知道各種成串的觀念與成串的情感，都能同時在我們的意識界活動經過。——還應該注意兩者間的矛盾不過是相對的；其變度對外界觀察亦有不定。許多極端例證，如顯微鏡中自伸自縮的原生蟲，如對屏上光影的色體等，姑置無論；另有一例，則確切無疑，即凡感官得到外界的認識，都受注意、記憶、想像的確定或變遷；簡言之，都受觀察者現實心意狀態的變動。個人的動因，永遠不會消滅，如天文學算是純正科學之一，然而它很早就發現這個原理。

若以內觀法為純粹個人的性質，則為最嚴重的敵論。無論何人，只能分析自己的意識。心理狀態，只能由經歷者自身證驗，可以觀察；想別人證明心理學家的觀察或分析，是不可能的，所以它與客觀科學所成的正相反。從此得知內觀的範圍，不能超過個人的意識界，即不能取得各科學必備的普遍性。——這是無用諱言的難點。不然，將隨前世紀心理學家竭力維護內觀法者，陷入同一錯誤，結果，心理學不能成科學，而爲個人的內觀史而已。

這種批評，惟其最後的以及我不曾想到的，都明示客觀方法的必要：方法是科學的工具，科學則以客觀性爲目的。內觀正爲分析確定各種元素的，否則無處着手，不過只靠內觀，又無所成就。在心理學非常幼稚時代，其研究的表面上，好像只限自我，而忘形於其它的方法，實際上，觀察者乃憑藉自己觀出物界的勢力，比較相似的研究，更於比較之中，尋出真正張本。

（二）所謂直接法的客觀法或外觀法，即在別個精神生活上應用的各種現象。任何人不能將自己攙入別人意識中，但是能根據自己真正的試驗，解釋別人外表的形態。這些形態，專指動作或身體的態度而言。思想簡單的人，亦能本自己的經驗，認識同類人的畏懼、奮怒、剛毅、游移；換言之，知道別人情感狀態與活動性格。我們的語言能特別傳達知識，然而必須注意各形態的解釋，往往有流爲不正確的。還有特別危險的，更須時加注意，在我們覺察的精神中，每每將自己所思所觸的狀態拿來攙入，同樣，在生理構造與表情的形色上，斷定別人精神恰如我們的，這也似乎有不確實的意識。我們不能肯定形體或態度的同一形容，在無論何人，都表現同一情感。如果從成人降至兒童，尤其在下等動物中，此類解釋實在可怕。此法根本立於類推原理，觀察者與所觀察的物體精神相差愈遠，則類推變爲局部的，不同者愈多於相似者。

此法的基本公律認爲：人的心理結構，雖有例外之點，其實多數是同一的。這雖然是個假定，而公律已爲經驗實用所證明。在一般人們可以應用，也可以立定上下兩標準，容納異常人們的表現。在這些異常人們，天才或殘廢，因精神生活的機能發育太過或不及，遂在心理學上組成一種新關係。我們談比較法時再講。

總而言之，上面批評的慎重（這是一切方法不能免的），外觀法實在把心理學的範圍無限地擴大了。它能有總括的概念。此即一切科學不可少的性質。

心理學根本不能與物理化學之類的無機物比較：它是研究個人的。實際上沒有一個普汎人，也沒有一個普汎的動物：人就是各個人，彼此爲不可入性。普通心理學研究一切人們通有的機能：知覺、記憶、想像、情感之類，然而這些機能，實因人而異性，隨種族而不同，就地域時代而各別。所以須立一種個性心理學（psychologie individuelle），以示完全。近年來心理學家曾致力研究品質以及種種相類的問題。

　　現在就應該承認外觀法爲完全描寫各個人嗎？不然，因爲如此，心理學將成爲變態傳記學。個性心理學能從另一路向歸結到普汎上，不在發現心理現象上整嚴的法則或公式，而在確定各種形類（types）；換言之，在確定種類與變異。要建立這種心理學，有必須知道與實用的兩種方法：一爲測驗法，一爲訊問法；兩者都很值得討論。

　　(1) 測驗法（tests），即是對任何人要確定他應有的身體與心靈的特性。關於此類的第一個論文，在一八九七年發表於美國。人類測計學（anthropometrie）即以此法爲本。此法進步後，遂用以確定各個人間與各類別間性質與程度的差異，故其價值大著。它能供給統計的結果，且在團體中應用（各年齡與性別的學生、勞動或貧苦階級，以及游民階級）更爲有益。

　　我們不談關於身體的測驗，只講能示心理發動的任何程度的測驗。

　　關於感覺能力的研究：例如聽覺，究其敏銳與能聽及的距離，更及於判斷聲音高度的正確；——關於發動的研究（究其運動能、容積、遲速）；關於知覺能力的研究：例如視覺，究其辨識長寬厚最微細的差別。比較富於心理學意趣的，爲關係於精神活動的速度（對於各種刺激的反動），關於記憶的，關於意識狀態的聯想，關於注意的，關於想像或創造能力的種種經驗。就此爲計，測驗法的價值，仍爲輕薄，因爲事實上太簡單（例如填句，須其意義正確可解，）不能推得結論是否對於複雜方法爲正確。這些確定的，大概是使用心物學（psychophysique）三種方法之一：即正負項法、平均差法、微差識別法。

　　測驗法的結果，在個性心理學的組織與教育心理的應用上，功績皆不可磨滅。惜其創作者往往過稱其值。實際統計與百分比，只近似科學的嚴重。再者，這種準量法應用於精神生活的高等形式，應用於記憶、聯想；更推及複雜推理的思考、想像的創設以及情欲等方面，並不完全有效。因爲它過於簡單狹隘，而且非常膚淺，無充分可靠性。在實體上尚未能承認爲完全確當。

（2）訊問法在心理事實上應用，如同觀察與實驗兩法間的中間程序法。此法彷彿發明於英國，然而我沒有證據。一八八〇年時（或者早一點）葛爾登（Galton）用以從事人類學上的各種研究。因其方便，又加以一般意見認爲可以普遍應用，所以幾乎傳遍世界。美國研究此法的熱心日益增高，在日本能受歡迎大致相等。

在此法中，我分爲兩種大不相同的形式，須分別討論：一爲間接訊問法，或名爲彙問法；一爲直接訊問法，或名爲口問法。

（甲）彙問法早爲人所通曉，無用多贅。第一步不能否認其爲勾引誘惑。就一個問題，歸納爲若干問題，用雜誌或新聞紙或分發紙片散播於公衆，就算具備方法上必要的"經驗的變異與推廣的條件。"在心理學家的材料性質，非若物理化學家的不同，所以只憑藉多數回答，就能有許多機會探察變異，免去系統的心理學所不免的危險。不幸結果上少有能回答這些願望的，略爲反思，即足發現其原因。其失敗者，因題目的性質與所靠公衆的錯誤所致。

如果選出重大問題，結果過於難解，將出以"空洞的形式"。要分成片段，出以明示，則過於複雜或過於精細的，只能許以恰適的回答。

如果重大的問題不能解決，心理學家能否挫折細小的問題？實在說來，此處彙問法已大奏功效：於此發現有許多人簡直不適於精神視察，有時成功的關鍵，就在問題的簡單上。無論心理界如何，訊問法終不能超過重輕顏色以及其它物質特性的訊問極限。

再者，公衆的訊問法有一層困難。因爲應該有兩事可靠：受驗者的真誠與能力是也。除去用嚴格限制的辦法，使被訊者都是訊問者所熟悉的以外，訊問法終在不可靠中，且無法加以控制。

（乙）口問法或直接訊問法，較爲可靠。然亦有不合者在：

第一，範圍太小，施行時對被訊者應有充分的了解，對他社會環境、精神趨向、性情品格、一般知識與特殊知識的修養，均須明白。這些動因不知道，結果必至無解。

第二，心理學家對於回答的解釋，多不免有個人差律（équation Personnelle）的加入，但極應減少。問者的態度須能冷淡、承受；其態度大體應如一記錄器。有的口問雖然串得很正確，問者終顯得過於干涉，使被訊問者傾於一方。總而言之，不利的雖有，其本身決不失爲搜索探討的方法。

簡言之，彙問法建立在"數"上，爲心理學問題普通採用者，有時候簡直與新聞記者向公衆所發出的問題態度無異。

口問法不重數而重"質"。有人合理的說："由十個心理學家依法研究十個人，比百張署名與否的冗文紙片還要有用。"

總而言之，訊問法爲一補助法。要它有用，須先與其主治範圍所有批評相合。批評有兩方面：一爲方法，一爲實證。

對於訊問法與測驗法所以說得很久的，因爲它都是近代的創設，多數書中並不曾講。要講完客觀的觀察法，還有所謂間接法。其材料非有生命的人，而是人的精神"產品"附着歷史上的各種形式。

在實體界心理學因是得其特殊地位，它基於自然界而發皇於社會。一方面依生物科學獲得精力，因爲它是心理生命必備的條件，因爲意識各種表現全賴於有機體，特別的就在神經系。又一方面，心理學爲人生科學的基本，人生科學實際就是精神表現於空間時間的。其關係於此等科學，如機械學關係於物理與自然科學；換言之，它有其最高普及程度。在社會的發育中，它到了意識圓滿發達與各種滿足的表現。現在大家都承認個人精神的發育，須依賴社會的情境爲轉移，又承認這些條件的研究，可以幫助心理學，亦能用心理學幫助。

下面將申述人類活動主要的創造，能完成心理學，且使之超越於個人的狹隘範圍。

穆賴馬克斯（Max Müller）說：語言包一種化石的心理學。語原的三大類：單音語、合組語、變形語——恰當心靈不同的形態。雖其特質仍不能決定，且亦不只於種族間爲然，然而由亞利安系（Aryenne）或塞密抵格系（Semitique）發源的各種語言，可以反映各民族的思想與感知的狀態：明確或空泛，清爽或游移，合理或多情。

尋常意義表明歷史是朝代的、革命的、戰爭的，惟其在記錄中傳記中的，更可以示我們以世界舞台上放大的觀念、熱情與嗜好。它將所有粗俗的，完全明示給我們。端萊說過：解釋一次革命，就寫成一頁心理學。

沒有宗教歷史，如何明白宗教情操的秘密？又如何透澈其繁頤的變異？沒有宗教歷史，只能拘於無益與空泛的抽象，於是心理學成一自由的、殘缺的、淺薄的學科而已。

不獨宗教情操如此，道德情操亦無不然。幾世紀來，各派道德學者所竭力研究的，都是風俗史、立法史、政治史、社會史。因爲由此類歷史，可以研究一切的進化與變異。

沒有藝術史，如何了解創造的想像性質與其威權？文章豈非分析工具之一？世間不無小說家們自號心理專家的。

就是學科學，當然不能不了解普汎觀念的進化——即所謂概念史。我們必須確記科學上啟發我們的，不僅是主觀與個人的分析。

我們不必詳論其不利者，結果總知道心理學張羅的狀況。無疑，關於這方面的，要明白心理學方法爲暫時的，其解釋亦爲或然的。更要知道它不是直接觀察人，而是借人的行爲以達於觀察的目的。這些行爲多半是記號的，往往曖昧不明。

此類材料都能供比較的應用。心理學上的比較法應用不久，爲自然科學的倣傚。因爲絕對以內觀法爲滿意，則不能施行推測。十八世紀末，海母（Hume）以敏捷的分析，具歷史家的天性與心理家的資格，決自要研究真實的人，具體的人，結果還是寫出這話。"要了解古希臘人與羅馬人，請研究今日的法國人與英國人；波立布（Polybe）與達習德

(Tacite)所描寫的人們，正近似我們今日所接觸的。"於今我們不復有如此的意思，我們相信這種抽象研究，歸爲若干通性的研究，只能使我們知道"人"或不知道"人人"。我們相信人類各份子並不是一模型造成，我們應該索究其精微的差異。

比較法的目的，就在確立這種差異的所在。譬如在開化民族心理之前，置以原始民族心理，去研究原人的信仰、風俗、制度、語言，以及最佔勢力的衝動，與所有的能力發展。比較法就是個人心理與羣衆心理所應有的程序，能補充普通心理的不足。

論到比較法，不能不講發生法（methode genetiaue）。發生法乃比較法的分枝，其形式簡單；對於研究程序的自然與價值，很容易明白。其目的在發現與尋求個人或民族精神發育的所有歷程。由發生法能明白人類的本能、情感與堅强的概念。本能、情感、概念都是精神構造的主幹，經驗組成的結果，種族前有主人遺傳確定的傳授。由發生法知道精神生活中不堅定與半組織現象，都是建立於此類主幹之上。還有更複雜、更不堅定、更少有的現象，——此等現象必毀傷先說的種種，因爲它都是由最後種種型構成的。在心理學上引用發生的觀念，假定個人與種族的慢性發育，——可稱爲胎生學的方法，——使心理學別開一路徑，另闢新方法。近三十年來，兒童心理的研究，可認爲發生法實施之一例。因此更容易指出其它的來看。

（三）心理學的實驗法與其它科學的相同。即是在預設的條件之下從事觀察。其目的在使問題簡單，除去不相干的外擾。有三種主要方法：

（1）直接研究生理現象，又間接考察共同意識的狀態；

（2）直接研究心的現象；

（3）研究變態的煩惱，視爲一種分解與分析的方法。

與這三種方法相應，而有三種心理學：生理心理學、物理心理學、病理心理學。

（1）古時心理學對身體機能的研究非常冷淡。並未想到能由生理學上取得什麼材料。此不足奇，因爲生理學只在十九世紀初年始成科學，而且是在凌亂不確的原理上建立，對心理學家實無所用。從前的計畫，都嫌過早。因為科學發達的秩序不能無故而然：所謂完善的科學，都要有別種依歸點。心理學須要神經學，正如消化生理學之需用化學然。所以生理學家不知不覺替心理學助力，亦不足怪。他們所發明的，也只是生理學的引伸。他們由經驗上漸及於微妙現象的索究。

我們不能詳述心理學進步上得力於解剖學、神經構造學以及腦病治療的經驗之類的研究。只提出精密研究中關於反射的，有機感覺的、知覺的、發動的、記憶之物質的條件的，情感、情緒、情慾的，以及語言與別種發表方法的。

這種形式的實驗法，在心物間的密切關係上建立；換言之，在意識狀態與外觀表示的密切關係上建立。用此法能發現精神微妙的表現，在純粹觀察法往往不能發覺。更加以儀器輔助，能計量情緒歷程中血液循環、呼吸舒促、筋力增損、分泌多寡等等變化。

（2）心理物理方法前途非常遠大，因為它能從事於"定量"的研究。科學的正確程度正與其所用的數量為比例。近五十年，大部分心理學家都用力於心靈現象的久暫與強弱的計量。這種原理，為衛伯與費其萊以及其他在心物學之下努力研究的人所建者。我們對心理物理學與生理心理學不可相混。心理物理學只是生理心理學的一部分。所謂心理物理學一名，為用以表明嚴格的應用物理學方法從事於實驗的研究，較尋常以生理學為幫助的好。其目的在數字的結果或關係上。但是創立的人自信其傾向理論考究，而不完全在真正的實驗上，亦難免有評議者在。

無論如何，繼起的人，總算就此開一新局面：馮特在一八七九年建一實驗室於賴布其格（Leipzig），設特別儀器預為定量的特別研究之用。全世界約有百處的實驗室，而此實為其模範。這些實驗室裏的工作極多，也極有價值，而用此方法所研究的主要題目有：（1）視、聽、觸等知覺所必須的時間；（2）極簡單心意動作的最短瞬間（分別繼起的兩感覺）；（3）記憶與久暫的回憶（尋常在將長的縮短，短的延長）；（4）注意的移動與間隔；（5）觀念的聯想，研究時多因方便分類（連接的、類似的、因果的、重疊的等等）；（6）視、聽、觸等感覺的刺激反應所需的時間（除個別差異外，尋常對於初次刺激，注意需要的時間與一種筋肉運動，表示已經感覺所需的時間兩不相同）；（7）判斷活動的久暫，隨判斷的材料或個性而有變異。

正如一般人所知道的實驗法曾具有極大的利益，無論其重要是否不同，不能否認它實在產生了許多工作。就其結論之外看，它極力用嚴厲的精神訓練；習於耐煩，而且防於輕率武斷的結論。然而亦有不適當與缺憾的，不過愛戴的人，每若有所忘而不之顧，常欲以此法為心理的唯一方法。

如經驗上意識狀態的久暫，都以心計量（psychometrie）表定的，亦只能得其平均數。

感知聲光所需最短時間，往往因人而異（用千分秒之幾的 $\frac{x}{1000}$ 等於 σ 表明之）。如果複雜的活動，如由類及種的聯想（鯨—哺乳類），則彼此間的差異更大。無疑，此等經驗，對知識的增進不少。最宜注意的，尋常有謂運思極端敏捷，實在不合事理。而由定量研究所得的平均數（不可否認），結果都是部對的意義。

對於衛伯、費其萊的"感覺的增加如刺激的對數"定律之心理物理學的普遍公式，也可用這種批評觀察。他們的法則受過批評修正，也無人絕對承受。再者，感覺增加比刺激原因的增加實要遲慢些；例如一點光加大二倍、三倍、四倍，反覺得光的感覺比二倍、三倍、四倍要少。定量的結論，只有逼近的可能。

試驗法多少逃不出造作的責咎。實驗室中研究的條件，與日常生活中心的現象自然流露的情形，全不相同。實驗的結果，對於意識生活集合的價值，只在引起現象各條件能多少與實體界的情形相同時，始能定其準量。然而所過者實不只此。要研究觀念連續，尋常如何發生，有時所試驗的處在運思狀態相去很遠的情境中，隨給物象所通的文字，立報此字所提的觀念。在此實驗中有一重要的動因忽略了，就是記憶的動力中佔極大位置的興味。諸如此類的錯過很多，最著者是關於情感情緒與情慾的。要將這種活潑現象持正，而又無所損害，實在極難，對於造作的情緒、快樂與痛苦等等，然則又將如之何？

欲使實驗爲真正心理的所屬，則必以內省控制實驗。不然，則其結果惟適於物理學與生理學，而無用於所謂心理學，此爲尋常習見的結果。近年來心理物理學家很承認這種過失，而欲求有以避免之法。

此中有人總括實驗一般的條件如下：

一試驗爲精細的嘗試或觀察。這種嘗試或觀察在別人能"復試"。它能幫助觀察的人減除一切騷害的勢力，盡其所有觀察，使之於所欲得的結果，能於純正形式之下得以達到。當我們確知道自己是如何進行時，別人就能行同一過程，判斷我們的結論是否真僞，工具是否適用。因此實驗能保證觀察的確實，且能用固有條件確定其各結果的關節，因而世界各地觀察者，對於同一心理學的問題，都能共同研究。

（3）病理法同時佔有純粹觀察法、實驗法，爲索究的有力方法，其所得結果極爲富足。疾病，實際是種精細手續的實驗，由自然本身創設於確定的情境中，其程序實非人類方術所能處置，因爲它能達於不可救藥。然而如果沒有疾病離亂我們精神的機體，沒有疾病使我們明白它通常的機能，又誰敢冒險做一般道德所不許的嘗試呢？誰能找一人受痛苦，又一人作試驗品呢？是生理學與病理學——精神正與肉體一樣——彼此並非相反的科學，而是一物的兩面。

此法豐富的資料爲腦病、神經病（癔症、神經衰弱、癲癎）、各種瘋狂症，與非常罕見的現象（如自然與刺激的睡游，如人格轉變與解滅之類）。

還有精神活動的表現，可用病態現象研究的；由知覺到幻覺，由記憶到健忘、追忘，與錯記（amnésie, hypermnésie, paramnésie）。再者，意志力又能由衝動的動向使之薄弱，麻痺。人人知道瘋子的觀念聯想於無條理。論理方法與創造想像的病理已受輕視。凡此皆爲極難。有時健全與瘋癡的分別，雖說在想像界難能，然而實在並非不可能。

語言與表語記號混淆病的研究，更能表示病理法的豐滿結果。發語的能力，重述所聞字眼的能力，高級講演的能力，寫作默寫的能力，了解所說的字或所寫的字的能力，抄寫的能力；凡此種種能力，皆可以同聚消滅，或只毀傷一部分的三種、四種、五種，其餘則完全如故。我們能否主張疾病爲一最好的分析工具呢？再者，通常狀態中它具有極大研究；因爲各種病態的差異，表明各種特著的情勢；有的人表明視覺意像具有特勢（視覺型）；又有的人是聲音的意像，或發動的意像，具有特勢（聽覺型或運動型）。

我還没有談到病理法與情感的關係。各情感都能顯示於變態的形式之下，然而有一羣情感，因爲社會與道德的重要，另生一種新科學：就是犯罪人類學。實際說起來，此科學大半屬於人身解剖學與生理學，其餘分屬於心理與道德學。它所研究的，爲低能人類與能接近瘋狂的人們。尋常說某種人"簡直沒有人味"，由此學觀之，此語實非錯誤。在情感的組織上，能有種種弱點相類，如物質組織中一部分或一機能缺乏不全的：自然或環境非人化的人，就是因此。瘋人心理學，研究羣衆或團體的衝動與情感，完全無所憑藉。近年來始找出幾種有價值的功績。

講病理法勢不能不稍提催眠術。有人無所畏怯的名之爲"精神的活體解析"，爲真正的實驗，能將心靈構造的真景與機能，放在眼前觀看。正如生理學家將有機體的機體真景與機能置在他們眼前一樣。由提示所發生的與治愈的麻痺、造作的健忘、積極的與消極的幻想，以及經久的時間，始能完成行動的提示等等，都是拿舊問題上重換一新形式。

必要記述的一點，即此法發動了我們尚未注意的一部份心理學：無意識與下意識的活動。此處內觀法無用，而且易生錯誤；所以完全用擴大的外觀法，使久困於明白意識界的心理學推廣它研究的範圍，卒至承認從前所有的限制，爲人類精神生活的薄弱點。

關於下意識的性質，有人簡單視爲生理學的，或者是微弱到無窮小的極端微弱意識。此問題無關於方法的問題，故不談。

催眠術爲開發低層心靈界的無上方法。在此界無論已知未知，總是我們的一部分。它是過去的生活之保存者，爲有力動向的蓄聚室，停着不能插入意識界的各種潛伏能力。它可以不由潛伏勢力上的歸納或假定，直接達到一切。有的人能使他們回記到完全忘卻各種經驗，或者復現各種特性，在催眠者本身，也完全夢想不到的。

　　前面列舉的方法，在心理學上不能因種數發生混淆。各方法縱有深淺的差異，實際都是一個分析，彼此目的爲一致的。心理學爲意識狀態的對象，而不問其它現象，這種範圍狹隘，不能成爲嚴格限定的科學，可以說是：凡天地間的事物，只要是已知的，皆爲心理學的資料。它包攝人類生活與禽獸生活中極普遍的事實，文明社會中之高等算術、科學、宗教、或複雜的表現皆是。所以心理學的問題能就各種態度，用各種方法研究。心理學的全部不完全同樣對任何方法爲適用，重要的是要方法能合於所求與完善的選擇。有人只信一種方法——他自己的，——主張只有這種進行有用，其它的則無科學意義，此種短見，實爲遺憾。

　　如果心理學的方法要完全由部分方法的歷史彙集成功，那就容易明白它的構成爲繼續積累而然的，正如地質的累層一樣，其產生確受近代各重大學派的影響。第一是牛頓的物理學；它指導聯想主義的創設者哈特萊（Hartley）的發現，在哈氏固明白言之。其次則爲生物的影響，確定於前世紀中。因爲正確的注意日益增高，方法就變成實驗室中所用的試驗法，如同心理物理家然，以定量的確定爲準。最後爲達爾文主義的影響，發生法或進化法侵入心理學中的，如同侵入自然科學與歷史學的一樣。或者將來還有別的傾向發生，因爲研究的工具雖然有許多，卻是玄祕的問題還更多，未知的地盤尚更大！

第二節　歷史科學方法

　　歷史二字可以分成兩種意義：（a）對於實際存在的事實，表明"繼承"的意義；（b）對於所認識的事實，表明"紀載"的意義。兩種意義中的差別極大，在限制內容與確定真實上，也同樣各出不齊。科學的目的與歷史批評的標準，正是爲要減去這種分隔的距離。所以歷史的認識，根本爲間接的知識，而歷史科學的方法，自然與直接科學的方法不同。歷史是人類社會過去的科學，是人類的記憶，就是人類；是一個時期或一種民族的道德與政治生活重大事變的科學。有人說：歷史是特殊例外的事實認識對象，因爲同樣事變不能在同樣條件中發生。又有人說：歷史是原因實在的認識科學。對這兩種說話有謂：第一無所謂特殊科學，第二歷史並不到原因，亦無真正的實在，所以不成科學之名；實際錯誤的說話就在此地。因爲歷史無疑而爲特殊事實的科學，這些特殊事實自然都是由原因統理，而且原因的認識更能及於普汛定律，由類推情境到類推事實。更無疑的，歷史並非執拗的幾何，能預度一切，也更不是簡單饒倖的事件之繼承，專以或然爲定律的；雖然在它真正有力的批評，理論上多少有最大的或然性。如果謂歷史的實在因時間距離太遠，遂失其事變的準量，然則誰能疑惑孔子生於魯，張騫使西域，王莽篡漢，拿破崙戰敗於滑鐵盧，亨利第四被刺，土耳其侵佔君士坦丁？

我們不能想到現存社會的事實組織，也不能直接觀察到其所以然。因爲時間與程度相反，沒有機會接合全部事實，所以應該到過去事實上研究。過去的事實就是事跡的保留者。所以歷史正是真實實在的發生與原因的認識，可以視爲實在的科學。

現在再看歷史真正的方法。我們如何達到歷史事實的認識？又如何知道事實不存在？知道過去的事實由保留的事蹟而來，這些事蹟名爲"證據"。歷史家能自然直接觀察到。但是觀察之後，再不能有其它的觀察，只由推理極力從事蹟方面實行結論事實。證據即所謂"發端"，過去的事實則爲"結點"。——觀察科學則不然，事實本身就是結點，直接觀察的就是發端。——在發端與結點之間，應該有一串複雜的推理，使彼此連接，而錯誤的機會實在無數；開首有最小的錯誤，到中間或最後，可以毀傷一切結論。"歷史的"或間接的方法，從此比較直接觀察的方法顯有差別。但是歷史家沒有選擇，只有憑藉它可以達到過去的事實。雖然間接推理有許多不完全的條件，但是它可以導入科學的認識。

A. 證據批評

分析由證據的資料檢查到事實認識的推理，就是歷史方法的重要部份，就是批評的範圍。其區分簡單分述如下：

（甲）塞羅博斯（Seignobos）說：證據可分爲兩大類：一爲過去事實留下的有形事蹟：如碑坊、製造品之類；一爲事實事蹟的精神心理方式：如描寫或文字關係之類。前者較爲簡單，因爲有形物體與原因之間必有固定關係存在。這種關係的確定爲物理定律所認。至於精神心理的事蹟則不然，它完全象徵的：本身就不是事實，也不是精神立證的事實上直接的形象。只是由事實產生的印象上約定的記號。所以文字證據，本身不若有形證據的價值。是一種心理的程序，複雜而又難解。歷史家所用以作推理發端的證據，多少都是心理程序的事蹟。

要結論文字證據的遠因事實，換言之，要知道證據連累事實的關係，必須建定發生證據的一串中間原因。表明證據的作者連續有效的工作，由所有觀察的事實起，直至抄寫（或印行）所有的證書止，皆爲實證。這種連續工作的效驗，能取反向進行；即是先由抄寫的檢閱起，直至前有的事實止，正是分析批評標準進行。

先觀察事實，這是一定的。試問事實發生時是否如其所是？是否有所損傷？歷史家先研究怎樣構成事實，然後追求事實根本意義，同時限定其範圍。這種研究的第一步，就在字蹟、語言、形體、原文等等，由是組成外觀批評，或博考批評的特殊範圍。再一步就是內觀批評：它的工作由類推推理方法實行，這種推理的大前提，就是普通心理的假借，表明證據的作者一切心理情態。要知道證據的作者所言，須知：（a）他說的是什麼？（b）他是否相信所說？（c）他是否確定所信？最後的意思。證據就是科學程序中的，如觀察科學的組織，變爲客觀科學的觀察；所以凡證據的真價值，在其創造研究找得之後，視其能否歸爲適當的觀察而定。

（乙）由前分解得兩種結論：極端複雜與絕對需要的歷史批評。

在科學家中比較，歷史家處於很懷疑的地位，他不僅不能像化學家樣給事實直接的觀察，並且所用的證據，少有正確觀察的表現。他不只是一種條件的化學家，這種化學家只由實驗室助手們所得的結果上認識一串試驗。歷史家只能得出證據關係的粗淺部分，此爲各科學家所視爲不能自足者。

最要緊的，是精細地實用證據，因爲歷史科學的資料，都爲證據所供給。同時更要緊的是資料的審察，因爲人類精神自然傾向，終流於無所注意，在應行慎思明辨的程序中，往往處之混然不顧。批評的實用，實際極爲困難，由古代而中世，而近世，明白困難的，就在用證據寫歷史時，不知不覺的承認錯誤原理。譬如游水人的自然本能，在習所以溺與學所以游，而批評的習慣，則非自然，應該先行教養，能復習有常，始能成組織；不然，如遇失當的動作，則必因沈溺而斃命。預防危險的方法，須先有意識的考察，分析批評精神所有原理。歷史家不能以心懶從事，因爲信仰較討論容易，認定的比批評更便利，搜集證據又更比考量證據輕捷。如果批評精神一懈怠，則必取容易輕捷的；結果批評證據的就是犧牲證據。

B. 事實結構

前面是歷史的普通方法，專在批評證據上說，對於方法非常重要。但是只有批評，不能組成真正歷史：批評只供給單獨的事實。要構成科學體例，必須一串組合程序，集合各分解的元素與隱沒的成分，尋其普通外表與實際事變的連續。統以直接觀察公正的"想像"事實，"羣聚"事實，用"推理"以補其不足，形成普汎性質與普通關係，結果再求其最精確的"陳述"形式。這就是歷史工作完成的必然組合法。

要建立普通歷史，必須求到所有事實都能解釋社會情境或社會的進化情境；因爲是由事實始發生變遷的。應該在一切事實中研究，如居民的移殖、藝術的革新、科學的創見、宗教的改革、革命戰爭的變遷以及國家的發現等。要緊的事實須有所決定，不能認大事小果，如謂格魯諾柏（Cléopatre）的鼻子可以在羅馬活動，皆爲形上的觀念。在進化科學中，專以個體事實爲最大變化的集合，譬如由西班牙人帶一羣馬到南美洲，遂繁殖無數；洪水之中，一木可以塞其流而爲澗溪之勢。人類進化中，往往極大變化即爲個體偶然無形的原因。十六世紀中英國因一皇太子之死，而三變其宗教。重要的準量不在事實起源的大小，而在結果的大小；因爲一人生命的大事變能變爲重大的事實。

歷史上個性佔一合理的位置，正與別的科學相反。不過歷史家不要忘記了凡認識的利益就是普汎所在。邦加赫說：科學家應該知道列序；用事實建科學，如用磚造房子；然而搜集事實不成科學，猶之一堆磚不是房子。歷史家須用事實，然而尤宜選擇事實。選擇因其價值，利益，重輕各方面確定，與科學家略有不同。歷史家的選擇在兩方面的解決："或使之完全與不認識；或使之認識與不完全。"在科學家只選取第二種。

C. 批評方法

（1）再造的批評，即是證據變更的再造。在使用證據之前，應該知道證據的讀本是否正確，不然，必須撤去失真的，或另建新讀本。其建設的方法分三步：第一步如有原本證據，只得實行原抄。第二步，原本失掉，只餘抄本存者，必須將原本與抄本實行部分的審訂，分別形式基本原因。譬如《荀子·解蔽篇》"不以已所藏害所將受"，宋錢佃本、元刻本、明世德堂本，皆作"所已藏"，可據以改正。第三步是知道許多抄本與所失的原本不同，惟一目的在再造原型（archetype），既不能以新近任何抄本爲實，亦不能以古代爲本，必須先建出多數之間的關係同點與關係異點，然後分成類別，以錯誤比較而爲之譜系學上的研究（généralogique）。譬如《詩經》：凡民有喪，匍匐救之，《檀弓》引作扶服，《家語》引作扶伏；又誕實匍匐，《釋文》本亦作扶服；《左傳》昭十二年奉壺觴以蒲伏焉，《釋文》本又作匍匐，蒲本作扶；昭二十一年扶伏而擊之，《釋文》本作匍匐之類；錢大昕因以證明古無輕脣音，只有重脣音，其引例極多，皆爲由不同抄文證原文。

（2）抽選的批評，我們不能在任何方面找研究的材料，而且所有證據的表現，亦不能專因其爲博古所在，即認爲真實。先要知道證據是什麼地方來的？作者爲誰？時期爲何？一個證據的作者、時間、地方、發源,總而言之,如果不知道"抽選"所屬的,則必一無所知,一無所善。再者,所屬的抽選如果形式指定不夠,亦難免錯誤發生。簡言之,這種批評的原理有四:

  a. 證據內面的分析,攷其字蹟、語言、圖式以及同時的事實;

  b. 外面指證的證據,找關於原著者本文的引用與詳細的傳記;

  c. 增補各時所得的附錄與引伸的發展;

  d. 須本證據的作者所根據的發端。

(3) 誠正的內觀批評。第一個問題我們所根據的著者是否誠正?不然,錯誤的隱藏,不待我們手續行動,就不正確。我們爲防止這種批評的不真實起見,先須考查著者對於事實的"同時",實地的證物,以及其家庭、社會、國家、宗教、政治、個人與公衆的種種關係。第二個問題是:著者自己錯誤否?我們由其注意的事實,能否得到真理或錯誤?這些問題,完全在考查歷史家其所以容易致誤之點,如原文事實的矛盾與同類事實的矛盾,無意義無識別的想像,以及各種可能的比較,或然,和非科學的歷史人物事蹟等等引用,皆當一一檢證。

總而言之,內觀法的批評爲消極的注意。要知道科學真理不完全在證物的建設。我們肯定一個標辭,應該有充實的理性信爲實在。證據的批評,不能成整個的通論,須將證據分析成部的元素,使之獨立分解,分別肯定。譬如一句之中,包許多肯定的可能,必抽出單行排列,一一批評。此即其普通規則。

第三節 社會學方法

  社會事實比心理事實更難達到,因爲它在我們之外或我們之上變化的,從此得以誕生人命。社會事實的各部,都互相關係變化:如歷史的、經濟的、政治的、文學的、宗教的,種種原因,皆與社會現象有密切關係。我們研究社會學如不注意各關係的科學,猶之研究生物學而不知注意官能作用然。第一步應該知道怎樣去觀察事實,限定事實,又怎樣分別事實,排比事實。我們能夠承認社會事實的種種現象,完全是在社會裏經過的嗎?然則吃、睡、行、思,都是社會現象了。再者,能否限定祇在人與人之間,負有存在關係的現象?如果社會不存在,則此現象亦不可能嗎?這都很寬放的,因爲説、寫、論、學、造形、奉教等等皆假定社會的存在;没有社會,都會自行消滅。那末,在社會學中應該引進心理學、邏輯、美學、文學批評、道德學、神學的研究嗎?這正是孔德所贊成的;因爲他不主張心理學另成一科,而爲之分成兩種作用:一方爲生物學,一方爲社會學。近代社會學家更爲簡單社會定義。譬如達爾德(Trade)的社會式,以一"摹倣"(imitation)形容之;换言之,以習俗時樣爲定律,與個人革新相對。涂爾根(Durkheim)以爲社會事實就是所以生所以行的態度,不依個人意志爲轉移。各人必須服從定律、風俗、國情。如果他想逃出去,則必受强迫羈絆,或由官所,或由權勢,或由公論,或由長官戚友家族,施以不便不利的罰則。所以社會實爲特殊的存在,合而爲社會所固有,與個體表現爲獨立的。不過這種關係是此時所知道的,有時個體所受的,如從前大氣圈中種種現象,尚無所發現;我們現在的範圍,正如加利萊時的物理。

在社會科學中,實驗法比心理學的更爲難能;因爲除去根本的機關,亦無非常革命的原因,怎樣在社會中實驗?假定可以實行"社會活體解剖",則與"動物或人類的活體解剖"同一危險。可靠者惟恃歷史的結構與各組織的考證,可以供我們歸納試驗的材料。過去的事實,能示以類推的結果;由類推的事實中,得出各種隱現與平行發展的條件。這種類推的方法,以"共變法"爲其檢證的真式。

統計學在社會學中成一部重要方法。它的結果證明事實的表現,終與其它事實爲變的關係:增與之俱增,減亦與之同減,如因果性然,由此構成科學定律。

但是我們的社會法則是要有實證性的;换言之,要視社會學如實證科學,如其它一切科學;所以須用物理自然科學的實驗法爲其推理方法。社會事實爲自然的事實,所謂社會學的科學,亦爲自然的科學,是即觀念學（idéologie）之所從出。其試驗較諸其它更爲長久，困難。故發其端者，須以精選重要結果爲合式，而不能依方法的牰擱，曲走許多進路。

第一則涂爾根認爲社會學方法先須視"社會事實爲事件"。凡先天觀念所能的傳統現象與個體概念，都應該脫去；換言之，須將外界性質的事實，羣聚起來，完全以表現與客觀爲標準，而不注重內觀分析。更要緊的，是共同實在的精神解釋，而不單認某種道德，某種文明，只承認所謂道德，所謂文明。譬如對宗教事實，亦必盡力撇去一切個體的表現，只有所謂宗教，而無所謂基督、福音、神秘、理想、情感、論信之分。

第二則爲社會現象的分理。涂爾根分爲健全現象與病理現象兩種。前者爲所是的現象；後者爲所非是之是的變象，爲社會學適用的必然規矩。因爲由各種現象之中分別病體，則知良善者正所必須，敗壞者勢所必除。

第三則爲社會的類分。因爲有了健全的標定，則有社會普通種類，所以須求"社會種類的組織"。其法不在記錄確定的社會，而在適應分類的普通原理。涂爾根以組織的程度分別，以社會生活的普通元素爲起點：羣衆與團體是也。

第四則由理性的適合要求，觀察事實間歷史的平行與歷史的事實和批評，用實驗檢證一切共變的事件，完成實在的現象因果關係。

前面的注意點，認社會科學爲歸納法時，須由社會事實的正確知識起。但是我們的直接觀察中，無甚關於歸納的使用。最要者，爲過去的證物，與各世紀中試驗所能參考的事件；換言之，要知社會學與歷史的關係。

歷史爲社會學全部事實最大的製造廠，它供給已往的實驗無算。譬如過去的立法史，將法律基本觀念的真正光彩，明白發展；經濟史、賦稅史、商業史，證明人民的社會事業與試驗結果。

我們社會組織的有形過去，由歷史標明其價值；還有事變無形的結果，亦由歷史認識，負責搜求。故社會學疏忽歷史功課，必爲稀奇想像的科學。

再回看歷史亦不能無社會學,歷史家所講的戰爭、人民、國家、事變與非常之故,以及人民內部的組織、文明的狀態、商業的發展、經濟的勢力,都是社會的情境。我們眼前發生的事實,只有在這些事件上找歷史事變的理性。

總而言之,社會中事事相接,而各種現象的活動與反動彼此相應,所以社會學應該是歷史的,而歷史學亦應該是社會的。

(本書由商務印書館於 1927 年初版)

抗戰建國綱領研究——教育篇

目　　錄

中國國民黨抗戰建國綱領 …………………………………………（479）

第一章　抗戰以前的中國教育運動 ………………………………（482）

　第一節　自民國建元至五四運動時期 ……………………………（482）

　第二節　自國民政府建都南京至九一八事變時期 ………………（486）

第二章　抗戰建國綱領的科學教育運動 …………………………（491）

　引言 …………………………………………………………………（491）

　第一節　抗戰建國綱領的教育綱領 ………………………………（492）

　第二節　從科學教育說到教育綱領中的道德修養 ………………（525）

　第三節　教育綱領注重力行與致用的科學精神 …………………（529）

中國國民黨抗戰建國綱領

中國國民黨領導全國從事於抗戰建國之大業，欲求抗戰必勝，建國必成，固有賴於本黨同志之努力，尤須全國人民戮力同心，共同擔負，因此本黨有請求全國人民捐棄成見，破除畛域，集中意志，統一行動之必要，特於臨時全國代表大會製定外交、軍事、政治、經濟、民衆、教育各綱領，議決公佈，使全國力量得以集中團結，而實現總動員之效能，綱領如左：

甲、總則：（一）確定三民主義暨總理遺教，爲一般抗戰行動及建國之最高準繩。（二）全國抗戰力量，應在本黨及蔣委員長領導之下，集中全力，奮勵邁進。

乙、外交：（三）本獨立自主之精神，聯合世界上同情於我之國家及民族，爲世界之和平與正義，共同奮鬥。（四）對於國際和平機構，及保障國際和平之公約，盡力維護，並充實其權威。（五）聯合一切反對日本帝國主義侵略之勢力，制止日本侵略，樹立並保障東亞之永久和平。（六）對於世界各國現存之友誼，當益求增進，以擴大對我之同情。（七）否認及取消日本在中國領土內以武力造成之一切僞政治組織，及其對內對外之行爲。

丙、軍事：（八）加緊軍隊之政治訓練，使全國官兵明瞭抗戰建國之意義，一致爲國效命。（九）訓練全國壯丁，充實民衆武力，補充抗戰部隊，對於華僑回國效力疆場者，則按照其技能，施以特殊訓練，使之保衛祖國。（十）指導及援助各地武裝人民，在各戰區司令長官指揮之下，與正式軍隊配合作戰，以充分發揮保衛鄉土、捍禦外侮之效能，並在敵人後方，發動普遍的游擊戰，以破壞及牽制敵人之兵力。（十一）撫慰傷亡官兵，安置殘廢，並優待抗戰人員之家屬，以增高士氣，而爲全國動員之鼓勵。

丁、政治：（十二）組織國民參政機關，團結全國力量，集中全國之思慮與識見，以利國策之決定與推行。（十三）實行以縣爲單位，改善并健全民衆之自衛組織，施以訓練、加強其能力，并加速完成地方自治條件，以鞏固抗戰中之政治的社會的基礎，并爲憲法實施之準備。（十四）改善各級政治機構，使之簡單化、合理化，并增高行政效率，以適合戰時需要。（十五）整飭綱紀，責成各級官吏忠勇奮鬥、爲國犧牲，并嚴守紀律，服從命令，爲民衆倡導，其有不忠職守、貽誤抗戰者，以軍法處治。（十六）嚴懲貪污官吏，并沒收其財產。

戊、經濟：（十七）經濟建設，應以軍事爲中心，同時注意改善人民生活。本此目的，以實行計劃經濟，獎勵海內外人民投資，擴大戰時生產。（十八）以全力發展農村經濟，獎勵合作，調節糧食，并開墾荒地，疏通水利。（十九）開發礦產，樹立重工業的基礎，鼓勵輕工業的經營，并發展各地之手工業。（二十）推行戰時稅制，徹底改革財務行政。（二十一）統制銀行業務，從而調整工商業之活動。（二十二）鞏固法幣，統制外匯，管理進出口貨，以安定金融。（二十三）整理交通系統，舉辦水陸空聯運，繁榮鐵路、公路，加闢航線。（二十四）嚴禁奸商壟斷居奇，投機操縱，實施物品平價制度。

己、民衆運動：（二十五）發動全國民衆，組織農工商學各職業團體，改善而充實之，使有錢者出錢，有力者出力，爲爭取民族生存之抗戰而動員。（二十六）在抗戰期間，於不違反三民主義最高原則及法令範圍內，對於言論、出版、集會、結社，當與以合法之充分保障。（二十七）救濟戰區難民及失業民衆，施以組織及訓練，以加強抗戰力量。（二十八）加強民衆之國家意識，使能補助政府肅清反動，對於漢奸嚴行懲辦，并依法沒收其財產。

庚、教育：（二十九）改訂教育制度及教材，推行戰時教程，注重於國民道德之修養。提高科學的研究，與擴充其設備。（三十）訓練各種專門技術人員，與以適當之分配，以應抗戰需要。（三十一）訓練青年，俾能服務於戰區及農村。(三十二)訓練婦女,俾能服務於社會事業,以增加抗戰力量。

第一章　抗戰以前的中國教育運動

第一節　自民國建元至五四運動時期

甲、本期教育概況

　　滿清末年，政治日趨腐敗，教育更走至帖括的末路。加以列強壓迫，日甚一日。於是朝野上下，皆覺有"變法興學"的必要。變法，是要使政治改進；興學，是要使教育革新。滿清政府為維持他的專制皇帝之統治欲起見，所以敷衍將事，用變法的名義，以掩飾國人耳目，用興學的形式，以制服士民心理。殊不知政府的虛偽，始終不及人民精神思想的力量，結果，大家就用以矛攻盾，以湯沃沸的法子，在形式教育的學堂中，唱反清的言論，展開愛國革命的思潮和運動。當時領導這種思潮運動的人，有兩大派：一派為折衷主義的康梁變法之說，一派為孫中山先生同盟會的革命思想。甲午以後康梁的政治改革思想，極能博得讀書份子的同情，在教育影響上，效力亦稱極大。俟至庚子大亂之後，國人知空言變法既不能自強，亦不能挽救祖國目前危險。於是孫中山先生倡導的同盟會之革命思想，遂躍為國內有力的政治運動。同盟會的主張，是剷除專制政體，推翻滿清統治。當時青年學子，因愛祖國的觀念，人人都具堅強的民族主義之信仰，尤以留日學生為最，所以同盟會的主張一倡，差不多倒滿的觀念，即時深入個個人的心坎中。一九一一年，武昌義旗一舉，全國如響斯應，這種水到渠成的原因，正是民族思想教育的成功。

　　倒滿的革命，有兩種偉大價值，一種屬於政治的，將數千年君主專制政體掃除乾淨；一種屬於思想的，將壓制思想的科舉制度一齊推翻。

從此自由政治，自由思想，皆於民主共和政體之下活躍起來，尤其是教育制度的革新，完全脫離舊日"官治主義"的積習，形成民治主義的組織，以國民道德訓練替換愚民政策，以科學精神教育廢去讀聖諭的習尚。我們看此時的教育性質，當然比辛亥以前的進步多了，比科舉制度的更科學多了，不過袁世凱一派盲目的古典教育論者，在民國三、四年間主張得很厲害，結果是康有爲輩的折衷思想，在這時候又形成了一派與時代脫節的復古教育的動態。

我們知道在革命之後，思想自由的言論一定很多，若遇有一主張出，必更有一思想起。所以在此時期，教育宗旨，政府儘管公佈，而教育思潮的運動，却不能爲命令所限定，所以除了國民教育之外，衍生了義務的、公民的、國家的教育思想；而同時更有自社會經濟民生各方設計者，復衍而爲提倡實用教育，職業教育等類的高潮。所謂實用教育運動，以民六、七年時代爲最通行，說者謂是時爲中國新教育時代，或爲科學復興之始期，我以爲至少亦應認爲中國現代教育之覺悟時期。昔日張之洞派的"以練習藝能爲致用治生之具"的文章，到此時始發生科學實用的教育結果。

無疑，在說明本期教育運動的各方面，我們不能忘了國語統一的運動，在文字教育的功用上，這個運動是值得注意的。因爲它推動教育平民化，與幫助普及教育的功績實在不小。但是，這個運動的歷史發生，遠在辛亥革命成功之前，直至民七年始由教部正式公佈注音字母，始由高師附設國語講習科，民九年全國小學，更將國文改爲國語科。所謂國語文學運動，至此時始稱正式成功了。

乙、五四運動後之教育解放

（一）五四運動的原因　我們先從遠處說來。自從一八六〇年英法聯軍破天津入北京，一八九四年中國海陸軍復大敗於日本之後，中國圖強的模做教育，好像一天天的展開了。祇因爲畏首畏尾的模做，所以雖然購了洋槍洋砲，講了格致英文，終不能抵抗一九〇〇年八國聯軍的武力；

尤其在洋槍與格致的政治教育之下，竟鬧出了迷信義和團徒手滅洋的亂子，後來變法興學的結果，也只算是繞了一個運動圈子。國家的貧弱，外患的增加，仍然日甚一日。至辛亥革命，才把天安門的皇帝招牌去了。但是所謂新政治新教育的人物，大都還是舊日峨冠拖紳的一般思想者，表面上雖也有很多西裝革履，然而整個的身心，却絲毫沒有洗刷，所以革命的政治與教育結果，仍不過算是將君主易民主，將專制易共和，與將格致的體用主義，易爲學校的科學課程之名而已。這種變而不變、興而不興的辦法，始終不能救貧救難，人人雖覺有國亡無日之威，然而新潮的動力，終無法洩出。延到一九一八年歐戰停止後，世界潮流轉變了。中國思想界才掀開了一個比較驚人的解放運動。這個運動的內因，我們要承認它是繼續辛亥革命的思想增長的，也可說是把革命的事業，澈底改造到科學的、現時的、實用的、民主的、政治與教育之實現。尤其是教育的，如"新青年"派的主張，極力提倡思想革命，他們認爲"要誠心鞏固共和國體，非將這班反對共和的倫理文學等等舊思想，完全洗得乾乾淨淨不可（陳獨秀語）"。反舊倫理的言論，把青年腦筋刺激得非常活躍，同時加以政治環境的逼迫，國際新潮的推動，所謂中國民族的思想解放運動，遂於民國八年五月四日，在北京天安門前，轟然一聲的炸開了。歷史上遺留的許多舊禮教、舊名分、舊思想，也一齊被這個學生運動的炸彈粉碎完了，掛皇帝招牌的天安門牆壁上，好像看不見腐朽政治的舊痕跡了。這也可以說是自從宋朝陳東一派太學生運動之後的唯一學生運動。

（二）教育之解放　五四運動的價值，在教育與政治的意義上說，它是從多少年思想革命的蘊藏爆發出來的，所以在行動上，它決非盲從或妄動。從目的上說，它是完全世界的、和平的、民主的奮鬥，它把許多不合民主制度的教育思想與不合科學精神的道德基礎，一齊解放了，開始了下面這些教育運動：

（子）平教運動　極力把教育普遍到全體人民，把教育當爲健全社會分子的方法。從此真正的教育，都是爲便利平民的，不是爲少數貴族階級或特殊勢力的工具。

（丑）自由運動　教育對思想培養上，應該是自發自動的創造，對思想行爲上，應該是自由自治的生活。

（寅）新文字運動　文字代表思想，文字工具如不完善，思想表現也不能美儷，所以改造文字，建設平易的、明瞭的、通俗的社會文學或國語的文學，成了很重要的思想建設。也是這個運動中有利於教育解放的特別力量。

（卯）科學教育運動　中國新教育雖然行了很久，但以純粹科學方法研究教育與澈底注重自然科學研究的事實，始終未曾表現出來。五四運動之後，杜威、孟祿、羅素先後來到國內講演，加以麥克科耳（W. A. McCall）與梯侶士（Tuiss）等的試驗提示，使中國教育開始踏入科學研究。各省科學實驗館也相繼成立。科學雜誌、教育雜誌的內容，也都加了實用材料。

（辰）學制改造運動　中國學制，始終爲無系統的模倣式之組織，在五四運動以前，東鱗西爪，湊成各級形式，行政上從中央教育機關到省會教育機關，以至縣教育機關，都很系統。實際則各級機關極難盡到教育的真正職責，若論學校系統，則自初級至高等教育，無一不備，如四二制、預科制、元年的大學令、二年的大學規程、六年的大學令、三年五年的大學區改變、三次的師範學校變遷，以及職業教育的變更，差不多變得不計其數。事實上終不外因模倣無定，使教育俱無獨特之宗旨或目標。歐戰後國人因思想革命的鼓盪，放棄習用日本式的添補辦法，採取較爲科學的教育方式，從此漸趨於比較有科學體系的結構，民十一年之學制會議的促成，即由是產生者。同年十一月一日更公佈學校系統改革令，所謂壬戌學制是也。按此次學制特點，即推翻日本式直接行美國之模倣制度的教育是也。

前面這些動運，把中國教育、科學、文藝、各種思想，弄得四面八方的活動起來，雖然在實際效果上不能說都有成功，但在思想發展上，確有很大的進步。所以五四運動，值得紀念的正在這裏，五四運動的失敗，也正在這裏。這就是說，五四運動，雖然在思想上有了進步，但因缺乏一個積極的正確的具體的指導原則，仍不能發生建國的力量。若要發生救國建國的力量，一切的運動，就必須以三民主義爲主宰。

第二節　自國民政府建都南京至九一八事變時期

甲、國民革命與教育改造

歐戰以後，世界各國都豎起"公理"碑，開放"和平"門，但是碑上的字，從揭幕之後就無人看；門裏的神，從開放之後也就無人拜了。所以在世界上只聽到弱小民族有喊公理的呼聲，只看見被侵略者有信和平的神念。我們中華民國的國民，個個都作過公理的呼喊者，個個也都是和平的信仰者，無如帝國主義的不平等條約把我們圍困起來，禁閉起來，同時還要我們強做輸血者的生意，所以到民十四、五年的時候，外面壓迫的與吸取的行爲，差不多把我們國民的生命、國家的物資，都要用不平等條約的武器，一齊殺盡。加以自己的軍閥官僚在國內實行"窮人夥不得討飯"的主義，彼爭此奪，弄得全國上下不安。對世界無民族地位，對軍閥無民權力量，對本業無民生經濟，整個中國，已深入半殖民地之泥犁地獄。在這個時候，要想救中國的危亡，惟有實行國民革命，惟有實現中國國民黨的救國主義，才可以負起這偉大的任務。

中國國民黨的三民主義，是實現中國在國際上、政治上、經濟上之自由平等的主義，國民革命是達到此目的的方法，所以民十三年第一次全國代表大會宣言發出，全國人民歡欣鼓舞的希望即時北伐，即時實現三民主義。故自國民革命軍誓師北伐至定都南京，不二年而各地軍閥如枯朽般的消滅了。這種力量是革命主義的勝戰，因爲當時國民黨的主義，實際上符合了全國民眾與青年的思想，起了信仰，遂發生這樣大的力量，尤其是世界上弱小民族，也都能同聲應援。蓋因國民革命的使命，不但要恢復自己民族的地位，還要對於世界濟弱扶傾；不但是求中國之自由平等，還要盡我們民族的天職，促進世界大同。這種積極的民族精神，比辛亥革命與五四思想解放運動，顯有極不相同的進步。辛亥革命在倒滿以後，只造成一種狹義的、保守的教育。五四運動的思想解放運動，雖然從教育與學術兩方面揭開政治的失敗，然而因為國家根本無合理的、適應的政策和主義，所以單憑學校的科學教育，終不能推動社會思想的根本改造。至若國民革命則不然，它是要建設代表民意的國民政府，提倡自治，扶植農工，發展生產，解決全國民眾衣、食、住、行的一切重大問題，是完全立於民眾地位，為社會一般人民的利益而革命的，它的教育政策，正是從它的三民主義產生，從支配思想行動的非科學方法，轉變而為用科學方法實行社會經濟的改造，與普及民眾的設施之生產行動的教育。這種世界性的國民革命之教育解放，才是真有人類思想的實在價值，才可以實現人類和平的"科學之道德"的行動。所以中國國民革命成功，就是世界自由平等之科學建設的完成。

乙、中國國民黨之教育宗旨及政策

我們知道三民主義就是革命主義，就是救國主義，教育就是完成革命，施行主義的工具；所以民十五年國民政府召集全國第一次教育會議，即由大會議決以三民主義為中華民國之教育宗旨，並發表宣言，認中國教育之目的，必須實現者有下列三大精神：

(1) 民族主義之教育精神：以發揚固有文化，提高國民道德，鍛鍊國民體格，普及科學知識，並培養藝術興趣。
(2) 民權主義之教育精神：以灌輸政治知識，闡明自由界限，宣揚平等精神，增進服務與團體協作之道德及組織之能力。
(3) 民生主義之教育精神：以推廣科學應用，養成勞動習慣，增高生產技能，提倡經濟利益之調和。

民十八年第三次全國代表大會乃據此以規定中國教育宗旨為：

"中華民國之教育，根據三民主義，以充實人民生活，扶植社會生存，發展國民生計，延續民族生命為目的，務期民族獨立，民權普遍，民生發展，以促進世界大同。"

同年四月，由國民政府正式公布，定爲全國教育宗旨。按這個宗旨，原爲中國國民黨之一貫政策，民十三年時第一次全國代表大會關於教育政策，已規定有"厲行普及教育，以全力發展兒童本位之教育，整理學制系統，增加教育經費，並保障其獨立"的重要宣言，再看十七年全國教育會議議決的"三民主義實施方案的原則案"，除前述十五年全代大會之教育目的外，更申言實施義務教育，男女教育機會均等，注重滿蒙回藏苗猺等教育的發展，注重華僑教育的發展，推廣職業教育，注重農業教育，注重生產消費及其他合作的訓練，提倡合於人民正軌的生活，培植努力公共生產的精神等等（參看十七年五月全國教育會議錄）。這都是博大詳盡的教育政策，都是打破形式模倣的方案。關於各級學校、普通教育、社會教育、大學及專門教育、師範教育、蒙藏教育、華僑教育、留學教育等，各有其實施的方針，同見於第三次全代大會的議決案，及二十年第一五七次中常會通過之三民主義教育實施原則。中華民國臨時約法國民教育章第四十七條更明定"三民主義爲中華民國教育根本原則"。

　　從上面簡單敍述的情形看來，我們還可以進而知道中國國民黨的教育，在系統上由幼稚教育以至大學教育，各階段有其獨到之特性，亦有其共同之目的，在科學教育原則上，一方面注意普通學科，尤注意生產勞動教育；它方面注意軍事訓練，尤注意推行義務教育，至於從外人與教會手中收回教育權的實行政策，更是表現國家獨立的教育精神。

丙、九一八事變後的非常時期之教育動向

　　三民主義的國民革命之統一成功，正是帝國主義的惡夢驚醒的時候；三民主義的教育實施，尤其是帝國主義者文化侵略的政策之阻礙。所以自革命軍北伐起，日本帝國主義的軍閥，即處處陰謀破壞，俟北伐完成之後，更時時對國民政府的建設加以阻擾，破壞失敗，阻擾不成，於是直揭其野蠻面具，肆行其橫暴政策，於民二十年的九一八之夜，在我瀋陽城市，實行炮火搶掠，強佔我北大兵營及兵工廠，毀滅我學校及教育機關，不旬日而吉林黑龍江亦到處增兵蠢動，竟造成傀儡的僞滿，以割

裂我中華國土，侵略我政治主權。中國國難的非常時期到臨，世界和平公約也破壞淨盡了。

我們曉得歷史上有所謂"明恥教戰"與"忍辱負重"的教訓，所以在強暴侵略之下，只有一方面忍辱，一方面教戰。我們可以說九一八之夜的明晨，全國上下即知一致準備，故雖在短時期內，舉凡精神教育，物質建設，都有非常進展。

專從教育方面說，自濟南慘案發生，當時主持全國教育行政的大學院，即根據第一次全國教育會議的決議與中央整個的國策，確定高中以上男生一律以軍事訓練為必修科目，女生須統習看護。同時更以科學生產技能為最要之提倡，尋至教育部成立，對國內學校，提倡應用科學與實際設施；對國外留學生之選派，尤偏重理工等實科，並會同軍事機關，訂定高中以上之學校軍事教育方案，各大學專科院系教課，有與非常問題相關者，尤須盡量充實。

瀋變之後，教育責任益與軍事意義為同一重要，故除中小學依照特別教材，增強民族精神訓練與注重童子軍作體格鍛鍊外，高等教育方面，積極施行"軍訓"與"科學"之兩大訓練，關於軍訓方面者，正式由訓練總監部會同教育部重訂軍事教育方案，起初原定受訓期間為二年，繼以暑假集訓易於生病，遂改為一年，但期滿後得酌加復習，更將全國高中集訓定為三月，而大學及專科學校則為兩月。試行結果，據教育部調查，凡參加集訓者，其體格均較以前加強。關於科學方面者，努力添設理工醫農各科院校，並嚴格規定文理各院系招生比率，特別擴充工科設備及新生名額，創立航空工程班，選派大批國外公費留學生，注重有關國防之應用科學，它如鼓勵各大學成立研究所，提倡國防問題研究，並登記各種技術人材，藉供戰時工作之用。民二十五年正月，蔣委員長特為召集全國專科以上學校校長，中學校長代表及大學專科學校學生代表，在首都勵志社談話數日，決定今後教育的方針，應特別注意適合非常時期的需要，同時委員長又手定一"國難時期教育綱領"。教育部乃組織一委員會，根據這個綱領訂立一"國難時期教育方案"。這個方案的內容對各級教育，都有詳細配置的非常教程與精神訓練，我們單就高等教育的一部分來看，有專科以上學校特種教育綱要。內分精神訓練，體格訓練，勞動服務，及特種教學與研究等類重要綱目。這些綱目的施行方法，經規定各校於不妨礙學生基本訓練與有適當師資設備的條件之下，刪去無關重要的選修課目，以國防的特種教學課目與研究題目增入，同時，更應就現有課程內盡量酌增有關國防之特種教材。此外教育部復根據政府關於國防及經濟建設的六年計劃，製定教育的六年計劃。二十六年春，更有加緊培養各種高等技術人才計劃的訂定，準備五年內極力將全國工農醫藥交通各院校擴充完備，造就一萬以上之各種工業技術人才，四千八百以上之農業技術人才，三千七百以上之醫藥人才，一千七百以上之交通技術人才。關於國外留學生，也同樣準備於五年內造就二千以上之國防技術人才。這種忍耐負重教育準備，明恥教育的精神訓練，如果真給我們在預定的時期，迎頭趕到，抗敵雪恥的實效，一定可以完全收穫了。大家知道倭寇的毒計，決不會讓我們安然訓練"教戰"的精神，尤其不許我們作科學的準備，所以強盜動手，先下為快。二十六年七月七日之夜，又突然用兵佔領我盧溝橋，繼陷北平，旁及天津，想讓我們中華民族在和平之下不能求得生存，中華民國在領土之內不能保得主權，這種強暴的侵略，不僅是中國不能忍受，就是世界上任何弱小民族也不能忍受。所以中華全國人民，認為這是最後關頭。我們偉大的民族抗戰，遂於政府統帥指揮之下，向敵人作堅強的、雄壯的抗戰建國運動。我們的戰時教育工作，也正從這偉大的抗戰時期中，更邁進到科學抗戰的光明路向上來了。

第二章　抗戰建國綱領的科學教育運動

引　言

　　教育是國家的命脈，文化是國家的精神，費希特（Fichte）說："戰勝敵人，不恃堅甲利兵，而恃精神毅力，故唯一可恢復德國獨立的方法爲教育。"黑格爾認爲一個民族國家的盛衰優劣或生長消滅，就看它的文化是否能獨立存在，或抵抗侵略。我們在歷史上仔細觀察一下，把歷來興亡的民族或國家，拿這兩個哲學家的定理去證明，差不多都很實在的對了。

　　日本倭奴在過去百年前，原無文化可言，對中國稱臣納貢，充其能不過乘朝貢之便而爲寇盜的劫掠罷了。明時雖屢寇中國，卒因黃冑爲道德的民族，只主張"懷遠以德"的寬柔政治，而反對"威人以刑"的戰爭，委曲求全，延到滿清中年，遂成養瘡長疽，自招禍殃了。尤其是他利用中國學術思想，進攻中國文化土地，甲午以後，每次侵犯中國，必先毀滅我學術機關，摧殘我教育力量。九一八以來，更盡量作文化的破壞，盧溝橋事變，平津教育完全被毀，學校圖書，轟炸殆盡，及我上海抗戰，毀滅文化機關，屠殺智識青年，幾成暴寇破壞的原則。尤其厲害的是平津京滬淪陷後，竟橫施滅種的奴化教育，這就是所謂實行"滅性"的毒計。

　　我們現在展開了偉大的民族抗戰，爭取中華民族的獨立生存。特別是最近中國國民黨臨時全國代表大會發表一個具有極重大意義的宣言，和一個博大精深的抗戰建國綱領，把中華民國生存和發展的路向都從這綱領指導出來，把抗戰時期所有的問題，也都從這個綱領具出解決的方法來。在抗戰建國的今日，這重大的宣言和精詳的綱領，實在是軍事、政治、社會、經濟以及教育各方面的標準範疇。尤其教育方面，綱領所示的科學教育，道德培養，青年訓練，婦女訓練，都是民族國家的生存原則。我們現在用詳細的分析方法，把他關係科學教育道德價值的各種理性，和教育部依據他所擬定的許多方案，一一條述於後，俾全國國民益有確切的認識，益能發展抗戰建國的中堅力量。

第一節　抗戰建國綱領的教育綱領

諺云："失敗為成功之母"，又云："破壞為建設之始。"我們現在的抗戰建國綱領，就是我們"成功"與"建設"的偉大圖樣。這個圖樣中所規定的教育設計，就是整個建設的鋼骨基礎。

甲、教育綱領原文

抗戰建國綱領關於教育一項者原文確定為四大原則：

（一）改訂教育制度及教材，推行戰時教程，注重於國民道德之修養，提高科學的研究與擴充其設備。

（二）訓練各種專門技術人員，與以適當之分配，以應抗戰需要。

（三）訓練青年，俾能服務於戰區及農村。

（四）訓練婦女，俾能服務於社會事業，以增加抗戰力量。

從前越國被吳國侵略的時候，越王勾踐提出抗戰建國的八個字的綱領，這八個字就是"十年生聚，十年教訓"。結果不久，越國就沼滅了吳國。我們今日抗戰建國綱領所示的教育原則，只要全國上下一致實行做下去，這四條綱領的力量，一定能把中華民族國家，在強暴的壓迫和侵略之下挽救轉來，抗戰必勝。這四條綱領，就是民族精神與物質方法的抗戰教訓，就是民族道德與科學實用的建國教訓。我們應詳細的解釋，精確的認識。現在我把它分別說明於後：

乙、教育綱領之解釋

（子）關於教育綱領的第一條：我先把這條分爲制度及教材與戰時教程的說明，然後再將道德與科學的特點另爲寫出來。

1. 改訂教育制度及教材。有人說"制度"是虛構無用的"形式"，"教材"是自由無定的"選擇"。這話真理也有，弊端却是很大。我先說制度形式無用的問題。要說形式性厲害的，恐怕是以形式邏輯爲最。要知道形式的邏輯，正是思想的規範，假使不按照形式規範的思想律去做思想工作，試問有沒有一點思想成功？有沒有一點知識合理？再說到普通道德或宗教的規範誡律，何曾又不是形式的呢？然而世界上任何國家民族，絕沒有說是不要道德的形式規範的。再就是各科的原理公式，何曾又不是形式的？譬如數學的公理公律，也都是形式的法則，難道說也能統說它無用嗎？教育制度如果說是形式的，它至少是與邏輯道德及各科學的形式一樣，如果說是無用，那至少要先把人類社會與民族國家的形式推翻，再才說它無用。我們中國過去的教育制度，完全是零星雜湊的模做形式，無民族至上的精神，無國家建設的實用，既不適於科學研究，尤不合乎道德修養與思想發展，這種形式制度，當然是無用，當然應該改造，所以抗戰建國綱領首先就提示改訂教育制度，注重科學與道德的一點，這點重要價值，就是表示中國過去沒有作到恢復中國民族獨立生存的教育力量。因爲過去沒有從科學研究上組織一個優良的教育制度，把全國人民教之育之，陶成有用的，有科學精神的，有道德修養的國民，所以也不能把民族國家的精神，領到世界文化的水平線上去。現在抗戰開始了，這種民族存亡的戰事，正是我們文化教育和民族精神的試金石，我們應該努力改造以前不適用的東西，釐訂出抗戰有力、建國有用的科學教育制度，使大家用事制宜，因才施教，一方面收得實際"知行"的科學與道德活動之結果，一方面更能健全我們民族性的精神思想。最近教育部根據戰時各級教育方案所公布的辦法，正是從改訂制度來作整個制度的試驗預備。

其次，再說教材選擇自由無定的問題。我們在教育制度上，知道有所謂自動主義，提倡兒童自憤自發的活動與自我創造的學習，在教學方法上，遂有設計教學與道爾頓制的實驗室，所謂教材選擇無定者，大約根據自由主義的教育原則來的，這自然也是一部分道理。不過這種根據，必定先有一個條件，就是教育所在之國家民族的"需要""環境""事實"。這三種條件，假使不能分別清楚，就承認教材選擇自由無定，至少要蹈入廢料雜湊，不合事實需要的情形。中國過去的教本教育，完全違反了"學以致用"的原則，所以教者雖不皆落於"不識時務"的批評，而學生畢業後，則幾皆成"所學非所用"了。所學非所用，固不得盡屬教材問題，若追本溯源的考究起來，還是教材的事實居多；譬如在師範學校的自然科學教材，假使完全與普通同級的學校所選的一樣，師範生就不能專用之於教學；又如職業學校之數理化的教材，假使完全與普通同級的學校課本一樣，那至少要浪費了許多學生的精力，同時還不能收到實用的效果。尤其是在中國用拉丁拼音以西洋語言文字的材料反中國語言文化，這種課本材料，實在不能說是有教材上自由選擇。再者，科學的教材，也絕對不能自由；譬如在農業上都用外國機械耕種的理論，那也很難說是有用的教材。教材有用，學生獲益獲用，教材無用，學生學成廢物，結果是國家受損失，教育遭失敗。抗戰建國的時期，正需要有用之材，需要國家個個人的力量，尤其知識分子的力量。過去知識青年，有用的知材不能充實，人格修養不能完善，現在當然應從抗戰建國綱領的教育新制度，訂定實用的教材，以供抗戰與建國的事實需要。最要緊的是我們再不要浪費青年時間，硬在課本上裝許多非科學的理論，在訓育上列許多不關道德或科學價值的資料，或者過於自信的，強以無關應用的難題習作。要曉得中國施行現代教育已經數十年，因為教學資料的力量不夠，所以整個國家推進的活動不及人家，使我們民族前途的進程落後了，現在決不能再塌班。這次抗戰建國綱領所示的教育之"改訂"，就是要大家一齊迎頭趕上科學之路。現在教育部正按照戰時教育實施方案聘專家改編各種教材，期各科皆有適合國家社會的需要，與兒童青年的興趣,並能適應戰爭需要。

2. 推行戰時教程。抗戰以來,國人都感覺到過去我國的教育未能適合戰時的需要,實際上就教育本身說,根本無所謂戰時與平時的分別,戰時的教育能力,完全包含在平時的教育準備之內。今日的教育不適合抗戰的需要,正因過去的平時教育未有完善的教程。臨渴掘井,本不是辦法,然而亡羊補牢,或可收補救的用處,故臨時大會除議決抗戰建國之教育綱領外,並通過戰時教育實施方案,對於教育方針行政制度學校課程教材經費等皆有詳細改進辦法,茲錄大會通過之方案於次:

(附錄)

戰時各級教育實施方案綱要

民國二十七年四月中國國民黨臨時全國代表大會通過

教育為立國之本,整個國力之構成,有賴於教育,在平時然,在戰時亦然。國家教育在平時若健全充實,在戰時即立著其功能;其有缺點,則一至戰時,此等缺點即全部顯露,而有待於急速之補救與改正,所貴乎戰時教育之設施者,即針對教育上之缺陷,以謀根本之挽救而已。

我國古代教育,向以德智體三育為綱,禮樂射御書數六藝為目,故德智並重而不偏廢,文武合一而無軒輊,文科與實科兼顧而克應羣己之需要,家庭教育與學校教育一貫,以造成完全之公民,迨六藝之真義一失,而教育之基礎動搖矣。

今試檢討過去吾國所謂新教育之病根,大要不外數端:學校徒偏重課本之講授,而忽略各德行之指導,此由於修己合羣之德育未加重視者一也。運動之目的在競賽,操場之建築為點綴,此由於強身衛國之體育全被誤解者二也。本國之文史不重,鄉土之教材不談,社會生活與學校設備絕不相伴:經濟組織與學校課程截然兩事,此由於利用厚生之智育遠離實際者三也。積此三者之癥結,而社會乃充滿人人謀事,事事找人之怪象,國家亦充滿貧病亂愚之慘象,馴至國力空虛薄弱,在平時已失其自立自存之基礎,至戰時更不能適應非常之需要,挽救之道,更有恃乎教育。

今後教育之設施，其方針有可得而言者：一曰，三育並進；二曰，文武合一；三曰，農村需要與工業需要並重；四曰，教育目的與政治目的一貫；五曰，家庭教育與學校教育密切聯繫；六曰，對於吾國固有文化精粹所寄之文史哲藝，以科學方法加以整理發揚，以立民族之自信；七曰，對於自然科學，依據需要，迎頭趕上，以應國防與生產之急需；八曰，對於社會科學，取人之長，補己之短，對其原則整理，對於制度應謀創造，以求一切適合於國情；九曰，對於各級學校教育，力求目標之明顯，並謀各地平均之發展，對於義務教育，依照原定期限，以達普及，對於社會教育與家庭教育，力求有計劃之實施。

根據上述之方針，據其整理及改善教育之方案，以爲今後實施之準則，其要點爲：

（一）對現行學制，大體應仍維現狀，惟過拘泥模襲他國制度，過於劃一而不易施行者，應酌量變通，或與以彈性之規定，務使用事制宜，因才施教，而收得實際效果。

（二）對於全國各地各級學校之遷移與設置，應有通盤計劃，務與政治經濟實施方針相呼應，每一學校之設立及每一科系之設置，均應規定其明確目標與研究對象，務求學以致用，人盡其才，庶幾地盡其利，物盡其用，貨暢其流之效可見。

（三）對師資之訓練，應特別重視，而亟謀實施，各級學校教師之資格審查與學術進修之辦法，應從速規定，爲養成中等學校德智體三育所需之師資，並應參酌從前高等師範之舊制而急謀設置。

（四）對於各級學校各科教材，應澈底加以整理，使之成爲一貫之體系，而應抗戰與建國之需要。尤宜優先編輯中小學公民、國文、史、地等教科書及各地鄉土教育，以堅定愛國愛鄉之觀念。

（五）對於中小學教學科目，應加以整理，毋使過於繁重，致損及學生身心之健康，對於大學各院科系，應從經濟及需要之觀點，設法調整，使學校教學力求切實，不事鋪張。

（六）訂定各級學校訓育標準，並切實施行導師制，使各個學生在品格修養及生活指導與公民道德之訓練上，均有導師為之負責；同時可重立師道之尊嚴。

（七）對於學校及社會體育，應普遍設施，整理體育教材，使與軍訓童訓取得聯貫，以矯正過去之缺點。強迫課外運動，以鍛鍊在學青年之體魄，並注意學生衛生方法之指導及食物營養之充足。

（八）對於管理，應採嚴格主義，尤注重於中學階段之嚴格管理。中等以上學校一律採軍事管理方法，養成清潔、整齊、確實、敏捷的美德，勞運服務之習慣，與負責任守紀律之團體生活。

（九）對於中央及地方之教育經費，一方面應有整個之籌集與整理方法，並設法逐年增加，一方面務使用得其當，毋使虛糜。

（十）對於各級學校之建築，應祇求樸實合用，不宜求其華美。但儀器與實習用具之設備，應盡量充實，期達到規定之標準。

（十一）各級教育行政機構，應設法使其完密，尤應重視各級督學工作之聯繫與效能，對各級教育行政人員之人選，應以德行與學識並重，特別慎重其詮衡。

（十二）全國最高學術審議機關，應即設立，以提高學術標準。

（十三）改訂留學制度，務使今後留學生之派遣，成國家整個教育計劃之一部份。對於私費留學，亦應加以相當之統制，革除過去分歧放任之積弊。

（十四）中小學中之女生應使之注重女子家事教育，並設法使學校教育與家庭教育相輔推行。

（十五）督促改進邊疆教育與華僑教育，並分別編訂教材，養成其師資，從實際需要入手。

（十六）確定社會教育制度，並迅速完成其機構，充分利用一切現有之組織與工具，務期於五年內普及識字教育，肅清文盲並普及適應於建國需要之基礎訓練。

（十七）為謀教育行政與國防生產建設事業之溝通與合作，應實施建教合作辦法，並儘量推行職業補習教育，使各種職業之各級幹部人員均有充分之供給，俾生產機構，早日完成。

以上數點，均切合國家社會之急迫需要，務期于最短期間完成其使命。

教育部最近依據方案所定的問題，陸續訂定許多施行方法與細則，例如：中等學校特種教育剛要，中等以上學校特種教育戰時補充法，及中等以上學校導師制綱要，均屬推行戰時教程的辦法，此法係使中等以上學校課程及學生生活，適應戰時環境及戰爭需要，同時使各個學生有品格修養，與生活指導。茲俱錄之。以實推行。

（中等學校特等教育綱要）

第一章　精神訓練綱領

精神訓練為一切教育之基礎。過去中等學校，偏重知識教育，忽略精神訓練，今後為增進青年之人格修養與其於民族國家之責任心，各校應力矯前此之缺失，注意左列各要項之實施：

一、厲行訓教合一。訓育職務應由校長及多數教職員共同擔任；由一二訓育人員負責。

二、注重學生團體生活。各校教職員，應於平日積極指導學生團體之組織與其活動（如組織級友會及學生自治會等）。

三、施行軍事管理與童子軍訓練。各校學生應厲行新生活規律，養成整潔、敏捷、確實、互助、合作、負責、耐勞諸種習慣。為達此種目的，高中及同等學校均應實行軍事管理，初中及同等學校均應實行童子軍訓練。

四、注重人格感化。各校教職員一切言行，須力為學生表率，以收人格感化之效。校長教職員及全體學生並應一律穿着制服。

五、舉行特別講演。各校應利用假期、紀念週、及其他課外時間，隨時約請校內外人士，對於青年修養，國內外政治情形，作有系統之演講，使學生對於國難真象，獲得深刻之認識，對於人格修養，樹立堅定之信仰。

六、改善學校環境。各校應改善一切環境布置，使能惕勵學生志氣，並適合訓育及教學上之設施。

七、施行導師制。依中等以上學校導師制綱要行之。

八、依據以上一二兩款之原則，各校應組織訓育指導委員會。由校長、各主任、軍事教官、童子軍教練員、體育教員、導師、校醫及若干專任教員組織之。以校長爲主席，訓育主任或教導主任爲副主席，主持全校訓育事宜。

第二章　體育訓練綱領

中等學校應注重體育，體育成績不及格者不得升級或畢業。級內之衛生設施及設備，應力求改善。對學生尤應定期舉行健康檢查，以爲施行體格訓練之準則，並注重身體缺點與疾病之防治。此外高級中學及師範學校高級職業學校，均須厲行軍事訓練，初級中學簡易師範及初級職業學校，均須厲行童子軍訓練。

一、軍事訓練

此項訓練，除應遵照修正高中以上學校軍事教育方案及其他各種規章施行外，並須注意下列各要項：

（甲）關於軍事訓練設備，除由政府供給者外，其應由各校自備者，各校務須迅速完成部頒最低設備標準。

（乙）高中及其同等學校，實行軍事管理；軍事訓練服裝，即爲學生制服。

（丙）軍事後方勤務，如防空、警衛、救護、民衆組織、糧食管理及交通運輸等項，應由各校軍事教官及訓育人員，就本地環境，舉行演習。

（丁）實施女生軍事看護訓練時，須與當地醫院及衛生機關密切聯絡。

二、童子軍訓練

此項訓練應注意下列各要項：

（甲）初級中學一律實施童子軍訓練，並以童子軍服裝爲學生制服。

（乙）初級中學童子軍訓練，除授三級課程外，並得授專科課程。

（丙）童子軍教練官須專任。如師資缺乏時，得聘請體育教員之曾受童子軍訓練者兼任之。女童子軍以聘請女教練員擔任爲原則。

（丁）各校對於童子軍設備及活動費用，應列入正式預算內。其設備並須依照部頒童子軍設備標準辦理。

三、體育

各種中學校，除依照部頒體育課程標準及各級學校體育教授細目實施體育教學外，並須注意下列各要項：

（甲）各校體育應特別注重爬山、長跑、游泳、障礙賽跑、球類運動等項目。

（乙）各校體育設備，應依照部頒體育設備標準積極設置。

（丙）各校對於體育設備經費，應列入正式預算內。

（丁）各校體育授課時間，不得少於部頒修正教學時數表之規定；此外每週並須酌定課外運動時間，督令全體學生參加，以期普及。

（戊）在無室內運動場設備之學校，除學校當局或體育教員認爲氣候惡劣，確屬有礙學生健康，得暫停體育課業外，無論雨雪寒暑，或場地潮濕，均應照常舉行。

（己）每日應舉行早操十五分鐘，操時應舉行跑步一次；跑步時間，視學生年齡、體力而減，教職員亦應努力參加。

四、衛生教育與健康檢查

（甲）各校應遵照中等學校衛生教育實施方案及設備標準切實施行及設置。

（乙）各校長應負責推行全校之衛生教育事宜，並得指派教員負其專責。

（丙）各校對於學校衛生設施經費，應列入正式預算內。

（丁）各校對於學生健康問題，應儘量與家庭聯絡，務使各生家長明瞭衛生教育之意義，以取得其同情與合作。

（戊）各校每學期應定期舉行學生健康檢查，在檢查時所發覺學生身體缺點及早期疾病，務須設法矯治，以免危害未來之健康。
（己）全校教職員及學生，均應按期施行各項預防及接種，並須遵照學校傳染病管理辦法辦理。

第三章　特殊教育綱領

一、中學及師範學校

中學及師範學校之特殊教學，除業經於修正課程標準內歸納於正課教材大綱者外，其為現有各科目所不能容納者，依後列規定，設置課外分組教學科目。

（甲）各校設置後列課外分組教學科目時，須注意次列諸事項：

1. 須力避妨及學生之基本訓練與健康；
2. 須於設置後迅即報告主管教育行政機關；該機關如認為不當時，得糾正之。
3. 高中及同等學校僅得於第二學年或第三學年設置後列分組教學科目（因第一年有軍訓及集中軍訓之故）。

（乙）課外分組教學之科目

課外特殊教材之教學，以軍事後方勤務為主。可分為防空、警衛、救護、民眾組織、糧食管理、交通運輸及工程等組。各校應就設備人才及環境需要情形，選設一組或數組。每一學生在初中或高中全肄業期間內，至少須各選習一組。每組修習期間為一學期或一學年，其詳由各校酌定之。但無論如何，每一學生每週修習時間應以二小時至三小時為度。各組講習之內容暫定如左：

1. 防空組：注重燈火管制、警報信號、交通管制、避難統制等項。
2. 警衛組：注重警察、消防、斥堠、保衛、偵緝等項。
3. 救護組：注重急救、看護、擔架、防毒、公共衛生等項。
4. 民眾組織組：注重宣傳、組織、救濟、印刷、慰勞、金融統制、募集物品、各項調查、緊急集合等項。
5. 糧食管理組：注重糧食調查、糧食運轉、糧食製造、戰時糧食統制等項。

  6. 交通運輸組：注重郵電、通訊（電話電報機等之使用）、駕駛、管理車輛、牲口、船隻、輜重運輸等項。

  7. 工程組：注重修築橋梁及道路、掘壕、築壘、掘井、掘地窖及其他土木工程。

二、職業學校

一般職業學校，應一面各就其原有科目。注重與非常時期需要有關之教材或技能（例如工業職業學校機械科之注重簡易軍械構造，修理及其零件配置，汽車引擎之構造與修理；電機科之注重電信、電話、無線電、電網之裝置及整理；農業職業學校農作科之注重組織農民及推廣農業等等），一面並應各依其設備人才及環境之需要，準照以上關於中學及師範學校課外教學分組之規定，設置課外分組教學科目一組或數組，令學生每人至少選習一組。每人每週之教學時數以三小時為度。此項時間得酌減其他原有科目之時間充之。

第四章 勞動服務綱領

各類中等學校，除訓練學生擔任校內各種服務（如校舍清潔校園作業等）外，並須利用假期及星期日之一部分時間，使學生實行勞動服務。茲將各校實施勞動服務時，應行注意事項規定如左：

  一、各校實施勞動服務時，應注意養成敏捷、確實、負責、合作與刻苦耐勞之精神，並注意組織能力與做事方法之培養。

  二、各校實施勞動服務時，應督令全體學生參加，對於怠惰不肯參加者，得依其情節，分別予以警告、記過、扣分或其他必要制裁。

  三、全體教職員凡年在五十以下者，均應參加勞動服務，以為學生之表率。

  四、各校訓育指導委員會（詳見第一章精神訓練綱領第八款）應於每月下旬確定下月內本校勞動服務計劃，於寒暑假之前，確定假期內勞動服務計劃。

  五、各校對於當地公益事業各項建設工作以及軍事後方勤務，如植樹、清潔運動、防疫、防災、調查戶口、新生活運動、識字運動、防空、救護、宣傳等事項，應指導學生積極參加。

六、各校於學生參加服務之前，應予學生以必要之指導與準備。

七、於某次勞動服務完了之後，各校指導人員應予學生以適當之批評，促其注意。

八、各校對於學生勞動服務之成績，應詳加考核，並於呈報各生學業成績時，一併列報。

九、教職員及學生參加勞動服務時，均應穿着制服。

第五章　附則

一、戰時各校推行特種教育補充辦法另訂之。

二、各校應於每學期終，將本綱要實施經過，呈報主管教育行政機關。

三、本綱要由教育部公佈施行。

中等以上學校特種教育戰時補充辦法

為使中等以上學校議程及學生生活適應戰時環境及戰爭需要起見，特訂定本辦法。凡本辦法所未規定者，仍適用中等學校特種教育綱要及專科以上學校特種教育綱要之規定。

第一章　總則

第一條　凡受戰爭影響地區內之學校，仍應力持鎮定，繼續課務，並加強消極防空設備，必要時得呈准主管教育行政機關遷移校址或短時休課。

第二條　各學校每週得酌減普通學科教學時數六小時至十小時，即以其時間施行特殊科目之教學訓練並從事戰時服務。

第三條　施行此辦法所需之必要經費，得呈准主管教育行政機關，作正開支。

第四條　本辦法實施經過，應隨時列表呈報主管教育行政機關。

第二章　精神及體格訓練

第五條　依據中華民國教育宗旨及實施方針，以實施三民主義教育爲訓育之最高原則，以實踐新生活爲其入手方法。

第六條　每晨六時半舉行升旗禮，下午五時舉行降旗禮，全校員生均須一律參加。升旗時由校長及其他教職員輪流訓話，每次約以三十分鐘爲限。

第七條　每週日曜日上午八時舉行總理紀念週，就總理遺教、三民主義、建國方略、建國大綱、軍治及政治經濟上重要事項，國際現勢及我國與各國之關係，由主要教職員或特請專門人員分別爲有系統之講述。各日曜日應充分利用從事會操、旅行、生產勞動或戰時服務等工作。

第八條　各級學生約以十人至十五人爲一組，分成若干組，每組設導師一人，由該校教職員分別擔任，指導學生之思想、學業、行動等。

第九條　導師及教職員須與學生共同生活，實踐新生活規律。

第十條　軍事訓練除基本學術科外，應注意射擊及騎術之訓練。

第十一條　利用環境，多爲爬山、游泳、露營及遠足等練習，以養成堅強體魄與軍事訓練之基本技能。

第十二條　田徑賽及球類等之課外運動，可酌依體育課程標準實施，但設備及運動服裝，須力避浪費金錢。

第三章　特殊教育及研究

第十三條　各科教學目標及教材內容，除遵照課程標準之規定外，應視實際需要，盡量補充與國防及生產有關之教材。茲就中學部分舉例如下：

一、公民科須於三民主義、建國方略、建國大綱、國民天職、國家民族之認識、本國政治經濟及社會情況、國際現勢及我國與各國之關係等項，特加注意。

二、國文應酌選發揮民族意識民族道德之文字及歷史上成仁取義之模範人格之傳記爲教材。

三、歷史地理須注重本國部份，外國史地可酌量減少。歷史教學須於本國史上過去之光榮，抗戰民族英雄，及甲午以來日本侵略中國之史實等項，特別注重。地理須注意歷代疆域之沿革，總理實業計劃，現時國防形勢與各戰區地域之認識。對於學校所在地及學生家鄉之鄉土情形，亦應比照研究。

四、初中自然科得採用混合制，並以觀察、實驗與學理互相參證。高中理化於基本知識外，並應特別注意與國防生產有關係之實用教材。

五、英文應注意基本訓練，為學生將來閱讀西書之準備。

六、勞作與生產勞動訓練合併實施；在可能範圍內，應使學生學習木工與種植。

七、音樂可略去樂理，注重歌唱；在集合時，須練習軍歌及激發志氣陶冶性情之歌唱。

八、圖畫注意基本練習及自然寫生；在可能範圍內，應令學生學習初步機械畫、圖案畫及戰時宣傳畫。

第十四條　師範科教學總時數須酌量減少，教育學科可酌量合併，並得略減其時數，民眾教育應作為必修科。

第十五條　訓練特殊技能之高級職業及專科以上學校，應就左列各項酌量加重訓練：

一、機械工程　修理製造軍用機械及其他有關軍事機械工程事項。

二、電機工程　修理製造架設電氣機件及其他有關軍事電氣工程事項。

三、土木工程　修築橋樑、道路、堡壘、挖掘壕溝、水井、地窖及其他土木工程事項。

四、化學工程　製造防毒面具用品、消毒劑及彈藥事項。

五、醫藥救護　治療、看護、防疫事項。

六、駕駛　各種自動車輛船隻之駕駛等項。

七、農業　特別注意地方生產之研究與改進等項。

八、其他關於戰時行政統制經濟管理民眾運動等項。

第十六條　各項特殊訓練及專門技能之訓練，由各學校適當之教員擔任之，必要時得由主管教育廳局會商軍訓會指派，或由學校當局就當地專門人員聘請之。

第四章　戰時服務及訓練

第十七條　初中戰時服務辦法，適用中國童子軍戰時後方服務訓練辦法大綱。

第十八條　高中以上學校戰時服務之組織，概以團爲單位，稱爲"〇〇學校戰時服務團"。以校長爲團長，以軍事教官及訓育主任爲副團長。

第十九條　服務團之下設隊，得就各種任務，分設宣傳、警衛、糾察、交通、救護、救濟、徵募、慰勞、教育及工程等隊：

一、宣傳隊　採訪情報、闢除謠言、啟發民族意識、鼓舞抗戰精神、鼓勵從軍自衛、並宣傳戰事常識、國民責任、敵人暴行、及軍事政治之實況等項。

二、警衛隊　警衛學校及其附近、並協助警察，維持地方秩序與治安等項。

三、糾察隊　清查戶口，偵查間諜，檢舉奸細及不良份子，保護外僑，排斥敵貨，刺探敵情等項。

四、交通隊　維持交通秩序，以及車輛船隻牲口之調查徵集及通信運輸等項。

五、救護隊　防毒、消毒、解毒、急救、看護、擔架、公共衛生等項。

六、救濟隊　救濟戰區流亡婦孺難民等項。

七、防護隊　信號警報、燈火管制、交通管制、避難統制及救火等項。

八、徵募慰勞隊　募集軍事需要之物品與現款，慰勞前方將士受傷軍民以及將士家屬等項。

九、教育隊教育難民，掃除文盲等項。

十、工程隊修築道路、橋樑、戰壕及防空壕等項。

十一、其他。

第二十條　各校應就需要、設備及人才，組織前條各項工作訓練班，各學生應視其體格、能力及志趣，分別編配於各班。除確因疾病經證明暫准免予參加者外，不得規避。

第二十一條　服務團之服務地點，以在各校校內及附近區域爲主。屬於專門技能之服務隊，以在戰地後方爲主。

第二十二條　同地各校之服務團，得聯合組織，由各學校校長教職員推定人員組織指導機關，除受主管教育行政機關之指揮外，並受當地最高黨政軍機關之指揮。

第五章　附則

第二十三條　本辦法由教育部公佈施行。

中等以上學校導師制綱要

一、本部爲矯正現行教育之偏於智識傳授而忽於德育指導，及免除師生關係之日見疏遠而漸趨於商業化起見，特參酌我國師儒訓導舊制及英國牛津、劍橋等大學辦法，規定導師制，令中等以上學校遵行。

二、各校應將全校每一學級學生分爲若干組，每組人數以五人至十五人爲度，每組設導師一人，由校長指定專任教師充任之，校長並指定主任導師或訓育主任一人，綜理全校學生訓導事宜。

三、導師對於學生之思想、行爲、學業及身心操衛，均應體察個性，施以嚴密之訓導，使得正常之發展，以養成健全之人格（訓導綱要另定之）。

四、訓導方式不拘一種，除個別訓導外，導師應充分利用課餘及例假時間，集合本組學生舉行談話會、討論會、遠足會等作團體生活之訓導。

五、導師對於學生之性行、思想、學業、身體狀況各項，應依照格式詳密記載，每月報告學校及學生家長一次，其繳學校之報告，主管教育行政機關,得隨時調閱之。

六、各組導師應每月舉行訓導會議一次,會報各組訓導實施情形,並研究關於訓導之共同問題,訓導會議由校長主席,校長因故不能出席時,得由主任導師或訓育主任代表主席。

七、各組導師對於學生之思想與行爲各項,應負責任,學生在校或出校後,在學問或事業方面有特殊之貢獻者,其榮譽應同時歸於原任導師,其行爲不檢思想不正如係出於導師之訓導無方者,原任導師亦應同負責任,其考查辦法另訂之。

八、導師認爲學生不堪訓導時,可以請求校長准予退訓,其受退訓之學生,得就本校導師中自選一人訓導,如再經退訓時,即由學校除名。

九、學生畢業時,導師應出具訓導證書,對於學生之思想、行爲及學業各項,詳加考語,此項證書在學生升學或就業時,其關係方面得隨時調閱之。

十、本部指定督學隨時視察各校導師制實施情形專案報部,中等學校導師制實施情形,各省市教育廳局,應派督學隨時視察指導。

十一、各專科以上學校得依本綱要另訂導師制施行細則,中等學校導師制施行細則,得由各教育廳局依本綱要規定之。

十二、本綱要經呈行政院備案後施行。

實施導師制應注意之各點

　　導師制綱要,本部已經制定,現頒發全國中等以上學校施行。惟此項訓育制度,在我國新教育史上,係屬首創,欲求推行盡利,則在實施以前,非有充分考慮不爲功。故於頒發導師制綱要之時,更舉述實施時應注意之各點,以備各校之參考。

　　本部創設導師制之宗旨,已於綱要中言其梗概。我國過去教育,本以德行爲重,而以知識技能爲次要。師生之關係,親如家人父子;爲師者之責任,非僅授業解惑而已,且以傳道爲先。自行新教育以來,最初各校猶列修身倫理爲教科;而老師宿儒,流風未泯,人格薰陶,收效尚巨。迨至近十餘年前放任主義與個人主義之思潮，泛濫全國，遂影響於教育制度。修身倫理既不復列為教科，而教育功能亦僅限於知識技能之傳授。師生之關係，僅在口耳授受之間。在講堂為師生，出講堂則不復有關係。師道既不講，學校遂不免商業化之譏。凡此情形，不僅使教育失效，實為世道人心之患，早為有識者所深憂。本部為矯此弊失，復納教育於正軌起見，爰參酌我國昔時師儒訓導之舊法及歐西有名之大學之規制，訂立中等以上學校導師制度。其辦法已於綱要中明白規定。但此制之能否成功，不全恃條文之規定，而繫於實施之精神。如果各校無實施此制之決心，但知虛應故事，則綱要將成具文。如果決心實施而考慮欠週，則流弊亦所不免。故於導師制施行之時，各校校長、導師及學生家長，均應多加注意，並保持密切之合作。

　　導師制之能否成功，大部分繫於校長。於實施此制時，首宜由校長慎選導師。選擇導師時，不應僅視其學問如何，尤應視其道德人格是否足為學生之表率。校長於選定導師以後，對於學生之分組，亦應考察各生個別情形，加以特別之注意。其年齡、學力、及品行相若者是否應分歸一組，抑或於一組之內分派年齡長幼不同及學行優劣不同之學生，此須斟酌實際情形而決定。此等辦法，涉近微妙，非可以公式規定，悉心體驗，是在各校校長。校長對於各導師之施行訓導，應隨時加以協助與指導。遇有困難問題，應隨時商討解決。其在中等各校及中等以上女校，如教員及女教職員人數不多，並得將每組學生人數較規定酌量增多。

　　導師為直接實施訓導之人，其重要更不待言。導師實施訓導時，最應注意之點，為以身作則。古語謂："以身教者從，以言教者訟。"又謂："其身正，不令而行，其身不正，雖令不從。"為導師者，首宜謹飭言行，示學生以楷模，對於學生訓導，應依照本部頒發之訓導標準。對於學生個性，亦應深加體察。其有特長者應予發展機會，勿令埋沒於一般標準之下。導師對於學生之關係，雖應力求親切，但仍須保持師道之尊嚴。各組導師，應彼此保持訓導上之聯絡，不可各不相謀。導師對於學生家庭，尤須有密切之聯絡。導師訓導學生，除對國家社會負責而外，對於學生家長，尤應負直接責任。除依綱要之規定，按期向學生家長報告學生在校情形而外，訪問與通信，應隨時行之。

　　學生家長對於導師制之推行，亦負有責任。蓋導師制之目的，不僅爲國家造就好公民，亦爲家庭培植佳子弟。過去學校與家庭之隔膜，將因導師制之施行而破除。凡爲家長者，應隨時將子弟之個性以及在家庭內之行爲，隨時報告導師，使導師於訓導時得所依據。同時家長對於導師應致其尊敬。在昔日家塾制度中，西席爲家庭之上賓，備受家長之尊崇與禮遇。今雖行學校制度，親師之關係變更。但爲導師者，如能盡心訓導其子弟，家長亦應同樣致其尊敬，固不應有今昔之別也。

　　各校校長導師，及學生家長，誠能依照以上指示各點，共助導師制之推行，則不特上述之流弊均可避免，且將爲學校訓育開一新紀元，爲社會道德立一新基礎，本部有厚望焉。

　　3. 注重國民道德修養。這是教育綱領首項的第一個特點，抗戰建國之精神動員的第一個要義，民族主義第六講曾說："我們現在要恢復民族的地位，就要把固有的道德先恢復起來，有了固有的道德，然後固有的民族地位才可以圖恢復。"拿我們民族的道德作基點，再向科學的人道工作上進展，這就是中國民族革命的意義。如果我們沒有自己的文化或道德價值，那我們自己的民族地位也不能保持獨立。蔣先生在革命哲學的重要一論文中所以特別說明，如果一個國家"沒有民族精神，他的民族性是無論如何不會養成功的，沒有民族性的國家，該國一定是散漫、腐敗、沒有組織、沒有機能。遇有外敵侵入的時候，國內的敗類、漢奸，不但不能團結抵抗，而且還要投機取巧，做出種種賣國的行爲來"。所以先必需增進國民道德，然後才有救亡復興的基礎。又說："如要明白國家致富圖強的道理，就必先要知道國家紛亂貧弱的原因；這個原因在那裏，根本上講起來，就是由於國民道德的墮落，一般人因爲道德的墮落，所以沒有精神，既沒有精神……這種國民根本不能做人，那裏還能救國！所以一個國家的國民道德既然墮落，國家便貧弱，甚麼外國人都要來侵略，……沒有精神和道德，只知道自私自利，不顧國家的危亡……我們

要救亡復興，惟有首先恢復我們固有的精神道德"。(《蔣委員長言論輯》卷三第七九頁至八十頁）

我們從教育哲學的意義看，國家民族教育的最高原理，就在民族精神的道德價值，和民族性的真、善、美之完全修養，完全人格的表現。克羅采（Croce）說：道德精神是人類的生活素，科學食糧必須道德烹調，教育就是飲食烹調的生活方法。所以就教育說，沒有科學不行，沒有科學的道德訓練，必然是不擇生熟種類的野獸，一飲一啄的法子。這就證明如若沒有科學的道德行為表現，一定沒有科學事實的價值。尤其要緊的是在人類社會中，科學威權發展，必同時有道德真理領導。不然，科學創造精神，必歸機械殘酷的行動，至少也要走至社會技術的鬥爭或國家工藝的鬥爭的途向。所以國民教育之科學的道德的修養，絕對是必要，我們看歐戰以後中國道德文化之見重於世界科學家的原因，正是因為他們感覺過去獨立科學發展的教育失了道德調和是不好的。我們在抗戰建國的時代，對科學缺乏的物質條件，固宜努力充實補救，國民道德修養的精神能力，亦宜同時努力注意發動。一般人只知槍砲的科學機器要緊，不知科學精神的道德關係，教育綱領提示此點，實在是非常重要，所以臨時全代大會宣言，也特別告誡的說："輓近以來，持急功近利之見者，往往以道德之修養，視為迂談。殊不知抗戰期間，所最要者，莫過於提高國民之精神，而精神之最純潔者，莫過於犧牲，犧牲小己，以為大羣，一切國家思想，民族思想，皆發源於此。而犧牲之精神又發源於仁愛，惟其有不忍人之心，所以消極方面，己所不欲，勿施於人，積極方面，己欲立而立人，己欲達而達人；及其臨於禍福關頭，則充其不忍人之心，無求生以害仁，有殺身以成仁，此道德之信條，所謂互萬世而不易者也。國民若無此仁愛之心，則必流於殘忍，習於自私自利……視國家民族之存亡，會不以動其念；個人人格已不存在，國家元氣因以喪失，何以抗戰？更何以建國？……證之數年以來，軍隊因受精神訓練，對於捍禦外侮，復興民族，有同一之覺悟，同一之決心，故抗戰開始，人人皆勇於赴敵，雖物質方面，部隊之機械化遠不如敵，而能以精神彌其缺憾，因犧牲精神之激勵，抵抗力量與時俱進，用能撐拄強敵，百折而不撓其志……由此可知道德之修養，若更能普及，更能深造，則本實既茂，體用並備，抗戰必勝，建國必成，必由於此。"

三民主義的基礎是從整個社會道德、政治道德的科學觀點考究起來的；忠孝仁愛信義和平的八德，是中國民族歷史不朽的精神，是一切道德價值的總和。孫中山先生曾說："這種特別的好道德，便是我們民族的精神，我們以後對於這種精神，不但是要保存，並且要發揚光大，然後我們民族的地位才可以恢復。"又說："一切知識都是以科學爲基礎。"從前德國哲學家相信惟有教育可以恢復德國獨立，現在我們的抗戰事實告訴我們：惟有注重科學知識與國民道德修養的教育，可以恢復中華民族的獨立。

4. 提高科學研究。這是教育綱領首項的又一個特點，抗戰建國的物質建設的第一個要義。臨時全代大會宣言說："至如科學之運動，在抗戰期間亦爲最要，蓋抗戰爲全國心力物力之總動員，亦爲全國心力物力之總決賽，必當以沉毅勇壯之精神，腳踏實地，從事於心力物力之充實。在技術方面，則提高自然科學之研究，俾軍需軍器得無缺乏，在社會制度方面，則適用社會科學的學理，使社會的組織與活動，趨於合理化，成爲有計劃有系統的發達。其施行之於教育者，宜知戰時的科學需要較平時尤急，科學的探討與設備，爲抗戰持久及抗戰勝利之決定因素。其施之於文化運動者，宜知所謂所謂文化運動，不外謀全部人類生活之充實向上，當在科學方面使技術與社會制度相貫通，理智與感情相貫通，以求其平均發展，然後心力物力，乃能日即於充實，抗戰必勝，建國必成，必由於此。"

我們在中國教育史上看"提高科學研究""提倡科學教育"之類的計劃，都曾顯示極端重視科學，尤其中間主張以科學教育爲宗旨或制度的時期，也有很久的經過。但是結果完全不能收效，最不好的現象，就是每遇一次外患，教育必定表現一次自認失敗的狀態，例如"國難教育""國恥教育""非常教育"以及"抗戰教育"等等否定平時教育的科學制度和教育實用的意義，都是很不好的態度。自然中國教育離科學化很遠，不過在外患侵略的時候，如何能找到短期教材和教法，求達克敵制勝的科學任務？所以過去作這種輕視科學教育的宣傳，決沒有一點科學效果。現在抗戰建國綱領規定提高科學研究的科學教育，經宣言指明，完全爲腳踏實地的心力物力之充實的運動。直言之，是所謂提高科學研究的教育運動，是注意戰時科學同時同樣與戰後的科學研究及教育設施相通。尤其明白的是所謂技術與社會，物質與精神，理智與感情的三大貫通之說，更打破了尋常教育困難的基點。我們應該把這三大貫通的科學意義分別說一說。

第一爲什麽要使技術與社會制度相貫通？因爲任何文化產生，是從國家民族的歷史精神，和人類社會需要的自然研究之內在的能力發出。如果不能貫通，就不能有自己創造的力量，也不能真正得到科學的用處。我們自從明代利馬竇（MatteoRicci）授幾何原本，到現在，四百年間，接觸的西洋文化，不可謂不深而且久，究其實，僅天文測量、戰具、儀器、交通工具等類科學技術之皮毛，工商實業等類經濟的技術之外表，考其故，即因一切技術與我們社會制度，社會組織和訓練不相聯貫。真正供應抗戰的科學技術，要我們努力研究，真正爲抗戰建國的科學技術，尤其要貫通於我們民族國家的社會制度，與組織訓練，促成中華民族的"科學社會"。

第二爲什麽要使物質與精神相貫通？因爲心物二元的思想，只有哲學觀念的分析價值，決非科學研究的歸納問題。世無絕對唯心的科學，亦無絕對唯物的科學，在科學創造的自身，只有心力物力一致的精神態度，在民族國家的存在，也只有心力物力一致的運動發展，所以任何用心力反機械，用物力反道德的思想，都不利於民族國家，亦不利於科學研究的動向。我們在抗戰建國的統一領導下，這種科學貫通的事實需要，當然應該努力實現成功。

第三爲什麽要使理智與感情相貫通？科學是理智生活的產品，社會是感情生活的調和，理智是沉靜的、深澈的、條理的、創造的、真實的；

感情是激動的、澹漠的、混同的、意氣的、欲念的、變遷的。前者靜，後者動；前者如體相，後者如形表；體相具實在生命的元素，形表有變化行爲的衝動。兩者統屬於人類生活態度，若偏持兩極端，則社會上的鬥爭，思想上的鬥爭，甚而個人與個人，團體與團體的衝突，都由此發生或誘起。小則傷害個人生活，大則破壞國家民族。因爲人類生而爲感情動物，所以在感情方面發生危險的大而且多，故必與理智生活相貫通，然後持兩端以用乎中，就正合了科學之教。

總之宣言所說的提高科學研究，正表明抗戰建國的教育綱領是根本實施科學教育的方法，至於三大貫通的原則，第一個是要打破社會的固執性與保守性，使科學教育深入社會訓練。第二個是要打破社會紛爭的非科學思想，使人類認識達到科學的一致性。第三個是要打破以混芒或意氣的衝動排斥或忽視理智的科學思想。這都是實行提高科學研究的先決重要問題。也都是我們應該特別注意的問題。

（丑）關於教育綱領的第二條：這條可分爲訓練專門技術人員與適當分配應用的兩項。

5. 訓練專門技術人員。大家知道現在所謂科學時代，就是專門技術時代，所謂技術的社會，就是專門技術人員的社會。我國國民生活，離開科學生活還很遠，國家時代離開科學時代，也一樣很遠，從專門技術的社會說，雖然也有不少的專家可數，但從需要的供給上說，却等於沒有專家。尤其是在這抗戰建國時期，更是感覺人材缺乏！這種情形，當然是非常嚴重的教育問題，孫中山先生說："中國不是人不如人，是機器不如人。"我們可以引申的說："不是機器不如人，是專家不如人"，還可以更清楚的說："不是專家不如人，是科學教育不如人。"沒有培植專門技術科學的教育，當然沒有專門技術的人材。中國因爲受了模倣教育的"因循"之毒，一般受教育的國民溫文爾雅，優柔寬放，高談文教，恥言功利，到了一般國民性，更是萎靡頹唐，含混散漫毫沒有國家民族精神至大至高的意識。風氣至此，教育又無轉移的方法，所以求學目的在作官，而技術工作成了讀書的下乘。我們現在感覺到急需技術人員的時代了，感覺從前忽視專門工作人員的錯誤，最近二三年來，積極努力技術人員的訓練，如國防建設的，工業建設的，經濟建設的，交通建設的，各方面都有相當的籌劃，相當的統計調查，各大學專科學校，也特別注重技術訓練，雖然數量質量都不充足，但注重培植，則為一極大進步的事實。現在抗戰建國綱領更明白規定為教育改進的要條，教育部依據它擬定了許多專門技術訓練的辦法，這當然是我們科學教育的最好動向。

自然，我們今日的技術訓練，只算是趕緊急需要的來訓練供給應用的人員，所以還不能算是科學的技術教育工作。因為大多數的機器，和狹義應用的技術，並不包含真正值得稱為科學的東西，譬如紡織上、鐵路上、蒸汽航術上，論技術工作，都很簡單，都很少科學意味的秘奧道理，或者我們現在需用這種常識技術的太多，應該大量培植訓練，但是真正科學教育的技術價值，不是常識的工作，譬如電氣調度的技術，就有特別的新常識在這裏面，無生界的技術，生物學上的技術，生理學上的技術，心理學上的技術之專門知識訓練與實驗工作，也正是我們同時要特別提高的。常識的機械技術，是為我們供應緊急需要，與一般工業需要，及其他各類技術需要而訓練的。科學技術則是常識技術的高等工程師，機械技術的創造家。一般需要的技術發明家，這是要靠科學教育努力訓練的，也正是我們現在建國的基本技術人員。

6. 適當分配應用。技術人員的分配，本來是很簡單的事情，因為各種專門技術，原來就是有範圍的工作，醫士不能作機械工程人員的工作，化學技士不能任鐵道運輸人員的事務，這是很顯明的。但是從人材缺乏與經濟分工上說，卻又有很大的問題。譬如在一個大工廠裏或一個設備完全的大醫院裏，差不多各種技術人員都有需用的地方，如果技術人員多的話，固不成問題，如果供給不夠的話，就要有適當的分配，不然，必發生很嚴重的破綻，甚至停止一切工作，妨礙計劃的成功，如果分配適當，最多不過進行力量較小較慢，絕不會完全停止。

然而更有重要者，分配不適當，最易發生三種弊病：

能者不能之弊：某類技術家確有專長，只以分配工作的地方和環境，因設備不全，致無所用其能以見長，能而不能，正因分配失當反而喪失其技能。

用者不用之弊：某類技術家確有專長，只以用者的目標在別方面另有所藉重，如用之作秘書事務，致其專長只在無關重要的部分應用，是謂用而不用，即因分配而消失技術人員之本質技能也。

分工無工之弊：某工廠或機關從工作製造或設備種類上說，應有某類工作，但因它種原因，一時無須此類技術人員工作，而既被分配擔任者實等於空缺，此類損失不僅一方面受害，實屬多方面的失措。

這類不適分配原則的弊病很多，假使列舉起來還有的是，在這抗戰建國急需人材的時候，我們應該注意經濟的用人法，尤其專門技術的人，所以綱領上特別提出它來。

（寅）關於教育綱領第三條：這條是關於青年訓練與服務戰區及農村的問題，也可以說是抗戰建國中民族精神基本重要的一個問題。

7. 青年訓練與服務。在抗戰期間，青年教育很難按步就班，正正堂堂的施行教學方針的，因為青年心理是熱情的、愛國性的、好動的、感奮的、正義性與個性剛強的。假使處在一個社會靜態的環境裏，他們各個心理上，一定有很多不滿時代的意識，與突破環境的思想，如果學校管理得法，積極的就是潛心讀書，作學業競爭的預備工作；消極的就是浮躁輕狂，嗜讀淫書小說，或不規則的行為信仰。假使處在一個社會動態的環境裏，那又不然了，無論是積極求學或消極行動的學生，都一致發生熱性吐露，感奮有為之動的響應，這時候決不能用尋常的教育方法強制管理，不然，在教學兩方面，都要受精神的損失。所以在情勢上，抗戰時期的青年訓練，實在非常重要。這就是說一方面要有循循善誘的教育，以安慰其動向，一方面更要善用熱情正義的精神，以發揚民族抗戰的力量。

我們知道青年稱為國家社會的中堅，同時也稱為思想的幼稚者。他們在關係民族國家存亡的時代，負有復興國運的絕對責任，同時也負有不可避免的精神損傷的責任。因為一個青年分子，就是國家一個物質精神的分子，個個健全，國家健全，有個損傷，國家也損傷，所以國家對於青年愛護，差不多是無條件的必然事實，國家對青年的管理與教育，正是它愛護的無上原則。任何國家能夠復興或強盛，全看青年是否勇敢有為、有組織、有訓練、有力量，否則，全國精神墮於委靡不振，散漫無力，國家民族，必趨滅亡。說青年是國家的命脈，復興的基礎，就是這個道理。但是我們要知道，青年能否做國家中堅的幹部，是要看他自身有無基本學識、技術和健全的人格修養，不然，所謂命脈就壞了，國家就危了。我們抗戰的今日正是青年的試金石，我們抗戰建國綱領所提示的青年訓練，正是加強組織有力的，有覺悟的，有意識的，與建設國家的青年。

談到服務的問題，綱領指明戰區與農村，這因為是第一層現在是抗戰的時代，第二層中國是農業的國家，而且農村教育最落後。在全國總動員的時候，農村方面除物資力量的供給外，急應更大的發動精神力量。這種發動力量的工作，以青年為方便，因為中國青年大半出於鄉村，一經政府訓練，各返農村工作，比學校下鄉、文化下鄉的實效，或者要容易得多。

有人談到青年服務問題，證明個個學生都願到戰區不願到農村，並且證明自抗戰以來，全國青年視死如歸，熱血忠誠，爭先為國效命，所以教者一說到實際參戰或至疆場工作的話，無人不躍躍欲動；一說到先要努力學業，作儲材建國或科學競爭的話，又無人不竊笑為迂腐。此在愛國精神責任上看，實五千年來不易得的偉大氣象，若從五四以前看，值得稱揚的這類學生愛國運動，恐怕只有宋代陳東那一次可以比較一下。惟是今日抗戰是長期的，建國是永久的，青年為抗戰服務是光榮，為建國服務尤屬重要，所以到戰區與到農村在效用上或者農村較為困難，戰區較為活躍，此屬青年性情關係，非前之服務為勇敢抗戰，而後者即為怯懦無用。

8. 青年訓練大綱。最近教育部依據抗戰建國綱領，訂定了一個青年訓練的綱領，內容分基本觀念，訓練要項，及訓練方式三大條，各條有固定的目標及實施的要點，茲錄之如次：

青年訓練大綱

甲、基本觀念：

一、人生觀：

子、目標

一、認清生活之目的爲增進人類全體之生活。

二、認清生命之意義爲創造宇宙繼續之生命。

丑、實施要點：

一、征服自然利用萬物：宇宙萬物，皆爲我而生，待我而用，故必須努力征服自然，盡量利用萬物，以增進及充裕人類全體之生活。

二、爲主義民族國家而犧牲：一己的生命並非唯一的生命，要將一己的生命溶匯於整個民族歷史的生命之中，抱定在必要時犧牲小我以成大我，犧牲個人以復興民族的決心。

三、作事要有目的：任作何事要有目的有意義；有正當的目的，作事始能成功，所作之事，方有意義。

四、要能自覺、自反、自立、自强：能自覺、自反者始能進步；能自立、自强者始能不亡。

二、民族觀：

子、目標：

一、認清中華民族爲世界上最優秀民族之一。

二、認清中華民族對於世界文化有其獨特之貢獻，應該發揚光大。

三、認清中華民族爲富有創造精神之民族。

丑、實施要點：

一、說明中華民族之特性及其成爲世界上優秀之理由及例證。

　　　　二、講述中華民族固有文化的特點，開發其優點，矯正其缺點。
　　　　三、養成民族自信、自尊的信念。
　三、國家觀：
　　子、目標：
　　　　一、確立國家高於一切之信念。
　　　　二、認清個人與國家之關係。
　　　　三、認清我國之現狀及此後應努力之途徑。
　　丑、實施要點：
　　　　一、講述個人之存亡與國家之存亡相終始之意義及例證。
　　　　二、說明現代公民對於國家所應擔負之基本責任。
　　　　三、講述先有義務後有權利之理論及例證。
　　　　四、講述我國歷史地理，尤注意於歷來外患史實。
　　　　五、講述富於國家思想及民族意識之故事。
　　　　六、講述建設現代國家所必須具備之條件及中國目前之需要，并研究努力實現此項需用之方法。
　　　　七、充分利用鄉土教材并實地考察。
　四、世界觀：
　　子、目標：
　　　　一、認清世界各國之現狀。
　　　　二、認清近代國際社會之性質。
　　　　三、認清我國與世界各國之關係。
　　　　四、認清我國在國際上所居之地位及對世界所負之使命。
　　　　五、說明我國須先恢復自由獨立與平等始能促進世界於大同之意義。
　　丑、實施要點：
　　　　一、講述近數十年來各國之狀況，尤注重於軍事、政治、外交、經濟之動向及其原因。

二、分析近代國際社會錯綜複雜之性質，以說明我國之國際地位。
　　三、講述我國近數十年來與外國交往之史實。
　　四、說明我國恢復自由獨立與平等的奮鬥即爲維持世界和平促進世界大同的努力。
乙、訓練要項：
　一、信仰：
　　子、目標：
　　　一、信仰三民主義。
　　　二、信仰并服從領袖。
　　丑、實施要點：
　　　一、開發三民主義之精義：認清三民主義爲廣大精微之救國救民主義，爲中國建國最高之理想，并說明其在現代國際政治、經濟、文化上所佔之地位。
　　　二、講述領袖之言行，激發其信仰領袖服從領袖之情緒，使青年耳聽心維，時時刻刻心領袖之心，行領袖之行。
　二、德行：
　　子、目標：
　　　一、發揮忠孝、仁愛、信義、和平諸美德。
　　　二、實現領袖提倡禮、義、廉、恥之意義。
　　　三、涵養公誠樸拙之精神。
　　丑、實施要點：
　　　一、依照下列十二守則體會力行：
　　　　（一）忠勇爲愛國之本。
　　　　（二）孝順爲齊家之本。
　　　　（三）仁愛爲接物之本。
　　　　（四）信義爲立業之本。
　　　　（五）和平爲處世之本。

（六）禮節為治事之本。

（七）服從為負責之本。

（八）勤儉為服務之本。

（九）整潔為強身之本。

（十）助人為快樂之本。

（十一）學問為濟世之本。

（十二）有恒為成功之本。

二、遵照軍人讀訓之精神自省自立：

（一）實行三民主義，捍衛國家，不容有違背怠忽之行為。

（二）擁護國民政府，服從長官，不容有虛偽背離之行為。

（三）敬愛袍澤，保護人民，不容有倨傲粗暴之行為。

（四）盡忠職守，奉行命令，不容有延誤怯懦之行為。

（五）儆守紀律，勇敢果決，不容有廢弛敷衍之行為。

（六）團結精神，協同一致，不容有散漫推諉之行為。

（七）負責知恥，崇尚武德，不容有污辱貪鄙之行為。

（八）刻苦耐勞，節儉樸實，不容有奢侈浮滑之行為。

（九）注重禮節，整肅儀容，不容有褻蕩浪漫之行為。

（十）誠心修身，篤行信義，不容有卑劣詐偽之行為。

三、體格：

子、目標：

一、健全的體魄。

二、自衛衛國的技能。

丑、實施要點：

一、鍛鍊身體：體格之好壞，十分之七由於鍛鍊，故須養成恒心毅力及刻苦耐勞之體魄，始能歷盡風霜，艱險不避，肩負對國家民族所應負之責任。鍛鍊方法舉例如下：

（一）登山。（二）游泳。（三）遠足。（四）拳術。

（五）競賽。

二、注重衛生：

（一）飲食要有定時。（二）衣服要整潔。（三）早睡早起，呼吸新鮮空氣。（四）多到野外與陽光接觸。

三、學習軍事技能：

（一）射擊。（二）駕駛。（三）騎御。（四）露營。（五）救護。（六）偵查。

四、生活：

子、目標：

一、軍事化。

二、生產化。

三、藝術化。

丑、實施要點：

一、重秩序，守紀律：一切行動務須敏捷、確實、整齊、嚴肅，力除浪漫、懶惰、頹唐之惡習。

二、勞作與節儉：從事勞作，學習技能，以求增進生產；利用廢物，減少浪費，以求節省消耗。

三、整齊與清潔：凡物之整齊、清潔者自然美觀，故衣、食、住、行全須整齊、清潔，一洗污穢泄沓之惡習。

四、簡單與樸素：衣服什物，務求簡單樸素，當知什物係為人所用，勿使人為什物所累。

五、服務：

子、目標：

一、認清人生之目的，在於服務，不在奪取。

二、認清服務社會為人類生存之基本義務。

三、認清服務之精義在能彼此互助，袪除自私自利心，以社會福利為前提。

丑、實施要點：

一、在政府指導下協助民眾組織，倡導生產能力之提高，參加各種宣傳隊或訓練班，及協辦義務教育、平民教育及社會教育，以提高民眾政治常識，及生產能力之水準。

二、參加各慈善團體，救濟災難，參加戰區服務，難民安撫，傷兵救護，及防空防毒消防等工作。

三、協助軍隊保護地方，捍衛國家，幫助維持秩序，及必要時參加抗戰等。

丙、訓練方式：

一、日常活動：

子、小組集會：除討論及研究各種政治、經濟、社會問題及應付具體方案外，并聯絡感情，及練習四權之使用及組織能力之培養。

丑、野外遠足及聚餐：除鍛鍊身體聯絡感情外，并練習各小組間之互相聯絡，俾一旦有事可臨時在指定之地點集合。

寅、農村服務：使瞭解當地之稼穡情形與民間疾苦，除鍛鍊身體外，并應在政府指導之下，教育訓練民眾，使其增加組織及生產之能力。

卯、救濟服務：使練習各種救濟事業，如防空、防毒、消防、水災搶險、戰區難民收容安置、傷兵看護等，以達到人生以服務爲目的之意義。

辰、露營訓練：使練習軍旅習慣及集團生活，以爲異日捍衛國家馳赴戰場之用。

巳、外省旅行：使瞭解本國各地情形風俗，以消除隔閡而資團結，并認識自國之境界，而起愛護及保衛之心志。

二、教育課程：另訂。

（卯）關於教育綱領第四條：這條是提示婦女訓練的重要，現在抗戰時期，如何使婦女服務社會事業，以增加抗戰力量,此極有關"人盡其力"的一個大問題。

9. 婦女訓練與服務。我們從教育的觀點來說,中國女子之有學校教育,最少也有三十年的歷史,從教育解放後的女子教育來說,也有二十年的經過,這二十年由青年學生變而爲成年婦女的,數目總在幾十萬以上,換言之,有新教育知識的婦女,應該在全國各處都有。去年盧溝橋事變發生之後,北平有某統計測驗家曾試作一個中日女子職業教育與社會服務狀況的平均比較表,結果在他的標準數目上,中國女子職業,除了教書的一部份外,都只有未受教育的女工,算是服務社會生產事業的大多數,那末這幾十萬受新教育的婦女到什麼地方去了,作什麼事業去了呢?有人說她們很久都變爲每年數百萬入超的消耗者,都變爲不離城市生活與閑居生活的家主婦,她們的事業是家庭不是社會,職業是母親不是國家。這都是證明中國知識婦女,對民族國家的關係太隔離了,對社會事業太放棄了。

知識婦女如此,一般女子當然更不能明白民族國家的重要性,這是很嚴重的問題,因爲在中國整個的力量上,在四萬萬五千萬人口上,幾乎有半數分散了,例外了。這自然是民族國家的損失。我們亟應起來調整、組織、訓練,使個個人都負起抗戰建國的偉大責任,爭取抗戰的最後勝利。自然抗戰以來,婦女服務軍事工作、戰區工作以及其他有關抗戰任務者固屬不少,但是我們在全國婦女力量上說,須要使整個都能爲國家爲社會,擔起服務的責任和精神。蔣先生說過:"人人要互助,處處要合作,四萬萬人併成一個心,一個力,來擁護抗戰的利益。"

在民族抗戰的歷史上,女子負極偉大的光榮的勳績者,在歐洲有法國的阮達克(Jeanncdarc),中國有木蘭。阮達克以二十歲之村女,振臂一呼,使全國男女奮興忠勇抗戰之精神,脫去英兵蹂躪,完成民族戰勝的光榮。木蘭代父征戍十二年於外,衝鋒陷陣,勇冠三軍。其人格價值,實忠孝節義的民族道德之偉大精神表現。今日中華民族之婦女,固一如木蘭之爲黃帝後裔,雖以時代不同,然必有不滅不朽的國家忠義精神,團結抗戰,爲國服務。

過去歐戰四年，各國除動員前線之男子外，後方及戰區事務，幾皆為女子所担任，商店、醫院、工廠、交通救護等，十之七八為婦女工作，各人按指定的時間，負實際的責任，故社會只見有不息不懈的工作婦女，而不見宣傳服務的婦女文章。自然，我們要知道這種秩序工作，是由平時練習的，換言之，他們的平時就是戰時的預備，戰時就是平時的工作，如果平時不知兵，戰時必亡國，平時不服務，戰時必無糧，譬如我們婦女作解放運動二十年了，到如今還是自認未及成功。這是為什麼緣故不成功？真是禮教問題嗎？有很多先進的婦女早不承認是它。實在是服務社會事業方面，不能表現力量的原因。婦女不到社會服務，絕對不能有解放的價值，即自稱解放，亦決沒有解放，社會事業是人人的，斷乎沒有完全無女子的事業的工作，只要大家有服務國家社會的決心，國家的力量增加，婦女的責任重大了，解放運動的成功，必定不求而獲。

　　抗戰建國的國策，是整個中華民族的計劃，是四萬萬五千萬中國男女的綱領，我們前線的將士為國努力殺賊，血肉犧牲，後方男女民衆，當然應該全體動員，努力增加抗戰力量；尤其婦女更要盡量服務社會事業，參加抗戰工作，使戰場健兒，無家庭後顧之憂，個個增加殺敵致果的精神。

　　國家精神是全民衆組織的，人人服務，必遵照政府指揮命令，整齊步驟，然後有點滴不損，個個能力收效的作用。教育綱領，正是調整這種行動的原則，計劃訓練的方針，大家為解放的有效與抗戰建國努力計，必須服從綱領，切實作到全國婦女服務社會事業的地步。

第二節　從科學教育說到教育綱領中的道德修養

甲、何謂科學教育

　　我們生在今日科學的時代，對任何環境應付，必定要有科學技術的幫助。這種技術組織與產生，又必定要先有科學教育的實際設施。瑞士有個教育家畢格特（Piaget）說："如果人人能從科學教育培養起來，人人就有科學生活的智慧力量，國家社會一定成了科學理性的機構了。"那末，科學教育既有這種力量，我們應該分別看看它的內容是些什麼。

什麼是科學教育，在廣義的學理上說，可以分爲精神概括的意思，和實質建設的意思說。從精神概括的思想方法上看，科學教育，就是用經驗的系統，客觀的原則，理性的思想，再加以堅強的意志，精博的研究，處處求作實踐的生活，事實的認識，精密的組織和條理的訓練。從實質建設的科學意義上看，科學教育就是用實驗的設施、歸納的思想、自然的研究、數理天文藝術機械等科學的探討，爲國家作國防學校的設備、生產教育的應用、工商實業的改造和國家社會的工具之創造。

這種意義從教育的本身上說，可以看到所謂科學教育，内面含有兩大解釋：第一爲"科學的教育"，第二爲"科學方法的教育"，前者就是上面說的實質建設的意思，後者就是上面說的精神思想的意思。

所謂科學的教育，是關於科學培養、科學研究的思想訓練，和科學實驗、科學應用的實際設施；

所謂科學方法的教育，是關於教育研究、教育設施上所有之方法的應用，和教育問題、教育理論上所有之科學形式的觀察。

前一個是以科學認識爲主體，把教育原理放在科學實驗的基礎上立起來，把科學的知識與行爲，當爲教育的生活，科學經驗的歷程，當爲教育的發展之路。

後一個是以教育認識爲主體。把科學方法拿來作教育的方法，使教育包含科學形式的構造，適合科學方法的應用。視教育爲公共的義務，科學爲特殊的研究。

這樣看來，我們簡單的可以說：

科學的教育，是用科學的實質來做教育本質的改造；

科學方法的教育，是用科學方法來做教育活動的範型。

從抗戰建國綱領的整個教育綱領看，科學的教育就是現在積極提高的"中國教育之質的改造"之教育；科學方法的教育，就是現在積極提高的"中國教育之型的改造"之教育。因爲中國過去沒有真正的科學的教育，所以沒有精誠探討的理智生活，沒有系統條理的科學訓練，結果弄得荒廢幾十年的光陰，民族國家受了很大的精神物質的損傷，學術思想、文化政治，都沒有一點進步，外侮一天增加一天，國家一天貧弱一天，現在抗戰開始，所謂"恢復民族獨立"的教育，必須從科學的本質之教育，重建基礎，樹起堅強的科學精神，展開民族的思想特性，使中華自然力與人爲力，各顯實在應用與活動創造的能力。但是教育作用只有循序漸進的增長，沒有事實突變的可能，中國科學的本身不足，惟有先自科學方法之教育推進，使一般教育生活，漸漸逼近科學試驗精神，一般學校設施，漸漸求達科學實際應用。然後自躋於科學技術創造，科學人材發達的境地。這時候就是科學教育完成的時候。

乙、科學教育的道德修養

許多科學家說："科學的社會性，如果發展到完全工業技術的機械競爭時，一定都變成科學性的人道主義之敵。"又有許多人說："科學與道德之發展是兩個途向，一個是爲認識世界，一個是爲調和人類。結果把人類同自然作爲一樣看待，道德把科學視爲非人道的東西。"這兩種思想，差不多是大家都知道的，兩種思想都是把科學與道德當作對立的東西，雖然有不少的調和學說，或折衷主義的解釋，究竟不能將兩個人類必要的認識一齊貫串起來。尤其是不能從科學教育，展開道德修養的價值。抗戰建國綱領的教育綱領，如果大家能善體其用，必能抓住這兩個問題的中心，解除第一個困難，同時解決第二個問題。請分析言之：

（1）科學社會性的發展，必先有合於科學方法的國民道德之修養。這個條件是必然的或必要的。因爲科學發展的技術創造，一定具有國對國，或人對人的內在原因，這個原因，又必定爲政治威權者所利用，結果所有技術力量都變而爲威權者之威權工具，浸假之間，成了純粹科學殺人的戰爭，文化滅種的侵略。假使應付戰爭者或被侵略者不能拿出同樣科學的威權來抵抗，那這個民族國家一定要被科學工具犧牲殆盡了。在任何方面看，這實在是科學強權的惡果。如果轉過來看，一個國家的民族精神完全是由科學方法所培植的道德基礎建立起來的，政治權力也完全是由國民道德的科學行動的力量所形成的,那末,科學教育的目標,必定齊向人類社會幸福與世界人類和平的方向進展,縱有威權者欲出而利用,最大限度不過圖到人類欲望上的物質生活的愉快,決不會把整個國家科學工廠和實驗室,變成完全殺人的機械製造廠!我們抗戰建國綱領在被強暴侵略的時候,確定我們的教育綱領"注重於國民道德之修養,提高科學的研究",這正是表明中華民族博大精神之世界人道科學的認識。

(2) 國民道德的修養,必須用科學知識培植其精神。這又是一個必然的或必要的條件。因為道德的途向,很容易把人類領到消極的世界觀人生觀上去,結果不是一個斯賓拉沙(Spinoza),就是一個叔本華(Schopenhauer),不是一個老子,就是一個尼采(Nietzsche),不是獨善,就是皆惡,獨善如不能兼善天下,則天下人皆不足與有為,皆惡如不能從善而行,則世界無可興之事業。所以道德修養,必濟以科學知識;因為科學知識具大仁、大智、大勇之德,科學無關於善惡美醜,或道德是非的判斷,無分於個人社會,或國家利害的得失;在求知上它是至大且深、至盡精微的真理認識;在力行上它是無畏無敵、沉毅前進的歸納精神。一個國家的國民,假使能具這種偉大的科學之道德修養,那決不會發生滅亡的危險。

尤有進者,今日之道德意義,決非舊宗教思想所能範圍,亦非狹義理學思想的修養。吾人必有宗教信仰的誠正態度,必有格物致知的修齊精神,然而絕不能從經義信條,超於迷信獨斷,從儒釋養氣,變為拘守靜坐。道德的真性,發於民族天賦的精粹純一之自然性,它所有活動,是生長運轉的實踐行為,它所有規訓,是人類思想行為的理性法則,這些理性法則,對社會國家或個人生活,猶如自然科學的定律,猶如數理天文的公式。科學自然律使科學達到思想達到正確的經濟的認識,道德的理性法則,使人們獲得實踐公平的安全的生活。世界上僅可以有人心的不同,有思想的差異,有科學的改造,有政治的革命。所謂道德原則與科學定律,始終是一個真理,是一個理性。假使我們真正實行科學的教育，或科學方法的教育，一切學問道德的修養，無論是試驗探討，或是沉思研究；是實踐行為，或是誠意自修；必定各有一個穩重適當的途向和動靜，寬容偉大的態度與精神。從前有人說過：科學是道德仁愛的能力；道德是科學診斷的醫師。如果醫師沒有能力，那就成了殺人不償命的毒手，所以科學對道德修養，實在是不可或離的應用條件。

第三節　教育綱領注重力行與致用的科學精神

我們細看抗戰建國綱領整個的三十二條，各條都具力行與致用的科學精神，此在教育方面，尤顯為根本重要。從前政府訂定的教育方案實在不少，就非常時期的教育計劃說，假使真正能早為力行，到現在抗戰時期，一定各方面都可以表現許多相當的力量。再從遠去的情形看，假使民三、四年所施行的軍國民教育能切實做到"尚武"的預備，二十一條侮辱，何至於到今日更來一個加倍的侵略屠殺？假使民五年的師範制度能絕對實行努力辦下來，於今又何至於這樣感覺師資人材的缺乏？所以有人說，教育的制度無論如何優美，決不能有不教而能的學問，不行而至的成績。反過來說，制度無論如何不完全，如果點點盡力去做，決不能有勞而無功，行而不通的道理。所謂"行易"者，不是做什麼事都容易，是說無論什麼事只要天天去做，時刻去努力，那就不管任何艱難的事，一定很容易做成。教育事業是具知具行的功夫。若是沒有忍苦耐勞，再接再厲的精神，那一定不容易做得有效，結果就連帶成了制度好壞的問題，實際完全是一個力行與否的問題。能用力做就好，不能做就壞，坐收其成的幸福，不是可以僥倖冀得的；所以教育制度本身，不稱優劣勝敗。

再談到致用，這本是一個極大的實際問題，在教育上所謂"學以致用"是一個靜的原則，在社會政治上能否致用以學，那就是一個變的事態。如果靜的致用之學有功夫，一定可以馭變的事態之要求；換言之，如果為致用求用，則用不可致，為致用求學，則學亦難成，為求學而致用，則用必有功，教育的價值，完全在學以致用。所以純粹功利主義不行，純粹唯用主義也不行。我國教育制度，本來是美國式的模倣，功與用兩方面向來不大注意，或者也可以說是獨把這兩件模倣掉了，所以根本就沒有造成有用的人材與學以致用的本實功夫，學機械的不知機械，學實用化學的不能實用，甚而學師範的不能教學，學教育的不知教育行政，整個教育結果，因不能致用而致失業，因失業之多以致有停止招考某科某系學生的趨向。這種現象差不多處處很公開的表現出來，弄得教與學徬徨無路，國家元氣鑿傷已極。

抗戰建國綱領的教育綱領全部精神集中力行致用的事實，尤在改進此兩大問題的積弊。綱領第一條在揭示學行之要，第二、三、四各條則指示各類或各人的學行致用之方，處處從國家民族的精神、力量、事業、人材等等上着力；從抗戰建國的需要、分配、應用、訓練等等上專心注意。我們大家照此去作，必然達到能行能用和有力有效的結果；質言之，對抗戰必增強無限力量，對建國必產生極大效用。無論男女青年，因學用事，各盡愛國天職，鞏固民族獨立的基礎。

教育實施方案的第十六條說："確定社會教育制度，並迅速完成其機構，充分利用一切現有之組織工具……並普及適應於建國需要之基礎訓練。"第十七條說："爲謀教育行政與國防及生產建設事業之溝通與合作，應實施建教合作辦法，並儘量推行職業補習教育，使各種職業之各級幹部人員均有充分之供給，俾生產機構早日完成。"建教合作，是教育生產的最好方法，也是教育之行興用的唯一辦法，所以這兩條都是爲實現綱領的力行與致用之目標的方案。

"知難"是我們曉得的，但是我們不能因爲難就不去求知，要想突破這個難字的知，惟有從科學努力去做，努力去行，一定可以達到明白一切，了解一切，到這時候，任何事，可以駕輕就熟的從容担負；任何知，可以分析觀察，精究入微；或發明，或創造，都有力量容易做了。所以說"行易"。總之力行求知的工夫做到，一切事業都易於實現，我們抗戰建國綱領，所以重科學研究與科學教育的真義，就在這裏。因爲科學精神，是真正能知能行，求知試驗，與真正從學以致用，因用以進學的精神。它處處緊抓住"實在的事實"和"真實的理性"，無論何時何地，都用精細週密的觀察，英勇沉毅的試驗，向前搜索或探討；無論遇什麼事，決不任意放過或隨便應付，它必求出事件，甚至於事變的原因，分析各方可能與不可能的實在，然後確定如何力行，如何致用。

（本書由獨立出版社於 1938 年初版）

荊楚文庫

論文集

目　錄

邏　輯

形式邏輯原理的批評 …………………………………………（541）
新邏輯及其對現代科學之應用 ………………………………（547）
數學邏輯的產生 ………………………………………………（552）
心理學上聯瑣推證的數學方式 ………………………………（568）
辨負褫兩誼 ……………………………………………………（578）
數形之邏輯變異及其連誼性 …………………………………（581）
兒童邏輯與教育 ………………………………………………（582）

哲　學

關於研究哲學的話 ……………………………………………（589）
西洋哲學史導言 ………………………………………………（592）
科學哲學史觀 …………………………………………………（602）
實關現代哲學問題 ……………………………………………（608）
數學科學的重要及其對文化思想發展的關係 ………………（610）
無窮小在數學上不同的概念 …………………………………（628）
現代物理學之元學問題 ………………………………………（631）
從機械形構至感覺幾何 ………………………………………（637）

政　　論

三民主義的哲學精神 …………………………………… (651)
豈果無文化之可言？ …………………………………… (655)
讀胡適精博的治學方法 ………………………………… (658)
科學與勇敢 ……………………………………………… (661)
科學競爭與理智外交 …………………………………… (664)
御用教授兼治外交 ……………………………………… (669)
惟有抗戰必勝之信念 …………………………………… (671)
角力乎？ ………………………………………………… (674)
本抗戰建國之精神迎世界學生代表團 ………………… (677)
紀抗戰週年 ……………………………………………… (681)
以民族抗戰之建國精神紀念國慶 ……………………… (683)

教　　育

建起中華民族教育之科學精神 ………………………… (689)
從民族教育說到民族科學精神 ………………………… (693)
今日應速走科學教育之路 ……………………………… (701)
關於全代大會決議之教育方案 ………………………… (706)
敘學（代史地叢刊發刊詞） …………………………… (708)
如何訓練建國之師資人才 ……………………………… (716)
突破教書生活的苦悶 …………………………………… (723)
導師制應注意科學常識與理智生活之訓練 …………… (727)
從師範教育論到公訓學系課程改訂之意見 …………… (731)
中學教育與科學分授 …………………………………… (734)
抗戰建國之兩大教育途徑 ……………………………… (741)

抗戰建國與科學教育 …………………………………………（748）
現教育界應實行爲抗戰建國而服務 ……………………………（754）
救學弊正是救國難 ………………………………………………（758）
國人宜操右券以責 ………………………………………………（763）
爲活人營墳地 ……………………………………………………（766）
謊的教育與智慧革命 ……………………………………………（769）
編輯後記 …………………………………………………………（773）

邏　輯

形式邏輯原理的批評

一

二十幾個世紀的形式邏輯，新陳代謝，支分派引。然而各家所持，又不外概念判斷推理的三大原則，延福流祚，不敢稍離宗派。即如最近數理邏輯的新原理發現，仍舊有人批評爲"用數學方法，發展亞里士多德的邏輯"。故謂思想無窮，邏輯永遠存在，自然，思想創造不能脫去邏輯原理，但是邏輯形式機械的限制和無味的方式，不能不隨科學思想改進。一般學邏輯的人，只醉心概念判斷推理（或同一意義的新名詞）的定義式而忘形於實際邏輯的真知識，結果弄出許多枝節問題，使哲學科學都有假借邏輯原理的錯誤，明明失掉真理研究的價值，反認爲確有"邏輯規範的根據"！這正是從前亞里斯侗（Ariston）笑的："嗜食螃蟹者爲了一點肉，費去許多時間於一塊甲殼之上。"所以邏輯著述僅管多，攻讀的終未領悟到原理的實在！花了二十多個世紀，還沒有多少人嘗到一口肉味！現在批評邏輯形式原理的人，並不是一定說貪到了肉味，不過是說明形式之"人造的"繁複弊病，或者可以告訴嗜食者一種自覺的利益。

二

古代邏輯的研究，完全用辯證哲學作基礎。中間經過一段煩瑣法式的變相譯述之後，硬把希臘原始精神和科學的解釋，當爲純粹文法修辭的結構討論。所謂邏輯原理的探索，將機關論或分析論前的經驗科學與幾何算學一齊割斷，直接轉到信仰、心理與思想字句的性質上考證，所謂概念判斷，只落個空名。要知道概念判斷的本性，實際不過只是存於心的思想文法作用，如果正式認爲邏輯首要的原理，未免忘形於"原理"的真義，或者作爲邏輯導言的理論，到是很好的工具。吾人試觀亞里士多德機關論的內容，大體只包"數學批評與論說演習"；細分則有論文字與標辭（或名命題）分類的 De interpretatione 二卷……根據科學發展邏輯意義的 Analyfica Priora et Posteriara 二卷，此二卷即數學推理的分析；最後爲研求論說之或然的認識。Topic aet De Clenchis Sophisticis 於今號稱源於機關論的邏輯既不在後二卷的修辭論辯上，當然也不是前二卷的序別之義，所以只有認爲"分析論"是形式邏輯的正宗。現在各家大都如此承認。這一來無形中視邏輯原理的初意，就是一種證明的方法，是科學思想構造之可能的條件。到了判斷概念，文字名詞，完全是用作證明的工具，是所謂文法修辭的基本原素，非真正科學邏輯的原理。文法分析與邏輯分析各有範疇差異，吾人既不能認字典文法是思想的語言文字，又何能將字典文法的工具，當爲思想分析的工具？本來亞里士多德只認邏輯爲思想"推證"的方法，並沒有確定原理，所以形式上絕對找不到"求證"的價值。如果再把基本原理弄錯了，更無邏輯真面目的表現。

　　是的，邏輯重要原則，都在向演繹推理的實在之精微處發展，所以一般舊式邏輯的問題研究，都聚精會神地合形式歸納方法推進一個演繹式的三段論。就是單用歸納批評的實證邏輯，也不能使吾人得到一點新知識的演繹證明。自然，他們最大地錯誤是直認"三段式爲演繹邏輯"，因此固執到"不合三段式規範推論的，就是違反思想律的詭辯"！現在教邏輯的還不住地指示無謂的"式""形"，學道反道，忘形罪惡，將從何處覓得思想範疇！

　　數學邏輯發現，自然是替這種無謂的形式穩當地樹了個真理路碑（參看汪奠基著《邏輯與數學邏輯論》第二部第一編），它一方面批評判斷概念的狹隘錯誤，一方面建設類分標辭演算的方法，同時發現"關係"

演算的普汎原理，使邏輯與數學並立於形式科學之列。巴多蛙（Padoa）論演繹邏輯最近發展之結果，說：舊形式邏輯如無槍之兵，無輪之車，向真理戰不得，向理性行不動。因爲它根據推理的十九個方式只有一個是真理的！其餘都是假相。轉看所謂康德的範疇、哈密圖的表格定量論、米爾的演繹批評改造，都是受了經院派哲學洗禮的口供！實在沒有進到真正形式創造原理所有推演的靈敏知識上去。本來說三段式之推理證明，不能實際地演出未知新元素，這話在笛卡兒賴布尼支所創之普汎數學思想中早經宣佈。於今對概念判斷之狹隘錯誤，復經數學邏輯論者確切證明，不知道爲什麼還有懷疑形式之數學化的思想！譬如就連續遞演的舊形式之：

凡甲爲乙……乙爲丙……丙爲丁……所以甲爲丁……凡甲是乙……乙包丙……丙包丁……所以甲是丁……

凡○○是○○的；

凡○○爲○○；

所以凡○○是○○的。

這種機械形式，要想用許多口頭上適用地定義來保證有效，真要失掉形造意像之科學真理，何處尋得新發現的事實？如果把它同新邏輯的標辭關係種種演算式作一比觀，則知新象徵的形式改造原理之"假定演繹"與"歸納演繹式"，於推證知識上，實在進步多矣。形造原理的巧技，直用"關係證明"與"包攝論斷法"將數學函數的"新量配納"原理重新擴大，如就所證的某一問題，能追索得無限新知識元素。雖然所求者爲演繹包攝範圍，却是許多新奇函數，可以連串地由理性增出。有人批評這種函數式的邏輯，認爲在知識普汎上失於專門，且而專恃科學原理，不能有解決普汎問題的話。實際這是忽視數學邏輯的真理由！吾人須知真理決非一段直觀證明的結果，常識亦決非一般感覺記憶的表現。真正理智的認識，必須經過純正科學層層推論的歷程與窮搜遠討的見識，才能獲得普汎精神的意義。形式原理的邏輯，根本胎在各科學理性地結晶之上，尋常既不能了解知識結構的第一步，要想用邏輯的知識配納新實在，自然是知不足用，理不可解。因爲不明白求知的工具，絕不能利用工具以創造真理；譬如不知有塑像雕刻的刀斧，當然找不出石頭中絕妙佳人的實在。如果要想相信新形式邏輯演算原理的真確，必其先有相信科學力量與科學知識的工作與能力。

三

從邏輯發展的歷史上看，（F. Enriques. Evolution de la logique）知道邏輯原理的發動，完全以數學幾何爲内力，而數學積極的應用，根本就是演繹邏輯的概念結構。譬如一部幾何解釋，什麼公理、公律、定義、定理，實際就是理論推斷上各辭之概念存在。數學真理出於推理的建設，推理就是純正科學的原動，所謂數學方法、數學結構、數學概論，都是這種作用的方術，也就是純數學、數學演繹的全部表現。故謂邏輯推理爲數學原理的普遍組織，並不只限於演繹細分問題實在是科學整個的結構與各種原理的"概推"。科學概念出於理性認識，故以"證明"爲旨趣，以"科學證明"爲標準；邏輯就是這些旨趣與標準的構造科學，構造原理。如果能從專門數學邏輯原理求得普遍認識，更從普遍認識的尋常意義上插入專門方法或手段，那自然能使邏輯科學的思想，步步推進人類科學普汎知識，所謂知識權能的實現，必如此而後有其意義。

本來科學知識的普汎性，除數學純正知識的可能外，別無其它性質可以負担。何以邏輯用數學原理的演算，倒有失掉普汎信仰的批評？這裏有兩層道理，第一因爲數學邏輯家都着實地在創造方面立法，同時不知不覺地超過一層常識見解，邏輯推理的習慣，必出自幾何家之門；第二因爲哲學家不願意任何科學獨佔哲學基盤，只要邏輯爲科學之科學的定義存在，決不許數學做邏輯思想的方法或原理。這兩層關係實在是演繹邏輯新發展上最大的裂痕。好在近三十年來科學哲學的戰勝，無形中促進了一步常識語言，所謂數理的精深原理，自然與應用道理相接。理論實際，同時並出，必非專美其名曰"試驗邏輯"，而必有實在事實作證。

四

　　再照邏輯方法的論據看，一種科學原理必包有全部科學的法式。那末，一部邏輯原理的研究，至少也要有科學法式的實在；換言之，無論是形式或實質，都離不掉整個科學構造的旨趣與標準創造。舊形式邏輯的理論探索，往往忘形於科學結構的意識，使褊狹地觀察，失却真理標準，雖然不斷地肯定内質無矛盾存在之同一原理律，極近似地求得數學形算之：

$$A \equiv A.$$

　　但是中詞兩義的錯誤，終不免有抽象概念與類分名詞的混亂（參看 Peano. Arithmetica generale. p3）有時硬用算學等號，將形造科學的實在，譜成絕對對數學相當的記號，無形中把演繹推理的邏輯論斷，同整個真理割開了。這一層很有關係，因爲所謂數學邏輯的原理，不是拿數學定理公律等等一齊代用邏輯的說明；譬如和、積、較、函數種種名詞演算，完全與數學應用的不同，同時它推進數學的數量關係不少。如果把邏輯象徵的記號視爲數學部分的發現，結果不只是影響邏輯本身對科學價值的低落，同時還要使數學論理上的旨趣，失去純正科學間理性關係的連續作用。

　　關於方法原理的應用，如歸納與演繹問題，現在不能詳細說明，只要知道發現定律，檢證定律以及證明定律，都是科學的目的，自然會明白知識從特殊到普汎的進展：

　　A，B，C……都是有死的；
與從普汎到特殊的歸結：

　　凡動物皆有死。所以 A．B．C……都是要死的。

　　定律之證明，應該出在事實與理論結斷之間。吾人考察事物時，所關係的科學對所求的概念或觀念，都有分析組合的認識。這種認識互相應照，如植物學研究植物的組合概念與考證各部分組織的真理樣，各部分必彼此統率並進。所謂邏輯研究，正爲普汎概念求組合與分析的法則；——歸納與演繹原理——換言之，是爲指示人類如何有普汎標辭的實在，如何能確斷邏輯上的正確；一方面應用科學原理，一方面還要注意本身的實在。再轉看舊式邏輯把形式與實質兩種思想方法分開很遠，弄得乾枯地理論，到處脫落科學的證驗，所以歷史上明白地懷疑：形式邏輯是否能發現真理？是否科學原理的實在？這種批評問題，都是邏輯原理改造的要求。

自然，許多邏輯理論家也曾爲這種要求找出"必然真理"與"究竟的"原因存在來解釋。然而結果還是有問題的：

邏輯認識之事物以什麼東西爲其必然真理？

任何物象研究中是否有同一究竟原因存在？

所謂[必然][究竟]的連續關係又是否有三段性的：

A＝？　？＝？　∴A＝？或？＝A 或 A＝f（？）各等號的意義與邏輯之"是"（存在）又能否一致？這都是未曾解決的問題。此外如康德派先天組合判斷的存在，能否脫去試驗分析的真實，舊邏輯家永不能明白知道。如果三段式的推理，是必然地由先天到經驗，由未知到已知，探物質之究竟，握科學權能的演繹歸納，而爲新試驗的理性與新証明的真理之標準，則因果律的邏輯必然性，應該只藉一個理性推測，就能連續觀察，類分解釋，抽出時間空間內的普汎知識。不幸而舊式邏輯的發現，在原理上不能通過這一層理論思想，在齊一相對律之下只有斷定：

凡人＝　＝1/2 是有死的；

N 的母數無限，表明內關同一的矛盾。若普汎象徵的科學邏輯意義則不然，它第一步使認識的理性適合時空間的幾何機械現象或物理現象；第二步使思想與自然顯出"形實"組合的關係。然後自然從無限地分析觀念上，發覺無限異性組合的可能事實。決沒有形式與實質割斷的錯誤。

新邏輯及其對現代科學之應用

一九二零年波蘭哲學會發表威克、劉卡西威克（Lukasieuicz）邏輯三效判斷值論，頗引哲學界注意。一九零三年原著者復與門徒達斯基（Tarski）將該項研究重加整理，載於波蘭科學與文學會報告書內。去年查威斯基（Zowirsk）教授介紹於法國形上倫理雜誌（一九三二年第四期）。吾人早信數學邏輯標辭演算之功爲不朽矣，讀查威斯基之評述，更知新邏輯爲無限"數理"發展之科學應用與實證也。

查威斯基謂劉卡西威克輩新邏輯重要原理基於所謂樣式判斷之改造。解除康德派對於此類判斷意義，重作學院派與亞里士多德判斷價值之新詁。如認判斷標辭不能限必然或然及可能與否之比較，應先明標辭價值超過真假二值之可能性。例如謂：

甲是可能；（甲表一任何標辭或名命辭）即亞里士多德之可能判斷式；
甲不是可能；　　　　　　　　　　即亞里士多德之不能判斷式；
非甲是可能；　　　　　　　　　　即亞里士多德之或然判斷式；
非甲不是可能；（甲是必然）　　　即亞里士多德之必然判斷式。

科學進展，判斷之知亦有其新價值估定，故有以必然爲可能之反者，則凡視或然概念無分於其可能，必然無分於不可能，實無足異。或然者表明"能不是"；必然者表明"不能不是"。依舊邏輯原理爲兩相反式，然而亞里士多德曾見其"兩相"可能性。如謂"甲是可能"與"非甲是可能"爲同真，病人能安，病人亦能不安爲兩可適是也。劉卡西威克認樣式標辭之各原理於邏輯範圍內不能同時真，因邏輯必認矛盾律。但如能於真假二值之外確認一"可能性"爲有效值，則各原理同真之矛盾去矣。從前坡萊（Boole）演算邏輯以"零"與"一"代假真二值，劉卡西威克則更加一分數式之"二分一"代可能值（坡萊用分數代無定值，與此義不同）。所謂邏輯三效判斷值論即本此三大徵號復根據"邏輯常數"之負定性連函性、邏輯和，與邏輯積而成。

數學邏輯之所謂和，即兩標辭相併至少有一真；所謂積，即兩同時真。真之負定爲假，假之負定爲真，若可能值之負定，則仍爲可能值也。試依表檢負定值如：

甲　真—假—可能
　　　則
非甲　假—真—可能

再就甲與非甲兩標辭連函性 Implication 觀察，如前率等於後率，則連函性爲真，否則前率小於後率必爲假故只有前率邏輯值大，原式始有可能值。舊式邏輯連函性後率假時則含僞值，然前率始終屬真。故合新舊而言，除四格可見外，尚有五格存在。前以 pq 代二辭，p⊃q 代連函式，列表明之：

p⊃q　　真—真—真—假—真…真—可能—可能—真
q　　之　真—假—真—假—可能…可能—可能—假—真
p　　　　真—假—假—真—假…可能—真—可能—可能
　　　　　　新五格之值　　　　　舊四格之值

依前表負定值與此連函值對閱，邏輯和積之理甚易瞭解。惟真假兩絕對值之邏輯和有二值相當。劉卡西威克則視爲不能相當且不能有二如謂：

"有或無等於非有連函於無；
亦等於有連函於無者無。"（或即加）

劉卡氏只取後式爲和之定義。從此推證舊邏輯各定律惟有部分之真，或可能。故矛盾非中二律亦只可能耳。若更推諸數學家所信之演式（如格拉斐侶 Clavius 第一二律），能簡單多數證明。可能值之發現。對畢哈利弗第（Buroli—Farti）與羅素之兩友論所謂兩矛盾辭相當說亦可解脫。因爲新邏輯"甲相當於非甲"（可能值）爲直故也。此外於集合論之錯覺觀念，直間接供給"理則"者實數見不鮮。

標辭論之演算實非代數式之機械方程，其未知量之變數值任取真假皆有可能值之存在。譬如格拉斐侶證明之"非甲連於甲者則連函於甲。"若自負定值推證，使甲表真非甲亦真，其式如后：

非真連於真者則連函於真；	是：非真等於假；
假連於真者則連函於真；	假連真等於真；
真連函真；故真。	故真連真等於真。

反之使甲之變數值表明假，其結果式亦為真；如

非假連於假者則連函於假	是：是非假等於真；
真連於假者則連函於假	真連假等於假；
假連函假；故真。	故假連假等於真。

若更以可能值表甲之變數，則亦有可能之值在（此可能值決非假），前舉其式如下：

不可能連於可能則連函可能；	是：不可能等於可能；
可能連於可能則連函可能；	可能連於可能等於真；
真連函可能；故可能。	真連函可能等於可能。

自是邏輯定律之存在，悉具真實，此真實性必自邏輯三效值始可證明。

三值判斷之發現，探自心理學上無定式之證明，劉卡西威克於一九二零年已發揮其說，確定邏輯無定論之三值必要性。譬如謂民國二十五年中國之強將在我；若我而仍未行強之道，則中國之將強不真亦不假。民國二十五年之強為"可能"，決非"必然"。由此條件，則標辭判斷之"二十五年之日，我將稱強雄於世界"不能真亦不能假。因為真，則必須稱雄於世界是與假定辭意相反；如果假則我之稱雄於世界為不可能，是仍與假定者相反。此即證明邏輯第三值之必要，而無定式之可重者亦可見矣。

荷蘭數學家濮威（Brouwer）別創新直覺論，認非列數集合論之邏輯建設實無一可能，其證論亦毫無價值，因是類證明為間接，或非中律之保證。近年濮威派之艾挺（Heyting）更系統研究直覺邏輯，探得十二公理較劉卡西威克無定論之四公理尤為完整，彼認邏輯常數值亦有三，不過第三值之負定為假，與劉卡氏謂可能之負為可能值有不同矣。連函

性表不同者極微，艾挺視連函值之假必其前率包第三值，後率復含錯誤。按劉卡則爲可能。至於和積兩值，完全一致。

吾人試本邏輯通常意義言，濮威、艾挺雖否認非中原理，然而不免側重真假二值論，故對

"甲等於非甲爲假"

之假式終認爲假，而劉卡西威克則直斷之爲真。無理或間接證明劉卡氏俱棄無餘，而艾挺董則不能盡去。若以劉卡氏無定邏輯論證數學，於今尚無成功實事，然而現代物理應用上顯見其功能實證之效矣。茲就此類應用略言之如次。

現代物理科學有三大嚴重問題改造，其"理則"與"事實"，爲邏輯形上之逮達。質言之，現代物理科學發現，非陳列真假值觀價值之肯定判斷，所謂黑蓀堡（Heisenberg）無定式論，李博爾（Niels Bohr）補足概念說及統計律之或然論（參閱本週刊二卷十五、十六期拙著《現代物理學之元學問題》一文），三大問題發現，微無定邏輯論之無限價值，將難解其真理於人間世矣！補足概念說，視兩矛盾論爲相當，時空間現象表現原理爲因果性，所謂波動與分子之反相爲結局之象徵，故依黑蓀堡無定律即足解脫。但事實上物理之無定律與邏輯常理適相齟齬。因舊邏輯限於二值判斷而無第三值"可能性"存在，若以劉卡氏之說應之則無非難或疑問矣。波動之形與分子之象對吾人僅爲命辭式，既非真亦非假，惟有可能性耳（等於或然）。李博爾謂分子波動乃試驗可能與定義可能之意像徵符原理。黑蓀堡亦謂物質自然不能同時由波動與分子組成，二者實乃類推之形構，直謂爲同一物理實在性之兩不同表現正無不宜。

無定論之爭點頗盛，昔日否認非中律適於普通對象者皆反此說，經驗認識論者亦遺棄普遍存在之理。邁孟（Meinong）析思想對象爲完全與缺差兩性，明白定斷真僞標辭，視抽象普汎之創於精神者悉與邏輯定律相觸，如言"花"，非桃非李，是白抑紅？無定真假，無有實現，既違非中律，亦犯矛盾性。然若以此二律繩諸一切認識，邏輯判斷將淪於"法度"之失。譬如矛盾二辭"老嫗惠且慈，老嫗悍而戾"，如判其皆非

則亂非中律，如斷爲非真非僞，則既反矛盾律復墮非中之謬。濮威派批評非中之義以此，劉卡派建設無定論之可能性者亦以此。或謂邁孟派亦主無定對象存在，黑蓀堡之微界物理無定律，宜與之相合無疑。是又不然，彼黑蓀堡原理惟有定量無定性，非普汎亦非抽象，乃個體實在之有定範圍，若以定性無定說推之，有其然而無其真。故謂電子決難具尋常試驗物所具之直接實在性。且其不實之程度更隨位置、速度，而有變化，此變化值及於無窮，世有以絕對二值認識科學原理者，吾不知其對此無窮值之邏輯可能作何囈語？新邏輯或然演算，試將標辭判斷，連於時空坐標函數之可能現象，恰救此無窮隱真之統計可能也。

關於微界物理之或然性發現，吾人已知機械律將入於統計律矣。自然，如純本或然演算推論，在負定之邏輯值中無不合，在連函性論則殊生異議，雖然邏輯常數爲有定，而和積之演式則爲異於數學定義之普遍等式，此普遍性固難以實際應用期，亦羌無非理之證。如尋常或然演算之數學結論，必其等式具完全算術意義，彼邏輯或然之負正，則去此算術徵號之量性實在，取其所是以攝標辭與類別 Classe 兩義（算術只有類別演算），距疇昔代數邏輯之零與一兩值亦有大別，吾人深思代數邏輯或然之理則，即明此無窮值之或然演算，其同理衡於羅素"數學原理"之推衍於算術定律則得矣。

論或然性之歷史者分主觀客觀（或內在外在）與先驗經驗之別，主觀或然無異斷定論說，客觀或然乃相對無定，適於現代物理之邏輯價值，反於元學絕對無定之實在性，其原理立於新邏輯演算。近二十年來數學有以公理式用於或然式者，將或然本性所及之若干概念，藉公理方法確定，其利足免主客觀之混淆，同時更宜於邏輯無窮值之推證。此德之易栢（Hilbert）創見，實數學邏輯最近精深擴大進步之又一實用表現也。至先天與經驗之說，辨之者多自方法立足，讀者試究耿斯或然專書（Keynes, *A treatise on probalility*）及黎果歸納之邏輯問題（J Nicod, *Le Prole nelogique de linduction*）二書，即了然識此問題之重要矣，吾人因茲論僅及劉卡西威克派新邏輯之可能性故不俱述。

數學邏輯的產生[*]

第一，爲什麼有所謂數學邏輯？

a，數學上直覺問題的爭點

數學的邏輯問題上產生了數學方法的兩種批評來。這兩種批評的態度，彼此相反。起點上都歸於數學的唯心論派，而見點則一爲"智慧的直覺論"，一爲"形式主義論"。換言之，前者認數學真理爲直覺的；後者認數學真理爲邏輯的。由直覺論進而有數學經驗論；由形式論進而產生近代的數學邏輯論。這兩派互相把持的勢力，在哲學科學上都不相上下。從十七世紀賴布尼支、霍布士與加利來、笛卡兒對立的精神到於今班洛（Peano）、羅素與侯羅非邪（Renouvier）、邦加赫（Poincaré）來還是不分勝敗的問題和爭點。我們從歷史的研究上，且看他們彼此的立腳點。

數學唯心論的直覺論者說：我們數學的理性和實在，並不只是借助於純粹思想的法則，重要部分是加入所抽得的特別對象（直覺得的）與能考察的元素。所謂形式邏輯，不過是專注於思想的空範圍；思想所要的對象，也不過是只有達到全形之中而已。實在看起來只算是一種器具，決不能得出一點知識來。至於數學適相反，能使我們知道事物，又可以從這種事物上講到特殊的對象去，如數、量、位置等等。由數量位置種種關係以外看，又完全是抽象與普汎的。在最小具體本質之間都是這些

---

[*] 本文原載《少年中國》第四卷第八期。

關係建成的，再於關係上給以特殊的形體。所以在數學原理中，必須插入直覺的元素。這種元素在形式邏輯上就完全沒有了。數學本體對象的建設，就是抽象於本體與對象的。

加利來與笛卡兒首先發表這種意見，他們很攻擊中世紀學派只認識一個三段論證的推理。在所有發現之中，他們都證明必要形式邏輯以外的元素加入，始能真正成功，換言之，是要直覺的元素；本體與關係的重要，不僅是用一推理，就可以演出其他的本體與關係來的。要使我們的確能認識，必用精神特點上完全與形式邏輯或推理不同的方法來。

這種精神特點又是什麼東西呢？由哲學家考察起來，分直覺爲兩大派，一派爲有形或感覺的直覺，由一切官感給我們以一定對象的認識，即是經驗的知識。一派爲無形或智慧——理性——的直覺。這一派說理性連接於邏輯的作用，於推理亦然；不過要用直覺元素供給，這所以是完全感覺的。總言之，前者爲後天的，後者爲先天的。

數學唯心論的非直覺論者說：這種直覺論的數學，我們實在不敢承認爲適當的理性，數學惟一的發展是在理性的正確觀念上，這種發展的成功又在精神定律之後，即是在形式邏輯定律上。所以數學純粹是思想的功夫。他所以能組成功的也就是惟一的理性定律，並沒有其他的元素，只有一個形式邏輯的原動。

邏輯能把直接而又單純的意念配合成我們理性的連續，又再成功羣聚與類別的意念，從此推演出數、次、量的意念來。而理性的自然上，譬如單拿出形體來，可以消去他的連續，對象仍是存在。這完全是數學科學的，除此數學形式而外，理性的存在，必難有真實的。

這種理性之中，定義、公律、整歸納（induction complète）都不過是造成功的配合；而所據以造成的理性，就是由他根本定律（或形式邏輯的）最小數的元素合創的。數學的進步，就在這些理性的配合上無限的增加。賴布尼支說："數學是用邏輯的原理。"近代邏輯家把形式邏輯完全引到"演算邏輯"上，就是爲要分配這種思想的。這也就是我們現在所要來專論的問題。

b，賴布尼支的"通性論與普遍數學論"。

前面直覺問題的爭論都是形而上學的起點。由純粹數學見點來看，直覺派的邏輯問題，是很實際的，也很容易承認的。但是數學邏輯的邏輯數學問題，從歷史上具來十分專門的特性，實在比直覺理性的理論要深入一層的研究。真正要明白爲什麼有數學邏輯，我們非確實的懂得賴布尼支（Leibniz）的通性論與普遍數學論的原理不可。

要從外界到內界，從形式到真義的方法，第一個問題就要提出"通性"原則來（Caractéristique Universelle）。什麼是通性原理呢？他是將科學所有的意念假定都歸到一個邏輯的系統，同時能認定邏輯連續的科學真理。凡字記、圖記、雕記各種性質，都是一種"實性"的，能直接表現事物或事物的觀念而無用於字或文字或音節來標明。在這些實性自身之間，賴布尼支依通性原則創出用以表明觀念與表明推理的兩種特差來。第一種的屬於埃及古文、中國文字以及天文學的徽號，化學的記號之類；第二種的性質，就是對於這些字形記號所有的通性表現，即是很重要的思想。然而在第一種上賴布尼支並不曾完全圓滿的說明。對於第二種所選的例證是算學上的號碼，代數上的記號。他說算學與代數，就是通性的標本。通性本原的差別，如代數與化學之間所謂記號的相異；天文家的徽號與算學家的號碼的不同。再到實性的另一方法上表明通性，即是通性也能用算學與代數演算上類推的方法來實行推演或證明的。現在看起來，代數的記號，就是通性的想象化身。

賴布尼支視代數例證指明記號的方法很爲有用，認爲是在演繹思想上獨立的。數學的發展和富足的關係，因爲在算學號碼與代數記號上找到利便的"徽號"（Symbole）。而幾何學適相反，所以相對上少有前進的發現，因爲缺乏由自然表現的形與真正幾何的創造，所能的不過是分析上使之應用數與度量的兩種抽象。賴布尼支說：數學的進步，惟一的是成功於用基本徵號而能表現各量與其關係。由這種思想研究到更深入的徵號更重要的演繹科學，就是最好通性的"微積分"演算的發明。結果上現在要説微積演算,即是通性最能成功而又最著名的標本。

賴布尼支這種哲學科學的思想,最能保持他在數學上圓滿的發明是因爲他的想像發揮的,完全關係邏輯的研究。所謂邏輯,就是他通性的應用或特別的支部。凡是性質變遷的配合與複雜的關係;單簡觀念化成記號的表現與複合觀念化成記號相通於元素的自然,都是用邏輯的組織分配成功的。譬如:

$$x+y=z;$$

一方面是數學徵號的通性組成;一方面性質的形體,適合的條件與印於想象上的配合,都是概念相通於邏輯的連續。因此記號與觀念的組合必須隨一定的邏輯類推,不獨是通性的在直覺情形之下轉釋思想而已,還要形式邏輯的定律引導。邏輯抽象定律,有兩種重要作用:一爲命令物理與形質的轉變;一爲想像的機械,爲演算者自然的服從。

賴布尼支通性論應用的方法,在形而上學上的比在數學上的更感困難。在數學上所以容易成功的,因爲有數,形的自然,由演算方法可以無形中將語言缺乏的拿來補足;到了形而上學上這種救助就歸私人的,只有免強在推理和定義的形式上補充一二。賴布尼支想把演繹法所供給的完全用邏輯的演算來代替數學,於證驗中找方法。所以他説笛卡兒的方法論,沒有完全與真正分析的,在形而上學中試行證明的也總是失敗。正因爲他邏輯方法不足。邏輯的法則是由有形的方法與法式的機械變換來表明(如在代數上的)。凡是推理都歸於記號的配合,簡言之,都歸於演算。賴布尼支從此又找到了霍布士一種最正確而又精深的思想:"推理就是演算。"這並不只是演算一步步追着演繹法,實際上是由他指引出種種不錯誤的情形用適當固定的法則所抽象的徵號來代替推理。

這樣看來,通性就應該用實在的基本"邏輯代數"(L'algèbre de la logique)在理性的演算上於知識層次應用的地方都可以由推理實行。賴布尼支把演算的邏輯價值認爲能判斷種種爭論,在普通語言中無用的推理,總引起許多非邏輯非數學的混淆了。但是在惟一限定與不變的記號演算上,無論如何,可以達到目的,好意壞意,總在真實結論上。如果到了真正完全的解釋上，就如同在方程式上解決的一樣。這種邏輯的演算不只是能用以除掉錯誤（直覺與機械——眼與手）實在可以發現真理，這不只是證明或檢證已知真理的工具，也實在是發明的工具。

賴布尼支的邏輯演算思想，以爲理性不獨是推理的幫助，并可以推理代替。一切命題與觀念的實在連續都可以用代數的方法配合轉換，所以演繹法就是象徵記號與法式的解釋，一言以蔽之曰："通性成功的。"也即是形式邏輯的想像。他不怕把演繹歸到純粹形式機械，只要得出唯一成功的邏輯關係而已。這實在是他象徵思想的數學手段。他拒絕名目論説；真理與錯誤的適合，是在我們思想上，並不在事物中；決不是名目論者所謂意志的錯誤。這有兩種原理：一方面凡是理性的真理（如數學之類）發出的定義都是自由的；通性的真理也是相等的。又一方面我們推理不能超過任何記號或字，記號的選擇是自由的，那關於記號的結論與根據選擇的結論，也都是自由的。賴布尼支切實的回答這種錯誤：如果記號都是自由的，在記號之間表明命題或者組織命題的關係，就不是自由的。依其相通於表明事物的關係與否而定真實或錯誤。在記號連接之中存在的真理，是按他實在的連接與觀念或對象的必然而定，並不靠我們來定的，最好説是存在於記號與事物相似的關係中的都是根本數學的意義類推的，換言之比例的，關係的相等。記號的選擇與字的定義是可以自由的，却是没有記號與字的自由連接。在這種連接之中，惟一的是真實與錯誤。所以類推不只是在對象與記號之間，還是在記號的各個系統之間同時用以表明真實。

這種重要的證明，在數學上完全借用了。賴布尼支證明代數的法式都是離寫用的記號與字而獨立的，因爲他的真理是在普通法則與形式轉換上安置，並不在"有形"的自然所表現的性質上。同樣算學真理也都是離所用的號碼而獨立，於列數方法亦然。譬如十的數與 10 的號碼之間，只有自由的關係，引伸十數的條件選擇來做我們列數的基本。結果數的轉譯成號碼是自由的，是根據列數基本的選擇。

以上都是通性論的普通原理；現在再來講他普通科學或普通的數

學論。

賴布尼支視邏輯所有的意義比以前亞里士多德與中世紀學派的邏輯格外寬放得多。他說邏輯如：思想的工具，不只是亞氏分析上證明與判斷的工具，實在是笛卡兒派方法的發明工具。賴布尼支從此於根本上加入所謂自省的工具，因爲要好好思想，應該要有"精神存在"，並且要知道記憶所已得的根本知識來用以推演其他新的配合。但是在賴布尼支普通邏輯上是根本兩部分的組織：第一真實的方法用以證明已發現的真理，而又檢證懷疑與爭論的命題。第二用以發現新真理，這都是用確實相近於無錯的方法於前進與系統的秩序中去摸索偶獲的發現。第一個是數學定理的種種情形，建設科學的真理，同時拿邏輯的同一嚴重同一連續爲用；第二個是指示解決問題用各種方法引他到已知命題的解法上，如幾何學上的。一方面由原理到結論，由因到果；一方面從標定的結論到研究的原理，從已知的果到未知的因，前者爲進步的、組合的；後者爲退步的、分析的。因此邏輯的真正區分據賴布尼支最好是組合與分析的辨別。在這種意義之中，同時了解數學上的組合分析。所以就是數學方法的概括組成普通科學方法。

我們從賴布尼支這種邏輯思想上看，可以直接知道他邏輯的數學形式，換言之把邏輯歸於演算的原理，成功普通數學的觀念也可以明白。實際上他的邏輯概念就在數學概念的反動上，正所以收入幾種邏輯方法於數學科學範圍上，這就是他的邏輯數學新外延的負擔。現在要看看在邏輯與數學之間真正存在的關係。

首先來討論數學與邏輯間形式的類推。在舊式邏輯研究的區分上，已知道的有三種相通的對象：概念、判斷、推理是也。這三種原理在我們普通觀察上概念與判斷的原理很難認爲有數學對象。其能認爲相近數學的是推理的三段式。但是賴布尼支在數學上也找出同樣的區分來了。特別的是在代數上：

1. 單簡名辭都是字，複雜名辭都是法式；用記號演算的方法（和、積）成了字的配合；

2. 命題是相等的（或方程式）或不等的，與比例的；簡言之，肯定兩法式之間的關係；

3. 推理或結果都是演算或轉換，從此推演多少其他的關係。

反之，適合邏輯上同樣的類推；單簡概念，用字表明；複合的就用"法式"表明；命題用關係表明（同義之類）；再推理用演算或法式的轉換表明。因此如果代數是邏輯的，邏輯於根本性質上就是一種代數。

然而這不過是就外界與形式相關的説，如果要深知道邏輯與數學的切實關係，應該決定數學的對象如何。凡是特別科學名爲數學的（算學、幾何、機械學以及依數學調和實用的）都是笛卡兒、賴布尼支所謂普遍數學，換言之，量的普通科學也。這種科學就名爲"數學邏輯"（古義 Logistigue 即演算的科學，非今之數學邏輯）。因爲他是用別種方法演算其他諸量的工具（如用已知方法演算未知之類）。代數所以是一部分的：他是算學的概論發展：因爲數的科學無定。總而言之，非邪特（Viète）的特殊數學邏輯與列數的數學邏輯相對或相合這還是承認代數爲通性的、應用的，在邏輯所有範圍中，在一切演繹與形式推理上。這正是賴布尼支普遍數學的起點。所以他説："數學是想像邏輯。"想像的對象有量性與性質，或者量與形：由量與形可以識事物相等與不等；由量性與性質，可以知相似與相差。

在賴布尼支的普遍數學觀上所謂數學就是數學邏輯；是附屬於"配合"（Combinatoire）原理的。配合是一種數學工具，用在一定的條件上，做成確定數目的對象（如號碼、數、字母……可能配合，在賴布尼支視爲數學與邏輯演算的相通點）。而配合原理就是邏輯的一種。邏輯與配合原理不同的因爲邏輯對象（諸概念）都是理想與抽象，而配合原理的都是直覺的。如純粹邏輯在通性方法上叫爲想像的，就到了配合的範圍去了；反之如配合成自然具體的抽象名辭，只視爲配合關係時就包括純粹邏輯。總之彼此聯合組成"形的科學"與抽象關係的普通科學。

普遍數學的發現把一切數學科學都歸他的原理，都做他最普汎的定義定理。邏輯演算與幾何演算就是他的基本方法。這實在是賴布尼支最大的功勞，而數學與邏輯本身相混，至少也是成一全分。在邏輯與數學之間，不獨是形式類推或並行的原理，實在是細分的恆等。最明白的，如所見普遍數學組成關係的普通科學，而各科學關係由形式本質的定數分別，凡是特殊理論各具根本公理與定理，在演算的細微上，公理都組成運算的方法，其簡便的有如代數。在舊式代數上看，不過是數與量性的邏輯，只在相等的關係上建定。到賴布尼支就別創新法，任"適合"與"相似"（Congruence et Similitude）種種關係上建恆等的代數與包攝的代數，同舊代數邏輯相接合，共同發展。（由總適合可以推演分適合；但是多數分適合，不能斷爲一總適合。賴布尼支決定有可能的地方，譬如在三項上的適合：

$$ABC \equiv A'B'C'$$

推爲兩項適合的三連接適合：

$$AB = A'B', \ BC = B'C', \ AC = A'C'.$$

可以連三適合爲前面總適合式了。

至於相似的原理是用同一記號指明兩關係的，譬如由半徑 R 到正弦 S，又到正弦 V（弧的倒正弦 X 是 1—Cosx）就用下面方法表之：

$$R ; \sim s ; V$$

如果 P，m，n 在他們之間有同樣的關係就寫爲：

$$r ; \tilde{S} ; V \sim m ; \tilde{m} ; P$$

這表明 r，s，v 之間的關係是相似於 m，n，P 之間的關係的。）視代數所有都在法式與配合的形式性質上安定，而全稱的普遍數學變爲實在的形式邏輯、定律的科學、思想的通式，簡而言之，數學歸邏輯。

我們再到別方面看，形式邏輯發展一直到與數學同時符合的地方邏輯又歸入數學了。實際推理的形式性保存普遍價值與演繹的必然。所以賴布尼支不停止的研究形體上的推理；然而他直接要加入邏輯的形體作證驗，使之不歸入三段式的形體。從此所有演繹的嚴正與明白由前提到結論的都適於普通法則，與以前所建的形式相同，並且是離所注意的關係連續而獨立的。賴布尼支說借邏輯形式的正確，最好是把推理歸到演算上，換言之，空去邏輯關係的實在連續，使之只注意於形式的聯合與必然的連續。這所以用無定義的徵號來代替含義的名辭，由條件的記號來代替他所關係的原理。從此推演列序式，即得配合與轉換的形式法則。總而言之，就是"通性"成功形式邏輯的想像，也就是他連合數學與邏輯而又中間以混和的。

這就是賴布尼支數學邏輯的普通原理，到了他演算的邏輯與幾何方法上，我們可以不講，因為只有歷史的價值。與近代的相較，以前都名為邏輯的數學論，或古代數學邏輯論。

第二，為什麼有新數學邏輯的產生？

在第一所講的數學邏輯，就是我們二十世紀的新數學邏輯嗎？我們所謂數學邏輯是否就算這種單簡的問題解決了呢？如果承認現在的數學邏輯完全是賴布尼支的思想，為什麼數學邏輯的問題在十七世紀沒有驚動科學界的論點？如果不承認，又為什麼有新數學邏輯的產生？要回答這些問題，大概可就下面幾點釋之：

1. 亞里士多德派的邏輯根本太狹；
2. 賴布尼支的普遍數學邏輯也不完備；
3. 現代新數學邏輯補救的方法。

且分別詳言於下。

1. 亞里士多德派的邏輯根本太狹。

亞里士多德的邏輯何以太狹呢？因為他直是一種"類別的邏輯"（La logique de classe），所謂思想定律的三種原理：同一律、矛盾律、不容間位律不過是拿各個的自身，類別名辭耳。換言之，概念都是孤立的，只在一定的秩序中，依他們所能包容的，所能連累的來包容或連累之。換言之，主辭與表辭彼此互用。惟有在內包見點上，於實際的外延——表辭性上——都疏忽了。這種概念的別類，在內包的秩序中，最普遍的意義總不過是為建出合解的條件，然而也就有過於不切實的。

我們要用思想，就應該服從這些條件與別類的秩序，這是一定的。如果否認他，就否認思想了。簡言之，要服從亞里士多德的邏輯法則。以外還要服從其他的條件或其他的法則。亞里士多德的邏輯只建出適合的條件，從思想觀點上看，如果到了太遠，就不能得出真實的。實際用孤立的名辭決不能考出什麼東西，必用命題來想，始可以得到新的發現。凡是思想就是一命題，換言之，名辭的集合；連絡集合，就是複合名辭。形式邏輯要用所謂命題邏輯來補充"類別的舊式邏輯"。在複合名辭上的都是類別的同一運算或同一類推的運算，要使演繹可能的。換言之，正確的推理，就要實行知道怎樣命題細分、連累、類別。

再一方面看，舊式邏輯所講的命題，只有專注於包攝（Inclusion）關係；即是概念之間的關係，都是用一個關係動詞的"是"字表記之；所謂關係也就是止如此。總之，惟一的關係是從表辭到主辭，從形容到所形容的。而於這些關係旁邊，再也沒有量性的，譬如在語言中由相關、前詞、連接詞表明的以及語尾各處的，如果想成功普通邏輯上有用的思想，這是都應該注意的。在亞里士多德的邏輯上思想與語言的分析完全不夠，所以一定要作進一步的追求。

舊式邏輯雖然顯出無味的人造，却還是不能充足。他把命題的分解都當爲"天主是善"的形容命題法式了。譬如下面的話：

我剛從段家店來；

變爲：

我是"段家店來的"。

這即刻看出他忽略了思想與實在的關係，以及標定地方久遠的關係。還有同樣用動詞的"是"表明爲"是的"，譬如：

甲是相似於乙；

甲是比乙大或小；

甲是乙的父；

甲是乙的地方；

諸如此類，實在的連辭並不是由一"是的"可以表明關係的，所表明的關係是要辭句的集合。如果改起命題所證明的來，不能拿"相似於乙"來做主辭，這只能是一乙，還要説是"乙相似於甲"。

2. 賴布尼支的普通數學邏輯也不完備。

賴布尼支看見這種不完備的舊式邏輯，以爲必使研究的人都困於亞氏或學派的範圍中，所以他從數學與文法兩方面來精深的研究。但是結果他自己還是脱不出亞氏法則的限制。我們從數學或文法的觀點上看，他的新邏輯方法仍舊犯同一錯誤，不過加進數學普遍的材料，比較是遠到一層觀察。謂爲真正完備思想方法的數學邏輯，實在不够。

賴布尼支邏輯演算的公律或原理可約爲兩大觀點：

a，我們一切觀念都是由最小數單純觀念組合起來的，而集合的形體，就是"人類思想的步驟"；

b，這些單純觀念的複合觀念由一致與對稱的配合與在算學上乘法的類推是一樣的。

這兩個公律在第一個上能把單純觀念的數説是比賴布尼支所相信的數更大。但是如果這種假設能行，再拿到哲學普遍的語言所計劃的實際價值上看，他又沒有很大的理論。是如此，所以單純觀念的數比他自然的便要少，惟其比他配合式的更少。

到了這一點來，第二公律完全顯出錯誤的。首先是邏輯乘法，不只是演算上容易受概念的更動：因其邏輯也有注意加法的（表明循環交互，以連接詞或字釋之）惟其否定的更容易。賴布尼支在否定計算上都得出錯誤來了，他也不能解釋怎樣單純觀念以及彼此之間所相同的，能用他們的複合觀念配合，發生矛盾的排除。

並不止如此，賴布尼支於經歷之中，至少還料出否定的獨立點；邏輯加法的意念上亦然，都離外延而獨立的。所以必要的元素，都是爲組織舊式的邏輯代數。所成功的幾點，還是因爲與舊式邏輯相接的。換言之，他的邏輯代數完全在亞氏邏輯內（就三段式而言）。這種範圍是極端的狹小。人的精神所有觀念，他只能包具普汎概念或類別的部分耳（普通觀念或抽象觀念）。再從各觀念之中，所能得的關係，舊式邏輯也只能研究：包攝的關係（再還有相等的關係也可以由此限定）。從邏輯見點來看，他歸入表辭判斷的研究了。結果是具一表辭與一主辭成功。再又到數學見點上，他在集合的重要理論中，有包攝與排除的相關。還有一方面就文法的見點看的，他的範圍與前面研究動詞是字的命題連辭相同。不過賴布尼支把他彼此分列互乘，因爲他彼此隔斷，所以外延結果上還是不能增加。這由於他排除所有前置詞、關係詞、婉曲詞的原故。賴布尼支對於語言思想的複雜變更，雖然用關係詞來概括了，自己還是承認這種理論是離邏輯而獨立的導言。可惜他的試驗不成，所餘下的理論完全是草創的，相近兩世紀之久，無人能繼續研究，是十九世紀第二半期，才是有人把他邏輯代數的形式建定。而關係邏輯亦從此發現。但是還不能說邏輯是事實的科學，他的價值還有一大部分要研究的。做這種研究的數學邏輯家的各種見點，就是下面要講的方法。

3. 現代新數學邏輯補救的方法。

我們對於亞里士多德的邏輯狹點和賴布尼支數學邏輯的缺點，現在可以明白了。關於這兩家的改革家到底是如何着手呢？回答這個問題，就是我們數學邏輯真正產生的價值。改革家的奢望和最大的目的是要造出一種反動的邏輯與所謂性質量性諸觀點根本不同，塗去從前不合理的思想，來到絕對普汎上處置一切。譬如相似代用的原理，同樣要能駕御種種其他的，同時用數學推理的與普通或形容的概念推理也要一樣。想明白這種特見的思想，我們也要找出一個真正的起點。

賴布尼支的邏輯代數在當時能明白知道的人並不多，所以他的思想實在注意的地方，因爲他自己也沒有真正完全成功，結果研究的人幾乎沒有。好在他普遍數學的功效太深，所以邏輯代數的思想於無形中進步了。遂產生坡來（Boole）的思想。我們二十世紀的數學邏輯從此發軔，而賴布尼支的勢力，亦因此愈加擴大。

我們知道舊式邏輯與賴布尼支的數學邏輯都是失敗於概念的考察。要想把概念的考察代用以命題的考察，成功一種邏輯配合命題與配合孤立名辭是一樣。這是用什麼方法呢？坡來先研究出是演繹運算的不合理，他注意三段式中所用的演算，要來重消去中名辭。譬如在三名辭的系統中消去中名辭，如同在兩未知量的方程式中消去一未知量樣。概括這種要點，可以說是凡演繹的運算，確實的推理能歸到：認定名辭任何數的系統，消去所應去的中名辭，再在所要求的元素之間，用前提來決定所有連累的關係。

形式邏輯應該變爲"消去法"的通論。如代數學在方程式的理論中，我們現在已經使之與消去法的理論對立。但是消去法決不能負擔關於量一方面的。是否能使之由此演算發展以至於量性上所關的與性質上所關的一樣；在概念與命題上所關的也與數目上與列數的關係所關的一樣呢？這一定的，因爲數學家只持算他推理的，只要適合於徵號的運算，從具體事物所表現的考察，做成徵號，完全通釋的抽象。如此我們更可保證前面思想的確實。

在這種新的演算中，又用什麼方法來實行呢？如果與代數演算相同，我們仍然不能知道先天的。但是要想都把他設起式子來，就是要把演繹中精神方面所拘束的種種運算統行分析，用徵號來表明，所配置的關係，在徵號之間仍然成功，換言之，所謂限定運算必要徵號都能相通於思想的實際運算。從坡來、石拓德（Schröder）以後實行這種研究的是班洛、羅素、古第哈。

在形式邏輯中最重要的是推理的原理。換言之，三段論的研究。我們要想真正改革形式邏輯，從此處着手，是第一步功夫。所以班洛們開首就變三段式的形，絕對的適合思想的所在。把完全三段式定爲"假言"的通式，這就是演繹事變中最實在而又最活動的成功。譬如說：

若是甲爲真，乙爲真；

若是乙爲真，丙爲真；

假言三段式的理論，不過是定律的集合，隨這些定律，在我們思想的關節中用連接詞"若是"與否詞"不"來配合一切。這就是他根本文章。還有"與""或"的連接詞同樣也挿入假言三段式與前兩種同一重要，這兩種辭與代數上×與＋（乘、加）的記號所表的意義是一樣的情形。

一個定為乘法邏輯，與代數的乘法是同一性質，表明"配分律"與"變換律"；又一個定為加法邏輯，也與代數加法同一性質，表明"聯瑣律"與"變換律"隨即定出兩種徵號"0"與"1"的兩類別。第一個表明所有不可能或錯誤的命題；第二個表明真實命題。引出這種徵號來，形式邏輯的改造家用很合法的思想處置，就是分離所標定的前提，可以達到完全適當的結論，這種方法是自動的，可以消去中名辭。

所有這些實用的法則與代數學上方程式的解法，由關於未知量與未知量的消去法是純粹符合的。邏輯新方法的演算與代數演算如出一轍。比賴布尼支的深入一層。現在我們凡是語言中連續於思想的一定可以明白說出。總而言之"安定確實名辭或命題，就可以推演他們所具有的關係，這種關係或是已知的或是未知的，再或者沒有明白認識的"。至於亞里士多德的邏輯只能推演已知的關係。所以新形式邏輯實在是發明的方法，根本引起絕對新的思想來解釋種種關係存在。

一直到現在來，雖然說是有了新數學方法的新邏輯原理，然而根本上還是發展賴布尼支的思想，內中自然有補正或完全更動的。但是結果終止於包攝的邏輯範圍。這都只能認為救正舊式的形式邏輯思想之一。現在還要進到第二個救正方法來。把舊習邏輯缺點與賴布尼支數學邏輯的邏輯導言思想都要改換了。簡言之，一直到邏輯運算方法完全不用"是"的連辭，或獨一動詞是字。到這裏來了，就變成最複雜的而又最困難的事件。

數學邏輯家實際的方法，可以用下面的話概括為：

凡是歸於演繹發展，和說明的種種科學勢力下的，都要直接說明。由分析關係所研究的來展開之，完備之；最後再研究他供給我們的新關係，又來實行於包攝邏輯中所已鑒定的關係上將這些新關係用演繹的聯合。

實際在包攝的邏輯中，並不曾相通於相等與包攝關係上"點的集合論"；在分析中所遇的理論，集合論漸漸發展，成為基本要點。再一方面在包攝邏輯程度上的邏輯函數論中，一切變數，都不能有 0 與 1 的兩值。

所以約成下面的：
$$X^2 = X, \quad X(XX) = X.$$
這明明白白對於 X 值適合的：0 與 1 是也。

應該超過這些關係的極限到分析上所定的極限去，再到幾何極限，機械學極限，然後到數學物理，如此類推。換言之，應該凡是公理、公律、原理都與一切科學上不同的發展相別，按照真實的存在來消滅他。又要不是假裝定義或定理能使科學完全發展的只是惟一的形式邏輯公理幫助。

因此我們在一切理性索究的場圍中，所有鑒定的意念，就沒有一點普通形式主義的部分。所以邏輯單純的演繹法，能從此意念上超至其他意念，全不用直覺的救助。凡是科學就是一邏輯的原動。到了這裏的數學邏輯，才是真正的達到笛卡兒、賴布尼支普遍數學的希望，在普汎和永遠的科學與哲學上建定。

我們還有幾點要知道的，從賴布尼支思路上所發展的邏輯數學和演算邏輯有邏輯方程式的存在，比較代數方程式以外還有數學邏輯系統的包含與解析幾何本身的解釋，換言之，純代數上的意義與純幾何上的方法，就是馬易姆（Maimon）與葉果羅（Yergonne）派的代數分析與幾何分析種種論證，也是我們新數學邏輯運動中最有力量的幫助。不過葉果羅的見點不同的是要以幾何的直覺爲根據來限定主辭與表辭觀念的原始關係。他說考察兩種觀念之間不同的情形，先要彼此比較然後才能在他範圍中得出相關的表現。其關係有如：

1. 排除的：Ⓢ Ⓟ ＝H

2. 相切的：ⓈⓅ＝X

3. 恒等的：(SP)＝I

包含的關係有兩種爲：

4. S 連於 P 的：⒮Ⓟ＝C

5. S包P的：(S(P))＝⊃

這五種關係每兩種相配合，可以得出二十五種新關係來。不過配合的結果：結論與前提一樣的情形。所以有人說他這與亞里士多德的三段式還是一樣，在我們真正數學邏輯的原理上，不是完全合理的。

心理學上聯瑣推證的數學方式[*]

數學價值和真理的負擔，雖有時代的不同，然而一切真理與價值的心理表現則又如一。因爲人的精神與內觀，皆以心理真理爲實便，而一切超個體精神的事實，在他人意識中同樣可以存在。譬如直接理會的事件，簡單和繁複的情形，完全在我們日常觀察的心理上排列，並不就是終日絕對的證驗如此，而是基於邏輯與心理普通觀察的數學定理推證。

然則數學觀念對於外界現象亦爲完全適應？又是否真外界、真客體，我們全不得而知。不過實際上數學總是我們表現界的應用，爲人類精神對於虛設想像知覺上的解釋。這種表現都隨心理定律作數理的集合。語言、思想、記號、觀念等，其聯瑣，皆順心理原則爲之集成系統的邏輯元素。所以數學方式的心理推論，完全以心理觀察所成之定理、定律、定義爲其推理之基本律。而數學發展上心理學佔其首要，因爲心理事實，爲一般現象、紀念品、自動行爲、各種知覺以及觀念聯瑣等等系統結合，構成精確思想；數學本身實無此項思想作用。對於意識上彼此事實的分別，與人類節節相關的知覺，以及現在或過去的事實產生的區劃，皆無直接秩序的判斷，和相當的時間判斷。這種心理研究，在一般數學家注意的很少，——除邦加赫、安黑格、麻克（Poincaré, Enrique, Mach）之外——而在一般心理學家亦更無專題分論。——除費奇來、文德、亨利（Fechner, Wunàt, Ch. Henri.）諸心理學者——我這篇心理聯瑣律的數學推證，就是發展這個意思的求證。

所謂心理的聯瑣通律，我們在普通心理著述中都可以看見，如果讀到米爾父子及班安（Janes et Stuart mill, A. Bain）的邏輯更可知道他

---

[*] 本文原載《心理》第四卷第一號。

的科學價值。這個問題遠自柏拉圖的"非東"(Phédon)論,及亞里士多德的"記憶論"(Traité de la mémoire)就研究起,至笛卡兒派的馬來本支、斯賓洛沙、賴布尼支(Malebranche, Spinoza, Leibniz)注意到一切表現的接合律,而洛克(Locke)始爲"聯瑣觀念"一語之發展,柏格來證定外界知覺聯瑣之形式,海母(Hume)有心理處置之普通聯瑣律論,成功後日英國聯瑣學派的創造者,其發展爲:哈特來、柏斯特來、瓦爾夫、海把特、博文、哈密圖、米爾父子、班安等(Hartley, Priestley, Wolf, Herbart, Broun Hamilton, James et Stuart mill, Bain, etc.)。文德一派視爲試驗的研究,他若泡沙、哈比邪、和文支、詹姆斯、巴德文、西理、克巴黑德、姆斯坦堡等(Brochard, Rabier, Horwiez, W. James, Baldwin, J. Sully, Claparède, Münsterberg.)皆有聯瑣律論,要皆純及於心理智慧的推證,以演繹方式作數學自然的研究,則不多得。若將此問題推廣,則聯瑣律之應用,將不止於心理研究。

邏輯家限定文字或事物,最便當的方法是用觀念、名辭、判斷、標辭、推理等規範。然而限定之中有不能完全限定的,譬如用許多字限定一字,同時這許多字又要其他許多字限定。如此限至無窮,結果還是有許多不能限定的。要免去這種連環不解的方法,在限定字義的時候,指出字的對象來。用這種方法,就成爲判斷標辭。眼見動物,如果想到此動物爲牛,則成判斷標辭的發現。有判斷則能分別其他思想,同時即有真假的存在。所謂標辭是什麼?即是用語言或文字表明判斷。譬如説或寫"此動物爲牛"的時候,成標辭的種類之:相對事實、絕對事實以及普通標辭或定律。譬如説:

(1) 此牛是黃的;(2) 宋教仁被刺了;第一爲相對事實,第二爲絕對事實。第一能在某地方真,同時也能在某地假,在各個特殊地方,都能決定真假的事實。第二標辭的真假,没有多數可能。再如:此三角有兩等邊,也是相對的事實;但是:如三角形有兩等邊,就有兩等角,則爲一普通標辭或定律。因爲這種標辭表明兩事實意識之中的一種聯和,如果前件事實的意識甲爲眞，後件事實的意識乙也是眞；前件名爲假定，後件名爲正定。譬如兼説甲乙意識的事實眞假，就説：

甲事實牽涉乙事實；

或者甲意識的事實關係乙意識的事實。或者就心理上單稱爲"甲關係乙"。

假如説甲意識上的事實是眞，甲關係乙：因之乙意識上的事實也是眞的。我們就説：

甲是眞的，所以乙是眞的。

這種單純推理，名之爲"心理的推論"。要推論正確，其條件爲：

（1）甲意識的事實爲眞；（2）甲關係乙的普通標辭爲眞。

這兩條，就是肯定乙意識事實的。好比幾何學使我們知道如三角有兩等邊，就有兩等角。我在紙上畫一三角，以規測之，不再量角即得兩等角的數學推論。假使説：

一三角形的事實，無關於非直角的形，這成了否定形式，其可能性有如"甲不關係乙"的形式。若以甲乙事實分配，得列爲：

A. 甲眞，乙眞；　　B. 甲眞，乙假；

C. 甲假，乙眞；　　D. 甲假，乙假。

説甲關係乙，即全式第二列不存在；説甲不關係乙，即第二列能存在。就是這個表可以圓活許多標辭，假使有甲關係乙，則乙的錯誤關係甲的錯誤，換言之，乙假甲假而 B 列爲不可能，只有乙假與甲眞的可能。如果乙是假，甲又是假，名爲"非乙關係於非甲"。在第一標辭上"甲關係乙"，否認 B 的可能。"乙關係甲"的倒辭，否認 C 的可能，也可以説是"非甲關係非乙"，相反的"甲關係非乙"或"乙關係非甲"又否認 A 的可能。如果"甲關係乙"的矛盾"甲不關係乙"就肯定 B 的可能。

這種比喻的聯瑣概念，完全在心理推論的邏輯眞理上，譬如空間幾何的證明，都爲此類心理推論之空間想像；其始也由若干開元標辭的聯瑣，而爲一標辭意識的證定。譬如要證明：

兩平行線與第三線平行，彼此必互爲平行。除意識推理之外，必認三先證標辭：

Ⅰ. 於一直線上總能引許多垂面；

Ⅱ. 如果兩直線完全平行，則垂於此一直線的垂面，亦必垂於他一直線；

Ⅲ. 如果兩直線垂於同一平面，彼此必平行。

再看所要證明的標辭，假定上爲：如果兩直線都平行於第三直線，正定則得：彼此之間必互爲平行。假如把"甲乙丙認爲三直線，最後的兩直線平行於第一"，然後看他彼此之間的平行。先寫假定：

（一）甲是一直；　　（二）乙是一直；

（三）丙是一直；　　（四）甲與乙互爲平行；

（五）甲與丙互爲平行。

由Ⅰ的普通標辭，認庚的平面垂直於甲。另加一條：

（六）庚是垂直於甲的平面。

將此新假定置入已有意識的事實之中，名爲"新設假定"。

現在Ⅱ的普通標辭可以成推論之：

甲是一直線，乙是一直線，甲與乙互爲平行；

庚是垂直於甲的，所以庚是垂直於乙的。

又有新意識的事實：

（七）庚是垂直於乙的。由Ⅱ的同一普通標辭又得下列之：

甲是一直線，丙是一直線，甲與丙互爲平行；庚是垂直於甲的，所以庚是垂直於丙的。從此又得出新意識的事實：

（八）庚是垂直於丙的。再Ⅲ的普通標辭現在推論得：

乙是一直線，丙是一直線，庚面垂直於甲乙與丙，所以乙與丙互爲平行。結果得出：

（九）乙與丙互爲平行。即所求證。

如果把意識的事實都用文字來表記，可以簡單如下：

有一二三四五的假定，六的新設，（適合Ⅰ的標辭）

$\overline{10}$ 由一二四六的推論聯瑣到七，（適合Ⅱ的普通標辭）

2^0 由一三五六的推論聯瑣到八，（適合Ⅱ的普通標辭）
3^0 由二三七八的推論聯瑣到九，（適合Ⅲ的普通標辭）

這種聯瑣的數學心理，完全在心理觀念的聯瑣定理上推論，其理論之意識的表現，都是心理證明的。

要證明的"甲關係乙"就想到甲意識的事實為真。甲的假定能化成多數細分的一二三四五諸假定。由普通標辭表明可能性，得出其他如六的事實名為"新設假定"。由是而進，及於最後者為所求之正定。

這裏重要問題，顯為心理上的僻論。其實不然，因為所謂證明，就是一種機械的，不能定出對象的認識。如前面證明中，凡對象都是"直線"與"平面"，無須乎論到這些對象的自然與究竟。在兩直之間有一定的關係，就是表明彼此互為"平行的"；直與平面之間的一定關係就是表明直與"垂直"於平面的。其自然亦無甚重要。其要者即此類關係能為Ⅰ、Ⅱ、Ⅲ諸定理的真實。這就是證明適當的條件。字義改動，原理仍是真實，所以根據原理的證明也是真實，結果與新字義同歸於真實。這可以把投影幾何的"點"字換"面"字，"面"字又換為"點"作證。如：兩點連成一直線；可以換為：兩平面相截成一直線；反之亦然。再如：三點經過平面；可以換為：三平面的交點。反之亦然。如此，一標辭能譯成若干其他形式名為"兩元性"的原理。

證明與單簡推論不能混為一事。在習用語言中很平常的錯誤心理學家與邏輯家都因而大部分的混淆。證明一普通標辭，就用其他普通標辭為證；譬如用Ⅰ、Ⅱ、Ⅲ的普通標辭證明"如果兩直線都與第三直線平行的，彼此必互為平行"的普通標辭。說Ⅰ、Ⅱ、Ⅲ的標辭存在，所求的標辭就可以求出。所謂推演就是由許多"普通"標辭證到其他一普通標辭之謂。推論是由一"事實"過到其他一"事實"，而能適合普通標辭之謂。

通俗語言與大部分心理著作中，演繹一字的意義，也與此處相合。有時也能通於推論的解釋。所謂演繹的聯瑣律，既不由定律到定律，亦不由事實到事實，乃由定律到事實。與此相反的另一形式，能發現物理科學的真理方法，由事實到定律的名為歸納法。還有一種混合的產生，是由普通標辭與特殊標辭兩義輕忽所致。譬如聯瑣關係之："人有死；有人都是狼心"；第一標辭爲普遍的，或全稱的；第二標辭爲特稱的。實際上第一、二皆全稱標辭，而第二則爲可能性的。第一說爲：

如果有的生物爲人，他就是有死的；

第二說爲：

有的生物爲一人，

然而不能肯定其爲："非狼心。"再或者譜爲：某某爲一人，關係於某某有死；

一某某爲一人，不關係於一某某不是狼心。

有時某標辭對其他某標辭爲普通，這時候"普通特殊"的聯瑣字義，當爲相對的意義了。如"人有死"的普通標辭比"動物有死"的標辭爲狹。如甲類物體與乙類相同，甲類屬於乙類裏，無須對面真實，就說甲類分包於乙類分中。如是甲物體的性質比乙爲小。如同人類包於動物之中。故謂演繹推理，爲由普汎到特殊，其對於心理聯瑣推論的方法，則與其反聯之歸納推理相互爲用。

在相似的聯瑣推論上，實在有主觀心理的作用，所以近來解釋心理學上相接的相似聯瑣，完全以生理學爲主，而對於各種推論的對象，無論是由普汎到特殊，或由特殊及普汎，都能決定其相承相因，相接相似的正確觀念。從意識主觀標定之上，到客觀事實的表現中，都能由數學方式的應用推論之。如謂：我們在街上遇見的張先生想到很像李先生。張先生與李先生有許多相似點爲 A，B，C，D，而不同的亦能分別。張先生的形像有如 A，B，C，D，加 a，b，c，d，與李先生之 a'，b'，c'，d' 不同，得爲：

$$X = A, B, C, D + a, b, c, d.$$

李先生的形像則爲：

$$Y = A, B, C, D + a', b', c', d'.$$

我們所遇見的張先生與李先生，其關係之聯瑣有如：

A，B，C，D 同時相接於 $\begin{cases} a, b, c, d \\ a', b', c', d' \end{cases}$

從是 A，B，C，D，在張先生身上看見，引起相接之異類 a'，b'，c'，d'，而爲李先生之全身的表現。就賀福鼎（Höffding）教授的觀察，聯瑣律完全在相似與相接的關係中，其變遷比例，則惟恃此二原理心理的組合。故得依數學方式表明其定形爲：

$$a+b \text{ 與 } a+d。$$

此處 a 與 b 爲相續兩不同件，而 a 加 d 則爲兩相似境。

在意識情境中可以將 a 事實換爲其他非感覺的新事實。在我們換的時間上，a 事實漸離我們表現的空間和時間遠了，而將來與未來的"d 加 b"事實漸向我們的表現中接近，到了意識情境中有：

$$d+b$$

的事實，而相似之中間換去 d 的表現，變爲新接事實之：

$$a+b。$$

由 a 而 a+(d+b) 而又 a+b 的聯瑣，完全相接律的推理關係。所以一般心理學家皆以聯瑣爲組合普通行動之表現，而文德（Wundt）則更爲注意於意識之"組合性"。

講到這裏，"組合"二字應該就數學心理上深求一步，換言之，仍以頂前面假定普通標辭爲證，作分析之組合，譬如說：凡 A 爲 B，凡 B 爲 C，所以凡 A 爲 C。先假設普通標辭爲真：

Ⅰ. ○如果 X 現象是 A，他就是 B；

Ⅱ. ○如果 X 是 B，他就是 C。

有了這種假定，就能如定理連續的證明。不過心理上聯瑣推論的組合，不能與邏輯三段式混看。因爲假使要完全肯定到：

X 現象是位在類分 K 中，

可以說是：X 現象是同 A 在 R 關係中，

或是：X 一現象屬於現象的類分上同 A 有 R 關係。

如果把標辭放在"X 現象屬於一定類分"的情形下研究，就有很多難題，因爲要限定所注意的類分。

在意識現象的心理事實，非常複雜，所以必用邏輯方法爲之推證。

宇宙現象的秩序和物體個別的類分，皆為心理聯瑣推論之必要原理的對象。因為意識現象的類分，不能即別其自然，名之為類分 K，而對於一關係也不能區別，寫為"先於"的：

$$A<<B.$$

名 A 現象與 B 現象之中有這種關係，其性質有：

a. A<<A 的標辭決非真；
b. 如果 A<<B 的標辭是真，則 B<<A 的標辭為假；
c. 如果 A 不相當於 B，又如果 A<<B 是假，則 B<<A 為真；
d. 如果 A<<B 與 B<<C，則得 A<<C。

A. B. C. 都表明類分 K 的現象。再如果 ABC 都表明量，<< 表明"小於"則所有標辭都真。如果 ABC 又表明水平線的點。<< 表明為"左於"還是真的。同樣如果 ABC 表明官階，<< 表明"下一級於"也還是真的。由是 << 的關係適合 abcd 的普通標辭，限定秩序或排列的意念。拿 A 與 B "兩都不相當"的現象類分 K 來，由標辭 c 就有 A<<B 或 B<<A，要固定各種意識，假設 A<<B，如果一現象 D 為 A<<B 與 D<<B 就說此現象在 A 與 B 之間，或者為 AB 間有。"之間"與"間有"從此限定為：

如果 D 在 m 與 n 之間，m 與 n 都在 A 與 B 之間，則 D 在 B 與 C 之間。標辭證明的假設為：

1. D 在 m 與 n 之間，即是：m<<D, D<<n；
2. m 在 B 與 C 之間，即是：B<<m, m<<C；
3. n 在 B 與 C 之間，即是 B<<n, n<<C；

就證明 D 在 B 與 C 之間，即是：B<<D, D<<C。

由 B<<m 與 m<<D 兩事實上推論出 B<<D，由 D<<m 與 m<<C 的兩事實上推論出 D<<C。這就證明 B<<D 與 D<<C 即是說 D 在 B 與 C 之間，即所求證。

再由"先於"推得"後於"的 >> 由心理現象的求證上得出：

$$P<<Q, 則 P<<A, A<<Q。$$

P 與 Q 兩種意識的現象如果聯瑣於同一意識現象的 A，則有"先於"的"轉換性"而連續心理現象可以表爲：

(1) P<<A<<Q 或 P>>A>>Q。
(2) Q<<A<<P 或 Q>>A>>P。

這兩種關係名爲現象的"間接"，表明意識中 A 現象間於 P 與 Q 現象之間，因爲：

$$P<<Q 與 P>>Q。$$

A 間於 P 與 Q，則此二現象相接。

這些原理可以用語言心理證明，例如一人連續說兩句話樣，總知道所說的是此先於彼的，與意識的事實相同。不過在人說出這句話在他句之先的意念有一定；而在兩人說出，則又不能相同，因爲兩句話都是兩不同意識所有的動作，這個不能直接認識那個的行動。

甲的行動與乙的行動要達到丙的認識，必須由知覺上兩行動先有丙的意識始行。所以由這些知覺之一能識其先於他一，而對於行動知覺先於的意念，又只能由適當條件推演。這都在陳述知覺的心理觀察之上。譬如一人連講 a 與 b 兩句話，同時知道彼此的先後。如果 P 的意識上聽到 a 先於 b 兩話之陳述知覺爲 α 與 β，則其先於之關係爲：

$$α<<β。$$

如果 ab 兩話由兩人講述，在同一 P 的意識上陳述知覺爲 α 與 β，如果此知覺爲 α 先於 β，則 a 與 b 的口授知覺 α' 與 β' 在他一 P' 的意識上連接爲：

$$α'>>β'。$$

這裏也把 a 與 b 的關係限定了：a 先於 b 則 b 後於 a：

(1) a<<b 與 b>>a。

而在 P 意識上 ab 兩話的陳述知覺亦有先於後於之關係爲：

(2) α<<β 與 β>>α。

從此語言心理的互換性有如：

(1) a<<b，b<<c。

由此三句關係連累於兩句話關係之：
$$(2)\ a<<c.$$
如果在同一 P 的意識中，此三句之陳述知覺爲：
$$(3)\ \alpha<<\beta,\ \beta<<\gamma.$$
連累於兩事實先於之：
$$(4)\ \alpha<<\gamma.$$

在同一 P 意識上，由 a 與 b 兩句關係生 a 與 d 兩陳述知覺，則（4）的關係證明 a 與 b 的連接爲由（2）的關係得來。

在心理上說，人於適意的選擇上，能連絡某項意識現象的回想於其他適意選擇的某項回想。這些回想的聯絡，又成功回想的新現象；所以彼此關接的回想，就是意識現象的結點。心理學上名此種回想作用爲聯瑣，其回想之現象名爲聯瑣現象。

在一般推理上都有這種心理作用的表現，其原則之普遍關係，有如算學整數列序然，所以繼續頂前面四種，還有序數意念之：

e. 在類分 K 中有獨一現象 A 存在的，就是在類分 K 中沒有 B 現象爲：B<<A 的存在，此 A 現象名爲 "首象"。

f. 標定類分 K 的任何現象 m，同時總有其他一現象 n 存在爲 m<<n，而在 m 與 n 之間就沒有其他的現象。仿此，如果 m 非首象，另有一現象 Q 存在爲 Q<<m，則在 Q 與 m 之間也沒有其他現象，我們名 Q 爲 "先於" m，n 爲 "後於" m，或名爲 "首象與隨象"。

g. 如果類分 K 包在類分 K 中，又如果他包有的現象同時包首象與隨象，則必相當於類分 K。

總這七種標辭看來，首象有隨象名爲 "第二"，隨象又有第二隨象名爲 "第三"，第三隨象與第一不相當，因爲如果 A，B 與 C 表明第一，第二與第三就有 A<<B，B>>C，∴A<<C（標辭 d）。而 A<<C 的 A 不相當於 C（標辭 a），再第三隨象名爲第四，最後的都與前有不相當。這樣看來，第七原理（g）推論整數之自然隨數矣。

辨負褫兩誼[*]

舊瀋陽民報《思想之園》載章行嚴對"有無"實相問題之"邏輯解答"一文，以"負"褫 Negaliol，Peivation 二詞直解紛說。惜章氏於邏輯名詞本相，多有未妥，故偶就所見，釋諸日記。悶中溫故，檢抄如次。

邏輯析辭類分"負名"，有之，與數學負量異義同理；爲"無"之範疇之一，定義絕儔。因負名觀念，從心理包攝言者，既不宜表形，更難出無，像也。如欲甲爲負名，首念必先及甲，是甲已入於精神，雖負猶未也。以吾人否認一物，不能隨否認之思想俱無存在。故負名之邏輯眞理，章訓"凡本來無有"之絕則意義實非。知識連誼，正負互存，認有無兩實，乃原理之連逮如此也。

邏輯析"褫名"亦有之，褫名章訓爲"昔有而今無"，片辭狹陋，偏政法辭典之義。邏輯義詳瓦爾夫（wolff）《本體論》二二四節及穆勒《名學》一卷二章六節。褫名攝兩件：以有應無，因無期有；爲一主辭之"同時"屬性。故有訂爲主辭表現時所"注意"之缺性名詞者，如以"目"論人而有盲目，論樹而有無目，論胎而有目不見。

負名與褫名在康德四範疇中，悉逮"無"類。負名爲第三範疇，如"空"空間，"空"時間之空；褫名爲第二範疇，如冷、暗、死、疑，與亞里士多德所謂"負因"同，即無"現因"之影響也，它如第一，範疇無現實概念之"質體"；Nou mene 第四範疇矛盾概念之"圓的方""兩直線多角形"之類，統稱"無"之四範。

疑負褫之規律而辯有無之實相者，說軼於證。原"有"之定義爲有，爲實，爲存在；"無"之定義爲無，爲虛，爲非有。形上之論如此，形下

---

[*] 本文署其筆名"三輔"。

之證亦驗如此。有本非無，然而宇宙人類，偏存"無"念，無實非有，何來"有無"之說？曰有無相生，生死死生，無有有無（哀哈格立 Hesaclites 之說），二者同義；如異範。同疇，則異無同有矣。是矛盾律之分割，習慣因果之現象律也。宇宙既無空時間與空空間，則"絕無"之本身非"空"而亦不能空。若某一之空截"無有在"，而又接於實相之"實有存"，於邏輯不倫，於數理亦不類。謂無為無有，而忘時間之真性，則不知孔子"無"於現實之現在，而"有"於實現之過去；謂零為無有，則凡一以下之級次，九以上之整數。皆不能表而出之。所謂相生之義擬於此理而精於此說也。

科學有無，非佛家之色空，道家有無，亦非形上之僻論。謂有生於無，因"知"乃現象，"無"為本存，本存為有，不名其存為無。無窮小惟"有"數學理性，而"無"現實經驗（依常識經驗言）。巴哈墨立（ParHenide）謂兩點間之距離終不能達，栢克萊（BerKeley）謂分析數學無窮小為非理，皆偏執絕對有無之界限，而昧於俄而有無之觀念認識。老莊無名與齊物之論，專為遣除有無名相觀念，故能達觀萬物；化理智於無為無不為，無名無不名。

常識之有無與科學無絕對差異性，如謂富人有錢，窮人無米，正與科學之空間有三度，時間無斷片；哲學之物無虛相，理有真偽同誼，有無之明白觀念，乃時空直觀與理智"範疇判斷"共有之象徵認識；兩皆為無限"未知""未始"之多元關係。宇宙不能獨持"兩相"絕對元素，今之相對論排除齊一矛盾諸律，正宜準作"實有無緣生，無有分自體"之謬誤解釋。

舊式邏輯之範疇過狹，而有無之爭解，終難免遁辭或重語。吾人精神思想，兩造互用，曰假辭，思想自由創立，精神亦自由選擇，若範疇所限，義不及化。曰實辭，負負同正，不無釋有，辯證無窮，邏輯技演如幻。舊式邏輯對之如無鎗戰，卒雖死亦難克敵。

負褫與有無之精義，惟數學邏輯一語可以破的。曰"邏輯範"。L‧umivers de biscours 凡概念集合，必視判斷或推理之"邏輯範"以正其誼。如謂"犬無言"，有眞僞兩值：在動物學上邏輯範爲眞，在物語上則爲僞。"禽獸無父"，以名言爲眞，以實喻爲僞。"墨翟無父"，以兼言爲眞，以愛言爲僞，以兼愛言，眞僞同在，若數之有正負二根者然，此皆準邏輯範以爲斷也。

　　數學邏輯正負或眞僞二值，能兼一名。賴布尼支（Ribniz）始用爲名詞"通性數"之解釋；質言之，一名具互爲素數之正負二指數者，所以示名之相對也。如"人"名必因"非人"名在，以人與非人互爲素數性（無公因數），即矛盾根性也。故在邏輯類別之判斷或推理，邏輯範爲其必然根據。若辯者惑術，牢入圈套，無謂之爭，將囿於此矣。能就邏輯範明揭變辭"負""襧"之通性，則得眞僞肯斷，如演方程式然。雖惠施公孫龍子之徒復生，亦無庸置喙矣。（關於邏輯範之眞理演算，與負襧之相對關係，讀者參閱 Rurs. A survey af symbaoxlogic. eh.）

數形之邏輯變異及其連誼性[*]

柏拉圖云："吾人欲求有愛國之最大效力與最大用處，請努力算術研究。"又在大學院門首立一牌曰："非幾何學家莫入此門。"可見數形科學之重要，吾人日常生活所見所聞，莫一非數形之事，物象表現，數形也，萬有存在，亦數形也。形無數不立，數無形不表。畢達哥曰："凡物皆數。"又謂：自然數奇數由三角形代替，偶數用正方形代表。嘉德之解析幾何，正表形數之互存共有性。形數皆空間有者。論空間有四：（一）直接表現之空間，（二）完全者，（三）物理者，（四）抽象者。各空間皆有其形感之變異與數覺之轉變，亦有其形與形之感覺連誼與數形連誼之變異。然而空間與覺知，爲歷史紛爭不已之問題。如康德先天直覺之空間說，經非游立克派反證，而復經純算學派，尤其數學邏輯派之否認。雖然邦如赫以約定俗成之意解釋，實則未盡感覺幾何與物理幾何兩真理之連誼認識與問題而解決之。吾意自認識論點觀之，必物理家、幾何家形成連誼性之邏輯真理，使形數表現之普汎認有明白定義或假設。同時心理學家立感覺之空間時間的邏輯認識，使感覺界直接物理界。幾何物理家與心理家之過橋，果能如此而直接通過之，則認識能有數形科學的邏輯價值，則可以示知之理性有無限自由。一則可標純形式明白之定義，且對萬有表現，皆能爲邏輯連系之轉化與普汎關係之真理。

---

[*] 本文原載《哲學評論》第七期，爲中國哲學會第二屆年會（1936年4月4日）論文摘要。

兒童邏輯與教育

盧梭說："兒童不是發育完全的人，但是他有真正完全教育的需要，同時還有適應這種需要的心意。"兒童智慧教育，在認識的形式上雖然有時間發育的差異，實際在每期差異的程度，不過單複的級進，根本對整個人類理智與經驗的兩義上，完全沒有懸殊的階段。

近四十年來，研究兒童教育的，大部分都從兒童語言、心理、繪畫、運動上探求兒童想像、變異、理性、概念的種種思想結構。這種新教育的試驗早已宣告成功，而尤以發展兒童思想語言推理的"兒童邏輯"爲有最大建設的理性。

甚麼是兒童邏輯？邏輯名字首冠兒童二字，是邏輯在教育上有不同的解釋嗎？唯唯，否否，俱有所答。據兒童心理的測驗，凡屬青年活動的表現，多出於智慧行爲，有智慧可以不有邏輯。兒童固然不能無邏輯活動，若即此謂爲"兒童邏輯學"，則失之遠矣，此否否之義也。再就教育的學科上說，邏輯效驗在證明與探求真理的二義，兒童邏輯的研究，自然不會逃出語言思想與機械類推的真理的證明之外，對於研究運思的性質、想像與形式的方法，正同所謂邏輯意義整個相合。所以兒童邏輯，在理智教育與經驗活動上看實在是一般普通教育與心理發展上必要的學科。故謂兒童邏輯之於青年教育，直如普通邏輯學之於各科學方法。

兒童之邏輯的活動，或智慧生活的進展，就心理差異的程序上看，可分爲四大階段。本來邏輯學家不承認邏輯心理學化，兒童邏輯的根據，則不能獨立地從兒童心理意義之外劃出絕對範圍，因爲它是從教育心理的原則上接枝出來的，這是初期兒童邏輯學史的一頁事實，將來獨立爲兒童教育必要學科時，這種事實是否能變蛻還是很大的問題。如果將四大階段的邏輯思想略爲比較分析，即知此類關係的教育意義之嚴重。

第一期爲感覺粗率進展的邏輯活動時代。兒童初期的睡眠習慣很深，但是一經感覺刺動，即不停止地向各方面（精神的、物質的）施其感覺接應的練習，雖然這種活動是機械的，没有完全的意識與意志，實際於名辭名字或物界動作與對成人思想語言的了解都能有單簡智慧的聯瑣、心理對照的應用，如相似、類推、試名、轉語等作用，均有把握到邏輯關係的可能。

第二期爲思想自然發生的邏輯表現時代。此時爲兒童心志發展最活潑時代，如記憶、摹倣、自衛、自作、喜、怒、愛、欲等等均極靈敏地表現於感覺生活（Vie sensitive）上，有時竟能偶爾與智慧生活的成人相似，因爲此時智慧活動的内力，完全爲感覺作用，而無邏輯理性的指導，所以不能有持久的相似。不過在語言一方面，此時表示特別進步。譬如三歲以前的語言純爲分析、抽象、普通，以及關於變進的無定語；到現在來所用的語言皆爲組合、具體、切實而又極有節制的確斷語。既然有語言的邏輯進步，同時思想推理自然趨於平行互益的表現。康伯黑（Compayre）曾謂"理性如工人，語言乃工具，工人必賴完整的工具，始有美備的産品，語言如無思想，如工具之無人用，語言如不組織，則不能用以發展理性的邏輯"。兒童在使用正式語言時代，即是最抽象觀念組織的發端之時，他知道利用智慧，撇省邏輯，於已成語言名字中，不須要概念定義，而能直記得自然、人類、事物、行爲、社會、生命以及精神種種基本意念，雖然這些觀念或名字不能分明知道，却是他漸漸能因邏輯推理的語言關係，自行修正，或證諸事實，或檢之實在，觸發所謂"兒童的理性時期"。

第三期爲邏輯或理性反省的推証認識時代。所謂理性反省即兒童專求"如何"與"爲何"的奇異性發達時代。此時自身所知與能言的"物""名"較所感與表現的現象過少，但是處處好奇的心理要求却又非常之甚，供不應求，如何與爲何，終無邏輯相當的解釋，差幸其智慧易足，對如何的"問題"能以之作爲滿意的"答復"看。例如兒童最喜歡問"爲什麽"，或"這是什麽"，他問爲什麽時，對所答的"因爲"之真實在，還是一個爲什麼，不過有一名字的新知。然而這種新知的無限增進，就是科學或自然定律的因果性與究竟認識的理性建設。哲學家曾謂："什麼是科學的實在？就是巧作的名字而已"，貢第牙克（Condileac）亦謂："科學爲一佳作之語言。"兒童之科學認識的步驟，純靠無限理性名字的問題與無窮邏輯智能的答復，逐漸改造原始概念的錯誤，隨各種觀念解釋，合証於實體事實。故此時亦名爲客觀參考與主觀齊一的理性建設時代。從前第二期中無"個人"思想發覺，現在十一二歲時，舉凡複雜動機的配合、討論、攻擊、粗情、奸意等等一齊動作，正是表現"自我"的認識時代。無論如何，凡是對物品、同一、因果以及所有存在觀念，皆不離個人反省試驗的"我見"與"彼是"。從前依本能作用，現在注意理性反省。有時注意力之"我見"過甚，雖由理性入於非理性亦所不惜，有時又因道德力之"我見"過甚，反由無義務的責任，發生極熱烈的動心。這正是智慧邏輯的過程中常見的現象，從本能到認識，從無形的同情到認識的感情，教育家能知此道，其於兒童教育的原理，思過半矣。

第四期爲青年思想成熟的邏輯發展時代。就"兒童"字義說，此時應在十四五歲以上，是由兒童到青年的過當中，即成年時代的初期；關於智慧生活，已有相當的接觸，在智慧方面的恐慌沒有，在物質道德方面的劇變，往往藉智慧邏輯自反。如思想、聯省、自決、社會組織、能力調和、協作同勞等等皆爲此時最活動的路向。同時邏輯認識作用完全發動，對任何方面，皆有整個歷史意義的價值估計；質言之，此時思想行動，處處包具人類社會、歷史、科學、道德的表現，如意志反省作用發生，邏輯判斷形式亦與之俱作。故斯時亦名爲主觀參考與客觀齊一的理性實施時代。

總而言之，兒童自初生至十四五歲左右，感覺變化，智慧發展，各有其邏輯階段的差異，所謂兒童邏輯者，正爲研究各階段應行實施的理性教育，使兒童感覺、觀察、形式、語言、辨證、推理等作用，適於邏輯的方法發展。鮑德溫（Bald win）研究種族與兒童心理發達時，承認上面四種邏輯心理即人類智慧的發展。兒童最初活動，必發於無定之情欲感覺與動機，然後有物象反動的知覺接於模擬暗示之類的行動，再進而由想像與意志成功自立，由知行理性，顯為社會道德的生類。兒童教育的實施者，如果不分別此類不同的時代智慧，將不知毀棄多少邏輯理性，戕賊多少聰明兒童！

哲學

關於研究哲學的話

人問：哲學何以迄無定義？賴布尼支說："如果能找到絕對哲學的定義，人類思想爭論的問題，即時可以消滅。有分哲學爲'實踐'研究者是就字源而出；分哲學爲'理論'研究者是因科學而定。不知哲學者謂哲學爲玄談，過信哲學者謂哲學爲常識。哲學的本相到底如何，這個問題根本不易一致地確定。所以我對研究哲學的主張，自信以爲無論如何應知：極淺近地哲學，必須有極精深地科學認識。"質言之：

"學哲學的學生不要先讀哲學概論的文章；教哲學的先生，不要先講哲學定義的問題；設哲學系的學校，更不要先論哲學實用的利益。"

哲學必同科學研究協作，其條件必須先有科學眞理的明白，復具科學鑒定的能力。如果首讀哲學概論的文章，空談定義的問題，或專求實用的狹利，一定不知哲學何以負起智慧動力與精神動力的原理。柏海納（Cl. Bernard）謂：研究哲學者必眞知科學；笛卡兒謂：哲學眞理，爲科學勝仗所獲；牛頓謂：科學眞理，堅信哲學爲首功。研究哲學的人如果不從科學戰場獲得眞知確識，試問如何行得科學精確入微的手腕。如何取得試驗實在的工具，探討宇宙問題的底蘊，緊接事物存在的當然？人謂哲學精神能：摒除臆說與偏見，不專制眞理以防於第二人。這完全是科學認識的力量。吾人研究哲學，應從純潔地意志發動，勿爲"趨時"求知，勿視哲學認識爲解決人生問題、宇宙問題或一切認識問題的"專利"之學。假使爲專利學哲學，是唯用論（Pragmatisme）之下者，是誣哲學有"愛科學"之名者小，而失科學具"眞哲學"之實者大！

哲學有形式的假相，有自然的虛設，有事實的意像，然而它的人生世界、物我現象、情欲意志以及形上詩說，絕對出於科學價值的天才與科學試驗的估計，與文學藝術上的虛托理想異趣。所以學哲學的最低限度應用邏輯定律，發展思想認識；用科學對象，作溥徧深切的研究。吾人試觀歷史上哲學定義之無定，哲學問題之無窮，正因爲各哲學家之科學的出發點之不同。如果強用概論樹哲學之基礎，斷定哲學問題爲解答真善美的研究，是不獨忘形真正科學不適於規範科學（scienco mormale）的分類，且亦自縛於宗教形上與獨斷科學的卑見，用時忽去拍拉圖所謂"真無分於善"的觀念哲學！

立在科學的專門知識界，放出科學哲學的思想來，同時轉就哲學精神的論見，再返回科學的實在去，如此載生新驗，定有奇思異彩。歷史上這種連理的原則，單從數學物理的實驗科學與哲學問題改造的邏輯原理上看，即足證明此說。如亞里士多德由生物分類抽出三段論法，復由歸納證明推進物理自然；笛卡兒由解析幾何發覺直觀理性，後由演繹方法確定機械運動；以及賴布尼支之由數學無窮小而發現宇宙玄元（Monale），由玄元而解物理的認識之類，皆可見真正哲學研究，絕對要有完全精一的科學認識，學哲學者先透澈這種歷史事實，然後才有思想實在的本色，才有自己認識哲學的意義，才有科學與藝術的觀察，才有人生問題的瞭解，才有思想創造的可能。

有人說在科學幼稚的中國，何處找到具科學精深地認識者來研究哲學？我說這話根本錯誤，前面談過哲學家決不自讀哲學而。無論某種科學的研究者能從科學戰場歸來，一定有其哲學的深念；再者各種科學的教授者如果不忘却哲學哺養科學的乳恩，不專就機械地傳授定理定義，截除思想歷史的線索，自封於科學匠之狹見，或試驗之獨斷，而能毅然地直用哲學理論，貫串物之自然，使科學實踐，兩不相妨，則必定到處表現科學哲學的精神與意識，姑無論其爲幼稚或普通，其能造成研究科學與哲學的環境，自是無疑。如果不從各科學上邀得同好的研究精神，或分科學離哲學，或論哲學避科學，視理性分類爲絕對，科學分類爲獨立，將永無學術發展之一日！

簡單地說，我的意思研究哲學無論個人或學校，都應該切實地穩定科學哲學的計劃。個人自修方面，千萬勿聰明過度，妄自遠求，時而辯證論的哲學，時而相對論的原理，要知不懂科學記號，決不能專利哲學以登天。學校研究方面，在中國近年學術結果的斷定上，至少要有下列三種改造的決心。

第一，學校要明白的認定哲學系與實用理化、政、經、商業、簿記之類的學科不同，特別與以學術研究的提創和鼓勵；

第二，哲學課程的研究，應該完全立於科學知識的必要與科學思想的促進上來推動哲學求知的意義，千萬勿許數理化及其他自然科學系不及格之學生羼入哲學系畢業；

第三，中學程度既無哲學基本科學的保證，大學開始，既須創設理論科學與普汎試驗認識的科學原理之科目，使學生自動地由科學各方面意志地向哲學求認識。同時哲學初步的講授者，努力地援用科學證明的實在，提示研究人的新驗。如講邏輯三段論時，處處說明此原理由生物分類到幾何證明的發現之事實是也。能如此兩方設計，始有研究哲學的趣味。

研究學問必有個學問的"場所"，哲學的場所在什麼地方，固然可以拿"隨地皆學問"的話來結束，但隨地皆學，實即隨地無學，必先有養成隨地皆學的信心與知道學問價值的權量，才有"皆學"的可能。說到這裡，中國哲學界的暗淡，科學界的幼稚，都是沒有研究學問的場所的原故，不然以中國之地大物博，何以不見隨地皆有學問的表現！前面改造的限度和希望，是想研究哲學的同來共築"哲學場所"。

西洋哲學史導言*

（甲）述史之難

"史之爲道，撰述欲其簡，考證則欲其詳。莫簡於春秋，莫詳於左傳；魯史所錄，具載一事之始末，聖人觀其始末，得其是非，而後能定以一字之褒貶；此作史之資考證也。丘明錄以爲傳，後人觀其始末，得其是非，而後能知一字之所以褒貶；此讀史之資考證也。"（參考《四庫總目・史部總叙》）作史者必資事蹟，讀史者必證所思，述之難，知之亦不易也如此。

史之爲教，或疏通知遠，或屬辭比事，提要鈎元，探賾索隱；或宣事實因果，或叙思想生活，微婉志晦，言文博識。如國家種族、文化科學、思想哲學、政治社會、地文經濟等，須直揭真義，罔失稱衡。故專述史論，術在才筆，博覽陳編，尤重特識，章實齋謂："才學識三者得一不易，而兼三尤難，千古多文人而少良史，職是故也。"萬斯同嘗謂："史之難爲久矣。非事信而言文，其傳不顯。李翺、曾鞏所譏魏晉以後，賢奸事蹟，並暗昧而不明，由無遷、固之文是也。而在今則事之信尤難。蓋俗之偷久矣，好惡因心而毀譽隨之，一室之事言者三人而其傳各異矣，況數百年之久乎，故言語可曲附而成，事跡可鑿空而構，其傳而播之者未必有別裁之識也。非論其世知其人而具見其表裏，則吾以爲信而人受其枉者多矣。"信乎述史之難也。

鄭漁仲謂："大著述者必深於博雅，而盡見天下之書，然後無遺憾。"

---

* 本文原載《文哲月刊》第一卷第八期。

彼述作誠難，必述者有以趨難而易功；博雅匪易；宜博志之以廣求乎文證，修辭立誠，憑義具事。合史實於概念，敘倫別類；標先覺之名教，援古證今，庶經精史粗，經正史雜之歧視亡，而思想史乃一於通史矣。此又述史者之義、之難、之貴也。

按史析思想事蹟二類，一載經紀，一述觀念。無事蹟不作春秋，無觀念不寓褒貶，兩端具執，史之上乘（尚書與春秋之教也）。或謂哲學專史，質體異是。蓋哲學唯敘思想真理，其精微沈約，具元元之妙與純象之極，既弗稽事；亦罔鑒蹟。自由意識，自存是非，彼真偽立斷，惡藉史證，用蔑主思，法之代嘉德（Descartes）謂："予且不欲知先乎吾之有人類也。"錢大昕謂："道學諸儒，講求心性，懼門弟子之汎濫無所歸也，則有訶讀史爲玩物喪志者，又有謂讀史令人心粗者。……"（序廿二史劄記語）毀譽不同，愛憎各異，然而代嘉德之我思我是，宋儒之性理學說，固無一不自歷史思想，推闡衍變也。

謂述史之難固矣，其難於用，亦有說焉。艾邁遜（Emerson）之言曰："往不足徵也，思今之世，無古之時；沉思夫文學、史學、科學之存在，則耗失現觀，尤失效將來矣，援推史論，瞭然無一字之足紀焉。"史蹟史思何用！吾人禀自由生，即有反過去之行，代嘉德哲學改造，正落脈是處。

誠然者；懷疑過去，申創現在，斯人生真義之得解也。然而歷史考覈，本既往，無現存，過去者未能恢生，現實者焉能爲障？彼其用也，若胎兒之因生因長，由少而老，人固不能齊老於少，尤不能有老無少。人之不能毀滅過去也如此，歷史之必用於人類思想也亦如此。歷史專從複變中揭示人類精神，科學真創，藝術精美，道德至善，因史實珠聯：斯真美善之有價。若專門哲學史著，尤稱顯異。或釋思想真理，去非理判斷之辭；或繫類別範疇，格紕繆不經之談，是哲學通史研究，超科學專史義例矣。謂述哲史艱難，正思想難博真理故耳。然而窮理格物，匪史無言。賴本尼支（Leibnitz）謂："真理往往屈於思想，而復弱於思想。若探古人陳迹猶取金於泥，拾鑽於礦，見光於暗，此哲學精神完整之形式研究也。"哲學求知，用思深澈，舉物而論，精粗俱到。一部歷史，謂爲真理之思想調和也誠無不宜。

（乙）哲史之用

　　學與用兩驂，而哲學之於用尤靳不相聯。此功利者之常言，而吾人竟述哲史之用其意何謂？曰哲學以研究人生問題爲最大原則，其歷史叙述，直闡飲食起居，生生之理，動静變化，創造之因。斯之謂用，非狹指米麵茶鹽，偏趨時宜之屬也。

　　宇宙萬象，本一史觀，科學進化，厥功史蹟。然以史論學，天下固無軼史之思；若專科較史，則有史不得稱知之言。如科學中數理化等史著，若謂其歷史即數學、物理學、化學等，是無異笑談耳。有之，惟哲學史之於哲學然也。按哲學史以研究人類精神進化之真實觀念爲目的，與哲學探索，首稱同象，終適一理，謂兩皆精神對象者。非忽事實之教，蓋自然基本究極之知皆同故也。質言之，哲學史與哲學之實有性，無思想事實之差異也，無理論證據之相妨也；依史摹型，本經立論，充備整比者以之，駁正迷謬者亦以之。相切相需，易地皆然。

　　文人相輕，自古而然，感情經驗，獨見是宗。若以哲學史言，思想矛盾，出兩觀者有之，而決無違於真理；精神習慣固異，理性愛嗜則同。猶且視古若今，敬敵如友，此無它，認識之真理有以曉悟之也。彼科學分野，對象界釋，樹論惟純，壁壘堅固。凡專史各尚其真，而無人不自異也。故欲以辭賦史算經，或假理化叙通史，兩無能爲矣！若欲期其有當，匪自哲學史觀探論，與夫哲學思想研究，必夐絕無爲也。按一部哲學史，縱具空間時間、事實經過，橫括人類思想形色異同，創論有無，窮通真僞；得失之計無量算，而新舊之分亦非以時較也。夫以思想哲學觀言之，所得者恰證所失，取新者必出於舊，故謂哲學史，爲最大發明之論説，哲學家爲最新創造之主人，誠哉言也。

　　哲學史有用於哲學，即對一般歷史問題亦具同價。按普通歷史事實之社會影響，無一不自科學、道德、宗教諸端出發，即無一社會意識非哲學史觀之現象也。譬以個人與社會言，如何知有道德、本務、權利？如何解得人類宇宙原理？又如何表世界自然及其特殊定律？凡此種種，通史必載，簡陋史筆，斷限紕繆。必也援哲史家法，與哲學家言，會通意識，揭證網維，然後識時慎事，稱史之能。有謂哲學史與哲學家爲時代之總簿與總結算者，果歷史者遵抄總簿輕便有功，否則是非無謂，原理失絜。述希臘史不知蘇格拉第、柏拉圖、亞里士多德，試問何處是希臘科學史？政治史？藝文志？述宗教史不著哲學家言，試思宗教教義底於何解？復興後之歐洲史，除哲學史象價值，果有獨立之唯物史觀，社會經濟諸意義乎？彼黑格爾（Hegel）歷史哲學之精神價值，豈真無用於絕對物質之史觀乎？不經之談，惡足信乎？按哲學觀念，獨善精微，亦通達永遠，"愛知"先其在我，"用知"專及於物，推往昭來，終不失時空間思想原動。如柏拉圖道德哲學，包希臘四世紀之倫理社會而益過之。希臘過去史盡是，未來史亦盡是！法國一七八九年革命史，謂非盡十八世紀法蘭西哲學精神有以導之耶？即拿破崙武功政治，要亦百科學者與唯物論說各思想有以興起耳。故其言曰："前進，數學爲國之利器，哲學爲國之精神！"

　　進以科學運動之歷史觀念言之，天地形質，物理數量，幾無一不自哲學新創。亞里士多德不惟握希臘科學樞機，實開中世與近代自然研究之先河，代嘉德以數理哲學通化科學，入機械問題於宇宙論；賴本尼支導形上之元學於演算中，啟后日科學原理發現之無數法門。亞當斯密之經濟，解自功利主義科學，而英美實用主義之傳統，根在經驗論派科學認識，羌無待證之事實也。謂哲學觀念進化，則歷史進化有方，豈徒論列之哉。

　　歷史學者專作人類行爲之叙述，外物外言，罔及內因，是惟見行動現象，而不知動力思想指導也。若哲學思辨研究，深入意像界，探求切實性，自觀念反觀自然，滄海盤盂，正鵠立中，實證論者孔德謂，思辨理論爲社會運轉之機。穆勒亦謂：思辨進展，力促社會運行。述一代科學理論，即斷限其工商實業藝術等文化；考一代宗教道德思想，即鑒識其風習法律與夫政治厚薄。科學也，道德也，政治變遷也，宗教改革也，無不斷自元學歷史思辨之理論，雖反對嘲謔者不已，而哲學家視之，殆若尋常。蓋思想超絕，原不及普通意識之功利，謔者反思其生命歷史之構因，斯不辯得辨，不言自信矣。

（丙）哲史之方

哲學思想無窮，斯歷史系統無定。敍觀念史者，異唯物論史；述經驗認識者，反形上理性之說。正此負彼，銓竅各宗。夫人求知，識有通塞，神有晦明，愛憎既殊，鑒識難準。且塞者證通，晦者映明，必有反負，然後思正，必有卑屈。然後高遠；如"三王之受謗也，值魯連而獲申；五霸之擅名也，逢孔宣而見訛。斯則物有恒準，而鑒無定識"（劉知幾語）。歷史發展，端賴多方，敍傳學術，原無一致。

然而主觀獨斷之方，宜於思想意識之知，難要精神美滿之快，而尤失歷史客觀調和之信也。佛邪（Fonilice）謂："哲史需系統調節者，較切於思想抗置之發展。"又曰："欲哲學發展，必其歷史調和中，堅立純正法式，爲一般摸擬創述之體。"如元學之義出於亞里士多德，而研究實在與夫求真之法相，則霑汚無窮。史通摸擬篇曰：夫述者相劾，自古而然，故列禦寇之言理也，則憑李叟；揚子雲之草玄也，全師孔公；符朗則比跡於莊周，范嘩則參蹤於賈誼。況史臣注記，其言浩博，若不仰範前哲，何以貽厥後來。（詳看史通第二十八篇）

史有二方：曰識，曰鑑。識主博覽，宜具史眼之明；鑑在品嚴，直申史臣之筆。朗格（Lang）祖述康德，力陳唯物論之觀念論點，毀人主觀以立主觀，此其唯物論史之失諸僻而評鑑之失諸嚴也，雖曰新康德派之勢因以張，要不得謂爲哲學正史風聲。若亞里士多德以史爲事蹟雜匯，培根視史爲個別記憶之知，是哲學史料無不是而無所是，又如培根謂"歷史舉試驗爲一，哲學合科學同價"如此方之，廣博哲史有也，深遠隱蹟之真實,則莫由畢致。衍繹既久,膏肓墨守之述出,而是非真僞之辨難矣。見墨翟非仁義,遵佛教屈科學,固爲孤陋也,然統儒道墨佛科學,揉而雜之曰或儒,或道,或墨,或佛,或科學,尤屬妄誕之誣也。思想史之不易述,正在此博識品鑑,嚴明有方之恆準難耳。彼用舍乎臆說,而威福行諸筆墨,或假美藉惠,或持讎誣惡,乃野史醜行之筆,非哲學鑑識所宜有也。

哲學史爲思想系統調節之載籍;必也,"識""鑑"超邁,兩具無違。蓋溥汎實有,稱完全存在。其自然性觀,必博具特識者得而出之,亞里士多德謂欲知物是之真性,宜去不善以求充實完全,削其殘陋,補之成功;質言之,宜識乎其大,鑑乎其美也。蓋錯誤虛僞,決非物之本真的鵠。譬諸人類,有胎不成形,生具怪異者,若依此連類,將失人生美觀,與夫真人實在也。按物之美者必其精華粹聚,或細微入妙,如化學云精素,物理謂元子,形之小,量之微,空間之難見,時間之儵忽,物之本性,在此疾速性中,輕過則失之矣。又如畫家速寫,塑像凝神,注會一時,取決一形,能貫通盡有,肖似無遠,寓內於外,殿以文言,然後信實俱徵,斯稱美備。歷史家對哲學思想之才識學說果方諸藝術式之品藻,鑑取真美,勿爲叢錯,則萬善歸原,系統調節矣。

然則哲學史家之曲筆直言,惟限於褒之一法邪?是又不可不辨。曰以美鑑識,非謂悅己者取。曰系統調節,尤非譜第釋例。哲史之貶,義若春秋,批評一家,摧拿一派,此亦數見,世絕無不貶之史,惟視寓貶於褒之當否耳。得其當,則拒之者即携提充選之實;而非之者,不惟義無毀棄,且列用建設矣。吾人試思盧梭教育哲學與社會論證於霍布士機械運動,專制主義,其拒斥之程度爲何如耶!然而實則兩自然主義之政治哲學,皆立於同一"意志理性思想"(尼采語也)。社會基礎皆建於理性契約之上。霍布士認人類對契約爲意志多數同情,此同情心乃無可反對之威權者。質言之,正盧梭所謂"公人"之說;契約本道德生活條件,予人利益者也,然必使個人小我自由,先沉沒於多數公共自由之中,不偏尚智力,專是共同意志,斯能獲同情幸福。盧梭論自然自由,乃推闡知覺精神之機械物理說；否認契約非歷史性，乃促進精神創造之自由建設主義，其思想觀念，對霍布士派，經驗感覺之機械論，適稱系統調節與變進，理論方法之新建也。彼功利主義者，欲反霍布士專制政體主張，而不知邊沁穆勒皆自霍派功利說中，出其優美之自由論。此更系統調節變進之又一證也。果能通此類思想映射而一一條貫之，則不惟美褒霍布士哲學思想，且於別異或變進中，得貶證舊說，核校錯誤。是所貶者，結果爲眞理所是之新知，而所褒者揆得理性證驗之實在矣。知識眞理，決無矛盾錯誤；理論實用，難無不變之方。且錯誤修正，非眞理毀滅；如謂修正加減乘除之誤，絕非排斥四則理論也。明乎此，斯通史可通，斷代之當斷矣。

系統調節之方嚴，則學術思想，秩序專對，有如同歸而殊途，一致而百慮。按哲學標科學之母，立思想之鵠，舉變萬千，其道一也（吾言此一，乃廣大精深之一理，非獨斷專一之義）。學者持此一以證端緒，唯心唯物不足，而理性經驗恰如知識表裏。故吾人持歷史之方，則柏拉圖、亞里士多德同一論理。果康德哲學早出世紀，則代嘉德洛克之爭無用。譬論唯物，約物理學於機械學，歸機械學於算數學，復數理於邏輯，觀念定律，直率引用，唯心主張，已悄然同陳矣。若推言唯心，亦復爲如是之倒歸也。蓋觀念論者對世界存在目的，終不離智能生動之解，質言之，觀念抽象事物，必自意識行爲或現實表象而來。唯心即不歸唯物，必有意志哲學爲之充選於後也。如此遞衍，系統分類之法出，而哲學廣博精微之研究，益使吾人堅信眞理實在，懷疑獨斷之終寓於貶也。

要而言之，哲史之"識""鑑"端在"博愛""正義"精神。消極批評，非正史目的。賴本尼支謂："肯斷者眞，否定者僞。"任何知識有肯斷，斯任何知識有眞；任何思想亦有否定，斯任何思想有僞。若哲學家之普汎同情，無懷疑否否之態，無無所不愛（無所不愛則無所愛）之表，是眞知肯斷，正義眞理，將滿載哲學史矣，述史者宜稟博愛正義之識鑑，讀史者亦宜資博愛正義以觀揆。庶區分問題之時代褒貶，通於系統調節之思想適莫矣。

(丁) 哲史問題及區分

哲史問題，詳論稱繁，依樸葉（E. Brehier）言，首要有三：一曰哲學起源與地域問題；二曰，哲學史與科學史釐析問題；三曰哲學思想分派之連類問題。茲為簡述於后。

第一：思想起源問題，此任何歷史記載所不易決者。亞里士多德謂大流士（Thales）前，已有歷史家之哲學記言。是波斯、埃及諸族文化，早開雅典"生存自然""宇宙究竟"諸問題思想研究之門。而希臘天文學、生理學發現，遠在東方各國（如中國、印度）與埃及數學、醫學之後，實屬無疑（參考彌洛《科學思想史之新研究》G, Milhaud' Nouvelles etudes sur I'histoire de la pensee scientifiqne）。它如米勒派（Ecole mileto）物理論說、畢達哥物數主張，雖不盡與吾國易象變異說相埒，然其思想逵達者，則兩歸同義。今謂哲史源於希臘，即不言之過狹亦祇歐洲一脈之端耳！按此一端，始言大流士思想，正無不當。

論哲學史源根據，依確實文字紀載之始，各有主從界限。若混地域而言，則中國印度，思想綦重，據史家考證，知希臘商人或哲學家，作品紀錄，半敘東方各國思想文化以西紀二三兩世言，更直顯影響事實，而印度文藝之受希臘變化者亦間有可尋，各以所長，發現自然玄妙之哲學科學與宗教，至中國哲學之人事問題，道德研究，正與之鼎峙。人謂世界哲學，科學源於希臘，宗教行於印度，人事詳於中國，信近是矣。

第二：欲知哲史如何別於科史，此又不易斷言者也。蓋吾人已知哲史非若宗教、政治、科學諸史之簡單。試觀哲家，幾無一非自社會、道德、政治、文學、歷史、科學專家者出。以一身兼文學、政治、道德、科學者有之，兼物理、數學、天文、社會、政治、外交，更及宗教、道德者亦有之；如賴本尼支其人，恰證"有理性思想處即有哲學"之定義，復以"百科學"（Encyclopediste）之名思之，更足證認識價值之連類矣。哲學思想理論，在政治者，有社會、道德與文學思想解釋，亦有科學、藝術解釋：在科學者，又具歷史、社會與文藝理論問題，同時更及宗教問題。是哲學無能分於科學、藝術、政治、宗教之歷史文化也明矣。釐析云云，無異斷代之於通史，由分證合耳。

第三：人類社會級進，學術思想多方。派別紛陳，歷史雜載，此通常觀察之像。然以哲學研究言，雖科學類別，根據有異；真理標的，所持則同。反元學於科學者謬，異唯心於唯物者誣，不主機械，無論目的；不有先驗，無謂後天，固知識之有別也然非如屠刃截肉，能依金值，以秤物價之便也。哲學體系，層疊閎奧，其思想系分者，就歷史言之，齊向人類文化集合進展；既不保一派利益，復不知個別批評。試直觀上下，惟見一永存定律，曰：思想連類進化而已。人類文化史，鮮有離科學理智史者，正因哲學史連誼擔當於其間耳！文化無科學不能實現，科學非文化亦未之或聞。實證論者謂哲學史爲"人類連續性史"，詢不誣也。

然則哲學史之區分時期研究爲不當耶？曰此又不然。夫時代解剖，所以證思想遞嬗與各系獨立進展之精神也。哲史斷代麤析三期，無妨連續，有便探討。依通史分：

一、古代哲學史：自希臘迄紀元六世紀新栢拉圖派與基督哲學止；

二、中世哲學史：自經院哲學迄文藝復興時止；

三、近代哲學史：自培根、代嘉德迄十九世祺末并述現代哲學價值。

三時期重要，當以希臘伊阿尼人（Crecs Ioniens）所創導者爲首，而新拉丁與日耳曼人（Neo-Latin et Germain）所創近代哲學，亦正與希臘精神相映。若中世黑暗，宗教哲學稱尚，十數世紀，科學無聞，惜哉。

茲就前表，簡述各期重要問題分派之說於后：

第一：古希臘哲學分"創始時期"（大流士至蘇格拉第以前），及"批評時期"（蘇格拉第至斯多葛派止）。此兩大思想，各具科學根本問題研究。創始時期，由紀元前六百年至四百年，學者欲知"事物本原""變化"；其思想性質，以伊阿尼派物理科學之萬有神論與意大利派唯心認識之萬有神論爲代表。各派學說，具哲學科學偉大發現，而尤以一元論證及元子創說，爲近代科學理論實在之最要前提。遞及批評精神時期，更趨真理標準研究，於自然中論精靈，於天文中引邏輯與批評問題，理性觀、存在論、知識目的、科學試驗，俱徵絕頂之原理認識。今舉蘇格拉第、栢拉圖、亞里士多德之名，足知當時精神遠大，思想深澈也。羅馬與基督哲學，兩俱無爲，雖曰繼承時代，實不過襲因什一！

第二：中世紀宗教元學哲學，以真理信仰爲論証，視真哲學斯真宗教，其究事實也則偏空幻，探理論也則尚玄談，科學不存，哲學亦歸變相，如新栢拉圖之實在論，專向思想過去追求；新亞里士多德派名目論，復專趨擴大將來之論。然此說已非昔日宗教元學之比，故對復興時代思想，已建初元。

第三：近代科學哲學，一反宗教元學理論，創科學經驗認識；徒新自然，立新人生，行新教育，智慧生活，思想進化，不減古希臘雅典時代。其主要思潮分爲：理性論派、經驗論派、批評論派。前者以法之代嘉德爲首，專在本體組合之發散研究；后兩者以英之洛克爲始，注重分析批評之反省研究，而尤以康德認識批評爲能抵於大成。至論現代，科學進化日盛，哲學變進亦與俱嚴。如數理哲學發展、物理哲學新論、社會哲學新批評論、新唯心論，及直覺主義、唯用主義，皆宜分述。

科學哲學史觀[*]

一

　　大學的教育計劃，包人類一切知識的集合。人的精神思想，對於創造的科學，應該知道整理與調和的原理；這也是大學教育的責任。近世紀來，科學哲學界，有所謂科學進步，哲學創新，都是一個整理的條件；換言之，歷史的明白。我們不能專作科學的工人，應該把科學的特殊負擔與哲學的理想調和，輸到我們青年的觀察中，使我們有最高而又最完備的精神教養；不然，我們沒有什麼真正的優美與實在的精華表現。人類科學哲學思想，完全是一部系統的精神；能夠表現這部富有精神的畫帖，就是科學哲學的歷史演述。

　　科學哲學的歷史，自然沒有科學哲學本身發現的事實以外的對象。那麼，我們的研究，無所謂驚奇豐美的新事件。然而不能以此認爲科學哲學史無用。從消極上説：過去的知識，實在求之徒勞無益。譬如柏拉圖以一純正科學哲學家，構出極大理想的人民政府以及其風俗習慣的歷史。如果隨着這幅畫帖去演述，歷史家成了"王者"或所謂"歷史皇帝"。我不相信用這種手段來做我們的科學哲學史，雖然柏拉圖有了他的思想可能。實際上政治的史料，或者最好的政治史，很少有歷史的科學證物，如果把它同科學哲學的比較，其價值實有上下床之別！

　　十七世紀中，各科學大部分的發現者，都輕視純正歷史。他們的理性以爲：認識一事件，並不是指定實在的原因或事實，只算是確定可能

---

[*] 本文原載《中大季刊》，一九二六年十月二十六日。

的原因，注意理想的普通與必然條件。譬如認識一"圓"，並不是知道誰的手，用什麼粉墨，在何處黑板上畫出的；是知道在一平面上，由一動點對其中心定點成等距離運行所得之一封弧線。圓的歷史不能使我們知道什麼事件，是它的理想造形，雖然非實在的，使我們推演出真正底性質。在一部幾何造形上完全如此，移在自然現象中當然亦為實在。是我們所謂定律的可能，而不是年代計算的情境中發現的。

這種經驗的科學哲學觀，我以為在習用中不完全正確。對於為知以求知，非為利用以求學問者，我認為記號是無錯誤的，是公正科學的實在表現。科學到了實用。就算停止其為科學。科學的研究在求非實利的真實，因為真實能給研究者以堅忍不拔之志，給發現者以心神愉快之理！科學哲學的歷史，對將來的實利不計。然而並不專為分解前有定律的變進，與時間中正當的位置，實在的形態、價值、聯絡等等。是要尋求它實在的事件存在與真實的精神表現。我們如果能相信歷史事實的正確認識，或普通定律，對於政治、外交的人才為有用；則更能相信科學歷史的作用，在精神普通教養與事變和觀念的各種進步中愈為必要。因為在永續不斷底發生裏，一切產品與連帶的關係，都為科學機構的組織；如果個體單獨的能力與羣衆集合無動力上的關係，則必失其無窮小的分子作用，而與過去的不能聯給，本身則涵盡進化之源。在一條無限時間的直線上，我們可以視"現在"如同數學上一抽象點的移動，這一點總只有理想的極限，我們現存的生命恰相反，是一個實在的時久 Durce，漸漸侵入將來，因而確定將來；同時雖不完全附帶過去，却並不脫盡過去的。從此科學哲學的進化中，如同生命的改進，亦有遺傳的勢力；從此歷史的文化勢力，給我們以真正的意義，標出人類思想功績的集合表現。

我們這裏知道科學歷史的重要，在哲學範圍中更為有力的保證。因為現今哲學，實際並不是確實證明的真理系統；所以它既不能為科學研究的世界上現象與不變的對象關係，亦不能由試驗的事實直接檢證。哲學的各種假定（即所謂系統）不能單獨組成惟一系統與惟一科學。因為誰都不能將所有理想的基礎完全搗毀，或完全建設。譬如柏拉圖派終屬栢拉圖，而栢克萊（Berkeley）的唯意主義完全與馬萊傍枝（Malbranche）的不同。各個系統都各標其個體的創造力，哲學的重要在此，歷史的重要亦在此。科學則不然，數學定理的創生，由一人的天才能力得出，然而不負擔個人的本性；物理的假定，在未見諸物理應用中則屬物理家所有，一變爲定律，即不隸任何人名。這裏要當心，凡定理定律的個性存在，第一期是不能免去的：游克立的定理，牛頓的定律，各有其個性實在的表現；這是真正純粹科學的一步。再進到完全嚴格底證明，以一試驗定一試驗，復用一試驗斷一證明時，科學能力變到高深實在，侵入理論概念；普汎的個性思想去掉而爲第二期科學哲學的一步；譬如我們不能證明等腰三角形性質的名字，只有等腰三角形證明的記憶；光學上由呂衣井而楊格而福黑生奈（Huygens，Young，Fresnel），理論愈發展，個性愈縮小。是科學與科學哲學顯爲實用與理論之分，而科學哲學更能包科學的普通範圍。那麼，我們的科學哲學史又在什麼作用上？李特（Littrs）說："今日的科學是昨日科學的產子；如果不知現在生命之所從出，將亦不知科學緩進的組織。"科學是人類的功績，科學哲學是人類精神概念定律最深地與最遠地活源。精純觀察，消極觀察，都不能給我們以實在的智慧。沒有歷史的組合，沒有比較的事實，沒有假定的證明，又沒有自然的先取，科學將無所始亦無所進化。科學的發現是假定，假定的結搆是科學哲學史；科學的創造是問題或理論，問題或理論的真蒂結於科學哲學史。科學哲學是科學分析的組合；科學哲學史是科學史的分析：游克立的幾何、加利萊的力學、牛頓的機械學；個人的真實與歷史的真實完全不同。我們不能疑到直線、擺線、吸力的普通性與不能疑到游克立的直線、加利萊的動力、牛頓的吸力兩不相同；第一個不能疑是絕對的，第二個不能疑是問題的。我們科學的真正表現，在科學哲學史的畫帖上，正像一道通大海的河流；溯流而上者，步步顯出艱難跋涉的精神；順流而下者到處心神怏快而無限。然而若截其上游的艱難，則下游短縮水不成流。科學哲學史上表明這種相須的作用，如加利萊的物理發現，難於笛卡兒的普汎機搆；笛卡兒的又難於牛頓的實質運動；牛頓的又難於呂衣井、波畦松、哥西（Poisson，Couchy）的無窮小的機械學。不明白這種科學哲學的步驟發展，就不知道自己生活程度與科學生命發源的根蒂。結果如一葉扁舟，由河道出大海，渺無所歸；如孩兒無父而爲私生，瓶花無根而爲必死。

科學哲學的目的不在乘人類思想順流而下，要在乘長風逆流而上。遇一層河底的暗礁，就是一步科學歷史的停泊下錠處，其隱藏的力量，能助河流底急奔。譬如能用幾何方法解明代數方程式與其關係的普汎性，正表明笛卡兒的思想停泊於狄若坊與巴比斯（Diophante et Pappus）的礁上；再溯而上之，游克立、亞西墨（Archimede）爲一島岸；更前進而爲畢達哥、大流士（Pythagore，Thales），是將窮源盡流。不過這些島礁的中間發現，實在是緊要的觀察所得。科學家特殊能力，不能包這種暗礁發現。是科學哲學史的反攻，集合所有最高個體的理論，表出思想級次的必然。專恃物理與化學，不能產出實驗室的真正事實；專恃博物科學，亦不能真正知道動物植物以及地層岩的搆造。無歷史哲學的科學，即無科學真理的精靈。科學思想的完備，須待科學哲學的解釋。這種解釋充實的，正須科學哲學史的預備，所以在呂衣井、福黑、生奈之旁，必有牛頓與波畦松的勢力始能明光學的發現力量；在達爾文、安格兒（Darwin，Haecckel）之旁，亦必有陸謨克、聖地奈或居非哀（Lamarck，St Hilaire Cuvier）的概念始能明博物學的科學功績。

二

我們這樣敘述起來，科學哲學史成了後日科學家的一個尊嚴教則。不過現在對於這部歷史哲學，還沒有完善的教育，實在是科學與哲學的缺點。要知道歷史的根本性質，正在以"歷史王"（Roi Historien）自任，科學史的性質，尤以獨裁的歷史王爲甚。我們個人與個人之間的發現，因歷史王的性質與勢力能增其量亦能減其數。但是這種增減是真可能嗎？在科學哲學史觀上看，有幾個例證可以斷實。

歷史王的增減權力爲邏輯與歷史的內力。譬如亞里士多德的生物分類至易波克特（Hipporcate）一變而爲簡單的解釋，至標風（Buffon）又爲一變，至畢沙、加巴里斯（Bichat, Cabanis）又爲一變，至陸謨克又爲一變，至聖地奈、居非哀又爲一變，至達爾文則又完全一變，至安格兒、杜里舒（Driesch）則又略爲一變；再如歐多格斯（Eudoxe）的幾何測量至游克立一變而爲學理的原理，至亞西墨又一變而爲機械的應用，至狄若坊又一變而爲代數的應用，至笛卡兒又一變而爲幾何代數的合解，至賴布尼支又一變而爲分析的無窮小，至猛瑜（Monge）又一變而爲投影的分析，至魯讓德（Legendre）又一變而爲新元素篇，至加黑洛、朋塞奈（Carnot, Poncelte）又一變而爲位置的演算，至羅巴齊衛斯基（Lofatchweski）則又完全一變其基本原理，至黑葉芒（Riemairm）則又爲之完全一變而爲球面幾何。這些變中的表示，即認爲有歷史增減的邏輯需要，內中問題與理論勢力，因歷史的增加，由邏輯的遞減。歷史的不能截斷，所以邏輯的也不能減盡。譬如陸謨克而後，不必用亞里士多德的生物學；笛卡兒以後，亦不必演歐多格斯的幾何。然而時間的無窮，歷史的無限，不能斷定進化論的問題理論與非游克立的問題理論就是增加的定量，減餘的實數。我們科學史的精神教養，足以引起無限無盡的乘數與減數；因爲科學家都是超前的精神。這種超前的興奮劑，就是科學哲學的歷史問題與理論所在。沒有一個發明家不與所認定的比賽者——其前輩或同科者——具同一明白的目標；換言之，有同一歷史的事實明白。不然，將無真實發現的可能，因爲發明是歷史的，不是個人的，是接線的，不是割點的。發明的真理，自然可以由科學本身檢證，然而有時非由時間的歷史上不能證明。個人的錯誤欲求解釋，又必由歷史的科學哲學考證；因爲自己的增減權力，受制於歷史王的邏輯與歷史權力之下。現在知道所謂歷史王的意義，正是人類思想系統真理的惟一法帖。是所謂"希臘精妙銅鑑"，如秦鏡高懸，精粗大小，真善美德，無一不標，無一不榜。歷史的真實須具這種銅鑑的可能；並不在褒，實用在貶。因爲歷史的精神在批評，科學哲學史的精神，更在窮搜遠討的批評。

科學哲學史的研究，正是黑格兒（Hegel）所謂理性與實在的發展，也正是找真正科學的觀念解決。因爲它能在絕對科學的時間裏設計，如果到了我們自己的科學發生，就有歷史前進的決定。如此，已成的科學組合式，在長期聯合中，可以蒙蔽我們的歸納，科學可是偶倖的工作，許多試驗就可以出我們觀察之外，我們也並不能發現自然。一個單獨定律不足以組成科學，必須於一概念之中有許多定律的彙集；猶之一個化合律不能成化學，一種反射光，不能成科學。科學的理性與實在，自然須要觀察，然而觀察以外的連續進化力，與科學同等運動的實因非常重要。這種實因，就是理論的概念，在各前輩科學家的研究中徐徐經過，而爲科學哲學的歷史標題。如物理家認爲自然事實可以準量，又物理因果性的關係，包具量性明白的關係；化學家認一切化合元素的有限量的關係；以及其它歸納科學普汎機搆的概念，顯爲思想運動的個別；都是科學哲學史的利益。不然這些關係的勢力，在獨立觀察的表現中，勢必散亂分離；在歷史經過的長期抵抗中，這些理論概念，可以由自然與精神上戰勝，將所有假定附屬，陳列於真正觀念之下。如各種大的發現，科學所不及料的發展，偶倖或然的表現，都由歷史不住的引導，分配於發現者。是歷史的科學哲學爲一切發現的活動中心點，明日的科學家，就是歷史發現的結果，從昨日的科學家分借而來。他們的償還完全成了慈善的宗旨："不能直接報之於主，惟有以之轉施於人。"

十五年十月二十六寫於北京

實關現代哲學問題

　　正中半月刊社長陶君堯階徵余作《實關現代哲學問題》一文，余嗜科學哲學，如嗜食螃蟹甲殼，時間頗久，口腹空空！且專論深涉，非一般興味，爰就問題二字，反敲中國現代哲學之無，雜調沓沓，體憲弗顧。拿破崙謂："余根本失敗，咎非外交，尤非刀鎗，而在德國哲學家理想精神之抵抗力。"霸者夢回，驚醒人世。豈鐵馬紅纓，不足畏於哲學浪漫耶？曰然。觀拿翁於征俄前夜，勵將士曰："前進！數學為法國精神利器。"所謂文章經國，不朽盛事。若學術趨落，廢絕不思，肆險忘危，平安無日。哲學迺知行之科學生命之光烈，彼兼弱攻昧，固其精神善武；整軍衛國，亦其經綸必算。伊壁鳩魯 E'picure 謂："余無憂社會，尤無愛希臘"，果哲學之人格立，幸福見，誠無庸憂而亦無庸愛矣。是謂汎愛，□合斯多伊克派 Stoicisme 世界主義哲學思想矣。

　　現代國家，殺氣相纏，人倫毀薄，攻利爭奮，然而彼此猶屈辱相衡，進陟相報者，豈其利器不足，戰機未會歟？非然也。緣各國科學精神與哲學理想，有如殿軍之未入焉爾。說者笑曰君迂言也。中國固守屈辱甘居退讓；安見科學哲學之殿軍。余曰然，中國屈辱，正昧弱於科學哲學認識，外人競進，羌稱衡於科學哲學精神。昧科學，雖創無方；弱哲學，雖行無術。中國教育，以昧兼弱，學術貧乏，道德空聞。墜緒茫茫，肇亡墨墨。

　　費希德（Fichte）言："視其人格，知其哲學；觀其哲學，是見國魂。"中國現代哲學，以誰何象徵？人格國魂，閴居何位？為上者不知倡而知禁，居下者不知學而知嘲。禁不取理而趨隙末，嘲不本真而用意氣。不曰哲學無益，即曰哲學關門。教者無術，染成利欲，青年有眼，誰去

＊ 本文原載《正中》（半月刊）第一卷第三期。

墳墓？於是政府以人數多寡，定哲學價值需要；庸人以職業種類，斷哲學存在標準。天下固不聞有政府以哲學立部，通都大市，亦未見夫哲學商舖。然而理性動物，居必人同羣，食必人同餐，言必人同聲，知必人同理。此謂"必人同"正"人必不同"鳥獸之"格"立。果此格之不具，政府何貴之有，商舖何利之益？

哲學者迺立人格價值，求生命意義，爲自身眞生活創造，爲人類眞理性設計，主道德之我，寄高尚之命，破小己，進大同，明義務，期創造，堅苦卓絕，增益其所不能；熱烈任重，利害無爲私計。人之爲人，國之立國，道在是理亦必是。孟子謂萬物皆備於我，反身而誠，樂莫大焉。反之之法，必"自我"先覺，必哲學認識。或難之曰：君不聞商鞅言："詩書禮樂善修仁廉辯慧十事，有之則其國必弱"乎？人人學哲學，穀食布衣何出？精神生活豈無畏鎗彈？應曰：是不知現代哲學意義！尤不識人格國魂之科學價值！君忘傅玄所謂"苟且一切之風起矣！於是士樹姦於朝，賈窮僞於市，臣挾邪以罔其君，子懷利以詐其父，一人唱欲而億兆和，上逞無厭之欲，下充無極之求，都有專市之賈，邑有傾世之商，商賈富半公室，農夫伏隴畝而墜溝壑，上愈增無常之好以徵於下，下窮死而不知歸於農，末流濫溢而本源竭，織靡盈市而穀帛罄"之弊也耶？功利爭奪，欺詐奸猾，不誠反身，將何定勢？是故功利主義，必基倫理哲學，機械工程，必本理性機械學，唯物論者必取觀念認識，唯心論者必據自然研究，社會主義之必解意識，人道主義之必詳實踐，皆哲學之要也。數學孟晉，理化新創，生物化學發展，生理心理研究，皆哲學現代問題啓之也。社會統計之科學價值，道德律型之方程演算，邏輯推理之數學証明，微界物理之幾何試驗，又幾無一非現代哲學精神之努力獲証者也。至文藝直趨科學哲學化，科學問題隨入新元學探討，更明示哲學精神光耀。它如法律平等，政治道德，人類相愛，國際和平，此正理性派哲學早具之教訓。訾哲學無用，是昧科學眞理；目現代哲學無濟於國難而亂倡功利，是殺頭便冠，割股啖腹。先亡國之憂者，請以哲學先亡爲科學救國之病而速治之！

數學科學的重要及其對文化思想發展的關係[*]

一、數學史的重要

拿破崙的德文教員波哀（Bauer）先生說："數學只合乎蠢動物的口味！"這話在當時成了格言。拿破崙後來創立多藝學校，Ecole Polytechn'que 告國人曰："前進！數學的美備，關係國家的興盛！"這兩種精神的表現都是數學研究的真實態度；換言之，在拿破崙爲"動"的奮興創造；在波哀爲"靜"的直觀證明。數學的負擔，不僅在教育政治方面，還有生命幸福的責任。波哇松（Poisson）說："生命上只有兩件幸事：學數學與教數學。"

數學科學的研究，應該先從數學思想史的觀點上着手。所謂思想史自然沒有數學本身以外的事實發現。然而不能因此認數學思想史爲無用。李特（Littre'）說："今日的科學，是昨日科學的產子；如果不知現存生命之所從出，將不知科學緩進的組織。"如果沒有歷史的組合，沒有比較的事實，沒有假定的證明，又沒有自然的先取；科學將無所始亦無所進化。數學史是數學科學分析的組合，是科學史的分析。游克立的幾何，加利萊的力學，牛頓的機械學；個人的真實與歷史的真實完全不同。我們不能疑到直線、擺動、吸力的普通性，與不能疑到游克立的直線，加利來的動力，牛頓的吸力兩不相同。第一個不能疑是絕對的；第二個不能疑是問題的。數學的真正表現，在數學史的畫帖上。它的進化，如同生命的改變，附有遺傳的勢力；它現存的生命，是一個實在的"時久"，Dur'ce，漸漸侵入將來，然而並不脫盡過去的。數學歷史的功績，就是人類真正科學功績的集合表現。

---

[*] 本文前四章原載《科學月刊》第二卷第三期，後四章原載《科學月刊》第二卷第四期。署其筆名"汪三輔"。

我們數學思想史的研究，完全在數學思想的對象上，惟其對於人類思想方法中數學科學之所以有歷史重要的原理應特別注意。自然，所謂數學思想，既不單指算學或幾何，亦不是分析數學的部分概論。譬如一般數學歷史學家多半依着歷史年代，將各種數學認識與連續發展的程序直敘下來。此種研究法。爲純粹歷史的叙述，本來自有其價值。但就我們現在的知識要求，最好是專看它的精神漸進史，和它思想的基本性質。好比歷史上相接不分的哲學認識與數學理論的思想家：畢達哥、笛卡兒、賴布尼支等等特出精英，必須盡其數理科學思想，明白標論一番。

二、數學的重要點

　　數理科學界有一種秘密：爲什麼數學科學的基本，終在幾何哲學的觀念上；而物理精神的研究，又爲一般科學的普通方式？對於具體、抽象、實證、假設，無論是構造或外形的任何推演。又何以終能使人有"極近是"的逼近研究？是所謂"數學語言"與其象徵符號的神秘嗎？不然，因爲數學能先由具體的抽象來抽象具體的真實，然後復由嚴密的證明檢證得明白底真理；使人類智慧精神，不住底逼近物理之原，同時又步步地預爲分求理性的創造。這種創造的活動力和富源，就是哲學理論的數學科學。反之，我們拿試驗上的數學基本來看；無論是：數、量、積、空間、運動、綫、面、體、速率，無限增加與極限等等意念，或分析數學、幾何、機械學等，對於自然研究上，一切新難題發展的推論和特別創造的精神，決不是這許多有限對象與推理的研究，足以充其真素。所以幾何家分析家，續續不住底撇去具體感覺性的形象，更遠脫封鎖於直覺觀點的數學家。因爲一問題之來，雖爲無限固結的標辭（Proposition）所連累，然而一以定義名其所以，一以定理證其結構之當然；從是譜諸算式，或解之分析，約成定理上之定理，結構上之結構，其無限發展的可能，即由是出。所以邏輯學派，不以數學爲科學，而爲一種思想形式中無客體包攝的"自然邏輯"。孔德說："除去各種數學理論之外，對於真正科學精神適當的活力，無有相當的能力準備。"（實證哲學第三課）譬如希臘時代的幾何算學，雖然多方在物理界應用，然而抽象推理中有如："面之拋物綫"的問題，由矩形而平行四邊形，引爲後日所謂二次方程通式的量性關係。再由所謂圖的研究，入於弧綫的種種問題，結果推論爲今之圓錐曲綫等學。（Sections coniques）從這個長久歷史看來，數學理論上追求的進路，把幾何學家與分析家導信於邏輯抽象中，非惟極力的遠出物體界，還遠出具體實質界；換言之，愈趨愈少於事物的專注，而愈趨愈多於關係、函數、集論、羣論種種推理。譬如語言意義上，具體表現的空間、點、綫、面，都是古代的幻想。於今認空間爲 n 度；點、綫、面，能爲實在，亦不能爲意像，無窮與有窮的距離，都能爲同一。函數的有限記號，有可以解釋，有不可以解釋；其連續與否，有時逃出一切想像之外，一切表現之外，……這正是坡來（Boole）所謂："數學的自然，並不專注於數與量的問題。"

三、數學與各科學的關係研究及其分類

大學的教育計劃，包人類一切知識的集合；人的精神表現與外界自然現象，都屬於大學教育的純正科學品定之下。科學界爲無限的變化，人的情境與需要的差別，都同這種世界的各系相關係。所以在任何觀點上，絕對不能缺乏真實；而各個體方面又只能有特別抽出的部分結果。要把各個不同的觀點接合起來，或是把一切"對當的"聯絡成功，使個體調和於科學概念之中，這就是大學根本組織的問題之一。也即是大學特別價值的所在；猶之數學科學在各科學中然。這種創設——教育——的道德負擔與其無上權力，對社會與人生的關係，猶之數學科學對各科學然。

人類思想發現，橫亙無崖宇宙，由所有不同系的知識接觸，譜成人類科學思想功績的表現。這些接觸的關係與關係的聯絡，則用科學圈裏的數學爲中間。古代認數學爲各科學之母其義即在此。柏拉圖在大學院門首懸一牌云："不懂幾何學的，不準進來。"正是數學精神的教育實施。於今歐洲學校，數學科學成了普通教育，因爲數學真理，爲教育基本與獨立的元素。無論什麽系統法式的教育；換言之，無論研究的對象如何不同，數學總是一位相當的尊嚴主席。這種態度在數學本身是如此的重要，在它指示真理的接合中亦是如此，再在它所用的方法性質上更是如此。我們分途檢證一番就可以知道。

在科學現勢上，認數學的普通研究，不專注意具體的量，即言之，

具體量不是數學研究的絕對範圍。它如心靈概念的：慈善、勇敢、能力；只算受我們智慧上種種：量、形、強度的變更。也不是數學理論的抽象。具體量能屬於數學研究的，總能屬於連續變遷的定律研究；最少要有個體與度量的存在，始能適用，幾何量的容積與空間，早就是數學的研究；以外如速力、時間、質量的機械量，把形體運動與平衡的種種條件，都夾入數學研究的範圍。機械學從十九世紀的初葉，完全變為數學的采地。到了數學物理範圍更是加倍的增收。總之普通數學科學著述中所研究的問題，無形中把數學認做各科學的中間。反之，就是各科學互相關係的原則上，也都認定數學為所有的真實。

要看出各科學不能離數學的一般關係表示，可以先用下表列明，然後就分類述之。

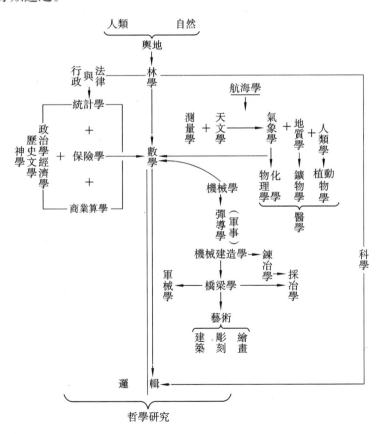

這個表把數學的負擔都列明了。我們在研究數學問題的要求上，先要明白數學分類的必要。因爲數學科學範圍極大，而部分的着手，爲科學必要的研究法。所以首述分類的歷史比較。數學分類：古代已有專論，不過真正的分類之科學研究，則自法之百科家始。如達朗白與狄杜霍（D. alembert et Diderot）認數學爲自然科學之一，復細分爲二：

（一）純數學 $\begin{cases} 算術 \\ 代數 \\ 幾何 \end{cases}$　　（二）複合數學 $\begin{cases} 機械學…音學 \\ 天文學…氣體學 \\ 光　學…或然演算 \end{cases}$

這種區分與昂伯（Ampere）通分爲：

數學 $\begin{cases} (1) 算術學 —— 解析（或代數）—— 函數論 —— 或然演算 \\ (2) 幾何學 —— 位置幾何 —— 純幾何（或位置分析） \\ (3) 機械學 \\ (4) 天體學 \end{cases}$

的分類不同。把算學與代數通名爲算數學，就與分代數與邏輯爲抽象科學的相同。

還有分數學科學爲：羣、形、動三大類的，對哲學方面的利益很大。簡述如次。

（1）算數學的"羣"。我們知道李爾（Sophie Lie）以後，算數學的羣，爲一極大底數理研究。因爲純數學以數爲本體，而對於數與數的所屬（質）則不注意。譬如：

$$5+7-21=5+10-2=13; \frac{25}{5}-2=2+1;$$

$$x+y=z; ax=b=x=\frac{b}{a}; \cdots\cdots$$

這些5、7、10等等數，是些什麼物質的量，a、b、x、y又是些什麼物體，在羣的原理上不會過問，完全以數的確證爲定。它所具的真實，離我們主觀的存在而獨立。數爲單位集合，羣爲實數組成，更具抽象原理者。數與數的共通性，就是"單位"；羣與羣的普遍性，就是實數的"抽象"；而羣中的公性又是單位。如前面諸式的羣爲"一"，而一的羣與羣的羣是相當的。所以數學的抽象單純，絕非個體存在的科學所能達到。

（2）幾何學的形。這裏所謂形，並不是一般形學之義，而是哲學上空間的問題。第一所謂形是否物體的自形？第二又是否空間的表現？新批評派的幾何學家，以物形由人表現於空間，而空間的表現則在幾何學中。游克立與畢達哥們的思想，把容度和形體當了數量，差不多算是很大底錯誤。因爲真形價值不在幾何而在邏輯；從前是分析"類分"，於今是分析"組合"與"種別"。於今由分形到共相，由異形到同性；以形中數爲實，爲抽象的具體。形雖有特差，而數之觀念唯一。譬如人的兩眼、兩鼻、兩口角、兩脣、兩耳、兩手、兩足之類的異形而唯一的"兩"則同。孔德說："幾何學者，定彼此間量性與關係的存在，"正是形的定義。

（3）動形學的動。這個新名稱，不是普通機械學中所劃分的一種。自然有的地方也範圍到機械學的劃分，不過觀點仍有不同。因爲這是研究形的動律。機械學是物理的，動形學是數學的。機械的行動，是物質服從能力；動形學是物質和能力的研究，其行動則在本身以外，是真正的抽象。真實亦不在形體裏；其形、點、線、面、體，都是科學底假造，如數學之詩或戲曲然；爲羣之原理與形之結構。

這分類還是昂伯的舊式推論。有就物理勢力的發展，把數學分爲：

(1) 數學 { 算數學——代數——函數
          幾何學——位置幾何學

(2) 數學物理 { 機械學
              天文學
              天文物理

這種分類不甚完全，詳細的有如：

(1) 純數學 { 演算科學——算學，代數，微積分，函數論。
            容積科學——幾何學，解析幾何學。
            運動科學——機械學。

(2) 實用數學 { 通論
              演算的實用
              幾何實用
              機械學的實用

這種分類以抽象與具體的思想爲根據，與實證主義的分類相同。因爲比較起見，再把實證派的也列出如下：

(1) 演算的 { 算學的演算
代數的演算（非葉特的）

(2) 幾何的——（普通幾何） { 解析幾何（笛卡兒的）
微分幾何（賴布尼支的）
積分幾何（亞西墨的）

(3) 機械學 { 動形學
靜力學（亞西墨的）
動力學（加利來的）

因為要限定各科學施行的方法和性質，所以有理論與試驗的區分，而在科學關係的意義上，又有理論同實際的分別。這都是契約的：所以一般科學分擔中，數學研究的對象仍為特別較重，客觀上分為四種：

（一）數學科學；——研究抽象真理與絕對真理的；
（二）物理科學
（三）生物學　　}研究物質與生命以及人類相對真理的。
（四）社會學

科學所有區分的部位，都以數學真理為準則。數學科學研究的工具為"理論"，其他能佔重要的為：觀察、試驗、比較、求證是也。所以無論各科學是否同時發端，而數學科學先進和超越的精神，科學家都視為自然哲學的基礎。故以數學地位，能度量一種民族教育的發展。

四、數學理論與實用併重

主觀分類派把科學分為"理論"與"實用"兩種；這完全離哲學負擔之外。實驗的目的，不能認為科學上真正區分的所在。因為理論與實際，彼此不能分開；實際的事件，有理論的存在；而一切知識，各有實用的特點。理論與實際思想，在我們邏輯原理中是相同的。科學不只是有形的幸福工具，所要達到的目的，還深遠得很！既不能把實際應用的科學問題放在一邊，自然也不能把學理論理的觀點輕視了。在科學史中，很明白告訴我們：理性最高尚的利益與實際極平常的需要，完全一平行線。文化發展的流布，就是數學科學的應用。內中有許多純粹理論的問題，在文化與生命上佔很重大底勢力。這些問題變為專門研究的對象，同時成功所謂實用科學對立的獨立科學。這些科學的中間，在近世文化生命的需要上，能供給適應的發展能力。從理論觀點看，各有相差的問題；從理論問題以外看，只佔一尋常位置；再從實際觀點看，又都是最大的方法和最有力的文化工具。一方面就實用科學於實際需要上用理論的研究回答之；一方面又於實際問題上引進理論，作研究的起點和觀察的導線。這都是科學家不可疏忽的。數學歷史上論到理論問題來，都由藝術、建築、航行、機械等等實際的發展引起。譬如固體彈性的理論，從十九世紀中推得最大的分析問題研究。在歷史與實際演算上看，實爲數學理論中之最大者。第一是加利來於一六三八年研究"彈週屈曲"的問題，這就是分析與機械學的原理研究的發端。結果由幾種不完全的"假定"，引起後日特別的意念。所以一六七八年霍客（Hook）宣布彈性的基本定律：知道物體壓力與伸張是同外力的強度成比例。這個定律的數學理論，馬黑約特（Mariotte）採用以解釋彈週屈曲問題。侯到辛龍布（Coulomb）始於一七七一年，用分析數學重新更正從前演算的錯誤，而一八二六年拉斐邪（Navier）的理論又出，一八二九年發明彈性體運動與平衡皆服屬於外力的普通"定律"。這個問題與歌西（Cauchy）的固體內漲內壓的研究，一齊由坡哇松（Poisson）的理論演算發展之後遂更佔重大的數學問題；近代數學分析問題，根本皆源於此。這豈不是簡單的實際問題，產生一完全科學？要知道理論的研究，隨處發展，並不完全需用某某實用的科學。一方面數學研究可以供給穩固的基本做解決這種科學關係的問題，便利實際的應用，使之越出習用舊法之外，而入明白正確概念的範圍。這種事實的歷史應證，如猛瑜（Monge）的投影幾何發明是也。猛瑜時代，建築家的物體配分法都在平面的關係上，用圖表標示一切建築的問題，任何關係都釋與幾何爲一。這時候建築的幾何方法，既無個體，亦無普通觀念作指導。從前束縛工程師的藝術式，由投影幾何的理論解放了。所以歷史上每一新數學問題發生，就解決許多實際問題；而同時許多新發生的，又都重屬於真正數學解決之下。

五、數學科學知識的區分與天文學

我們生活實用需要愈緊急，則其事件必愈複雜；想要充滿個別的預備和要求，就有新教育的產生；正是數學物理特別教育的普通計劃。因爲數學科學理論方法徹底的研究，能達到實際問題最適當的解決。譬如歐洲特別學校與多藝學校數學實用部分的發展，都視大學校高等師範學校的思想爲定；而大學高等師範的教學理論根據，又完全以特別學校多藝學校的數學實用爲前提，彼此實用理論的競爭；彼此數學方法的發展；在近世數學物理與邏輯的問題上，把數學研究的哲學問題增爲無窮大。而同時大學文理兩科，互相關切的表現，有如笛卡兒的長鍊一斑！這個問題引起大學，特別專門，多藝學校數學著述重大的革命。從前特別專門多藝學校，不注意的觀點，現在不獨盡行加入，還在科學哲學實際的生命問題上，用數學方法給以新解釋，作研究真理的實在情形；對於唯心的科學主義與嚴正應用主義所有的要求，都給個相當的回答。近世文化發展的工具，科學知識的進化，都是數學科學強有力的內力結果。

數學科學的重要，在科學史上，是研究一切科學事實集合的原動。

普通把知識範圍的事實分爲兩種：一由感覺到外界的研究；一由智能內裏活動的研究，即意識的事實，隨彼此事實分類的應用，有所謂內觀外觀之別。在心理分析上雖不能細分，却可以就複合程度，爲差別的標準。

由外界事實組成物理科學，研究外界的自然；再由內界事實，組成人生科學的對象。第一比較單純，因爲知識的集合，由外面自然觀察進到內界事實演繹中，如同獨立的原素。到人生科學就複雜了，所要求的方法多，所得的結論少。這兩種科學範圍與數學科學有同一關係，彼此各有其勢力。在研究外界現象的科學上，證明漸漸有變爲純正科學的——數學——傾向。我們用力就普通表現中，詳細觀察自然現象，可以明白爲什麼需用數學嚴正研究的必要。再如果到外界自然上考察，我們的知識發展，是否數學科學的普汎勢力？這更可以就正確齊一的科學決定，如天文學的研究即足以表明。因爲他發展的範圍，都是數學的同伴；它所得的結論，又都是數學的明白，數學的限定。數學科學史上，天文學就是數學最大的科學勢力；由科學的修正和發展的歷史看來，它是觀察科學的法式，叙述人類知識的發達史。科學思想家，都以天文的預測，爲最長久擴大底"假定"。因爲天文數學的數，都成學理與真確的結論。

天文學的理論同觀察，佔同一重要位置，在理論範圍内所發現的，同時就是觀察範圍內所處置成功的，都爲同一前進的表示。天文學史，證明這兩種研究法，隨天體現象的知識外延而定。天文學史與數學史相關切的包兩個時期，我們名之爲舊天文與新天文。在古代數學中的，只有幾何學較爲發達。一切精力與演繹法的源頭，都用幾何真理限定。所以古代天文學——中國的亦然——可以名爲幾何時期。此時破漏的觀察，遺下錯誤的實在不少。但是研究宇宙之原，有如是的普遍概論，能作後日幾何與觀察發達的首創，這誠是舊天文的功績。無疑，新天文時期以哥伯尼克、開普萊、第楚拔熱爲首。此時天文數學機械學發達最著——中國的還是幾何——可以名爲機械時期。天文學的工具，這時候是"無窮小分析數學"。微分與積分的演算，使天文機械進步更大。因此數學史名此時爲"分析"時期。處理與觀察的方法，這時候又更爲完善。如窺天鏡的發明，使數學演釋的結果愈加精密，愈加正確；換言之，數學發現一步，真理更明白一層。譬如古代天文學討論結果的斷論，謂地球居全世界之中，宇宙間的人，在關係的關係中——附屬物——面面相對；近世結論則不然；宇宙由無數小界集合。在嚴正數學定義之下，各界的組合中，地體無非爲其中最小而又微細的一部分。於今相對的發現，把幾何與機械的定律，更爲完善的完善，變更又變更；從無窮小的分析中，把人類有形的物理價值根據都減少了。這種戰勝的功績，全是人類智慧的負擔，數學真正的功勞。謂數學爲一切科學的法式，正是科學的事實使然。

數學科學以演繹法爲用。在數學例證上，認爲凡科學真理能達到完善地步，必其部分真理都能用普通公理證明。十九世紀中葉以來，天文上的真理與天體運動的集合，都可以視爲天文學普通原理的結果。數學的普通原理皆爲公理所成，所以數學科學爲演繹性質。天文學由這種意像情境，就普通原理的聯和，成功所謂"歸納的演繹"。當時歸納法本身並不能獨立，即如培根的歸納邏輯，無論其如何反對"先取"或假定幫助的結論，而歷史科學上還是證明假定的歸納爲最重要的使用。再如明察與靈敏的精神，在發明中舒展起來，就是人類智慧上極有實效的方法。假定的歸納，既在演繹中能成立，因此的假定正確，應該由結果上能證明其本身。在這一點，分析數學的應用，總可以供給試驗與觀察惟一穩固的獨立假定。我們記起開普萊的假定，正可以作這種必然的證明。開普萊的成效，不只在配分能力上，實在是他精深的數學知識，使他到單純明白的假定和所有運算的結果。歸納與演繹的科學區分，實在是互相維繫發展的。科學愈完備，演繹的應用愈多。沒有幾何與無窮小的分析，什麼知識的能力、假定，都不能使我們有天體現象、宇宙結構的精華概念。然而沒有處置與觀察的方法，就是幾何分析仍然不足。所以開普萊認明對於他的定律發現，是由第楚、拔熱古代幾何研究的正確觀念得來。

我們知識的區分，完全與外界自然相關係。在科學改進上，與各個時期都相關係。譬如數學物理，肯定物理科學的進步，都由分析數學範圍限定之；而物理科學某種複雜困難，就是分析問題某種複雜的困難所在。能夠回答分析問題的，就是一切問題的解決。所以科學家有謂：數學情形能於一定時間上，限定物理科學發展的程度。

物理學與天文學之間，有很多相對的爭點和困難，想懂明白這些問題，在彈性數學的理論與天體機械學之間，就有平行相對的表示。這種問題全在舊式機械學的天體運動問題與牛頓的吸力理論上；事實證明，完全在天文觀察的數學結果上；但是數學結果又不能完全與物理觀察相同。現在的相對論，把吸力場的假定完全變更了，就是這種數學物理的發達。也就是物理科學的進步。然而大部分物理問題的應用，卻沒有完全改變科學運動的常態。物理學史各方面與天文史相同，實證演繹數學發展的程度，只有外界限定我們知識的性質與常度。譬如中國天文的觀察是最古的發現，然而不能引進歸納演繹或假定，因此數學知識與演繹的能力不能向前發展，其失敗也固宜。

在物理科學前進的發展中，如果注意它適合的傾向，就可以明白爲什麼化學重新在純粹物理範圍內建立，而物理又在純粹機械學上借證的原則；再對於科學家假設將來外界自然底處置，全變爲運動與平衡機械定律的應用，謂演繹推理中的對象，將變爲數學演繹的方法，也可以明白了。所以科學本性與互相關係的量，爲限定物理科學眞正獨立的條件。

六、數學科學與教育問題

數學科學的基本，就是無用證明的明白公理。如果再來標述，只有理論同教育上的利益。從心理學上看，凡公理的產生與我們智能的相當，數學上雖不舉明何以產生的道理，然而與心理學相同。由各公理就邏輯演繹方法推論，能求出數學眞理。所以證明一公理，即爲間接連及其它複雜而又不直接明白的眞理之原。由這些眞理處置法處置一切事理。即是智能對於眞理處置的判斷。幾何家把它導入哲學與邏輯問題去了。如果用眞理解釋本性和交互間的量，就能表明內界精神活動，與外界事實的眞理。這自然是從數學到邏輯的轉變。在邏輯家看，則認爲在知識限制，思想性質與眞實的種種問題上。邏輯思想的單純性，即使偶爾精神錯亂，亦不能擾動數學的專攻。所以數學科學，是概括外界事實的科學，能給以有組織的個體，同時是哲學的科學，道德界的科學。

數學眞理，由結果與方法上看，有雙關意義；它的結果對於物理科學爲必要；它的方法對於人生科學亦爲必要。從此數學對於內界科學與外界科學都是連環相接了。

這裏可用古代人生科學思想表明。譬如魯威（Lewes）在他哲學史第一章講畢達哥的話："畢達哥於長久與嚴密的證驗後，承認他的門弟子在學院之中有一部分高尚的精神，能由眞理的知識與永遠無形客體的智慧，明白發展。但是達到這種標準之下的條件，要他們都在研究數學的範圍裏。因爲數學科學，佔在有形與無形對象中間，能抽象感覺事物的精神，並且把精神落到事物去，僅僅爲智能所能達到。"這樣看來，我們看見已往和現存的數學家，許多專注於外界與內界定律的研究，或變而爲博物家，或變而爲哲學家，並不奇怪。因爲他們自然組織，由內面生活的情境，限定方向，再引導他們向往的能力，在各事實的程序中，都能警告他們當心；如牛頓、拉朴拉斯（Laplace）本數學家而同時發明物理科學界的定律與宇宙定律的解釋；笛卡兒、達郎白（D'Alembert）、賴布尼支本數學家而同時發表科學哲學問題之最大者；再如昂伯之專注於物理與哲學更爲明白。這都是自然中的一種現象，在智識階級的生活中，很普遍豐富的。但是遇到純粹實用數學家，就不能以這種觀點去責備他解釋宇宙的差別。譬如有數學家在哲學問題的解決與各種哲學系統的組織中，用演繹思想的勢力來解釋一切，他正是不可非議的，因爲其勢使然。

懷威爾（Whewelle）在他歸納科學史中，正式講過這種事實。他說人類精神，用力抽得普通標辭（Propositions génerales）的結果與結論，其所引起的需要，也只能收得一部分正確的；到了普通定律的程度，就由所發現的程度上，向新水平線的期望連接起來了。在最大部分的哲學系統中，論人類精神的所在，都有高出個體與宇宙表現的集合最高調和之上的傾向。

結果雖然有的精神是上進的傾向，有的是用演繹情形解釋種種現象，其所留下的都是無形能力最好的表現。數學家對他觀察事物的哲學方法，往往屈服於智慧的高等創意中，這也很不足怪。假使轉用到其它的世界去，還能恰合他的方法與演繹推理。比國學者格特來（Quetelet）説明數學家研究的邏輯秩序：" 幾何家起首由純數學研究，再到實用上，又到各種完善的方法上，然後再到詳細的，結果都由理論發展。無疑，都不能變動事物自然的秩序。然而開始的進行，並不用認識平衡的定律。……"

從十九世紀中，數學變成了自然科學獨立的部分。這正是近世文化中從數學方法的實用到外界定律的解釋上所發現的發展。在古代哲學中，數學思想就是哲學中最正確的觀點，有數學作中間，使我們知識各部都有這兩種性質的聯合；各種真理的要求，如社會與科學的重要配分，都是數學真理的應付，賴布尼支是哲學家、數學家；哀萊莫支（Helhmholiz）是生理學家、數學家；格特萊是統計學家、數學家；用嚴正偏固的思想來看，都是不可能的；其實這都是生命的，是我們社會各種發展的產生。

是知識的要求，是蒲卡熱（Bougaev）所謂"科學環境中自由的發生"。

七、數學教育與邏輯

數學科學這種中間性，在我們知識教養的觀點上很要緊。故無論教育系統上如何差別，而學校課表都一致底承認。因爲教育的基本法式與語言事實、自然事實的法式完全同一限制；都是適合數學的。無疑，這兩種法式的數學應用又有不同。可惜歐洲學校中的數學教育，還不能十分達到這種文化的要求。自然，歐洲數學情形總算是"教育的適應"。我們中國的大學專科，都遠去這種思想，離解釋自然定律與思想定律還好遠就割斷了。普通教育或專門數學教育，不只對於數學科學的哲學，邏輯不夠；就是畢達哥、游克立後所產生的笛卡兒、賴布尼支、牛頓、猛瑜和羅巴齊衛斯基、黑葉芒也都不注意；這種缺乏的精神，表現我們對于現存知識沒有？那麼，中國的大學教育，不包人類知識的集合了。要知道我們所舉的數學哲學家，不是古代希臘的，也不是近代歐洲的；是我們人類的，是我們知識的集合，是數學的定律、公理、公律，不是國家的私法公法。我們數學書中要增訂數理的推理，歷史的比較。各種實用科學的教授，應該是數學的方式。天文學上歸納的假定，假定的歸納，外界自然現象與內界人生定律，都是數學使之明白分明的。我們最可惜的是普通教育上，這種觀念沒有，教授的亦無意識。譬如看到我們的專科大學物理數學系去，各教科間的差別，雖有整個組織的線索；表面上與歐美功課表相同，其實真正的真理，我們的表裏沒有充足。這是數學科學不明白的確證。至於文理分馳，更是牽談不上。因爲數學知識的本身不足，其他的要求當然停止。哲學家數學家的賴布尼支，生理學家數學家的哀來莫支，從科學天外也產不出來！看到初步知識上；中學學生沒有理科明白觀念發生，也就是數學知識的不足；數學知識不足，中間的聯合性就沒有，所謂連環理性的長鍊也解不開來。知識的選擇自然無從取與。因爲數學知識不能達到目的，對真理定律與數學方法的集合，在教育上仍爲不知道使用的工具；然則又何能認識它真正的權力？

學校中的數學知識既然如此缺乏，在教育學上，應該急就演繹方法的利便，用邏輯方法去補救；換言之，用數學教授的同一意念，求數學真理的演繹。蒲卡熱說：邏輯的嚴密方法，足以成功數學的偉大，同時是發達慧智論理判斷的最好方法，結果詭辯與非正確的推測式，也不能再彰明。這種觀點上數學比其它科學利益更大。在人生科學裏邏輯的嚴密，非精神力量足以擾動，所以結果在推測式上的元素複雜而且夾帶主觀。如果人能合人生科學元素上的邏輯方法，把自己種種動機拋去之後，還是有本來個性的加入，這種個性所見的情境與心理的組織盡同純粹思想相混合，結果不成獨立的判斷，而是回答社會或美術的觀念，把穩靜無欲的知識，都被悲劇的推測式顛倒了。這種邏輯的推測式，要用數學演釋嚴革地批評。人生科學中決不能除去主觀的元素，有時就不應該除去的，我們中國的邏輯推理，都以此類真理爲實，邏輯的精神，都在這種悲劇中過了。專注意於人生科學的定律推測式，當然是景秀、美裝、承服的教育思想，比一般客體嚴正、邏輯、證驗的科學更好。要知道信服並不是證明，在物理科學方面，有可以發展智能邏輯方面的，因爲它比人生科學更爲可觀。然而它的推理，在任何事物重要的觀察上，須很多時間去描寫。演釋法，在這裏不能佔重要位置，只有數學科學，由單純明白的特性上，可以發展真正邏輯思想的方法。演繹只是數學推理的真理，非人生科學的使用。因爲數學真理，本身即是客觀真理的證明，和邏輯真理的基本所在。十七世紀笛卡兒與賴布尼支的全稱數學思想，就是數學邏輯的思想，就是用數學證明作普遍舊式邏輯範圍的研究。數學推理所持的推測式與明白的連接，比其它一切科學的引用更爲穩當，所以科學理性的連環，惟賴數學演繹的真理來固結，否則長鍊折斷。

再一方面是"想像"的問題，這是數學直覺派很大的問題。在笛卡兒派幾何代數的研究中更爲重要。想像問題有兩大派的論點：一派是無證明之中，持論想像不適於發展智能；一派所持恰相反。格特萊謂數學發展方面所具想像智能的功用，比在其它科學的更大；他舉的歷史例證很多。我以爲想像在數學上，如果把形而上學發展的幾何想像放開，還可以隨便拿出很多例證來。限定直接想像的智能也有兩大點：一方面在意念、觀念、意像的量性上，由觀察與試驗的路程來供給智識；一方面是限在想像的物質範圍中的，大部分由文學的發展上收成，不是對於一切精深的性質，而是觀念的闊大性質，這方面是想像的內面，在集合觀念、事實、觀察、種種已知的聯和定律中處置之。這種處置的精神集合，就是試驗最富足的。數學科學是適合齊一、類推、量、諸原理引判斷逼近於觀念與事實。所以在想像內發展的觀點，還有世界觀察的精密要求。

　　數學科學中加入邏輯與想像的問題，正是近代哲理上最大的爭點，我們相信兩種都有發覺數學科學真理的地方。邦和赫說：邏輯做數學的證明，直覺做數學的發明。這是很實在的結論。我們教育上應該同時注意才是。譬如哲學家偏重邏輯，不主張直覺推理，只是部分的實在。算學幾何或其它科學上應有直覺想像的事件；但是直覺的意義，在數學科學上很不一致。我們也不能限於心理學或哲學邏輯部分上說。譬如有表明直覺的形式邏輯方法的：有二量各等於第三量，則三量彼此必相等是也。又有表明康德先天組合判斷的直覺真理的：如有定理證明"一"的數是真實，又證明對於 N 加一的也是真實，那無論 N 為何數，對於所有整數都為真實是也。還有表明想像直覺的：如果一直線上 C 在 A 與 B 之間，D 在 A 與 G 之間，D 就在 A 與 B 之間是也。直覺在數學科學上是邏輯的解毒劑、對重錘。譬如數學科學上可以看出問題怎樣解決的法子，而不能看出怎樣與爲什麼有了問題的發出，這就是形式邏輯的不足。所謂證明的科學，不是完全的，而是直覺補充的。

　　我們數學教育的缺乏中，這些補助的方法，要首先注重。第一個要素是"教者能明白學者"；第二個是"使學者能明白所學"。教者不只是授演算的機械，代數的語言。這種機械語言的數學，就是明白了學者，還是得不到數學科學的認識。因爲數學的機械與語言，是人的精神想像出來的，是造成的。我們把打字機的書生引到造打字機的工廠去，他零零細細的看，一定不知道就是他日常實用的發源地！因爲教學的證明是邏輯的，數學的發現是直覺的；邏輯直覺的原理，都不是機械語言的表現。

第一步最好以"數""形"方法爲準則——希臘的——因爲這種思想，完全是理論實際互相證明的邏輯。却是同時要學者明白這種思想所有的真理，並不十分滿足，因爲近世數學需要更大，只能以數形方法作起點。譬如推理的證明，用坡萊（Boole）的演算或班洛（Peano）的記號推理，很能使學者對於數學應用的科學地位，爲什麼日張一日的道理自然明白。在機械學天文學，物理學的數學應用上所以插入生理家化學家的研究，也就不奇而晤了。

八、數學與或然論

現在把數學科學關於社會方面重要的關係舉述一二，作我們的結論。

數學應用的發展，就是近代文化與科學的本質。科學家不只就已有的表現中認識種種原因，他們還推到"偶然"的現象去了。這也是數學科學的一大部分問題。所謂"或然論"的假定，都是由這種標題論理的演算得來的。偶然現象的表現，都由或然論的可能性，演出嚴正的數學結果。在這種現象之中，大半都是社會生命的事實；換言之，或然論是注意社會生命現象的，是分析數學的一種對象。許多定律證明偶然的元素可以變成真正現象的作用，由多數觀察法消去之，結果雖不認識與其它現象所接合的必然原因。然而能相對的得出偶然判斷。譬如芬其萊（Fechner）心理學的研究，用數字的根據就或然定律演算，得出心理學上若干正確的結論之類是也。

或然論的原理與所研究的論文，漸漸變爲科學家研究社會生命現象的根據；在歷史的事實上，可以找出很多數理論中的"機運"解釋，都是或然演算所研究的。因此科學家注意社會科學，相信社會生命定律的解釋，都有一大部分數目事實爲獨立的，如果把這些事實的類別取出，則由數字組合的特別相當式上，足以認識社會生命，實包含數字解釋的一層性質。所以數學在社會科學中佔的位置，關係自然科學的，不只是因爲它的方法使然，實因爲對象所及。

近代科學傾向，都因這種確當的解釋，有同一性質的研究，各科學的結論也都不限於普汎的概念，遂直接於現象各方面，準以數學級次問題，來改良數目與度量問題。級次原理是科學中很重要的，因爲數或級次的需要，如同"時間的記號"樣，不只是科學的還是美術的、社會關係的。在思想意志感情裏研究度量級次，就是現在哲學政治學，藝術的問題。由數學級次的發生，人們都於無限荒涼的本能範圍內，用力進到意像上去，於內界外界的自然上，引起精神各個表現的美感、調和；這都是數學科學的獨到。這種發展的程度，使物質的富足與真理的嗜好，都直接交互進展。從此經濟的關係愈爲精密，而人民的財產平均增高，數學知識的需要，變爲獨立了。這種需要，顯出人在自然競爭中，不只是防禦內面勢力的存在，同時還要達到某某社會的目的。而於物質富有的研究上，把數學真理的需要也加高了。不過因爲於生命便利的勢力關係上，把物質方面的發展，弄得比真理嗜好的更甚。在物質方面數學所以獨立的，因爲它指示思想，促成判斷，在人所處的現象中，流露很多正確的意念，所以能顯出它真正的教育價值與哲學價值。

易沙哈里（Israeli）說：真理是人欲的特徵，真理的嗜好，是近代文化的發動；有真理，始能在科學家面前陳列數學量的抽象範圍。不然，數學科學如果與其它科學相較，也不見得對思想家有特別利益的供給。我們總看起來，這並非生命問題，也不是社會動機，其深感之處更非一幅自然風景畫的觸動，却只是靠一部數學微微的伸張，便使科學家獨立的生存。這種結果用什麼東西去酬報它！只有純粹的真理、精確的結論、獨立不斷的科學功績，可以直接酬謝智慧能力的數學家。此外還可以由別的方面取數學真理幫助的知識裏表示多謝數學功能的偉大！是數學科學的競爭，才有物質需要的滿足，宇宙知識界的調和與秩序。我們看看文明社會發展的勢力，都是數學知識的伸張；觀念最明白而又單純的是數學家；數學的教育，就是教授的根本條件。人的生命很快，數學精神是永遠的。

無窮小在數學上不同的概念*

上月二十一、二、三日無窮小的討論，內容均不見有嚴密科學語。因爲堪羢的"大無窮論"在中國沒有人多講，所以一九二五年要完了，還有人問到"n的程度究竟怎樣？"二十七日張申府兄在副刊上回答徐克家的話，結論説："如果有什麼人一定願意分半可以達到無窮小……也非絶對不可"的一段話，很有加我這次説明的必要，因爲研究學理，不能抛了歷史的事變，固然幾何有幾個"非"，然而不能非得"矛盾"僻論，也更不能非得事理不通。這次討論，總觀起來，有一個缺點是：無窮小的真義不明，——如同我的辭之弗晰——所以我就這一點上略寫歷史的派別敍出，或者不完全爲贅言。

無窮小在十七世紀賴布尼支名爲《無窮小量》（*Quanéitas infinitésima*），只作科學名辭用。賴布尼支並沒有真正達到無窮小的意義，從他在一六八四年 *acta Éruditorum* 中發表六頁半（467—473 頁）問題後，數學家根本在方法與微分演算的結果上應用，而無明白的微分概念。十八世紀來分析數學家認無窮小在一切"量"的共同範圍外存在的"量"，並且具真實的"存在"，就我們邏輯演繹可以推知。稍遲，分析家取一種居中的説話，謂無窮小不只是一尋常量，而且是能向零位運動的量，其點之消絶，爲小之"無限"（illimite），許多人以爲牛頓、拉抗構（Lagrange）的思想，完全爲這種詩文的天才表現，其實都在數學物理的實在中。所以元子科學把量的隨數定爲：

"無窮小，小無限，有窮，大無限，無窮大。"

零不在内。這些量中的：無窮小，有窮，無窮大，都是實在的，離所有

---

* 本文原載《京報副刊》。

思想的人而獨立。至於"無限"的表現，則連帶一個思想的存在。換言之，決非一個固定不變的表現量，在全極限上包一運動觀念，所以思想對於量的增減不能分離，故曰無限施算終爲有窮。理想派的人說宇宙眞容度，如同數學量之算學分量數，我們雖不能用有窮度量測算這些度，又不能算這種數，而這些度，數仍都爲實在，以一"無窮"字表明之。凡有窮量的分，先成於無窮數，故其各分即爲無窮小，所以無窮小的秩序數中加一無窮小不變。而有窮則相應於零的秩序。這種發生了理想與經驗兩大派的無窮小論。理想派的人以爲幾何物理的事件，以零爲極限，如一線之長，可以截至無窮小。其表現爲二分之一，四分之一……無限次的小分數。經驗派則否認理想派這種無窮小或無窮大的理論，所謂無窮大小，即是無限大小，無有窮，不可測，……換言之，我們的想像不因爲"無"停止。理想派說"變數量"，變爲無窮大或無窮小時，在經驗派正認爲是給變量以很大或很小的值，這裏用極限演算說明頗爲痛快，不過算草太長，在副刊不便。

經驗派無窮小到底是什麼說法？他們認爲：一單位上的長廣（élendae）可以分成無窮性的"分長廣"而非有窮，是無窮小決爲實在量。所以無窮小的主性爲：

無窮小的長廣彼此相加的有窮數，不能爲有窮長廣而是一新無窮小的長廣。

譬如同一長廣的有窮數，彼此相隨，終爲一新有窮長廣。無窮小亦然。因爲無窮小長廣的有窮數如果爲有窮長廣，則不能爲無窮小，因爲有窮長廣中須無窮小成無窮數故也。是即無窮小實在的定義。有人以爲如果在相等的定義上說"兩有窮長廣相等，則其間無有窮差別的存在"時，無窮小實在一語有所困難，因爲可以假設其爲無窮小的差別。其實這並非相等概念外延上的難題，因爲邏輯上證明：

兩有窮量的差別爲無窮小者，彼此相等。即證得無窮小非同類的數學量。換言之，這種差別的無窮小已超過數學量，是所謂無窮小的概念，其理得補充爲：

如果在一有窮量中加入或減去一無窮小不變。

無窮小與有窮的關係上不能表現，但是就這些關係的抽象上無窮小的本身可以達現，自然與長廣位置情形相當，與有窮亦相當，因之即如長廣事件。由是普汎之，則無窮小的長廣在有窮長廣上加與除，也與有窮性質不遠。所以結果：

無窮小為一數學量而與有窮性質的集合有共通點。

這裡可以想到無窮小的哲學意義與分析意義的究竟，而堪歿的 3 冪之 V (nu) 3 次冪可以回答一切。把這個意義明白了，對於反無窮論的侯羅非邪愛非難安奈根（Renouvier・Evellin Hannequin）也可以解其學理之所以然。而申府所謂"非堪歿"非某某非某某始可以下手。不然，恐發生歷史的笑話。前有的許多"無窮小論"，正因為數學問題的差點，所以申府用力引許多堪歿、歪耶什特斯、羅素終說不信幾個徐克家、丁西林！老實說一句：他們只夠根據分析的 tend vars zéro; tend vers infiniment petit. 我們只夠說 Zero; infiniment petit. 正因為學理的研究，無窮小為其秘密。我們信數學邏輯的解決，同時還不能忘記了分數之：

一有窮數
一無窮數

因為他證無窮小的演算，發無窮小的問題，使我們還要向非幾何直覺上研究。

現代物理學之元學問題

人類歷史經過，明白樹立哲學思想系統與科學進化原則。以言文化，兩者統理如一；以言認識，理論實驗互求而獲。固理論不專諸哲學，實驗無獨於科學，推理之知，概念之律，僉蘊於相得而不渝。斯義也證之物理界新科學認識也宜，決諸哲學界新元學理性也亦無不宜。現代物理學之邁進，發展已知者無算，探得絕對新論與意外物理界者更奇。自一九三零年牛津萬國哲學會宣議物理近觀之元學（舊名形而上學）價值問題以來，論物理哲學者，羌謂新論合元學概念而為先驗標致。果物理學而有積極消極兩進之說，斯二者必同軸於元學觀念之誼。

先進物理學之積極宇宙結構論固具元學假說之實在意義，即消極反證此宇宙概念之元子物理學，亦同具元學新設實在之義。前者驗之安斯坦派相對論；後者創於元子現象論之發現。故及今而言元學觀念之世界，宜兩用此物理概念之連續性之"萬象物理學"（macrophysique）與不連續性之"微界物理學"（microphysique）以為解。從大千世界之森羅現象入於微界之電子宇宙，原無免於矛盾理性與元學困屯，然而此矛盾也困屯也，對舊物理論與夫加冠之相對物理論幾告分裂，所謂物理界之"變動"，近日物理之基本觀念，物理哲學之嚴重意義，又幾全貫於此矛盾困屯之由來也。茲擇樂瑾蓀（J. Joergensen）關於微界物理學因果原理之元學問題論點，以釋斯說。

舊物理學與安斯坦派發展之物理世界，除若干幾何矛盾原理之外，對宇宙結構元素與事變組織，皆認為有成貫之定律或因果原因，潛居用道。事實上吾人不能直覺此因果觀念之真義或絕對性，只宜逼近因果律而言曰："如知某時之境況，又知此境況變遷所從之定律，則必能演算此空間境況任何時間所生之絕對數"；簡言之，宇宙變遷之有，悉猝出有法之因。本斯理以驗物，以徵知，如執一以測萬，大都空浮無定，理或可能，實必勿證。故欲逼近世界之知，宜認宇宙爲"節限"（Sections Limitees）式之存在。獨立節限，構成物理界之"圍系物"（Systeme Clos），此圍系物自離"鄰系"事變而獨立，所謂絕對同因生同果，同情結同義之因果原理，從是逼似真界；然而若準定律以用諸試驗界，則新律依然曖昧不適。其故因圍系物之境況不能實知，如物理現象性之不能確定。凡圍系皆由可量性確定，如時間空間之延長性，元素之量、質量、運動、能力等等，物理家皆假"定時"以限"定性"。此定性因絕對分析爲不義，故物理家復用各性間連接函數原理，以演此證彼。如機械學所論之加速運動爲二次微分式，其所知之某時某系境況，由二次微分方程式確定。完全微分方程式中時間爲獨立變數，因此於時間函數確定之各部分關係外，有所謂空間關係之獨立變數，此變數全依物理量或速力、吸力、變形之空間界量爲定。如此情況，微分方程式顯爲局部與界量之演算矣。質言之，空間節限或無限範型之物理量，隨連續之一點以至他一而定或變。故惟須有已知時間境況及應有之微分方程式，即對凡境界或圍系物於任何時間皆可證。所謂物理學者，其目的不外與物理界以一實在表現也，而研究物理之專家，迄今努力發現者亦不外求解物理現象所適之微分方程式。一方精求逼似真理之具，一方更事統計律之工，期免零亂微細之失。

統計律的新物理觀點如何，吾人知其較因果律（微分者）相差者有三：各律所涉之組織俱攝多元，此其一；於各系中不及元素本身行狀而只論集合之比例平均，此其二；平均結果不預計實在，而又只及或然，此其三。循是道也，或然元素增，斯物理式亦與之俱增，而物理界萬象之不宜於因果律論與近似於統計律證之理瞭然斷矣。故元子物理學及統計原理，從此一躍而爲現代物理學之重要地位，較舊日熱力學氣體學中所視者益爲上上。統計律見於舊物理學者爲有限處，絕不及於物理現象之本質。原舊物理學惟信物理現象服於微分方程，或認物理量爲有法之連續變性，乃因果性普遍原理之事實。及今而論，此原理應改造而言曰：

"物理界之轉變爲有定者,如吾人於'已知'時間知其圍系境況與代此轉變之微分方程式,則在'任何'時間能推演此圍系境況轉變之微分方程式之值。"吾人若視物理世界皆限於圍系之中,則此原理不啻謂"物理界爲一完全有定式"。萬象物理學者持之以用,不無相對實在。

雖然,謂改造之因果宇宙律於人生學理兩爲綦重,乃元學新進之一。彼因果原理所析之特異兩大臆說,尤不能不自此批判以明乎新進更趨於無限問題也。其一說認物理界之轉變爲定律非偶然者,其次則認定律悉屬微分律非無證明者,是也。按此一名斷定原理,一名連續存在,最近評擊雙律之理極多,如艾克奈(F. Ecner)評斷定原理結局謂物理律或有統計性在,然其平均中比數之或然性決不能視爲斷定原理。吾人感覺粗見之萬象或大物理現象,實皆無限特殊事物與部分微界物理現象之集團現象,大物理現象所從之定律爲比例平均式,其均勻之算,正同個別之微界物理現象非法之量數相對立。故大物理界之法無與於小物理界(即微界),以言其元素羼入之平均,亦爲相似或然之數耳。即有以物理律如統計律者,更無用設微界物理現象爲因果之斷定,直謂爲統計上之或然假定可也。循公理而言,以假定立實在——以統計確定物理宇宙觀——較因果狹念遠勝一籌羌無疑義。然而問題之"統計概念之果究否與因果概念殊途同歸。抑同工異曲"? 秉有討論之價值。物理家如樸郎克(Planck)、安斯坦各持反論。安斯坦於科學發現原理中力述因果原理之利,於因果概念比較中,視統計概念爲不便。樸郎克則謂:"若以優選而論,自然隨地皆宜斷定(因果)不宜無定。(統計)斯理也,僅對實用價值之回答而言。"若以"無定"之科學理性論,統計律具兩大無限值:不及個性現象與所言集團現象祇及或然是也。此或然價值,迄未確定,異日物理之光,將有鑑於斯乎,是在批評因果律者之努力。

復次論連續原理之批評。連續性與元子論,終立兩反之地,雖然場力論與元子電性論有建連續原理之功,而於物體不可分性之最小元素獨立存在與固定不變性,終無法爲之解除。電磁場之元子質在,亦不能解釋不連續性之量子論說。Theorie des Quanta 從量子論,知物質及能力皆具元子結構，不過二者各有差異。物質元子爲同質量，量子能力則爲放射周率之比。能力分達各量之量子爲連續者，而各量之能力結構則絕對爲不連續性也。不連續性之不可分性，在微界物理特性中有其實驗標準，在數學觀念間亦有其演算根據。黑蒐堡（Heisenberg）謂："不可分性之無定關係，必有與樸郎克常數同次值之特小位置時間相續之無定假設在。其不定者爲此特小位置時間不能同時並行，因不連續性之內在故也。"使是說有道，繼樸郎克者又可援因果律以解微界物理學矣。不連續之連續，其將重變之歟？吾人能於量子物理之外，得見新實在以告元學試驗理論之成功歟？是所望於現代物理研究之物質與光之關係發現。

現代物理家認同一現象能於某方視爲個體某方轉爲集團者，因果法與統計法同道於一實質各面而無矛盾。故欲直斷二法對實在建設之絕對真理，決不可能，宇宙之物理元素，或謂爲"波動性"與"分子性""共同"組織者；質言之，物理元素非波動亦非分子，而爲"分子波動"之一語。Ondes Corpusculaires 或 Ondicule 分子波動一詞乃語言之發現，概念之強合耳，事實上毫無專見以解脫矛盾且有極大哲學爭點待證。原吾人既無直覺工具，透入分子波動體，亦無如此波動之明白形式。其關於波動性論與分子性論之連合說亦爲極難之理喻。

直覺問題物理學者拒而不言，即言之亦無補於科學實際真理。近有因分子波動問題之關係，出直覺以爲證者，然其說基於哲學假定，宜待賈未來之物理發現。連續波動論與不續分子論互張新幟之專著有Broglie—Schrodinger 之波動機械論及 Heirenberg—Tordon—Dirac 之量子新論。斯二說也，從其數學原理互爲相當，——矛盾者不計——如形式量子論證，直謂分子與波動兩概念，純爲同一物體實在性之兩面差，斯拓丁傑（Schrodinger）主此說，而樂端（Tordan）亦應唯是對，狄哈克（Dirac）更明言之曰："波動與分子，宜視爲物理實在表現之兩大便宜抽象。"（*The Principle of quantum mechanics*, P. 2）吾若本此解，連逮於李博爾（N. Bohr）"補足必念"之說，又知分子波動，各實在性立，兩用不能同時，故亦不得約爲協一之普汎概念。同居元子論界，思想評斷掃此矛盾。在物理論發李博爾之議爲可通，若許哲學理論之物理假設者檢之則又非真矣。學者考覈科學哲學思想史，即了然人類進化基磐，永樹於協一統系，世界漫無矛盾餘地，或立理論玄同公理，或執兩端數定於一，雖連分子於波動之說仍有嚴重之元學物理機械問題，然而吾人覺乎應動於是向。坡格里（Broglie）之《波動機械學》導言曰："新機械學之物理解釋固困於實證，然驚人之物質與光線原理，能使一方直認波動與分子之二元性，一方證得空中分子，惟限於波動現象而有其發散。吾人經驗習見，已無畏於微界物理存在。"物理科學，極性近乎象徵，此徵性元學結果，超舊說玄元抽氣理性，而爲猶待新驗徵知之無上記號也。有謂象徵物理之物理實在不惟無現言可能，即所言特性之實在性亦無徵可信。故除感知關係外，——複雜者——只有概念與數學演算之部分價值耳。更有謂物理學不能無數學實在性，不能爲心理本質，不能無觀檢試驗，亦不能雜相對論之調節或盡棄微界象之理論發現。研究元學現象者之不免於混淆形質不辨，即以是難其解。近今新論，有欲脫此難者，乃以客觀現象，轉移疑似，如量子論之視概念現象爲離主觀觀檢獨立存在之"無際現象"是也此正與特觀查之客體現象，決無能存於主體表現之外者相反，以客觀物理界而言兩說爲疑難之遁辭，實有待於將來。

　　主客觀之問題極多，依認識論而言，客觀知識，在主觀現象與客觀現象間分別甚微，一方表明官感存在與現象情境關係，一方承認現象獨立自有其主位。從是僉謂觀察悉歸主觀，有如心理現象。若視觀察現象離觀察人而獨立者，必其所認之客觀爲狹義也。彼安斯坦之相對論，分斷觀察者與外界之理，純屬此義。本精理而論，此類客觀現象之試驗與理論對象爲同疇，結果試驗時所有同類或相似現象，大都能於無義之中發生混亂。故元子現象論者，不主是說。元子論者視通常現象與元子現象之交互作用爲兩事，換言之兩客體存象，非一客體一主體也，例如認識電子必見其突變之現象，然而無須乎必謂其惟所見者爲是，亦無用視爲由此觀察現象之唯一影響所致。其故因突變之現象，對觀宗之有無或正負皆爲獨立，吾人所能假設客觀存在之物理界，或與相對界爲同一理性，詎未可知。

古元子論之元子物理，爲一永變之宇宙觀，現代元子論者亦認光之放射，必因電子位置急變或各方能力變動，始有其現象。此急變能力，使吾人知有元子存在，且更因其速率，迅烈之故使萬象物理本身現象亦皆能釐定於是象。及今而言，靜力或不變之宇宙爲絕對不知者。所謂物理實在性之研究，大都必有適當之變性解釋；變性本身皆實在也，故無用入觀察之主體而有物理實在性。質言之試驗物理現象時，宜視現象與工具爲唯一物理系，不宜分一客體又一主觀。自無影響之現象觀察——如對星辰——或自試驗時所影響之他象較試驗本象小者而言，此說原無困難，然而在實證科學假設本義之價值中，往往陷於無證，差幸科學哲學之理論與邏輯能證得科學實證假設，亦非確適可能如墨葉之 Meyerson 科學解釋論——故就元學關係立斷，現代物理之重要元子論，於哲學問題之元學理論，實具偉大進展希望。若出邏輯認識論之科學方法問題一舉邕論，將更覺其勢力之深博無涯涘也！

總而言之，現代物理學變動相持之兩大問題——相對論之物理幾何化——對連續性與不連續性之舊說，新朒比類，探得調和矛盾之可能性，如李博爾陽光論與元子構造論之交叉原理，概舊說真理，揭新論廣義，雖爲抽象形式之逮達，亦足信其實在科學建設之可能。來日方長，現實之物觀組合論，或於哲學滿足之中落得物理之實證，吾人其靜聆此天籟之聲，翻雲衍曼，經始萬象，光怪能媒，將放異彩。揭元學問題之不可證者，開新曙於元學思辨之前途。窮乏困頓，極反變通，是有賴於哲學家之物理探討，物理家之哲學思存，難諸心者解於物，囿乎實者析以理，相切相構，互表真知，科學哲學一詞之正義與夫元學試驗之宇宙，迄今了無疑問。惜吾儕僅有欣悅此鏘鏘瑟布之耳，而未能試作此樂人之技。自怨自艾，述此以告病視哲學與輕侮元學之流可也。

從機械形構至感覺幾何*

本論文主旨：在揭示舊機械唯物論與觀念唯心論及形式論與唯名論諸説之謬，并破除一切不可把握之"實在"的抽象認識，毀棄非科學結構之"元學"的假設，重定知識之邏輯與科學基本實在，爲自機械物理之幾何結構至感覺幾何之物理關係的認識。破心物兩限，接物理界於精神界；攝時空兩聯，合機械幾何與感覺幾何於一證。蓋宇宙任何物事，皆基於形構攝聚之是，精神意識，俱屬宇宙機械之實元，形構以外，無知覺實在之獨立抽象，或非物理幾何之觀念擬型也。

（甲）釋　言

舊"機械"一字，在理論物理與哲學論著中，意義紛繁，不可執用，尤其持機械以對生命或動力諸誼，更非吾人所謂機械之詞。吾言"機械"，義同"形構"（forme），吾言形構，義釋"物理結構"。所謂機械形構者，廣言之，統自然機械幾何；簡言之，一切居時間空間內，有確實之物理結構而非邏輯或形上之"觀念實體"與"觀念空間"物。宇宙萬有，悉表於機械形構之是，精神意境，政府組織，皆有機構也。概念認識，觀念印象，亦皆有機構也。有實在機構之真是，斯有運轉可能與思想意識之實際。蓋觀念與物理，同屬實物實事，無時間以外之形構，無空間以外之型（Arche type）的抽象機能，世界任何實在，皆屬機械形構，任何形構之認識，皆自感覺幾何結構之關係認識而來。由是觀之，自外界言，一切"可能"皆是自然幾何之機械形構；自內界言，一切

* 本文原載《哲學評論》第七卷第三期。

"觀念"或心理活動，亦無不與機構實在爲同一幾何形式，同一物理運轉，同一機械理物之幾何"時空"表現。僅此數語，即釋吾所謂從機械形構至感覺幾何之新認識觀。茲分析如后。

（乙）論機械形構

自然差相，即形構異類，鐵尺銅駝，禽鳥木石，異類差形，各有機構，世界物數，俱單複形構之集合耳。形之差，即自然之差，即物類無數與夫運轉無限之變是，形構既居空間，亦必有時間，元學抽象，邏輯概念，因形構可能之用，持形構現實之同時同質性，操絕對以反真理，非形構之真是也。宇宙形構，僉物理結構，任何現實俱完全組織與機械自形；故以形構論印象觀念，印象觀念，亦俱爲形構現實之本然。蓋感覺所獲之存在不外神經系與客體間兩形構之是，思想意識，決無懸諸非空間之空際而不是形構之能是者也。（注：關於知識與感覺之形構説，吾另有專説，此處暫不詳述）

原子論者探原子最小之元素認識，若以抽象概念言，必無實際作用，故曰"原子論者必真見其形構之在"。質言之，原子價值，在知物類形構之空間實在，在達形構之實際成功，匪徒論原子發端之義也。推而言之，一切試驗科學之功在是，所謂自然幾何之要亦在是，虎耶（Ruyer）謂"構造哲學"爲機械認識之基本科學，此機械云云，非機械論者之詞，乃形構之要素，或形之自然本實，與形之諸性質。謂宇宙各本形構，既無形式論與唯物論對立之弊，尤免觀念論與唯名論兩持之偽。舊機械論者只遵唯一定律，脫形質運動之機體，空演算可能之數學，關係配自形構之外，物質又統攝形構之有，定律獨專，空間時間俱割矣。新機械形構論則不然，從機械物理，證無限新形構攝無限新定律，更自物理幾何，昭形構運轉無限可能之現實與變異。一以證代嘉德與牛頓演繹機械學之謬；一以破生命物理律與物理定律分物體與行動爲絕對兩相之説，是知機械形構論乃物理幾何合一之科學認識，證明物體質量，出自各點間比例數所生之各運動，其能力行動，則因向量（Vecteur）之加速定表現者也。吾言如此，蓋認宇宙爲普通相對論與自然幾何解釋之形構存在，非牛頓律機械吸引論之絕對運動，乃時空構造之吸引現象也。從此形構實在，了無"能力論"者批評之説。

自幾何論形構與歸形構於機械，兩説同爲消去形之空設或抽象概念，使之直接自然科學，俾空間與形式，俱屬物理實在解釋。新機械幾何學者，力持此法，構證同異。形實攝聚，差者以結構論而不以精神意識與物事表現分也。今有人於此，執墨筆畫三角形於紙上，在舊機械唯物論者，名三角形爲幾何形，墨筆、質量、三角與畫者各立；質量能力皆立諸空間之外，所謂形構之各要素，互不相涉，試問如何成空間之形？代嘉德派容積説洽在此"觀念空間"之誤。至於現代物理所論空間之試驗性或相對性，則無此觀念空間之非理形式。蓋試驗空間，認形構本身自是，無須假定實體與實體之"知覺相"。形構認識，完全機械物理所謂空間組織之幾何解釋，決無庸舊物質與機械論者襲質量電量能力等假設，爲之先示構造條件也。昔賴本尼支曾謂惟形構得證實在，然其結果則又認知覺爲實體認識之要。是一面承認形與實兩齊，又一面復認形構爲意像者，如鐵尺有其抽象之形，更有其實在要素之本質，此無異謂鐵尺與其鐵分子秩序爲兩在，鐵與其構造爲兩是，然則何謂形構耶？賴本尼支不識機械形構之元素須自時空相對限定，自單形而複形，如鐵尺形自鐵，鐵形自原子之類，故分析形構，即斷碎時空。形有級進，亦有遞減，其空間位置變遷，悉因時間函數爲定。相對論證明物理學之前有一自然幾何學或機械學存在。其理由謂機械論有承認同質性之要，物理化學現象之同，更有物理化學與機械現象之同。

謂形構有級進，即新機械論異於唯物論對物質解釋之原則。舊物理學家視一桌一椅一腦筋，皆無數原子集合者，機械形構論者則認單簡集合，不成形構，任何形構皆自一定層次構造，桌椅之形自電子、原子、分子、木纖維、樹及其自然史，最後製桌椅之工人工作；若將此各層集爲一原子説，則非形構真實之是。舊唯物論者不知物質乃形構中之一特别機械式，故自陷於形上解釋。物質非獨居形構之上，尤非形構以外之先存條件。其對機械形構，如紙幣或金銀貨幣之紙張顏色與重輕質量等等之形構，完全與社會組織，人類心理相同，皆空間形式也。人類腦筋與社會結構，皆在空間，皆屬空間結構。人有見有觸於物質形構，物亦有動於人類感覺，人所見之物質對象，固不離歷史社會組織，或風俗習慣，然此類實在要皆不離形構之空間原子真實也。感覺印象推理，各有廣泛之形義，亦各具空間構造之實在，如幾何家演算或證明定理定義，在廣義爲思想認識之活動，在實際爲不離各元素空間，如粉筆腦筋等類連繫之構造；宇宙形類，乃集此無數可能事類與不可轉易之現象，依法組織者也。

形之構造在空間，至其轉運則在時間。各形構交互連續，有其自然創造之進化。所謂進化云者，即形構之運動構造，此運動即實際複雜之運轉作用，其間含蓄變形與形構新象，各科學試驗皆證此實在。但此進化意義，非伯格森或舊機械論者之運動，乃純自運動之幾何解釋者也。亦非若天文地理之位置變換，有變境無變實之構造者也。今吾取形構之相對論據，釋形之轉運於實有形式而不歸諸抽象幾何者，一則踢除唯心論與原子論之困難，一則揭示物理幾何之試驗價值，證明形構物理性之時間重要，即其空間與運動連續之要，時空無獨立座標系，形構離空間運動，則時間實在，亦無辯證或直覺方法構設之矣。人類對時間實在認識，完全爲機械所有；此機械時間，又完全自大部分複雜實在之運轉與變進試驗得之者；故時間度（相對論者）之形與時間綿延之進，在昔視爲兩反相，若以形構運轉言，則時間度者乃一具體公型，其差異即機械形構之唯一意義耳。機械時間度有不可轉予者，必非單簡機械性，若依形構發端徵之，漸至時間綿延進化之完全形構或試驗時間，必使相對論之"時空"適於實在多元形構之變化。

次論運動即空間之形構說。按形與動兩不相離，運動之機構，即形構組織之運轉，例如風車運動之來自風，其運轉則本諸形構。機械能力，既不分散，亦不毀滅，其關係創造，惟轉運變化；如石油原料減少，必工業機械發達。故以熱力學言，運動量損，無毀於形構之是。若夫不動性之形，或由一形以之它形之變動，則皆有形構之毀滅，一斧碎石，洪水泛地，皆有毀滅也。形之機構愈複雜，其範質愈多，毀滅事類亦愈繁，人或死於機械之鎗，或死於化學之毒，或死於生理之病，各毀其形，復各具其新形之特性。形構之變如此，其進化之轉運如此，形之異，變之異也，物理定律之秩序，實在進化之秩序也。由是觀之，運動者，創造者也，有形構之運動，斯有新形構產生，但此運動產生者必自形構轉運得之，非抽象運動有也。

總之吾人所論形構之要，在確證其自然之幾何系統，而不論其觀念問題若何；在確定形變之實在體系完全適於形構之自然分類，而不論其概念問題所稱。蓋實在性之複變，隨其各異之秩序為定，方圓之異，異於鐵氧之異，鳥類哺乳類之異，異夫歐洲人亞洲人之異。若以概念分類觀之，此"異異"觀念，足困哲學認識，黑格爾之系統，哈麥蘭（Hamelin）之綜合，皆不足釐訂形構之真。若轉而依機械形構系統表列，則其純正認識，有如生物分類之一型綜攝各異，一表聚攝載衍，使混亂之覺知，標於科學極限之變能。近代物理物學各種分類表，皆本形構之幾何條件與秩序為證，因每層實在之是，必本其存在之固有條件組織，雖形構有複雜，然不致無法限定其數量，雖新可能之種類連續產生，然必限於形構之同一自然。譬如化學既定炭氣或氧氣或氫氣原子之形，則由是而新生之形構亦必易為斷定，物理原子之認識既彰，從而普斯特（Proust）、達爾頓（Dalton）之定律自釋。理論之貫通，形構之聯繫，結果使"異異"特差，漸釋於如是之所是，形構系統，即實在系統，即自然現象進化之總匯也。

近數十年來，"理化"（Physico-Chimique）科學進展，結果證明生物生命亦為形構之實在構造，生物進化論者雖不能使機能運動如生命力等悉納於形構系統，然而物理與機械學之認識，則完全毀棄超幾何之"能力"觀念，質言之，有機形構乃若無機界機械複雜之高層，達斯特（Dastre）早視無機現象與生命現象間為一連續性，生物組織，解於結晶之"理化"定律。例如個體性之有機運動，必自固定之機械單位連合，其理適如河海水系組織，或人類社會結構。此謂組織結構，即有機構造，即動植物生命，即太陽系結構。生命特性之營養生殖，亦不能超形構自然，或出"理化"科學範圍而獨是；化學現象中之蒸解消化呼吸作用，物理學中之滲透等皆形構之特別機械行動。若推而論之，宇宙任何特型，皆可納諸有機形構；人固不知化學分子是否直接成形，人亦不識細胞之確實組織，遺傳神秘在於此，宇宙大謎則因於彼，胎之成人，卵之成雛，雖不謂形構運轉之真現，然其為機構創造與形構產生之"時空"必然意義，則無疑惑。揭其道，正同時間空間科學工具產生之形，如電話、照相、無線電等，為同一機械形構也。哈波（Rabaud）釋遺傳性於連續相似，解神秘於機械自然，是證歷史有形進化，有機生命有其適應之機構，即有元素進展之差異。如個人異於細胞，故個人運轉，決非單一細胞之物理連續，推而連於植物，更連於社會，而有宇宙之大形構焉。

（丙）感覺幾何

前節所論，在以機械形構之真實，掃一般觀念空間之抽象概念，與夫不可證之"實在"設準。質言之，破形實分相，反知覺存在之兩斷。宇宙惟機械形構之是，一切認識可能，亦惟限於形與形間複雜連接所生感覺性質之經驗事實可知，即言之，既定機械幾何之真，必證物理幾何所攝感覺界幾何關係之是。科學家早知試驗非"空間"積量，乃在"物體"或普通所謂感覺形構上，但幾何之於試驗，尤其物體位置與觀察者之感覺條件，更不宜忽怠。物理之說明，必有幾何之真在，物理各部具感覺事實（如天文光學等），亦涉生理官能，其簡單試驗，悉含感覺界幾何秩序之多數定律。故欲證龐雜之物理界，將不知攝如何繁重之幾何關係演算。相對論者說明物理經驗科學之必取幾何為用，亦證幾何科學之必用於機械物理；感覺對象之羣與各對象間感覺之關係，皆能自物理所持幾何之公理中檢出。故曰：感覺事實，無一非自物理原因結構。吾人感覺雖有時不免有對象錯誤，然因物理事實間彼此有自形與試驗集合之關係故，遂亦可訂幾何之感覺情境與空間普通秩序之物理定律。如鹽或酸之感覺，必通於化學性質之鹽酸，聲音之差度，必因於數量與空間之振幅。故在形與質間，完全幾何之覺境形構實在也。蓋空間各類性質，屬物理之一般圖型，感覺界之空間組織，完全各形構與其連絡之幾何方式。抽象幾何不計實在，若自然界感覺所攝之關係項。則皆因其幾何關係項之調適，始顯試驗定律之合也。（讀者宜自分抽象幾何與自然幾何之別。）

感覺界之幾何分析，具極繁複之時空度相，雷柯（J. Nicod）曾設一非常界之感覺幾何，由一視覺、一空間度、一光點、一物質點，證驗感覺相似之各類形構，揭示心理物理之互通關係，使假相之普通圖型，漸及於自然客觀之真實構造。雖其思想未及自然幾何之完全相，其根柢則絕對解於物理機械與位置幾何之分析演算，或曰於單純感覺相覷形構之空間時間轉變，尤稱雷柯獨到之見。

幾何空間，乃物質形構之外擴性的抽象實在，此抽象雖極遠擴，終不失物理極限。蓋純物理界之物理，其形構之幾何表現，永依自然分類之物理秩序；故感覺圖型之惡劣錯誤，必有合理之幾何推證可能。試設單簡之一度幾何界，證感覺幾何複構之物象、情境、視覺形式關係如次。

設一幾何界之基本項為"點"其形構關係惟兩點間"恆等"之"成對"形式。此類世界發生公理認識之可能，不外集合形構定律所示之方程實在關係：

$$G(p, C) + \Phi = \{P\}$$

小 p 表一類分項數，大 C 為 p 類所屬成對間之一關係，G 示此形構之可能組織，Φ 表明因時間定空間位置之函數，大 P 即此界各點集合可能之結果。準此，更以 a 表感覺項之類分；以 R_1, R_2, ……R_n 表類分間所見各初級關係，以：

$$E(a, R_1, R_2, ……R_n) + \Phi$$

表每次可獲見之定律所限形構之集合。從是知公理集合式之形構系統，得解於感覺自然時空關係之中，即因 R 關係與 a 類分形得 C。關係與 p_o 類分為 G（p_o，C_o）$+\Phi$ 含於 E（a，R_1，R_2……R_n）$+\Phi$ 之中也。若以形構情境明之，益為瞭然。設一圖畫現於覺境之內，在吾人初見時，畫之形構表現，實有居所覺情境之外者，及至覺境漸進，其時又見得畫中之鳥獸或牛馬等粗率行列，迄至完全發覺圖繪所有，則再無新視景可言。吾人集各行列總結構而言曰"此一幅山水畫"，折取結構內某一形構而言曰"牛"或"馬"。至各行列本身與全畫所有角度、距離、生相等所定之主要關係，乃山水畫之一定攝聚，一定秩序；即一牛一馬所有不同結構，亦無不然，畫在予前，予即有感覺之自然；予所能連綴之各連帶元素，即予根據之各基本關係。此種經過時空組織之形構，即幾何之 G（p，C）$+\Phi$ 所謂 G 構造中表現之組合關係究屬何種元素，其間變化方式有多寡，本極繁複。概而言之，C_o 關係與 p_o 類分皆複雜者。C_o 關係乃 R_1，R_2……R_n 之邏輯配合，p_o 類分固為所屬各邊，然非 a 類分之各屬，而為因 R_1，R_2……R_n 關係限定之所屬各邊之各類分或謂類分之類分。無疑，R 各關係與 a 類分亦有其本身已與 C 及 p 相適之感覺，但必有空間每點所見者與時間能得其直接適等之形構始獲證明。由是證知形構由關係與各項之邏輯構造，亦可得認識之基本組織。幾何之複雜感覺，乃自邏輯單純配合之形構產生。宇宙物類羣聚之關係結構，無一不自幾何經紀之單複形式，其間最要之感覺幾何所攝形構之各項關係，尤為各形構運動最有"時空"完整意義之認識。

然則感覺幾何，如何證明形構認識之完全相？柏格森曾自感覺連續運動，證幾何界之直線結構，惜其觀點專注於點之同時排列，而未及一線之感覺的真形或定律也。氏曰：如一動點自覺，則必因其自動而自覺其有一線之經過。按此說有三解可能；其間只一感覺"時空"為完整形構，而柏氏竟未之分也。設一旅行馬車，（甲）當馬引車行時，在馬無所謂視境發覺，惟因其四肢動作，故自覺變換；（乙）御車者則因所見風景，有連續出沒之物象情境，故亦自覺其變換；（丙）乘車者於車內向窗外注視，續有新景轉移，故亦自覺變遷轉換。斯三者處同一動覺關係，誰為一線之完全形構感覺耶？引車之馬，其所覺乃抽象之內界根據形成者；乘客印象之有，乃窗間極度有限之經過，既無鄰界系統聯絡，尤與完整連續之時空形構不相適者也；惟御車者之自覺線乃真示動點經過之完全形構，真表時空覺象幾何關係之全線也。此線境為外界所與之連續運動整形，既符感覺界所有定律，亦具物理界所有性質。質言之，一方顯示數理幾何之自然級次，如："非對稱性""轉換性"與"連接性"；又一方表自然相似關係之："對稱性""轉換性"與"不連接性"。如聲音有連續之級次，復有相似類與不相似類，連續相似兩含，斯構物理之真實，斯形感覺之幾何。若以位置幾何之分割關係證之，益為明確。如 (xy) 兩項關係，各有其級次公理之自然，(xyz) 三項關係，則有分割公理之：

$$(xyz) = (xy) 與 (yz)，或 (zy) 與 (yx)。$$

若更以封弧如○形或8形，或枝形如 Y、P、A、T 等線觀之，則所謂相似與連續之兩含關係無有，而截線之形構，必有多數截點，或獨立，或內接，或更封閉；觀察者之感覺，從此既得其個相，復有其交互影映之相似與不可分之時空。推而使動覺之對象，亦為運動相，則運動之感覺空間與外界感覺配合，而有完全幾何界之複雜認識，如以聲音言，有感者之"地方"，亦有發音之"物理"或"性質"，由是知相似與連續，乃形自兩同類之俱應；聲音來自音律，動覺來自感覺；同時知視覺必須有地方性與物理性之兩形構。此兩者相接亦相離，衍變萬千，有時物理性質於視覺中往來無定，甚而忘其形構之自然，但藉感覺連續之故，仍可表形，如顏色性質等，雖有見有不見，然在感覺地位，終有形構表現於此或彼；或因觸覺，或自嗅覺，或更藉動覺表出者，皆具形構直覺之象也。蓋任何元素無不有時空結構，任何感覺元素地位，無不有其直接關係之形構。若以前公理集合形式列之，則為：

$$G(v, N) + \Phi.$$

v 表視景，N 表感覺元素彼此成對間連接之直覺關係，G 為點與恒等公理集合之兩數。由是知一任何形構元 x 必有其時間相似之類，位置相似之類與性質相似之類；前者為 x 之視景，次為 x 之覺境，後稱 x 之對象。

三者具時空同質性，倘以其關係加入連接關係，則其配合更表新定律之形構，知覺境與對象，有一公共視景形構，試以 N 之連接配合連於時間 T，位置 L，性質 Q，則得感覺幾何關係或空間連續間之性質表現。如以 a、b、c、d 與 a′、b′、c′、d′ 爲位置相似之任何感覺元，在 L 與 Q 有下列兩關係可能式：

(ab) N (cd) ・a′Tb′・a′Tc′・a′Td′
aLa′・bLb′・cLc′・dLd′ 連於 (a′b′) N (c′d′)。

(ab) N (cd) ・a′Tb′・a′Tc′・a′Td′
aQa′・bQb′・cQc′・dQd′ 連於 (a′b′) N (c′d′)。

以圖表之，定 L 爲左斜之線 Q 爲右斜之線，T 爲橫線，括線則示連接，得如：

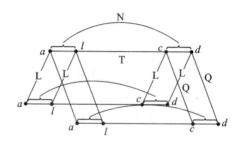

前兩律證明連接關係因位與性質相似，由一視景轉至它一視景均不變，若由 TLQ 三種相似限定一連接關係，換言之，不自一連接轉至它一連接者，則爲：

aTb・aLc・bLd・aQe・eQf 連於 (cd) N (ef)。

以圖示之，如：

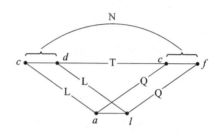

據雷柯解釋，每一視景內各感覺元素與其連接關接皆有其定點與恆

等形構，此一定律也。由一視景及於它一視景時，每一關係元素一方因位置相似之關係通於它一，又一方因性質相似之關係亦通於它一；亦此一定律也。在 ab 與 cd 兩對間一視景元素連接關係可轉至 $a'b'$ 與 $c'd'$ 兩對間任何視景之位置相通關係，更可轉至 $a''b''$ 與 $c''d''$ 兩對間任何視景之性質相通關係，此又一定律也。再 $a'b'$ 與 $a''b''$ 兩對間視景元素性質與位置皆通於 ab 一對視景，且皆爲連接者，此又更爲一定律也。所謂自然科學或世界形構，幾皆攝於如是之"時空"相對定律中，覺者納世界於一視覺，則自視覺可攝聚全世界形構，集各感覺所攝各類。覺境對象視景——之試驗，可獲感覺界總和之幾何關係。然此乃專就某覺者個人直覺之空間言，至於萬物或萬象之空間，則非個人經驗之時空相，各視景之一空間與各視景之各空間完全不同，康德混此不分，故有以某覺者概爲全稱之謬，賴本尼支分"玄元"（monade）之二元性，實早知此誤之不宜有也。

　　總而言之，哲學家各有其世界系統之創造，科學家亦各有其普通定律之構設；宇宙既有不同之各性，則所知實在亦必有其各不相同之形構。抽象客觀，哲學家有此批評認識，無此實在結構，故所遺之觀念說明，往往越定律之自然，而惟騰不解之幻景，德謨克利圖如此，代嘉德、賴本尼支亦如此，批評論之康德亦無不如此，科學家能使其創設與演算皆立於物理之同位，使客觀形構，出於觀察級進之現象結合，如化學、生物學、心理學諸科，皆自定律表現之形構，求適相對論之物理幾何，不以定律之敍述性爲客觀價值，而以定律實在機械形構爲客觀價值，認世界本存，惟有形構之"所以是"，決無定律之"所云是"，任何非幾何性之物理確定，決無真實之形構可能，凡此種種，一則證因果律即恒等律之"時空"轉換，即形構與其轉運；一則知"實形"在時空間相同；形構之實在，乃時間與空間中之構造。思想也，認識也，觀念也，智慧也，捨形構之外無實在事項。此類形構之真，與一般形構事項同義，質言之，有一定情境，一定時間，一定機構攝聚，如汽機，如泉石，如雲霧，不出時空感覺幾何，目必適機械物理定律。孔德謂"形上之元學，完全限於文字"之聲調與辭句之假設。從文字論具體形構，所謂"可能""本質""實體""必然""自由""理性"皆無價值，認識錯誤與夫失實之由在此，哲學科學理論不解之爭亦源於此。吾人自機械形構之物理幾何出發，認語言、思想、知識皆純自機械形構之感覺幾何關係產生，皆同處宇宙時空之組織秩序，所謂理智生活，實無異機械物理之轉運變化，人若專持精神以求認識，則必陷於印象觀念而不識機能生活，若專持物質以構實在，則必困於機械原子而無知識結構，若自機械形構之自然真界透出感覺世界之幾何認識，則心物兩際，構於同底之時空實形矣。

政 論

三民主義的哲學精神[*]

主席，各位會員，各位同學：

今天承黨義研究會學術部之邀，來向各位談談"三民主義的哲學精神"。我想諸位都知道三民主義的思想，在政治倫理哲學上，爲一最偉大精深的認識，今天要想用短短時間，講明此博大的學說內容，同時將精深的思想分析清楚，實在是不可能的。不過只想藉此題目，來簡明的把三民主義的哲學價值，陳說一二，使大家明白，三民主義哲學所有研究的問題，都是解決現代世界政治思想的中心問題，同時亦就是解決科學哲學上所研究的生命問題之實際的方法。

我們要想明白三民主義的哲學精神與其真實的價值之所在，必須先瞭解現代哲學精神與科學精神的新趨向：尤須知道現代哲學與科學問題中所不能解決的人類社會與道德生命的問題。因爲三民主義哲學的創造精神與建設工作，恰在應此兩方需要，展示其獨到之認識，如果將科學哲學現代思潮的趨勢與問題忽而不顧，將不能知其博愛之真值了。

因此我先來簡單的敍述現代科學與哲學的趨勢。

我們從十九世紀中葉看起，社會哲學家孔德，由歷史發展的科學系統中，確定了人類知識進化程序的六大步驟。即：數學→天文→物理→化學→生物學→社會學，他認爲到了社會學的時代，一切智識，都應該是在生命之科學的哲學綜合上研究。十九世紀末葉，遂形成科學與道德，宗教與政治及宗教與科學等等重要的哲學問題，同時促進社會國家與人道政治等人生實際問題之科學討論，英美學派如新經驗論與唯用論的思想、法國的社會學派、德國的文化哲學思想等等，皆傾力注視此種基本

---

[*] 本文原載《黨義月刊》第二十、一二期合刊。汪奠基講，余行達記。

哲學問題。所謂哲學價值幾乎大部份都建在人類生命問題的解釋中，二十世紀歐洲第一次大戰之後，自然科學家的思想改變，本是很顯著的事實，他們都覺得自然科學如果離開人類社會生命的價值，將失其在社會國家、民族文化上的理性地位。所以當時一般哲學家、科學家都主張重新樹立人道科學與世界哲學的公理和正義精神。這種潮流的起因，實在是由社會國家的生存問題所引起的。

然而問題傾向雖有，但是如何解決民族的正義要求與生命問題實際的需要？無疑，只有科學家哲學家自己用合理的科學方法，去建設新的國家、新的社會；哲學家用正義的道德政治，去調劑人類社會的新組織，方可有效。所以他們的努力，一方面要建設人道主義的科學工作，另一方面還要這種科學能在公理平等原則中發展，使其不與國家合理的進化相衝突。換言之，要把一切歷史上文化上扞格的民族國家觀念去掉，使世界人類俱同在一理智精神中，步入合理的國際平等地位。國無分東西，人無論種別，同受科學進化的思想指導。凡賴布尼支與康德的理智平等國際智慧聯盟之說，去哲學上固守的宿命論，用自由創造的無定論，揭示真正象徵的公理，打破了一切不平等的特殊民族觀念。他們在這裏一方面努力用數理的方法推論，一方面確依生物全體統一的進化衍述。同時在社會科學中如政治、經濟、法律、道德等科學。自然隨之更顯得進步。譬如經濟科學上的數理發展，幾乎把政治道德都一齊攜手踏到統計價值的演算了。法律價值也要變為道德上的算術率了。這種精神自然是把人類社會國家的物質與精神兩方面所生的差相減除乾盡。使它能合於自然科學的統一相。從前法國在國際聯盟任代表的歐文，曾謂現代政治科學應該用中國的文明與希臘的文明為象徵的對象，從此來推進科學道德，使世界人類都達到一致的自由平等。正是現代政治思想家的精神願望。

不過，話雖如此說，實際上歐洲不僅各國政治家不能具體表現這種工作，即科學家哲學家，亦不能達此真正的目的！因為（一）他們不能離開特殊科學或哲學所持的對象；（二）科學或哲學始終只是理性的普遍相，不能解決人類全體的生命實際要求。至於社會科學方面，亦不免有同樣失敗。不特此也，且更有不可預測的危險產生！即是因各國特殊科學研究的"優越性"，每每影響國家地位的改變。明言之，所有科學優越的創造，皆變而爲威脅生命的"侵略性"的工具！是現代科學哲學的新方法，不獨不能解決我們民族國家的問題，到反以形成民族生存的新威脅了！然則這個使命的責任將誰負之？曰惟有三民主義之哲學精神創造，足以完全肩起，合理解決。

　　三民主義的哲學思想，恰在努力創設生命全體之正義方案，解決人類社會民族國家之一切政治經濟道德的所有問題，同時推進科學研究，提倡以科學知識爲基礎之一切建設，它的學理以政治道德經濟法理哲學爲主幹，以知難行易的新論爲內力，從而總合吾先哲"天下國家""仁政大同"之理想，貫通希臘理想政治及歐洲宗教道德與現代世界政治思想，形成一人類科學政治的仁民愛物、民胞物與之"仁覆天下"的博大思想。曰民族主義，爲破除一切帝國主義，以濟弱扶傾之功，建設世界民族平等地位。曰民權主義，爲改造天賦人權之聲，以祛除一切壓迫平民之工具，實現國民意志與權能區分之作用。曰民生主義，爲平均地位權，節制資本，使國民得生計之解決，經濟之平等。所謂救國救種救民救世之實際有效主義也。吾人抽繹其精神的偉大價值如下：

　　（一）三民主義建設一世界政治哲學的革命創造力。

　　（二）三民主義哲學構成一時空綜合性的政治社會哲學的新機能。

　　（三）三民主義哲學確立一民族國家的文化學術基礎與道德政治理想。

　　此三種哲學精神，實在都只有三民主義的思想可以表現，可以創造。第一個精神，是代表三民主義從國民革命的完成到世界革命的完成之"民族國家世界平等"的學說。第二個精神，是代表三民主義的學說根據冶古今中外政治社會哲學爲一爐。第三個精神，是代表三民主義的政治哲學從發揚中華本位文化到建設世界道德政治的認識。吾先哲如王陽明曾有書曰："天地萬物爲一體，其視天下之人無內外遠近，凡有血氣，皆其赤子昆弟之親，莫不欲安全而教養之。"此語總括我國數千年之政治道德思想，實爲總理三民主義之精神注腳！

　　今天因爲時間的關係，恕我未能分析此處所含之學説內容的詳情。

　　我們從歷史哲學的普遍觀點來看從前黑格爾的歷史哲學思想，大家知道他的人類世界觀與歷史平等觀的偏叵處，後來想用歷史的研究求得人類社會國家一般發展的平等相的人也不少，然而絕難免黑氏之範疇，即言之，不能解除民族優越之特殊文化見解。專從世界真正民族平等的觀念寫出真正公正平等的歷史，洗盡一切侵略文化的恥辱，建立大公大義的教訓。彼今日日爾曼民族之侵略精神，何莫非昔日費希特、黑格爾之哲學精神所誘起。無疑，費希特、黑格爾之哲學，絕非爲侵略而教其國人，然而精神影響之民族國家教育，則不能掩其弊而發其善。今日侵略殺伐的德國帝國主義，固非若輩的哲學祖宗始能料所及，然其思想之本身之未能爲全世界民族國家謀一絕對世界平等觀念，則爲其哲學精神之最大缺憾！若夫三民主義哲學精神則不然。三民主義的思想學説，在改造過去的特殊民族觀、國家觀、世界觀。它的目的要使全世界形成一歷史的平等正義精神；使民族國家的世界歷史，無狹義侵略的優越性，而有歷史平等的大同觀。這種精神果實，已經總理艱苦締造成功了，惟望吾黃冑子孫，從此努力耕耘播種，使其發揚光大，茂長於世界園地中，讓天下國家、全體人類皆獲享三民主義之樂！

豈果無文化之可言？

英國現代文豪蕭伯納隨世界遊歷團離平已數日，北平人士在國際友誼上歡送此老與馨祝該團全體健康者同一敬禮。吾人因不習蕭氏之學，不敢妄贊，亦不知其所當贊，若贊其年高體健，比諸蜀中老人猶不及半，若贊其玩世怪語，則多讀吳稚暉先生一文，已足玄談上下古今。且更因其"幽默"與"不宣"之性守，益不願踏"狎玩偶像"（Idola Theatri）之途以迎人傑！曾記一九二零年科學家安斯坦過黃浦江頭去日本時，拒中國科學界之歡迎，直謂中國無須相對論（見法晨報）。有識之士宜痛心努力自創，勿徒事崇拜而反遭奚落！

學術本無國界，創發學術之人不能無國界。故有以所創示人者即以所有驕人，人與人驕，國與國益驕，謂學術平等，必離私人與國界而言，捨人與國果有學乎，請世界主義者言之，吾人不敢妄信，其故因社會主義之信奉者蕭伯納尚有代表前說之高調。

蕭伯納於滬上談中國文化之缺點，謂"中國及東方苦無文化之可言。蓋文化一義，如照科學解釋，即為凡一切人類行為之可以增進人類幸福者，尤其對於大自然之控制，在中國除田鄉間尚可尋其少許文化外，此外殊無文化可言"。斯論也吾人可析為三方解之。

第一：就二十世紀科學創造言，中國實無文化。吾人朝夕與北平市相見，試思除幾間土屋、棺材鋪、鍋頭鋪、問卦處之外，有何店鋪非洋貨堆成？走的路，坐的車，吃的米，用的錢，幾無一不自洋式而來，即如創造文化之母的學校教育，除幾本舊線裝書外又有何科何系而非洋文學說？蕭伯納之言決非誣衊！

---

* 本文原載《鞭策週刊》第二卷第二十期，1932年2月26日。署其筆名"三輔"。

第二：控制自然爲英國祖傳學訓，故蕭氏以控制自然爲增進人類幸福，彼之不忘情於經驗機械，猶我之主順自然以服自然之教。以創造爲文化，功成爲生利，正與視作焉而不辭，生而不有，爲而不恃，功成而不居之無名主義，負正相齊，故自科學極端視智慧，斯謂智慧出有大僞。論文化真誼，應執自然兩端庶乎量有平鎮。

第三：中國現代文化仍在田鄉間不在城鎮，此吾人與蕭氏共認之點，惜彼所尋少許文化，爲一般社會主義者普遍宣言口語，實未窺得農村底況。故雖言中，無裨於吾國認識。

總三方觀，蕭伯納於獨斷文化義外直認中國無文化，換言之，中國人無增進人類幸福之行，無控制大自然之力。然乎非然耶？彼言者有其認識，吾人亦自有其立國與民族之價值。蕭氏爲一革命論者，對世界帝國主義努力攻擊；中國爲一文化國家，於今成各帝國主義者之市場，之消費者，之生命者。故彼憤而直言，唾罵爲無文化之可言。然乎非然耶？吾亦姑爲辯之如此。

一國文化歷史，原非一人言論所可斷，故不畏文人批評真僞，惟懼國人真無文化創造之端；不畏搬取歐西已成之學，惟懼因已成而怠未然，因所搬而忘所欲。近三十年來中國科學與機械，遷自歐美者無算，思想與道德幾全國洋化。科學機械固無及於人，搬取也可，推崇無上也亦可。然而思想與道德則不能謂中國人皆無，何以必用整機械灌思想，彼步我趨，處處自墮智靈創造之力，毀科學道德於不覺？彼朝令夕改之教育，果適國體文化需要而非取人陳腐無用之古物乎？吾不信也。科學式、職業式、生產式等等吾尤不信也。試問無科學之中國創造者何來科學式之中國教育家？自欺自滅，文化乎吾亦決不信其存。

科學以真理勝，不知科學無以言知；科學爲智慧實在之真知，爲人類幸福之公同原則、普遍理性，任何思想有其活動，亦必須其存在。故以機械物理視科學，出於機械學家物理學家則可，出於任何思想認識，則小視科學之義矣。中國文化上機械物理固已落後，若謂人類幸福之公同原則和理性創造亦一無存在，吾信國人雖不敢自謂有科學增進，然決不認即此文化之限度亦無可言。中國文化上固受帝國侵略，認帝國欺侮，甚而至於認帝國者作上帝，然而忘跪乳之恩反哺之義者爲帝國者文化思想惡劣與墮落之證，決無能反噬我以無文化之可言！是豈果無文化之可言？願言之者有解。

讀胡適精博的治學方法[*]

　　善於讀書與敏於實用的胡適之先生，能用前人的學問，換出新式的方法，使不知的科學，供應用的需要（治學方法第一步大意）。喜歡培根的蜜蜂式，到處採釀，他比蜜蜂更進步的是"能知歸納演繹"，於純正科學方法之外，能講出"貫於其中的一個基本方法"。蔡子民先生稱他"心靈手敏"，實在應該說他是"天縱之聖"。

　　上星期北平青年讀書互助會請胡先生講學，講題為"治學方法"，據報載精博二字是這次講演的基本思想，同時也就是治學的基本方法。因為聽衆不精亦不博，結果胡先生在叫喊質問聲中下台，中國青年的眼光太小，個個想在任何學問上聽出社會學裏一點"辯證唯物"來，所以對胡先生的精博方法也來個不顧中國社會政治環境的幼稚批評，胡先生一定愈覺青年治學有精博之必要，否則"舉一隅不以三隅反"，何能談起治學！

　　我們對精博二字知道好幾種解釋，有謂治學精則不博、精則自博者，有謂精博一種科學而不能精博普通學問者。譬如中國土地、物產、人口、鴉片、性史，文學家都稱得上博，確是害於博而不精。胡先生治學方法的精博，主張普遍共同的方法習慣，是要精博普通學問的方法，換言之，不熟的不知的，要把它當熟的、當知的；孔子說"不知為不知"，胡適主張"不知以為知"，這是他治學精博方法的斬截手段！是比孔子大膽進步的思想！所以他說："僅管我們不熟練於證一個幾何三角，僅管我們不能知道物理化學各個細則，但是我們要在必需要應用到的時候，能夠拿來用，能夠對這些有理解。"（七月十一日《世界日報》）

---

[*] 本文署其筆名"芟夷"。

工欲善其事，必先利其器，胡適之先生的工具是要博不知以爲知。但是他又喜歡採釀的蜜蜂式。我們知道蜜蜂有牠的所知所習與采釀的眞本領，換言之，作自己所能的工，結自己所有的果，牠精於採花，博於釀蜜，決不妄於干講人類之學，猶之胡先生有治學方法，思想在中國讀書人之上，却不能有蜂能的製造，雖欲主博，其奈無此眞知的本領何！正所謂"非不爲也，是不能也"；"二者不可得兼"。請胡先生用幾個應該需要用到的數學物理公式給大家當面看看，或理解幾個方程式和幾何化學給不博的學生看看，我想這個不知決不能知，如果胡先生治學的工具定要博此爲知，是之謂"胡博"。眞的漢學家絕不是如此功夫，他們首先到處用力表示精字，同時自有博的神識。

　　胡先生治學的工具只要圖書、表册、目錄，而不及試驗室的儀器和工廠，這是表示中國式的試驗與唯用論者的治學方法也，就是他漢學功夫的特幟。近年出了不少洋漢學的著述，都是這種唯用論的結晶。

　　治學第二步是習慣的養成，其法有四：一不要懶要大懶，二不苟且爛污，三不要輕信，四要有無窮盡的求知慾。這四條習慣用一個巴斯德代表。第一條習慣的要大懶與二、三、四各條是否相合，治學者都會明白，大懶時代的知，恐怕只有臨時翻字典講演唯用的人有，眞正治學只有無窮盡的求知慾。胡先生以爲到了巴斯德的細菌論，巴斯德就算成功，其實他終身沒有大懶過，他的無窮小遠不及銥之無窮小的價値，他的菌類之變，亦不及銥之原質之變的奇特（注意此處並非謂巴氏不如居禮夫婦，乃就時代進步而言）。毒菌的發現繼以消菌的方法，更繼以滅菌的能力（銥）如此無止境地進求，不知何處覓得大懶時代"一勞永逸"！雖然胡先生現在坐享文學革命之盛名。

　　演詞後面用歸納演繹兩法作結論，並且下了兩個定義，完全用洋漢學的治學方法作解釋，我們這些只知 Induco－deductive 與 deduco－inductive 的直覺數學與邏輯認識者根本對他外行，讀者恕我未會積極指出錯誤，因爲胡先生的比證只有胡派眞知，可稱之爲"胡說"，如果再加新解，胡派將謂我亦胡説之後。

最後一點，胡先生說："書本子的路走不通了。"大約治學方法最後是不要書，"目不識丁，不要緊"，只要"是動手"，就能精博。就是培根的蜜蜂式，巴斯德的疑信精神。末了胡先生要大家作烏龜，最好連兔子一齊當，真是做人的方治。我實不敏，惟靜觀龜兔式的洋漢學家之快慢兩大成功。

總觀這次講演，毫無一點治學精神，方法更是笑話，胡先生這種治學方法不知謊過多少人，試問大學校學生誰個不知這一套精博方法！胡先生時勸人多讀志摩文集、胡適文存，固然。我們轉請胡先生誠懇介紹科學哲學。胡先生學問道德很高尚，信仰的人很不少，千萬勿以己之"矜"誤人之知，勿以己之"薄"，誤人之德，勿視一切科學之 X 質為已知，擬自己名望如馬克斯、列寧！試看亡國後世界治學者的真評，美國稱先生為中國文父之記者，屆時如不定論為文妖，則我輩亡國奴定向先生殺身以謝。

科學與勇敢[*]

民國第一癸酉元旦，榆關失陷，全國知識份子，南躁北奔，茫無所措。三月四日，熱河復告不戰而棄，人心如木，口傳舌咋，徒有恫疑虛喝之象耳！按榆關備兵一年，一戰不守，熱河屯兵十萬，迎敵棄城。中國人無術，中國官無恥！是謂世界特種族類。然而張學良於滬上語人曰："蕭伯納與余言，科學進化，則勇敢無用。"同時復謂："本人有坦克車十六輛，盡在瀋被奪（飛機二百五十架不計），中國現有飛機不能作戰。"如認機械與機械戰為真，何以我之機械盡在瀋被奪？我之立體空間不能實現？是科學機械必有勇敢持用，勇敢仍為科學保護之主人矣。東四省之失，乃無勇敢抵抗之罪，非無科學利器之過也。

中國人不知科學，中國官更無恥於科學，彼科學工具，實勇敢之報酬，愛國之勞績，拿破崙之數學，費希特之宣言，巴斯德之細菌，皆科學也，亦皆殺敵致果之利器也。謂科學進化則無勇敢，以之恥不戰，刺懦夫則可，若竟借作我東四省變色之註腳，未免自失聰明，益增陋賤。

用科學利器殺人，可怕；以土地生命抗機械，尤可怕！犧牲血肉於機械可惜，犧牲國土於寇盜豈又不足惜？三省失後，錦州退，榆關失，承德棄，兵不戰將不主，坐令寇兵如入無人之境，皆彼不學無術者，不如此評價之有度，科學與勇敢之比算律也！科學機械固足駭人，如中國人不戰而彼科學駭死，謂之死亡於科學也榮，奈何世界公論皆以"不抵抗"名我耶？吁！尚何言自飾？世界科學創造者早知我有自衛之器，不良者固多，超乎機械之勇者尤多，奈之何我不自用，宣傳蹈敵，國土實陷，恥辱之甚，國際無類。更何言自辯？

---

[*] 本文署其筆名"三輔"。

責人不如責己。吾人爲知識份子，科學教育之淘養者，若以科學救國論，則凡機械利器，應出自中國知識界，驚人能力，亦應出於中國學校，然而不然，瀋變翌日，東北大學教授，先難民而逃；榆關失守，北平學校鳥獸散！四十年之新教育，不惟無科學貢獻，倒失科學教育之人格！日本興於伊藤時代，伊藤同嚴幾道學於英倫，孰意嚴以後之中國，竟將亡於伊藤以下之倭賊，吾輩讀書種子，寧有死面復見嚴魂？尤可鄙者，今日大學教授滿口"歸納""演繹""關係""科學"（按此皆日譯語），處處襲同文之便宜，忘真理之自我，冒奸商之仇貨，忘自身之搬運，美其名曰學術無私，無怪創羅馬字代國語者之大行其道！雖然，吾言如是，非謂保守國粹，排斥科學爲能救國，日本乃盡量學人者，即中國學術亦無不全受，彼學之受之者入而爲大和民族之固有，隨即用以對授受者之思想，所謂以子之矛攻子之盾是也。中國亦學人科學者，其結果僅如聖嘆之"如此如此"，從未掏個科學真理，雖然信科學威權有如鄉農之畏"洋人"。彼全國數千百留學生，年耗國財，乃一無償於國民，試問與歲糜廩粟，臨戰棄城之部隊有何不同？今日之一"棄甲曳兵走"與"侵佔領土狂"，皆十年教養之功，獨吾國之功如是，斯吾人之學可見！

孫中山先生曾謂中國思想學術落後，應速自迎頭趕上科學之路。又謂凡真知特識，俱從科學而來。復謂科學爲大無畏之精神。故有人論中山革命，爲知行成功。中山先生死後，有主實用科學教育者，如廢除文學院之議；有主改造全國後育計劃者，如派遣歐美教育調查之行；更有行科學民衆化者，如科學化運動會，乃至最近教育部將召集之科學專家會議，幾無一非爲提倡科學救國之義，惜乎龜兔異類，若以步趨相逐，愈較而愈遠，愈遠而愈不及。如用其長自行其知，必自見其明，自收其用。

中國人專善宣傳，科學宣傳，必有其相當知識，否則蹈於虛僞；中國人亦專取巧妙，科學巧妙必自真誠接物始，否則失於拙薄。有以虛僞式之宣傳或拙薄式之巧妙，提倡科學救國，則國人將死於科學，國家必亡於科學，吾不願中國人與國家之死亡有誣科學真理，故不欲當道及教育界徒事巧妙宣傳，枉求實用。

　　語謂失之東隅，收之桑榆，未爲晚也。國家强大基磐，匪真實科學教育，培養相當年月，莫之建樹。如何施此科學教育，更非當局與國民有協致之偉大精神與勇敢，策劃憲方，澈底革舊，勿黨勿派，勿亂勿私，遣實科生於歐陸，工商於英美，文哲藝術於最優國家，必其有成之希望而去，償其所成元學績而還，國內學校，整劃實施大計，盡斬不生不死之惡風。如"把持""專享"之權一律歸諸國民政府，提倡科學之實必日現其用。教育如此奮進，無恥官吏，混亂政治，自然剗除；科學創造，國民精神，亦自然邁進。於今全國上下，不學無術，對內自爭自奪，巧詐及於老農；對外屢屈屢退，恥辱甚於亡國。科學乎，勇敢乎，皆我血淚下自悔之籤語！

科學競爭與理智外交

凡塞爾和約既簽字之次日，公理戰勝與世界和平之空氣，彌漫全球。說者謂歐戰結束，正二十世紀初期科學運動與機械創造開始，或云結束牛頓世界，展布安斯坦紀元，人類思想統由舊機械物理現象，轉而至新幾何物理現象之認識。宇宙有再作科學之估價，人世有再生科學之真理。新機械主義者曰：今後社會國家，將更從新科學創造，發現人類新生命、文化新工具，它日摧燬和平之戰爭，必爲此新科學之武器！（赫爾 Henry 批評馬赫 E. Mach 之言。）同時新人道主義者則又曰：今後科學途向，勢必趨哲學思想研究與道德精神價值之建設，實證哲學之人道主義社會說，將自"新自然科學"改造而出。

吾人試自一九一七年來科學與哲學兩方觀之，新機械主義者之言礦證於國際競爭現象，而新人道主義者之言，則又礦證於邏輯科學家之認識。前者即今日橫暴侵畧之國家，利用科學工具作殺人之侵畧戰；後者即今日科學新理性分析，新實在認識之真理信仰；前者雖見於實際行爲如暴日撕毀九國公約，以飛機大炮轟炸人民之類；而後者亦有其不可否認之存在，如國際聯盟、國際勞工局、國際智識協進會等等重要機關，其展際之思想行爲，純屬道德幸福、理性和平運動，雖曰侵略戰爭未必消滅，然而和平工作，固亦未嘗一日或懈也。

科學不能一朝無競爭思想，科學尤不能一旦離功利實用。然而有不可不辨者，思想競爭，屬諸哲學精神；功利實用，則屬諸物質機械。哲學精神固稱世界文化競存之主動力，而機械實用，則永爲人類國家生活之保護者。故以不可須臾離之生活與不可脫去之國家民族存在論，機械

---

* 本文原載《今論衡》（半月刊）第六、七期合刊。

功利之價值需要，畢竟為直接有效之發展，或曰大衆之生活需要。昔人謂科學不能為非實用之試驗，哲學不能有真試驗之事實。蓋以理性思想之致用，在衣食既足之後，質言之，必有機械功利之充實，而後見哲學精神之和平思想。此一般生活所證明，亦一般政治所信仰。今日國際間一切不平等衝突、不平等條約、經濟侵畧、公理破壞，聽其言則以國家生命線為口實；觀其行，則以機械利器為先鋒，謂科學為國家生存、人類生活之基本要素者，其說無不以機械功利為科學目的之用。

有科學思想競爭之生活，即有人類鬥智之技術進化，即有國家民族生存之物質戰爭，即有奇異精巧、日新月異之創造運動，積極或消極予社會文化以不可預測之進展，予生活需要以最敏捷便利之供給。故自科學生活或理智運動所生之社會國家，其民智必開展，其生活必進取，其經驗必發達，其欲望必奢求，其需要必無滿足之日，其探索搜討精神，亦必永無止境地步；由是充其類乃合而有不息不捨之科學新發覺與知識新創見，更充其能而為競進之科學機械利用與科學戰爭毒計。世界技術由手工而機器，由戈矛而飛機，皆賴此民族科學之競爭運動有以啓之也。

坡赫爾（Borel）云：科學必有社會相對之競爭，亦必有現象相對之探討。又云：競爭之機械運動無害也，探討之物質現象亦無害也，惟利用物質機械運動，以掠奪人類自然幸福者斯之為害也矣。原科學目的，有求理性實用之主張，無用知識以害公理之行為，有索自然奇異以征服自然存在之威權，無用機械運動以戕賊人類自然幸福之生活。利用科學者，忘科學本質之價值所在，徒竊取科學真理認識之剩餘與機械能力之粗野，雜蹂創製，構成非科學目的之工具，實現極粗野之行動，使人類思想競爭，一變而為國際侵畧之戰爭行為，使智慧生活運動中之知識研究方法，直趨於民族存亡問題之政治外交手段，是誠足惜。其最可畏者，宇宙之自然科學試驗，悉被利用者援入於恐怖之機械生活中；而公理和平建設之思想，又幾皆為功利者所搗燬；學校試驗設備，盡變成世界軍備工廠之設計室，而科學家倒作工廠之工程師矣，是之謂狂逆不經可也，或謂之利用掣曳亦可也。吾人本科學發展之體系觀之，國家政治外交固不直用科學配置，而政治外交若出科學真理價值之目的，則非科學規律所能持正分析。人類社會變化與國際危險現象所生之非人道侵畧與殺害，俱爲無關科學原則之事理，此十八世紀之科學哲學家所焦慮，而理智外交說之至今仍值予吾人以有用之注意也，蓋理智生活之政治外交實現，則科學競爭上任何發展皆爲合理之智慧創造，且決無利用科學理性，作人類反常之非理行爲者也。

試以科學技藝與政治外交言之，科學競爭爲理智運動，政治競爭爲利害衝突。故政治外交所用之權術、勢交、陵蔑、險詐，正與兵家所謂權謀、形勢、陰陽、技巧爲同出一轍。如今日德義既形其軸心，英法即建其樞衡，論威權，各有旋轉機能；論鬥智，亦各具微妙政署。謂之對蘇聯，則間出法蘇協定；謂之對德義，則更有英義協約；凡此種種，若一語道破，即外交競爭之姿態，國際運動之詭謀。故在聯盟機關之和平公約，條欸神聖，而在各國外交運用者之心頭，則矛盾反對，一若無睹。天下弱小，統烹鑊中，而饗復一饗之滋味，惟視嗜食者之量，以定取捨之餘。故以政治論國家，謔者喻爲強盜集體，以國際觀政治，人謂世界爲鬥牛場。所謂外交云者，實不過鬥殺者之辭鋒競賽，或曰槍炮之套筒耳！

佛爾德謂"許個人意志自由，即不許人類有反人之道之政治壓力"。又曰柏拉圖之仁智觀念無用於亞里士多德之個體獨立。科學與不仁決不同競爭之路，自由與奴隸，尤不合一理之解。機械技術，不可一日非科學進化，政治技術，尤不可一朝無理智生活。霍柏斯比邪（Robespierre）所謂"恐怖之壓力，可以驚服世界"。俾斯麥所謂"有孤立法國之外交，然後有準射敵人之炮火"。皆非理智之仁義觀察，皆非理性正義者所持"道德平等"與"人等於人"之深厚心情。然而尼采憤世之言，則又別爲曲線之赤踝說法，吾人不可引爲科學反證。氏謂罪惡、屠殺、反常、非分，咸爲新道德之創造力，世界原無"人道"之名，人類國家僉屬人造者，何取乎和平仁愛之義，而獨無戰爭匈橫之理？斯言也固一方爲科學與道德之反向，然而一方則實因科學道德競爭之終於被政治外交所利用，終於變其真理認識之主張，故莫若反其道而揭其罪惡，以赤露世界本質，而彰人類行為之私欲之為快也。

雖然，吾人若從禽獸之愛，推而及於人類之愛，從盜賊夜行之偷竊，推而及於侵畧戰爭之不宜；似覺人類國家，仍以理性和平，道德正義為無上之幸福信仰與必要之生存條件。一九二一年柏格森就世界智識協會主席時曾宣言曰："必世界外交家努力實現賴布尼支（Leibniz）之世界智慧聯合外交，而後無國際界限之爭；必世界政治家努力發揮康德實踐倫理之國際聯盟，而後可期和平永久之夢。"誠哉是言，偉哉理智主義之世界思想！

一六七二年賴布尼支駐巴黎任外交職，時與英法名家科學家往來論學，深覺人類因語言文字之殊異，致生國家民族之界限，倘用國際智慧教育，使知識普遍相通，用國際理智外交，使鬥爭轉為科學認識之交換，則世界合為科學共同奮鬥，國際永為人類平等幸福之聯絡矣。蓋賴氏之意，人類國家，必自理性調和，以克制情感隔閡，以通達語言思想。所謂國際政治，即理智生活之交換；國際競爭，即學術方法之討論，一切衝突，有見於私意而消滅於公義，有出於無知而絕跡於理性。氏曾致書阿爾洛（Arnould）曰："世界既有效之形式理性邏輯，莫過於普施萬國智慧教育之恒等原則，通行萬國科學語言之同異互換知識。"各國教育如越過科學智慧生活之欲望，則國際惡劣鬥爭之思潮，必使科學競進於非理非義之想像，且更益以語言差異之習慣，愈使"莊嚴體面"變而為"神秘萬惡"之猜忌。故外交文字語言，有"法"之意，無"法"之義，具"形"之用，失"形"之效。若理智生活之科學語言文字，無論時間空間，同為一義一德，無論情感意識，統屬一心一用。果天下同軌同文，斯外交無欺詐衝突，而人類世界，始生理性調和之誼。氏於微積分析數學發現之後，更推衍哲學科學之調和論與語言演繹論，是皆援理智主義之國際人道外交說，以證知行互愛之科學實在之公例也。

理智外交，為國際和平之科學競爭的理性主義，為鞏固科學信仰，發展科學認識之根本場所。康德道德哲學所持之"個人自由，適合所有人之自由"與"意志自治之約束"之世界倫理觀，正推闡前説而爲人道主義之和平思想，或曰從哲學正義以樹科學思想之競爭與認識也。故其言曰："萬國法以輕和平爲目的，不侵不掠，不兵不伐，國際聯盟，和平永世。"今日之國際聯盟實此類哲學理想之指導，雖曰成功萬難，然只可謂理智外交之失敗。莊子有言"魚相忘乎江湖，人相忘乎道術"，世界人類果同浴科學之德而相忘乎科學私有浮競之利，則近道矣。

御用教授兼治外交*

"教授治校"爲近年學校利病兼因之實相；利名病實，如學閥之養成，學潮之起伏，學系交攻，聘委威嚴，把持，兼併，相乎相用，視教育爲兒戲，講學爲例外，同流合污，巧稱學派，其罪皆演於"治校"之名。天下事本無善惡，名亦無好壞；玩事以貪名者，惡事立見；竊名以亂事者，壞名斯出。教授爲一尊名，教授治校爲一善事，無如貪玩亂竊者過多，致墮教授之尊，毀治校之事！

然而善事無人知，惡名傳千里。近日國民政府竟纂教授之名與夫治校之事而有以教授兼治外交內政之會議開於南京矣。據本月七日京電國民政府行政院汪院長驟因外交問題現屆嚴重時候（瀋變滬戰時並不嚴重），特乘暑期各校放假之便，邀請大學有名教授五十人到京集會，專事研究中國外交應取方針，希供政府採擇。是政府朝夕欺國民以"早具計劃"之外交策略於今自首其欺民之實；所謂大學有名教授合治校之功罪，倒躍而爲利市三倍之價。汪院長始因"樹立民主勢力"之論，幸有出長行政之運，現直認所親教授爲民主勢力，特別提倡，苦心孤詣，國人共鑒。

惜乎書生院長，有鬥技之行，無救國之策。試問聚五十教授，雜物理化學於外交政治，驢馬乎？專家乎？語謂"同道爲朋"，真正民衆力量，國民外交，固不宜撇去欽名教授，然而辜負荷鋤戴笠，執鞭走牛，與夫漆身炭面，襤衣黑汗者之苦求渴望，亦未免自毀民主勢力之塔，中山有靈，必曰"鳴鼓而攻之可也"！

吾輩不非其樹教授爲民主勢力，尤不畏其招教授以兼治外交，然而

---

* 本文署其筆名"芰"。

條件必真以學術立場，集真以外交或國際問題爲終身盡心研究者，討論方針，實行採用。若徒竊空名，是不知有專門心得者不皆任教授，有教授頭銜者不皆稱專家。希哲謂"習於打鐵者終爲鐵匠"，即教授而爲專家，亦難必習電磁學者知國際問題，講銀行簿記者，知外交政策。此而不決，雜湊教授於一爐，一線之光雖明，一國之命斯滅。吾曰"御用"，誰謂不宜。

中國政府未聞以學術人材爲重，故近年對教育於無辦法中摧殘毀滅。不平定學潮而解散大學，不發展學院而廢除文理，種種荒唐怪議，用作治國救難之策。近復咄咄逼人，唱合併之説，毒殺教學，阻礙思想，翻天覆地，倒果爲因，如此羌無學術教育事實中，汪院長竟轉開一學術專家會議，滑稽聰明，令人反欲贊嘆昔日章行嚴（任教育總長時）主設"教授院"培養專門學者之議。惜章氏只知用一老媽司長，落得李石曾等之反對。不意七年之後，果來一御用教授兼治外交之進步。汪李如晤章氏，吾知將互讚："智謀之士，所見略同"，"政治之路，前後如出一轍"！

解散大學之令與廢除文理之議皆最近出於國民政府者，有名教授與學術專家不聞有警告政府之言，保持教育尊嚴之論，而反有招之即來之全國大學校長會議與貪食嗟來之學術專家集團，人而無恥，教育墮落；吾輩忝居教職者，宜同殉教育於盡。

南京寒電謂本日專家會議閉會，汪院長謝各教授遠道來京之苦，對政府助益不少云云。又訊關於外交問題，此次教授專家頗多有力之論及進行途徑，在時機未熟前，暫不發表。吁，異矣！此所謂"中國玩意兒"（Ghinoiserie）！吾知教授專家之言，將永藏於金縢之中，惠不及民，五十人其空爲御用一回耳。雖然，此後將不免有今之所謂相孚者揚鞭語曰"相公厚我厚我"，與夫長者稱於人曰"某也賢某也賢"之上下同情聲！

惟有抗戰必勝之信念[*]

自廣州失陷，武漢計劃撤退之後，吾民族抗戰階段，又轉入新生時代矣。此新生時代開始，在軍事政治各方，我政府均有先期預備，觀國際最近對我抗戰必勝之同情，與評論敵人雖佔領廣州、武漢，亦決不能屈服中國或結束中國抗戰之言論，即可證我抗戰實力，絕無挫折之憂。

當抗戰開始時，我最高當局，即明白宣言：中國對日本之抗戰爲必然者；抗戰一經展開，便不能中途停止，此亦爲必然者。必然之長期抗戰對任何城市區域或戰場之得失，絲毫無妨於整個抗戰精神，只須我抗戰兵力，能以時間計劃，繼續持久，則我整師而退之戰地，即敵人深陷之泥淖，如此次敵動員卅餘師團環攻武漢，而傷亡逾四十餘萬，結果入一空無所有之廢墟，雖曰佔領，無異自投羅網！

語曰"知己知彼，百戰百勝"，敵人有四十餘年之預備，其兵力兵備，當百倍於我，故悲觀論者，往往以日本單獨對華決不失敗爲辭。此固屬一方理性，然而悲觀論者獨不識兵家所謂"勞師襲遠者必敗""無天時地利人和者必亡"之訓？尤其重要者，日本何能單獨對華？要知日本侵畧中國領土，固有滅亡中國之野心，然而要實現其侵畧滅種之毒計，必先實行驅逐遠東所有歐美人之勢力，尤其英美法三國在中國之經濟關係，試問此三大民主國家對日本橫暴侵畧之獨佔行爲，果能垂而讓之乎？吾人於上次國聯決定制裁日本之議案中，即窺得日本縱欲以單獨對華爲名，亦不得免英美法聯合制裁之實現。況暴日侵畧中國之旗幟，明白竪起反蘇聯之行動，而毒辣之德意日同盟，更以進攻蘇聯爲戰爭互助之條件，試問悲觀論者何所見而云單獨對華？蕞爾三島，雖有百倍於中國之

---

[*] 本文原載《今論衡》（半月刊）第二卷第一期。

兵力兵備，於其南進政策所引起之英美法制裁，於其北進政策所引起之蘇聯問題，將何以應付？中國科學戰爭預備固屬單薄，合英美法蘇之科學與經濟制裁，日本豈尚有比例乎？

悲觀論者或又曰：英美法蘇決不爲中國戰爭，決不爲中國而攻擊日本！余曰誠然，世界絕無眞正出於純粹人道之戰，亦純無犧牲自國軍隊，純粹爲他國爭生存者。然而英美法蘇之與中國抗戰，則不能以無關係，或爲中國而戰爭言之也。試考近五十年來英美法在遠東之利益，尤其與中國直接經濟之關係，在抗戰一年半以來被日本破壞摧殘者如何？英美在太平洋上海權及在中國內河航行之交通，被日本粉碎阻絕者又如何？自瀋變以後僞滿與蘇聯衝突，多至不可數計，最近張鼓峯事件，更直以戰爭形勢屈服日本，凡此種種，試問是否英美法蘇各國親身所受日本威脅，是否各國應自動實行解決之鐵證？吾人不信各國爲中國而戰爭，吾人確信各國必爲其本身利益而協助中國抗戰勝利。

悲觀論者又謂抗戰必資國際協助，今日廣州陷落，國際路線被截，抗戰之資源將無有矣，此又不通之論也。何也中國軍實，自抗戰一年以來，誰皆知有長足進步，經濟組織，生產增進，亦爲敵人所不及料，況我西南西北之交通，早經計劃與完成，最顯著者如河北、山東、山西、安徽、蘇北等地淪陷已久，而抗戰殺敵之成績，則決不亞于各地主力戰場之攻擊力量，是可見所謂資源也者，決非僅恃一廣州之陷落與否爲斷。且廣州失陷，直接予香港以最大之死的威脅，在我抗戰中失一普通城市，而在英美尤其英國則感受不可忍之事實，大英帝國者如坐使其國家損失以至危及其遠東一切權益則無論矣——此絕不可能——不然是廣州之失，實爲抗戰前途展一新局面。於我抗戰資源何所重礙？

總之長期抗戰，爲勝利之必然信念，惟不屈不撓，有克服強敵之能，今日中華民族生存之惟一大道，惟有抗戰，惟有艱苦奮鬥，戰事愈尖銳化，愈是抗戰勝利到來之日，昔土耳其之失君士坦丁，卒以之而恢服其自由獨立，吾民族今日之困苦，未必及於昔日土耳其之艱難，故以吾偉大抗戰之精神，繼續努力，定獲絕對勝利。要知覆巢之下決無完卵，委屈之下，決不能求全。堅定抗戰信念，必得勝利結果。

抗戰已至緊要關頭，悲觀論者之聲調，正日本軍閥之要求，倘國人不察，隨悲觀以損害生存之自力，則亡國滅種之條件，即時可以到來。故吾後方民眾，應積極起面團結一致，出錢出力，排除悲觀屈服之奸論，發揚民族抗戰之精神，勿驕勿餒，共爭民族最後之勝利。

角力乎？*

《論語》：“子不語……力……”；《孟子》：“好勇鬥狠以危父母”；《史記》：“漢王謝曰吾寧鬥智不能鬥力”。中國聖帝明王，都不主張角力，所有國家大事或政爭事變，大家嘔盡心血，設法巧詐以避騙之，什麼“王道”“道德文明”的政治哲學名詞，俱從此教導出來。譬如黄帝以後四千六百二十八年坐亡東北於倭賊，讓白山黑水的城民、牛馬於異種民族而不顧，正是王道的實現。若就鬥智的説：“非真無抵抗也，不語力也，恐危父母也！”再王道一點咒説：“强梁者不得其死！”中國政府行王道，中國將軍寧鬥智，按因果德報觀，宜總集福蔭於其子孫萬代！然乎不然？吾輩不敢妄斷。國府戴季陶院長信此道德最篤，故於國難危急時，招集五百和尚，念經救國。人謂放下屠刀，立地成佛，戴院長高明遠見，吾輩之憂亡，直等於憂天，佛經救國，將勝於王道的鬥智，國府主“忍辱含憤，逆來順受”，即“一日和尚一日鐘，笑罵由人世不同”的“阿彌陀佛主義”。戴天仇能一行捧出，真是獨具隻眼。開政府的佛門！

然而居覺生院長又出而急呼之曰：“現決定有理講理，無理則角力，但現在要有充分之準備。”準備角力與念經救國本屬矛盾，然在國府兩院並不爭論，如兵家作戰，擊鼓者鼓，鳴金者鑼，進退緩急，不惟兩不相妨而且能兩相爲用，是正國府之態度。讀者如記起蔣總司令三年內不許有一外國兵留居境內之誓詞，更足證彼王道之行，如夢初覺。欺人欺天，養角殺牛，居院長雖正而言之，其於聞者之不足興起，憂亡者之不之信何！國民當能於危難時出精神，願覺生老同志本其言努力一角！

實在，中國人始有中國，亡東北爲中國人，救東北應該是中國頭顧

---

* 本文署其筆名“芟夷”。

血換。於今政府既主角力,何以只是空言準備?角力是要民衆的犧牲,是要大家明瞭犧牲的決心和方法,這不是外交的秘密,政治的欺詐可以混過。更不是幾個禿頭官兒,滑稽騙得了的。老實說:我們民衆早要角力,寧願報國以殺身之殤,而不欲受人如牛馬之宰!你們政府諸公只顧左右自肥,瘦牛馬以毀國家爲之,携健兒共赴國難則不爲也,吾知國亡時,牛馬將踐諸公之尸而不食!諸公或者知道敵人張牙舞爪的預備,禽獸之心,擇肥而食,於今不計亡國之慘,猶搜刮自肥,擁兵私門,瞎望國聯公理,引狼入室而不知自救,其亦知倭奴之先食諸公肥肉乎!吾輩小民,非欲過言駭人或有刻薄大人之意,請觀日人事實一二,以告預備角力者。

"七月念七日華聯社大坂電:日本爲欲準備遠東大戰,以内閣資源局爲中心,與海陸軍鉄道内務工商及交通六省當局共同研究之國家總動員計劃已擬定,分北九州區、京坂神區及東京區之三大工業地帶,按所定程序,舉行實地試驗。……九州之防備,以八幡製鉄所爲主,研究下列六項:(甲)以門司下關等港口爲主,研究物質需要及其供給情形;(乙)研究煤及電力等之動力供給情形;(丙)調查鐵及其他工廠所需之原料;(丁)舟車搬運情況及其能力;(戊)港口工廠及舟車警備方法;(己)社會治安維持方法(如保全熔礦爐之演習,市民避亂之方法,三池及其它礦山須派人實地調查。關於此種工作須由軍人、青年團、處女會、婦人會、少年團、各級學校學生等擔任)。北九州實行後漸推及京都東京地方。"

這般新聞早已見諸國内報章,昏瞶墮落的中國政府不知作何感想!於今日本正式承認僞滿洲國,猶恬不知恥,高談角力以欺人,試問角者爲誰?力從何出?預備之功無,殺賊之具失,念經救國,倒成籤語。天仇共載,覺生無路。國民外變,如此而已!痛心,痛心!

雖然,吾信中華健兒,決不皆死於黃花崗,決不俱信於成佛之念,携手赴難,葬敵以血。勿因欺自欺,勿以怠自殆。若政府之初言討伐,繼言如日承認而必討伐,到於今討令不得,伐兵不出,吾民祖宗墳墓,其必亡於羣奸當國者之手矣。謂予不信，試觀其和平覺書，鎗壓民衆的事實，即歷顯其决不顧東北，只知哀求國聯保護關內消共管計劃。此無他，當國者利令智昏，嘔盡心血，專求一己勢力的永祚有以致之。與外人角力否也，私鬥則實行之久矣！

本抗戰建國之精神迎世界學生代表團※

世界青年和平大會，於一九三七年八月，以保衛和平、發揚文化爲宗旨，舉行第一次大會於巴黎。該會由全世界青年、學生、工人、婦女及基督教徒等組成。世界學聯，即其中組成份子之一。此次來華參觀考察之代表團克魯格曼等係由大會推派者。其任務據克氏云：首在將全世界青年與學生對中國抗戰之熱烈的同情獻給中國青年與學生，其次調查中國英勇抗戰之實況，及日本侵略之非人道的真面目；再其次調查中國學生運動之現狀與抗戰時所担負之工作；最後再將調查所得真相，傳播於全世界青年與學生之前。

吾人對世界青年與學生，努力文化、擁護和平之精神思想，深致敬佩；對代表團來華作精神實效之援助，作同情奮鬥之聯絡，更感激無際。茲略述中華民族抗戰建國之精神對於世界和平之價值，及中國人民與青年學生之愛國運動，以迎代表團諸君。

中華民族爲世界文化最優秀、歷史最永久之民族，爲世界最和平最偉大之民族。五千年來平等博愛之外交政策，與四海兄弟之大同精神，始終一致守尚。故外無攻伐之心，內服仁義之誠，所謂"大武遠宅而不涉"，損人利己，橫暴侵略之戰爭吾民族不爲也。請觀中國歷代外患、知我黃胄，從未有師出無名之戰，尤未有負衆恃強，滅人族類之爭。今日環處中國邊鄰各族，向乃直受中華文化者，現雖被侵略壓迫，服強權統制，然而猶能各保我漢唐文物之風，是皆吾中華民族博大寬宏之和平精神與道德正義有以啓之存之也。吾民族歷史，有伐罪之兵，有討賊之師；然而只聞伐兵，不聞掠人之土；只知討賊，不見賊人之民。日本向服中

※ 本文原載《今論衡》（半月刊）第四期。

國教化，稱臣納貢，每代不絕，論土地，廣不及吾一行省，論人口，衆不過數千萬，宋元以後，屢戰屢敗，我若興兵東海，或早滅此族類矣。明清之際，我雖興兵驅逐亦不及領海以外也，雖征討殺賊，尤不及酋首以下也。故每敗之後，惟見倭酋越海謝罪，而不見我有任何不平等條約之壓迫。詎料養寇遺患，姑息成禍，彼竟乘歐戰各國頓兵敝衆之餘，中國革命興修之際，强提二十一條無理要求，藉作侵略破壞之據，濟南慘案，瀋陽事變，皆此强盜竊匪撕票之行也。盧溝橋事變，更妄冀一舉吞滅中華，橫霸東亞。然後實現所謂田中奏摺之大亞細亞主義；質言之，併遠東各民族，排歐美各勢力。今日侵華戰爭，不過實行其屠殺非日本人民，吞滅非日本領土的野心之端緒耳。

　　日本侵略中國，正所以威脅世界和平；燬滅中國，正所以圖燬各國利益。彼殘酷野蠻之征服慾，完全恢復明治前所謂幕府將軍之倭酋行爲。故以二十世紀之人類思想行爲論，中國民族之和平精神，當然爲大倭民族武士道之讎敵。以現代戰爭之國際公法論，日寇之侵略屠殺，當然爲野蠻對文明之毒手。故凡暴力所及，必盡量摧燬一切文化機關，屠殺知識青年，姦污青年婦女。自我抗戰數月以來，中國各大都市，重要鄉村，幾無處不遭轟炸，工作男女，平民老幼，成千百死傷者不知數計，人民財產損失，與整個城市轟平，在人類有戰爭以來，日本實開最凶橫最殘暴之新紀元。且也，中國各城市之各國僑民、教堂，或屬於教會之學校與醫院，亦既皆爲轟炸之目標，而美國兵艦，英國商船，尤其英國前駐華大使，亦同被寇機狂炸矣。簡單舉此，足證所謂安定東亞和平之野心，實即滅亡中國，驅逐中國境內之任何非日本人勢力。故代表團雅德女士明白言曰：“吾人認爲擊敗日本，以恢復世界和平，乃爲中國今日之神聖使命。”

　　由是言之，吾中國今日之抗戰，固一方在求中華民族之獨立自由，它一方實爲世界和平而奮鬥。向使日寇獨佔東亞，今日歐美人之生命財產，將被燬滅無餘，而未來之歐美人足跡，將無復見於遠東之日。此種可能事實，或已瞭然於歐美部分人士，而無待吾人申述也。代表團諸君，深知中國抗戰建國之偉大意義，世界青年和平大會，亦早識倭寇強暴侵略之野蠻行爲。吾人更深願諸君以中國抗戰與世界和平之真實聯繫，及中國危亡與各國利害之切膚關係，爲考察分析或調查事實之重大觀點。憶代表團諸君踏進中國領土之日，即懇勸吾國知識青年，應向各國朝野上下，宣傳抗戰之壯烈精神，說明中國政府與人民之團結力量及中國軍隊之勇敢能力。吾人對此謹當接受。然尤望諸君將日寇對中國侵略之真正危險，從日本蒙蔽各國人民之宣傳中，以諸君純潔光明，確實銳利之直接認識，揭破其陰謀險惡與危害世界人類和平之野蠻事實，使各國人民更從諸君調查證明中，重新認識日本橫暴欺詐之行爲，確實估定中國抗戰對世界和平文化之價值、中國建國對世界民族平等之精神。

中國知識青年與中國學生運動，自一九一九年以來，屢顯其光榮之歷史和強大之國家意識，其精神思想，不惟無後於世界青年認識，且重於各國學生之對於其國家關係，此固因中國近年環境需要與世界潮流趨向所引動者，然實則因中國民族精神之"見義勇爲""見危授命"，與夫智仁勇之教訓有以本之啓之也。自抗戰以來，中國學生，雖遭受非常損害，學校被炸，生命被燬，然而真摯熱烈之救亡工作與同仇敵愾之精神，不惟加緊於宣傳、講演、口誅筆伐而已，且更能參加前線捍衛國疆，捐軀報國，流血殲寇。

吾中國有數百萬正規陸軍與不計數之自動武裝民衆，故徵兵不及青年學生。而吾青年學生與民衆，均能團結愛國，受統帥指揮，雖遇強暴炮火，絕無燬滅力量。雖受屠殺慘痛，而俘虜之敵，仍到處受我政府保護，或由我學生團體訪問。五月二十之夜，我智勇兼仁之空軍大隊，飛翔三島，然僅以勸戒之詞，告諸倭民而已。倘我一效寇機狂炸，則三島死人，何止千萬！建築燬滅，又何止工廠！

總之吾中華民族，稟獨特之"仁的"人道主義，人人皆信"仁者無敵"。故惟仁人，"無求生以害仁，有殺身以成仁"。其自強之毅力，先修齊而後平治，以各個人觀，似無團結力量，故在平時亟重"自愛"或主"無爲而治"。其對社會國家，有若散砂滿盆，而亦不若歐美人民之有國家觀念也。然若遇國家危難，則又有其自然統一之文化精神，與天賦不滅之黃冑特性，能充其不屈不撓之民族意識，捍衛外侮，建設國力。故倘欲藉武力，圖擊破或分裂我民族國家者，必遭受最强烈之抵抗，最慘傷之失敗。如元魏金清，各因其亡中國而反同化於華夏，自敗於萬劫不救也。中國民族性之仁的內在力，精微至大，爲無畏與大同之精神，彼無爲無名之無我思想，正所以用防無畏之及於"野"，而勵進大同之至於"文"也。茲以世界學生代表團來華參觀與調查中國抗戰情形之便，謹述吾中國民族抗戰精神之信念以贈諸君。並祝世界青年和平大會保衛和平發揚文化之主張勝利，中華民國之抗戰勝利。

紀抗戰週年＊

　　盧溝橋事變，日本軍閥以暴力掀開古今狂妄侵畧未有之凶橫，震撼世界人類和平之思想。吾中華民國，因民族生存關頭與領土主權完整獨立之統被威脅，爰以堅苦卓絕精神，發動神聖抗戰。週年奮鬥，雖未及驅滅暴力，然已將倭寇征服中國之野心，予以最嚴重之打擊；故雖自平津察綏晉魯迄蘇浙豫皖，相繼被强虜憑陵侵佔，然觀其所據點線範圍與償付貸價，已足使敵人自覺寒膽。彼違反正義，撕毀公約之日本軍部，若猶夢想屠殺中國千百萬人民，即可滅亡中華民族，佔據中國重要交通線，即可征服中國政府，是不啻癡人說夢，淫虐自絕。試問倭寇已侵畧之各線，能否維持交通？倭兵除所守炮位外，又能否跨進中國民間一步？誠然者，論中國人民死傷於殘暴之槍炮，轟炸及顛沛流離者，與夫戰地及淪陷區域中無數產業資源之被摧毀，無數青年壯丁及婦女兒童之被姦擄燒殺者，固無法計其犧牲損失之慘重，然而賦滅絕人類天性之日本軍閥，驅其三島老少之百萬大兵，以侵畧中國領土，一年之內，論死亡兵士超過四十萬以上，論財源消耗，僅一九三八年度之八十三萬萬六千餘萬元龐大預算中，侵華軍費，即已達七十四萬萬元，公債將達二百萬萬元，每一倭民，年須負擔二百八十餘元之債稅，在此瘋狂之日本軍閥，又果能自覺其清爽痛快耶！？若再就入超之鉅，失業之多，物價飛騰，惡性澎漲，與夫外交直陷孤立，世界排斥日貨種種事實現象觀之，所謂皇軍威權者，又果能不自悔其暴戾無方，自趨覆亡之速耶！？

　　吾中華民族今日之抗戰，爲世界最偉大，爲人類最悲壯，爲民族最光榮之犧牲價值。所謂成仁取義，爲捍衛國土之中國英勇男兒所最足稱

＊ 本文原載《今論衡》（半月刊）第六、七期合刊。署其筆名"三輔"。

耀之精神，所謂戰區死傷，在民族生存之抗戰者爲"雖死無愧"而尤無憾；在強暴侵畧者則爲"死有餘辜"而尤有餘痛。故以痛苦言，中華民族匪惟不之覺，具有建國新生之光明大道。而倭寇全國上下，無論何種感覺，誠爲無限悲哀隱痛與無限危險可畏!？

　　柏斐（Peffer）先生謂中國從暫時淪陷之十地海口，換來無限量之軍事、政治、外交、經濟、文化教育等等進展；從抗戰前線，英勇死難之將士與軍民，更取得偉大民族復興建設與強固堡壘之國防軍，試分析證明：如軍隊之極度統一訓練及指揮，兵役實施與戰鬥增強之邁進，在在足證驅敵勝利，把握最後。如過去時起紛爭之黨派問題，自抗戰以來，各黨各派一致遵從國民黨領導，其精誠團結事實，於確立總裁制見之，於各黨自動上書蔣總裁之精神見之。其次又如外交進展，已從國際正義，贏得全世界友邦合理之援助，它若經濟發展，尤爲各國專家所贊佩，即以貨幣穩固，生產事業增加，諸方面觀之，所謂艱難困苦之貸價，誠足奮勉自慰。此外如戰時教育之改造，文化事業之推動，不惟促進科學教育建設，尤能發動民衆教育力量。回憶抗戰前五十年之中國，軍隊無國防訓練，政治無統一組織。因不平等條約，限國家於次殖民地之外交，因工商業衰落，坿金融資本於帝國主義經濟之下。人民不知國家觀念，文化幾盡全盤西化，尤其教育一端，奴性模倣，順民式之訓練耳。今也全國上下，一致動員，堅決抗戰，殲滅暴寇。具偉大建國之力，足樹世界正義和平之基礎也。

　　雖然，彼強寇軍閥，既以數十年野心預備，決非偶一打擊所能挫其凶燄。或退其對自國人民之欺騙，與對國際宣傳之詭計，故欲其由覺悟而自撤侵畧之兵，無論寇無此軍事知識首酋，尤無此政治認識之人物，吾人必更加強抗戰組織，艱苦前進，擁護政府與領袖之指揮，不屈不撓，再接再厲，粉碎敵人之迷夢，擊破殘暴之寇兵，以吾中華四萬萬五千餘萬之炎黃子孫，拼死大倭六千餘萬之暴衆。恢復我領土，建設我國家，實現和平公理戰勝之幸福而後已。

以民族抗戰之建國精神紀念國慶*

今年雙十節，爲我中華民國第廿七週年之國慶紀念日，即我中華民族革命首鑒義旗於武昌之建國紀念日。茲一年來，吾民族抗戰精神，正顯其偉大發展；吾國家辛苦奮鬥，正展其建國運動。中山先生所謂"求中國之自由平等"，及"聯合世界上以平等待我之民族共同奮鬥"，在今日保衛大武漢之民族抗戰時代，正負此最偉大最艱苦之生存重責。

論過去廿六年國慶，實無比如今年紀念之更具偉大意義。過去國慶，其對吾民族先烈艱辛締造中華之紀念價值，亦無比如今日以整個大中華民族統一抗戰，與以真正民族血肉，保護國土之紀念日爲更有絕對價值。今日抗敵犧牲之中華戰士，爲壯河山，立正義，驚天地，泣鬼神之世界最大精神表現；爲人類有史以來，爲生存獨立，爲和平自由而戰爭之最大民族意識表現。

今世界弱小民族，羣被人類惡魔之法西斯帝國主義者所掠奪所吞併，而萬惡無道之日本帝國主義者，更用其最毒酷之侵畧戰以破壞中國，而破壞世界；毀滅中國人民，而毀滅人類和平。此在國際和平外交集體中，固應急起予打擊者以堅強之打擊，予侵畧者以直接之膺懲；而吾中華民族，則決以長期抗戰與偉大血肉犧牲，換取國族生存，建起獨立國家，實現中華歷史熱望之世界和平。

由是觀之，今年今日之國慶，誠吾歷史最大開創之始基，誠吾民族復興運動之紀念；願全國上下，齊努力奮鬥，從堅苦抗戰中，完成下列三大建設。

第一：團結整個中華民族，建設民族國家之永久勝利。今日抗戰，

---

* 本文原載《今論衡》（半月刊）第十二期。

爲抵抗侵畧之中華民族抗戰。毒辣之日本帝國主義者,既掠奪我國家領土,復衡切我民族國家,欲實行法西斯主義者欺騙弱小民族之故技,以喪失我絕對整齊統一之抗戰力量,如挾溥儀以誘滿欺蒙,而竊取我東北,玩"民族自決"之名,行"侵畧領土"之實,幸吾邊陲各地民衆,深知漢滿蒙回藏之爲絕對一體,爲統一民族,故自抗戰以來,均能積極參加,予侵畧者以堅決之抵抗,予世界觀察者以中華整個民族國家之認識。從茲以後,更能以整齊力量捍衛中國偉大民族生存,共建獨立國家之永久勝利。

第二:樹立民族教育之積極運動,建設中國文化之思想發展。民族教育,爲國家生存命脈,國人過去,習忘國家觀念,忽視民族教育,空談西化,毁滅自身,故一論國族,羣視腐朽,若赫格爾所謂"一國文化歷史,即其民族獨立發展之精神史"之言,則竟無聞問。今者強寇以亡國滅種之侵畧戰施諸我矣!我中華民族幸賴有歷史超越之教訓,能立恢民族抗戰之偉大精神,以禦倭寇,否則執卑視國族者以問,將惟有亡國,故吾人謹大聲急呼,望全國教育界,速從三民主義奮鬥中,樹立民族主義教育,培植國家命脈,發展中華民族文化思想之歷史價值,建設大同世界之和平主義。

第三:實行科學教育之真正改造,建設中國生產教育之技術人才。提倡科學教育,本爲現代中國教育界人士之口襌,祇以科學基本訓練之不足,或認識之無成,致言者憑於空論,倡者幾於隔閡,而能言能行者,則又限於環境職責,難盡倡革之效,故雖以二十年科學教育之名,毫未見真正科學創造與科學應用之功。甚者以科學淺薄之染,鄙夷國學一般認識,形成中國無文化之惡見,若問其自身,則科學無知,教育無用,直一中國廢人而已。國家教育如此,危險必至於無疾而終。中國歷代教育,極重知行,儒墨注生產之民訓,而老莊亦以"各安其食,美其服"爲無棄民之教,生今之世,應實事求是,用科學經濟,促中國生產需要之用;脚踏實地,先其力以培養科學技術人才;即其用以建設中國生產教育,勿再蹈空言覆轍,徒標提倡之名而已。

當此敵騎深入中原,暴寇進犯吾民族革命首義之武漢時,吾人惟有以民族抗戰之建國精神紀念國慶,惟有以忠勇愛國之犧牲精神,喋血沙場,驅逐倭寇。中山先生遺訓,昭示人生以服務爲目的之教,吾人今日對民族對國家抑對社會,應出力出錢,盡力盡忠,加強抗戰,增進生產,羣策羣力,樹起中華民族新生命之獨立精神,完成抗戰建國之偉大全功。

教育

建起中華民族教育之科學精神*

托爾斯泰謂："人之自身爲種族而生存，故應爲人而犧牲。"墨子謂："凡天下之禍篡怨恨，其所以起者，以不相愛生也。是以仁者非之，以兼相愛、交相利之法易之，視人之國若其國，視人之家若其家，視人之身若其身。"觀兩家舍己爲羣之思想認識，正代表兩大民族教育之精神態度。

一民族生存，必有其偉大之文化的生命創造，此創造性之動能，又必基於其偉大之民族的教育力量。盖一國文化有其特殊獨具之國民性，即有其全歷史組織之政教、風俗、習慣等歷史差異，統此差異組織之民族色采，是生民族國家之獨立精神。魯朋（G. Le, Bon）論民族發展之心理曰："民族生存，必賴時代科學以展其競爭之技能，尤賴種族歷史以貫其精神之異采"，又曰："民族生存，賴其固有之超越時間性以綿延進展，其生命不以任何時期之個人爲機構，而以悠久歷史之各個人祖先爲其系統組織"。民族文化與生命，悉自祖先歷史傳來，民族發展與沿衍之能力，亦基於祖先之授與；故又曰："一國人民受死者之指導，較諸所受生者爲更多；人類種族，直可謂死者創造之物，彼死者積年累月，造成吾人思想情感之用，因而遂成吾人行爲運動之機構，是生者之成敗利鈍，皆受自死者之影響。"

按自魯朋諸說觀之，吾人宜有三大認識。第一，民族國家必有其特立之科學途向，與獨具之文化精神；第二，民族歷史精神，爲一國國民性之基礎，爲民族發展之主要動能，任何民族於其生存時代，必努力發揚歷史動能之蘊藏，以擴張其精神創造之價值；第三，民族生存之現時動員，必竭力創造未來功業，勿使子孫因沿衍之影響而趨滅亡。是知第

---

* 本文原載《今論衡》（半月刊）第十一期。

一爲民族國家"興立"之根本，第二爲生存"主幹"之組織與發展，第三爲系統開示之"結果"。茲三者重心，自以根本之科學文化爲最要，而科學文化之興起，則惟恃民族教育有以培植之耳。

中華立國五千年，此歷史中間，勿論社會政治如何嬗變，經濟產業如何發展，外患侵暑如何盤錯，與夫學說思想又如何紛爭起伏，而民族思想精神，則自西周迄清代，始終以儒家學術思想爲中心教育。自民元迄五四運動，雖曾興科學教育以改造中國學制，改造中國社會，然而西化之教育運動，仍未動搖儒家教育之意識。近二十年來因三民主義學說推崇大同思想之故，而儒家教育思想，遂益尊爲民族精神之主幹。

中國民族文化，爲一倫理思想之文化教育，儒家精神，則在維持此奕世相傳之倫理，以先知覺後知，以先覺覺後覺。故積極之倫理教化，在孔子以前則有堯典之五教，皋陶謨之九德，洪範之三德；嗣經儒家闡發一貫，此思想乃根於人心而歷萬世於不朽。何也？儒家以仁爲倫理之中心，仁爲生生不已之德，仁者有愛人之心，因愛人故不可不有濟人之術；欲濟人之術，故又不可不有自強不息之力，人類必此仁智勇三者兼全，斯顯大國民之精神態度。所謂自強不息之"力"，與生生不已之"心"，正儒家給予吾中華民族生存競爭與和平奮鬥之教育根骨。

中國民族教育，從一方面言，爲"消極順應"與"自然倫序"之精神思想，故重倫理、名分、執中、調和，遇事以心安爲歸，而禮義法度，胥由是出。至於老莊，更以無爲、無名立教。《史記》稱老子語孔子曰："良賈深藏若虛，君子盛德，容貌若愚，去子之驕氣與多欲，汰色與盈志，是皆無益於子之身，吾所以告子，若是而已。"莊子曰："常因自然而不益生"，又曰："以天地爲宗，以道德爲主，以無爲爲常；無爲也，則用天下而有餘，有爲也，則爲天下用而不足，故古之人，貴乎無爲也"。若從另一方面言，中國民族教育，實爲最富"積極運動"與最能"忍苦耐勞"之民族精神，如大舜之取諸人以爲善，又與人爲善者也。孔子之削迹於魯，伐樹於宋，窮於商周，圍於陳蔡，皆爲發強剛毅，與仁者必有勇之態度。《易》曰："天行健，君子以自強不息"，察人倫，明庶物,此正儒家教育之偉大精神。若老莊之以無用爲有用,以無爲爲有爲,更稱爲動之極則。故道家之流裔,如申子則言術,慎子則言勢,商君則言法,降及韓非,所謂道家南面之術,益彰;而法之爲用,益顯矣。天下固不謂法術之士爲順應之徒也,然而韓非之法術,則又曰:"不急法之外,不緩法之內,守成理,因自然。"由是言之,法術之士,又復歸於孔老,復返諸道德矣。且又何故耶?曰中國民族教育之根本思想在於斯耳。

民族教育爲民族國家精神之所寄託,民族之運變衰微,國家淪喪,若其學術教育不滅,思想精神有所寄託。則國家必有復興之日。吾中國始亡於元,終覆於清,而文天祥之指南錄,謝翱之西台慟哭記,黃宗羲之海外痛哭記與待訪錄,王船山之黃書;或嚴種族之防,或著故國之思,後人一讀其書,對民族之思想,恢復之心志,皆油然興起。故驅除韃虜,排滿革命之運動,終於顛覆元清,光復中華。此抑又何故耶?曰中國民族思想之偉大精神,與獨立之文化教育有以致之耳。

今者倭寇更橫侵吾國土,摧毀我文化,五十年來,新興之社會建設與科學事業,幾盡被寇機寇彈,轟炸毀滅,顧自吾民族抗戰之勝利言,此毀滅之犧牲,即殲敵之貸價。然而吾教育界人士,於此千鈞一髮之際,必千百萬倍努力於民族精神教育之科學建設,匪徒求復興中華民族歷史文化思想之偉大精神,更須力創中華民族於今後生存發展之科學途向,魯朋所謂民族求存,必賴時代之科學技能,大家應從全國統一抗戰之總動員中,普施民族國家廣大之科學教育運動,使中華民族歷史文化之骨髓,營養歐美科學思想之精神,融會貫通,發揚光大。

中國過去科學建設與學校教育,大都集中京滬平津各區,既無有整個民族教育,尤未注意普及民衆知識。譬以專科以上學校數目而論,昔日京滬兩區,約佔全國百分之二十六強,而平津又佔百分之十五強,以專科以上學生數目而論,京滬佔國百分之二十九強,而平津則又佔百分之二十五強,若以全國高等教育之學生四萬一千七百六十八人計之,平津京滬,即佔二萬七千七百六十三人;換言之,佔總數目百分之六十六強矣。再就中國四萬萬五千萬人口計之,每萬人中,不過一人受高等教育而已！姑無論此一人之學力如何，僅就教育本身與科學建設而言，決不能有大量之發展。今日戰區及淪陷各區之高等教育與學校機關既已紛遷各地，願教育部更能切實注意普及科學教育，與科學研究設備諸問題之補救，俾抗戰建國之新興民族科學教育，能從此蒸蒸日上。

中國教育，過去者，徒標空疏理論，毫無實在生氣，現在者，支離破碎，絕少科學訓練。故社會無中堅人才，國家無重心學術，民族危亡之象，從學人志趣，與士子營求之中，即可窺察其詳，記曰："凡學，官先事，士先志。"呂東萊曰："教育不切實際，訓練不以惇厚，學者無遠大志趣。"其害不惟行己之人格失敗，即生存之國族必趨滅亡。劉蕺山有云："學以學爲人，則必證其所以爲人。"證其所以爲人，則不能"隨俗移轉，不能自爲主張，義利不辨，惟聲色利達上營求，只騰口說，不講求履踐，不重樸實"（陸象山語）。顧亭林痛明末民族教育之衰微，謂士人無中堅之學，"學者徒尚空談，而無實用，流入狂禪，而不講氣節"。故明社終爲滿清顛覆。今日吾民族抗戰精神，故足驅除倭寇於最後，而吾民族教育建設，則宜速樹科學精神，實事求是，勁力創置，勿斤斤於學制之改造，而忽普汎有效之全民族基本教育，朱晦菴嘗謂："學校之政，不患法制之不立，而患理義之不足以悅其心，夫理義不足以悅其心，而區區於法制之末以防之，是猶決湍之水，注千仞之壑，而徐翳蕭葦，以捍其衝流也亦必不勝。"

最後吾願今日抗戰時期之全體教師，大家努力負起吾民族教育之科學建設責任，指導全國青年學子，向實在有用之學業途徑前進向民族國家之創造精神路上預備。《後漢書・百官志》："博士祭酒掌教國子，國有疑，掌承問對。"又"儒林之官，四海淵源，官皆明於古今，溫故知新，通達國體，故謂之博士。否則學無術焉"。吾人雖不敢云掌教國子者皆能掌承問對，然而通達國體之知，則不可以荒於無述。朱晦菴曰："自古無不曉事的聖賢，亦無不通變的聖賢，亦無關門獨坐的聖賢，聖賢無所不通，無所不能，那個事理會不得"起。大家應以此自負，應負此以顯有爲之民族教育精神建起中華民族教育之科學。

從民族教育説到民族科學精神[*]

"民族教育"一辭，不稱時髦用語，亦不稱某家某派之教育學説。世界任何國家，必有其適應民族生存之科學教育；任何國家對實施科學教育之目標，必以發揚民族思想與學術研究爲中心；任何民族國家之教育運動，必含完全民族歷史意義與絕對民族固有之意識存在。非然者，不謂爲亡國教育，即謂爲失獨立自由之奴隸教育。故論民族國家存亡，胥以教育精神盛衰與學術文化優劣爲根據，而恣行亡國滅種之霸道侵畧者，又必以毀人文化建設，殺人智識份子，或破壞其學校機關，或撲滅其祖國文字爲急務，一言以蔽之曰：先滅文化，以消失民族意識；繼施奴化教育，以養其牛馬馴服之性。西諺有"坐立骷髏，行走尸肉"之語，正爲無民族教育者寫實言也。

何謂民族教育？即民族國家對大衆國民，給以科學正當知識、自由思想與愛國觀念之真正認識，使大家在思想行爲上，趨一致之愛國熱情，形整個之國族體系，對軍事、政治、經濟、實業及諸般文化建設，皆有科學思考之觀察態度與民族意識之精神表現是也。

民族教育有基本確定之本質存在，此本質爲何？即各民族所有之語言文字，歷史文化的"内在性"之精神意識，與夫民族國家社會進化不可或無之智慧習慣與理性經驗；故一國之教育目的，不能忘其民族本質，其教育實效，必從此本質之功能發揚光大，然後可直表民族精神力量與文化創造價值，然後可强種建國，獨立永存。

民族爲國家筋骨機構，教育爲民族精神動能。故立國必先强種，强種必先與教育。民族與教育有如物理之"質""能"，心理之"身""心"

---

[*] 本文原載《今論衡》（半月刊）第九期。

兩用互彰，斯國家有健全之表現，社會有秩序之組織，生產經濟超極度增加，科學技術顯特殊進展，於是而人民與政府，同一步驟，而愛國愛家、愛世界愛人類之觀念，為一般認識之行為目的矣。

任何國家有其民族性之特殊精神，亦有歷史沿衍之特殊生活。此特殊精神生活，即代表各國民族思想意識之積極或消極行為；換言之，代表創造者或模仿者，進取者或保守者，與失人造者或自然者之種種發展途向。依人類文化分類言：所謂積極者之思想運動，其生活性能，必偏重物質機械與征服自然之物理觀，或曰科學文化之民族；所謂消極者之思想運動，其生活性能必趨重精神理性與調和人類之社會觀，或曰道德文化之民族。此固就種類區分上言者，若論民族獨立創造精神，則無。科學或道德，俱同稱民族文化之積極價值。若更以人生意義或人類生活之自由平等與和平獨立言，所謂消極文化之道德社會觀，實為世界人類幸福，及世界民族共存之理想條件與必要信念也。因為人類競爭與民族生命，同為生存之生活價值，彼科學文化之民族，往往利用科學機械，變創造之人生意義而為機械功利之侵界行為，其結果終至演成毀滅弱小民族，殘殺人類生命之科學戰爭，所謂創造建設，俱從族民鬥狠之凶橫屠殺與犧牲破壞中得來，所謂物力人力，俱含不道德不科學之私利行為矣。如此推衍，是科學與生命為殊向，文化與民族為異類矣。悲觀論者鄙視科學為無道德真理，為非文化價值，說在於斯。

雖然，此蔽科學之用而忽民族教育之真義者之弊。科學文化者果自民族生存發展之教育思想出發，或自科學真理研究之人類幸福着想，則必無若是之偏頗弊病或行為。吾人試就歷史過程一為檢討，知古代希臘民族科學思想與中國民族道德精神，正可代表科學創造之人生價值與道德文化之科學認識為人類思想互攝互調之兩大建設。希臘人之創造精神，在純粹科學與應用科學各方面，幾超越任何民族建設力量，在人文科學與藝術科學各方面，亦遠出一般民族之理想認識，故歐西稱"希臘人不死"，蓋以其承受希臘偉大文化遺餉，至今仍感深鉅之關係。今日世界科學、哲學、文學、藝術、戲劇等等，幾無一非托胎希臘人創造型式之原理；世界思想教育、系統研究及體育訓練等等，又幾無一非襲自雅典文化之類型或範疇而出。如荷馬派詩人著作，寫愛國戰爭，倡英雄儒雅之高曲；阿斯塞柳（Arcechylu）派悲劇作者，寫梟雄妄用，垂武力驕縱失敗之訓；蘇格拉底以"知德合一"爲教，以"自知自足"爲立言立功之則，既關人生真義，復訂道德觀念，它如齊諾（Zenon d'elee）之英勇爲國，斷舌拒仇，亞西墨（Archinede）之沉思演算，驚破敵膽，皆爲無上民族教育之精神魄力所表現者也。

至於中華民族之偉大思想教育，更於世界文化歷史中獨闢一人類道德創造精神，其生存價值，洽與希臘科學思想形成不滅之"民族模型"文化。然而中國民族尤有越希臘而上者，即希臘精神不死而民族國家則消失無能。若中國立國，迄今五千年巍然獨立之文化歷史與民族國家，永遠創造前進，雖曰滄桑幾變，而"國家""民族""教化"三者之一致發展，迄無退敗分離之象。此真世界任何國家任何民族所絕無而僅有之偉大精神存在也。

中國民族，本固有三大思想教化，開萬世不朽之國族生命，從儒家政治教育思想，與四海兄弟、有教無類，與親親仁民、仁民愛物之道德政治教育；從道家自然教育生活，與"常善救人故無棄人，常善救物故無棄物"與"執大象，天下往，往而不害，安平泰"之"克慈故能勇"主義；更從墨家實踐教育思想，免除爭地殺人之"竊疾"，建竪国家救弊之基本原則："曰國家昏亂則語之尚賢尚同；國家貧則語之節用節葬；國家喜音湛湎，則語之非樂非命；國家淫僻無禮，則語之尊天事鬼；國家務奪侵凌，則語之兼愛非攻。"此十義所立，在"興天下之利，除天下之害"。吾中華民族教育目標，無論對人對物，胥以自然秩序、自然優美價值爲原則，在人與人之分界，則行乎中庸，止於至善。孟子曰：廣土眾民，君子欲之，所樂不存焉，中天下而立，定四海之民君子樂之，所性不存焉。君子所性雖大行不加焉，雖窮居不損焉；分定故也。是故儒者以"名分"立教，老莊以"破執"齊物，墨家則以"兼愛非攻"致用。仰觀俯察，以世界大同爲目的；經國遠籌，以世界和平爲奮鬥。論人生在調節，論政治因乎利導，論萬物則言並育於天下。是之謂無不持載，無不覆幬之大德文化。

吾中華民族之教化精神，實廣開世界民族生存之無數法門。促進人類文化思想與行動之無限價值。祇以近世紀來，歐西科學文化之物力運動與機械動能之經濟壓迫，致世界弱小民族咸有突被滅種，驟歸亡國之患，而吾民族文化，亦於此變動情形之下，相形而有直被侵畧之危險，處此非常時代，所謂民族自決自救之呼聲遍傳天下，故吾中華民族亦以平等自由之政治革命方法，對內推翻專制政體，對外聯合世界上以平等待我之民族共同奮鬥，不以兵強天下，尤不以無事取天下，求自救以抗侵畧，本抗戰以期和平，不畏強暴，不避艱苦，統一民族國家精神，共期抗戰建國之偉業。

雖然，吾人更有深望國人猛省者，今日因抗戰恢復之統一的民族精神，固爲中華民族復興之基礎，然而久病新癒，極待努力珍重培養，尤其環侍左右之大衆，必須謹言慎行，朝乾夕惕，勿使其稍有錯失，致遭連帶併發，有轉症之危險。蓋中國病已百年，因政治紛亂，國運衰微，所謂民族意識，消歇已極，教育思想，浮靡是矜，國族地位，失國際尊嚴，學術文化，亦一蹶不振。論智識份子，習士大夫之卑劣而亡志士仁人之氣節，論"有閒階級"，既不能自耕以養人，復不降身而爲人所養。甚且接生活化於歐美，求節制物欲則有其不可；泥思想化於實用，鄙擴充仁義爲虛僞觀念。若以所學所能者用，則有不由其道而往者與鑽穴隙之類也。孟子所謂鄉爲身死而不受，今爲宮室之美爲之；鄉爲身死而不受，今爲妻妾之奉爲之；鄉爲身死而不受，今爲所識窮乏者得我而爲之。此誠切中今人深病之言。民族知識階級染如此惡疾，故歷史之大丈夫，與以天下爲己任之革命精神俱墮於無聲無臭，而國族思想建設，幾盡爲無骨氣、無態度之紈袴子弟所毀棄已。幸而吾黃胄子孫衆多，故雖由不肖者播惡聲於天下，然而整個負中華民族國家生存之大衆人民，則堅信中華偉大之歷史教化，雖在學術認識上漫失科學地位，然而在民族獨立自由上，絕不許人加以欺侮壓迫之野心。此種精神毅力，迺世界任何民族所不及，今日統一抗戰與全國一致動員之反侵畧精神，即其顯著之價值表現也。不然，以中國如此之廣土衆民，如此之缺乏現代科學，若無超越一般民族國家之歷史政治理想，與無統一教化之中華民族國家，則當外患之來，即早失抵抗精神，豈能有於今日科學戰爭之下，更申統一建國之偉大抗戰力量者耶。

事有更關價值精神者，即中國抗戰責任，既負世界民族平等與國際和平發展之任務，亦負民族自救之艱鉅工作與弱小民族獨立自由之解放運動。論過去歷史戰爭，絕無有如此重大意義者。吾中華全體人民，應確信此責任之不可逡巡，速爲羣策羣力，展開偉大民族教育，發揚蹈厲；使寸土物力，個個人力，僉供民族國家之用，悉應建設要需之急，從是穩立教育中心思想，重樹科學基本精神，舉凡民衆教育、社會教育、軍事教育等同時普及實現，形成整個運動，使中華五千年中正和平至大至剛之民族國魂，表無上精神，示超越價值，殲滅醜類，建設現代科學之新中國。

吾言及此，覺事實與希望尚屬遙遙，差幸强寇相逼，希望之事實已具端倪，吾人固早知中國科學建設，不若敵人所有準備，科學教育，亦較敵人訓練落後，然而中國有天賦之物質富源，偉大之精神毅力，藉民族教育之發揚，使全國上下，一致向科學實力準備前進，則健全與堅强之軍事的、經濟的、政治的、社會的、文化的國防堡壘與同仇敵愾、爲國犧牲之共同的意識、統一的精神，必能挽此狂瀾，完成希望之任務。

由是觀之，吾人今日不可忽怠之民族教育，究應如何提倡施行，誠屬極有研究價值之迫切問題。茲事體大，敢畧陳淺陋，分條言之如次。

第一：實施民族國家教育。單純之民族教育，不足言生存；單純之國家教育，不趨帝國紛爭之象，必趨国際侵畧之途。今世各國，有由民族分成多數國家者，亦有由國家包含多元民族者，故其教育影響，終不離人類分合之功利思想，而忘"大同""並育"之平等自由精神。若中國民族與國家，則爲絕對統一歷史，統一教化，祗以過去時間空間久遠與遼濶之關係，致使因循依舊之積習，日深一日，而國族競存之觀念，反漸歸薄弱。所謂無爲而治之道德理想，與視天下皆仁之樂觀主義，雖未必盡行於國中，然已成歷史有效之信念，故對今日率獸食人之倭寇侵暑，以抗戰期和平之精神，仍不失其安泰氣魄。原斯類唐風雅度，對太平向化之民則可，應現代國家需要則不足，今日中華國族，必速施堅強自決，禦侮圖存之民族國家教育，必盡去無國族意識之思想，與不適國族生存之惡劣觀念，從教育本質上，恢復勤謹樸實，忠勇克慈之真性情，使人人知以國家譬諸身，尤知以民族存諸國，形成整個國族中心教育思想，發揚偉大文化精神。

第二：振興民族精神教育。民族精神教育，即民族國家精神道德之文化教育。因爲立國必有物質實力建設，而此類建設必賴全民一致努力之理智的與道德的精神者負擔，因爲立國必有軍事、政治、經濟等機構，而此類機構又必賴民族精神動能與道德行爲之活動推進。故有民族精神教育，斯國家有無限強力；斯國民道德有無限發展。歐戰時某軍事家曾謂："戰爭力量，仰物質機械供給者，終有缺乏與被壓倒之日，若精神食糧準備充足，則永立於不敗之地。"此食糧爲何？即民族精神教育之認識是也。倭寇每以武士道精神誇耀世界，以軍隊不投降，欺談其民族精神，雖所言不能滅事實之反證，然而其能驅使千百萬日人妄作侵暑戰爭之犧牲者，未始非其民族精神之特殊教訓有以鼓之也。中國近數十年來，民氣消沉，幾達極點，國民教育，未能普及實施，軍事教育，尤未見能貫輸真正軍國民之偉大靈魂信念。今日禦侮之器固可暫假於外，而抗戰建國之力，則必須自覺自動，自行自救。人人能覺能行，斯有擔負國族生存之大衆責任者。非然者，國民無國族觀念，國家無與民同之精神，遇國家危難，何法使全民從覺悟中發揚天職，保衛疆土？所謂振興民族精神教育，固一方在國民道德精神訓練，而一方尤在國族生存實際條件與共同關係認識之意識發動，否則堅忍自強之民族教育，仍無精神戰勝可能。

第三：提倡民族科學教育。民族精神表現，實即民族文化思想與理智認識之普汎的科學精神價值。歷史上所謂希臘精神、羅馬精神，皆因所有希臘文化、羅馬文化，能為歐洲思想認識與科學創造之領導精神所致。所謂"希臘精神不死"，亦正因其科學發現，具不朽之事實存在故也。今日中華民族抗戰能力，乃數千年中國學術文化精神內力有以奮起之故，此內在力之存在，有不朽之精神，亦感不足之需要，蓋現代國家，對科學條件一無可逃，振興民族精神，對科學教育必須努力普遍。管子衣食足然後知禮義之言為建國大法。倘科學生產教育不有，所謂衣食絕無可足之理，民生若不保饑寒，人格道德將從何獲見！世有"不食嗟來之食""不衣惡賜之裘"者，然而是顯個己私德，非根本解決無食無衣之策也。但此風在民族精神中不妨提倡，即其義含獨立創造、人格自由之精神，然而此精神食糧，必先有民族教育培養，此精神食糧之不墜，必有科學維持於後。故論民族國家之精神生活，必以科學教育既經普及後之生活運動為準，換言之，國家之國際地位，民族之國際平等，俱從科學建設之民族功績產生，任何民族滅亡，皆因本身喪失固有文化或科學創造力量，同時致失人類生存競爭之條件使之然也。言及於此，吾人試一反省中國科學現狀，知國家對科學普及之教育未能實施，對特殊獎勵之提倡，尤不足稱道。今日隨抗戰軍事而起之科學需要，與因生產技術要求而提高之科學研究，既經定為抗戰建國綱領之一，望全國上下，從茲充分發揮力量，展開民族科學機能運動，勿使片斷之科學感想，佔據建國之民族教育，則中國最近將來，必達民族科學之國際最高地位。

第四：發揚民族國際精神教育。科學思想前途無限，科學應用目的無窮，其對宇宙自然與人類社會研究，則同為一致之理性試驗精神，獨惜國際戰爭威力利誘，使科學變為殺人之利器創造者；世界工商競爭，更直迫科學思想入功利之穀矣。雖有謂世界政治變遷，無與科學自身獨立價值，然而利用改變之政治經濟等等威脅，強使科學精神研究無力，已為世界列強所共見之實情。昔歐戰未發時，德國即專恃優越之民族科學有補物質缺乏之可能，遂引起與二十餘國敵對五年之戰爭。今日倭寇論科學創造力量，固達不及德國當時之半，論侵畧野心，則亦因恃有優越於中國之科學條件，故敢冒不韙，妄作嘗試。以德國科學精神，結果尚只作戰勝碑前之翁仲，蕞爾日本，其將爲世界敲出無科學眞知與假科學利器者之犧牲之警鐘與敗亡之暮鼓！吾人從純粹科學立場觀之，日寇假以殘殺中國人之科學工具，其國民對之決無正當理解，其軍火凶燄，已焦爛倭魂，浸假之間，必崩潰於民族帝國狂瀾中矣。

民族科學發展，必自偉大之民族世界主義出發，世界各國能具如此條件之民族國際性者，厥惟歷史之希臘與今日之中華兩大民族有此精神魄力。希臘今無能爲，而成功端在中國民族奮鬥。科學家、哲學家曾認科學哲學精神，胥向宇宙大自然、人類大生活、國際大政治前途進展；此大自然、大生活、大政治之運動，非抽象與狹隘之愛國武士道所能夢想，尤非用侵畧與毀滅文化之戰爭所能造成。必也有偉大歷史，創造精神，深湛思想，樸質民風，理性情感與兼愛精神之民族國家，起而肩負此重，使人類科學分界，悉入世界理智生活之共同研究。英人魯威氏曾云："中國有世界各國不可企及之民族内力，將來必負世界文化最大且重之開創責任。"吾願全國上下自負此言，從抗戰精神，發揚民族世界精神，努力推進抗戰建國綱領所倡科學與道德共同發展之計劃，使今後科學教育新途向，直趨世界民族平等之國際精神表現，擊破國際侵畧之科學戰爭行爲。

今日應速走科學教育之路[*]

自抗戰以來，國人對戰時教育問題，頗多討論。總聚衆見，析類有二：其一爲以速成應急變，從簡撮訂功課，使全國發動整個教育動員，同時展示戰時教育之一般認識與加強長期抗敵之精神能力的"戰時教育"論者。其二爲本抗戰建國精神，改造教育計劃，確定科學教育方案，樹立國家民族科學之基礎與生產技術之科學建設的"科學教育"論者。前者主適時適用，發動緊急治標之教育辦法；後者主因時開業，努力建設根本之教育基磐。一在供應抗戰需要精神，一在創立抗戰科學能力。故以今日偉大時期言，戰時教育有短小精悍之勢，對讀者如飢食渴飲，人人同感需要。蓋國人向無國防知識，驟爾遭遇强暴侵略與機械盜兵，故雖偶覩戰争科學常識，即視如眞獲至寶；偶增國防科學部門，即認爲學得專門功課。它如戰時之社會經濟、生產教育、民衆訓練與組織等等動員問題，實爲中國偉大抗戰時期，人人必知必行之緊急需要者。若科學教育之根本説法，雖有"一因成佛"之幸，然未免覺有渴而掘井，鬥而鑄兵之嘆！

吾人試以至誠發問，所謂"戰時教育方法"與"戰時科學"教育之用，果有充飢止渴，補弊救弱之能力否耶？曰有之，是在於戰時常識教育之加强，宣傳認識之增進，青年民衆，精神運動與夫一般抗戰材料之供給興奮耳！若謂戰時教育爲"生聚教訓"之功課，民族"精神食糧"之力量或實用教育，似又覺言大而誇，自底不類，蓋戰時科學功課之增換問題及精神與力量問題，決非實際科學以外之簡單言論推動所能建設，亦非科學教育工作以外之粗率宣傳工作所能形成。論戰時教育者，力事

---

[*] 本文原載《今論衡》（半月刊）第八期。

名稱功課之鋪張，而不問器材；力堅通俗認識之口語，而不顧實際。云愛國心有餘，云建國力不足。況易視與忽視科學之觀念，早流於中國教育界，萬不宜更事簡撮之功，致絕科學建國之望。

頃者予過桂東某舊書肆，遇一八旬狂叟，滔滔言曰："中國抗戰，必勝於精神團結，何必用於科學戰爭之工具？"予以其年邁而未與答問，然觀其髮短心長，神風高邁，且言次若一無猶豫者，彼懸河之口更謂："中國既無科學之教戰，安可妄冀科學機械以成其功？國人應識老子'無之為用'，莊子'無用為大用'之說。夫科學屬西洋富貴知識，古者貧不得貴，賤不得學，富貴學問為一戰線，吾國貧弱，無力追求'士大夫'之學，吾尤不信其真有過我平民辛苦奮鬥之愛國精神力量也。"謂狂叟之言為無足稱者非也，謂狂叟之論為無關抗戰建國者亦非也。然而若以此為經驗事實之教訓，組織民眾之宣傳，則除愛國熱狂外，實無可取。

國人對教育之科學認識，知之者往往無緣以致其力，言之者往往易趨於虛浮抽象。自革命以來，歷年有改造教育之呼聲，歷次有科學教育之目標計劃，獨惜改造者未必盡成事實，計劃者亦未必盡適需要。呼牛呼馬，聞其聲而不與於己，宗旨臚列，舉其便而不計乎用。目論失計，心存矜尚。狡偽狃習，發端為難。故雖以三十年之教育歷史，迄今罔見科學教育之作用。以五十年之留學政策，始終難得生產之事業。全國上下，因循自誤，遇事忌諱，害及無窮。彼空空之教育改進論，盡是教育家"關門之柝"，吾不知戰時教育計劃者，將何以破此關柝，而入科學實用之門也。

盧溝橋事變之次日，歐洲某駐平記者曾謂"本科學戰爭技術言，中國現有科學人才力量，實難獨立負保障中華民族之責"，斯說也因偏以科學戰爭為民族出路之理論，以侵畧弱小為文化科學之發展，然而從此益知吾中華民族生存之安全與歷史文化創造之力量為不遞世界列強，已屬不可否認之事實。差幸抗戰以來百度之缺粗修，而統一之業亦俱立，物力人力，各有集中進展。從英男死難之抗戰烈士，換來新生偉大國魂，從炮火轟炸之殘暴燬壞，展開我無限生產事業，它如教育改造，文化推進，科學建設，經濟發展，思想趨向之合理，精神動員之努力，在在顯

"抗戰必勝，建國必成"之光明大路，從此直踏科學教育基礎，建立民族科學偉業。是正吾中華民族抗戰之犧牲貸價與精神報酬也。

憶丙子夏，曾遇一新自西北考察歸平之法國友人，謂予曰："中國天然物既富矣，民族既偉矣，今日惟計如何廣推科學之教育，以用其富致其強，教其民開其業。"言者已別去三年，雖時過境遷，而所言正今日偉大抗戰時期中最宜深省之問題。予願全國教育專家從戰時教育之過渡運動中，踏入應走之科學教育途向，發揮中國偉大精神價值與物質力量。

然而科學事業，無論重輕大小，既不能希其驟成，亦難獲成於偶倖。故論如何走上科學教育之路，必同時知如何先去違反科學思想與工作之弊。茲畧舉四端，以示實施科學教育之先決條件。

一曰棄絕虛偽教育，勿背急切而慕所聞。科學研究，俱從真知實踐，深搜遠討之辛勤苦工得來。按學校設普通科學功課，備簡陋試驗儀器，依課本綱要練習，與據口頭談論問題，盡非科學教育之堅固組織。語曰業精於勤荒於嬉，行成於思毀於隨。"勤思"即可以去虛偽而近科學，"嬉隨"即流於無教育而趨毀滅。國人每好空言，或矜才恃氣，皮相罟窺，覺有科學非常認識。教授如此，無異毀學滅教，學生如此，是謂棄智絕學。於是則急切者背而無聞，所聞者空疏無用。教育界直將耳食耳學之不若，空華空果之虛慕矣。要知學問俱從人類社會需要產生，俱因供應急切發展，學校教育必切於民族國家文化之急務，應社會實際需要之供給，使一般教育倡導之學術生活，悉成國家有用之科學創造，浸假之間因生活運動需要，促成科學技術生產，求與供相盡而物質思想亦互相調和，狂簡者斐然成章，國家隆於科學教育之用矣。

二曰躡尋科學認識，勿苟形式而違實在。科學認識，誠如網貫網罟，條理密察，精粗俱無不到。從科學方法求知，必能有使發縱指示之思想行為，追索期獲之標準目的。關尹子曰"聖人師蜂立君臣，師蜘蛛立網罟，師拱鼠制禮，師戰蟻置兵"。有所師，斯有所知，斯有方法。躡尋科學方法，進行科學研究，如獵者捕兔，宜僚弄丸，探守精練，朝夕不懈，賡續試驗，不驕不矜，從此窮年累月，推研攻究，其精神必如荀子所謂

"真積力久則入,學至乎殁而後止也"。教育界果樹此風氣,科學建設之實效必易收無疑矣。

科學教育,非一般形式性之教育,論原則合於任何思想與智能之發展,論本質注意教與學之認識。雖有形式制度,決無違乎形式實在,或陷入形式苟簡之用也。普通所謂制度,其價值純視實踐效能爲定,教育制度,亦不過理智生活程序之擬議試驗耳,若試驗導師綰當乎權,攝適乎宜,則一切形式,統稱科學實在需要,而一切遵守之形式思想認識,僉爲科學研究結果。吾人若本科學多元實在論者觀之,任何形式教育,不足應思想智慧之範疇,任何知識探討,必自科學發其端緒,揭其真理。故宇宙雖有浩瀚無涯,與艱深奧妙之理義,然而走科學教育之通達大道者,即可展開無限法門。且"木受繩則直,金就礪則利,君子博學而日參省乎己,則知明而行無過矣"(《荀子·勸學篇》)。科學艱深何足畏,奧妙抑何曾稱難?倘教學之功真,必獲"受直""就利"之效謂教育爲培養陶冶之義,科學爲系統經驗與理性認識之訓練方法,説在於斯。

三曰厲行科學教育,勿亂制度而失法守。按科學教育可分積極消極兩義。積極者從教育本質制度以迄各科學研究與設備,教學方法與程序,課程內容,學科進度,種種問題皆按科學原則推行,合科學事實需要,精密計劃,嚴厲施展。消極者則徒從教育原則分配,求整齊適用,逼近理智生活之一般相而已。然兩者皆不離純正直率與沉靜果毅之精神,皆能不失正鵠,不偏獨見。對一切科學範疇"不引繩之外,不推繩之內,不急法之外,不緩法之內"。所謂"守成理,因自理",固非科學教育之精神所必守,然亦非其形式制度所宜棄。蓋釋法任心,難乎其不頗也。教育有不可無之制度,科學有不可忽之法守,遵之守之,則顯理智銳進之精神,韓非子有言:"釋法術而心治,堯不能正一國;去規矩而妄臆度,奚仲不能成一輪;廢尺寸而差短長,王爾不能半中。使中主守法術,拙匠守規矩尺寸,則萬不矢矣。"科學者,思想認識之領導,生活運動之規矩;科學教育者領導思想行爲與經驗生活入於理性繩墨或方圓尺寸之中,使行爲躋於創造,生活進於真善者也。厲行科學教育制度,則國家學術文化，必有日新月異之進展；社會經濟，必將強固獨立之生產，從茲學校與社會形成一片，科學試驗與工業製造相互爲用。學既不失用，而用亦不離學是謂科學教育之完全成功。

四曰嚴選教師人才，勿輕專學而溺私見。教師爲教育之骨幹，學問人格，爲無問題之必要條件。無學問即不能講授課業，無人格即不能成爲師表。若皆濫竽充數，開端者即是廢科學，曠教育，即有荒闕制度，葬送學生之罪惡。古者"司徒修六禮，以節民性，明七教以興民德，齊八政以防淫，一道德以同俗"，對"教"與"學"兩者極端重視。何休公羊解詁云："中里爲校室，選其耆老有高德者名曰父老……父老教於校室，……秀者移於鄉學，鄉學之秀者移於庠序，序庠之秀者移於國學。"國家選擇教師極端重要。中庸、博學、審問、慎思、明辨、篤行，從窮理以至實踐，從思想以至人格，無一可疏忽者。論語云：行有餘力則以學文；又云，博學於文約之以禮，是人格與德行，爲學問之首選。昔蘇格拉第與柏拉圖之理智生活，代嘉德與賴布尼支之科學人道說，皆欲一學問與德行，一人格與思想爲完全理智生活之教育，今日科學教育偉大使命在力求改變機械宇宙價值觀，調和科學與信仰認識，是正所謂"學行"兩重，"博行"兼顧者也。學問傾向尚如此，而教師人才固當以是爲選賢之標準也。

教育爲國家重大事業，爲學術文化建設基礎，不有專學無以興創造之偉業；不有尊嚴，無以樹百年之大計。故培養專門人才，提高學術研究，乃科學教育最要之目標。今日學校科系設立，往往因局部意見，作偏私之發展，因個人所學，定學問之重輕。人才取捨準乎情，教育興革依乎勢，情勢一變，所謂人才教育，兩隙無用，而新情勢之新人才新教育，又將應運而生，如是幾度，滿天下有皆人才皆非人才，皆教育皆無教育之感矣。學問二字，至如此情形之下，惟有科學教育字典中空懸意義，若教育一名則又直與字典解釋者亦不相同矣。凡此種種皆謂教育界得意忘形與獨斷猖戾者樹權恣擅之過也。是皆科學教育之罪人也。故吾願國人速走科學教育之路。

關於全代大會決議之教育方案[*]

中國國民黨臨時全國代表大會，於上月二十九日開幕，至本月一日閉會，決議關於黨政重要之議案爲：確立全黨領袖制度，設立青年團，組織民意機關等等。關於抗戰任務與建國目的之議案爲：外交、軍事、政治、經濟、民運、及教育等類綱領。凡此皆於振肅國民之精神，增强抗戰之力量，關係極鉅，吾人今就教育方面通過之戰時教育實施方案略述意見如下：

（甲）改訂教育制度及教材問題。中國過去的教育制度，完全爲零星雜湊之混色系統，無民族至上原則，無國家惟一洪範，既不適科學條件，尤不合思想進路。如師範制度之簡陋，私立學校之龐雜，研究院之褊小，專科教育之缺乏；若一一舉述，幾無處不顯極可憂慮之破綻。最可笑者，由中小學以迄大學之文字問題，至今不定。致各大學畢業生，多難以通順文字，表達思想！此種教育，結果雖不曰"亡文字之新教育"，亦可謂"文字衰落之中國教育"！觀各學校之注重"國英算"，表面似極堂皇，實際各學生皆以是三者之成績最劣。察其咎，雖不盡歸諸制度之不良，或教材之不善，然要不能不謂爲學校機構之太不健全也。今既由全大會決議改訂教育制度與教材，正宜本統一之方針，定民族獨立之科學教育，使抗戰建國的偉大進程中同時完成絕對科學運動之民族生存的建設力量。其要在：

（1）健全師範教育；及學術專業之訓練。
（2）改進中小學教師；及高初中之調整。
（3）確訂國文標準進度之學程。

---

[*] 本文原載《今論衡》（半月刊）創刊號。署其筆名"三輔"。

（4）調整粗製亂造之公私立學校。

（5）釐定廣大培植專門人材之研究院。

（6）改進職業教育，並提高其地位。

（7）提高大學之科學教育，使學校均變爲純潔之理智生活；與集團生活。

（8）創設一體式之：國家編譯館、學校教材研究館及審定教材之專門委員會（館與館間之研究人員可互兼，館與會則不能兼）。

總之此後學校教育制度，應一方施啓發式之自動教授，一方行嚴格式之學科考選，尤宜根本注重職業生產、科學創造、民族文化、民眾教育等類實際問題。教材編制，完全由政府聘定專家研討制定，若書商經營之謀利式的零亂教材，絕不許充作教本。

（乙）推行戰時教育問題。戰時教育一辭，積極言之，實不合理。吾人以爲值此抗戰期間，國家任何事業，可冠以戰時二字，惟獨教育一名，不能加此二字形容；因爲教育目的雖不謂爲專供戰爭用，其義要不能離"爲生存競爭與發揚民族精神"之事實而有其活動。一國之教育方針，即一國之民族性格；雅典尚文，斯巴達尚武，歐美重科學，中國習道義，各顯民族競爭之精神活動，與思想認識。故任何民族必先本其歷史文化之淘養，然後發而爲生存奮鬥之事功；所謂"明恥教戰"，深義在此，斷無有"臨渴掘井"之戰時衝動式的教育，可望其驟建"教戰"之功者。故吾人認爲"戰時教育"一辭，應改爲"戰時科學訓練"之稱，其義在補救中國對現代戰爭之科學訓練的不足，重定"建國新教育"的實施方案，樹民族國家之根本大業。所謂提高科學研究，訓練各專門技術人員，訓練青年，訓練婦女諸方案，在戰時固宜加緊實行，在平時尤應積極推廣。因爲此類工作，必先見於平時，然後可用於戰爭，若僅在戰時動態中宣傳活動，結果一到平時煙消雲散，將不見勝利之實效。此時千萬勿忘"建國新教育"之統一的實施，徒空談許多戰時教育之無用理論。譬如臨時大學、戰時大學，皆屬不類之名，望教育當局，深思遠計，決定科學教育之施行方案。

敘學（代史地叢刊發刊詞）[*]

　　白鹿訂規，首五教德目，次爲學義方，復次處事接物體要，若各爲一事而不相蒙者；斯殆朱子平日之意，所謂隨事精察力行，則有一旦貫通之妙。然而學之者，往往失諸支離瑣屑，流入於口耳聲利；或色莊外馳，繪琢相飾；或本原未識，操存無要；終至陷溺邪僻，勞而罔識。是故君子之學，首事物本末之知，次問學先後之辨，德用兼立，學思並重。先儒謂"學則知道"者，知此本末先後，與思辨立要之道也。《易》曰：安土敦乎仁。學必有本而後能達道，德必至厚而後能載道；問學之思，豈徒騁夫口耳聲利之智術嗜慾，所能必其功能之用耶？孟子云：萬物皆備於我；中庸謂：致中和。推其誼：一在誠物與博約之格致功夫；一在仰觀俯察，近取遠慮之思辨學問。如何思辨？法有六義：一曰緒統，二曰分析，三曰明同，四曰別異，五曰存有，六曰空無。思能大乎緒統，則學有所宗本；辨能精乎分析，則窮理盡致；思能會歸明同，則心志必不紛亂；辨能方類別異，則應物自然不窮；思能證驗存有，則實不渝於虛滅；辨能澈悟空無，則理不墮於現實。復進而思統以求分，紀分以析統，思同以攝異，明異以別同，思有以顯無，存無以空有；如是思辨反求，則剛健創進，日新盛德，仁守而無待，闇然而日章，知微之顯，贊化斯參矣。

　　今人喜以聰明智慧，論讀書爲學之要。蓋宇宙萬象，物理無窮，非才智異常之士，難得會通精到。及其蔽也，竟以智慧代思辨，以聰明代知識，忽忘博學、審問、慎思、明辨之誼，至於篤行之教，更無論矣。晦菴云：人如何能不博學得知，博學者，無所不學也。自吾身所謂大經

---

[*] 本文原載《史地叢刊》創刊號。

大本，以至天下之事事物物，甚而一字半字之義，莫不在所當窮，而未始有不理消會者。亞里士多德以科學析言萬物，以普汎科學會觀人生。柏拉圖以宿慧賦理性，以思辨悟知德，所謂致知之方，大體與吾儒博約格致之義無異，即今大學教育，分系授課，列共同必修科目；而進分業研究者，意在斯歟！學者即文史之教，以修辭立誠；即科學之理，以成器存眞，即哲學理則之智，以統類範學。進而倫理德教，心理性情，具爲陳讀書爲學之次序，不差不紊，健全知守。

科學思想，源出哲學；西洋科學之發達，實由希臘哲人驚奇偉大之愛智，與探求自然定律之求知精神所擴張。吾中國之大易之教，統自然、機械、人文、社會、政治、道德而涵論之，其後天算、音律、藥物、煉金、機械工程、地震儀、地圓論、無窮小一，及解析數學上之創見，演之者歷代甚多，惜秦政毀儒，易道佚眞，科學根蒂絕，而學術衆流竭矣。漢易多術數異道，邪正誠僞，本末先後，具難免耳剽目窃，拉雜附會之見，倘無系統研究，必亡隱顯之辨。劉因謂三代之學，大小次第先後之品節，雖有餘緒，竟亦莫知適從，惟當致力六經語孟耳。世人往往以語孟爲問學之始，而不知語孟聖賢之成終者，所謂博學而詳說之，將以反說約者也。聖賢以是爲終，學者以是爲始，未說聖賢之詳，遽說聖賢之約，不亦背馳乎。所謂顏狀未離於嬰孩，高談已及於性命者也。故今日學院共同科目之研習，必先之以中學各科學基本知識之明白瞭解。否則偏全失守，原委莫辨，學之茫然，遑論體察。

昔代嘉德謂：哲學知識如一樹；元學爲根荄，物理學爲楨幹，倫理學、機械學、醫學爲條枝。根荄不能固始，幹枝安有生長？由是知分系各列專學，必因共同科學知識之深切著明。吾人生活需要，惟在幹枝花果之效能。故數學、理化、文史、地理，各有所專，各展其用，或昭養浩之方，或充平易之知，先由本始，繼徵實用，譬諸教育學系，教育科學與教育哲學，顯爲兩大主幹，而獨立科學之實用數學、物理化學等，與解析數學理論物理化學等；復條然各著其分際。若文學之用，經天緯地，輝光日月；史學之用，知廢興存亡，國體國勢，制度文物，事蹟民生等等；然而純文藝與歷史哲學之肆博敷演，沖壯宏約，又幾爲學此二科者必致之知。至於音樂之攝生理、物理、文藝與美學；體育之攝人體解剖、衛生、醫藥與美學；俱不可執一端而有眤視，闇專志而忘全知。古今大哲人、大科學家，運用理智以探造化之秘奧者，其注意力無所不在，觀察力無所不觸。故程子本物我同流之宇宙觀曰：仁者渾然與物同體。是皆以人生遊於無待，知識振於無竟之文人大體，而入冥應眞極，獨立無匹之境界也。吾人爲學與作人，不造此境界，證此會觀，則絕無思辨與體認之意義或價值。黃黎洲先生譏世儒向外求理，而不知反求諸己；其説固有未合於思辨功夫，然而其義則精於眞理不可方物之化用。熊子貞先生謂：西洋學術與文化，應有中國哲學救其偏弊，中國哲學亦宜尚西洋科學思辨，以證會體用。精貫之思，萬不可忽。

柏特魯謂：學科學必先信科學，信科學然後有偉大之人生。吾人從事科學知能與教育科學之修養，惟有涵養篤實剛健之大體，澈通物理，蕩盡情識；問萬物之智，備致用之知，復小而辨於物（説見《繫傳》），習坎而恒其德，立此人生，強力不反，作之君，作之師，推實踐精神，入時行物生之化，致廣大精微之妙，一洗委靡因循之惡習，與夫稗販知識，輕視學問之狂態。宋儒謂：知事物之所以然與其所當然者，則其志不惑，其行不謬，日日讀書，時時窮理，會覺浸潤，浹洽通貫，自然與日月同流，天地合德矣。

以上略言致學之緒統精神。茲再檢述研習之專門科系，以明關係聯貫之旨。

一曰教育學系。師範學院，列爲首系。其中心目的，攝全部科學教育，與整個文化生活。舉凡科學宗教，範疇形式，與達成人生目的之方法，皆爲其研習之要旨。予嘗爲之抽其定義曰：教育是使人類各種性能表現，皆向公正道路發展；各種生活訓練，皆依疇形式活動；各種知識技能，皆具理想經驗價值；其目的在充人類智慧生活與認識，而爲人生最高理想人格，與理想文化之探討。故教育學之內蘊，有思辨對象之：世界、人生、社會、文化、諸理論觀；亦有知識對象之：自然、物理、社會、心理、諸科學觀。其方法攝哲學之智慧認識，與科學之知能分析，塙爲實科文化，人文社羣，各類型不可或分之一體關係。今學系科目，列哲學、心理學、自然科學爲必修者，其連誼在此，而教育哲學一科，尤爲教育根本問題之意義與價值，理想與批評之權威研究。他如統計測驗，行政教學諸科，或標工具科學之證驗，或著形構技能之本實，益諸教育史與比較教育二科，古今一索，經緯同貫，學者倘循此默察，證會立通矣。

一曰國文學系。此宜注意者：國文學三字。文學概包者大，而以國字界之，是最不可忽。孔子曰：志於道，據於德，依於仁，遊於藝。今之所謂藝，與古之禮樂射御書數不同；今人雖有致力者，然隨世變而下矣。詩文字畫，不可不學，所以華國，所以濟物，所以飾身，所以言志，無不在也。詩以六義爲本，三百篇其至也。降而辭賦離騷楚詞，又其至也。文以六經爲尚，先秦古文可學，如左傳、國語、莊周、國策、屈宋、史遷，其清華典麗，雄辯簡婉，與夫幽博疎峻之氣，實不可企及。下此如漢代長沙、仲舒、相如、子雲、子政、孟堅之壯麗冲暢，規格宏雅，各宜專習。洎魏晉而下，陵夷至於李唐，再陵夷而至於宋明，精約平易，經濟篤實之文極盛，但取其長而學之，足乎己而勿蹈襲捆束爲要。雖然，吾國文學，統經史爲一，本科學義蓄，四千餘年，文化生活，歷史延衍，文字嬗變，語音義訓，宜溯本源，闡識微言。故音韻、訓詁、校勘諸學，列爲研究國學之要目，經典、諸子、史籍、文評，各爲專書分授，文史統治。從而參究哲理，修辭習作，立德立言，文章經國之用見矣。然而不可不學者，審美規範，性靈心理，風俗語言，諸獨立科學，匪惟關係悟性理則，表象型構，尤涉文學科學之技巧，它如先秦款識及篆隸行草，至於鏤刻金石，變態百出，法度備具，若依天才訓練，萃之足以勵氣，參之足以肆博，通學至此，始可去俗。

一曰史地學系。史學與地理學合系，多設於師範學院，非徒便適中學師資訓練，且攝史地通才教育。《記》曰：廣谷大川異制，民生其間者異俗。《國語》謂：沃土之民不材，淫也；瘠土之民向義，勞也。歷史沿革，自然影響，實有顯著之關係。彼建國分疆，王制民數，與夫權淚知治之一體論著，俱見諸吾國史乘。培根分類，雖置歷史爲記憶科學，然而十九世紀以來，人生地理，人種地理，專科發展，悉未能脫國家人民生活反應，及自然環境、政治類型之通例。如現代之大地政治，國防地理，諸新興學理，不僅攝歷史證驗，實創史法新論。近人分地理學門，綱領極近史學系統之序次，雖曰以時間縱史蹟，以空間橫地理，吾人實不敢分割時空，以論史地。故區域地理，歷史地理，同見於地理學之分類中；或有以地理通論比諸通史；區域地理，擬如斷代史；經濟政治之地理分論，視爲專史者。所謂歷史之時間聯繫，與地方史之空間區劃，究屬性質差異，未可以概括論之也。若吾先儒史地兼賅之研究，雖曰方輿沿革過重，然而表立吾人學術尊嚴，與本國歷史地理之價值，實大有足稱，彼清代顧宛溪、魏默深、洪北江、楊守敬諸史地學家，各具獨特之創見，其鴻篇巨著，統自然環境、文化影響、方位考察、社會形態而爲開創之史論，學者宜群參校讀。

任何學術皆有其相連之性質，或因工具知識之關係，或因地理範圍之牽涉，或更因分科獨立之進化，與專門部分之特立；分合具有其必然之成分。如謂六經皆史則可，皆地理則不可；算學類有算學地理——測地學地圖學等——則可，地理列爲算學則不可；天文學、地質學、海洋學，有關算學地理；地形學、氣候學、氣象學，亦同涉算學地理。然而兩不可以同系無分。今日地理學之發展，地形學與氣候學之推進，實最爲有力；然而又不可以混視爲同一地理學發展。正如歷史之內，包各種學術專學，萬不能強以紀載時間創化或人文變進之義，直謂：地史、生物學、人類進化史、藝文史、法制史、科學史等爲歷史學也。學科之領域不可以無中心，若學術之關係發展，在學習者則尤不可偏執狹見。歷史學、地理學旁衍極繁，博攝尤多，如棄各科學材料與專門研究之認識，則兩無科學進步之系統事實可言矣。

吾國歷史，浩如煙海，歷代文化，萬不可疎而不識。詩書春秋左國世本，各具人生運化、政治經濟、制度文物及經界正名之大義。史漢纂承經教，國史體創，文質彬彬；地理志立，民俗專究。下迄南北朝史，新唐新五代諸書，史法史體，源流相承。溫公通鑑，宋儒議論，讀之皆見得義理，識得治亂得失、源流、人才、邪正、是非、財賦、本末、用兵、法制、嘉言、善行、幾微節目，與疑似取舍。本之義理，三復探討，是非自斷。從此進學西史，或斷代，或通史，亦自然疏通無失。

一曰數學系，近半世紀來，數學科學發展，從新闢之分析論與方法論，推進自然人文理化心理及最抽象之道德規律與元學理論，而爲權威之普汎數學觀。一般數學，常以數量空間兩義爲訓，故任何事物中存其法則，任何知識因其證明，草木鳥獸，聲音顏色，質量溫度，人口經濟，生物遺傳，工程計量種種，皆有其客觀之存在；而物理、化學、機械、生物、醫學、音樂、藝術等理論與實用科學，亦皆藉以立其真實內在之標準。若果自現代之數學邏輯觀之，則其客觀形式，象徵演算，已統攝語言、文字、哲學、科學、神學、信仰及最高理論科學原理之認識與實驗而一爐之，吾人今日對數學研究，必具此兩大信心，然後可發覺數學實用技巧之價值，與學習時必要之毅力與理想。

數學基本訓練，無絲毫假借；數學本身存在，尤無點滴虛偽。全理全能，全知全證。故分系之始，仍以數學複習，普通微積分爲其首選；質言之，充分認識數學之數量空間，或數與形之關係演算，從是展開解析研究，推進數理科學關係，與夫數學發展之實證推理。如微分方程，方程式論，以至高等分析，近世代數等，及數論、羣論、點集論等，皆是也。然而學者不可忽物理科學之選修，彼天文學之演算，機械學之連誼，固宜攝習，物理學與理論物理及實驗研究，尤宜並重。如此，則既備檢證之方，復闢發覺之門。牛頓原理拉亢儒（F. L. Lagrongl）解析力學，拉普拉斯（P. S. Laplace）天體力學，高斯（K. S. Gauss）橢圓新法，及安斯坦万有引力新定律，必盡求通釋無疑，始瞭然數理科學一致發展之偉大前途。十九世紀來，生命測計學、天體化學、證驗分析、精深演算，俱足使數理化學統爲一質，宜加意進習。

一曰理化學系。物理學與化學，普通皆爲獨立學系，而師範學院列爲複系，分物理與化學兩組。除普通物理學外，理論力學、電磁學、熱學、光學，及近代物理爲物理組之主修。化學組除普通化學、微分方程外，列定性、定量、有機化學、理論化學及工業化學爲主修。就專門研究之學系而言，似有不足，然此不過爲師範實用之訓練設耳。

磁電現象，自十八世紀來，進步千里，即力熱聲光諸學，亦望塵莫及。十九世紀中葉後，光與電磁之直接認識，極度發展，熱電論著，又復猛晉；故電動力理論與光學理論，冶爲一爐。從而 X 線之發現，鐳之性質，及放射現象之原子證明，促進電子論與量子論之新創，而力學與熱力學之基本觀念，重獲修正。安斯坦以之創光量子說；且進於一九〇五年，發表特殊相對論，立時空與運動之相對實驗，及光速不變之原則。一九一五年更爲普遍相對論之引力新解，展示廿世紀數學物理之奇偉思想。所謂物理學分立之力學、聲學、光學、熱學諸說，至是僅屬形式步驟；而物理定律之精確概念，尤非感官界所能證明。現代物理研究，實具有物界和諧，積分嚴密之廣博與真理認識，萬不可以簡單定律科學視之也。

現代化學，肇於鹿化西質量不滅之定律，從而原子量之測定，分子式之確立，電化說之倡導，促成十九世紀原子世界之科學革命，物理化學形成同一名詞科學。所謂人工改變物質之成功，當不在遠。學者始自定性定量之分析，而有機化學，而理論化學，實驗連逵，修習無間，對現象觀察，與新生比較，處處探測根源，分析實在，索微界物理之新解，促機械定律入邏輯推證之統計認識，觀科學哲學之大成，證教育與科學思想之萬能，人生幸福，社會福利，從此獲得正義與真理之保證。

論師範教育，音樂至要。古者以詩書禮樂造士，謂之四教；後世兼以易春秋，謂之六藝。漢唐並立五經博士，曰詩書易禮春秋而已，獨樂一書無傳。禮記雖有樂記，周禮雖有大司樂，一爲樂之傳，而非經；一爲樂之職，而非書；後世指玉帛爲禮，鐘鼓爲樂，是樂始流於工伎之末矣。徵君謂積政三年而作禮，積德十年而作樂，論曰治世之音，安以樂；亡國之音，哀以思。故聞韶，識舜德；聽弦，知國風。音樂之教，吾中國最重。太師摯適齊，亞飯干適楚，適秦，入河入海，樂工樂器，一切淪亡。今國樂不存，幸有西樂發展。習之者，當知所以用心而廣教於同人也。

體育爲吾國教育基本問題中最重要之一，中學教育階段，未能健全體育訓練之學與做兩大功夫；大學時代，又幾成爲形式或錦標主義。是以有文弱書生之誚，今日歐美體育發達，實因希臘教育之體育精神與文化影響，希臘教育以身體與精神之美育，爲健全民族國家之基本要素，故以藝術音樂美心，以體育運動美身，任何思想家、政治家、教育家，皆以能具此兩大訓練爲一切創造之條件，爲真正優良之國民，斯巴達有人民身體、青年胸膛，即是國防之教，雅典阿林辟克競技會之規模，即今世界任何國家尚難獨立望其項背，吾國六藝之教原以射御居中心，惜歷代未能以全體國民爲對象，僅有"自我"保身之遊戲末技，是根本失教育真義，忘國族健康之重大關係。

體育教育，關係思想智慧與道德意志之完全人格發展，質言之，爲從身體至思想，從情感至行爲之全人教育基礎，若自生理、心理、物理諸科學觀點言，則凡有機感覺與機械運動之統一訓練，皆爲德育、智育生活必須之教育方法。吾人應本茲大義，以倡體育，尤應本科學教育以學習體育，師範學院列體育爲當然必修，且分設系科研究，是由學而做而教之完全教育意義甚顯，習者宜本此美身美心之學，以張整個民族國家之人民體育至上精神。

結論：敘學不易，敘科學之學尤不易。以上粗列一般求知之要，與分科學習之專學，乃敘思辨知識之先後，與學問事業之發端耳。科學研究，處處是道；思辨功夫，終身用力而不足。《論語》曰：進，吾往也；《詩》曰：人而無止。知往而無止，則知所以爲學之要，敘學真義在此。至若文章形式，請次而不論。

如何訓練建國之師資人才[*]

抗戰一年來，教育部對全國教育制度，已遵抗戰建國綱領所訂之教育綱領，逐步改造施行。最近對師範教育問題，更有極端注重之趨勢。按自民十一年學制改革會議後，師範學校一變而爲高級中學之坿庸；高等師範，則直併爲大學校之教育學院或文學院之教育學系。所謂專科訓練之師範制度無有，而專業訓練之教育學院或學系，實等於普通大學各系之教育意義。故在中學師資人才選擇方面，任何學系畢業之大學生皆有同等資格。其失敗影響，致使學校無教師，社會徒增失業學生。因爲各大學既不能皆設教育學院或學系，而選習教育者又有不習專科與不知科學之苦。故以師資實際資格論，大學畢業生皆具備亦皆不具備；以教育能力與教學法論，大學畢業生皆有其長亦皆有其短。而以師範大學獨稱於全國之國立北平師範大學，遂亦直間接受此師範制度失軌之影响，故其內容幾無異於各公私立大學之制度。民二十年前，各中學校對教師之聘請，事實上無分於普通大學生與師範大學生，若大學教育系之學生更於師資無定準之濟濟多士中，成爲既無專用於教育行政之職位，亦爲無能執中學教課之廢人矣。近四五年來，教育部雖會注意此重大問題，然而匪惟有失積極治本之道，反趨消極限制教育學院或學系之設立，其不生效之"必須認習輔系學科"制，實不足解決此嚴重之建國師資人才問題。

今年教育部爲整頓各省師範教育起見，曾以所規定之師範教育方案，訓令各省教育廳切實施行，並指令各廳於計劃各省師範教育方案時，應注意下列各原則，其要點署如：

---

[*] 本文原載《今論衡》（半月刊）第十期。

（1）自下學年起至第一期義務教育完成時爲止，各省每年應增義務教育及普通小學教員若干，應有詳確計算；

　　（2）劃一小學師資標準；小學教員以師範學校及鄉村師範畢業生爲合格，今後補充師資，應依照標準；

　　（3）劃定師範區，每區至少設一師範學校或鄉村師範學校，如不能單獨設立女師範，則必須於師範學校內坿設一女師部；

　　（4）現在不合格及不健全之小學教員及私塾教師，應分別予以補充訓練；

　　（5）本年暑期畢業師範生，應由教廳分配各縣，過去失業者，由廳登記審查後，再行分配；

　　（6）各省訂定小學教員任用、服務、待遇、進修、考績，各類劃一辦法；

　　（7）規定整個實施師範教育之年限計劃。

　　按此方案，各省教育當局如能切實計劃進行，則不僅對師資人才缺乏之感覺可以減除，即對中小學教育改進之步驟，亦可循序漸進，尤其劃定師範區一層，對舊日偏頗失衡，或集中省會之教育錯誤，可完全救正。

　　教育部又於改進高等教育方案中，決定設立師範學院以訓練師資人才。近更於中央大學、西北聯合大學、西南聯合大學、中山大學、浙江大學內，各增設師範學院一所，同時並於湖南籌設一獨立師範學院。從茲師資人才培養供給之源日增，而師範教育建國發展之力必日盛。

　　按此新學制之師範學院課程如何規定，教學標準如何確立，吾人雖尚未見部方頒行，然僅就前兩方案觀之（整頓師範教育之計劃與確立師範學院爲訓練師資人才之規定），即已窺察其大畧，吾人曾於本刊第一期畧示師範教育之重大意義，今願更貢獻如下之意見，以供參證。

　　（一）確訂師範學院獨立之科學課程與科學教學方案。過去師範教育之失敗，完全基於教學籠統制。在一般大學所授之課程，內容與師範學院講習者毫無分別，精神方法、實習訓練，俱無異於普通大學講堂研究，故以一教授，講義成教本，足可敷衍普通大學與師範大學雙方習讀之用，可以一教授兼大學與師範兩校教課者，正在在多是。結果師範學校之學習在課程進度上，科學實驗知識上，與教育知識上，幾無與於"師範"意義之特殊訓練，而在思想涵養與教學能力上，甚或不及普通大學之科學精神廣大，因爲對教育課程，小與簡畧之限制有，而對自由與發展之思想則無，故也。此類弊病，若能確訂師範教育之科學教程，使師範學院之教學獨立，教學之科學系統，道德訓練，完全合於師資人才之實際需要與應用精神，一方面無妨攝大學教育之科學理論内容，一方面則應充足師範教育之科學實用，如國文、外國語、中外史地、哲學史等課，必依單純精要，持簡御變之教法，使綱條貫舉，明確有爲，尤其習教育專科方面之學生，對各自然科學、社會科學，均應特別設立"課程分論"之詳細講授，與指定必修之"科學補習"學分。務去"專業不習專科"之弊。

（二）師範學院教授，應由政府就全國品學兼優，與教學經驗卓著者，選聘爲終身教授。師範教育與普通教育實具重大之不同點，此點即標明之"師範"二字。先儒有言："人之患在好爲人師"，韓愈謂"師者所以傳道、授業、解惑者也"。爲人師者非可以人人爲之，是見師道之重，師法之尊。若人人以通俗淺學而欲爲人師，則有好爲人師之患。今日學校教師非可以普通知識爲足也，若弗有真正科學研究，即不能授科學精湛之道理；弗有真正哲學探討，即不能解思想疑難之知識。師範教育既專以訓練師資人才爲主旨，則於任師範學院之教授，萬不能不取嚴選之規定，以提高師範尊嚴之實際地位，使教與學俱成理智生活之共同修養，一方顯教者訓導之尊，一方示學者受業之專。吾人主張師範教授，應速由國家聘請；將來大學教授，亦應逐漸實行此制。因爲國家立學，國家即有選賢任能之絶對權。今日學校聘請教授之制，其弊至少有偏全失當，與教授兼課之兩害，在科學人才缺乏之中國，雖不敢謂有失人才聘請之慊，然亦不敢謂決無因陋就簡之事，在一般大學不應有此一習，而在師範大學更不應習此不改。吾人又主張師範教授應爲終身之聘請，王介甫有言："久於其職則上狃習而知其事，下服馴而安其教，賢者則其功可以至於成，不肖者則其罪可以至於著……夫如此，故智能才力之士，則得盡其智以赴功，而不患其事之不終，其功之不就也。愉惰苟且之人，雖欲取其容於一時，而顯僇辱在其後，安敢不勉乎。"《書》曰："三載考績，三考黜涉幽明"，此之謂也。緣教授非自由職業而為負國家學術文化之建設責任者，國家養之，取之；任之，久之；使其專焉而得顯其能；教焉而得見其長。《詩》云："薄言采芑，於彼新田，於此菑畝。"能新美天下之士，國家自有可用之才。

（三）嚴格考選優秀師範學生，并確定其用途，與將來進拔之地位。師資人才，原為國家培養而成；學問人格，原為教育陶冶而出。故自大體立論，不必有某也可為師範生，某也不可為師範生之限制。然而論器識與資實，則不可不加辨別之注意，論語言與性格，尤可不明白師範學生之條件。因凡為屬師範學生，悉為無條件之"國家民族的下代師傅"；為國家未來學校建設人才之主人或導師。其學至重，其責至大。古代天子諸侯，自國至於郡縣皆有學。博置教導之官，而嚴選、銓引、皆有定法所謂"不可為天下國家之用則不教，可為天下國家之用則無不在官學"。正見可教與可學之師範生，應以優秀子弟為選拔之本。且由國家養人不易，學校以專科專業講授，雖不敢以全體大用為期，亦不能以十百取一二為用。師範教育固難以超越人才為標準，然必以訓練優秀師資為原則，中國舊習有"用人不專"之弊，為師資訓練之師範學院所有學生，應確定為中學教師之惟一用途。各中學教師經若干年教學經驗後，如有特殊學術貢獻者，國家宜膺以進陟之報，或選為大學教授或拔為師範學院之專任導師。從此輪流任教師範學院之教學指導有人，大學教授之選拔有功。且可漸免昔日無教學經驗與教者學者兩不相牟之"教授恐慌病"。

（四）科學訓練與教學實習應平均發展，教育專科之課程組織尤須改造。從前師範大學所訂課目與所定師資標準，幾盡與此一方不符。科學訓練，專集於一、二、三年級之數理化方面學生，實習教學則僅以四年級三分一之時間，零星分配，其與普通大學不同者，亦只待此零星分配之形式實習功課而已。各師範生對教學方法、教育目的，實不能透澈認識，故無怪其出任教師時，不知如何教其所學，而尤不知如何以所學按程分授。此尚非最大痛苦者，若教育學院之學生，則更有不堪言狀者。按政府向未訂定中小學之教育行政人員必以教育系學生充任之職，且可怪者，中學課程中更絕無教育系學生所習之教育心理、教學法、哲學史等類學科，故教育系之畢業生，師資性質十足，然而師之"學"無有，師之"教"不能。論教學知識亦僅具方法形式之解釋，而缺乏實際科學認識之內容，結果免強担任不相干之史地，或強自教授國文英文，以本身不健全之所學，來教欲求基礎學問之中學生，求其不以學誤人豈可得哉。師範制度如此，是不啻使能者學而不能，終至移其精神，奪其學力，使朝夕從事於無補之教學，此非特不能成人之才，直又從而困苦毀壞之，使不得成材也。吾人認爲師範學院之教育專業訓練，在課程上應速兼籌改造之法。尤其專業意義上，應確定教育專修學生之用途，俾各生真獲專其業而不見異物，更不使異物之有足以害其業也。如何改造教育課程組織，此非三言兩語可盡。吾以爲原則上獨立之師範學院對自然科學方面如物理學、化學、數學、生物學、地學等等應有精訂之課程學習，而教育學程方面，則宜於共同基本科學訓練之上，依主要教程，指導練習，千萬不宜細分教育行政組，教育心理組等——師範大學即如此割分——因爲教育行政組決不能獨立於各專科認識之外，而教育心理組亦決不能於行政與專科之外，孤立於中學課程中。

（五）師範學院應實行導師制尤應注重理智生活，使學生受完全人格訓練。理智生活爲共同理性認識與科學認識之基本生活，爲德育之有效方法。——參看本刊第五期作者論導師制應注意科學常識與理智生活之訓練一文——蓋師範生不惟宜以學識爲重，更宜有優越之人格表現，此人格內容爲科學價值，爲道德標準，具深澈博大之思想，與豁達曠宇之氣魄。所謂民族精神，國族意識，不能蓄於素養而發於無限。其爲人師也將自無患害，其對國家，也亦將自有建樹，近數十年，中國因教育之失敗，影响國族之危難，此失敗原因，基於科學者半，而因於師資人才缺乏與學術教導無方者則又大半。今日抗戰建國之教育綱領，注重"科學訓練"與"國民道德修養"，其義蓋已明確認定改造之方矣。加以導師制復主注重"德育指導"。是皆欲達新教育於科學道德並至之大觀。彼師範學院之學生，正將來負此重任之民族師傅，國家存亡賴之，民族復興亦賴之。蘇子瞻謂："國家之所以存亡者，在道德之淺深，而不在乎強與弱；曆數之所以長短者，在風俗之厚薄，而不在乎富與貧。道德誠深，風俗誠厚，雖貧且弱，不害於長而存；道德誠淺，風俗誠薄，雖強且富，不救於短而亡。"言雖不盡可信，而理則實不可易。

（六）師範學院不具師範大學之形，必具全部科學認識之實；不取教育學系之名，必取教育實用之功。師範學院無論爲獨立組織或增設於某大學之內，其學科設立，決不能如從前教育學系之褊狹範圍，或徒就教育部門功課，設教育、心理、行政與體育等課，而置大學理工各院之學科於不顧；不然，則國家訓練師資人才之意斷無能效，而師範學院之學生，即用於中小學，亦必仍爲偏枯不全之廢物！從前所謂師範大學，固屬大而不當，備而無用，然其科學對分類之知，與學有專師之業，尚稱完整可取。惟其就建國之師資人才言，實勝於普通大學教育系之設立。只以教學制度與學科分立之不當，致其結果，仍不免流爲一般非師範專業或專科之弊。今師範學院之設立，自應採其所具之長，而救其所失之短，合爲"短小精悍""有猷有爲"之新師範教育，訓練建國必成之師資人才。

總之，師範教育爲訓練國家師資人才之基本教育，如果謂"教育爲國家生命之機能"；則師範教育即爲國家生命之指導，與生活創造之導師的預備。如果謂"教育爲傳授民族國家之文化、思想、科學、歷史等等工作於其子孫萬世，以更迭新舊，綿延創造於無限"；則師範教育爲民族國家之文化生命的保育者訓導者，同時師範人才之責任，必爲建設國家之指導者、創造者。

師範教育既負如此重大責任，國家應以極度尊嚴法則，確定其系統組織與標準訓練。使師資人才，得充實學科認識，以展示其專業功能，而受師範教育之學生，亦必因其負重自勉，努力期達建國人才之用。

　　國家因重生命發展之能力而重教育，因重教育之指導，而重師範訓練，因重建國之命脈的師資人才而設立師範學院，故師範教育應在絕對民族國家之生存發展上着眼，應在文化思想科學建國之民族意識上發動，使真正專科專業之師範生，統能於政府既定教育綱領下任教育建國之偉大責任。

突破教書生活的苦悶[*]

一般教書人的生活，社會上都視爲是很清苦高尚的，這種生活方面的人，往往有意無意之間被人分出兩種不同的情形：一種是爲生活而教書的；一種是爲學問而教書的。爲生活而教書的，説得漂亮一點，是以教學爲專業者，終其生不過被人目爲一個教書匠；爲學問而教書的，大概在數量上不多，尋常稱譽爲"學者""專家"的都算在這裏，他們似乎在教書之外還被人視爲特殊人才與超人一等的地位。我們從整個教育立場上看，前面這兩種分別實際都是一樣的。因爲大家都是受經驗生活的訓練，——家庭、社會、學校，——都是作知識生活的工作，——語言、思想、技藝——如果要説是有差别，只有説教書人在學問上各有境界不同，並非吃穿用的生活本錢不同。所以談到教書人目前生活困難或苦悶，教書匠與學者絶對是同感的，不僅是凡教書人都有同感，就是社會上任何人——除去少數官商富户、特權豪門的生活——也都是同樣困乏，没有什麽分别的。因爲這是整個人類、整個社會的一套東西，雖然歷史上有"餓死首陽山""不食嗟來之食""出而哇之"與"逃儒歸佛"等等人生生活表現，究竟那只是極少數的"人爲"故事，並不能解决真正的人生。我們看歷代聖賢，他們都明白這種道理，所以主張爲政者必須"先庶富而後教""足衣食而後禮儀"。

真正的問題，就在這兩句上的"先""足"二字。人民向政府挣扎的是要這兩個字，政府對人民敷衍的是騙這兩個字，結果這兩個字終於讓少數政治權威者詐取去了，成爲"先之在我""足乎一家"了，於是演成强豪掠奪之下的社會生活悲劇，鑄成人類貧富不平的罪惡，讓絶大多數

---

[*] 本文原載《正論》。

人混在這種悲劇不平中去討生活，去呼吸苦悶的空氣。這種悲劇的製造，自然是因不良的政府公司出品的多，但是追根索源，我以爲從不平等的教育產生的還是不少——因爲歷代特殊社會的階層，大都是由教育特殊目的釀出的，譬如柏拉圖的教育理想，硬把全體人放在一個理想社會裏關閉起來，讓"正義"來限制與分配，結果使各個人都鑽不出一條生路來。孔子的教育理想，注重個人的發展，本來很好，却是他又另劃出一個"士""君子""聖人"的階級，把讀書人都領到"學而優則仕"的官治主義上去，使職業社會無從出頭，民本之敎，不獲民主之實。我們不必遠責古人，就是現代教育制度，又何處不在製造特殊目的與優越知識階級呢？從十八世紀賴布尼支創國際智識聯盟的平等外交起，到今天聯合國的國際教育自由平等論調止，又誰能用眞正"教育人人"的理想破除爲自己"先足"的功利主義？所以我認爲今日教書人，先暫不問生活苦悶不苦悶，也不要信叔本華的生活意志說——生活就是痛苦——只要自己不扮演生活悲劇的脚色，不製造生活痛苦的原因，就可以欣慰的告無罪于人人。

自然，説生活的悲劇來源，大部份是由教育生產，一定有人不大相信。無論大家以爲如何，我個人却至少是這樣看法。所以我主張我們從事教育的人，要想法突破生活的苦悶，實行重新估定人生，樹起爲眞正教育人人而教育的平等目的，把知識生活展開，純粹走一條教育路向，不要只想由學問或教書來求得生活安全；不要以爲專業就是可以安慰飽食起居的兌換券；尤其不要以爲物質上的不滿足精神上的不愉快，就跑到教學式或學問生活上來找路子，想轉變爲滿足的愉快的這都是錯誤的看法。

無疑，我們從事教育或教書的人，萬不能不要生活，這是絕無問題的，但是應該生活在老子所謂"赤子之心"，孔子所謂"有教無類"，與蘇格拉第所謂"你應知道你自己"的意義上也是絕無問題的。教書生活的苦悶，並不是教育工作的必然現象，只是社會現在不自然的病理現象，病理的不自然，我們應該用赫胥黎說的"拿科學來提練已組織的眞理來診治"，用真正科學家冒險實驗自身——如席博德之目食寄生虫——與大膽理想，嚴守科學法則的精神，來創造或建設健全的教育生活，不許那些平凡的淺薄的生活幸福等等觀念終日佔據在教學工夫裏，不要為生活經驗、生活價值所困，更不要天天把由小我向大我的奮鬥，看得太生活化了，結果至於忘掉科學創造的與人生奮鬥的生活真義。

　　話說到這裡，不要以為我們是在提倡"精神文化"，不，絕不是，人人知道創造和奮鬥所需的力量，是要麵包、大米飯、衣服、圖書與儀器等等來供應的，教育工作，更需要吃麵包大米飯的人來推動的，我們就生活要素與教書人最低生活來說，這一點也不能空過。於是莫利邪說過："人不止為這個就完了。"我們要知道"力量"須向創造上去奮鬥，才有價值，教育要向知識進步和為人類工作上去推進，才真有意義。所以有人說：飢餓的痛苦，固然可怕，但是只生活在飢餓的痛苦之人生更可怕。我們應該把解決民生問題的基本力量，從教育的人人身上培植起來，要把教育的園地墾殖得全無一塊荒土，更要使各種新生萌芽，枝枝有力的發展，讓後人來滿滿豐收。至於自己呢？只應落得滿頭大汗，手足胼胝而已！因為大家既生在這個時候，又站在教育行列裏，惟有努力披荊斬棘，辛苦向前。一方面為大衆開出教育生活的坦途，一方面還要避免"拔本塞原"的後慮。

　　明代初年高季迪有一首長詩敍述讀書吃飯的生活，中間一聯說："讀書將何為，乃與始志戾，進無適時材，退乏負郭田，我生非瓠瓜，謀食有道焉，苟得隨羣趨，顧此不稍賢，飲餘解衣臥，毋嘲腹便便。"這種逃避困難，隨俗浮沉的生活，可謂雅而不高，活而不生，這種人生境界，今日確實不能保留在社會裏，尤其教育界裏，我們決不要徒冒學者或專家的空招牌，傲睨社會，高尚個人，我所說的突破教育生活的苦悶，是一句踏實的教育革命的主張，因為中國現在的教育界實在太沉悶，太暮氣，好像大家活不起勁來，奮不起力來似的，大家說是消極，其實就是懈怠、貧乏、惰落，不為學問而學問。"突破"是要用真的力量，果毅的功夫來沉着的戰鬥，把不適應的生活、私利的欲望、腐舊的習慣、非科學的僞知僞學，一齊毀盡，站在爲教育而教育、爲學問而學問的教書線上，展開導師的工作，使教育來領導人人到自由平等之路，從科學來建設人類社會的完全幸福。

兩千年來的教育，脫不掉"以吏爲師"的奴隸型，離不開"道洽政治"的理想型，所以教育目的，始終體貼政治制度，個人天才與自由研究，橫被摧殘。教育事業與工作人事，都受政治支配領導。政憂亦憂，政喜則未必亦喜。所謂教育生活，好像是向外面討來的教書的人，好像是對外面工作的，如同雇員一般。知識生活關在這種"外面"的境界麼，當然是要苦悶，我說要突破的，就是要突破這些"外面"，前進到真正教育的內面來。內面是我們自己的，是我們學問的，是純美自由的，大家想想，我們看見"生活指數"，用到幾十萬倍，生活苦悶，只有增加，這是證明外面之不可追，如果不健全內面，將有毀滅自己的危險，所以我主張由內面自己創造，突破對外面的痛苦。自然，這裏所謂內面，決不是狹隘的個人，或唯心的觀念活動，而是"自己知道自己"的奮鬥，是要擴充到社會"人人自己知道自己"的奮鬥。如何擴充呢？這就要靠教育，靠教書的人負起這個重擔，勞心而又勞力，向前猛進。

導師制應注意科學常識與
理智生活之訓練[*]

教育部本年頒佈中等以上學校導師制綱要，令全國各地中等以上學校即遵照辦理，其第一條云："本部爲矯正現行教育之偏於智識傳授，而忽於德育指導及免除師生關係之日見疎遠而漸趨於商業化起見，特參酌我國師儒訓導舊制及英國牛津劍橋等大學辦法，規定導師制令中等以上學校遵行"；第三條云："導師對於學生之思想、行爲、學業及身心攝衞，均應體察個性，施以嚴密之訓導，使得正當之發展，以養成健全之人格"。

按綱要宗旨與目標，均於此兩條盡之，全國中等以上學校，如切實遵照施行，定能期獲"教學"雙方有效之進展。實現"知德"合一之精神，既可免課本偏枯散漫之害，亦可免知行迂拙迷謬之見，中國新教育制度將從此推動，舊教育積弊亦將從是補救。

雖然，制度本身之善，非善之上者。善行制度之善，與實現制度之善，斯爲上善之至者也。導師制在今日抗戰時期施行，不惟對教育本身有絕對優良之價值，即對民族抗戰精神與補助戰時教學功用上亦爲極大之需要。惟是綱要所定之訓導方案，負導師責者倘稍不經意，必流於形式敷衍，如第四條："訓導方式不拘一種，除個別訓導外，導師應充分利用課餘及例假時間，集合本組學生，舉行談話會、討論會、遠足會等，作團體生活之訓導。"此條在導師制度上爲必要，在實施方法上則爲最難。因爲學生生活，易藏修於智識傳授之講堂，而難息遊於德育指導之課餘；導師預備，每注意課程講授與專學研究，而怠忽通常知識與集體生活。論個別訓導，往往僅及少數優秀份子；論談話討論，往往偏於零

---

[*] 本文原載《今論衡》（半月刊）第九期。

亂雜踏之瑣聞或無關知識行為之批判。算家羅杭（Laurant）有言："導師對學生，如牧羊之犬；不惟自身有絕對看護羊群之義務，同時更應嚴厲注視羊群以外所有可能之危險偷襲！"吾以為任訓導之導師，必須負此精神義務之全責，而受訓導之學生則必須有如羊群之馴行生活。然後實行導師制之功，可使學者得所養，教者有所用，不然，羊群損失，犬無重於牧人矣。

教育部為推行綱要之順利起見，復於頒發施行時，舉述實施時應注意之各點，其法可謂周而且備矣。然而吾人認為欲求有效推行，更應注意"科學常識"與"理智生活"之兩大訓練。請分別言之。

（甲）推行導師制，何以應注意科學常識訓練？按導師制有分組訓導與各組導師對於學生之思想與行為各項，應負責任之規定。分組情形，當視各校班次與學科為轉移，而擔任各組之導師是否完全適於各該組學生所有專習之思想需要，與合於各該組學生性情行為之責任指導，此屬即關重要之問題。依綱要第七條之規定：學生在校或出校後，在學問或事業方面有特殊之貢獻者，其榮譽應同時歸於原任導師，其行為不檢，思想不正，如係出於導師之訓導無方者，原任導師亦應同負責任。如此重責，試問多少導師能以人格學問擔保訓導？如無敢擔保，又是否即認導師制為不可行？予曰敢擔保可行，其法必先立於整個系統秩序之知識基磐，化人生科學、自然科學與夫社會、政治、經濟等學科知識於同一經驗常識之訓練，使物質機械思想或物理自然學習者，合於人類社會經驗，通於藝術愛好之認識精神。換言之，使各組學生，展開科學常識觀念，聯絡知識斷片或獨斷意義，以趨赴思想行為之系統認識。打破所謂私人小我之觀念與歷史威權之絕對知識。更簡單言之，受訓導之學生與負責任之導師必共同立於知與行，致知與立德之純粹條件上。此條件可能，惟有從科學常識訓練出發。其說當明於次述。

"常識"為人人日常經驗之感覺，即人人日常生活需要之普通知識，其重要性，直稱人生行動之一般原則，故常識不足，生活必失規矩，而接物應變之能力，亦必漫無作用。哲學家所以視常識為學問知識之基礎，科學家所以更視常識爲科學認識之條件，又謂常識乃科學系統組織中之經驗知識，或曰公共之理性知識。費希德有言，國民沒有科學常識，決不瞭解國家存在。是科學常識之重要與民族國家之精神有極大關係。

但是，一般常識價值，往往易爲人忽畧，或被視爲淺薄，且因其普通性又易流於散漫，若欲使淺薄普通散漫者變爲有用，則惟有實行科學常識訓練，因爲科學知識，皆爲有條理、有系統、有組織之經驗生活之認識，尋常如能將一切經驗行爲，條理或系統組織之，則即變爲確實整齊之學問。人人能從經驗常識中獲取無限有用材料，人人不放棄日常經驗，則人人皆有科學事實之注意，即皆有了解科學常識之能力與操科學技能之行動。因爲常識經驗爲生活行動之指導，如有充足指導生活之常識，則一切行動，必有條有理，而生活理性化，社會組織化，國家科學化，斯有無待期然而然之成功矣。如此，所謂民族國家之學術文化、科學建設、教育發展，將無一不達於最高精神。今日導師制之實行，其目的在促進"科學"與"道德"之共同發展，樹起民族國家之精神創造與文化建設，故必先立科學普遍基磐，使一般受訓導者，同入於學問事業與人格精神之思想領域，然後循循善誘，推進民族科學創造能力，以躋於建國有爲之獨立地位。

（乙）推行導師制何以應實行理智生活？科學常識訓練，爲指導知識，整理思想與夫經濟研究、系統分類之訓導方法，然而徒恃此種訓練，往往易趨枯燥無謂，倘指導者無絕對科學知識之貫串能力，則受訓導者必有循環無端、徬徨難進之感，所謂知識圈套，最無用於學生生活，亦最難施於團體訓練。所以有人謂：使教育科學化，不若使之生活化，使教育生活藝術化，不若使之理智化。謂之生活化者認教育必自經驗實用推進；謂之理智化者認教育應陶養創造進取之人才。導師制既在剷除教育商業化，實施團體生活之訓練，此訓練方法，惟有變教育生活爲理智生活，使學生從經驗習慣中漸趨理性知識之注意，從自然環境中逼進智慧創造之興趣，栢拉圖云："科學對象，非個人感相而爲真正理智，個人無世界同存之認識，惟理智生活，有完全自然之原型觀念與道德實踐之真善行爲。"負訓導思想行爲之責者必先明乎斯説,使各組學生因理性自然,出智慧天性,脱私生活之俗相,而亦不以"學"喪其"性"也。莊子有言"繕性於俗,俗學以求復其初,滑欲於俗,思以求致其明,謂之蔽蒙之民。古之治道者,以恬養知,知生而無以知爲也,謂之以知養恬,知與恬交相養,而和理出其性。"此之謂也。

　　理智生活爲德育之有效方法,若純恃導師"以自身作則",雖不失爲訓導善策,然不若使學生自身合理,自趨於思想行爲與身心攝衛之理智生活之爲善也。荀子所謂"心所可中理,則欲雖多,奚傷於治!心之所可失理,則欲雖寡,奚止於亂"。所以止之之心,完全得自理性生活,訓導者若能處處促成理智環境,使學生有反求諸己之心,然後隨施"思想認識"與"德性修養"之指導,必能獲内外自化之功與禮義權衡之效。修身篇曰:"治氣養心之術,血氣剛強,則柔之以調和;知慮漸深,則一之以易良;勇膽猛戾,則輔之以道順;齊給便利,則節之以動止;狹隘褊小,則廓之以廣大;卑溼重遲貪利,則抗之以高志。"教行而化成,是謂上善之教,謂垂拱無爲者,非真謂聽其自然,乃得其道而教者也。語曰"居移氣養移體",理智生活正所以責其養也。

從師範教育論到公訓學系課程改訂之意見[*]

年來我政府對建國之師資人才，極力注意培植，對公訓教育，尤爲特別提倡。故除設立多數獨立師範學院及大學師範學院外，更於教部內特置訓育委員會，於各師範學院內創置公民訓育學系，一以研討中等學校訓導問題，一以預備實施公民教育與建設民主政治工作之導師。

往者吾國師範教育未能發達，師資訓練，亦未有完善計劃。故論一般結果，不失諸形式，則流於虛憍。所謂人格訓練與學問器識兼修之真正教育，大都忽略不講。師範不立，學風不振。庠序荒蕪，人材衰少。昔楊子論學行之要曰：一卷之書，必立之師。又曰：務學必務求之師，師者人之模範也。黃山谷嘆言士大夫不知孝友忠信，子弟不知務求師傅，他日讀書種子，將絕於學校。今日師範教育，正宜針救此弊，觀其責任，實非普通教育對識字知識與科學技術之貫輸工作者可比。師範教育乃爲國家立師道爲人類興科學，樹國民道德，振民族精神之導師教育，所謂培養國民下代師傅之教育是也。國家對之當宜嚴爲之制，善爲之防，勿勋之於形式具學，勿忽忽於知德訓練。易曰君子居其室，出其言，善則千里之外應之。能一日克己復禮，則天下歸仁焉。吾願今日師範教育，能興起師道尊嚴之風格，雖值國事艱難與師資缺乏之際，亦必先樹立國家師範教育精神，健全民族道德思想，剷除社會學術頹風。

攘臂欲操萬丈戈，力與熙道爭浮偽。此宋初儒者愛國衛道之豪語。故自明復以後，師道獨尊，書院教訓，術德兼養，遂成一代之偉大精神。凱興斯登萊（Ker3chensteiner）云：國民師資健全，始有健全之國力。又云先有健全之公民訓練，然後有真正之國家建設。今日辛苦抗戰，正

---

[*] 本文原載《國立四川大學師範學院院刊》創刊號。

賴全民操戈以赴。然而此操戈之全民力量，必賴廣汎之公訓師資人才，先爲之領導工作。彼師範教育之重，固無待言，而師範教育之公訓師資，對此國家建設，民主精神之樹立，實尤爲需要。

公訓置立學系研究，在中國實爲初創，吾人既識其重要，則宜善設學科，專知訓練，俾學者於短期四年中，獲得博約與術德之全知全能，出而達成知行有用之學。過去部訂科目，廣及社會科學，教育科學以及歷史文化等基本認識，習公訓系之學生，往往惶惑所學，疑及其用，頃見三十三年五月十八日教部令飭全國各大學各學院分院將民國二十七年以來共同必修科目表及分系必修科目表實施之缺點困難，及應予刪除或合併設置或增減學分之處，彙案呈部，以便整理修訂云云。吾人願就所見略爲舉述於後。

關於師範學院共同必修科目似宜有所修訂，本文暫不討論。以下所述，僅先就公訓學系之分系必修科目陳之。

公訓學系必修選修科目，均應有全盤之系統整理，其最要者爲學科之重心標準。質言之，本系科目，一方應確示公訓教育之"科學的學習程序"；一方應建立公訓人才訓練之基本方法。過去部定科目之必修性質，未能明白表出中心學科，如"民權行使與實習""升學就業及指導""分科教材及教法研究""學校衛生與體育"以及十六學分之"教學實習"幾佔三四年級學程之全部時間，學生對之，均極感枯燥，致失研究興趣。一、二年級之社會科學四種，似純爲普通教材之"公民"着想，未能引學生深究。"中國政府"夠六學分，而於本系得名之公民教育及訓育兩科反僅共列六學分，未免有失重輕。凡此均應即行刪訂者。吾人以爲關於公訓方面之直接知識所關係之學科，須增設二三種以上。譬諸公民教育方面，應行獨立研究之問題或認識極多，訓育方面亦然，一學期講授，決不能窺其堂奧。若將駢枝者刪去，將教學實習及分科教材研究等類合併爲教學教材研究一科，則時間學分，既易分配調當，而中心學科之添設，尤易見其目標。

關於選修科目，原定各科名稱，十之七八與教育系所設置者相同。

其弊易使公訓系流爲無獨立研究之範圍，即如一、二年級之社會科學四種與大學法學院，勢必合班講授，教授方面既難顧及分院之材料問題，在公訓學生習之，難免失諸一般性矣。欲救此弊，宜於選修科目中多設專目，使之與必修學科相形而爲統類之知，庶免選習失趣與學科失貫之害。

　　總之，上述意見，不過寥寥大者，各科目修訂詳表，此處不列。吾人僅提示公訓師資之重要，同時切望專家能修訂一絕對合理之訓練學程。駑牛負重，必先飼以既飽之食糧，始可策其奔走於無患。吾見世中文學之士，品藻古今，若指諸掌，及有試用，多無所堪，居承平之世，不知有喪亂之禍，處廟堂之下，不知有戰陣之急，保祿位之資，不知有耕稼之苦，肆吏民之上，不知勞役之勤，故難可以應世經務也（《顏氏家訓》語）。中國過去教育之失敗，或云在坐而論道與依阿無爲之過，如果所學疎闊虛循，忘"己分""己事"之大我，斯否惟可惜，實有足懼。

　　公訓教育爲知行與教訓兼重之"動的教育"，爲科學訓練與道德修養並進之"實踐教育"，同時更爲民族國家建設與政治經濟實施之"行的教育"。故公訓師資人才，必養成知能行動與教訓適用之專材。東萊謂古人爲學十分之中，九分是動容周旋，洒掃應對，一分在誦說；今之學者全在誦說，入耳出口，了無涵蓄，故學者除三德三行之根本外，必教以國政，使之通達治理，洞曉國家。近日放肆之自由學風，未始不用此語以自訕"全在誦說"之弊，故形式工具之說，往往可以反實科之教法，買櫝遺珠，誠不知其所失之大也。教育決非以訓練個人爲目的，尤非爲學校而教育，學者倘視國事如秦越人之肥瘠，則國家惡用此貌貌之弦誦聲爲耶？堯夫謂善教天下者止於盡德，善率天下者止於盡力。公訓師資人才，應是盡德盡力之標準人物，願學者努力以赴。尤望教育當局切實詳劃，訂成期達此偉大訓練之學科步驟。

中學教育與科學分授*

（一）我國中學教育的經過

中等教育，在亡清興學的"忠君、尊孔、尚公、尚實、尚武"的教育宗旨之下，其目的自使高小學生加深程度，增添科目，作高等專門之始基與升學預備的標準。當時所謂"教育"，就是"學堂"；"中學教育"，就是"中學堂"！所以張之洞、張百熙、榮慶等忠君尊孔的立學總義，明白認"中學堂爲施較深之普通教育，俾畢業後，不仕者，從事於各項實業；進取者，升入各高等專門學堂，均有根低爲宗旨"。這種衙門式的官級教育制度，從光緒二十七年到宣統三年，文理分科，正相當於科舉積弊。民國創立，中學校制與中學堂制，實二而一；雖以"完足普通教育，造成健全國民"爲宗旨，實際仍不知中學教育的真義。民十一年改訂標準，以"適應社會進化的需要；發揮平民教育的精神；謀青年個性的發展；注意國民的經濟力；注意生活教育；使教育易於普及；多留地方伸縮餘地"七種意義爲宗旨，較之從前當勝一籌。現今各地中學，多本此義以實行三三制或四二制的選科教育，同時設農、工、商等科於高級中學，表示注重職業的基本訓練。這正是奉承部令"斟酌地方情形，酌量增減科目及時間，添設職業科"的根據。是即我國中學教育最新最近的進步。

（二）一般教育觀念的錯誤

就這三十多年的標準看，我國中學教育的趨向，不外兩條"洋路"：一方向日本，一方向美洲。參在這兩條洋路上還有英法德式的教育，也雜進了幾點。所以中國中學教育的宗旨，就是"各國中學教育"的外表。

---

* 本文原載《中央日報》，1928年2月25日。

各國的社會、風習、人情、心理不同；各國的教育制度、實施狀況、自然應有差異；我們自己忘去"不同"與"差異"的教育觀念，將整個的教育原理，割成零亂的創口，好像中國人帶一頂博士帽，穿一件棉布短掛，套上一件西服，穿一條紡綢褲，裹上英美式的皮腿套，再加一雙木屐鞋，還要在報紙上大吹一頓：説我們辦的是中外文化溝通的現實教育。在沒有明白什麼是文化的人自然按這種廣告去找新教育的意義。實際我們徜徉失路的錯誤就在此。從前中學校，幾乎是這種文化的博物館。中學教育就是預備宣傳這種文化的途術；所以辦教育的，不知教育原理的實施；遇學生成績不良，則多加功課，俾收嚴肅之效；遇學校風潮消息，則變更教育主意，只謀消彌挽救之法。什麼嚴肅中寓活潑，活潑中寓紀律，都是博士帽子，棉布短掛，紡綢褲子；一身絕無貫澈的摹做。認小學爲一般平民義務教育，中學爲預備升大學的普通教育，中學教育就是大學教育的"底子""粗貨"！這種現象，產生於只知隨時代潮流，應教育趨勢的亡清，自不能保存於三民主義的國民政府之下！譬如小腳女子，固然知道買高底大鞋，塞棉花走路，學時髦，以應時勢，但是不要忘記自己女兒的天足，又去把她裹成半大腳。説是"救濟舊制"！教育不是假裝的、添置的，新舊的根本問題不能解決，始終無所謂新教育！

（三）所謂中學教育

中學是否專爲升大學的預備教育？中學與大學應否完全相接？能回答這兩個問題的肯定與否定，就是中學教育的認識。我以爲人類進化的自然活動，有三種要求：

第一爲先天理性的精氣發育時代，先智慧機能的獨立訓練，——離特殊科學研究——求原始共同觀念的知識；用誦讀、書寫、測計的工具，俾作"觀察"事物的應用；

第二爲發展驚奇智慧，安定智慧活動的各種要求，就社會生活的關係，提示人類已往與現在的經驗全體意義，導入科學的實習，構成社會的活動；

第三爲特殊科學智慧獨立完成的時代，反百科認識的精神，而於科學園地，選一塊良田，自行耕耘，自行試驗。

第一爲小學教育，注重身心；第二爲中學教育，注重精神（科學）；第三爲大學教育，注重科學（精神）；這是整個的教育原理，認小學、中學、大學爲一貫的歷程。然而就一貫的歷程，可以分成三段教育的活動，以中學教育爲中堅。譬如身心訓練如無精神教育的試驗，即不能充實知能的發展；科學研究如無精神教育的安定，結果只有標本模型的參考。所以中學教育對於"教育"本身，猶心之於人，實之於物，裏之於表，內之於外。小學時代所養的身心，大學時代所完成的智慧，都是靠精神的活動，成功活的心靈、動的智慧。我們五尺之軀，在生存競爭中，馭制自然，做宇宙定律的例外，就靠驚奇活動的智慧精神，指揮身心所得的刺激，發生合理的反響，漸成有目的地活動。如果中學教育的機關不能明白中學就是教育的中間，智力所受之指令的中樞，又不能明白中學自身與環境直接間接的關係，那麼，什麼課程的變更，課外的活動，教材編制的標準，學生能力的差分，節省求學的時間，化除中小大中的界限，都是辦不到的，不會適應的。要知中學教育的本身，正如目之洞見而不能自見。我們應該先明白這種本身重要的意義，然後可以明白所謂中學教育。

(四) 中學分科與學科分授

中學分科制，是適應現代社會進化的需要而起。實業、工業、農業、商業，都向科學方面擴大；而社會民生普通需用的知識，無形間轉需專科訓練的要求。從前與實際生活判若鴻溝的中學普通教育，現在漸免去貴族彩色，趨於平民實用的教育。或科學，或職業，或美術，皆應與生活全體的理想不相抵觸。是專科教育的試驗，顯合於普通教育的學科，而中學應就人類科學實際教育實行分科，引起個別自然的發展，職業天性的興味，學科選擇的配合，已屬無疑。不過中學分科的意義，與確切特殊的需要，實在不專爲大學教育或純粹，求知致用而有。選科教育，是今世事業與現代生活的結果影響使之如此。中學分科的精神與大學相聯貫，分科的意義與大學相共濟，至於分科的教育則與大學爲獨立。

有人說教育就是個人加入社會團體一種過程，它能使人了解環境中的事物，確定知識技能的方法，所以教育應該有羣性的標準，無論是普通或專科的訓練，皆不宜視教育爲書本學問，或固定的機械的生活工具。中學教育的分科，不是狹小範圍的拘束教育，而是利用專科訓練的智慧情感，去求得賅博的理解；運用獨創和應變的能力，發展文化社會生活美感教育的精神，然後更就各方體驗的時間，求達教育最高普徧的意義，使人人担負的責任，知道："我是人，我應該知道人類的事；我是人，我應該有人類科學的技能。"拿我精神教育，參加各種生活的實踐，保障個人和社會的活動精神。故中學教育的價值，就在培養特質的能力、基本的知識，雖然分科有普通，農、商、師範的專攻，分級有初級高級的劃別，然而真正的"基本假設"，無論何科何級，皆以培根的理性科學、想象科學、記憶科學；或希臘所謂世界科學、規範科學、道德科學爲標準支配。使一般青年人格，目的表現，在智慧上感情上，超個人實利以參與人們的生活和人類化的適應。這種中學教育的效用，就是社會活動的中樞。所以現在的分科制，一方面要適應社會環境需要，一方面又要順道科學思想潮流，它方面更要恰合共同觀念的個別志向，同時於時間經濟、精神經濟、物質經濟，也都要面面顧全，打破從前限量的分科，勞心治人的階級。這種標準有了，我們可以暫時假定下表分級分科學科課程分授的必要（見圖1、圖2）。

（五）**科學課程教授**

前面初級與高級共同觀念的科學基本聯合觀念爲何？簡單回答：即在文藝與科學的教授。如果分科無科學貫澈底"經"，文藝精神的"緯"，則科級制仍不失爲呆板式的模型教育，所以科學課程分授的方法，亦爲中學教育的主要問題。

我們對於一般中學科學課程教本，多半認爲不能滿足真正的要求，其教材組織，戛乎難具濃郁的興趣。譬如現在標名新學制教科書的課本，內容往往空標新題，沿襲舊義。曰實用，曰新編，曰混合，曰新制，用以指導學生，作羣性活動的標準，實在是教育的謬轍，中學的末路；無論結果如何，終難達如願的目的。如此修補，雖將萬能教育的新課程加

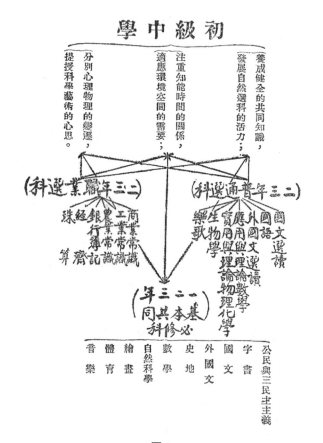

图1

入，亦難收效。即如跳舞，如新劇，如藝術，如新聞，如科學方法，如教育哲學，如職業教育，如平民教育，如勞工教育，如勞農教育，種種新運動，新課程，結果不過徒增加教育形式，實際則泯滅教育真義！欲言變革，萬難乎其能！

　　科學課程與學校課表是絕對獨立的；科學教授與科學課程編制是相對獨立的。課表科目的差異，不妨於一致的科學精神，學生思想進路的指導，則誠恐經緯不能成織。所以教育不急於强多授功課的發達，中學教育更不急於超科學訓練的發展，因爲準繩不結，思路不清，終於養成"無所措手足"的"搢紳先生！"要講中學教育，就要根本明白教育中的

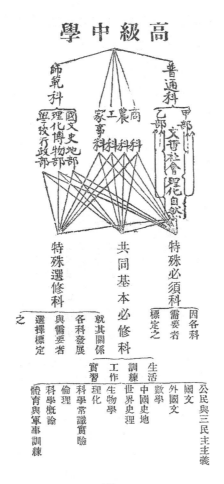

圖2

科學作用與其職務，換言之，要明白知道數學的推理，理化的試驗，生物的觀察，文學的想象，在中學教育原理上的位置。

數學科學是一切科學精神的基本重要科學，它的研究對象，完全一部人類精神教育的邏輯、明白、單純的表現；它能於複雜、不實、或然、假定、非理、種種無邏輯明白單純的情形之下，建出複雜中的簡單，不實中的實在，或然中的必然，假定中的證明，非理中的理性推理。或直覺或分析，或組合或演繹，準數量物，標形求實。其抽象普汎的概括精神，統全部科學原理而順應之。

理化科學的試驗研究，爲演繹邏輯必須的試驗批評，數學推理特重的應用，在中學教育的科學教課之中，首宜使學生浸染試驗精神的獨立，一方面明白物理化學的實驗證象，一方面更聯合數學的測度，從此於現象產生之中，實施必然與充實的條件，構定試驗的觀念，所謂科學精神由此建出。

　　生物科學在研究的現象複雜性中，不如數理科學的必然觀念；它在中學教育的科學位置之間，另佔一席重要職務。它的精神方法，能喚醒學生的"觀察"精神；同時就各種研究的對象變遷關係，構成觀察對象的精神；更就性質的比較，分類的基本原理上，漸使學生自然立定科學的判斷。它的最大工作不僅如此，還有超普通科學精神之上的，就是它美術觀實的想象發展，與試驗的批評認識，能促進道德教育的改善，完成科學道德的文化；這更是其科學所不及料的。

　　文學的重要，在中學教育的科學情形之下，并不亞於數理生物種種特殊科學的研究。中學學生界於兒童與青年、青年與成年之間，其思想路徑，或緊或張，或堅或浮，不能以一種嚴正、真實、秩序的科學谿然貫通，必其間間之以意像，虛托於天才、評議的文學批評，發揮先天理性的智慧練習，調和人類教育的精神物質。

　　這四種精神在教育原理上，是必要的、必然的。在中學教育的根據上，是基本的、首重的。中學時代的科學解釋，雖然是常識進步的普通科學意義，但是不能忘去理性與事實相印證的"三羣科學"合授法；換言之，由數學科學至自然科學至理化科學。再進而言之，由抽象邏輯到具體事實，由現象的觀察到探審自然的試驗。中學教育中，試驗科學不能只限於機械的試驗而已，觀察科學亦不能只注意偶像式的觀察，必須聯合教育精神與觀察試驗精神，達於理制教育的目的。所以科學教課的方法，須用簡單的方式：

　　首用科學的解釋→使得確實能懂→進求見到所懂→達到明白所見。

　　這四個授課的方式，都要三羣科學的基本知識在前，然後可實現其成效，同時所謂科學教育的精神，亦自然起表現於授課之中。

抗戰建國之兩大教育途徑[*]

班格斐齊（Pinkevitch）述蘇聯新教育有言："蘇聯教養與普遍教育目的，在養成健康、強壯、活潑、英勇、獨立、思想及行動，各方皆能自動發展之人民，即使之澈底瞭解現代文化，成為全人類利益——無產階級利益——之創造者與戰士。"泡爾生（Paulsen）論德國大學教育云："專門科學人才之培養，乃為民族國家建設之基礎。"今日世界最堪注意之教育，為社會主義與法西斯主義兩大思潮勢力，吾人一觀前述兩說，即瞭然今日國際鬥爭之根本力量所寄。尤以吾中國抗戰建國之今日觀之，更深痛我五十年來新教育運動之可悲可恥也。

誠然者，吾人不為戰爭而培養戰士教育，尤不為侵畧而建設民族國家。然而為民族生存為國家疆土之戰士培養，與夫為人類和平為反抗侵畧之教戰精神，則不可褻過！教育稱社會機能，屬國家命脈，古今來觀國家存亡，論民族興滅者，具斷於教育程度。拿破崙兵踏柏林時，謂其將士曰：是吾高等工專學校之力也！普法戰爭既終，勝者謂其小學教師居功。國有十年之養，始有一朝之用，功業固難矣哉，誠不可忽也；立國誠危乎哉，願速興之！

今日吾中華民族抗戰，其堅苦精神，忠勇毅力，未必盡出於現教育技能，要為其教育歷史文化成仁取義之民族國教起之者多也。此精神，此毅力，固足破碎強寇倭兵之侵畧野心，然而持此精神毅力之時間與展此精神毅力之偉烈，又必賴今日政府用教育速行民眾動員訓練以加強長期抗戰力量，速施科學人才訓練，以完成抗戰建國基礎。準於是故，吾願述抗戰建國之兩大教育途徑作民族國家建設力量之展開：一曰普施民

---

[*] 本文原載《今論衡》（半月刊）第二期。

眾動員訓練；二曰廣植科學技術人才，前者謂之民眾教育動員，後者謂之專科技術教育。

（一）普施民眾動員訓練。

總理遺囑云："余致力國民革命，凡四十年，其目的在求中國之自由平等，積四十年之經驗，深知欲達到此目的，必須喚起民眾，……"所謂"喚起民眾"，其道無它，惟有實施全國民眾教育而已。凱末爾曰："有健全之民眾，斯有強固之國家。"林肯於南北美戰爭時對國會聲言："吾人民能團結便存在，分散即崩潰。"國家必成於民眾統一，民眾必賴於教育團結。平時如此，戰時尤必如此。吾民族抗戰以來，出錢出力者俱在民眾，而敵愾同仇之精神亦無在不以民眾為最。獨惜此殺敵致果之偉大能力，尚未能普及全國鄉村鎮市，男女老幼，吾數百萬英勇衛國之前綫士兵，固為中華百姓動員之先鋒；然吾數萬萬後方民眾，迄猶有不識今日爭存之抗戰意義者，雖曰團結精神具在，而團結全能則未之獲現也。是故喚起此"全能"之民眾動員之訓練工作與普及民眾教育運動，使人人出面共負抗戰救國之偉大使命，實為今日不可或待之教育途徑。

雖然，中國民眾教育運動，已呼喚十數年矣，即抗戰一年中，更舉辦或實施多方矣。環顧民間力量，仍是散沙不聚，民與教無關，報與民失用，其原因安在？或者謂不外下列過失之未殺。

1. 不解民眾教育之現實目標。辦民眾教育者，徒虛吹口號，不知因時因地，因俗因情，以活動民眾心理，激起現實利害觀感，俾能發生愛國信念。而反使人民直覺識字無功，費時足惜之逃避心理。是謂"誑不兌現""標不投實"，與民無用也。

2. 不解民眾教育之基本要素。民眾無知，決不識國際問題之為何物，亦不解生產經濟之理論關係，辦民眾教育者，每以此類大學理論，朝夕呼喚，致民眾避不之聽，是非不聽也，實不知教者所言為何物也。蓋民以食為本，以生活為要，不及本要，烏用教為？

3. 利用民眾教育，強壓民眾意識。民眾有其不可輕蔑之純良意識，與不可侮漫之堅強人格，所謂以德化之則得其用，以力強之則失其心，教者無循循之功，雖欲假以認識，必遭離披敗散之慘。

4. 利用民衆教育運動，濫施政治活動宣傳。民衆知有國家，知有政府，知有法律，亦知有道德，然而不切知政治，尤不深知某某一派之政治；因其只知國家政府，故無求政治之習；因其只知法律道德故尤畏聞某一政治之風。過去號召民衆運動，不以兵戈脅迫者決不見民衆一人追隨，以威力強隨者，亦非眞正民衆。故政治玩弄，不關民衆訓練。

5. 狹行民衆教育，不知組織訓練方法。民衆教育實施，必須廣大推行；若以狹義青年與成人之失學爲教育對象，則難達全國一般民衆力量之收效；若以交通便捷爲施教之地方，則一省所施者有限，而全國統失者極多。且徒施教學之一般手續，而不注意組織訓練之實效方法，是不啻妄教妄棄，毀國毀民也。

6. 空談民衆教育形式，坐失民教對象。民衆教育有實施而無理論，有具體而無形式，國人過去大都以能道民衆二字即爲深入民衆，即爲眞知民間疾苦；遍觀全國教育刊物，儼然中國民衆教育已達普及行動，至抗戰以來，此念雖稍殺，而誇誕之行，仍不改於形式錯誤，悲矣。尤有甚者，往往辦民衆教育之學校，不知民衆爲何物，舉其學生統計，則不及所在地方百分之十，而貧賤男女老幼，又多不得入校，或受訓。吾前見北平西鄉有某師範學校主辦之民衆學校，門壁貼一"村民不得擅入校內"八字，呀！此之謂坐失民教對象之公證也。

凡此種種，弊不勝舉。然而"前車覆，後車戒"，今日爲必須全國民衆總動員之萬急時期，吾人斷無垂手坐觀，妄要天助之理，望教育界共起作此基層教育工作，發動整個民族抗戰力量，殲彼海盜之倭寇暴戾。尤望各省教育當局，速爲統籌詳劃，一方督率鄉幹訓練畢業人員及高中以上學生自願參加者，平均分散各縣區鄉鎮村里；一方就各淪陷省市避難來省之中小學教師及失業之知識人員，以安全經濟方法，疏送至各縣市人口集中地方；同時以統一宣傳之民衆訓練綱領，頒示各方，以担負縣市區鄉鎮村之全體民衆訓練重責及動員民衆抗戰之實際行動相責成。一經分配，期於必效，組織統一，民衆必從。

或曰言之不易,行之難,知識份子,誰亦不願往窮鄉野巷,如何疏送?余曰,此在政府執行之決心與方法。政府如決心澈行,明白訓練之鄉幹人員當不成問題,學生之自願加入者亦不成問題,而避難及失業之知識人員,大都不過藉口家累,倘政府負以對人民之責任保障,或先爲妥置安全區域,亦自無問題。吾言及此,憶及今日尚有三民主義青年團受訓之十數萬幹部人員,此十數萬團員在各省分佈,當能服黨綱以訓練整個三民主義民族,發揚抗戰威力以建設民族國家。此正責無旁貸,亦是義無可辭者也。

平時普及民衆教育,或可藉口師資人才,不足分配,今日戰區中小學教員與高中以上失學青年之集中者及後方各省短期訓練人員與各大學利用假期分組下鄉之學生,總計不下五十萬人,此時若再不能用之以作推動民衆教育與組織訓練工作,則千古一時,失不可得!況國難至此,惟有全國上下一致奮鬥,抗戰必勝之操券,在此一途。

至於今日實施民教訓練之方案,除盡去過去虛僞空談者外,當以動員全民抗戰,發揚民族意識,教導戰爭常識,訓練協助國軍,防護漢奸敵間,努力應徵兵役,堅強抗戰信念,救濟兵士家屬,獻金救國運動等類知行與必知必行之義務與責任爲主目;它如識字讀書、職業生活、生產經濟、合作常識等,則宜分別需要與可能者行之。

(二)廣植科學技術人才。

所謂民衆動員訓練,爲抗戰實力之民族精神與國家人力之偉大團結表現。時代進化,科學創造之工具,又爲國家人力最大之保護者。今日侵畧弱小民族之威力,正是挾此優勢工具者,作毁滅弱國物力人力之慘殺。故抵抗暴力,必以國家人力與科學工具共作戰鬥之前衞,而以民衆動員,技術專家,爲人力與工具之補充及創造者。抗戰經年有四月,吾士兵人力補充,固大體絕無問題,惟科學技術人才及科學戰爭工具之培養創造,似屬絕無迎頭趕上之辦法。此層缺乏,固爲經濟與時間兩大限制所難許以應急之需,然而"生聚教訓"之積極預備,則萬不可緩圖。

事之瞭然者,建國之鋼筋,必資科學技術創造。吾人今日抗戰犧牲之偉大代價，即爲建設堅强之中華民族國家，質言之，一切犧牲奮鬥，俱在建國成功，而培養建國人才之科學教育，當爲刻不容緩之需要。

論科學教育，國人努力提倡者確實經年不少，從教育宗旨明文規定者，亦早經學校施行。惜形式規範，失具體收穫，些微行事，鮮濟大功。故論科學人才與數量，較過去卅年自顯進步，若較國家現時建設與需要，則質量俱差千里。吾人不欲無謂評斷已往，但尤不欲重踏過失，再損國力。故自抗戰建國必要之又一途徑而言曰：速行廣植科學技術人才。

吾不言擴大之科學教育而曰廣植科學技術人才，何謂耶？曰言科學技術人才訓練者即重實用之科學教育是也。過去實科教育，偏課本系統知識；過去實科學校，偏課本儀器設備，所謂研究科學，捨個人意義之思想與教材預備之價值外，科學在學校與國家社會，工業創造等類，闃無熱情關係。今日建國急需之科學人才，決不能再從此漠不關緊之文藝式歷史式之科學訓練中培植。

然則如何廣植科學技術人才？一曰政府計劃分配之工廠技術人才訓練，一曰獨立設備之專科學校技術人才培養。茲分別署言於后：

（甲）政府計劃分配之工廠技術人才訓練。抗戰時期，以國內現有之資源財力，實難言國家巨型工廠設立；然以抗戰建國必要之科學基礎言，則政府必盡力計劃實現此急需工業之初步創造與技術人才之大最培植。其法簡易者，即始就國家與私人已有之工廠，整理策劃，招考大量中等以上優秀學生，供給膳宿，分送各廠，由政府聘用專門導師，實施訓導實習；繼則就國家可能經濟力量，隨籌急要之工業創設，嚴訂組織，聘絕對專技之導師，一方精求出產製造，獎勵技術創作。一方輪派學技練習，提倡知識工人。

或曰此中有兩大困難，即工廠調劑與學生用途。各工廠工作有定，機械原料亦有限，不能因學生加入而添機器或減工人。余曰此忽"政府計劃"四字之誤也。余意在入技術教育於工廠，入學校講堂於技術訓練，政府既以官費生待學生，是學生對工廠無經濟負累之可言；導師分配實習方案，以輔助工廠生產及改良製造爲原則，是工廠方面反無異於節省經濟，增加工程師矣。至工人方面只有減低工作時間之調劑，決無減少工人數量之必要，因爲實習時間，乃以政府金錢所得之工作補償工廠，而間以償給工人者也，在工廠自不能再有省工人工餐之問題矣。還論學生用途，此又不可以剝蕉食蕉言之也。余意政府若能實行此種計劃，其唯一目標在訓練工業生產之大量"知識工人"，及優秀之"技術人員"，若以中華國力應有之工業設廠，及中國幅員需要之技術人員計算，如此十年大量訓練，恐亦不足用也。過去之國家事業，萬勿再行爲例。

（乙）獨立設備之專科學校技術人才培養。吾前者所言，偏引技術之機械訓練，或謂之手藝知識也可。此言獨立設備之專科學校技術人才培養，則偏技術之思想教育，或謂之技術科學培養也可。論專科技術，門類至廣，僅軍事國防，分科應用之人才，即難以數字計；然而建國前衛之重要學校，豈可忽乎哉？吾人以文字篇幅限制，不欲詳析。茲就科學分類大端，畧舉數例，述其發端重要之意義，非謂有此形式設立之專科學校，即可坐以建國也。

1. 關於天文氣象及地質地圖之測量專科學校，前者各設一校，後者至少各設兩校；
2. 機械工程專科學校，至各重要都市先設一校；
3. 土木工程專科學校至少平均各省先設一校，內分橋梁、建築；
4. 水利工程專科學校至少平均各省先設一校；
5. 化學專科學校，此類應分別設立，如工業化學、農業化學、軍用化學、應用化學等；
6. 電氣工程及無線電專科學校，此兩類應大量發展，廣爲設立；
7. 礦冶專科學校，應大量設立；
8. 農業種植專科學校，各省至少平均設立一校；
9. 醫學及衛生工程專科學校，全國大量分設；
10. 國防軍事方面者由參謀本部計劃設立。

按此類專科技術學校，尚有極多應設者，若欲序列真有舉不勝舉之慨，吾人不注在分類之多寡，而重在政府速計實現技術科學人才培養訓練之要圖。倘能從此最低限度之專科教育途徑走上，則廣大建設之國家人才學校，必於短時一齊到來。

問題重要者，爲"獨立設備"與"技術人才"兩大原則。第一：各專科學校，必先有相當科學具體設備；第二：各校必獨立聘請專門學識與經驗充實之導師；第三：訓練目標，完全注重知行合一之技術科學能力與思想；第四：偏重實用建設人才之嚴格訓練，免除大學自由研究之放任態度。各校直屬政府主管機關，而學生畢業後，則直受政府指派任用。

此外最要之點，政府最好勿如近日設立師範學院之辦法，指定某大學設立某校，或改某大學理工醫農某系爲某校，因爲如此改組形式雖在，而實際有效之事實，則決難收美滿之功。此中神秘即所謂"老馬，舊性"，放足終不及天足行動之自然敏捷也。

抗戰已至最後關頭，若再任偉大民衆力量於鄉間田野，則民族國家，勢必險惡，以至滅亡。抗戰正所以建國，而建國之科學人才培養，又勢在必要，倘抗戰時期，不知同時動員科學技術教育，則血肉勝利之光榮，將伴國殤之將士而同墓！吾述此兩大途徑之重要，願與國人努力提倡實行。

抗戰建國與科學教育[*]

本論文旨趣，在說明科學教育對民族抗戰之重要價值，主張以科學技術之生產教育，爲抗戰建國之最高原則。當茲國難時期，所謂學校教育，應嚴格整理，敵人雖暫作略土侵牟之禍，然吾民族精神總動員之抗戰的科學教育，則絕不能鬆懈。故以舊教育行政制度與機構言，允宜澈底改造，以抗戰需要之科學供給，與民族生存之科學技術言，各專科研究，尤須大量發展 總之因積極建設生產教育而停辦若干無用學校則可。因消極利用青年活動，致廢國家有用人才，則絕對不可也。

吾人處今日科學時代，一切環境生活，必有科學技術之適應；欲實現科學生活之技術組織，又必先有科學教育之實際設施。畢格特（Piaget）謂："如人人能從科學教育生長，則人人自有科學生活之智能，社會自有科學理性之機構"，此語確足證明人類學術文化，皆自科學教育培植之事實推動者也。昔希臘哲人，有認人類社會道德與科學文化發展，無一非自流動變遷之生活過程產生者，又有認宇宙一切流變之能力，爲"戰爭"與"毀滅"的兩大運動者。更有綜合兩說，認人類能操戰爭與和平，毀滅與建設之調和能力者，惟恃科學哲學之技藝。凡此思想，率皆直認科學教育爲文化競進之主力，即認此主力成功之原因，必賴戰爭行爲推進，賴毀滅性質加強。故又曰"戰爭爲萬物之母"。

然則何謂科學教育？此問題絕非一語所能盡意。願以精神思想言，科學教育者，即以經驗系統、客觀原則、理性思想與夫堅強之意志、精博之研究作實踐的，事實的理智認識與生活；作精密的、條理的訓練與組織。以實質建設言，科學教育者，即以實驗設施、歸納思想、自然研

---

[*] 本文原載《今論衡》（半月刊）創刊號。

究、數理研究與夫天文科學藝術科學等作國防學校的設備、生產職業的應用；作工商實業的改造、社會國家的工具。由此定義以證前說，是科學教育生活，即民族國家生存之文化內力的組織；戰爭毀滅現象，即科學教育生活產生之人類競爭的行為矣。果斯言足徵，吾民族今日抗戰將為中華無限之幸福，或者，正宜感激倭寇之飛機大炮，多謝敵人之殘暴毀滅！其故蓋因吾人初本誤信"和平"，錯解"人道"，質言之，不識和平乃戰爭之注腳，人道實殘暴之辭令耳！今日偉大抗戰之價值，直不啻將歷史錯誤認識揭穿，將民族精神，更從敵人轟炸中，一齊蘇醒，整個動員，使全中華民族邁至科學時代之科學生活，全中華兒童，個個由科學教育中生長奮起。

誠然者，一民族必先實現其科學教育生活，然後始有科學生產技術與科學國防堡壘，始有對戰爭應戰爭，對毀滅予毀滅之權能。彼吾人今日抗戰動員之所有人力物力的實質力量，究否真出於"十年生聚十年教訓"之科學結果，此關存亡問題，極應嚴厲注視。非然者，吾人將難免被敵人反視為黑格爾詛咒之"應被侵略，宜予毀滅"之民族！蓋自科學模範教育與現代科學政府及社會組織言，一切生存條件，無不自實際科學發展之具體表現或科學思想訓練之技術教育中來也。若論吾人今日抵抗橫暴與夫氣壯河山之民族精神，則非來自現代科學之生聚教訓，而為自四千餘年民族文化歷史遺留之精強不滅的原因來之也。此原因即全民族生存機能，其精神本質雖能歷久不變；然而每經時代，又必藉科學保持，如時代之科學教育不足，則維持此原因之力量亦隨之不足；是即時代性滅，原因它變，民族前途，必生危難。吾故認今日民族抗戰，必速厲行科學教育，期獲科學實質生產與科學精神訓練，使戰爭結果，成民族科學建設之事功。歐美科學技術家謂戰爭力量，如從科學教育之本質發動，則一切技術淵源，必成科學價值與文化知識之創造。日寇對我之侵略戰，本身既無科學意義，行動尤非文化作用；吾領土不幸而遭遇一時破壞，吾民族則幸得復興精神。今後全國上下於統一之科學生活潮流，一致之科學教育運動中發揚運會，邁進無窮。

憶客歲北平某西文日報，曾載一論文謂"本科學技術言，中國科學現有力量，實不能保全中華民族之獨立，若自軍隊勇敢言，則遠非日本機械化部隊所能壓倒"。吾人深感此語之含義性，尤愧對外人所謂中國科學力量之比較語！論飛機大炮，我之物質固有之，然而何以絕對落後？論學校教育，我之科學講授亦早行之，然而又何以絕無科學創造？處今日情勢，大家宜速將世界列強立於科學教育與工業技術之威力，認識清晰；尤應將一八六七年來日寇維新企圖，分析明白；然後緊下決斷，立創適應變遷，抵抗強暴之科學技能與教育模型，使敵人軍備直同虛耗，侵略殘害反歸自滅。

近半年來，國人對戰時教育，討論極多，即戰教之目標計劃，課程指導亦編訂成書。實則各方理論，僅及治標之門類，謂之主張戰時教育現狀維持的意見，或應付戰時教育界動員之擬議可也。若自絕對科學教育立場觀，則盡屬不切教學實際生活之需要；若更自民族獨立條件觀，則尤非建樹偉大民族文化精神之基礎。吾人必信抗戰建國與抗戰必勝之事實；此事實表現須展開抗戰時之科學特殊精神，形成國家技術機能，使政府、社會、家庭、個人咸從科學提供之實踐知識，以促進生產技術，以適應物理環境，從茲民族國家，如有機活動、精神思想、顯意識行為。

人或謂值此集中抗戰力量時期，一切人力財力，專屬抗戰武器用者猶嫌不足，更何暇高談科學教育之基本問題，殊不知"抗戰"之真義，捨此萬無它道可求。所謂"一面抗戰，一面建國"，其成功必恃科學機構，其精神惟賴科學教育，茲就抗戰建國應施之科學教育分陳如後，國人或亦知予言之不誣。

（甲）從民族生存之科學技術，改造戰時教育之基礎。吾人為爭中華民族之生存，負抗戰建國之使命。今欲期此使命建功，必先備健全之抗戰"工具"，持堅定之科學"信心"。論工具、信心，一屬物質，一屬精神，宇宙個人生命，不離此兩用而獨立，民族國家存亡，當視此兩用之是否俱到。拿破崙創立高等工藝學校之開學詞云"全校學生，將為國家上將，諸君前進！吾法人數學科學，將永為國家光榮之工具"，又曰"有科學工具，斯有精神信仰"。吾人試索此語，即知國家物質工具，須賴科學教育創造；精神信心，須本科學教育發生。今日抗戰之科學工具、生產技術，雖不全操諸外人掌握，要亦難稱國家健全成績，若再忽視科學教育之思想與技術建設，是坐使敵人侵略戰之殘暴，一變而爲假文化侵略之人道義務戰矣。故欲補科學教育之窮乏，證侵略戰爭之兇橫！其道必先立如次之基本實用教育。

第一：成立科學專門技術之國立各種研究所；如機械工程研究所、軍用化學研究所、戰時經濟研究所、電信工程研究所、軍事測量研究所，及其它有關戰時技術之高等工藝研究所。各所目標，專究最高科學認識，藉供國防科學建設。各所指導教授，以聘請歐美專家爲原則，研究人員，招收全國高中以上之專門教員，與大學專科畢業之最優學生研究。成績嚴格，獎勵創造，凡研究者對各該所爲終身事業機關，如成績優良者遇國家需用，即派出工作，或提聘爲各所之初級指導。各所一方爲絕對科學試驗室，一方爲國防建設之設計室。經費爲無限制漸增。

第二：成立國防專門學校；除陸海空各軍校外，如地質測量學校、軍事政治學校、國防化學學校、軍醫學校、航空機械學校、軍用電氣學校、鐵路交通學校、橋梁建築學校、防毒衛生學校等等；各校設計教授，以顯著成績之專家担任，學生以高中畢業經嚴格考取者爲合格，授課以完全科學技術爲本，重實習兼軍事訓練與管理，但軍訓時間，不得超過主課三分之一。

第三：成立戰時各種工作簡易學校；如看護訓練班、交通工程班、防毒訓練班、宣傳技術班、救護工作班、鄉政訓練班等；此類學校，廣設各城市及重要鄉鎮，凡識字壯丁及初高中學生皆可招收，各班人數無定額，受訓一經完畢，即不許改作它項活動。

（乙）從科學生產原則，創立應用之學校教育。生存於現代精緻技術，與高尚理智生活之科學文化時期，絕勿迷信昔日"見素抱樸"或"復返自然"之超世理想，尤其勿信"機器毀滅人類自然美"之雄辯理論！現在惟有科學技術生產，可致民族國家於富強；可滿足而且解決人類欲望與需要；更可減少而且消除人類疾病與痛苦。羅素在其近著《科學觀》中云"最科學化之人種，不再增多人口，真迅速之人口增加，現在惟限於政府科學化，而人民不科學化之各國"。我國人口衆，疾病多，如不速從科學生產化之技術，利用自然環境，展開實用教育，則保全民族文化之力量，始終僅屬諸前線士兵血肉犧牲，與部分後方戰士精神之預備而已！縱獲抗戰勝利，將來仍有被侵之虞！爲今之計，政府宜厲行工業技術與科學生產教育，切施如次之改造與設立。

第一：改造現時尚存之非絕對科學之技術學校，從新設立絕對科學生產實用之國立專科學校。按中國各專科大學，往往空設科目，不事生產應用之實驗，政府只注意大學專科名義，習忘學校與國家文化生產之關係，延衍迄今，不見根本改造之方案。戰可畏也，故今日宜廢止舊制，成立國家工藝專校、絲茶磁各業專校、農林實業專校、工業化學專校、職業專校、礦業專校、土木工程專校、水利工程專校、生物專校、畜牧專校等等。各校嚴聘教師，嚴管學生，少設科目，多授實習，同時力注科學訓練之探討精神與道德價値，勿墮機械工人之誤。

第二：打破舊時師範不事師資教育，學校不合國民性格之畸形教育。前者專指師範教育之破產，後者統證學校教育之失敗。師範生無異於一般大學生之學程，其生活決不足表明師範之價値；中小學教師之混雜，影響民族精神與未來科學文化者極端嚴重，學校與政府社會無聯絡，青年兒童與民衆家庭相隔離，惡態相沿，危亡無日！願政府及早打破或廢除此類虛僞學制，重定國家尊嚴之師範教育，與全民同利之各級學校。如鄉村師範學校、農村經濟學校、簡易商科學校、家庭工業學校等等，俱宜多設。鄉村師範尤須特別普遍，使三年後，任何私塾亂學，一齊廢止，代以師範畢業生，組織鄉小教育機關。

（丙）從抗戰建國之教育環境，改造現存學校設立之混亂狀況。教育爲建國之根本大業，此盡人皆知之言，然而抗戰九月以來，學校幾同難民住所，軍隊營房。政府對此，似不甚注意者。已爲敵人蹂躪之城市學校，學生輟學，學校遷名，如各臨時大學之荒亂，雖一再搬遷，只可謂虛糜國幣。徒耗教與學於無用之地。以愚見所及：

第一：積極組織科學教育的專門設計委員會。統籌設計全國教育之科學訓練的根本事宜，一切討論，絕對以生產技術爲研究對象，以教育功能爲設計原則，如能完全獲得科學計劃，即由政府嚴厲實行改造。按是會組織，最好擴大爲一專家會議，集全國各科人才，設計百年大業，對抗戰前途，必可發生絕好力量。（按此中具多方意義暫不詳述）

第二：劃定現時應有之大學區，將淪陷之各地大學校，指定併入各區上課，一方打破學閥把持惡習，一方平均發展大學教育機會，各大學均設立完全學院，勿顯科學重輕，勿標文法無用，總以科學理論實用相尚，使教授學生，俱養成科學精神與健全人格之學術生活。

第三：各區設國立中學多所，根據教育測驗與體格檢查之精密考試，取錄健全青年，嚴格教養。此類國立中學學生，即國家未來之幹部人材，故必嚴格重視，加意培植，凡以往學校惡風，學生惰性，一概掃除盡淨，立定新生活之科學規範，人格思想之道德教育，使學生個個知對國、對人、對社會、對自己之一切實際責任，對研究科學之絕對興趣。

第四：各省縣市小學校，在抗戰期內，決不宜偶有停頓，但須速編有用教本，廢除無謂之物語讀物，各省教廳，宜即刻組織編輯委員會，從教育原則與民族意識之動態上，作短期試教之教材，妥編各類課本，使兒童確知人類社會，亦確知國家之必愛。

吾前述各項，果政府斬截厲行，則精神總動員之實效可收，而同時更獲得科學教育之事實成功。抗戰建國，邦基永奠矣。

總之，今日最嚴重之教育問題，爲：如何使全國教員、學生分負建國之科學技術與科學生產責任。所謂"最後一課"，絕對自民族科學精神而來，科學教育無有，最後一課之講授精神無能有矣。國人勿忽視"遷校"爲尋常現象！人類堅持最後之精神能力，惟有不屈不撓之科學教育可以擔當！此吾所以反復申言，願政府從抗戰建國之偉大精神中，更速施永遠戰勝之科學教育之真義也。

現教育界應實行爲抗戰建國而服務

中國抗日戰爭，是復興中華民族，建設現代國家，與抵抗日本野蠻侵畧，實現中國獨立自由之革命戰爭。一年半以來，吾國全體人民與前線戰士，齊具最堅强之勇敢毅力，最偉大之犧牲精神，打破敵人黷武迷夢，摧毀敵人侵畧詭計。艱苦奮鬥，長期決勝。故自第一階段勝利事實觀之，確證倭寇必敗於時間最近之將來；自我同赴國難之統一精神言之，更知倭賊必崩潰於內外毒攻之慘。管子曰：張軍而不能戰，圍邑而不能攻，得地而不能實，三者見一焉則可破毀也。今倭寇自點線深入，故雖曰張軍得地而不能戰不能實，則爲世人所其曉。故吾國抗戰必能破之毀之也。

雖然，破毀倭寇，非空言所得把握，非理想所能實現；必全國上下，精誠團結，儘中華民族，整個人力物力與智力而共趨赴之，矯正稽弱浮躁宿弊，充實科學訓練新要，使人盡其能，地盡其財，悉供抗戰建國之用，完成國家獨立之功。

奈翁（X Leon）謂"費希特曾視教育力量，爲國家禦侮之利器；科學服務，爲建國無敵之功勳"。吾中國今日，正以現代教育落後，致科學思想與訓練終於不振。故侵畧寇患之來，覺無實在衛國衛民之教育與科學爲之中間。近數年來，雖政府注意提倡改進，惟以樹木亦俟十年，若國家基礎樹人，譚何易於短時見用？故有以科學窮乏責教育或學校者，往往復自反其空言之過激，自漸其科學教本之虛浮。然而寬恕已往，必克復現在，既悔科學教本爲無功，必盡教育實行之有效。已往不可追，現在必須把握。今日民族國家，俱頻危急存亡，已往未備無敵之科學與禦侮之教育於倭寇侵畧之前，今日必與教育救國與科學建國之訓練組織於爲民族抗戰而服務之時。一刻千金，勢無容懈。

抗戰經年，全國動員之人力物力固遠相當程度，而全國教育界所有之智力，則尚未及於一致爲國家服務，爲抗戰出力之實際地步。譬自淪陷區域遷出之各級學校知識人員言，大部分散居後方城市，或流爲知識難民，或處於有閒階級，大家除每朝過目於抗戰新聞外，充其用爲談論不關實際不見實行之時局問題而已。即有關學授課或計劃進行者，亦大率空談故事，懸諸有名耳。是類智識人員，在政府有登記給薪辦法，在自身應臨時隨地，作抗戰服務之實行，或集體的組織教育服務團，參加前線與後方抗戰文化食糧及民衆教育訓練工作，或個別的分向抗戰關係與建國需要之一般行動上努力協作。費希特所謂：軍隊力量，在瞭解建國文化生命與國家民族之認識；國家力量，在全國智識人民，動員國家教育建設。抗戰已至最後關頭，各地知識難民，應奮起團結，實行爲抗戰服務，爲教育工作。

再自接近戰區省份之各級教育機關與學校言之，環境上固有直受敵機轟炸之危險，實際上確不應遇事張惶浮躁，日圖遷移解散之預備。中國人民，歷史上以士大夫階級爲領導，以士大夫言行爲信賴。有學校教育以來，此類領導與信賴之心理，雖不俱歸諸學校，要亦不失爲社會與國民所根據之中堅力量，故自過去戰區省份抗戰之民衆力量考之，教育組織訓練較有工作者，其力量亦較有作用，今日暴寇深入無已，領導國民民中堅力量之教育界，倘自毀其能力，自棄其責任，寇兵未至而先避，敵彈未投而先毀，是非遷移學校，實屬擾亂民心，政府應爲有法有備之禁示，規以步驟，限其遵行，使民衆獲中堅信賴，助抗戰軍力；使教育負實際工作，爲國家服務。

更自較遠之後方教育與學校而言之，由戰區及淪陷區域遷來者，簡陋雜踏，零落員生，實爲不景氣之課業故事，弗見抗戰精神之教育動作，甚而拉東扯西，各求保學校空架於後方，糜有價之經費，失國家之元氣，吾不知教育界竟何如是之自餒也！所謂"愛祖國愛故鄉"之教育精神，豈真無觀念型之存在耶？至於原在後方各地之學校，功課既未盡事乎改變，教授亦樂於安常習故，即令遵命添設國防與抗戰講課，要不過填塞鐘點，奉行冠戴耳。最近雖由部頒各項綱領材料，訂正各級課程講授，然而學校自學校，抗戰自抗戰，欲求真正爲抗戰建國而服務之科學教育精神，則尚屬微妙。有中國教育學術團體於行都重慶舉行第一屆聯合年會時之宣言曾以：適應整個國策，針對抗戰建國之需要，發揮教育連繫作用，堅定抗戰建國信念四義昭告國人，對淪入戰區之教育界同人，期能慰其企望，勵其忠貞；對身處後方之教育界同人，更願整其步調，奮其精神。是可證大家皆覺現教育界同人，尚未及於整個的集體的負起爲抗戰建國而服務之步驟與行動。

"議論未休而兵已渡河"，此書生誤國之歷史教言，吾人不欲再事徒托空言，勸人行事，亦不欲巧立設計，範圍行動。抗戰建國綱領，早經臨全大會決定，全國上下，惟有即時一體切實遵照。教育界同人，當更努力領導，負起中堅責任，本知力行，同赴建國之目的。

或曰知識階級，最不易統一組織，學校教授，最難處同一步調。予意此非今日真正困難問題也。抗戰救國，爲全國一致之信念，從抗戰求民族生存，從抗戰植建國基礎，此雙重連繫，又爲大家明白之認識，所謂統一問題，在民族國家生存之理論與事實上，已成絕對自然與必然之肯定答復，故無所謂矛盾存在也。惟是組織工作，確關服務功效。蓋國人向忽此要，致各方事業，散漫無歸，今日教育當局無論對文化團體或各級學校，應速行分別組織服務抗戰建國之實際步驟，各團體各學校，應嚴屬實行教育動員之服務工作。使任何學校或學術團體，各盡其救國天職，各顯其爲抗戰建國而服務之精神，從而自然有不動之中堅，有強力之民衆，抗戰必勝。建國必成，信念確在乎是。

或又曰知識界人，手無寸鐵，足不能行遠，肩不能負重，既不能到農村工作，又不能入市場交易，除講堂功課粉筆稿紙外，如何有實際服務抗戰建國之工作？予曰此又昧於服務國家之普通意義也，孫總理所謂"心理國防建設"，實爲今日不可或忽之基本工作。按心理國防爲物質國防建設之始基，心理國防建設，端在教育力量啓發，今日學校教育，應全體從事於民族國家之心理建設，掃除國人因循、敷衍、貪黷、畏怯，與懷疑、悲觀、投機、自利，種種惡習心性，建設堅強、果敢、愛國、愛鄉，與夫大智、大仁、大勇、大義，種種偉烈精神。倘知識界一致動員，服務於此類民族教育工作，則直接關係抗戰建國者，實同價於前線殺敵之中華戰士，非謂必人人持槍佩劍，躋上戰壕，始稱為國服務也。

　　總之服務於抗戰建國之工作，為今日中國人人應盡之天職，現教育界人士，尤應實行努力負組織訓練與心理建設之實際責任，穩堅中堅力量，強固後方預備，發展科學建設，提高國民道德責任，使整個中華大民族，人人有敵愾精神，處處有抗戰鬥士，完成國家獨立之大業。所謂抗戰救國與國防建設之真正基礎，惟視教育界同人能速為此偉大價值之最效服務。

救學弊正是救國難[*]

國難有二：其一爲無形之難，即一國民族精神思想、學術文化，因自趨衰微而招致侵略者；其二爲有形之難，即一國政治設施、物質與經濟機構，因弱於敵國而被侵略者。兩難互成連帶關係，而前者尤險惡於後者。蓋因政治經濟與物質機構的低弱所招致之國難，雖有被陵轢之恥辱，被滅亡之危險，然而只須民族精神奮起，一方團結禦侮，抵抗侵略；一方沉修内政，建設國力，則可脱險雪恥，立恢國運。故禮記有物恥足以振之，國恥足以興之之説，所謂多難興邦者是也。若因民族精神思想與學術文化衰微所招致之侵略，則事實等於自毀國性，自滅族類，待侵略寇來，必更張旗鳴鼓，作人類進化或人道戰争之滅種運動！黑格爾論民族存亡觀念，即依此説，達爾文創生存競争，天演淘汰之例，亦準乎是證。故自吾人分析論觀之，兩難悉具亡國滅種條件，其程度或有重輕軒輊，其救難之必須全民族精神團結，已了無疑義。

然則如何救此國難？昔柏拉圖有觀念型之理性國家，亞里士多德有科學政治之國家組織，吾以爲行之者或可拯救國難，然而實則皆屬理想過深，且宇宙斷無萬物皆仁之存在，故欲收救難實效，莫若亟興民族科學教育與亟樹國家科學建設之爲快也。有科學精神，即無民族學術思想之敗；有科學機構，即無國家政治經濟之危。科學道德，民族精神，同爲真理信仰力量，同稱救人類脱世界鬥争壓迫之威權者，西諺謂：人道科學；吾人其興於斯立於斯。吾謂"救學弊正是救國難"義亦本乎斯説。

或謂科學建國之義固正矣，然而科學思想者，則認科學始於求真而終必變爲不能守其真，何耶？蓋求真之初念，爲善的認識，求真之行爲，

---
[*] 本文原載《今論衡》（半月刊）第三期。

乃愛智之態度。學者果欲完全守眞勢必因人類社會進行，而失其對科學實踐之信仰，同時亦必因眞理信念，而忘改造國家社會之技術與力量。世界進化，確證人類任何威權能力。俱隨人對人之關係，一變而爲以有形力量，作統制之權力的操縱；任何科學之社會行爲俱將棄宇宙之愛的道德價值，而成技術家指揮征服世界之目的。羅素曾謂哲學科學理性失敗，即技術科學離愛之行爲成功。故有"科學戰爭"之用，復有"文化侵略"之器。學之"眞善美"，乃用之"罪惡醜"；故學惟以眞實理性用，而不以技術鬥爭稱也。

夫既以戰爭名科學，是直舉科學以殺人；既以侵略名文化，是直藉科學以竊國。顧殺與竊之危險不在科學自動之力量，而在殺者竊者之自文其野蠻殘酷，自隱其霸道威權之污穢目的；然而制裁世之利科學工具殺人，假文化神器竊國者，惟恃被殺被竊者之能速利科學教育速興科學公理以克之滅之；所謂以矛攻盾，以順應逆，學之滿足在是，器之不足亦因是。

嚴侯官曰："戰必資器，器必資學"，是學之所以爲民族國家社會個人，生存運動與夫競爭適應之愛的機能，生的動力。故班孟堅曰："不學無術。"

今倭奴竊科學利器，舉侵略戰爭，寇師之名，不曰保衛遠東和平，即曰中國非現代國家。彼所謂保遠東和平云者，即實行征服中華民族；非現代國家云者，即藐視中國學術文化。果我無獨立民族性之學術文化，其將被征服也無疑；果我民族精神思想之足以自衛，其抗戰必勝也亦無疑。故今日之民族抗戰，正所以爭國家存亡或云民族鬥智之運動。

民族鬥智運動，必具有形無形兩難之決勝能力，有形之鬥，我政府已立抗戰建國綱領，我英勇將士，已統一用命，殲敵有效，所謂直壯之師，必操勝券。若無形鬥智之學與術，我果足以坦然任之耶？曰任之或有其未能，能之或有其所弊。我科學技術，未能達於全力，科學教育，基本不足樹堅強學術。故必先充其能，復亟救其不能之弊，然後可用智力擣霸權，用科學滅霸道。茲先言學弊次陳救弊之方。

一曰變學滅性之弊。一國學術思想，代表一國民族精神，其文物制度，道德信仰，必延衍其歷史不滅之本性。倘此精神信仰本性失據，則亡國滅種之患，永無復興運會。元魏金清，習於漢化，及其敗也民亡性滅，欲求有一復返其野者而不得；蒙古匈族，自漢以後，逐亡至再，然而至今各還沙漠，各守本性。中國數千年來，中間曾幾經破滅，然終屹立不亡者，以其有不變不滅之學術與國性故也，近年來因變學改制，行有未善，而弊端自出。如中文歐化之寫作，中俗歐化之習氣，國語雜洋話之言語，漢字拼拉丁之粗造；甚而直認中國文化應全盤西化，中國道德全屬廢物者。種種變相偽學，誠不揣本而齊末也。或有慮國家民族性將蹈覆亡之患者，而變學滅性之徒聽之，似不值一笑；若問其何以有中國文化，則又似不能置答。此謂弊至於矯，誠哉殆矣！

二曰學政相違之弊。學不言政，政不關學，此中國政治與教育兩方流行通病。謂學不言政者，似欲以學問自高其身價，以教育自潔其生活；謂政不關學者，似欲示政治超越書卷，政權統制思想。故學者不得意於其環境，則棄學問而入政路；政客遇失意時機，則去官守職責而爲學書學佛之修養，兩途差向，極端換置。夫學問與政事決不相離，禮樂教化，法度一揆；春秋之筆，離騷之辭，秦漢之文，魏晉之風，各顯其學與政之連誼，政治隆汙，學術衍替，成關係之正比，今日學無骨節氣，政無勵學行，是謂政不以學用，學不以國是待之也。一舉百廢，弊至極矣。

三曰教不及民之弊。書曰敬敷五教。教不及民，古未有也。今日學校施教，每於門首懸"閑人免進"四字，此四字象徵，爲教育非學生以外之人所得竊聽，非學校以外之人之事也。故學生一入學校，即自居爲社會佼佼，恥惡衣惡食而矜其"惟讀書高"矣。一旦離去學校，男不知耕，女不知織，米糧布帛，終身仰之於免進學校之父母兄弟。問其居閑之道，則"讀書高"之念仍故也。夫教不及民，則民不知教而失其愛國之用，國家失其本而有廢民之病，語曰有教無類，懼此弊也。

四曰浮文廢務之弊。科學以實際爲真，以致用相尚，浮文妨要，廢務無功。倘有尚之者，則對國對家對人類社會，必忘其一切責任，紛華習慣，自滅其人格生活，玩物喪志，自殄其學術事業。或養尊處優，不識稼穡艱難，或苟且利祿，更不知德操之爲何物也。今日有畢業即失業，得業即廢學之苦，皆緣浮廢流弊致之也。

五曰簡陋僭濫之弊。一民族精神思想，必有其博大精深之氣魄，與既優既渥之本質。道德學問，雖簡而不陋，雖僭而不濫，整齊嚴肅，條理秩然。中國因科學落後，方欲規模設備，竟不事完全組織；學校具形，簡陋不稱；圖書館立，而東鱗西爪，殘缺裝架者視爲珍藏，學者欲求貫通部門專業或試驗研究，則勢所不許，終至極端文過，狹所見之僭以奴視一切，濫所從之眞而依違不解。可謂竽瑟狂會，僭而濫矣。

六曰剽竊紊亂之弊。學問無系統研究，眞理必歸浮泛無謂；若更從思想言論，組織方法諸方面觀之，則處處皆可發覺與科學原理或科學事實相反之剽竊紊亂弊病，中國無系統之科學研究，此無庸諱言者，倘剽竊之病不去，亂學惡風，必滋大患。彼倡言西化，而不顧科學需要，以反中國文化，反中國道德之新奇思想，皆亂竊之證。

七曰虛空詐僞之弊，中國施行現代教育，已閱數十年，科學求實之教育，試驗探眞之訓練，固始終未發生民族學術性格之任何改造，而適得其反者則有矯糅造作之虛詐行爲。如壯麗講堂，革履青年，有尊嚴形式，無科學實在，求其對民族國家之責任，則講堂外無學校事。講堂內無學問事。佛蘭士所謂文字乳臭，模仿自豪，教者懸虛，學者蹈空，相欺以好，各忘眞實之用，買珠好櫝，虛慕可笑也。

八曰驕矜佻薄之弊。唐書有云：士之致遠，先器識，後文藝。縱恣之學，始之以倨慢，必繼之以佻薄，恢諧譎怪，輕世肆志，結果學風敗壞，勁樸之格泯矣。今日"文化人"之狂簡猖忿，皆民族精神變態之傷。

上列八弊，揚摧陳言，救治之方，惟一在科學教育之切實施行，科學精神之特別培養；使學術研究，踏實進行；政治教育，趨同步驟。若分別策行，宜取如下之方針：

（甲）釐訂并實施科學之教育與科學方法之教育，使民族國性之意志與知識，互爲平均發展，變學科不變國本，滅惡習不滅國性。

（乙）力使學術與政治合流，知與行合一；官吏居政府，猶學生居學校，循學致用，爲學求知。

（丙）廣行孔子"有教無類"與蘇格拉第"使人人皆顯其智"之教，盡去文盲，普及民教；尤須打破田間與學校之界限，學生與平民之隔離。

（丁）尊崇科學應用之文字思想，務作科學建設之根本事業，文章技藝，俱須緊接時代需要。

（戊）提倡系統之科學研究與嚴整之學術生活，使陋儒自滅，濫竽自去，剽竊紊亂之弊無矣。

（己）重實踐道德，養責任信心，浮言務去，詐僞亟除，使學者直樹淳樸恭敬，忠恕誠愨之風，彼虛憍恃氣，佻巧譎怪之行，必俱獲陶冶救正之效。

學弊既除，民族精神教育，學術思想文化，必日見發揚光大，政府有健全之人材機構，學校有一樹百穫之進步發展，然後國與民，同本一氣，建設事業，奮興無限，以之雪國恥，無恥不雪；以之救國難，無敵不滅，無寇不殲。

國人宜操右券以責[*]

三省淪亡，熱河危殆，討伐抵抗，政府終于空言矯惑。既不能令，又不受命，出兵守土，問誰爲責？與□共割據，竟冒稱統一；棄三千萬民衆作倭奴牛馬，猶狂妄告人曰"我國終非被人征服之民族"。虎嘯籠中，自矜餘勇，不知旁觀者早侈笑其醜技之可憐也。

俗諺謂"無奈東瓜何，抱着瓠子盤"。我政府對外無策，對絕不成形之教育，偏連申大令，曰解散，曰停辦，曰禁招生，曰併院系。堂哉皇哉，有伐矜之色，惜乎精衛填海，木石安投，騏驥異種，副署難堪。謂整頓教育之令下，即可澄清吏治，整飭法紀，是謎妄之極，其不能中權也明矣。

天下本無常法，然必有法始可變治；法爲致治之具，然必有道，始能成治之功。兼吞侵紊，廢法治民，難極慮竭智，無益於救難。今院議本一無爲之教部條陳草案，決爲國家教育大計之治法，明令停止北平大學及師範大學招生，倂華僑教育之商學院於中央大學之上海商學院，侵北平法學院於北大，化女子文理學院於師大與北大。是行也，乃貫於停辦文理學院十年之交易政策，教育部爲之充其辭曰：院系重複者酌量裁倂，行政院更爲之直其理曰：逐漸謀其合理化，以圖發展。法無法否，治不治否，吾人姑不俱論，惟問教育當道，果明乎教育之爲何物乎？學校讀書，豈同商賈專利乎？於今文理法商之報考者與滿堂舊有學生，教育部能一坑倂之乎？或謂倂院系所以提倡學生入農工醫及職業專科，因文理法之院系減，學生自然選入農工等院求知。吁！是又不然。學生之選院系，如社會羣衆犯姦盜殺匪者之各行其性，立法者不能逼羣衆皆犯

---

[*] 本文原載《鞭策週刊》，1932年第1卷第22期。署其筆名"芰"。

姦，亦不能獨創一律以刑天下；執法者不能併各犯人於一獄，亦不能判有罪者以皆死之刑。院系之名重，必有其應需之義與夫同科異趣之實。其理之淺如戲劇之有梅程而不能併荀尚，有余楊而不能禁馬郝。新文學之有胡徐而不能併二周，有現代派而不能禁創造社。吾見教育界中惟蔡孑民先生長北大時能明乎此理以搜羅人才，當時一肩擔起新舊文學思想之平衡，其精神眼光，實非後繼者所能望其項背，謂余不信，試思淺薄幼稚之洋漢學家何能忽與以文章學問稱雄於一時之林紓、黃侃及號稱太炎弟子之徒并駕齊驅。若辜湯生之流，拖長辮衣朝服，面卑胡適，笑責洋奴，蔡先生亦專聘而用之，學生尤恭敬而師事之，當是時也，北大之雄風，威傳海內，然而北平之法政專門、女子師範、工業專門、農業專門，猗猗然獨立於同一區內，未聞范源濂輩有兼併重複之說。若以國難學潮爲題，則二十一條與五四運動皆爲今日之冠。十數年前之朱家驊先生同屬青年，然未必統此健忘之矣，語曰"前事不忘後事之師"。吾輩不認民七八年時代之教育爲上上，然亦不能諱於今較前十三四年不若之教育而不言。

　　政府改良教育，整飭學風，舉國無一敢言反抗者。改良而無計劃，整飭而無理性，舉國更無一敢默識承認者。裁併之可，合理化之亦無不可，若以同一區爲原則，何以有清華之工學院與工學院之工學院，又有北大之文理學院與清華之文理學院在？就教部立案之北平私立大學院系而言，相重者更多，謂政府爲有遠視疾邪，則近聞豈不知南京治下有中央大學法學院與中央政治學校之變相法學院乎，何以又無裁併之說？如此改良，是徇私亂法，如此整飭，乃侵紊學科，言其所不能行，行其所不世出，不識教育原理，誣枉青年求學，只知其一，慾蔽其它，楚人乘船，齊人盜金，即自認之速，奈同行市人恥信之愚妄何！

　　政府對國家命脈之教育，毫無誠意辦理，對教育主幹之部長校長，完全不謀而立，類知非知，類仁非仁。徒嘆學風陵替，學術腐化，而不知保障經費，公平推進，獎勵專家，培養青年，反使不及全民總數萬分一之學生劇變而入反動而爲消滅反動者之犧牲品，其責誰負，其咎又將誰歸？於今更迫此不及萬分一之一部分併而之它，將來破獄而出，政府其何以善後？其何以勝右券之責？

近日報載高初中及大學招考成績，總計基本學科百分之八十不及三十分，數學百分之六十爲零分，然各校考生動以千計，此皆中國教育部下各直屬廳局所主辦之學校養出者也。此類成千成萬之零分產品，年向大學輸送，年向社會增加，試問政府諸公，何法使之"弦歌不斷"？"黌舍不爲之騷然邪"？中小學教育爲基本命脈，今日腐敗無類，教學無方，政府大人竟以爲己之親貴不在是，己之走卒勢力亦無用於是，故若熟視無睹；捨本逐末，侵紊院系，豈欲併學院以絕零分學生乎？請問防川者以何術？

整飭學風，振興教育，是醫方所謂病者脈象之治法，非所以爲治之藥石也。政府如不能澈底改革腐敗之不堪之政治，喪地辱國之軍事外交，決不能牢籠青年，矯正衰弊。如不能首自中央駢枝機關裁併起（如鐵道與交通，軍政與海軍），而反併其不可同政治機關相提并論之大學院系，是之謂"類勇非勇""非愚即誣"。吾輩寄身教育，早痛學風之壞，與夫"個人受辱之危"，立願政府勿好行小怪而失大家之厚望焉。

爲活人營墳地*

莊子有言："人有畏影惡迹而去之走者，舉足愈數而迹愈多，走愈疾而影不離身，自以爲尚遲，疾走不休，絕力而死。"此之謂畏而死也。畏死必死，畏生必生，故老而營生壙，活人造墳墓，皆爲有生慾之勇者。若乃祝壽以棺，弔喪以慶，俱宜元亨無咎。

報載三中全會決議改善高等教育方案："同一地方，院系重複者力求歸併，……各省市及私立之大學或學院，應以設立農工商醫理各學院爲限，不得添文法等學院。"重複歸併與限不得添皆"去之走者"之註脚，於農工商醫理，自以爲尚遲，疾走不顧，將無病而終！或謂政府因年來學風囂張，咎出文法師生，屢開言論之砲，連放文字之鎗，畏影惡迹，惟限其生。果爾，吾將準畏生之理，爲文法學院師生，倡速營生壙，以實現生慾之勇，以棺以墳，萬壽無疆！

復載平津國立私立院校當局召集臨時聯席談話會，討論進行負責維護高等教育問題。死中求生，不欲坐窮。吾知當局諸公，對文法師生之活人墳墓，低頭窺視，有所畏避。愛屋及烏，仁則仁矣，智勇猶未也。

復次傳平津國立私立院校教聯會舉行宴會，席間因討論中央提案之歸併院校問題發生誤會，有平大亡，北大存，師大雖亡而猶存之說，舞爪張牙而鳴，束手待斃者畏。喜笑怒罵，集知識之大成，自營墳地，自葬教育。國民教育，生產教育，師資教育，人材教育之碑頌，將永樹於教育之活人墳地！悲悲，切切！

悲去喜來，因果循變有律矣。師範大學不惟不亡，且有公費待遇之議，改革教育全案獨於北平各大學不發生影響——世界日報之按語。舞

---

* 本文署其筆名"汪三輔"。

爪張牙者驚，束手待斃者狂。果按語之真足信，北平文法學院之墳地變爲壽慶，全國文法學院之生壙將以尸瘞也。生之者寡，死之者衆，日推月衍，北平之壽慶，終不遠於鬼哭。況原案丁四之"同一地方院系重複者，力求歸併……"，實爲絕命之符。此同一地方云云，固未專指北平各院系，亦未明定北平爲例外，何謂"北平各大學不受影響"？若以原案丙項對師大爲獨優，及吳稚暉之"裁撤師大，絕没有這回事"——報載吳至錢玄同函語——視爲北平無影響，不知此説僅証北大吞併師大之言爲僞，北平其它各大學之是否因同院同系而被坑葬，則又爲一新謎。此而不决，影響尚難確定，吾願北平一地方之同院系院長主任——尤其文法學院——速營院系墳地，豫書新喪靈牌，一墳骨肉，留作過去偉大之事蹟可也。

雖然，祥刑之下，吾不能已於言者，試問停辦文法學院，設立農工醫理，是否"强迫"大學教育？果文法學生之無用，何無用之當局者竟有其初？果文法學院之過多，何全國學生獨文法教育之數大？欲使無用變爲有用，嚴加整理可也；欲使過多急於消滅，是坑儒之政，暴棄之教，不可行也。彼不識發展教育之原理者，固覺米麵牲畜，火車鋼鐵，醫院公司及物理化學爲現代强國富家之方，而不知文哲政法，社會經濟，皆皋皋者之生命，因囂張之不知治，即"歸併""停辦"，是畏蜀如虎，奈天下笑何！

雖然，吾人非真下愚者，提倡實科，專注農工，皆爲極度贊同。政府確定基金，多設農工醫理學院，使之與現有過勝之文法學院數均，吾知以中國之大，决不稱多。若因縮減預算，去其重複留其殘陋，美名曰"改善"，實則"進惡"而已。何則？多數之文法青年，决不學米麵牲畜之知，且一時更不能使文法教師死而即變爲實科先生，有不死而能變者乎？是又成爲數學哲學、物理哲學、法律機器、政治農人，依然糊塗教育，學校奇談。提案諸公，或已計此難題，故丁七項明定之曰："各大學以及學院之課程，應注重本國教材。""本國教材"一語，大開方便之門，農工醫理儘設，文法教師儘講。文人行醫，謂之儒醫，華扁之風可行於醫學也。哲家講學謂之理學——命學須知——程朱之言可用於數理也。神農之後皆可言農，許子之後皆可言耕，提倡實科之義，即發揚國光之本，吾人何樂而不從同耶？吁！怪矣！

　　改善高等教育，不計高等教材，上策下行，戲兒以墳，哭鼠以貓，天下之大謔有逾於此者乎？載佛林壙，革命家告死，國人其各自好營墳地，亡國之日，死有葬身之所，烏在爭此滑稽之議，辱彼高明之教！雖然，吾輩不欲與之同穴，故主生生之道也。願今後同志，努力設計，新建歷史之墓，垂中華教育於不朽。

謊的教育與智慧革命[*]

"確定教育方針及教育制度之原則"這話在國民政府不知說過若干次，尤其第三次全國代表大會明白定爲議案，接着就是教育部根據議案頒布的大學新條例，堂堂正正，律文俱在，誰謂爲"謊的教育"？說謊就有謊，譬如有教育部在，研究院在，大學校在，中小學校在，即數千年不變之私塾亦無不俱在，然而事實上教育部在幹什麼？研究院在討論什麼？大學校在講什麼？中小學校在教什麼？私塾又在讀什麼？誰個具體地應答得出來？國民政府的志願朝夕要遵循遺教，勵行教育普及，整理學制系統，其實滿口奉行的信徒無一不是空言謊語的混子，顧默念前途，所謂教育方針何時確定？制度從何頒行？如何普及教育？令誰整理學制？有誰出錢辦學？千頭萬緒，統用一謊辭以了之！

住在代表中國真正教育區的北平教書，領了多少年教薪，對學生應講真理，對學校應說實話，我個人早看透了這種謊的教育，不能不吐實幾句我亦謊界份子的懺悔語。我無造謊之能，亦無負謊之責，却有痛謊之心。我對中國現時不合科學的混合教育，不適國情的雜種學制，不論學術的研究機關，以及不通理性的留學派別，認爲都是謊的教育之門。譬如一方面院校因無錢罷教，一方面有學校竟可以有餘款放存；一方面執粉筆的典當過活，一方面有教書的大做公債買賣；同是國立機關，同是教部管理，同是一校發薪，同是教授治校，偏有許多不同與特異的事實。操謊圈的教育家，遍處讓人串圈而入，如戲猴弄鼠，必猴鼠馴於自願，而後獻之於社會以售以誇。若某院之拒長迎長，某校之要求反對，正是猴主嘗試猴技鼠能的謊圈套。

---

[*] 本文原載《鞭策週刊》，1932年第1卷第8期。署其筆名"芰撫"。

有人説中國近年教育很有進步，全國中小學如何發達，鄉村教育如何普及，大學專科如何林立，研究學院如何成績。說到這裏的人一定會唱"天地泰，日月光，聽我唱歌贊學堂"的校歌。三十年前張之洞在湖北就説各大鄉村重鎮都要有小學校，農林師範也要成立，乞丐閒人，俱進工廠。他作了校歌，立刻興學校開工廠，派留學生，處處都着實地幹，成績固然不好，若是以時間而論，現在却遠不及他的"實在""真幹"。單就湖北一省説，現時教育經費並不較當時少，現在全省中校開門的不過七八校（最近關門罷教的統算），學生總共不到二千五百，以湖北居民而論，一萬五千人中只有一個中學生，大學生更無論矣；程以學校成績而論，高中畢業生絶不如當年小學讀經的度。學校腐朽，工廠破壞，留學失敗，經費枉增，只賸些某派某系的謊架子，高掛教育招牌，大罵張之洞的不識時務，不講科學，食瓜忘蒂，報德以怨。是謂謊人。

　　這固然是一小部分的謊圈，確是很可以代表全部狀況。我們把看見的北平教育來比證，就可以明白。中小學不論，大學的簡直失掉科學教育的意義，試分析學校、教員、學生各方面事實看。

　　（甲）學校方面對行政上所負的責任完全手段地耍謊，對外巧立委員會，事實上獨斷獨行：只知保持名義，不顧經費可能，只知多聘教授，不管預算開支，或增學系，或併科目，雙方時相逕庭。然而大家碍於情面，往往彼此而此彼之，弄得明白聲言對教員負責同時逼簽不兼課之契約者輕輕謊過，於今教員也並不聲明廢止契約或要求負責。此之謂學校謊人。

　　（乙）教授方面對學校本屬契約成功的，對學生爲有契約的神聖義務與責任。如果學校契約有價值，教授的責任義務就要償還與這種價值相當的代價：换言之，對教課必須竭盡精力，指導研究。但是謊的教育之下，學校契約價值無有，教員授課的精神亦無有，事實上試驗工具不能備，圖書什物不能購。講義亦不能印，無學問的教員固難乎其任，即令不要哲學的學者也難乎其辭！教育部電慰枵腹講學的教授，此之謂政府謊人。

（丙）學生方面謊頭更大，近年來，青年社會，暴現政治道德的惡果。一方面戰爭壓迫的險象，衝陷到物質環境的破壞，一方面社會政潮的變起，又誘亂了精神思想的設施。結果弄得一視同仇，使完好地學術貢獻也算成摩登思想之敵。同時無數不知不識的青年，竟倉卒地從不識人類社會政治道德的實際組織和變進之中，把個人弱小無意識的想判斷或有限的智慧時間，一齊伸到暗謎悲劇場中，作政爭戰鬥的犧牲品，風起雲從地使一般青年智識機關——學校——統陷於絕境，日迫日蹙，青年破產，學術滅絕，人格思想，理性道德，亦隨之俱喪。學生不能讀書，學校不能講學。人人不脫乳臭年兒，幾無一不有"政治欲""領袖欲"。結果許多"好名欲"發達得厲害的份子，連教育大體不知，學問門徑不識，居然以學士自負，蔑視道義，鄙夷科學。如此變態情形，歷時愈久，流毒愈深，國家實際利害，人民實際生活，都從這種關係中犧牲殆盡！人智滅亡，離此不遠，此之謂自謊謊人。

這種成串的謊教育，不革命是不能救亡的，我個人認爲現在救中國的根本辦法是要實行教育革命，或破壞或建設，要使人們都有個理智的清楚明白，要實行深澈地用人格革命的科學教育，洗透人類糊塗腦筋，把真正理性的科學，科學的智慧，貫串到精神思想上，使個個青年知道本自己民族精神文化與學術技能，兼用世界科學革命的方法，鑄成真個靈敏、精細、理智的"學生"，然後一致地循着科學精神，鍛煉出一般富於情感意志與爲國犧牲的"民眾"。語言思想俱形深刻理智，接物求知，當無謊處活動。真正政治革命的基磐，應從智慧革命的教育中掘起金石，製造頭腦。種族學者赫岱謂："只有法國笛卡兒能發現代數幾何學，只有英國牛頓能發現地心吸力律"，創造的精神與科學的事實，決非偶然教育成功的，更不是東拉西扯的謊教育家可以操謊圈兒要得成功的，必須用智慧革命之下所得的真理，作科學道德地解剖診斷與社會真理地適應建設，撤穿謊的教育，重探出一條精髓脈胳，連貫我們歷史真存的片段，表現我們民族性人格性的新科學事業。孫中山說過：革命在求高深的學問；又說：凡真知特識俱從科學而來。這話很有智慧革命的精神。

說到這裡，我滿看中國教育的腐敗、幼稚、殘破、淺薄，真是不堪設想的骷髏朽木，何能提起智慧革命？我不畏死罪昌言地說中國教育非革命不可，非就下列幾條先行改造不可。

（一）推翻現行教育的雜色制度，建設適應真正我人要求的教育原則；

（二）打倒學閥把持的機關團體，創導以人格學問相當的科學思想團結的力量；

（三）剷除封建獨裁的教育行政，實行完全平等公開、真正科學的組織；

（四）革去干涉教育的政治與跨入政治的教育，建出實在獨立清潔的科學教育以培養真正學術人材、科學思想的政治家。

（五）嚴禁學生參政運動及罷課自由，以提高學校講學風氣，選拔學校真材為倡導；

（六）停辦養老式的研究院，重設絕對獎勵學者發現工作的學術機關；

（七）確實普及平民教育鄉村教育，並遍設職業學校，取締現在謊的教育界中許多上海式的職業學校；

（八）提倡道德的、美的、科學的人格教育，使教育不悖於潮流，人生有美觀的生活。

（九）教育經費獨立，國立學校分配平等，教授待遇平等。因為中國教授不是由考試或成績年限定的，不應隨便劃分等級；

（十）取消朋黨式的分贓講金，文化委員另由考試成績、學術著作、人格思想上提出國人皆曰"可"的學者充之組之。

編 輯 後 記[*]

盧溝橋事變發生以來，國內科學與教育等類刊物悉受橫暴侵略之影響而停頓。近數月來，新興刊物有增無已，抗戰前途，尤顯勝利氣象，倭寇之機械兇器，決不能威脅我中華民族。然而世界任何民族生存，必有其特立獨到之精神價值，與夫文化科學教育及學術生產創造。吾人處今日情勢，必深具抗戰建國與建國抗戰之無上信念。此信念須恃科學教育發揚光大，培植保證。本社創辦即在實現此信念工作，同人本匹夫有責之義，不揣謭陋，願盡棉薄，特先發行今論衡半月刊，作科學教育之究研與如何樹立國家大業之探討，最近中國國民黨臨全大會，決定對教育之改造爲：改訂教育制度及教材，推行戰時教程，注重國民道德之修養，提高科學研究，擴充設備，訓練專門技術人員等等正是加速走上科學教育之路。

本刊旨趣，已簡列篇首，應全國教育界人士，必深致贊助，同人今後，當各本所知，貢獻所能，尤望國內各科學家教育家，不吝惠教，隨時惠稿，以光篇幅。

茲將本期發表之論文內容及作者經歷，簡括敍述，介紹如后：

汪奠基先生前國立北平大學女子文理學院哲學系教授兼中國學院哲教系主任，抗戰建國與科學教育全文在說明科學教育對抗戰建國之重要價值：主張政府宜速定科學技術教育與生產教育，爲建國抗敵之最高原則并實行廢除舊日非科學式之教育組織，設專門科學研究，以充實國防科學。

余景陶先生現任省立河南大學文學院教育系主任，看看自己爲蘇格

---

[*] 本文原載《今論衡》（半月刊）創刊號。署其筆名"三輔"。

拉第教育方法之格言，余先生認人各應從經驗教訓，修正自身性格；從自身責任，反省自己義務。無論軍事經濟或政治，其經營運用，必充實正確知識，分工合作，各帶其能，各負其責；發揚服務精神，掃除貪污行為，建設廉潔政治，使民族國家，具立於優秀性格之基本條件上。然後壯嚴燦爛之精神，凜然不可侵犯矣。

萬卓恒先生現任國立武漢大學哲教系教授，改進大學教育的意見一文，認大學人材最低限度應具物質環境、社會環境及大化環境之普通知識；又須有獨立研究之專門知識；更須有理智生活之認識。中國過去大學教育，都有缺點，如課程編製，傳統教學，及訓育方面，皆不妥善，今日宜速從知識方面，調整院系機構，使學生得自動選擇研究；從訓育方面嚴格注重團體生活與軍事教育之管理。

張忠紱先生前國立北京學法大學院政治系教授兼主任此次奉命自歐美考察歸來，上月過漢，適本刊籌備伊始，特請張先生撰論文，今承遠道惠寄歐洲戰爭與和平大作，雖短篇文字，已將英法俄德義五國分析精詳，證明各國彼此間利害關係與和平傾向之事實，即或戰爭發生，亦必俟其條件可能之後。

王文俊先生德國柏林大學教育學博士，新近歸國，任西北教育設計專委特為本刊撰所謂第三德國之教育理論一文。按國社黨以 Friedrich Der Grosse 時代為第一德國，Bismark 時代為第二德國，Hitler 為第三德國是也。王先生將國社黨之教育理論，從學術立場分析極清楚。從國社黨之世界的教育，同體主義的教育與政治教育觀之，可知所課第三德國教育，全屬觀念主義之獨斷思想；從國家主義及種族教育觀之，更證此獨斷思想，不惜毀棄學術歷史，至誤解世界民族文化之獨立存在，其對中國民族之斷論，尤為狹見之最者，願國人猛省。

夏敬農先生省立安徽大學理學院物理系教授兼主任，在抗日戰爭中科學家能做些什麼一文，說明抗戰中，政府應努力推進科學創造與科學設備，排除舊日理論與事實上之阻礙，使閒散播遷式之科學家，得以科學工具，作抗敵禦侮之實際研究。

胡稼胎先生，現任國立武漢大學哲教系教授，此次抗戰爲中國文化之試金石。係從歷史演進，證明埃及巴比倫及印度等文明古國，缺乏生存競爭之科學認識，缺乏宇宙人生之實際生活，至於中國則有其中正妥當之人生態度，尤能以格物致知作人生知行之探索，此正與西洋自然科學相應；中國文化是絕對有歷史有學術之金石存在，決不能爲蕞爾之日本武士道與以神道設教者所屈服。

劉賾先生現任國立武漢大學文學院中國文學系教授兼主任，外患紀略爲一重要著作，本期先登目錄。此目錄原稿，係章太炎先生手定，內容舉七大時代，總輯外患歷史，綱目鑑開，足使讀者知寇患由來與夫敵愾之不可懈也，劉先生爲章氏門人，國學專家，今本此目，編著論文以後由本刊陸續登載，實抗戰中精神動員之最好貢獻，民族戰史之最好資料也。

徐澄宇先生省立安徽大學教授，殲倭曲爲一"歷史詩"，詩人愛國，獨具悲壯之肝腸，讀者可以精神意識體會之。

抗戰叢談爲有關抗戰之古今文字摘錄，此雖屬最小工作，然而精簡有用之歷史材料很可以振起抗戰精神。本期荀子之抗戰必勝論爲劉逸先生選錄者。羅素之日本必敗說係編者錄入。

本刊封面大字，特請韓仲奇先生穎拓魏碑製成，書家愛國，文字當頭，保此精神，民族之光。